西沟口述史及档案史料

（1938—2014）

李中元　杨茂林　主编
刘晓丽　执行主编

历史影像卷

本卷编者　柏　婷

人民出版社

出版说明

《西沟口述史及档案史料（1938—2014）》是2014年度山西经济社会发展重大课题，2016年度山西省哲学社会科学规划课题，是山西省社会科学院“西沟系列研究”课题组历时3年的研究成果，从2013年3月至2014年6月，课题组核心团队经过了艰苦的田野调查、深度访谈与原始档案的拍摄及扫描，拿到了大量的极其宝贵的第一手资料，这些资料全面深刻地反映了山西省平顺县西沟村，怎样从太行山深处的一个偏僻小山村，凤凰涅槃般地成为互助合作化时期的中国名村、成为全国农业金星奖章获得者所在地、第一届至第十二届全国人大代表诞生地的历史图景；到2015年3月，经过课题组全体成员艰苦紧张的专业性努力，这些原始资料成为在乡村社会史、当代中国史、口述史学、妇女史学等研究领域具有很大价值的学术成果。再经过一年多的修改打磨，2016年7月，全套书籍正式交由人民出版社，又经过一年多的出版方与作者双方的多次沟通、协商、精细化打磨，现在，这项研究成果终于要与读者见面了！其间艰辛自不必说！

《西沟口述史及档案史料》涵盖两大内容：一是西沟村民群体性口述史成果，二是从1938年至2014年间西沟村完整原始档案的整理与发掘，它们与本课题另一重要成果——反映西沟专题人物的口述史著作《口述申纪兰》相互印证，在西沟这个小小山村范围内，集专题人物、村民群体、原始档案整理于一体，在相关学术领域内的意义是有目共睹的。

“西沟系列研究”课题是立体性学术研究成果，首先，它突破了书斋式研究范式，课题组成员走向田野，走进被研究者生活之中，走进鲜活的社会现实，将平生所学运用于广泛深刻的中国农村变迁。这种科研体验是全新的，有生命力的，课题组的每一位成员，都在这种科研体验中得到了成长；其次，“西沟系列研究”课题从开题到正式出版，得到了方方面面人士的关注，除课题组成员付出大量的艰辛的劳动之外，从申纪兰以下，本套书中出现的每一位工作人员，都从不同方面为它的成功出版作出了努力。

整套书除已经明确署名部分外，其他分工如下：西沟口述史部分，第一章、第五章、第七章由赵俊明编撰，第二章由刘晓丽编撰，第三章、第四章、第六章由郭永琴编撰，第八章、第九章、第十章由张文广编撰。整套书由刘晓丽最后统稿。

本套书不足之处：口述访谈部分过于碎片化、一些提问缺乏深度，显示访谈者前期功课不足；档案史料部分，注重了史料的内容，忽视了拍摄清晰度，由于重新拍摄难度太大，只能对清晰度加以调整。这两个不足，既有主观原因，也有客观原因，不能不说是一大遗憾。

编　者

2017年7月29日

凡例二

一、本档案史料为《西沟口述史及档案史料（1938—2014）》的子课题，内容涵盖西沟村经济、土地林权、农林牧业、政治活动、人口、养老、青年工作、科教文卫、民事调解、人物手稿、照片、锦旗等。

二、本档案史料涵盖1938年到2014年的历史阶段。

三、本档案史料按不同专题分卷出版，有一个专题一卷，也有多个专题一卷，共分八卷。

四、所选档案史料一般以同一内容为一类别，或彼此有直接联系的组成一类别，同一类别内按照年代先后排序。

五、档案史料中涉及个人隐私部分，如姓名、证件号码等，一律作屏蔽处理。

六、所选档案史料如需注释，则在页下作注。

七、文中数字用法：

使用阿拉伯数字的情况：说明中的公历年月日、年龄等，一般用阿拉伯数字；一般有精确统计概念的十位以上数字用阿拉伯数字；一组具有统计意义的数字中，为照顾段落格式统一，个位数有时也使用阿拉伯数字 。

使用汉字的情况：一个数值的书写形式照顾到上下文，不是出现在一组表示有统计意义数字中的一位数字，使用汉字，如一个人、三本书等；数字作为词素构成定型的词、词组或具有修辞色彩的语句用汉字。如： 十来岁、二三十斤、几十万等；星期几一律使用汉字，如星期六等。

八、正文之后附录两篇：

附录一：西沟大事记述。简略记述从1938年至2014年间西沟重要历史事件及人物活动轨迹。

附录二：课题组采访编撰纪事。时间为2013年3月16日至2016年7月，即课题组的工作日志，从中可以了解本课题研究的基本脉络，成为重要的补充资料。

总　序

一

人类文明的演进经历了原始文明、农业文明和工业文明三个阶段。在历时上百万年原始文明阶段，人们聚族而居，食物完全依靠大自然赐予，必须依赖集体的力量才能生存，采集和渔猎是主要的生产活动。大约距今一万年前，人类由原始文明进入到农业文明，通过创造适当的条件，使自己所需要的物种得到生长和繁衍，不再依赖自然界提供的现成食物，农耕和畜牧成为主要的生产活动。在这一阶段，以畜牧为生的草原游牧民族逐水草而居，经常性地迁徙流动，居无定所；以农耕为生的农耕民族通过开荒种地，居住地逐步固定下来，在此基础上形成了农耕文明的重要载体——村庄。纵观历史，不论是社会生产关系的变革还是国家方针政策的调整，作为地缘和血缘关系组成的共同体，村庄始终能够保持一种较为稳定的结构。

放眼中华文明发展的历史长河，农业文明时代经历的时间漫长，在中华民族的形成和发展过程中具有不可替代的作用。中华民族创造了灿烂辉煌的农耕文明。历经几千年的发展，农耕文明成为中华民族的珍贵文化遗产之一，是中华文明的直接源泉和重要组成部分。农耕时代，特别是原始农耕时代，由于生产工具简陋，单个的人难以耕种土地，需要多人合作，甚至是整个部落一起耕种，由此产生了人与人之间的合作共存。可以说农耕时代是人和人关系最为密切的时代，也是人和自然关系最为密切的时代。

随着社会生产力的发展，人类征服和改造自然的能力日趋提高，随着铁器、牛耕的运用，单个的农户逐渐成为农业生产的核心，村庄成为组织农业生产最基本单元，在农业生产和农耕文明发展过程中起了重要作用。作为族群集聚地的村庄同时也是中华传统文化形成和发生的主要载体。村庄的历史，可以看成是一个民族一个时代的历史缩影。与时代发展有着特殊紧密联系的村庄，它的历史可以说代表着那个时代的历史，蕴含着那个时代的缩影。

西沟，一个深藏于太行山深处的小山村，是数十万中国村庄中的一个典型代表。她是中国第一个互助组的诞生地，她曾被毛泽东称赞为边区农民的方向，她是全国第一批爱国丰产金星奖章获得者。在相当长的一段时间里，她是共和国版图上唯一被标出名字的行政村。

清代理学家李渔在《闲情偶寄》中说过“辟草昧而致文明”，意即“文明”与“野蛮”是相对的，越是文明的社会，社会的进步程度就越高。马克思认为：“文明是改造世界实践活动的成果，他包括物质和精神两个方面”。西沟人用自己的实践，不仅创造出了丰富的物质财富，创造出了更为丰富的精神财富。由于西沟的典型性和特殊性，村庄中留存有丰富的历史文化信息，保存下了大量的珍贵的档案史料。这些都极具价值，因而引起了我们的关注。

二

西沟是一个什么样的村庄呢?

明代以前的西沟，人烟稀少，还没有形成真正意义上的村落。明代洪武至永乐年间的大移民后，当地人口逐渐增多，村落渐趋形成。清代咸同年间以后，河南省林县（今林州市）的大量移民迁居当地，李顺达便是其中之一，今日西沟的村庄基本形成。在这几百年的历史进程中，西沟和当地的众多村庄一样，始终默默无闻。

历史更迭白云苍狗、风云际会，从上世纪三十年代末开始，西沟这个小山村与中国960万平方公里国土上发生的许多重大事件开始产生千丝万缕的联系。伴随着中国革命、建设和改革的历程，这里出了两位在共和国历史上有着相当影响的人物李顺达和申纪兰，西沟的历史也由于这两位人物的出现而发生了翻天覆地的变化。

山连山，沟套沟，山是光头山，沟是乱石沟，冬季雪花卷风沙，夏天洪水如猛兽。这就是民谣中所唱的过去的西沟。这样一个自然条件非常恶劣的穷地方，由于一个人物的出现而发生了根本改变。李顺达朴实、憨厚、善良，是中国农民的典型代表，在他的带领下，西沟的历史掀开了崭新的一页。在抗日战争最艰苦的岁月里，李顺达响应太行区边区政府“组织起来，自救生产”的号召，组织贫苦农民成立了全国第一个互助生产组织——李顺达互助组，组织群众开荒种地，度过饥荒。互助组通过组织起来发展生产，通过合作生产度过困难，在发展生产、支援前线的斗争中做出了突出的成绩，李顺达因此被评为民兵战斗英雄、生产劳动模范，西沟被评为劳武结合模范村。1944年，李顺达出席太行区召开的群英会，被评为一等劳动模范，晋冀鲁豫边区政府授予李顺达“边区农民的方向”的光荣称号，西沟成为中国农民发展的方向。

新中国成立后社会主义建设初期，西沟李顺达互助组向全国农民发出了爱国增产竞赛倡议，得到全国农民的热烈响应，极大地带动了全国农业生产的发展。1952年，中央人民政府农业部给李顺达颁发了爱国丰产金星奖状，他的模范事迹开始在国内外广为传播。1951年到1955年4年间，西沟农业生产合作社农林牧生产和山区建设都取得了显著成就。合作社的公共积累由120元增加到11000多元。1955年，社员每人平均收入粮食884斤，比抗日以前增加77%，比建社之前增加25.1%。这一成就得到了毛泽东主席的充分肯定。合作社副社长申纪兰动员妇女下田参加集体生产劳动，并带领西沟妇女争得了男女同工同酬。《劳动就是解放，斗争才有地位——李顺达农林牧生产合作社妇女争取男女同工同酬的经过》通讯1953年1月25日在《人民日报》发表后，在全国引起轰动，申纪兰由此名扬天下。1950年和1953年，李顺达和申纪兰先后成为全国劳动模范；1954年，李顺达、申纪兰当选第一届全国人民代表大会代表，两人双双出席了第一届一直到第四届全国人代会；李顺达于1969年和1973年分别当选为中共九届、十届中央委员。在20世纪50年代至60年代，西沟村成为共和国版图上唯一被标名的行政村。这期间，西沟的社会经济有了长足的发展。1971年，全村总收入达到33.64万元，粮食亩产533公斤，总产量达73.9万公斤，交售国家公粮15万公斤。为了改变恶劣的生态环境，在李顺达和申纪兰的带领下，西沟人开始大面积植树造林，70年代末，有林面积达10000余亩，零星植树100多万株，恶劣的生态环境逐步趋好。西沟成为那个时期太行山区农村建设中的一刻璀璨明珠。

党的十一届三中全会以来，农村发生了举世瞩目的变化，在这场伟大变革中，农村始终处于最活跃的状态。改革开放使得村庄这个社会经济细胞更具活力，成为家庭经营为基础、统分结合为特征的双层经营体制的主要载体，在农村经济中发挥着日益显著的作用。西沟在全国人大代表申纪兰为核心的领导班子带领下，把工作重点转移到调整产业结构、发展市场经济上来。村集体先后兴办了铁合金厂、饮料公司、“西沟人家”及房地产开发公司等企业，西沟初步形成了建筑建材、冶炼化工、农副产品加工等外向型企业为主的新格局。2008年，西沟经济总收入达到1.5亿元，实现利税1000万元，农民人均纯收入达到4000余元，是平顺县农民人均纯收入最高的村庄。此后，为了开展爱国主义教育和生态环境旅游，建设了金星森林公园，修复扩建了西沟展览馆，修建了金星纪念碑和互助组纪念雕塑。在改善生态方面，继续不断地植树造林，现今已有成林15000多亩，幼林10000多亩。光头山都变得郁郁葱葱，乱石沟到处都生机勃勃。

如今的西沟，已经由过去的农业典型变为绿色园林生态村、老有所养的保障村、西沟精神的红色村、平安敦厚的和谐村。西沟是一个缩影，它浓缩了新中国成立以来中国农村的发展和变迁，承载了中国几亿农民几代人追求富裕生活的梦想。今天，在西沟这种梦想正在一步步变为现实。

随着人类社会的发展，一个个自然村落的消失，从某种意义上讲，可以说是时代的必然，但从另一个方面而言，消失的又是一种传统和记忆。我们就是要传递和记载西沟这样一个村庄的变迁，把这种消失变为历史的存照，把传统和记忆原原本本地留给后人，原汁原味地展示在世人面前。代代相传的不仅是生活，更重要的是精神。建设一个新西沟，让村民一起过上幸福舒心的生活，是西沟人世世代代追求的梦想。望得见山水，记得住乡愁；梦想不能断，精神不能忘。

三

为了能够将西沟这样一个记录中国乡村几十年变迁的村庄的历史真实而详尽地展示给读者，研究选择通过口述史的方式来进行。以山西省社科院历史所研究人员为主体的研究团队，先后编撰出版了《山西抗战口述史》和《口述大寨史——150位大寨人说大寨》两部口述史著作，得到了学术界乃至全社会的认可，在口述史研究方面有着丰富的经验。让西沟人说话，让老百姓讲述，他们是西沟历史的创造者和见证人。通过他们的集体记忆，以老百姓原汁原味的口述来最大限度地还原真实的历史。课题组进行口述访谈的过程中，发现了西沟建国后至今的各种档案资料保存极为完整，为了弥补口述历史的不足，课题组从西沟现存的档案资料中选取价值较高的部分将其整理出版。经过课题组成员三年多的辛勤工作，《西沟口述史及档案史料（1938–2014）》（十卷本）终于完成了。

希望这套书能够真实、立体、全面地展现西沟的历史，并且希望通过课题组成员的辛勤工作，通过书中的访谈对话，通过对过去时代的人物、事件的生动、详细的描述，并且对照留存下来的档案资料，展现出西沟这个中国村庄几十年的历史变迁。同时力求能够为学界提供一批新的研究资料，为合作化时代的农村研究贡献一份力量，也为今天的新农村建设提供更多有益的借鉴。

由于课题参与者专业与学识积累的不同，编撰过程中遗漏、讹传甚至谬误之处，肯定难免，虽然竭尽全力去查实考证，去粗取精、去伪存真的任务很难全部完成。衷心希望社会各界众多有识之士提出宝贵的批评意见。

本套书出版之际，特别感谢西沟村民委员会、西沟展览馆，是他们为访谈活动、收集资料提供了诸多便利条件；感谢所有接受过课题组访谈的人们，正是他们的积极配合和热情支持，才使课题研究能够顺利完成；同时，也要特别感谢接受过课题组访谈的专家学者、作家记者以及曾经担任过领导职务的老同志们的热情支持。可以说，这套书是他们与课题组集体合作的结晶。

是为序。

山西省社会科学院院长、党组书记、研究员

李中元

2017年7月11日

序二

众所周知，乡村文化是中国文化的依托和根基，乡村又是连接过去和未来的纽带。在中国这样的农业大国，研究乡村就是寻找我们的根脉和未来发展的方向。

关于乡村的研究早在20世纪20年代就已开展，当时学者们已经将社会学和人类学的研究方法应用到村落研究当中，对中国乡村社会的政治、经济、文化、习俗和社会结构，以及其中的权力关系进行分析和综合。比较有代表性的论著有李景汉的《定县社会概况调查》、费孝通的《江村经济》和《乡土中国》、林耀华的《义序的宗教研究》和《金翼》、李珩的《中国农村政治结构的研究》等。在实证性资料收集方面，为了侵略中国，日本在我国东北设置了“南满洲铁道株式会社”，其庶务部的研究人员于1908年至1945年间在我国的东北、华北和华东进行了大规模的乡村习俗和经济状况调查，记录了大量的一手资料。

与学院式研究的旨趣完全不同，中国共产党人的乡村研究，是在大规模开展农民运动的同时展开的。他们更关注对乡村社会政治权力关系的改造，并写出了大量的社会调查报告。其中，毛泽东的《中国农民中各阶级分析及其对于土地革命的态度》《湖南农民运动考察报告》和彭湃的《海丰农民运动报告》最为著名。

学术界大范围多角度地对中国乡村社会进行深入细致的研究是从20世纪80年代才开始的。这一时期学者们收集资料的方式开始多元化，研究的角度也越来越丰富，从而诞生了一大批有影响的村落研究著作。如马德生等人通过对广东陈村26位移民的多次访谈而写成的《陈村：毛泽东时代一个农村社区的现代史》和《一个中国村落的道德与权力》等著作，侧重探讨了社会变革与中国传统权力结构的关联性，以及“道德”和“威严”等传统权力结构与全国性政治权力模型的联系。美国学者杜赞奇运用华北社会调查资料写成的《文化、权力和国家》，提出了“权力的文化网络”概念，用以解释国家政权与乡村社会之间的互动关系。萧凤霞在《华南的代理人和受害者》一书中通过对华南乡村社区与国家关系的变化过程的考察提出，本世纪初以来，国家的行政权力不断地向下延伸，社区的权力体系已完成了从相对独立向行政“细胞化”的社会控制单位的转变。90年代以后，张厚安等人系统地论述了研究中国农村政治问题的重要性，并出版了《中国农村基层政权》这部当代较早系统研究农村基层政权的专著。王沪宁主持的《当代中国村落家族文化》的课题研究，揭示了中国乡村社会的本土特征及其对中国现代化的影响。王铭铭和王斯福主编的《乡土社会的秩序、公正与权威》等著作，通过对基层社会的深入考察，关注了中国乡土社会的文化与权力问题。徐勇在《非均衡的中国政治：城市与乡村比较》这部专著中，从城乡差别的历史演进出发，运用政治社会学和历史比较分析等方法，对古代、近现代和当代城市与乡村政治社会状况、特点、变迁及历史影响进行了系统的比较分析。黄宗智的《华北的小农经济与社会变迁》及《长江三角洲小农家庭与乡村发展》从社会学和历史学的视野，分析了近一个世纪以来村庄与国家之间的相互关系。中国社会科学院农村发展研究所主持编写的《当代中国的村庄经济与村落文化丛书》对乡村社会结构及权力配置问题也给予了一定的关注。其中，胡必亮在《中国村落的制度变迁与权力分配》一书中对制度创新与乡村权力的关系进行了实证分析。

毫无疑问，这些研究成果对我们认识中国村落经济社会政治关系和权力结构提供了许多相关性结论和方法论启示。但是，这些从不同的理论视野及不同的理性关怀所得出的研究成果，或是纯理论的推论而缺乏实证考察，或者是在实证研究中简单地论及乡村问题，而没有将村落问题作为一个专门的领域来进行全面而系统的实证研究，缺乏在观念、制度和政策层次上进行深入、精致、系统的分析，尤其是对村落社会整体走向城市变迁过程中村落经济、社会、政治、文化结构的连续转换缺乏细致的研究。之所以出现这些不足，除了我们需要新的理论概括和更高层次的综合外，还在于我们对于基本资料的掌握不够完善，无论是在区域的广度上，还是个案资料的精度上，都有继续探寻和整理的必要。

如前所述，早在20世纪上半叶，在乡村研究进入学者视野之时，资料搜集工作便已开始。到了20世纪80年代以后，随着学术视野的开阔和多学科研究方法的引入，学者们资料搜集的方式也日趋多元化，口述访谈、田野调查、文本收集等方法都被普遍采用。这一时期，乡村档案资料受到了学者更多的关注。

相比口述史料，档案资料有其先天的优势。所谓档案：“是指过去和现在的国家机关、社会组织以及个人从事政治、军事、经济、科学、技术、文化、宗教等活动直接形成的对国家和社会有保存价值的各种文字、图表、声像等不同形式的历史纪录。”[①]也有学者指出：“档案是组织或个人在以往的社会实践活动中直接形成的清晰的、确定的、具有完整记录作用的固化信息。”[②]简言之，档案是直接形成的历史纪

① 《中华人民共和国档案法》（1988年1月1日执行）。

② 冯惠玲、张辑哲：《档案学概论》，中国人民大学出版社2006年第二版。

录。它继承了文件的原始性和记录性，是再现历史真实面貌的原始文献。原始性、真实性和价值性是档案的基本属性。而这些属性也恰恰反映出了档案资料对于历史研究的重要意义。可见，乡村社会研究若要更加深入决然离不开这些宝贵的乡村档案资料。

西沟村位于山西省平顺县的太行山区，与现在的生态环境相比，曾经是山连山，沟套沟，山是石头山，沟是石头沟，冬季雪花卷风沙，夏季洪水如猛兽，真可谓是穷山恶水，不毛之地。西沟土地贫瘠，最适合种植的经济作物是当地人称之为地蔓的土豆，土地利用率也很低，一般只有三年时间，即第一年种土豆，第二年种谷子，第三年种些杂粮，到第四年地力基本就耗尽了。历史上这里的常住人口除少量为本地居民外，大多为河南迁移来的难民。而今的西沟甫入眼中的却是一片郁郁葱葱，天然氧吧远近闻名。而西沟人也住进了将军楼，吃上了大米白面，过上了衣食无忧的生活。可以说，西沟人的生存环境和生活状态都有了天翻地覆的变化。纵观西沟村的形成和发展史，无不与中国共产党的领导紧密相连。西沟村发迹于中国共产党领导下的农业生产互助合作组，成长于农业合作化和新农村建设时代。在新中国建立的最初十几年中西沟代表了中国农村发展的方向，在中国农村发展史上具有里程碑式的地位。

西沟是典型的金木水火土五行俱缺的穷山沟，西沟人在中国共产党人的带领下用艰苦奋斗、自力更生、顽强拼搏的精神，以无比坚强的意志坚持互助合作、科学建设，用自己的劳动改变了穷山恶水的生态环境。改变自己的境遇虽是人性最深处对生存的渴望和作为社会的人的一种追求的体现，但是必须肯定的是中国共产党的领导是这种境遇得以改变的关键。从西沟的发展过程来看，党的领导在西沟发展的各个时期都发挥着主导的作用，西沟党支部在任何时候都是人们的主心骨，党的领导催发了西沟人锐意进取、奋发向上的精神。现在的西沟是平顺县最富裕的村庄，在许多老人眼里，村里提供的福利待遇在整个平顺县都是“头等”水平，村集体的实力也是最强的。然而我们还必须正视西沟在历史上和当下遇到的问题。它既是中国共产党领导下的代表了中国农村方向十余年时间的一面旗帜，同时也是改革开放后中国农村中发展缓慢的村庄之一。如此大的差距，应当如何理解？从更广的层面来看，当下中国农村社会发展同样出现了不平衡问题，而且差距越来越大，这一难题又应当如何破解？可以说小到一个个体村落，大到全中国的所有农村，都面临着严峻的发展问题。这是我们国家发展的全局性、根本性问题和难题。我们认为要破解这一难题需要回到历史中去寻找它的根源。

我们无法还原历史的真实，只能无限地接近历史的真实，那么原始资料可谓是实现这一愿望的最好选择。西沟村在这一方面便有着得天独厚的优势。从李顺达执掌西沟村开始，西沟村的档案管理工作就开始有条不紊地展开。直到20世纪80年代，随着社会形势的改变，长期积累的档案资料面临散失的危险。这时西沟村党总支副书记张章存在村两委的支持下，组织人手对20世纪30年代到80年代的档案资料进行归类整理，完整地保留了西沟村在集体化时代的档案资料。此后，村两委又建立了规范的档案存放体制，延续至今。可以说，西沟档案资料无论在保存的完整性，数量的众多性和内容的丰富性上，都是其他地方保存的同时期档案资料无法比拟的。现在呈现在大家面前的《西沟档案史料》，正是从山西省社会科学院“西沟系列研究”课题组于2014年4月16日到5月29日期间，历时一个半月在西沟村搜集的原始资料中抽取的精华部分汇编而成。这批内容丰富且极具研究价值的档案资料，不仅是典型村庄生产生活全景的详细记录，也是研究山西乃至中国农村历史珍贵的原始文献资料，对于重新认识当时的历史具有重要的价值与意义，也可为新农村建设和破解当前中国农村遇到的发展难题提供有益的借鉴。

《西沟档案史料》共分为八卷，即《西沟口述史及档案史料（1938—2014）》的第三卷至第十卷，包括村政、村务经济、社会人口、土地林权、单据、历史影像等六个专题。

《西沟档案史料》基本上每个专题单独成卷。由于村政类和单据类档案资料内容最为丰富，因此选择的资料较多，将其各分为两卷。

村政类档案资料收录在第三卷和第四卷。此类资料时间跨度很长，从1938年至2014年，历时70余年。其内容非常丰富，涉及政治、经济、科教文卫、社会救助、村民矛盾调解、精神文明建设等各个方面，几乎覆盖了西沟村发展的方方面面。村政卷虽名为村政，但由于西沟村的特殊性，其内涵实则极为丰富，不仅是西沟社会管理工作的汇编，其实更是西沟村级事务的综合。通过村政卷的资料，人们不仅能够了解西沟的社会管理和村级事务变迁，也能了解中国近现代基层农村的发展历程。

单据类档案资料是西沟村档案资料中保存最多的一类。此次呈现给大家的主要是1970年和1975年部分月份的会计凭证，分别收录在第八卷和第九卷。为保证单据的原始性，我们保留了单据保存时期的初始状态，按原档案保存形式，整体收录。这就造成了一个年份分布在两卷资料中，而且月份也未能按照顺序排列的缺憾。但是这些单据之间有着天然的相关性，不仅可以进行统计分析，而且也能够给我们提供20世纪70年代有关西沟村产业结构、生产经营、收入水平、商业贸易等集体经济活动方面的诸多信息。其中有关收入和支出的财务单据客观反映出了西沟村集体经济生产、经营、流通、销售的情况，西沟村商业贸易活动所覆盖的地区以及西沟村民当时的生存状态。

第五卷为村务经济卷。该卷成分单一，主要反映的是20世纪50年代到70年代西沟村经济活动的详细情况，包括财务状况和经营成果。包括分配表、工票领条表、记工表、粮食结算表、粮食分配表、金额分配决算表、参加分配劳动日数统计表、预分表、包产表、任务到队（初步计划）表、固定资产表、账目、小队欠大队粮登记表、历年各项统计表等十四类。这些财会信息保存完整，内容丰富，是研究中国农村生产生活难得的资料。

第六卷为社会人口卷。该卷分为人口和社会保障两大部分。人口部分以西沟村二十世纪七、八十年代的常住人口和劳动力及青壮年人口统计表为主，能够反映不同阶段男女劳动力比例和工分分配情况。社保服务的内容主要为2011–2013年的村民医疗和参保的部分数据，反映出西沟近年来在社保服务这一方面所做的工作和取得的成绩。

第七卷为土地林权卷。该卷涵盖了20世纪50年代到21世纪初期西沟村重要的林木入股、林权证、土地入股、土地所有证和宅基地申请、审批等资料。该卷是对我国农村土地、山林等生产资料进行四次确权过程的鲜活例证，反映了我国农村土地制度由农民私有制发展到土地合作社、人民公社，再到农村村民自治的村民委员会所有的集体所有制的演变过程。

第十卷为历史影像卷。该卷收录的资料从图像和文本的角度反映了西沟七十余年的发展历程，不仅生动体现了西沟人改天换地的战斗精神，再现了西沟进行社会主义农村建设的生动画面，而且也显示出了西沟对于中国农村发展的影响，是深入研究中国农村历史的重要依据。本卷根据资料的相关性将其分为书信手稿、领导题词、照片资料、锦旗、会议记录以及工作笔记等六大类。这些资料真实的体现了西沟村为探索中国农村的发展道路做出的卓越贡献。

保持西沟档案资料的原始性是我们进行此次资料汇编坚持的重要原则。此次收入的资料全部原图拍摄，不进行任何加工，档案排序也遵照原有序列不做任何调整。同时由于篇幅有限，我们还会对收录的资料进行一些选择，力争收录内容有代表性且相对完整的材料，这样就可能将一些零散的资料剔除，因此会出现一本档案不能全部收录的情况。由此给大家带来的不便，我们深表歉意。尽管我们在资料的选择和编辑上进行了多次的讨论和修改，但是由于学识有限，其中一定还存在不少问题，衷心希望资料使用者能提出宝贵的批评意见。

在本书出版之际，我们特别感谢西沟村两委，尤其是西沟村党总支书记王根考、原党总支副书记张章存、村委办公室主任周德松、村支委委员郭广玲的大力支持。在他们的积极配合和热情支持下，我们才得以将这些尘封的档案资料搜集、整理、选择，并汇编成册，奉献在大家的面前。

杨茂林

2017年4月

目　录

本卷序

本卷主要收录了1962年西沟大队全体社员写给毛主席的信，李顺达亲笔信，申纪兰手稿，反映西沟自然环境、政治活动、农业生产、社员生活等方面的珍贵历史照片，上级表彰以及各参观团赠与留念的锦旗，西沟大队（一九）七一年主要会议记录，1949年至1963年间西沟生产大队的工作笔记等资料。这些资料十分珍贵，能够从不同角度反映西沟的发展历程，体现西沟人战天斗地、改造山河的英雄气概，是深入研究西沟历史的重要依据。本卷根据资料的相关性将其分为书信手稿、照片资料、锦旗、会议记录以及工作笔记五大类，各类资料所包含的具体内容如下。

1. 书信手稿。本卷收录的书信手稿主要包括1962年西沟大队全体社员写给毛主席的信、李顺达亲笔信以及申纪兰手稿。这些书信和手稿是研究西沟历史的重要资料，从中可以看到西沟人修建拦洪坝、河滩造地的过程，可以看到西沟人民战天斗地、征山治水的光辉历程，可以看到西沟人在极其恶劣的自然条件下建设社会主义新农村的成功之路，可以看到“自力更生、艰苦奋斗、无私奉献、与时俱进”的西沟精神。

新中国成立前的西沟是一个“光山秃岭乱石沟，庄稼十年九不收”的穷山沟，为响应党中央“组织起来，发展生产”的号召，李顺达在老西沟村带头组织起太行山第一个互助组，开展生产自救，被太行区第一届群英会评为“生产互助一等英雄”，他在长期的革命斗争和社会主义建设中做出了卓越贡献，是中国共产党的八大、九大、十大代表。西沟初级农业生产合作社成立后，为挖掘劳动潜力，申纪兰率领同村妇女下地，为她们争取到和男劳力一样的工分，开启了中国历史上前所未有的一项重大创举——男女同工同酬。她是我国唯一一位连任十二届的全国人大代表，被国际友人称为资格最老的“国会议员”。他们的书信和手稿非常珍贵，是研究西沟历史的重要资料。

2. 照片资料。西沟的珍贵照片和历史实物系统地展示了当年李顺达建立互助组、申纪兰首创男女同工同酬的事迹以及西沟人民艰难创业的进程，展示了西沟人民艰苦奋斗、廉洁奉公、建设山区的创业历史，全面反映了中国农村、中国农业和中国农民走社会主义道理的光辉历程，是中国社会主义新农村建设的缩影。本卷收录的照片资料只是其中的一部分，主要包括自然环境，政治活动，人物特写，农业生产，农田水利基本建设，农业科学研究，农业机械化，林业生产，畜牧业生产，工副业生产，民兵、青、妇，文教、卫生、财贸，社员生活，军民关系以及历史实物等方面的内容。

3. 锦旗。西沟人经过几十年的艰苦奋斗，对山水田林进行综合治理，把一个金木水火土五行俱缺的穷西沟建成了农林牧贸工商全面发展的新农村，其发展受到了上级党组织和政府领导的充分肯定。1942年，西沟村被晋冀鲁豫边区政府表彰为“劳武结合模范村”；1944年，边区政府奖给李顺达互助组一面锦旗，上面写着：边区农民的方向；1948年12月，太行区党委、太行区行署为表彰李顺达互助组所取得的成绩，特授予李顺达互助组锦旗一面，上面写着：翻身农民的道路。西沟取得的显著成绩不仅受到了上级党组织和政府领导的充分肯定，也引起了社会各界的广泛关注，省内外各种参观团以及社会各界人士纷纷到西沟参观学习。在此期间，西沟获得了很多上级予以表彰的锦旗以及各参观团赠与留念的锦旗。这一部分主要收录了西沟在1950年至2002年间获赠的部分锦旗照片，这些锦旗不仅代表着西沟过去的辉煌历史，更是代表着西沟人自力更生、艰苦奋斗的精神，是弥足珍贵的。

4. 会议记录。这一部分收录了西沟大队（一九）七一年主要会议记录本的全部内容，是非常珍贵的档案资料。该会议记录本中详细记载了西沟大队在1971年3月至1971年6月的工作组会议（包括召开时间、主持人、参加人员、会议内容等），工作具体安排和检查情况，会议精神传达，座谈会总结，李顺达同志来信，团支委名单等内容，反映了西沟大队的真实工作情况。

5. 工作笔记。这一部分主要记录了西沟生产大队基本情况、西沟生产大队逐年调查表、工作记录、阶级情况档案以及西沟大队1963年各委员会和代表名单等五方面的内容。

一是西沟生产大队基本情况，主要记录了在1949年至1963年间西沟大队的人口情况、自然面貌、农业发展情况、林业发展情况、畜牧业发展情况、产量与收入情况、生产投入情况、收入分配情况、劳动日分值、生活水平以及1963年至1972年十年规划等内容。全面反映了西沟在1949年至1963年间的农、林、牧、副全面发展的历程。

二是西沟生产大队逐年调查表，包括互助组、初级社、高级社、人民公社四个时期发展情况表，1950年至1960年农林牧副收入比例情况表、产量与收入情况表、粮食分配情况表、造林面积情况表，1955年至1960年社员劳动分值与生活水平表、投工情况表、生产成本与劳动生产率情况表，1961年至1963年民兵情况表，1958至1963年党员、团员、社员情况表等。

三是工作记录，主要记载了西沟生产大队在1979年7月至1980年12月的日常工作情况。

四是阶级情况档案，主要记录了最贫农民基本情况，1946年地主基本情况和斗争程度，土改后、合作化前阶级分化情况，东峪沟、池底、六家度、古罗村、沙地栈基本情况，三榜定案时的阶级情况等内容。

五是西沟大队1963年各委员会和代表名单，包括西沟大队民政委员会名单、军烈属代表名单、妇女委员会名单、五类分子情况、治安保委会名单、党支部委员会名单、青年团支委名单、管理委员会名单、人民代表和社员代表名单、贫下中农委员会名单、文教卫生委员名单、监察委员会名单、武装委员会名单、畜牧指导小组名单等等。

本卷内容简介

本卷中收录的西沟档案资料和照片十分珍贵，能够从不同角度反映西沟的发展历程，体现西沟人战天斗地、改造山河的英雄气概，是深入研究西沟历史的重要依据。本卷根据资料的相关性将其分为书信手稿、照片资料、锦旗、会议记录以及工作笔记五大类。主要收录了1962年西沟大队全体社员写给毛主席的信，李顺达亲笔信，申纪兰手稿，反映西沟自然环境、政治活动、农业生产、社员生活等方面的珍贵历史照片，上级表彰以及各参观团赠与留念的锦旗，西沟大队（一九）七一年主要会议记录，1949年至1963年间西沟生产大队的工作笔记等资料。这些资料真实的体现了西沟村为探索中国农村的发展道路，为推进中国农村的改革开放做出的卓越贡献。

本卷编者简介

柏婷，女，1987年5月出生，山西省吉县人，2009年毕业于首都师范大学科德学院社会工作专业，获法学学士学位，2012年毕业于云南大学发展研究院人口学专业，获法学硕士学位。现为山西省社会科学院社会学所助理研究员，研究方向为人口社会学、人口经济学。

历史影相卷

一、书信手稿

（一）1962年西沟写给毛主席的信

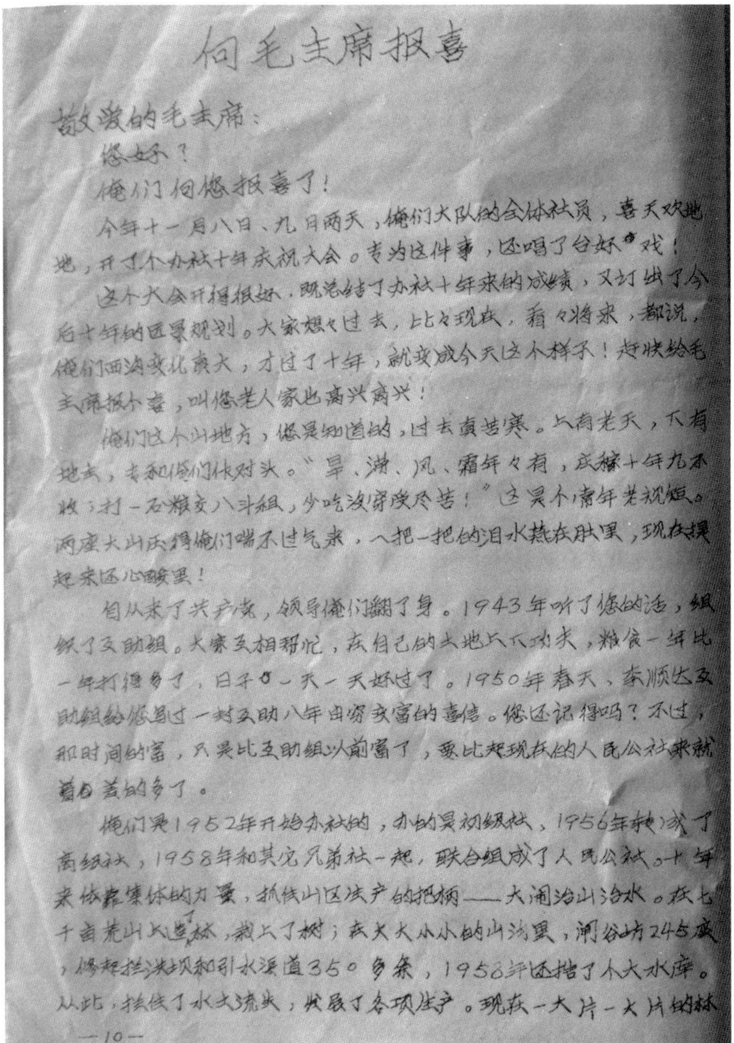

向毛主席报喜

敬爱的毛主席：

您好？

俺们向您报喜了！

今年十一月八日、九日两天，俺们大队的全体社员，喜天欢地，开了个办社十年庆祝大会。专为这件事，还唱了台好戏！

这个大会开得很好，既总结了办社十年来的成绩，又订出了今后十年的远景规划。大家想想过去，比比现在，看看将来，都说，俺们西沟变化真大，才过了十年，就变成今天这个样子！赶快给毛主席报个喜，叫您老人家也高兴高兴！

俺们这个山地方，您是知道的，过去真苦寒。上有老天，下有地主，专和俺们作对头。"旱、涝、风、霜年年有，庄稼十年九不收；打一石粮交八斗租，少吃没穿受尽苦！"这是个旧年老规矩。两座大山压得俺们喘不过气来，一把一把的泪水热在肚里，现在提起来还心酸里！

自从来了共产党，领导俺们翻了身。1943年听了您的话，组织了互助组。大家互相帮忙，在自己的土地上下功夫，粮食一年比一年打得多了，日子也一天一天好过了。1950年春天，李顺达互助组给您写过一封互助八年由穷变富的喜信。您还记得吗？不过，那时间的富，只是比互助组以前富了，要比起现在的人民公社来就差的多了。

俺们是1952年开始办社的，办的是初级社，1956年转成了高级社，1958年和其它兄弟社一起，联合组成了人民公社。十年来依靠集体的力量，抓住山区生产的把柄——大闹治山治水。在七千亩荒山上造了林，栽上了树；在大大小小的山沟里，闸谷坊245座，修起拦洪坝和引水渠道350多条，1958年还修了个大水库。从此，控住了水土流失，发展了各项生产。现在一大片一大片的林

—10—

图1-1-1　西沟写给毛主席的信第一页（1962年11月9日）

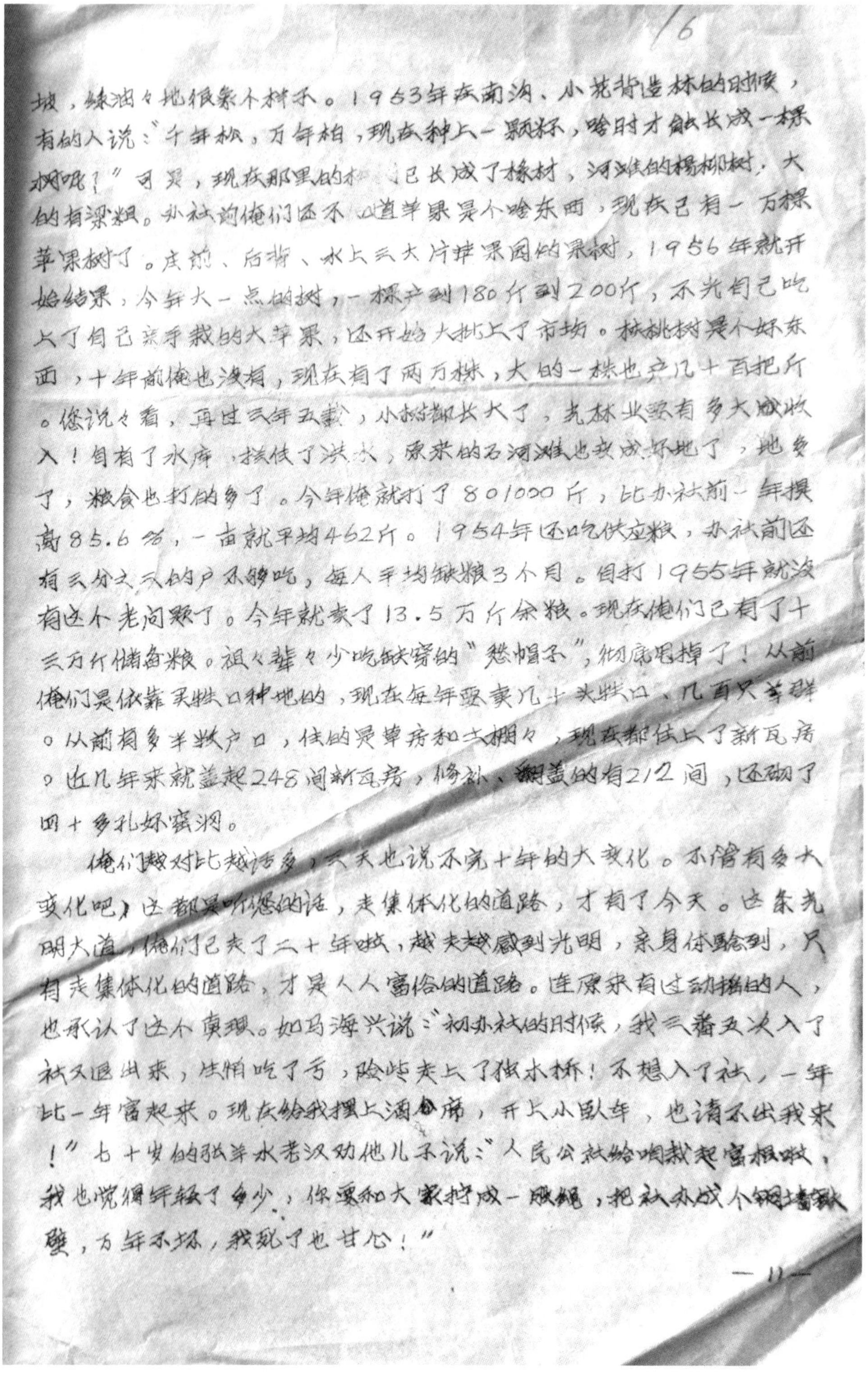

16
坡，绿油油地很象个样子。1953年在南沟、小花背造林的时候，有的人说："千年松，万年柏，现在种上一颗籽，啥时才能长成一棵树呢？"可是，现在那里的树已长成了椽材，河滩的杨柳树，大的有梁粗。办社前俺们还不知道苹果是个啥东西，现在已有一万棵苹果树了。庄前、后背、水上三大片苹果园的果树，1956年就开始结果，今年大一点的树，一棵产到180斤到200斤，不光自己吃上了自己亲手栽的大苹果，还开始大批上了市场。核桃树是个好东西，十年前俺也没有，现在有了两万株，大的一株也产几十百把斤。您说说看，再过三年五载，小树都长大了，光林业要有多大收入！自有了水库，挡住了洪水，原来的石河滩也变成好地了，地多了，粮食也打的多了。今年俺就打了801000斤，比办社前一年提高85.6%，一亩就平均462斤。1954年还吃供应粮，办社前还有三分之二的户不够吃，每人平均缺粮3个月。自打1955年就没有这个老问题了。今年就卖了13.5万斤余粮。现在俺们已有了十三万斤储备粮。祖祖辈辈少吃缺穿的"愁帽子"，彻底甩掉了！从前俺们是依靠买牲口种地的，现在每年要卖几十头牲口、几百只羊群。从前有多半数户口，住的是草房和土棚棚，现在都住上了新瓦房。近几年来就盖起248间新瓦房，修补、翻盖的有212间，还砌了四十多孔好窑洞。
俺们越对比越话多，三天也说不完十年的大变化。不管有多大变化吧，这都是听您的话，走集体化的道路，才有了今天。这条光明大道，俺们已走了二十年啦，越走越感到光明，亲身体验到，只有走集体化的道路，才是人人富裕的道路。连原来有过动摇的人，也承认了这个真理。如马海兴说："初办社的时候，我三番五次入了社又退出来，生怕吃了亏，险些走上了独木桥！不想入了社，一年比一年富起来。现在给我摆上酒席，开上小卧车，也请不出我来！"七十岁的张羊水老汉劝他儿子说："人民公社给咱栽起富根啦，我也觉得年轻了多少，你要和大家拧成一股绳，把社办成个铜墙铁壁，万年不坏，我死了也甘心！"
— 11 —

图1-1-2　西沟写给毛主席的信第二页（1962年11月9日）

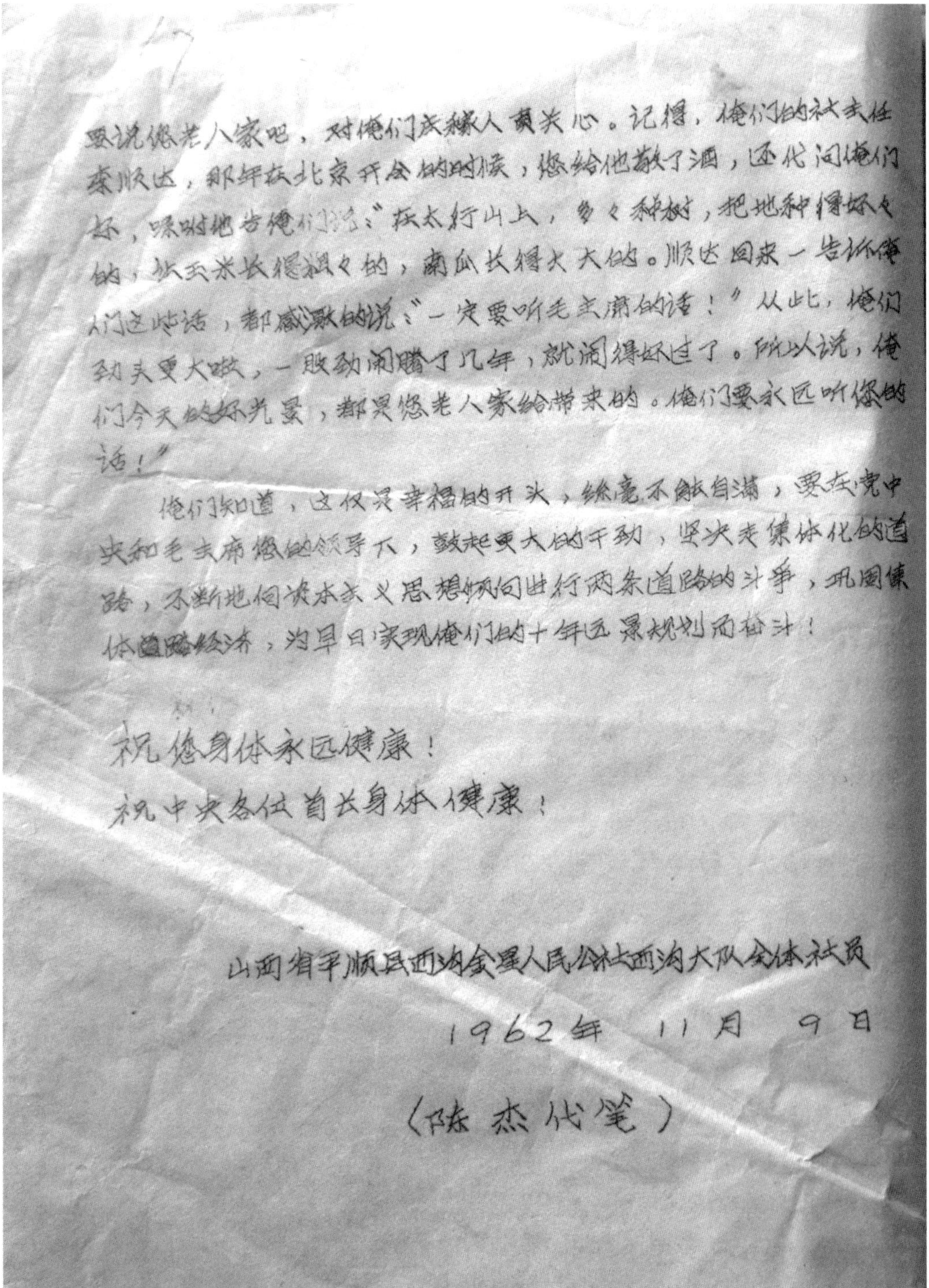

要说您老人家吧，对俺们庄稼人最关心。记得，俺们的社主任李顺达，那年在北京开会的时候，您给他敬了酒，还代问俺们好，嘱咐他告俺们说："在太行山上，多多种树，把地种得好好的，玉茭米长得粗粗的，南瓜长得大大的。"顺达回来一告诉俺们这些话，都感激地说："一定要听毛主席的话！"从此，俺们劲头更大啦，一股劲闹腾了几年，就闹得好过了。所以说，俺们今天的好光景，都是您老人家给带来的。俺们要永远听您的话！"

俺们知道，这仅是幸福的开头，丝毫不能自满，要在党中央和毛主席您的领导下，鼓起更大的干劲，坚决走集体化的道路，不断地向资本主义思想倾向进行两条道路的斗争，巩固集体经济，为早日实现俺们的十年远景规划而奋斗！

祝您身体永远健康！

祝中央各位首长身体健康！

山西省平顺县西沟金星人民公社西沟大队全体社员

1962年11月9日

（陈杰代笔）

图1–1–3　西沟写给毛主席的信第三页（1962年11月9日）

（二）李顺达亲笔信

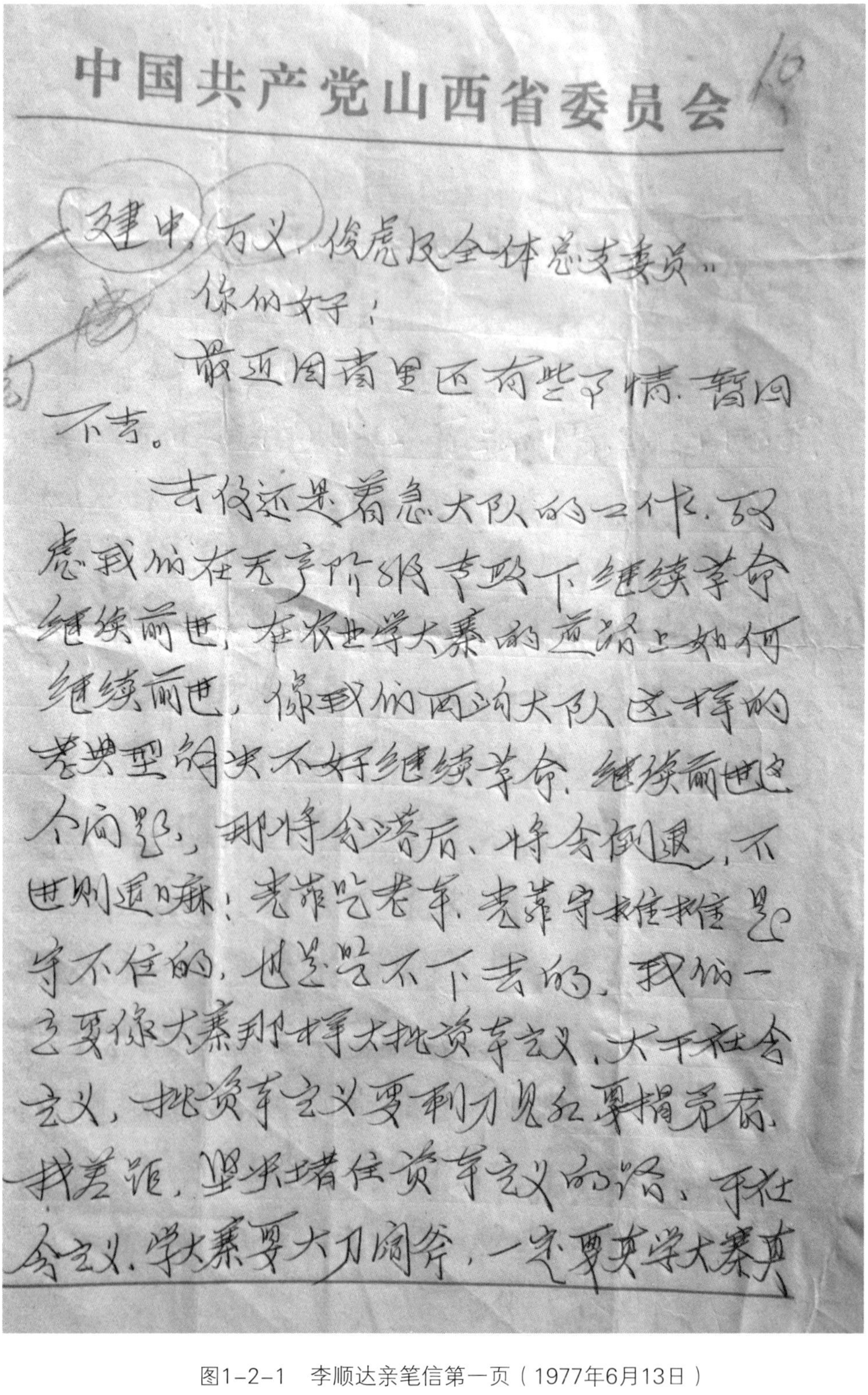

中国共产党山西省委员会

建中、万义、俊虎及全体总支委员：

你们好！

最近因省里还有些事情，暂回不去。

我仍还是着急大队的工作，考虑我们在无产阶级专政下继续革命继续前进，在农业学大寨的道路上如何继续前进，像我们西沟大队这样的老典型解决不好继续革命、继续前进这个问题，那将会落后、将会倒退，不进则退嘛！光靠吃老本、光靠守摊摊是守不住的，也是守不下去的。我们一定要像大寨那样大批资本主义，大干社会主义，批资本主义要刺刀见红，要揭老底，找差距，坚决堵住资本主义的路，干社会主义，学大寨要大刀阔斧，一定要真学大寨真

图1-2-1　李顺达亲笔信第一页（1977年6月13日）

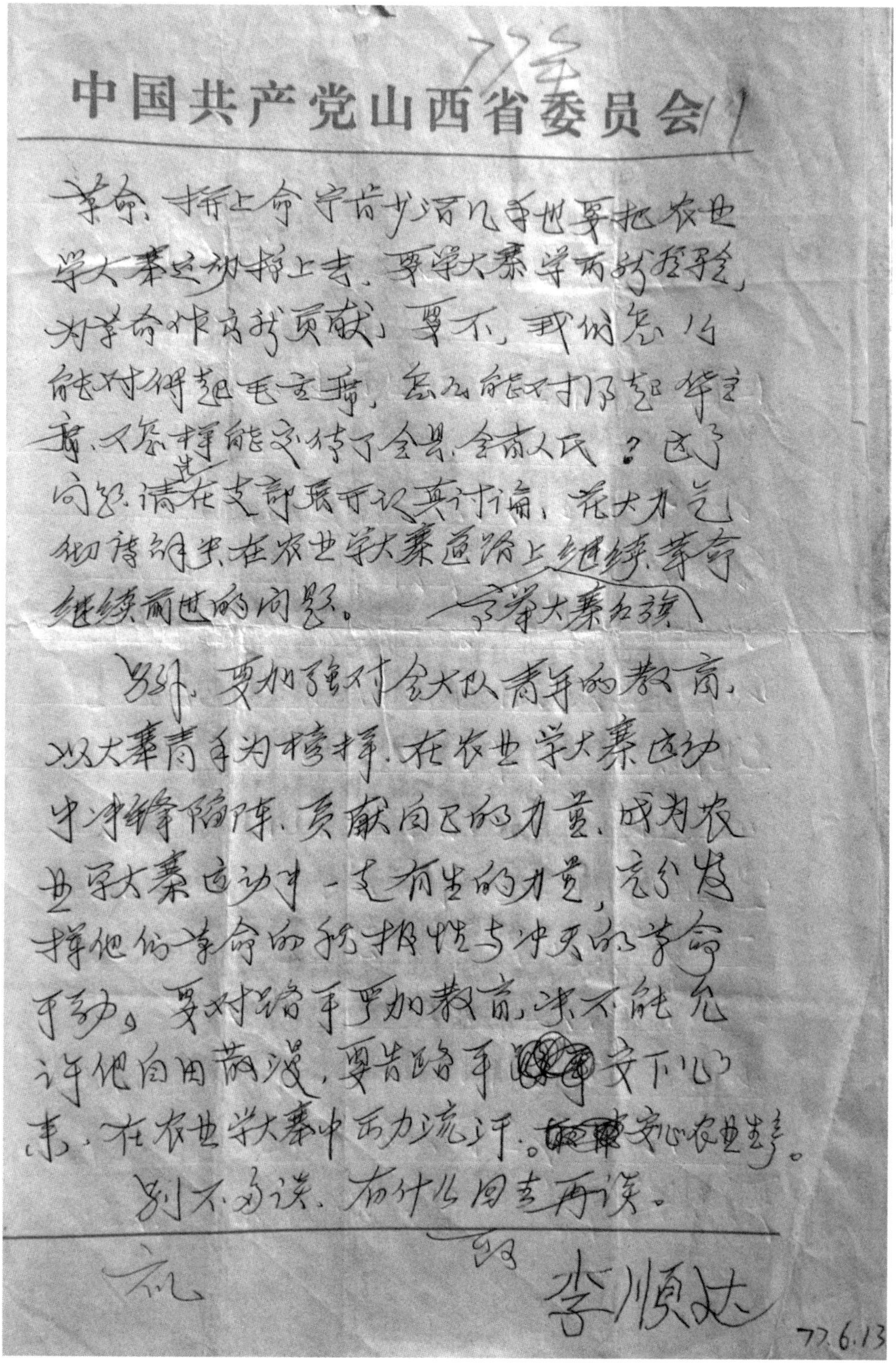
中国共产党山西省委员会

77会

革命，抓上[illegible]几年也要把农业
学大寨运动抓上去。要学大寨学有的经验，
为革命作出新贡献。要不，我们怎么
能对得起毛主席，怎么能对得起华主
席，又怎样能交待了全县、全市人民？这个
问题请在支部展开认真讨论，花大力气
彻底解决在农业学大寨道路上继续革命
继续前进的问题。学大寨么谈
另外，要加强对全大队青年的教育，
以大寨青年为榜样，在农业学大寨运动
中冲锋陷阵，贡献自己的力量，成为农
业学大寨运动中一支有生的力量，充分发
挥他们革命的积极性与冲天的革命
干劲。要对谢青年严加教育，决不能允
许他自由散漫，要告诉青年安下心
来，在农业学大寨中出力流汗，安心农业生产。
别不多谈，有什么问题再谈。
致
礼
李顺达
77.6.13

图1-2-2　李顺达亲笔信第二页（1977年6月13日）

（三）申纪兰手稿

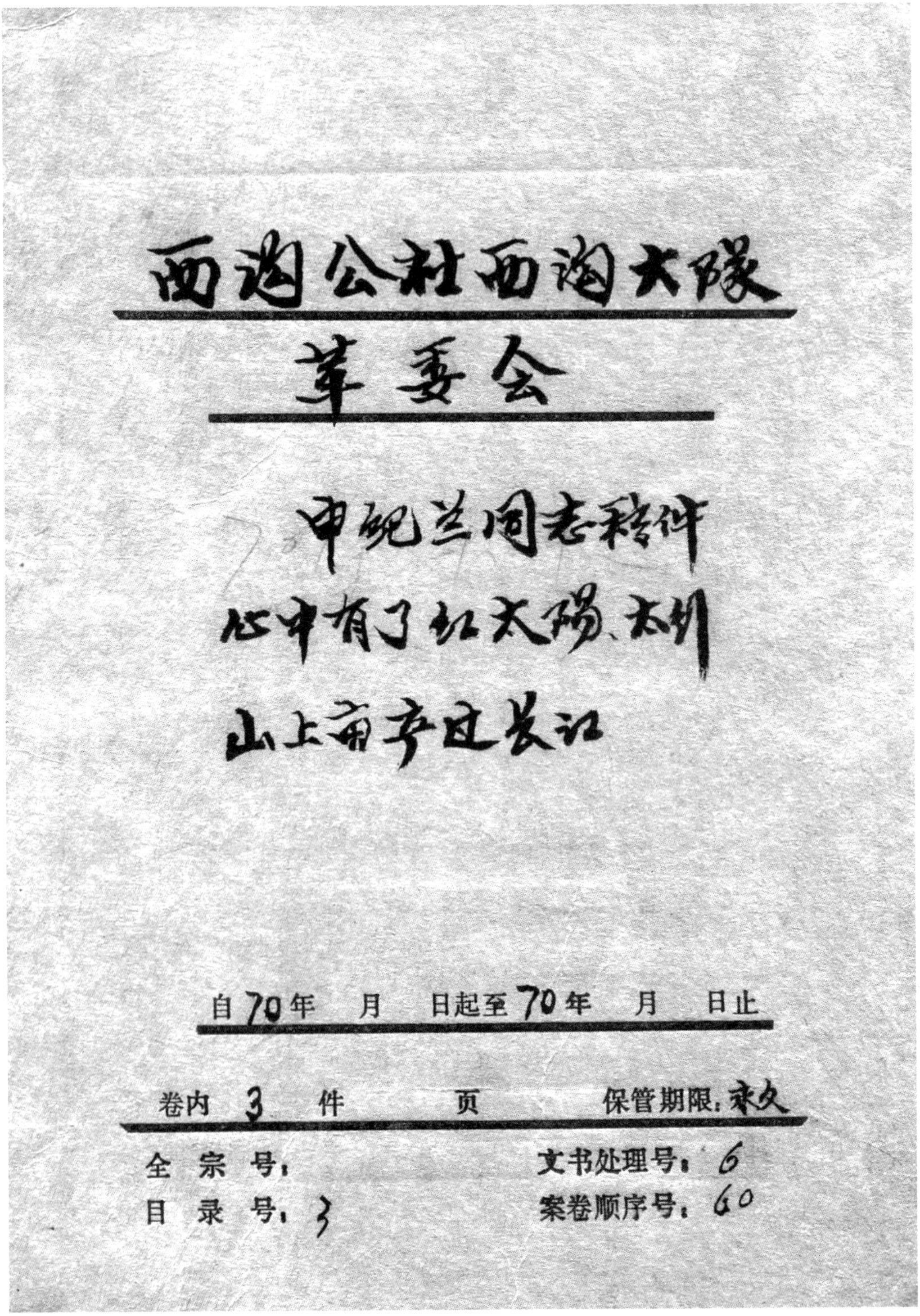

西沟公社西沟大隊

革委会

申纪兰同志稿件

心中有了红太陽、太行

山上亩产过长江

自 70 年　月　日起至 70 年　月　日止

卷内 3 件　页　保管期限：永久

全宗号：　文书处理号：6

目录号：3　案卷顺序号：60

图1-3-1　手稿封面

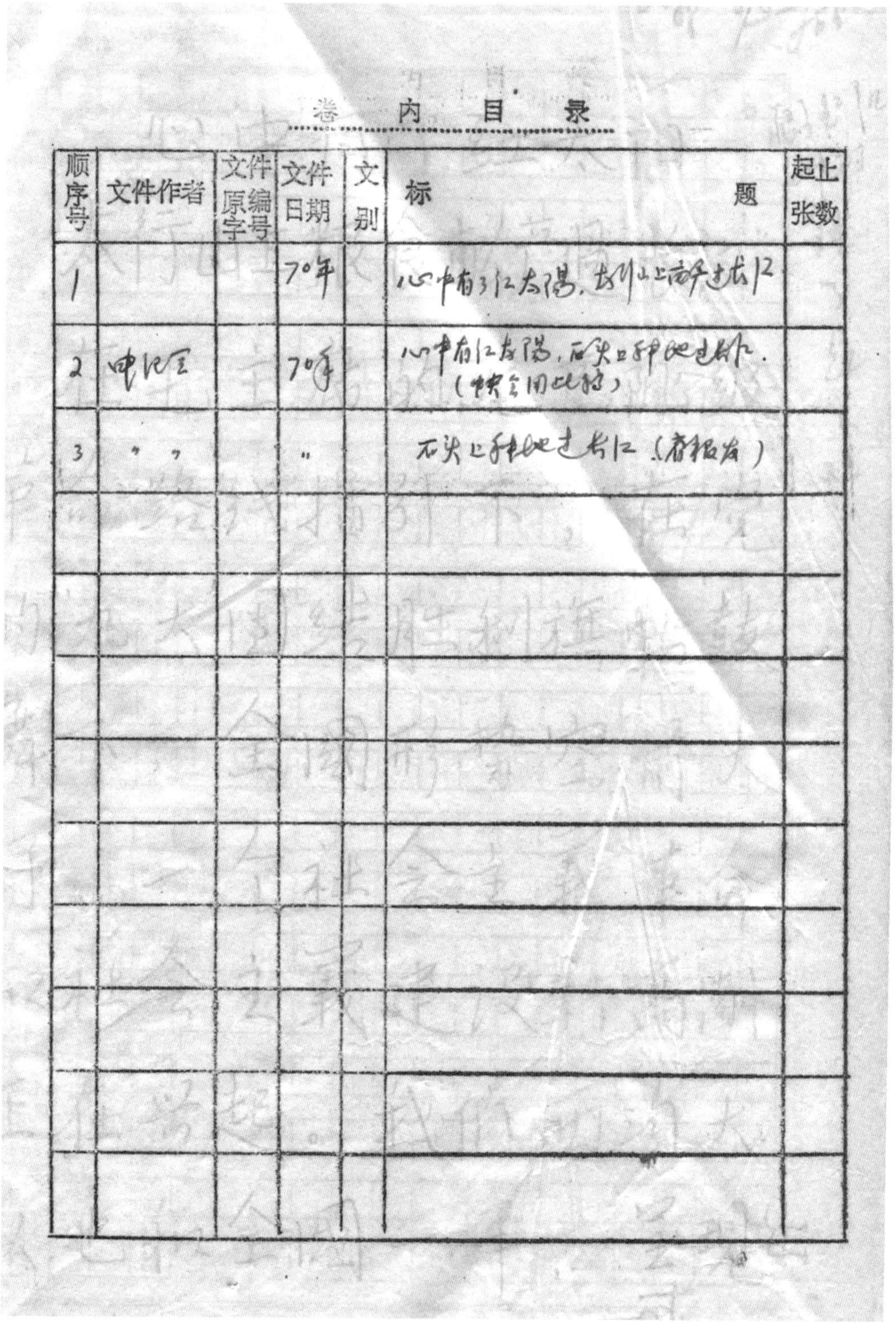

卷 内 目 录

顺序号	文件作者	文件原编字号	文件日期	文别	标题	起止张数
1			70年		心中有了红太阳，[illegible]山上[illegible]开出花红	
2	申纪兰		70年		心中有红太阳，石头上种地出花红。（快书用此稿）	
3	〃 〃		〃		石头上种地出花红（存稿存）	

图1-3-2 手稿目录

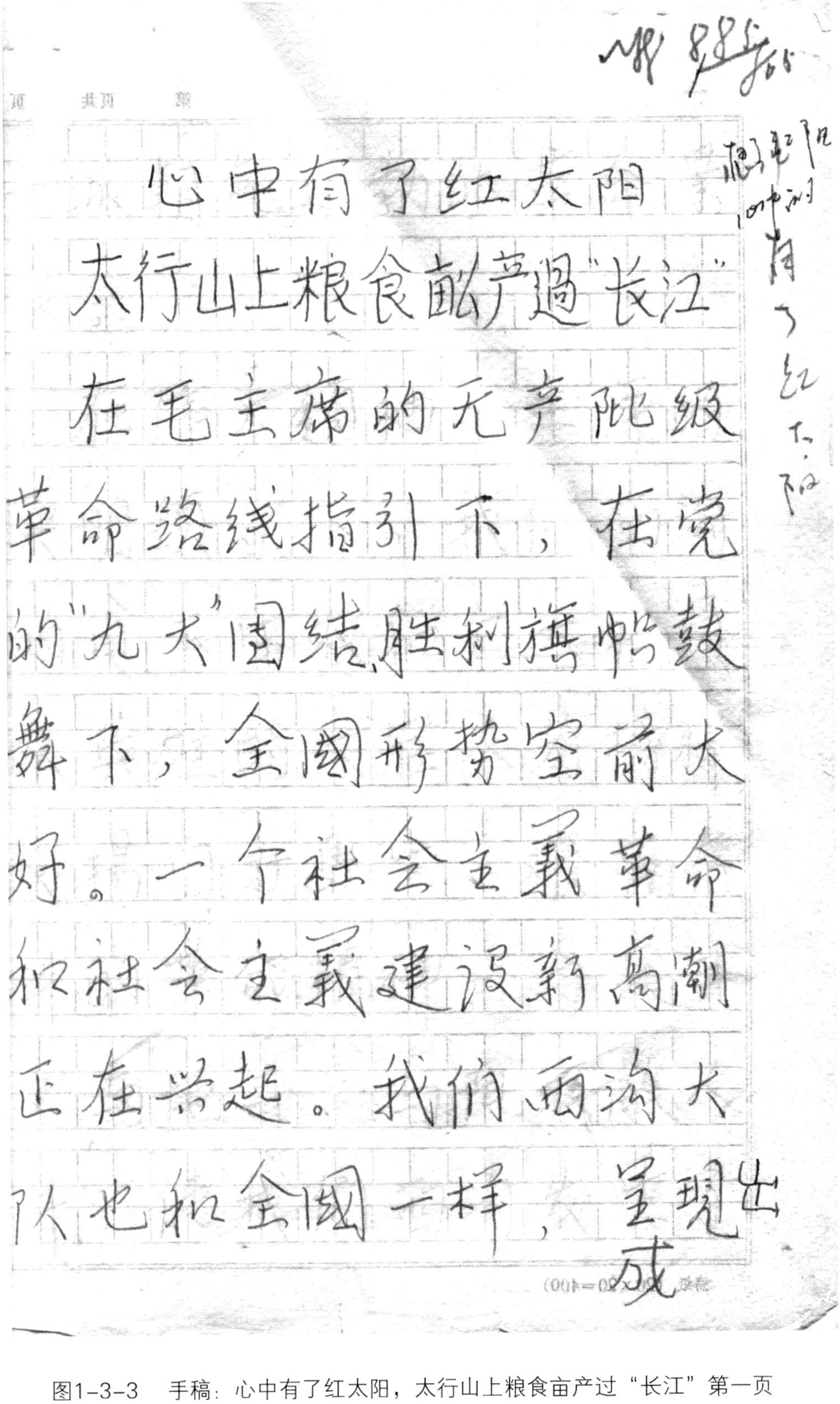
心中有了红太阳

太行山上粮食亩产過"长江"

在毛主席的无产阶級革命路线指引下，在党的"九大"团结胜利旗帜鼓舞下，全国形势空前大好。一个社会主義革命和社会主義建设新高潮正在兴起。我们西沟大队也和全国一样，呈現出

图1-3-3　手稿：心中有了红太阳，太行山上粮食亩产过"长江"第一页

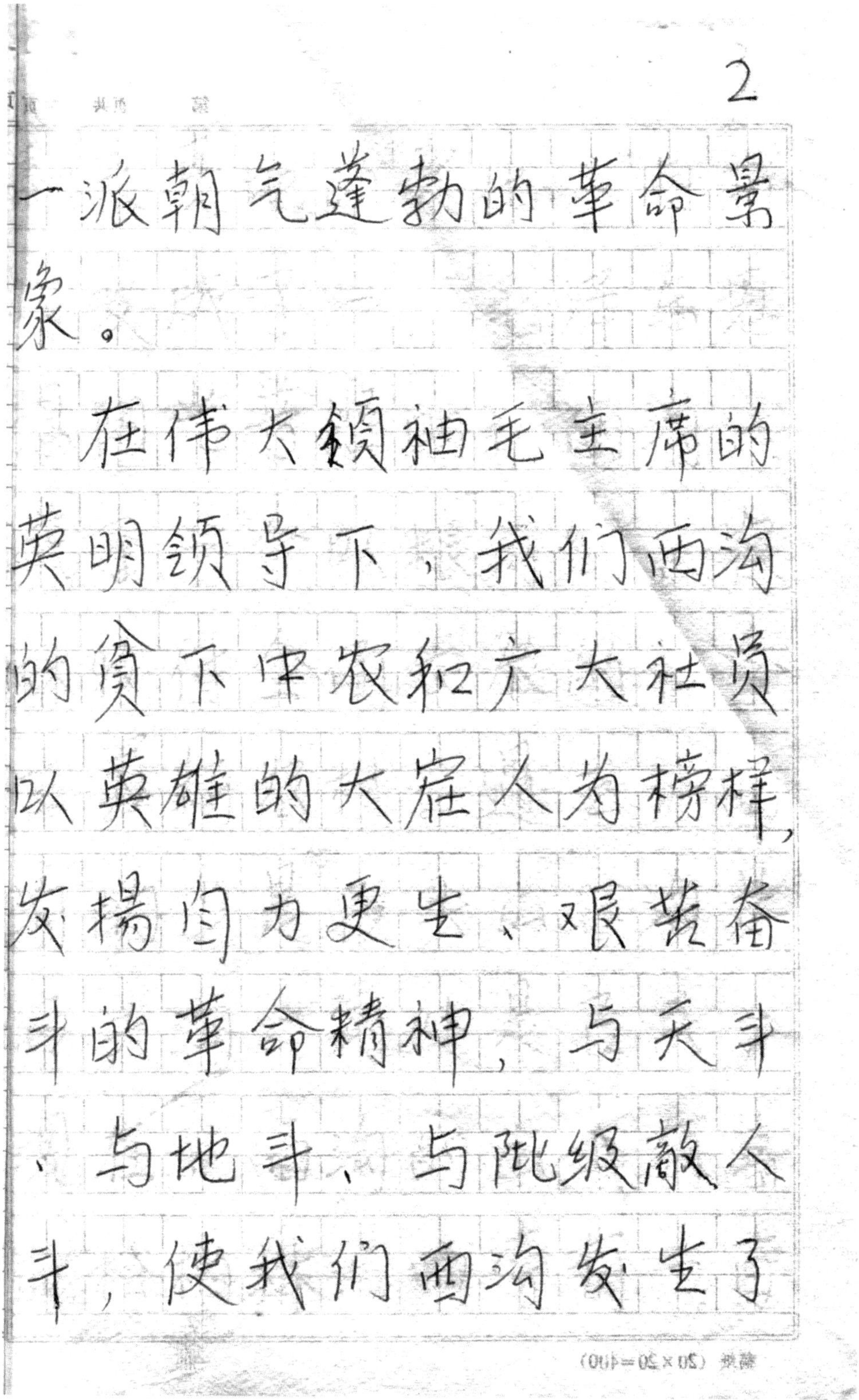
2

一派朝气蓬勃的革命景象。

在伟大领袖毛主席的英明领导下，我们西沟的贫下中农和广大社员以英雄的大寨人为榜样，发扬自力更生、艰苦奋斗的革命精神，与天斗、与地斗、与阶级敌人斗，使我们西沟发生了

图1-3-4　手稿：心中有了红太阳，太行山上粮食亩产过“长江”第二页

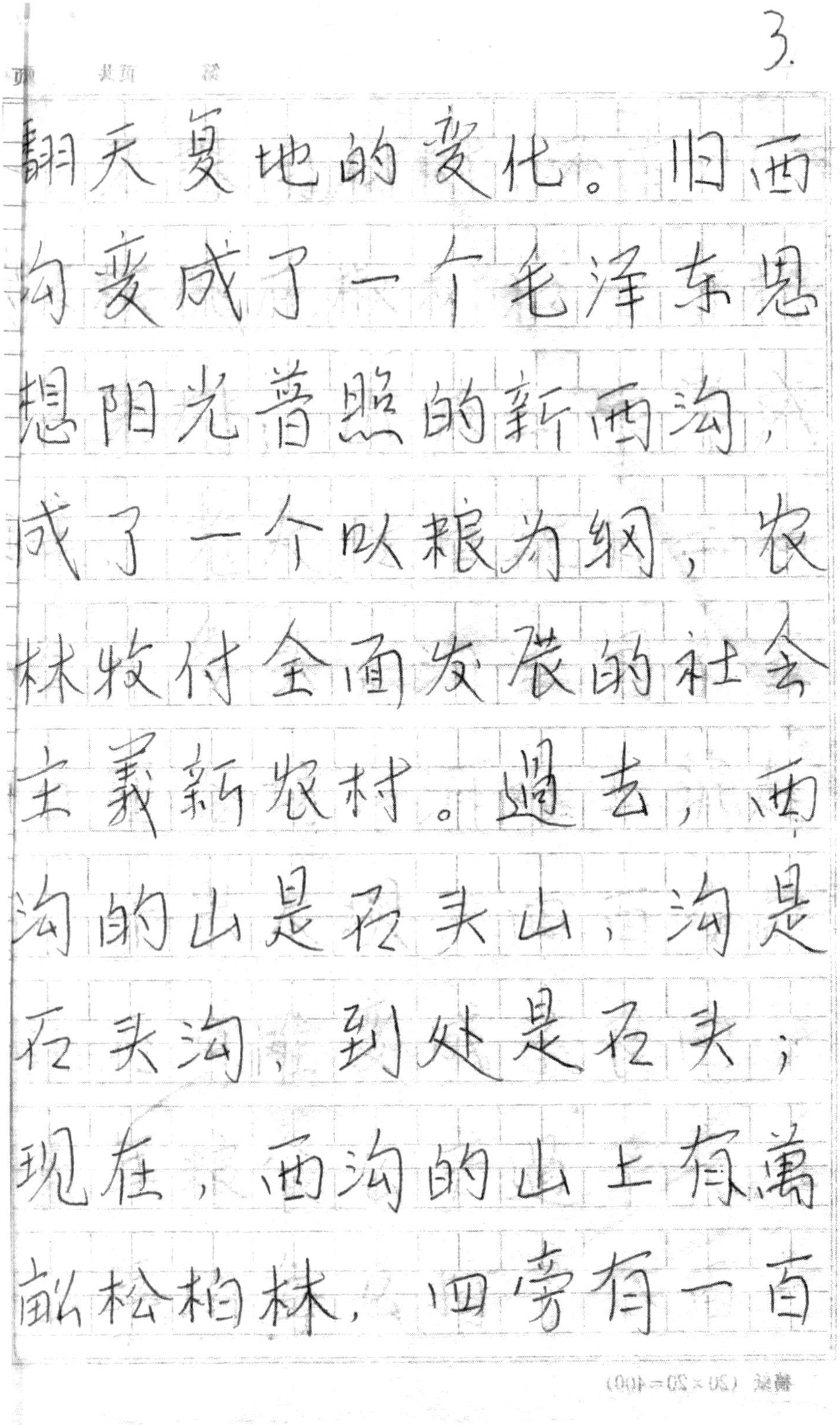
3.

翻天复地的变化。旧西沟变成了一个毛泽东思想阳光普照的新西沟，成了一个以粮为纲，农林牧付全面发展的社会主義新农村。過去，西沟的山是石头山，沟是石头沟，到处是石头；现在，西沟的山上有萬畝松柏林，四旁有一百

稿纸（20×20=400）

图1-3-5　手稿：心中有了红太阳，太行山上粮食亩产过“长江”第三页

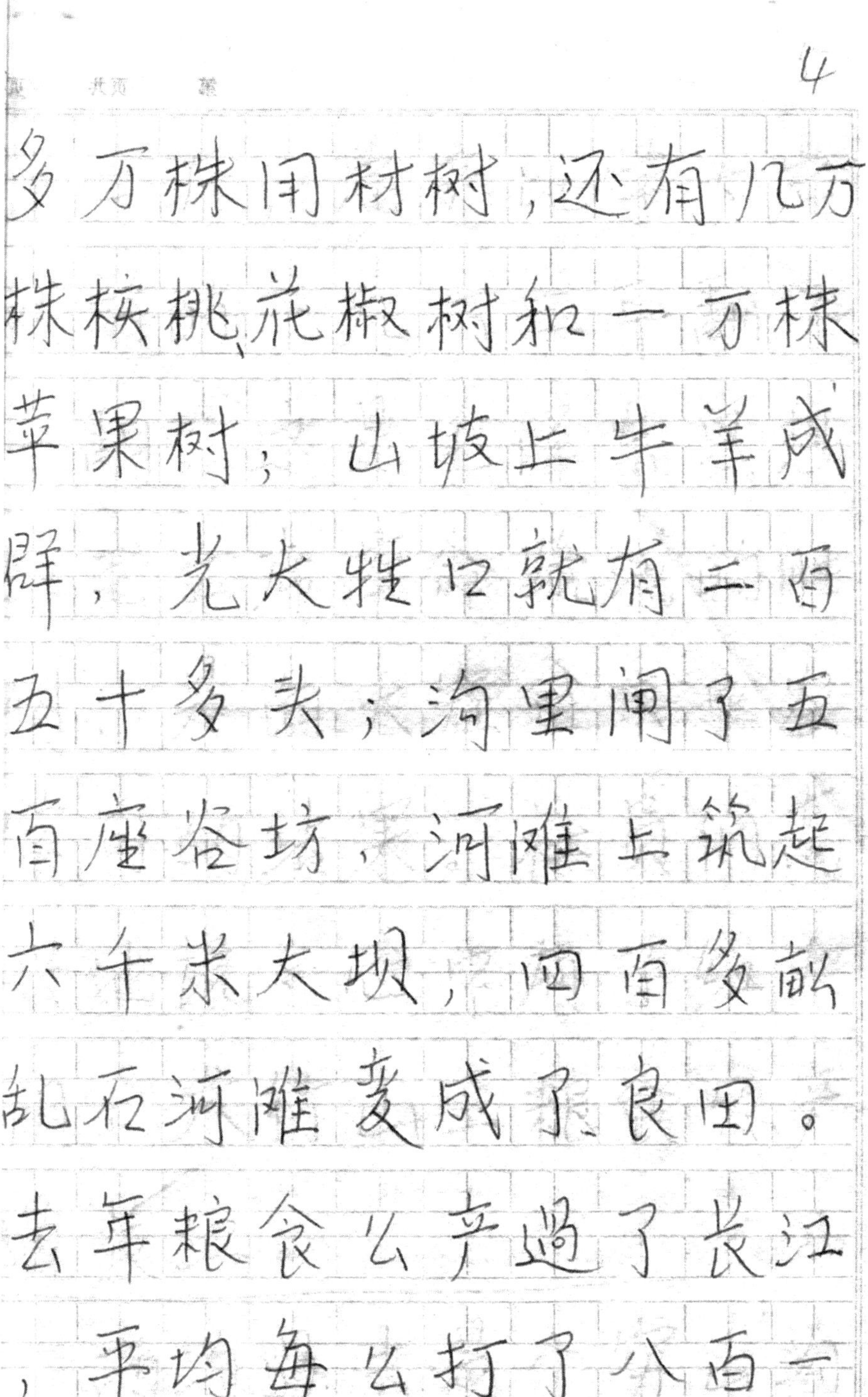

4

多万株用材树，还有几万株核桃、花椒树和一万株苹果树；山坡上牛羊成群，光大牲口就有二百五十多头；沟里闸了五百座谷坊，河滩上筑起六千米大坝，四百多亩乱石河滩变成了良田。去年粮食亩产过了长江，平均每亩打了八百一

图1–3–6　手稿：心中有了红太阳，太行山上粮食亩产过“长江”第四页

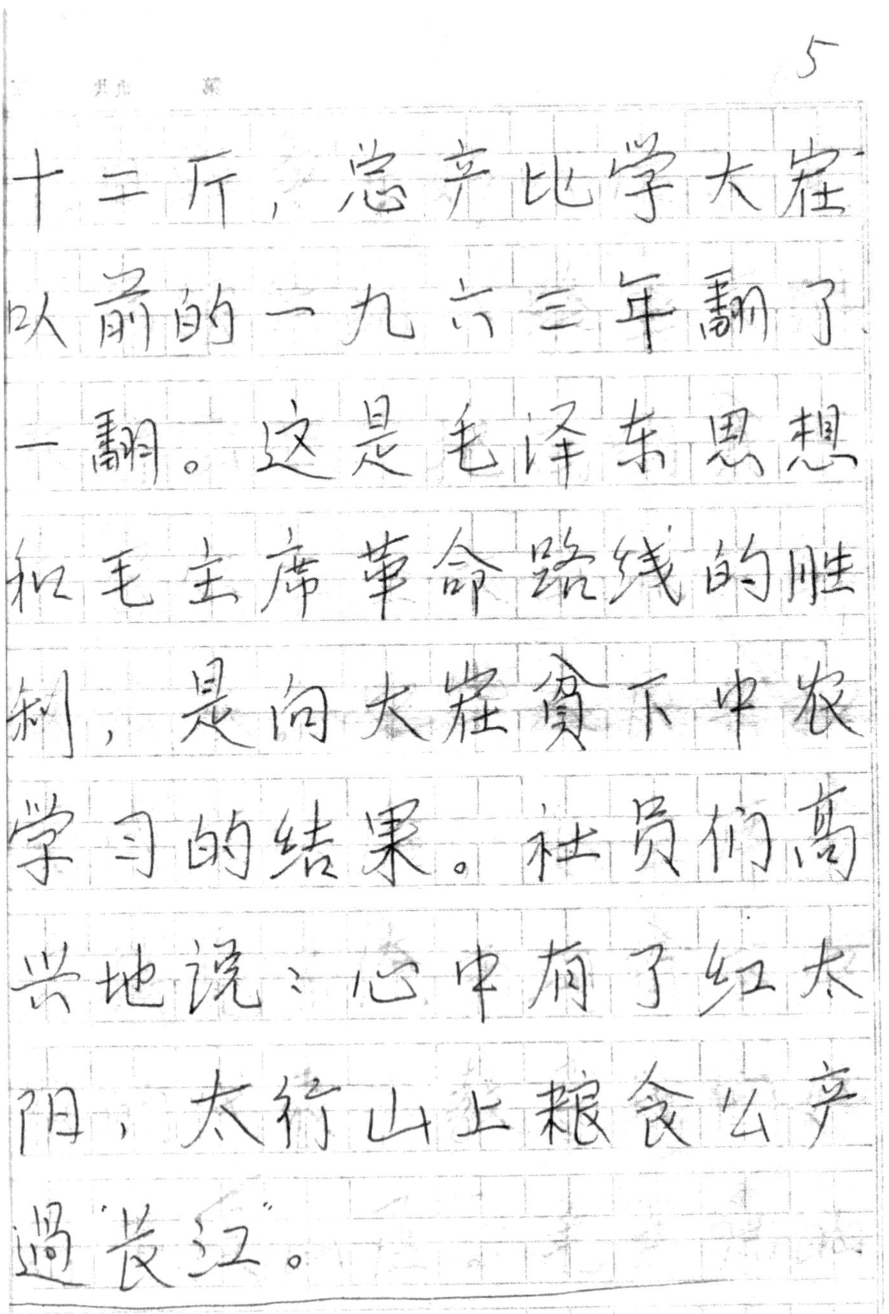

5

十二斤，总产比学大寨以前的一九六三年翻了一翻。这是毛泽东思想和毛主席革命路线的胜利，是向大寨贫下中农学习的结果。社员们高兴地说：心中有了红太阳，太行山上粮食亩产过“长江”。

西沟过去是个穷山沟，

图1-3-7　手稿：心中有了红太阳，太行山上粮食亩产过“长江”第五页

共　页　第　页　6

抗日战争开始以后，毛主席领导的八路军来到太行山上，把西沟贫下中农从三座大山底下解放出来。中华人民共和国成立以后，毛主席多次接见了俺西沟贫下中农的代表，教导我们好好建设山区。毛主席的亲切关怀化成了巨大的

稿纸（20×20=400）

图1-3-8　手稿：心中有了红太阳，太行山上粮食亩产过“长江”第六页

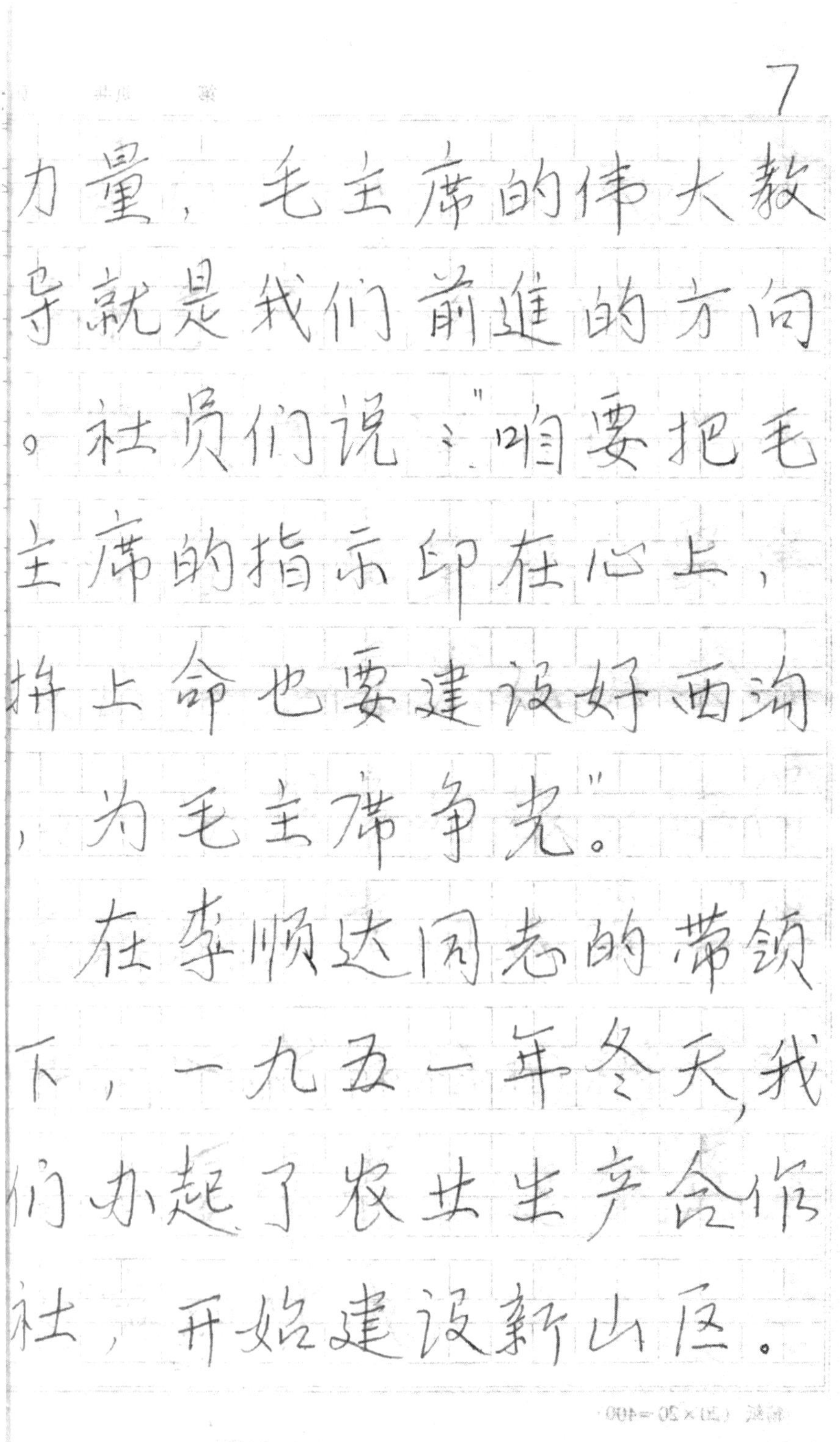

7

力量，毛主席的伟大教导就是我们前进的方向。社员们说："咱要把毛主席的指示印在心上，拚上命也要建设好西沟，为毛主席争光。"

在李顺达同志的带领下，一九五一年冬天，我们办起了农业生产合作社，开始建设新山区。

图1-3-9　手稿：心中有了红太阳，太行山上粮食亩产过"长江"第七页

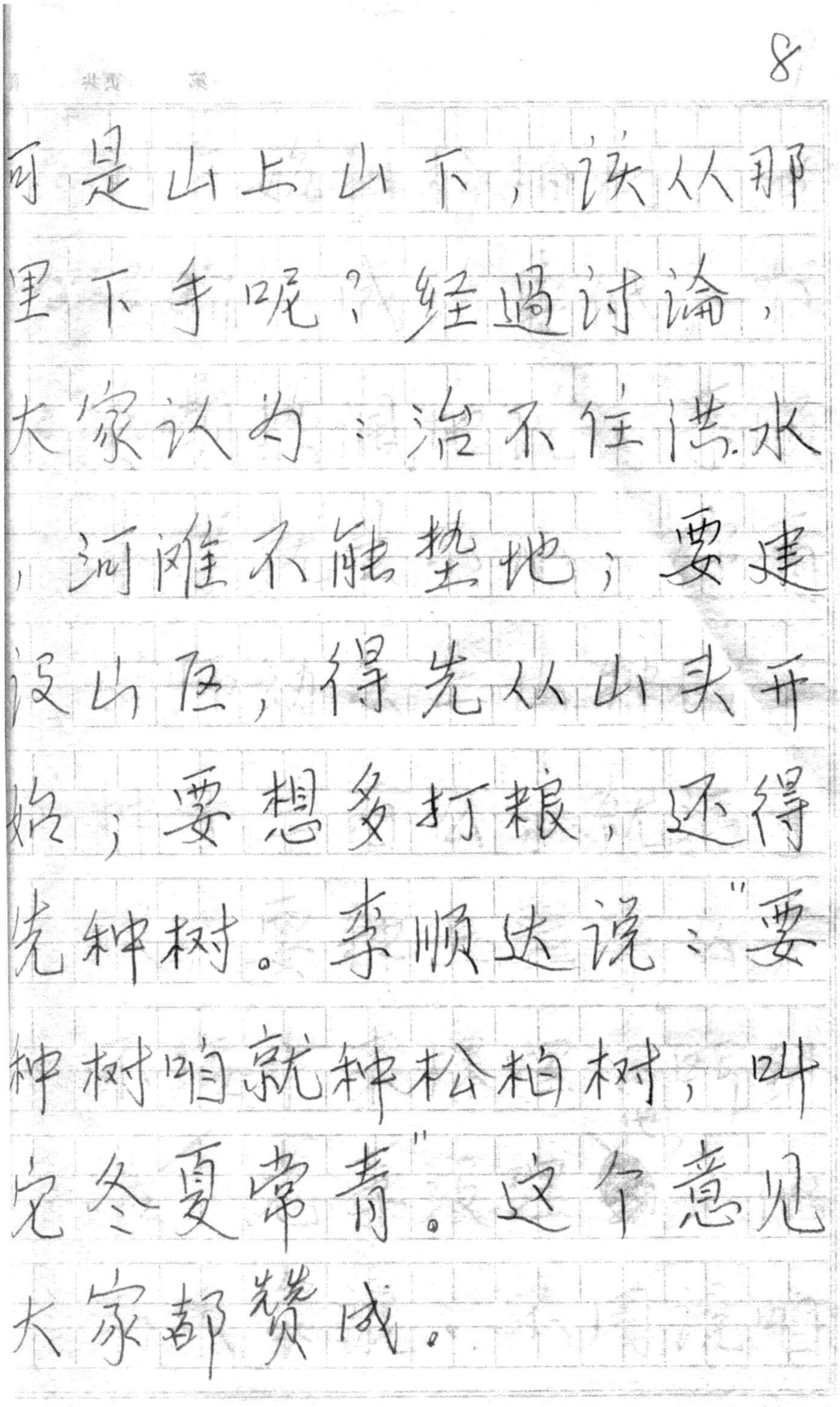

8

可是山上山下，该从那里下手呢？经过讨论，大家认为：治不住洪水，河滩不能垫地；要建设山区，得先从山头开始；要想多打粮，还得先种树。李顺达说："要种树咱就种松柏树，叫它冬夏常青"。这个意见大家都赞成。

图1-3-10　手稿：心中有了红太阳，太行山上粮食亩产过“长江”第八页

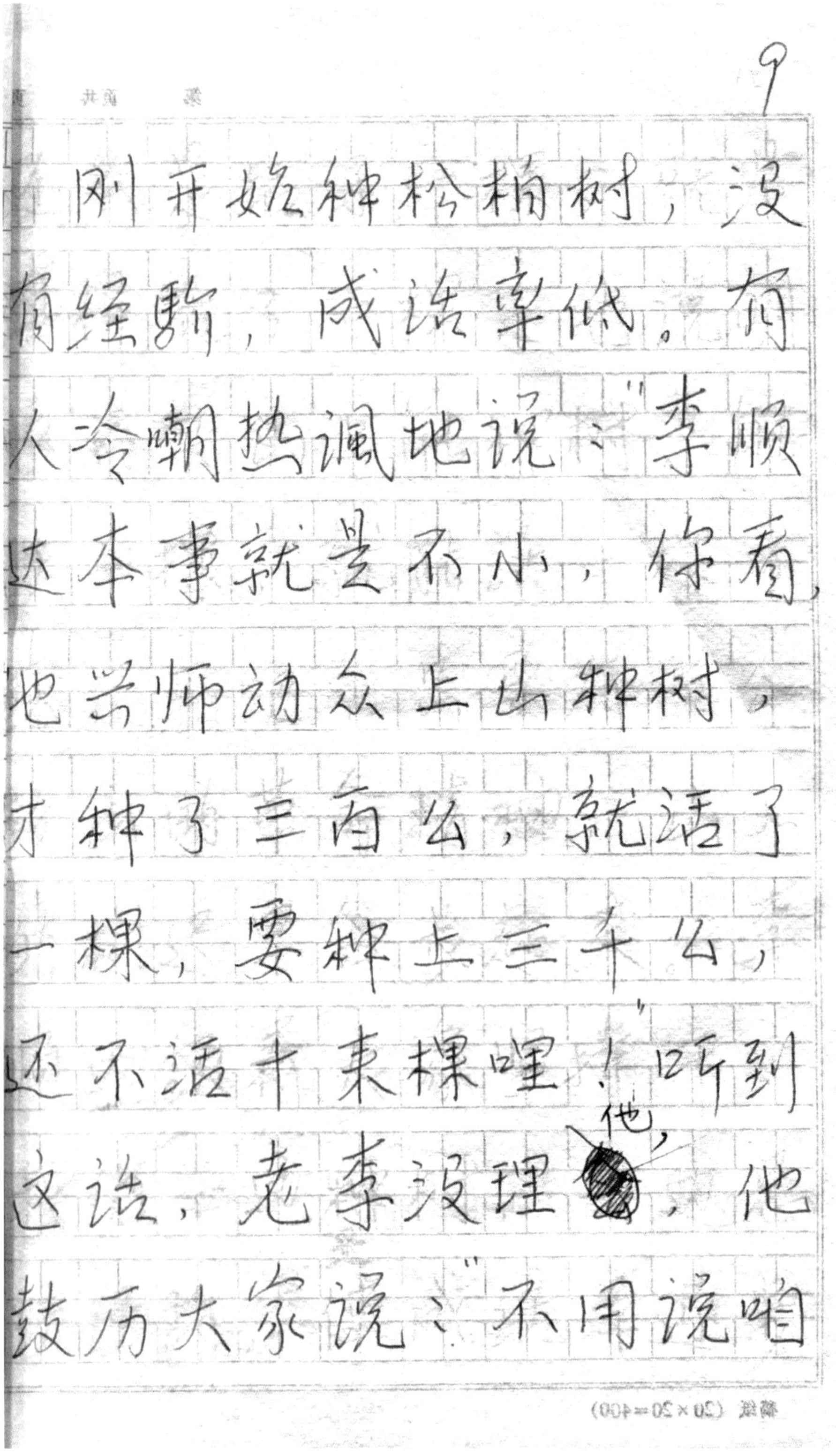
9

刚开始种松柏树，没有经验，成活率低。有人冷嘲热讽地说："李顺达本事就是不小，你看他兴师动众上山种树，才种了三百么，就活了一棵，要种上三千么，还不活十来棵哩！"听到这话，老李没理他，他鼓励大家说："不用说咱

稿纸（20×20=400）

图1-3-11　手稿：心中有了红太阳，太行山上粮食亩产过“长江”第九页

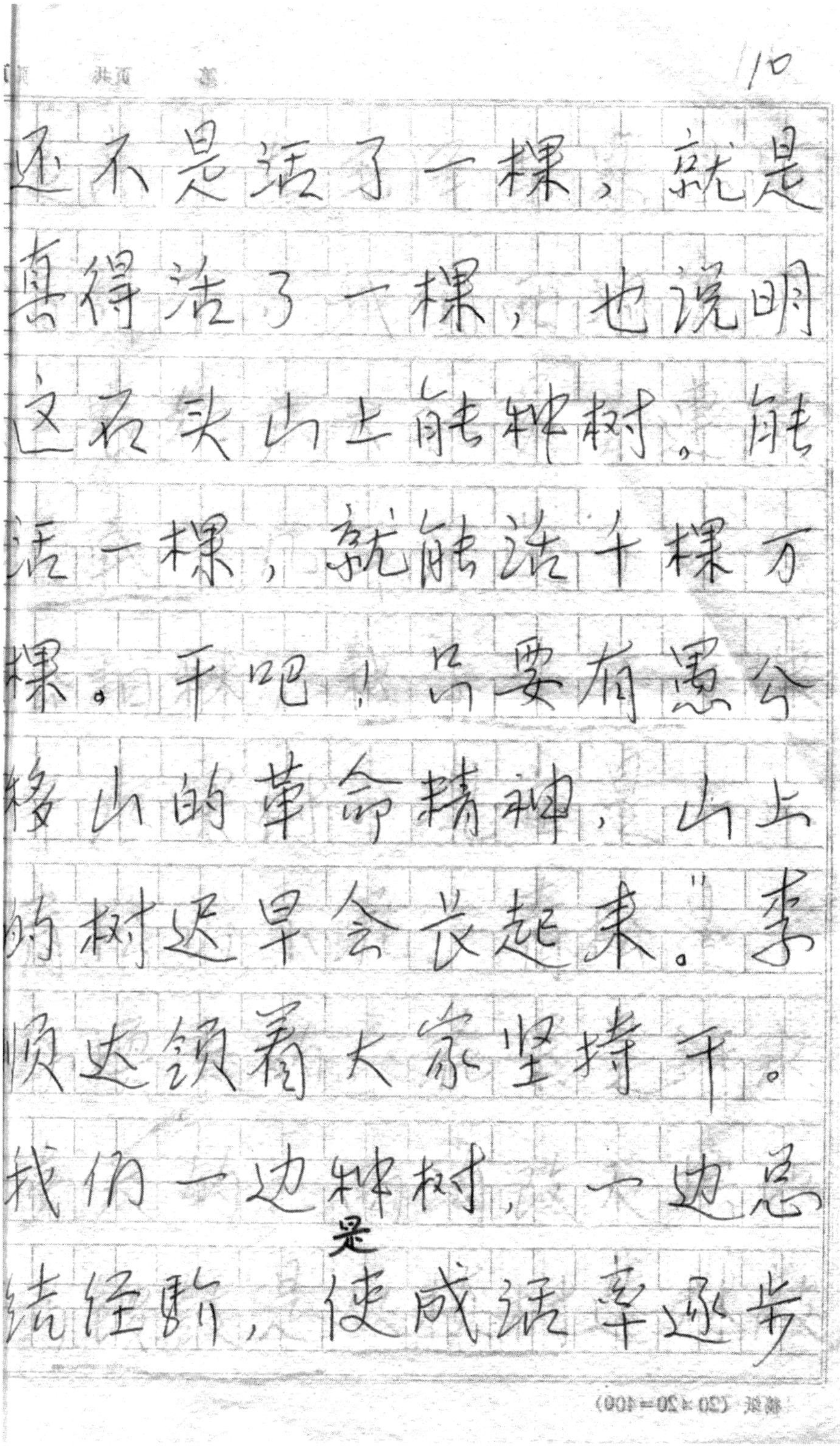

10

还不是活了一棵，就是算得活了一棵，也说明这石头山上能种树。能活一棵，就能活千棵万棵。干吧！只要有愚公移山的革命精神，山上的树迟早会长起来。"李顺达领着大家坚持干。我们一边种树，一边总结经验，是使成活率逐步

图1–3–12　手稿：心中有了红太阳，太行山上粮食亩产过“长江”第十页

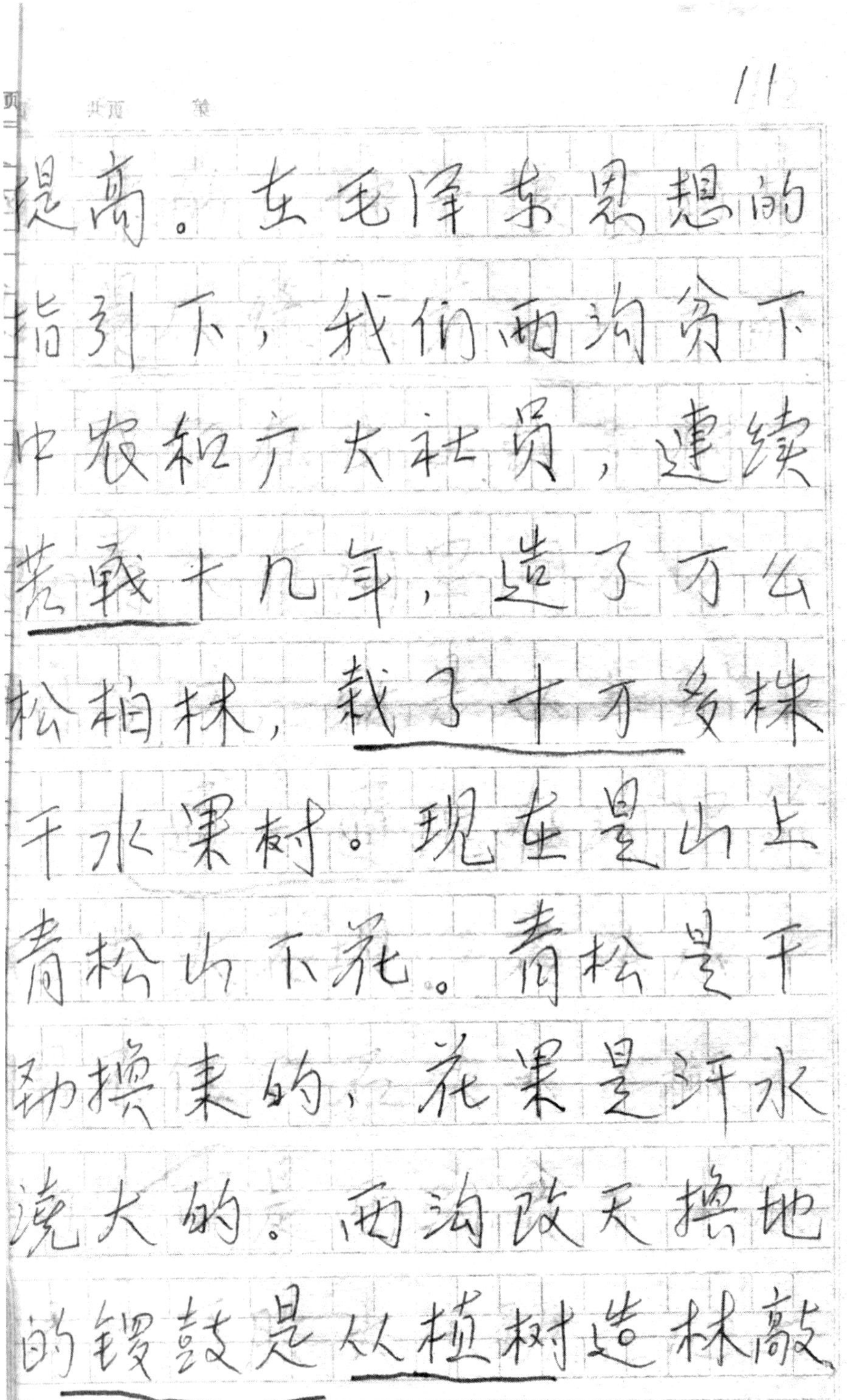

11

提高。在毛泽东思想的
指引下，我们西沟贫下
中农和广大社员，连续
苦战十几年，造了万亩
松柏林，栽了十万多株
干水果树。现在是山上
青松山下花。青松是干
劲换来的，花果是汗水
浇大的。西沟改天换地
的锣鼓是从植树造林敲

(20×20=400)

图1-3-13　手稿：心中有了红太阳，太行山上粮食亩产过“长江”第十一页

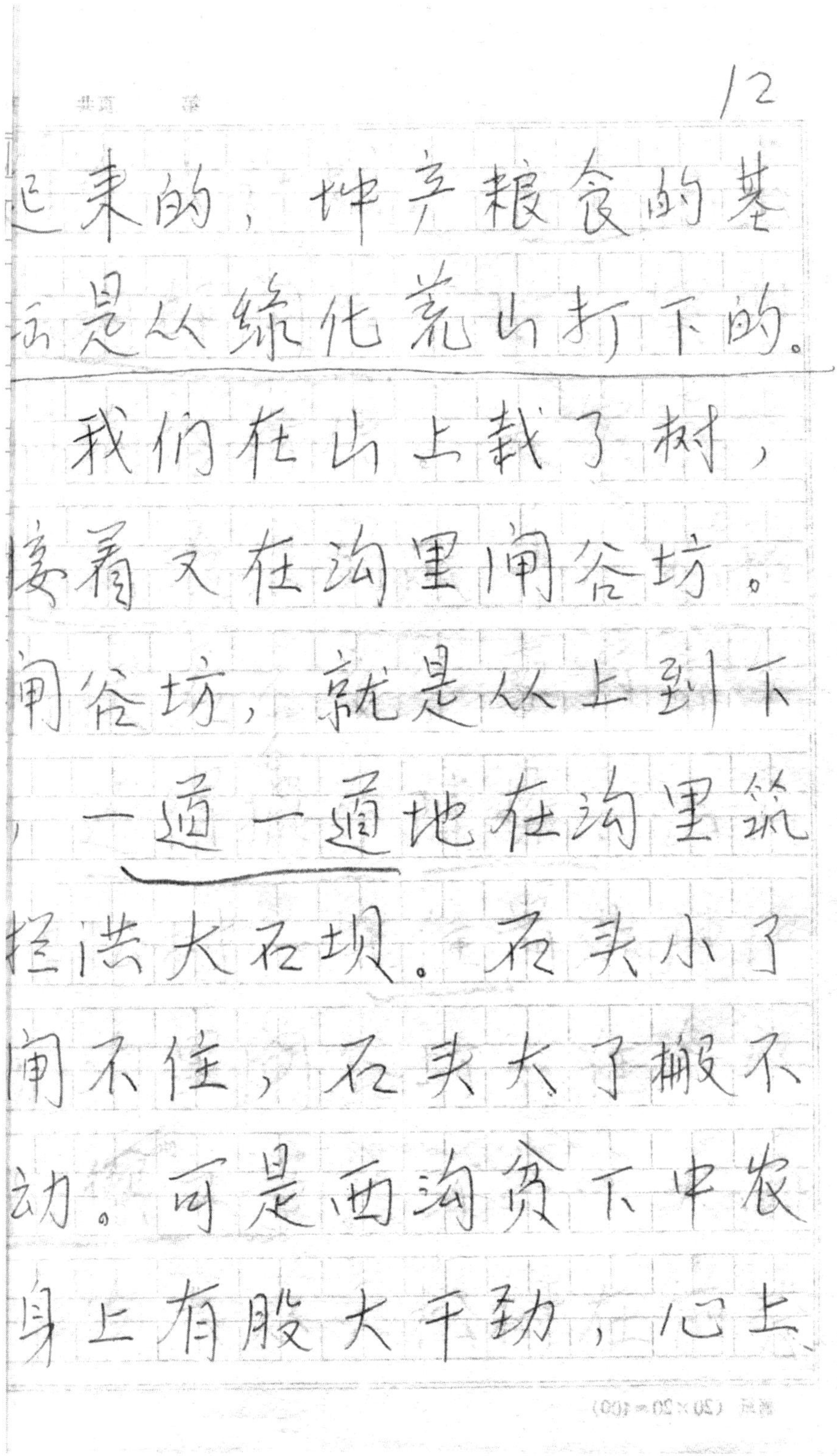
12

起来的，增产粮食的基础是从绿化荒山打下的。

我们在山上栽了树，接着又在沟里闸谷坊。闸谷坊，就是从上到下，一道一道地在沟里筑拦洪大石坝。石头小了闸不住，石头大了搬不动。可是西沟贫下中农身上有股大干劲，心上

(20×20=400)

图1-3-14　手稿：心中有了红太阳，太行山上粮食亩产过“长江”第十二页

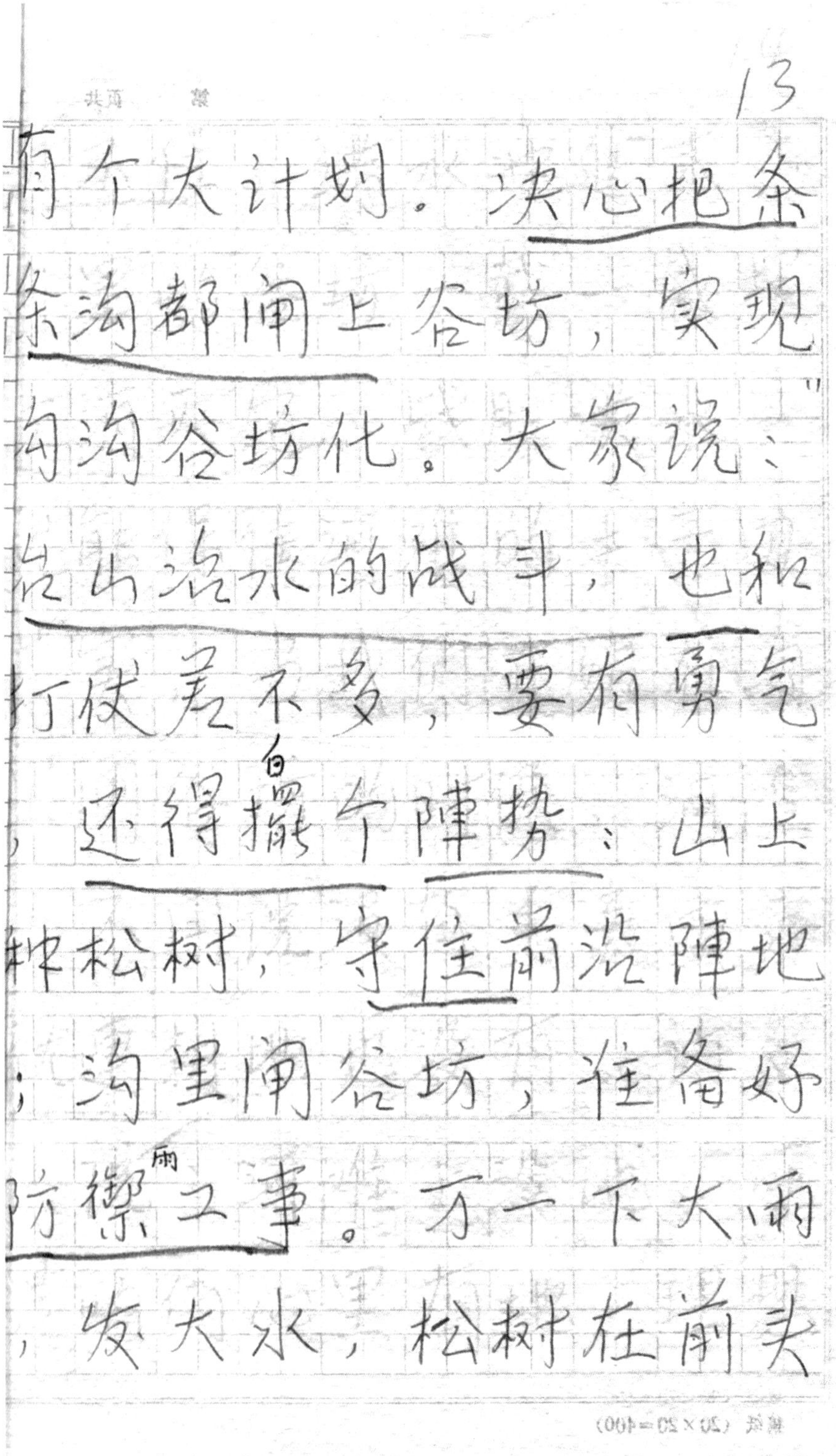
13

有个大计划。决心把条条沟都闹上谷坊，实现沟沟谷坊化。大家说："治山治水的战斗，也和打仗差不多，要有勇气，还得摆个阵势：山上种松树，守住前沿阵地；沟里闹谷坊，准备好防御工事。万一下大雨，发大水，松树在前头

图1-3-15　手稿：心中有了红太阳，太行山上粮食亩产过“长江”第十三页

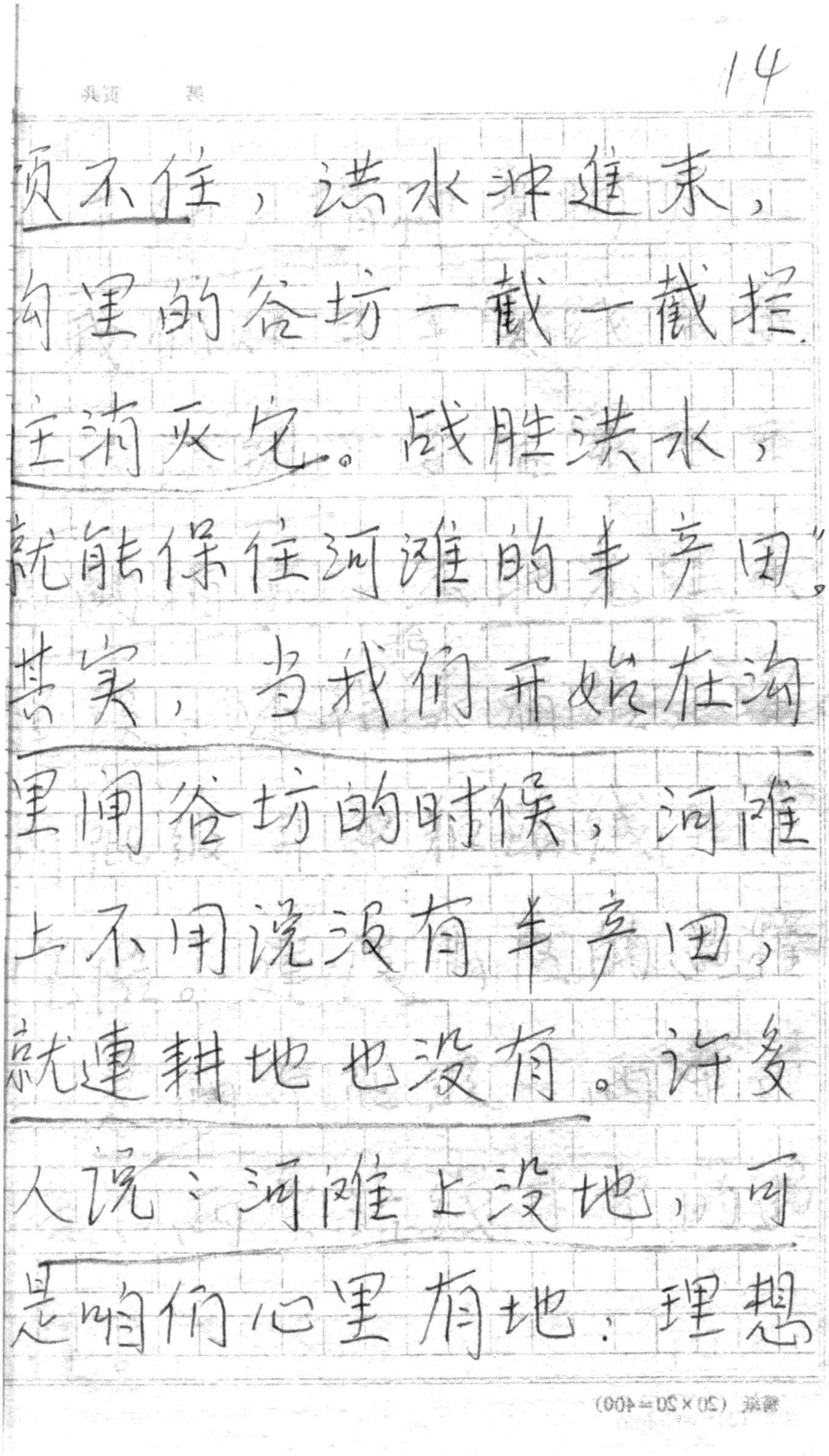

14

顶不住，洪水冲進来，沟里的谷坊一截一截拦住消灭它。战胜洪水，就能保住河滩的丰产田”。其实，当我们开始在沟里闸谷坊的时候，河滩上不用说没有丰产田，就连耕地也没有。许多人说：河滩上没地，可是咱们心里有地，理想

图1-3-16　手稿：心中有了红太阳，太行山上粮食亩产过“长江”第十四页

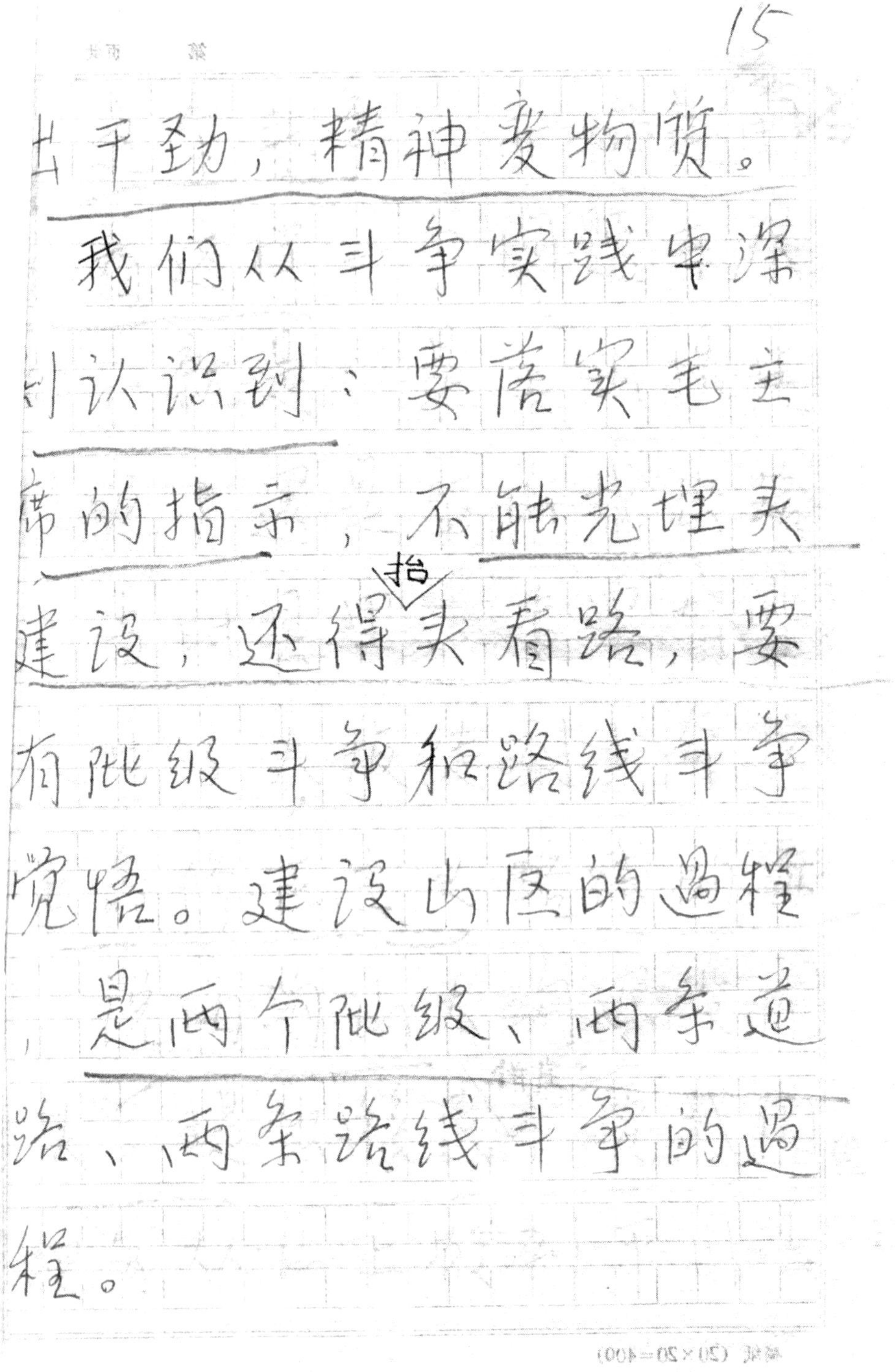

15

出干劲，精神变物质。

我们从斗争实践中深刻认识到：要落实毛主席的指示，不能光埋头建设，还得抬头看路，要有阶级斗争和路线斗争觉悟。建设山区的过程，是两个阶级、两条道路、两条路线斗争的过程。

稿纸（20×20=400）

图1-3-17　手稿：心中有了红太阳，太行山上粮食亩产过“长江”第十五页

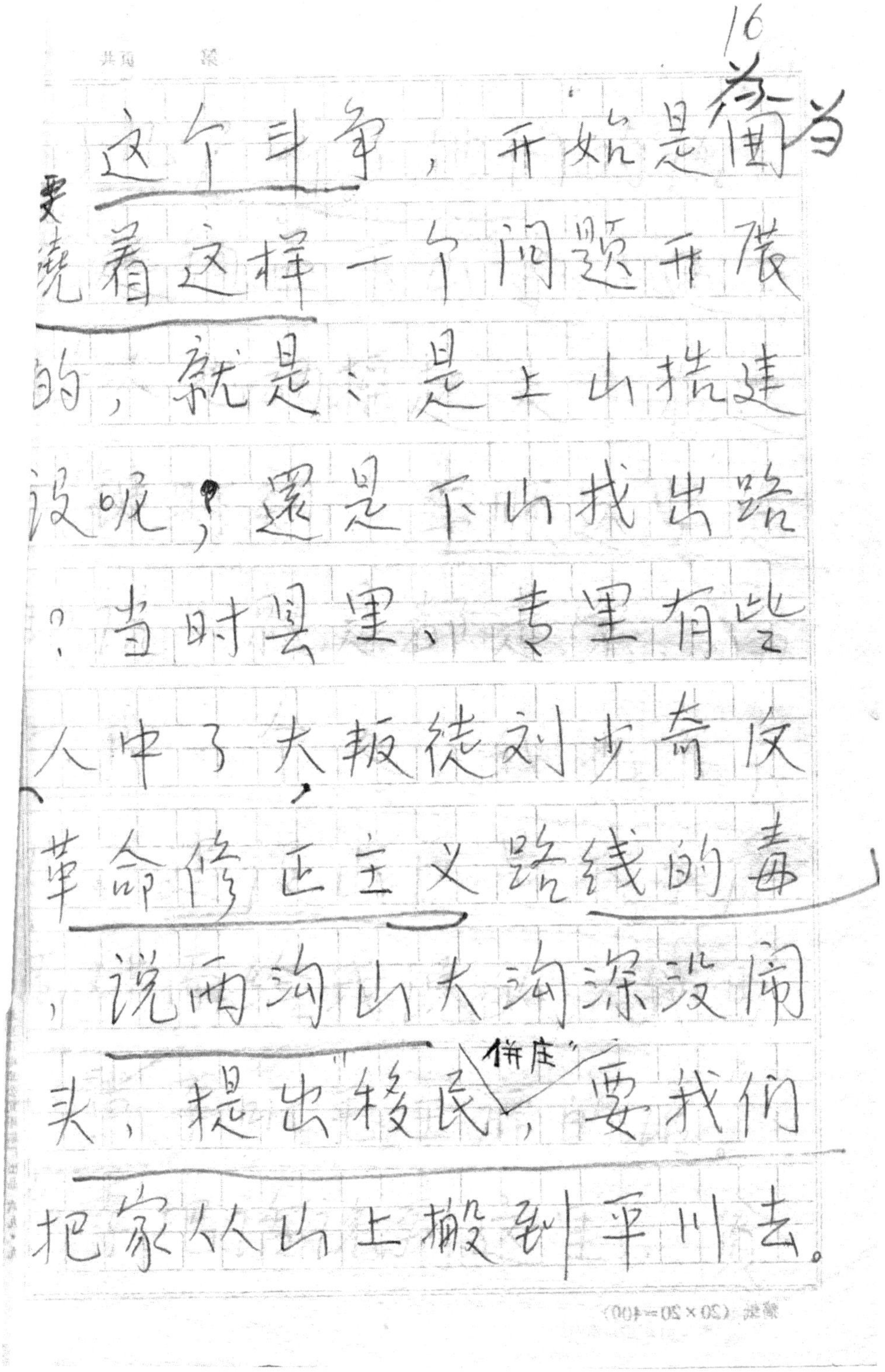

16

这个斗争，开始是围绕着这样一个问题开展的，就是：是上山搞建设呢，还是下山找出路？当时县里、专里有些人中了大叛徒刘少奇反革命修正主义路线的毒，说两沟山大沟深没前头，提出移民“并庄”，要我们把家从山上搬到平川去。

图1-3-18　手稿：心中有了红太阳，太行山上粮食亩产过“长江”第十六页

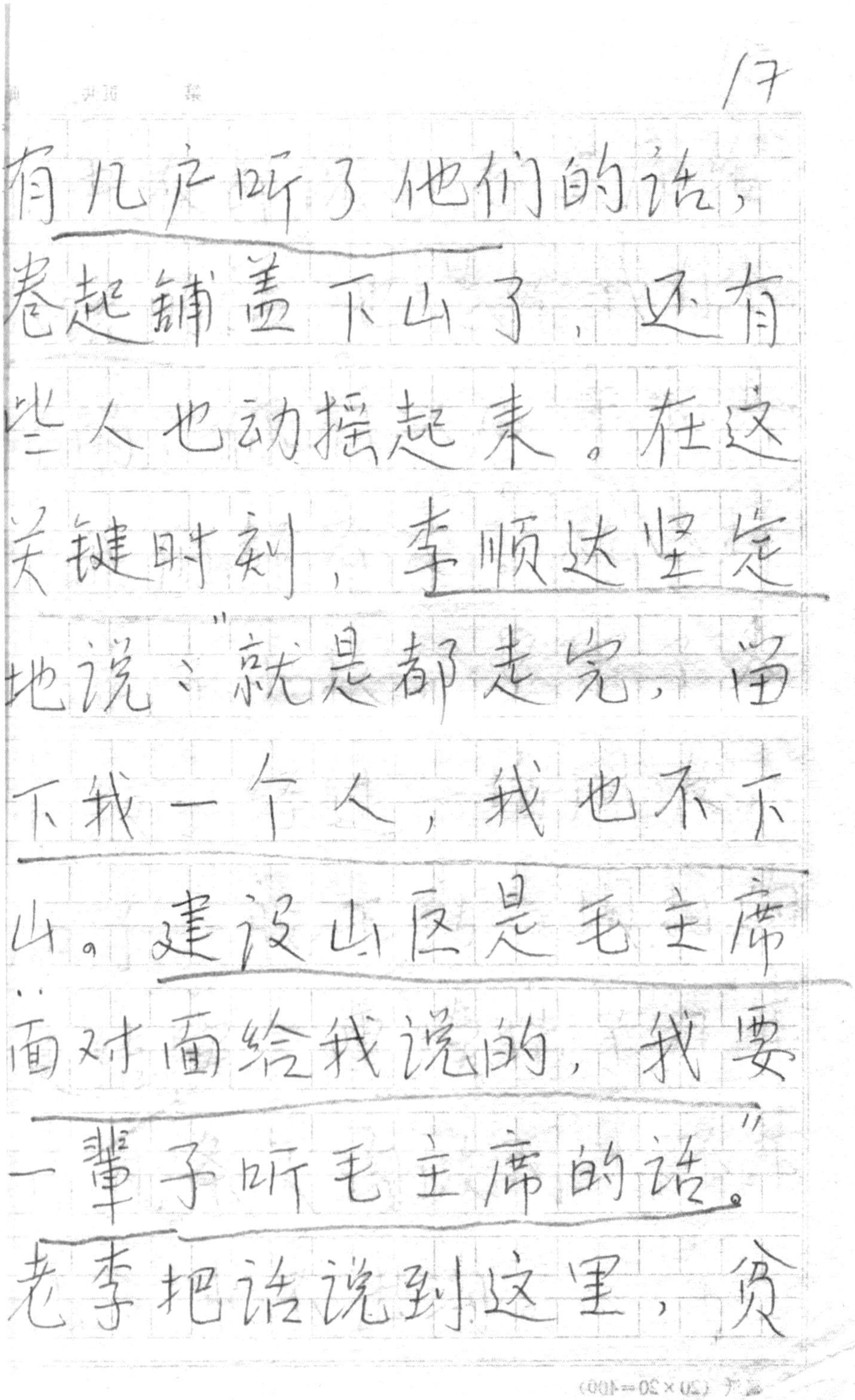

17

有几户听了他们的话，卷起铺盖下山了，还有些人也动摇起来。在这关键时刻，李顺达坚定地说："就是都走完，留下我一个人，我也不下山。建设山区是毛主席面对面给我说的，我要一辈子听毛主席的话。"老李把话说到这里，贫

图1-3-19　手稿：心中有了红太阳，太行山上粮食亩产过“长江”第十七页

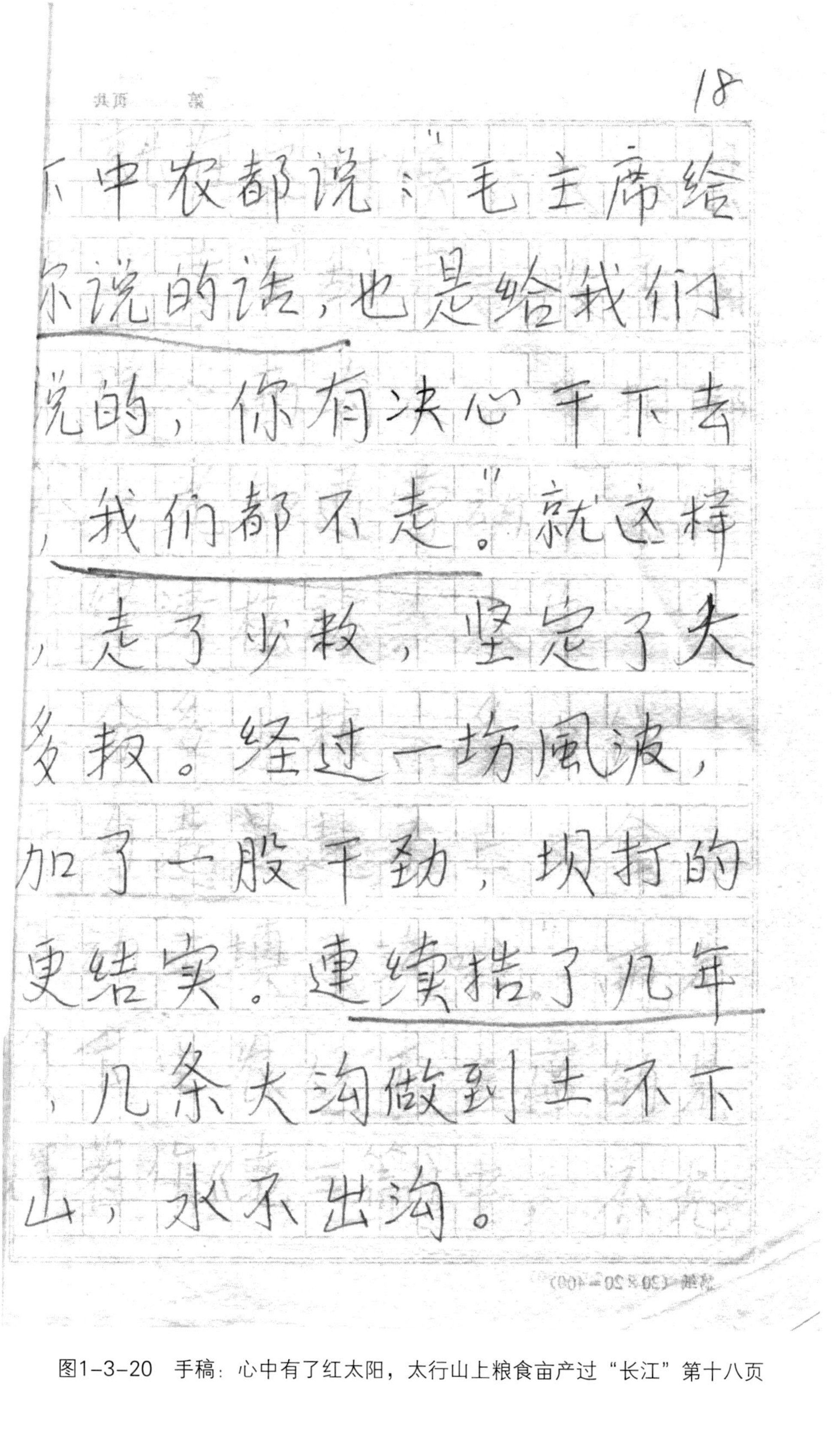
共 页 第 页 18

下中农都说："毛主席给
你说的话，也是给我们
说的，你有决心干下去
，我们都不走。"就这样
，走了少数，坚定了大
多数。经过一场风波，
加了一股干劲，坝打的
更结实。连续搞了几年
，几条大沟做到土不下
山，水不出沟。

图1–3–20 手稿：心中有了红太阳，太行山上粮食亩产过“长江”第十八页

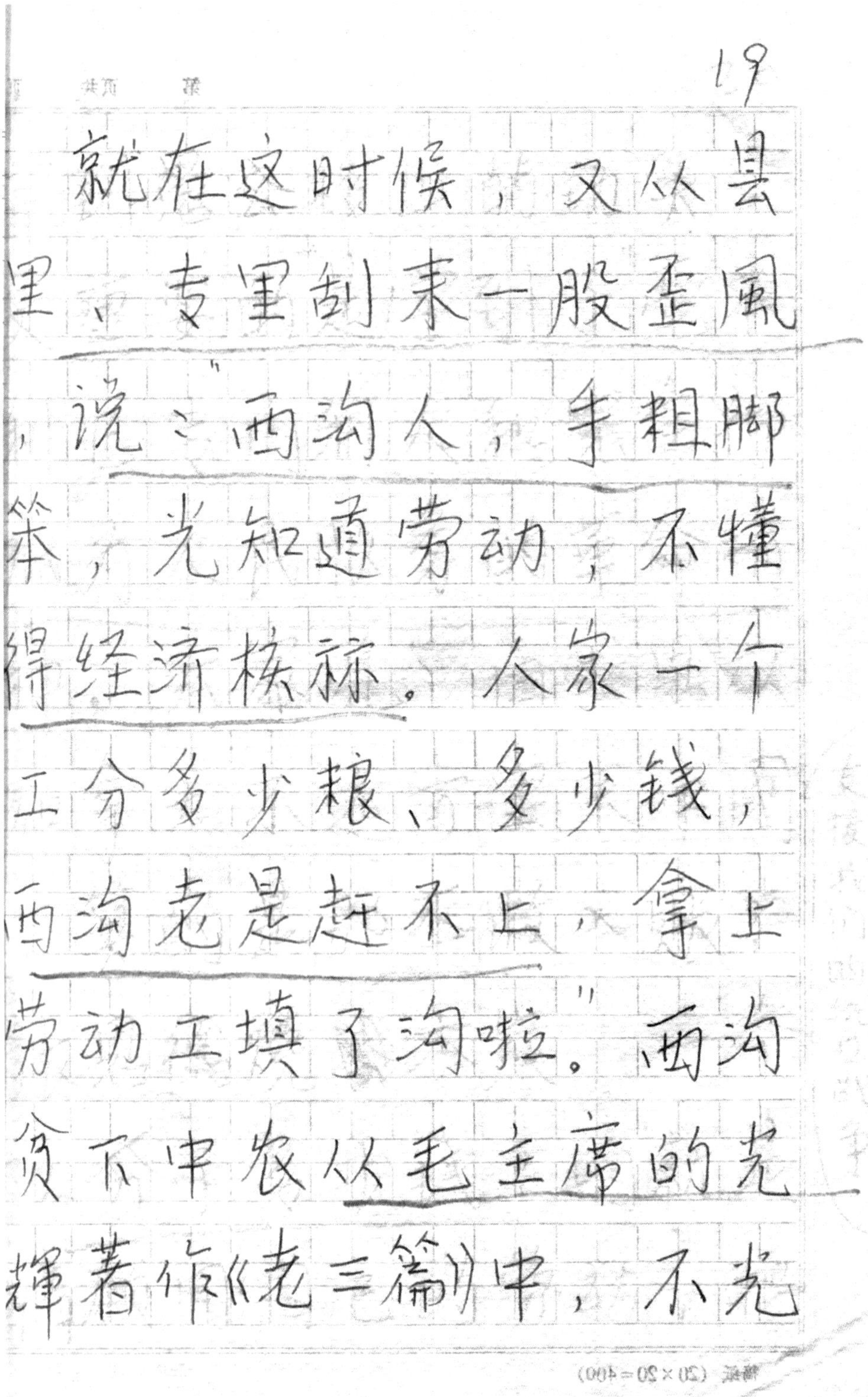

19

就在这时候，又从县里、专署刮来一股歪風说："西沟人，手粗脚笨，光知道劳动，不懂得经济核祘。人家一个工分多少粮、多少钱，西沟老是赶不上，拿上劳动工填了沟啦"。西沟贫下中农从毛主席的光輝著作《老三篇》中，不光

图1-3-21　手稿：心中有了红太阳，太行山上粮食亩产过"长江"第十九页

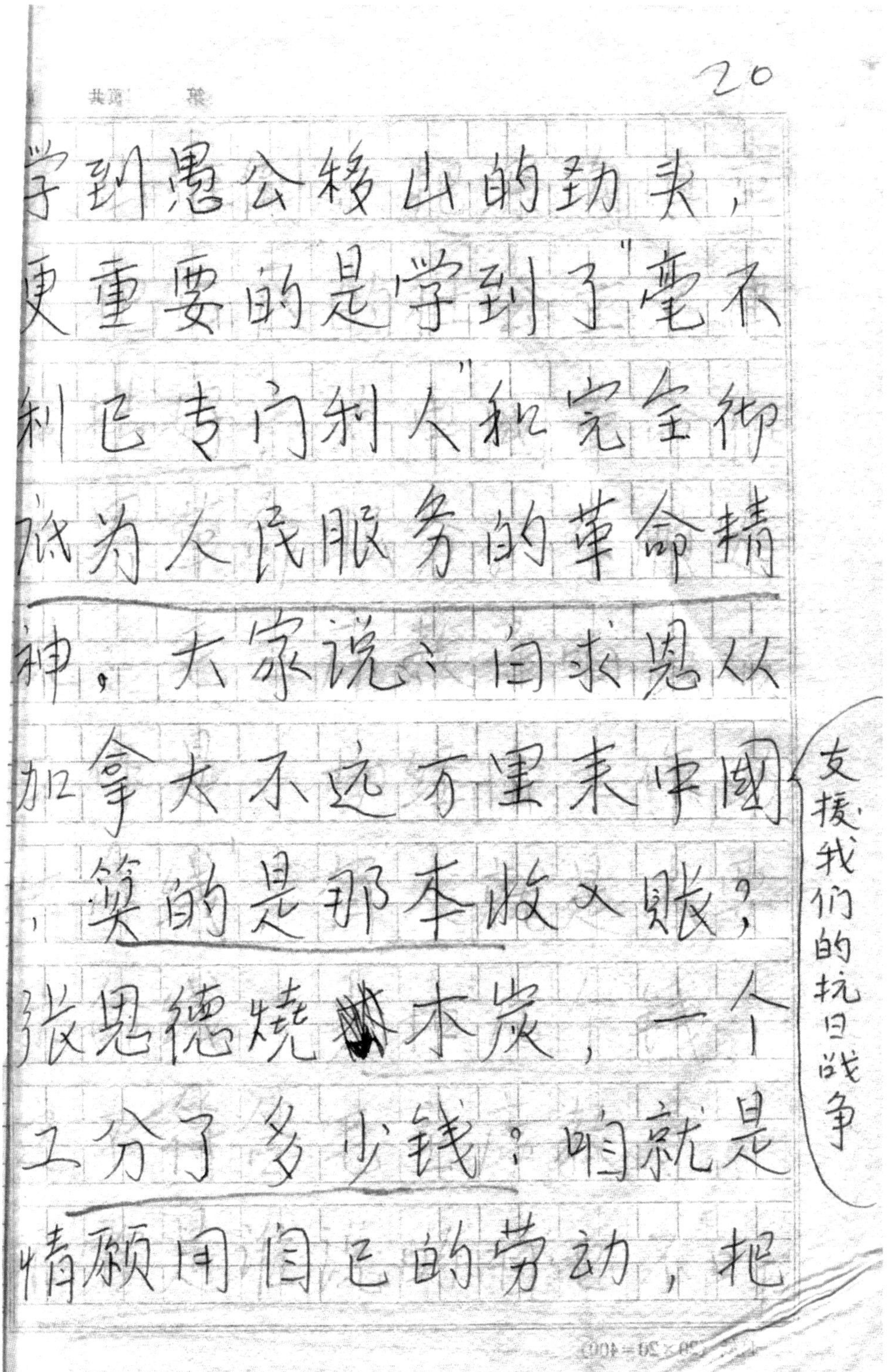

20

学到愚公移山的劲头，更重要的是学到了"毫不利己专门利人"和完全彻底为人民服务的革命精神。大家说：白求恩从加拿大不远万里来中国，算的是那本收支账？张思德烧木炭，一个工分了多少钱？咱就是情愿用自己的劳动，把

支援我们的抗日战争

图1-3-22　手稿：心中有了红太阳，太行山上粮食亩产过"长江"第二十页

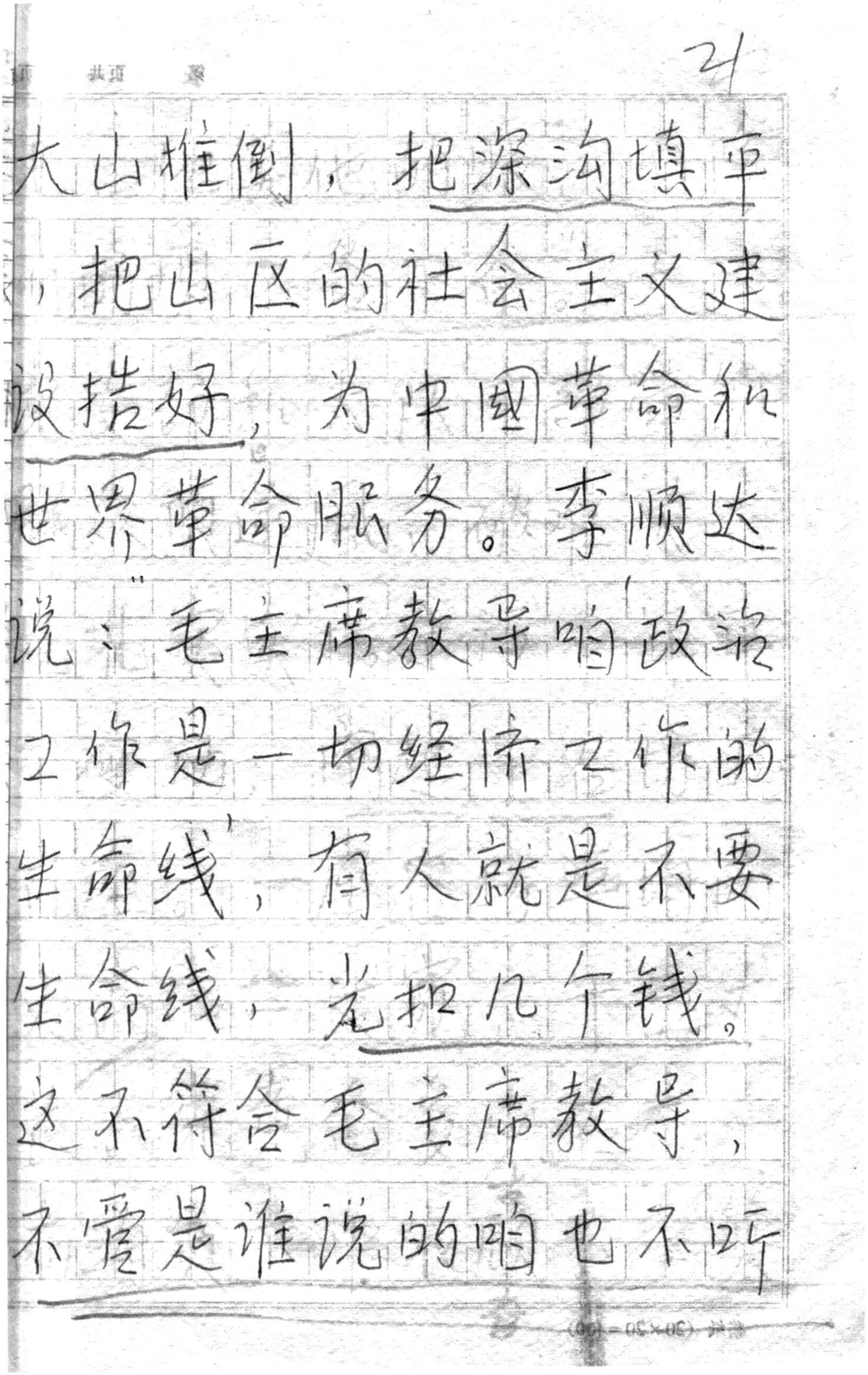
21

大山推倒，把深沟填平，把山区的社会主义建设搞好，为中国革命和世界革命服务。李顺达说：“毛主席教导咱政治工作是一切经济工作的生命线’，有人就是不要生命线，光抓几个钱。这不符合毛主席教导，不管是谁说的咱也不听

图1-3-23　手稿：心中有了红太阳，太行山上粮食亩产过“长江”第二十一页

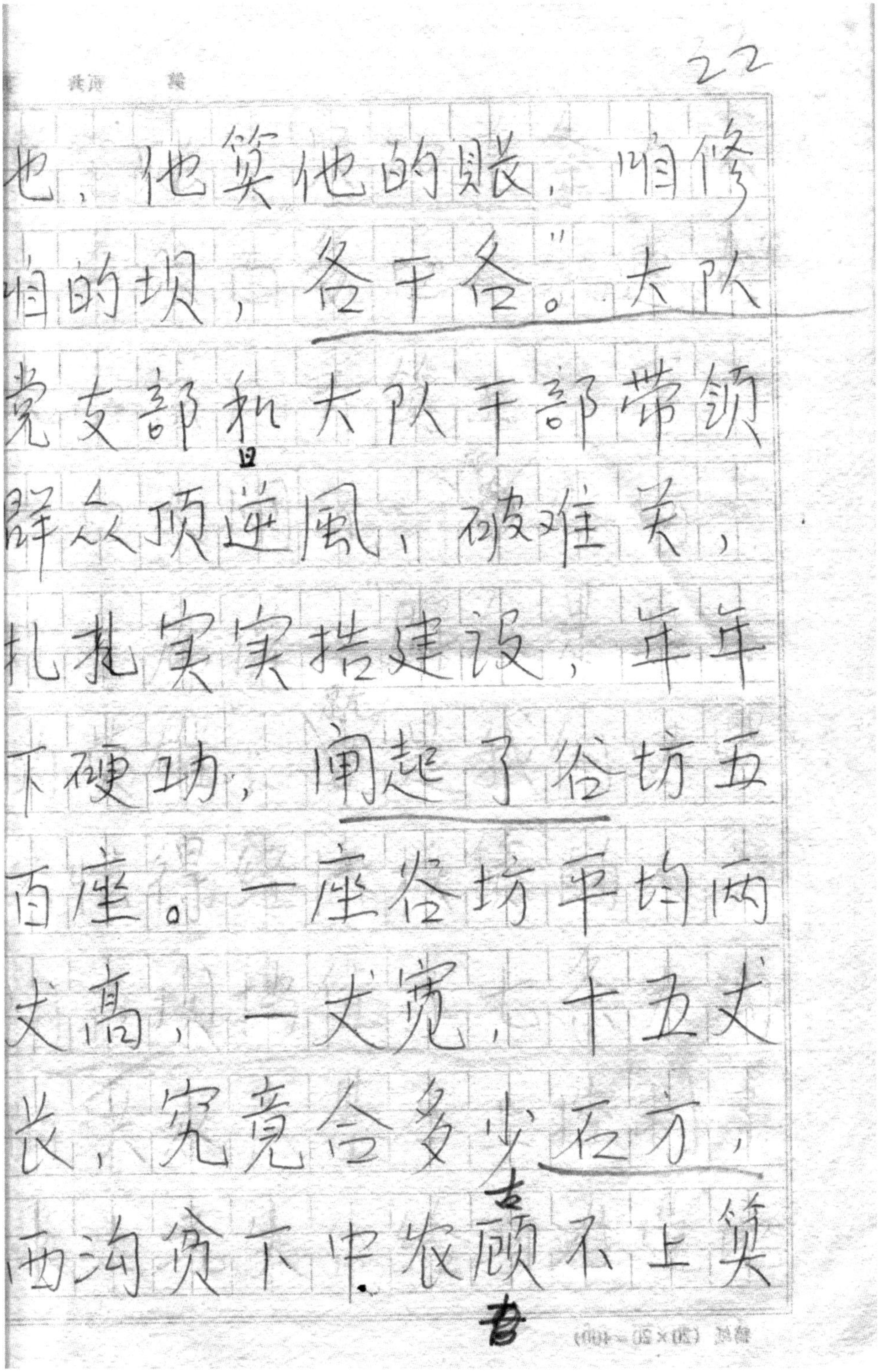
22
也，他算他的账，咱修
咱的坝，各干各”。大队
党支部和大队干部带领
群众顶逆风，破难关，
扎扎实实搞建设，年年
下硬功，闸起了谷坊五
百座。一座谷坊平均两
丈高，二丈宽，十五丈
长，究竟合多少石方，
西沟贫下中农顾不上算

图1–3–24　手稿：心中有了红太阳，太行山上粮食亩产过“长江”第二十二页

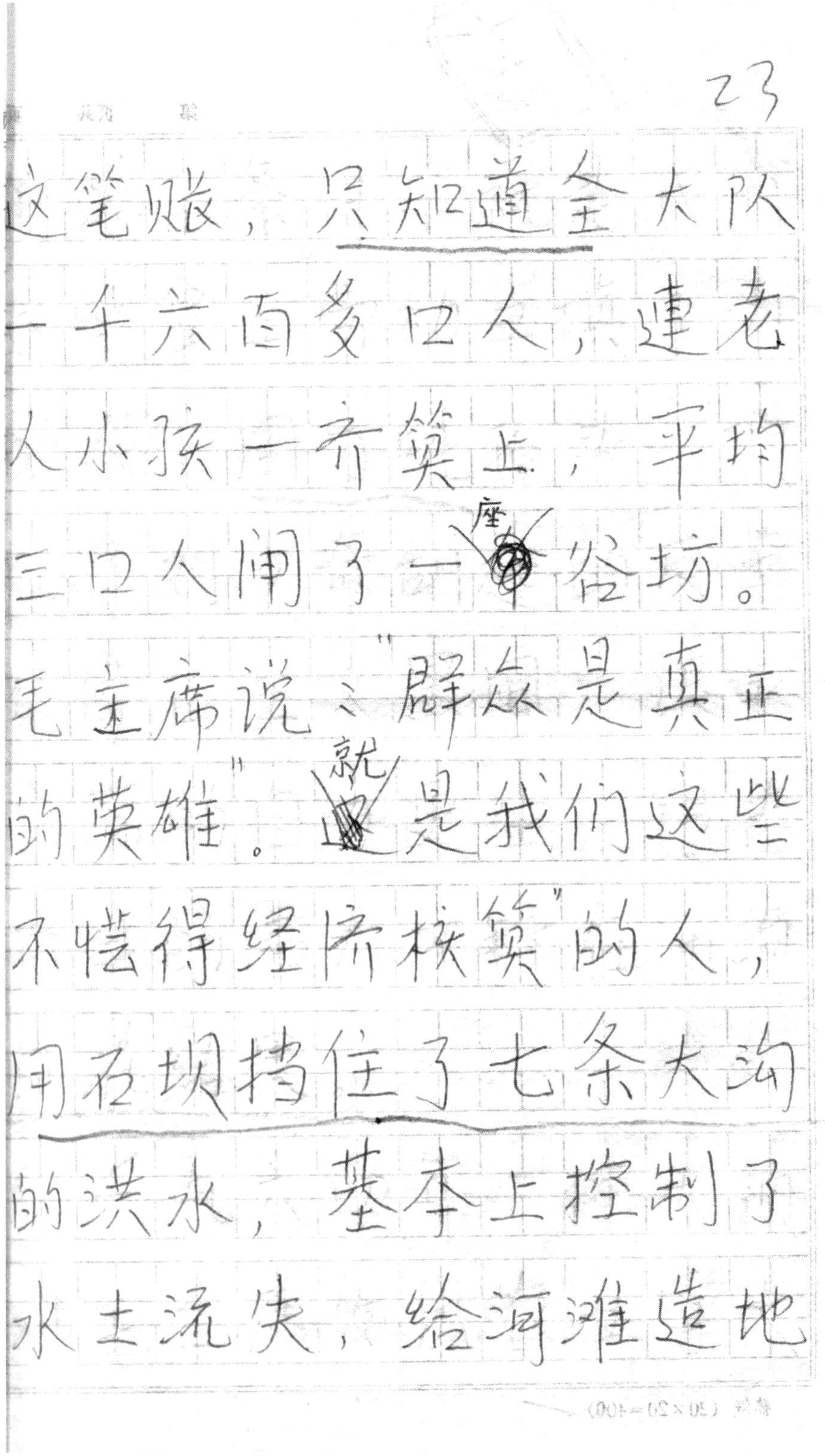

23

这笔账，只知道全大队一千六百多口人，连老人小孩一齐算上，平均三口人闸了一座谷坊。毛主席说："群众是真正的英雄"。就是我们这些不懂得经济核算的人，用石坝挡住了七条大沟的洪水，基本上控制了水土流失，给河滩造地

图1-3-25 手稿：心中有了红太阳，太行山上粮食亩产过“长江”第二十三页

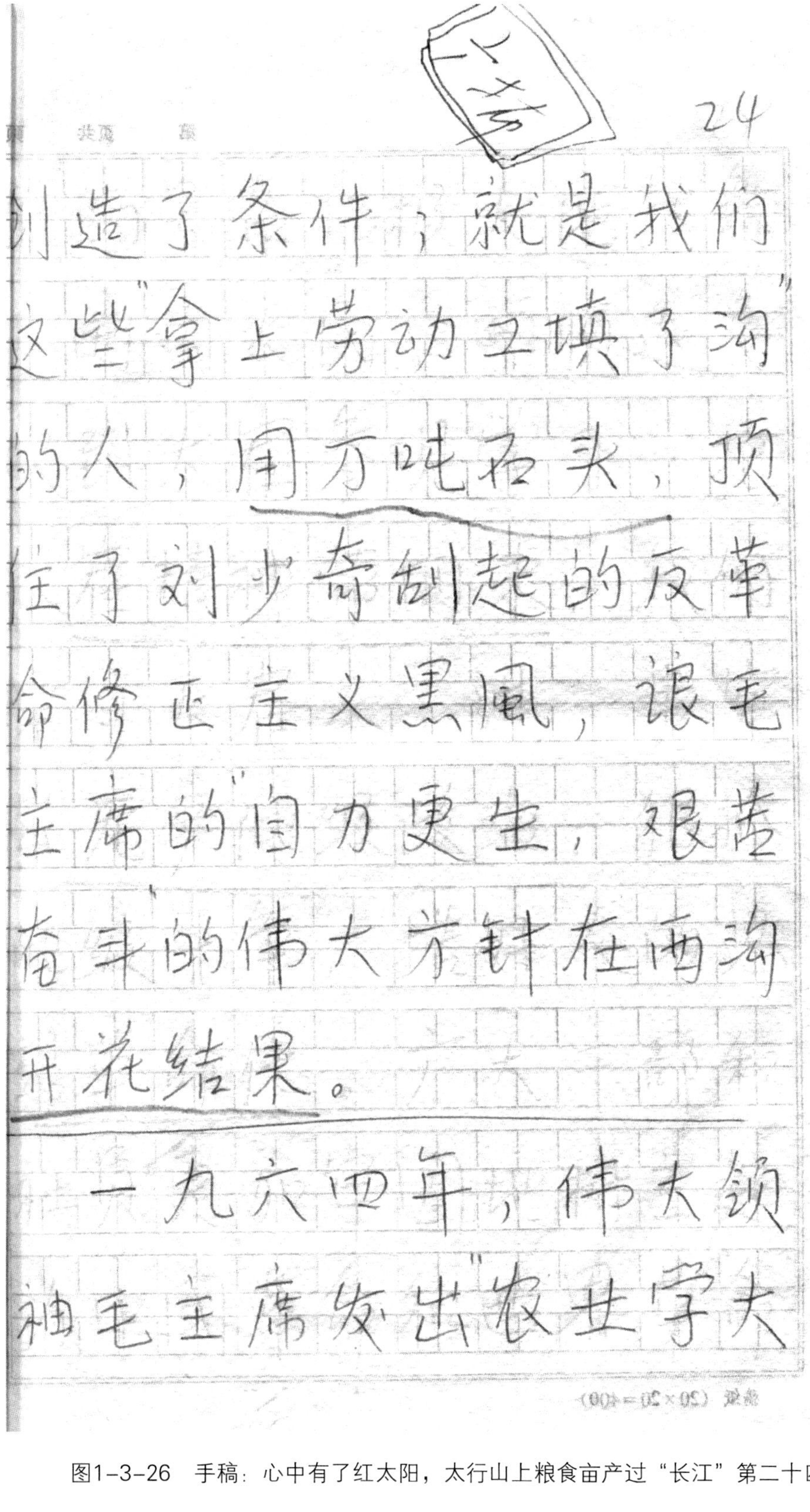

24
创造了条件；就是我们这些"拿上劳动工填了沟"的人，用方吃石头，顶住了刘少奇刮起的反革命修正主义黑风，让毛主席的"自力更生，艰苦奋斗"的伟大方针在西沟开花结果。
一九六四年，伟大领袖毛主席发出"农业学大

图1–3–26　手稿：心中有了红太阳，太行山上粮食亩产过“长江”第二十四页

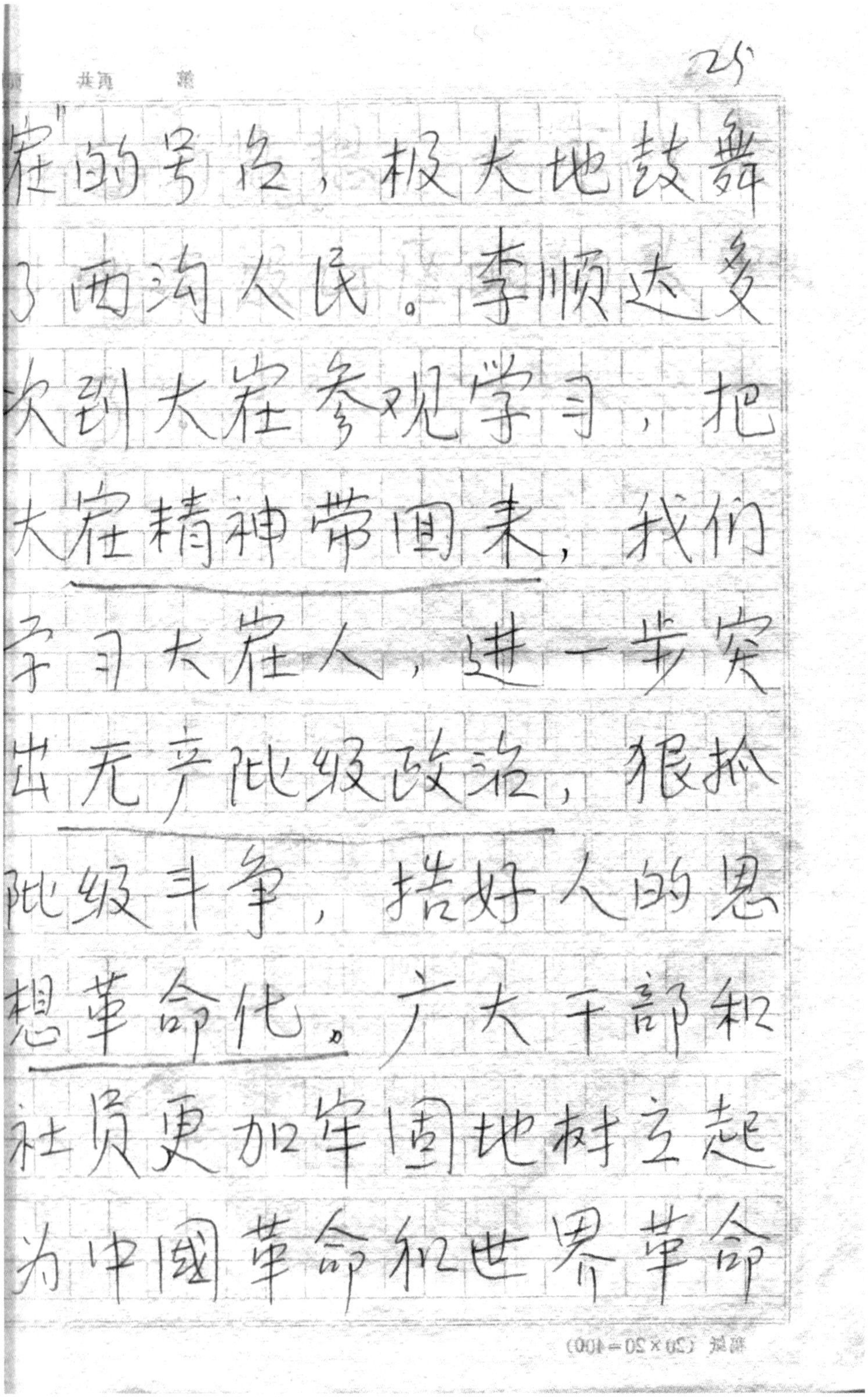
25

寨"的号召，极大地鼓舞
了西沟人民。李顺达多
次到大寨参观学习，把
大寨精神带回来，我们
学习大寨人，进一步突
出无产阶级政治，狠抓
阶级斗争，搞好人的思
想革命化。广大干部和
社员更加牢固地树立起
为中国革命和世界革命

稿纸（20×20=400）

图1-3-27　手稿：心中有了红太阳，太行山上粮食亩产过“长江”第二十五页

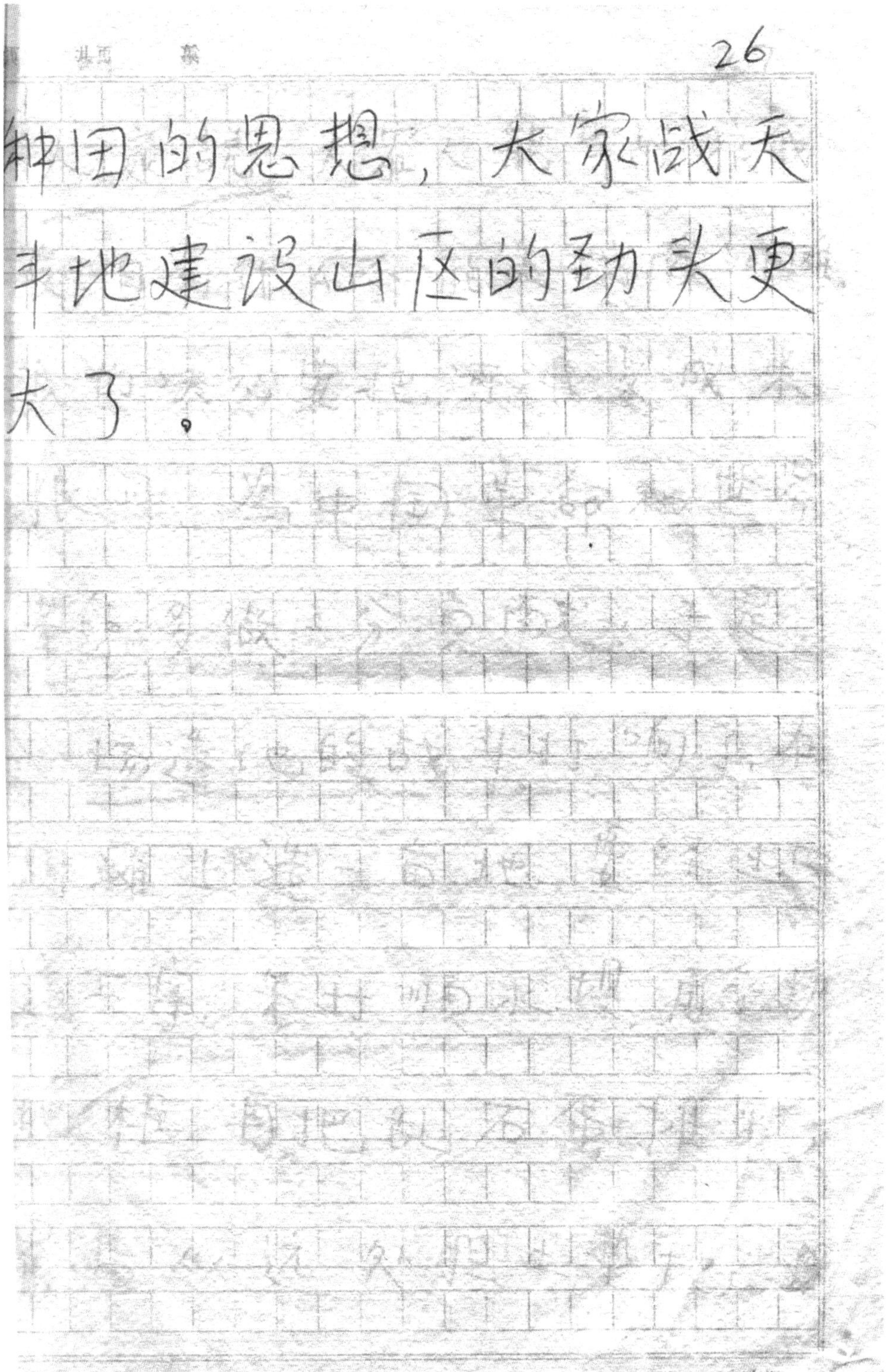
26

种田的思想，大家战天斗地建设山区的劲头更大了。

图1-3-28　手稿：心中有了红太阳，太行山上粮食亩产过“长江”第二十六页

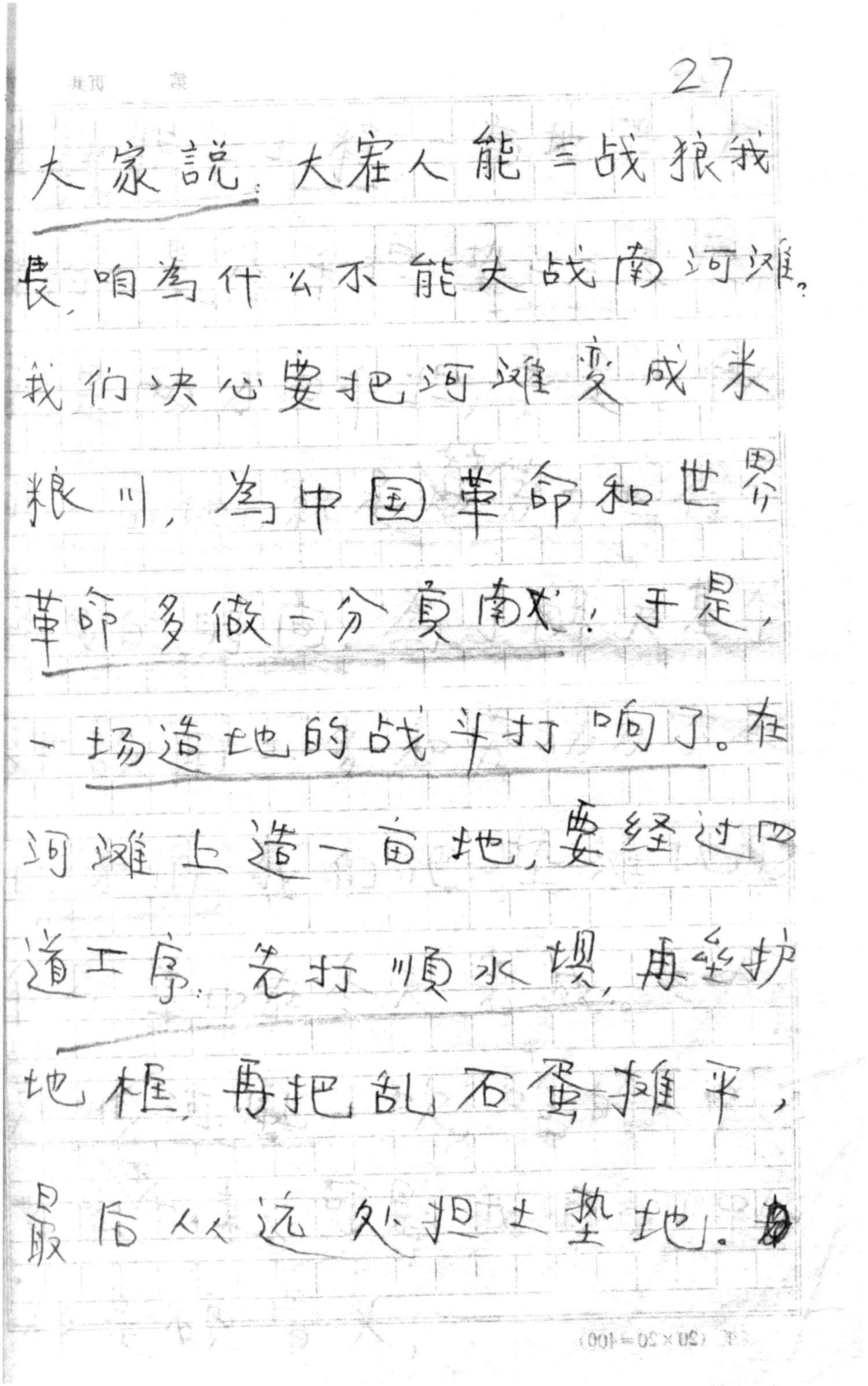

27

大家說：大寨人能三战狼我長，咱為什么不能大战南河滩？我们决心要把河滩变成米粮川，為中国革命和世界革命多做一分貢献！于是，一场造地的战斗打响了。在河滩上造一亩地，要经过四道工序：先打顺水坝，再垒护地框，再把乱石蛋摊平，最后从远处担土垫地。

图1-3-29 手稿：心中有了红太阳，太行山上粮食亩产过“长江”第二十七页

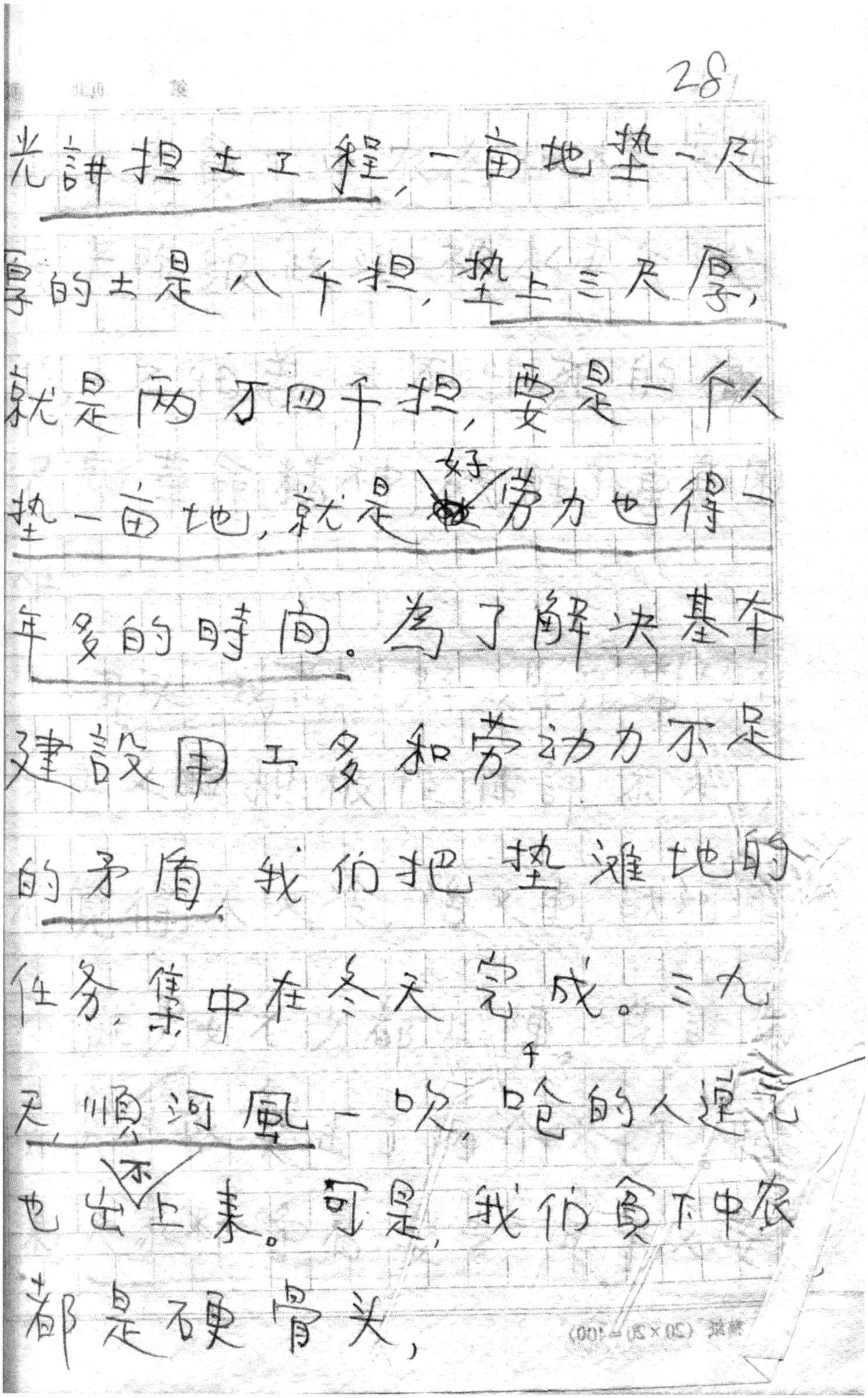
28

光講担土工程，一亩地垫一尺厚的土是八千担，垫上三尺厚，就是两万四千担，要是一个人垫一亩地，就是好劳力也得一年多的時间。為了解决基本建設用工多和劳动力不足的矛盾，我们把垫滩地的任务集中在冬天完成。三九天，順河風一吹，呛的人連气也出不上来。可是，我们贫下中农都是硬骨头，

图1-3-30　手稿：心中有了红太阳，太行山上粮食亩产过“长江”第二十八页

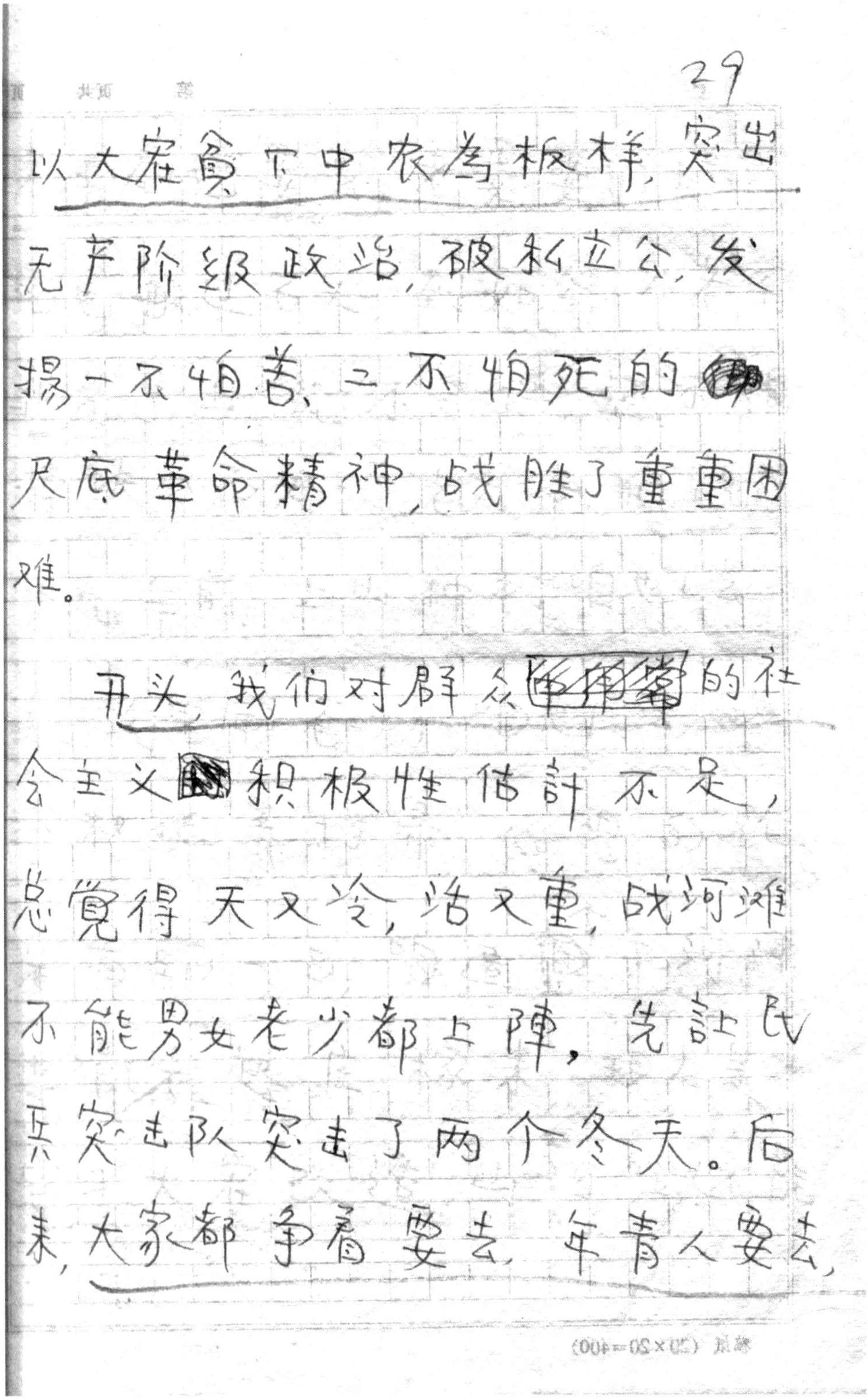
29

以大寨贫下中农为榜样，突出无产阶级政治，破私立公，发扬一不怕苦、二不怕死的彻底革命精神，战胜了重重困难。

开头，我们对群众的社会主义积极性估计不足，总觉得天又冷，活又重，战河滩不能男女老少都上阵，先让民兵突击队突击了两个冬天。后来，大家都争着要去，年青人要去，

图1-3-31　手稿：心中有了红太阳，太行山上粮食亩产过“长江”第二十九页

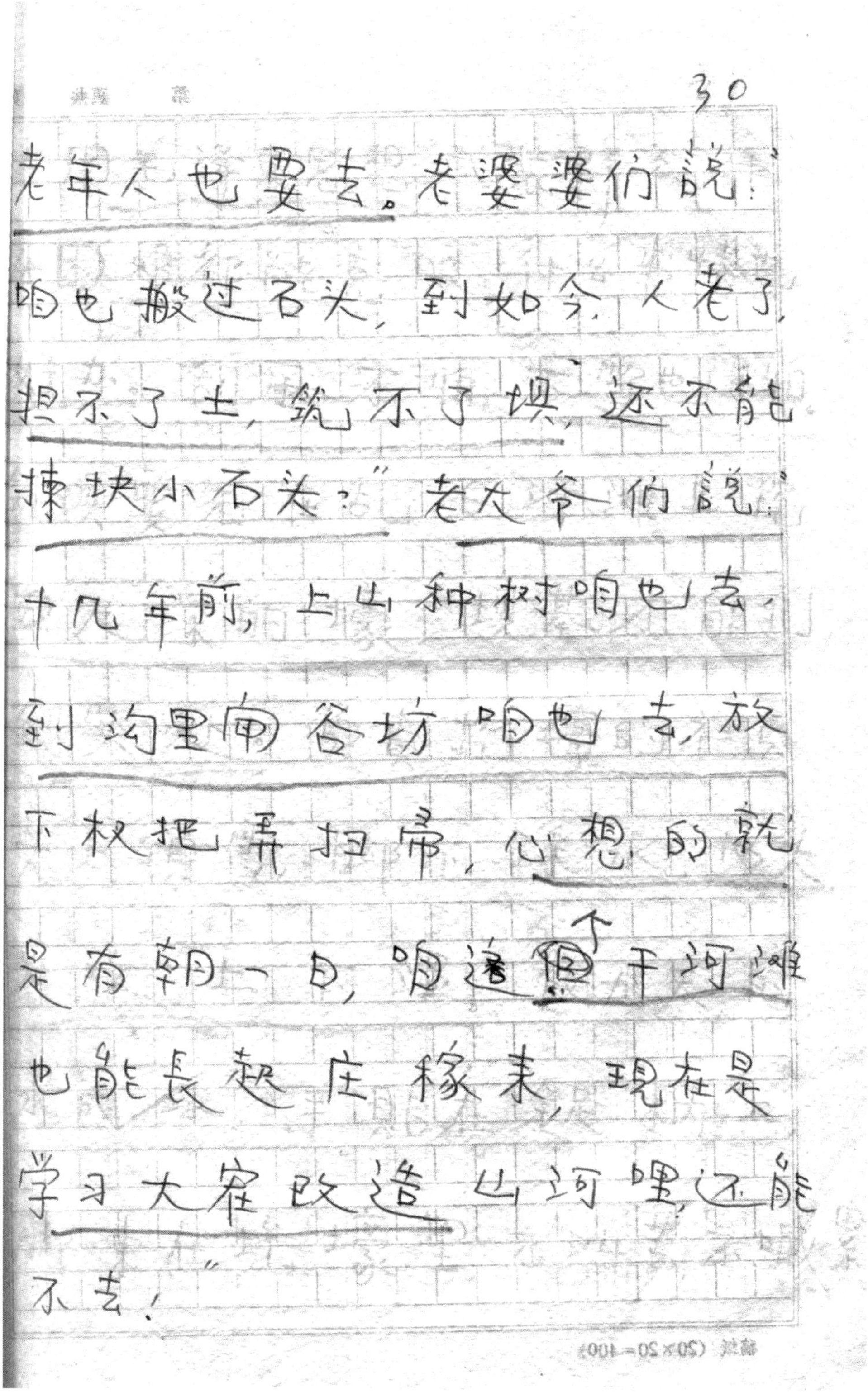

30

老年人也要去。老婆婆们說："咱也搬过石头，到如今人老了，担不了土，筑不了坝，还不能拣块小石头？"老大爷们說："十几年前，上山种树咱也去，到沟里闸谷坊咱也去，放下杈把弄扫帚，心想的就是有朝一日，咱这个干河滩也能長起庄稼来，現在是学习大寨改造山河哩，还能不去！"

图1–3–32　手稿：心中有了红太阳，太行山上粮食亩产过“长江”第三十页

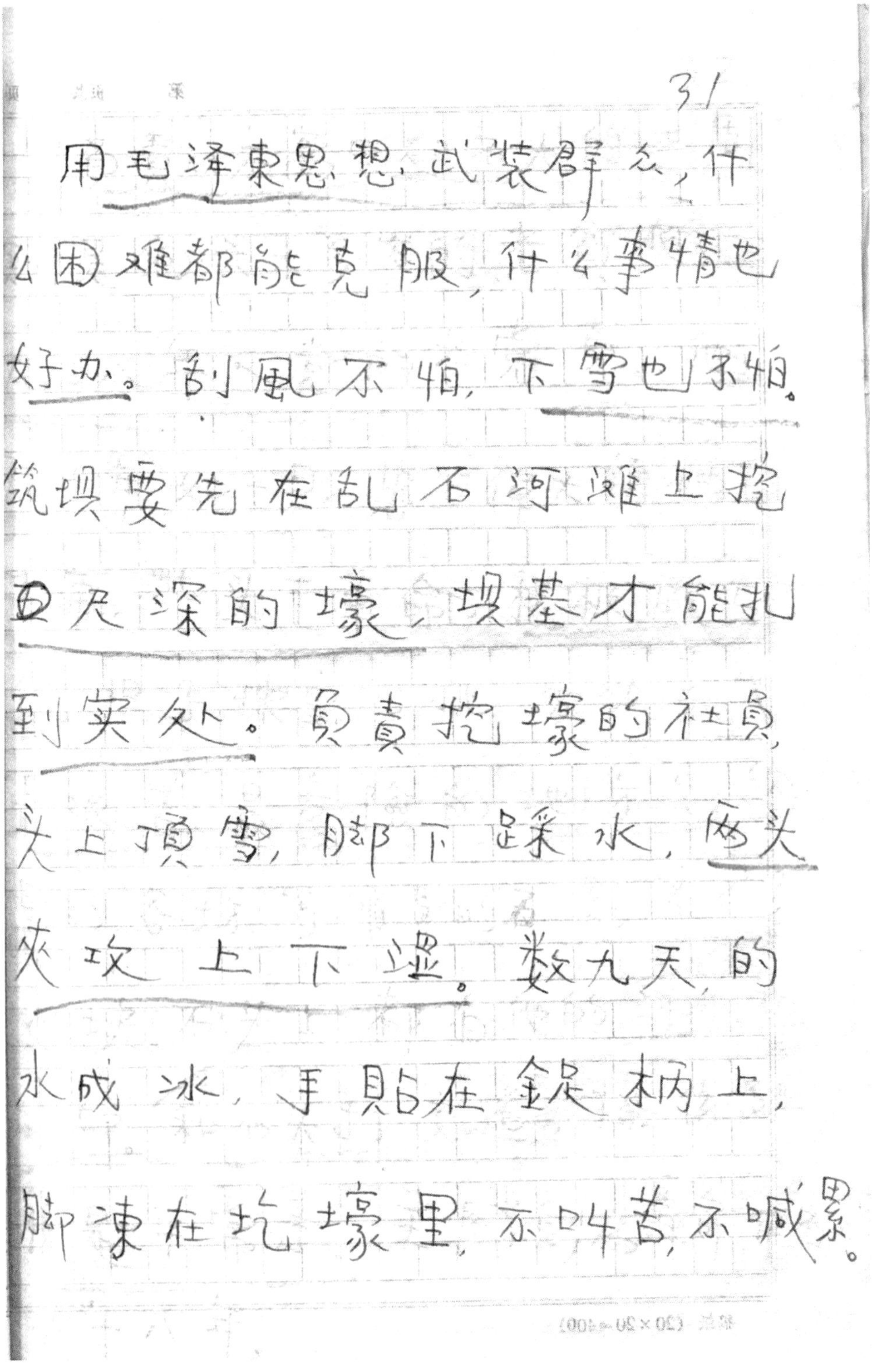

31

用毛泽東思想武装群众，什么困难都能克服，什么事情也好办。刮风不怕，下雪也不怕。筑坝要先在乱石河滩上挖五尺深的壕，坝基才能扎到实处。负責挖壕的社员头上顶雪，脚下踩水，两头夾攻上下湿。数九天的水成冰，手贴在鍁柄上，脚凍在坑壕里，不叫苦，不喊累。

图1-3-33　手稿：心中有了红太阳，太行山上粮食亩产过“长江”第三十一页

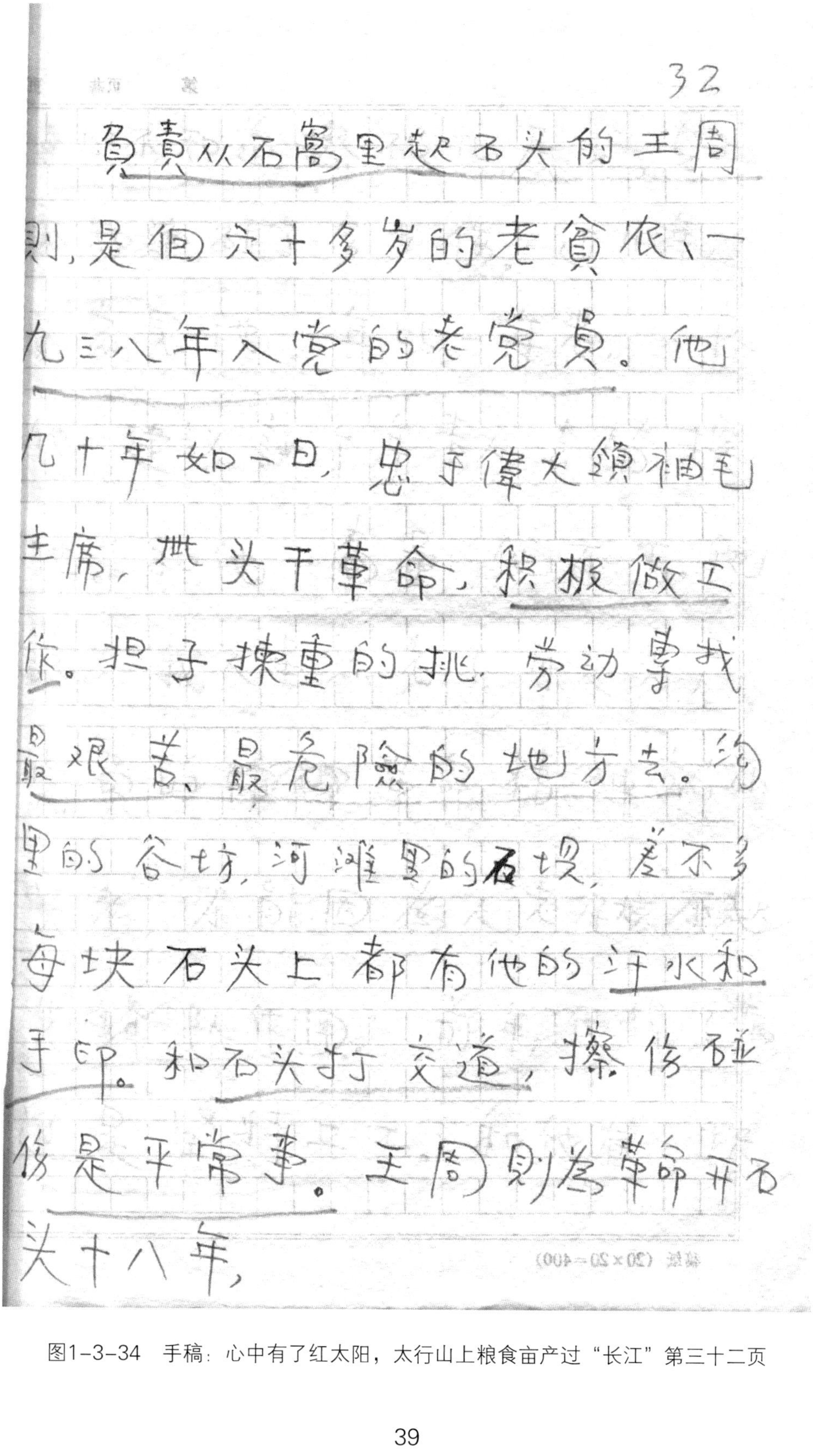

32

负责从石窝里起石头的王周则，是個六十多岁的老貧农、一九三八年入党的老党员。他几十年如一日，忠于偉大領袖毛主席，埋头干革命，积极做工作。担子揀重的挑，劳动專找最艰苦、最危险的地方去。沟里的谷坊，河滩里的石坝，差不多每块石头上都有他的汗水和手印。和石头打交道，擦伤碰伤是平常事。王周则为革命开石头十八年，

图1–3–34　手稿：心中有了红太阳，太行山上粮食亩产过“长江”第三十二页

33

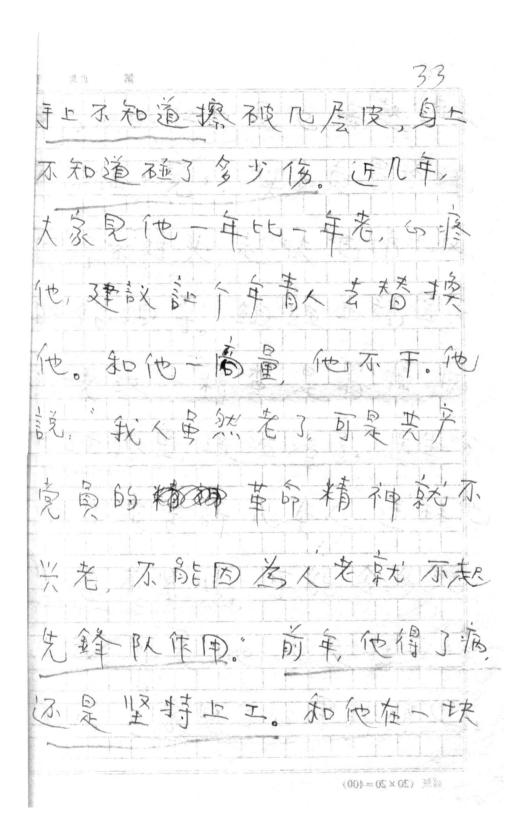

手上不知道擦破几层皮，身上不知道碰了多少伤。近几年，大家見他一年比一年老，心疼他，建議让个年青人去替換他。和他一商量，他不干。他說："我人虽然老了，可是共产党員的~~精神~~革命精神就不兴老，不能因為人老就不起先鋒队作用。"前年，他得了病，还是坚持上工。和他在一块

稿纸（20×20=400）

图1-3-35　手稿：心中有了红太阳，太行山上粮食亩产过“长江”第三十三页

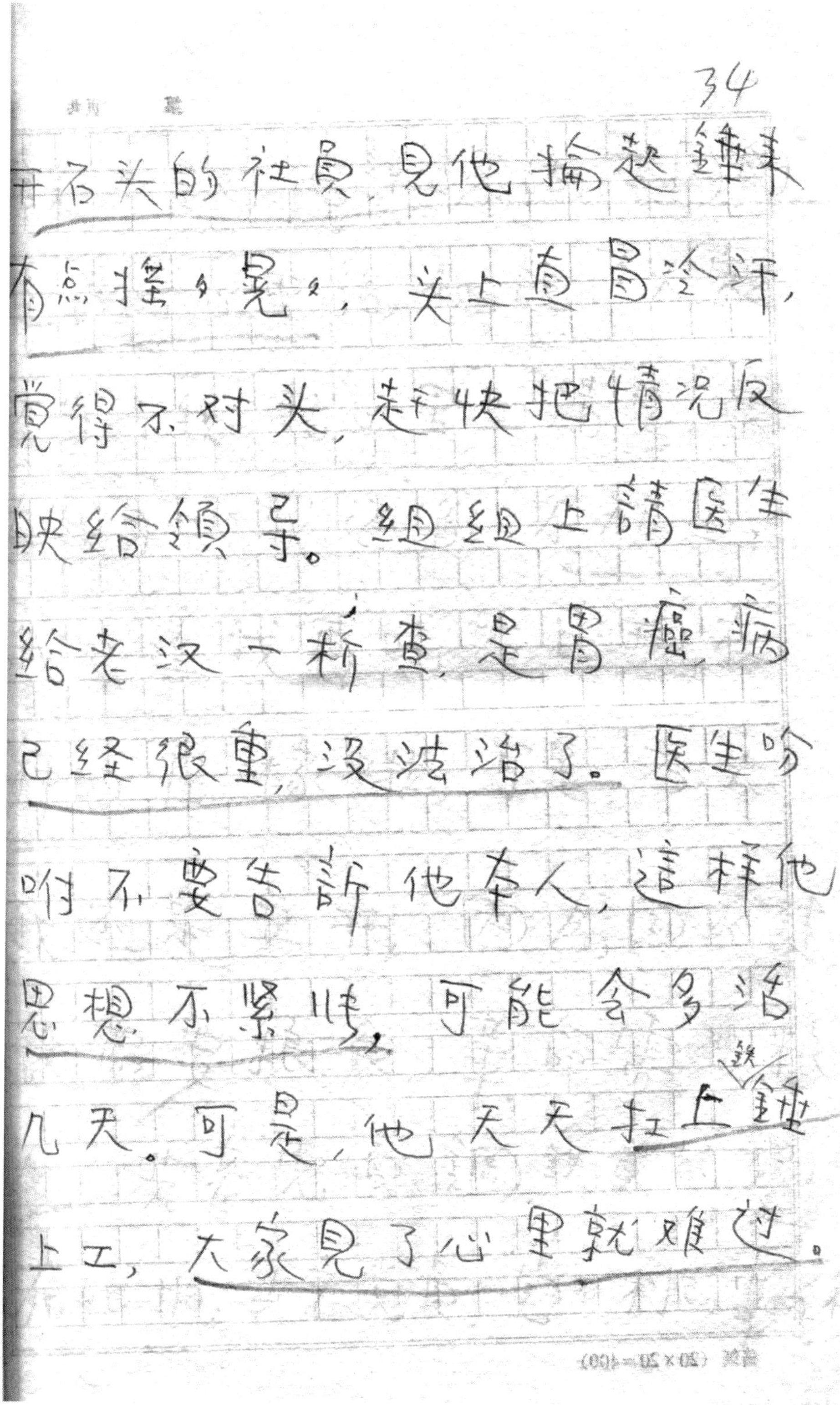

34

开石头的社员，見他掄起錘来

有点摇摇晃晃，头上直冒冷汗，

觉得不对头，赶快把情况反

映给领导。组织上请医生

给老汉一检查，是胃癌病

已经很重，没法治了。医生吩

咐不要告訴他本人，這样他

思想不紧张，可能会多活

几天。可是，他天天扛上铁锤

上工，大家見了心里就难过。

图1–3–36　手稿：心中有了红太阳，太行山上粮食亩产过“长江”第三十四页

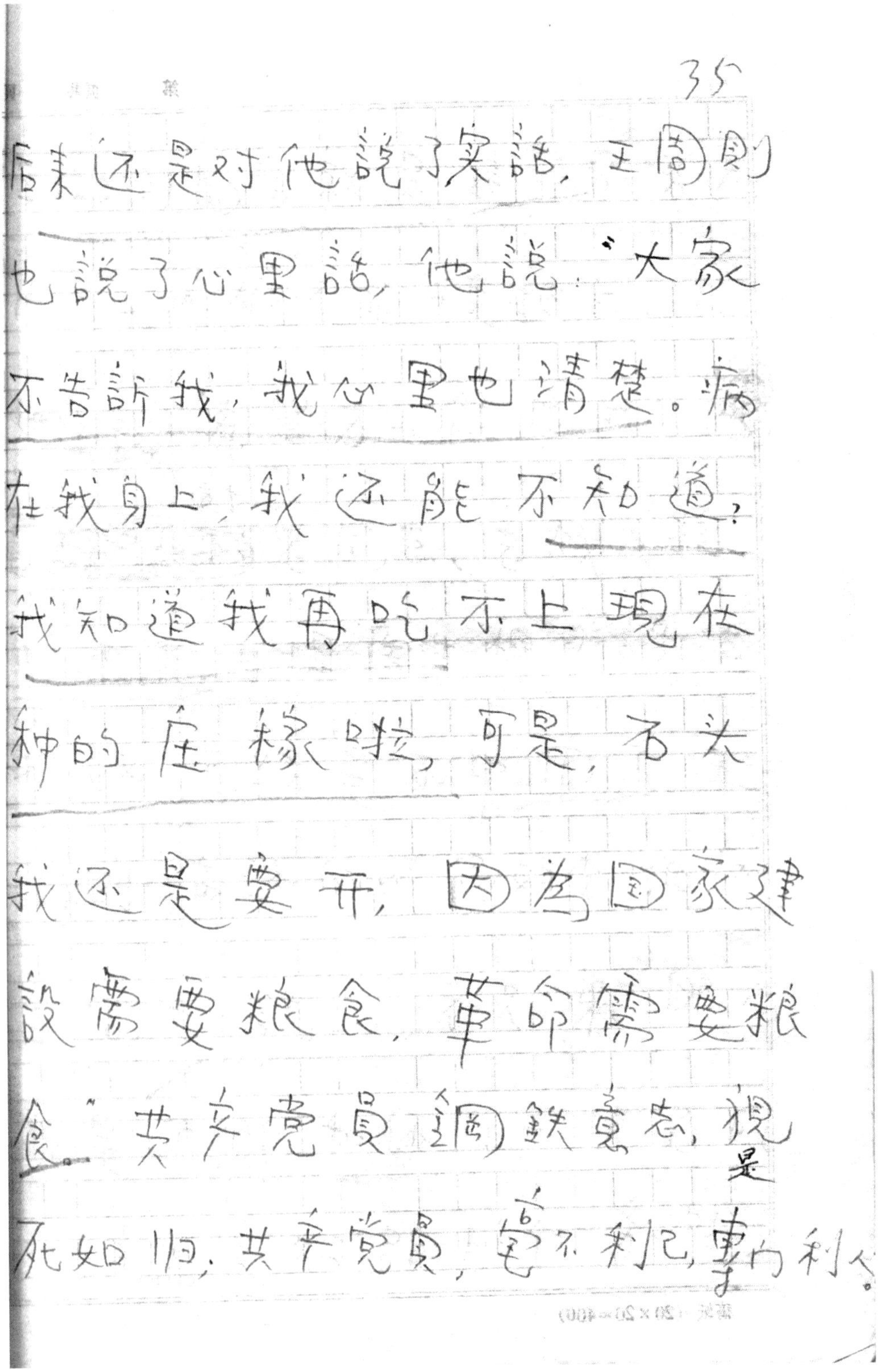

35

后来还是对他說了实話，王周則也說了心里話，他說："大家不告訴我，我心里也清楚。病在我身上，我还能不知道？我知道我再吃不上现在种的庄稼啦，可是，石头我还是要开，因为国家建設需要粮食，革命需要粮食。"共产党员鋼鉄意志，視死如归，共产党员，毫不利己，是專門利人。

图1-3-37　手稿：心中有了红太阳，太行山上粮食亩产过"长江"第三十五页

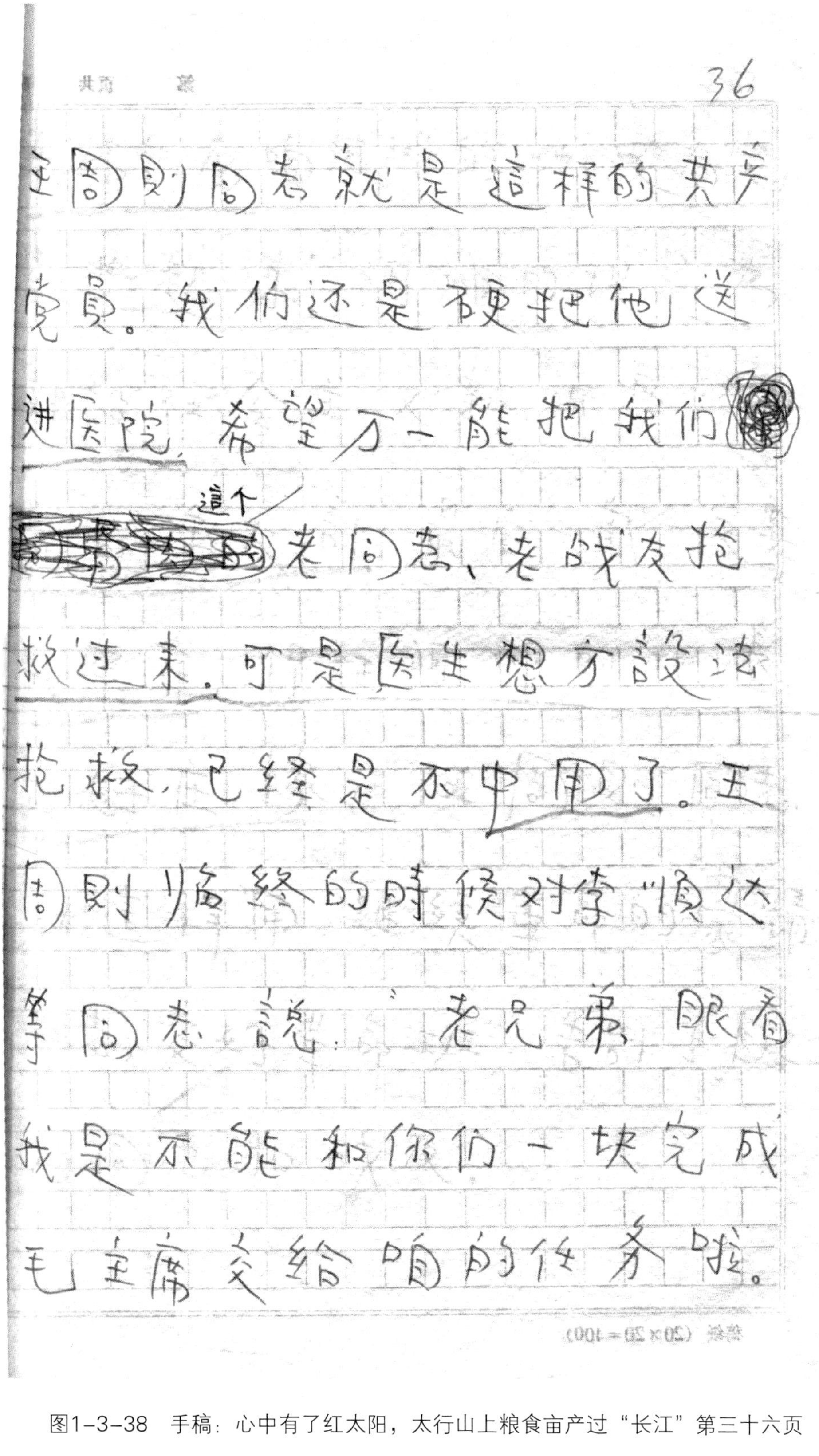

36

王周则同志就是這样的共产党员。我们还是硬把他送进医院，希望万一能把我们這个老同志、老战友抢救过来。可是医生想方設法抢救，已经是不中用了。王周则临终的時候对李顺达等同志說："老兄弟，眼看我是不能和你们一块完成毛主席交给咱的任务啦。

图1–3–38　手稿：心中有了红太阳，太行山上粮食亩产过“长江”第三十六页

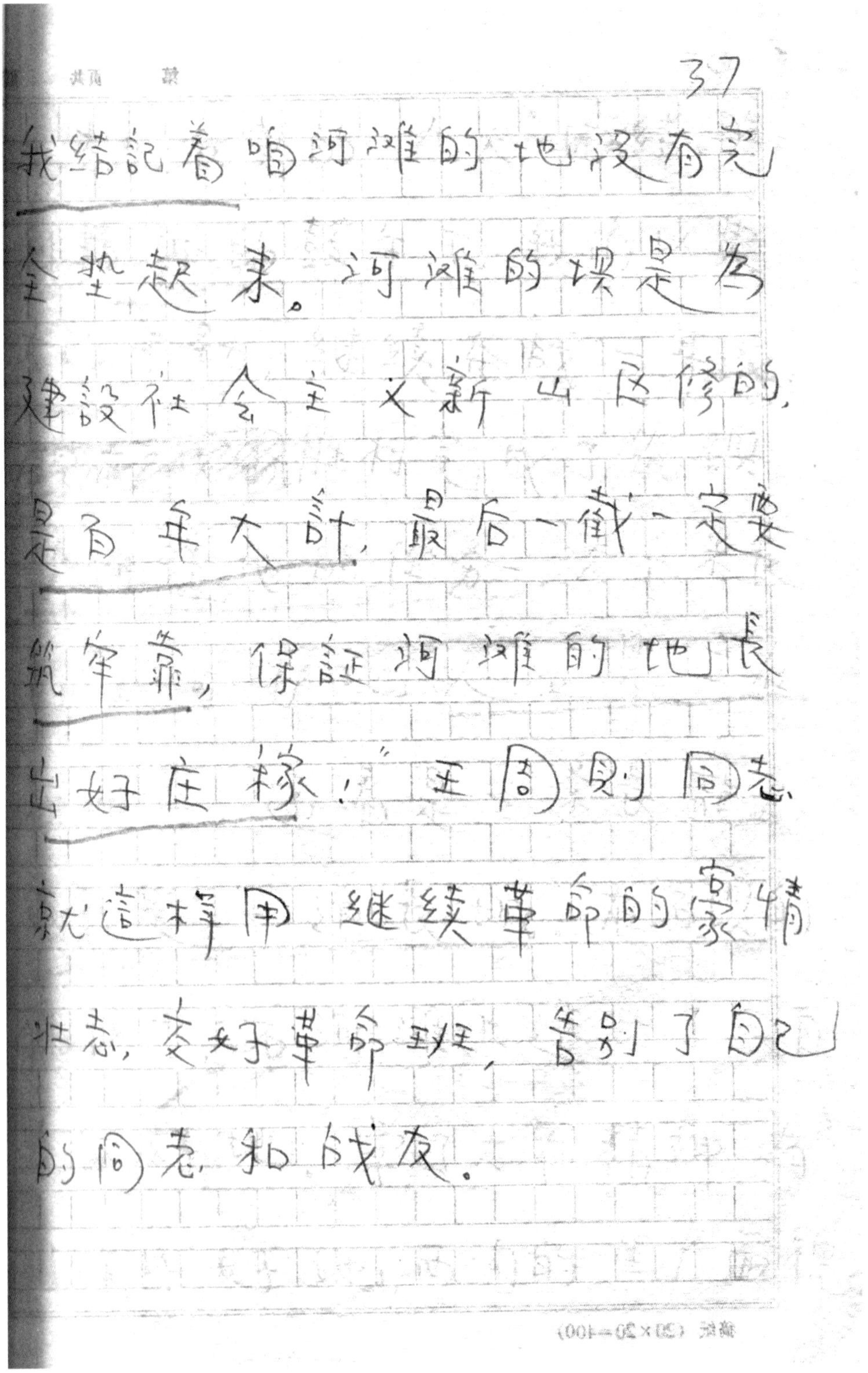

37

我结記着咱河滩的地没有完全垫起来。河滩的坝是为建設社会主义新山区修的，是百年大計，最后一截一定要筑牢靠，保証河滩的地長出好庄稼！”王周則同志就這样用继续革命的豪情壮志，交好革命班，告别了自己的同志和战友。

图1-3-39　手稿：心中有了红太阳，太行山上粮食亩产过“长江”第三十七页

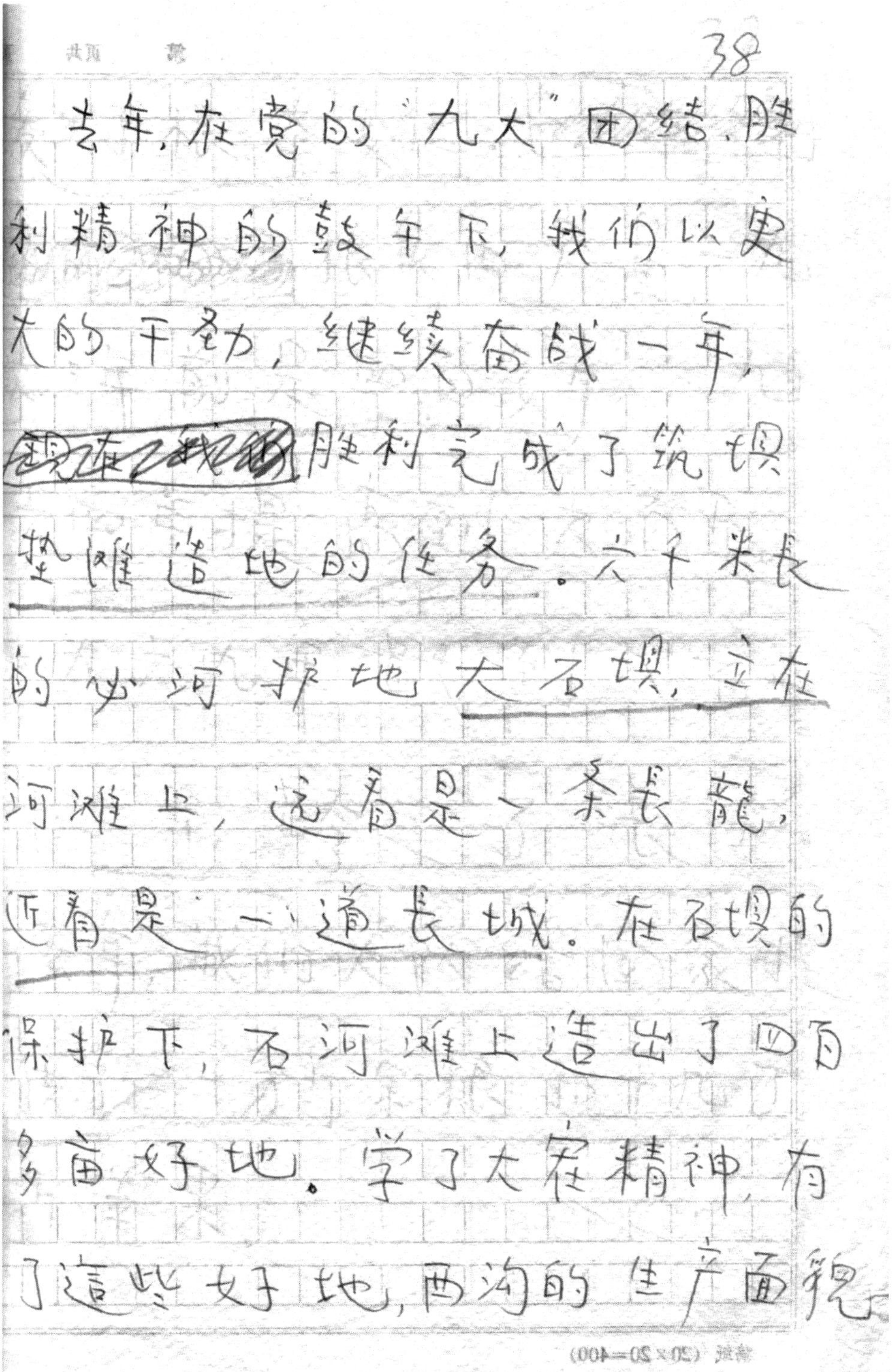
共 页 第 页

38

去年，在党的"九大"团结、胜利精神的鼓舞下，我们以更大的干劲，继续奋战一年，胜利完成了筑坝垫滩造地的任务。六千米長的拦河护地大石坝，立在河滩上，远看是一条長龍，近看是一道長城。在石坝的保护下，石河滩上造出了四百多亩好地。学了大寨精神，有了這些好地，西沟的生产面貌

稿纸（20×20=400）

图1–3–40　手稿：心中有了红太阳，太行山上粮食亩产过"长江"第三十八页

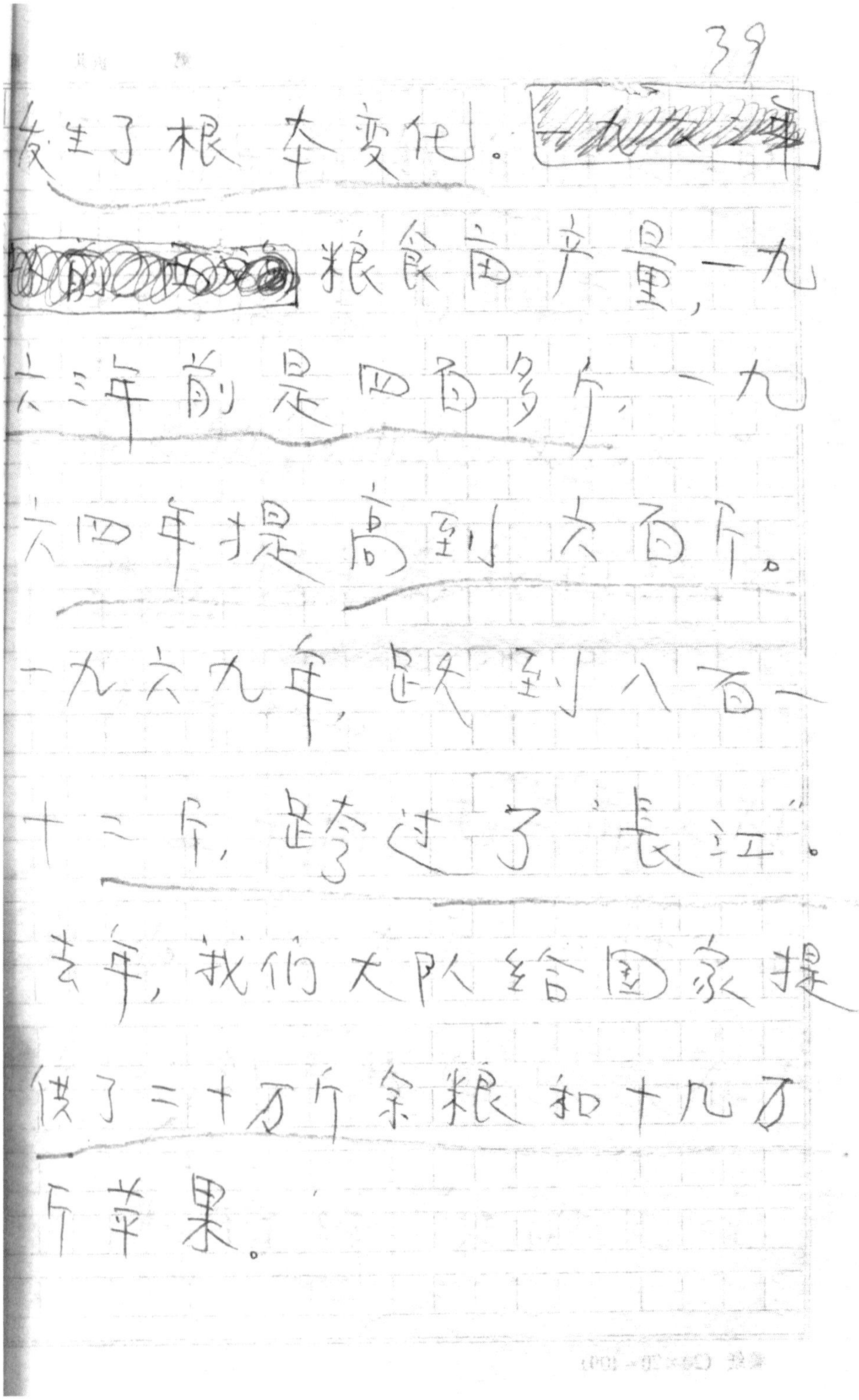

39

发生了根本变化。

粮食亩产量，一九

六三年前是四百多斤，一九

六四年提高到六百斤。

一九六九年，跃到八百一

十二斤，跨过了"長江"。

去年，我们大队给国家提

供了三十万斤余粮和十九万

斤苹果。

图1-3-41 手稿：心中有了红太阳，太行山上粮食亩产过"长江"第三十九页

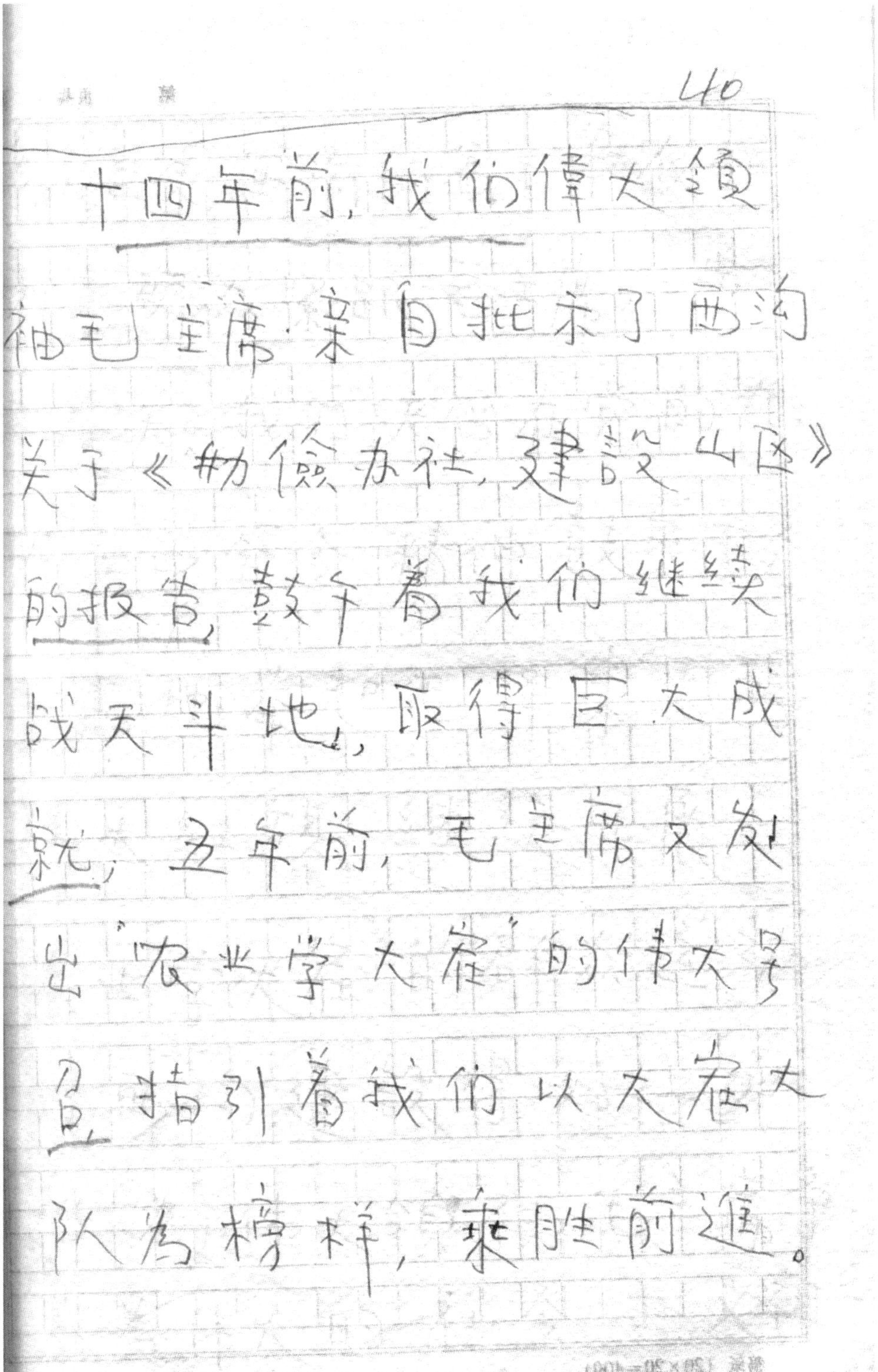

40

十四年前，我们偉大领袖毛主席亲自批示了西沟关于《勤儉办社，建設山区》的报告，鼓舞着我们继续战天斗地，取得巨大成就；五年前，毛主席又发出"农业学大寨"的伟大号召，指引着我们以大寨大队为榜样，乘胜前進。

图1–3–42　手稿：心中有了红太阳，太行山上粮食亩产过“长江”第四十页

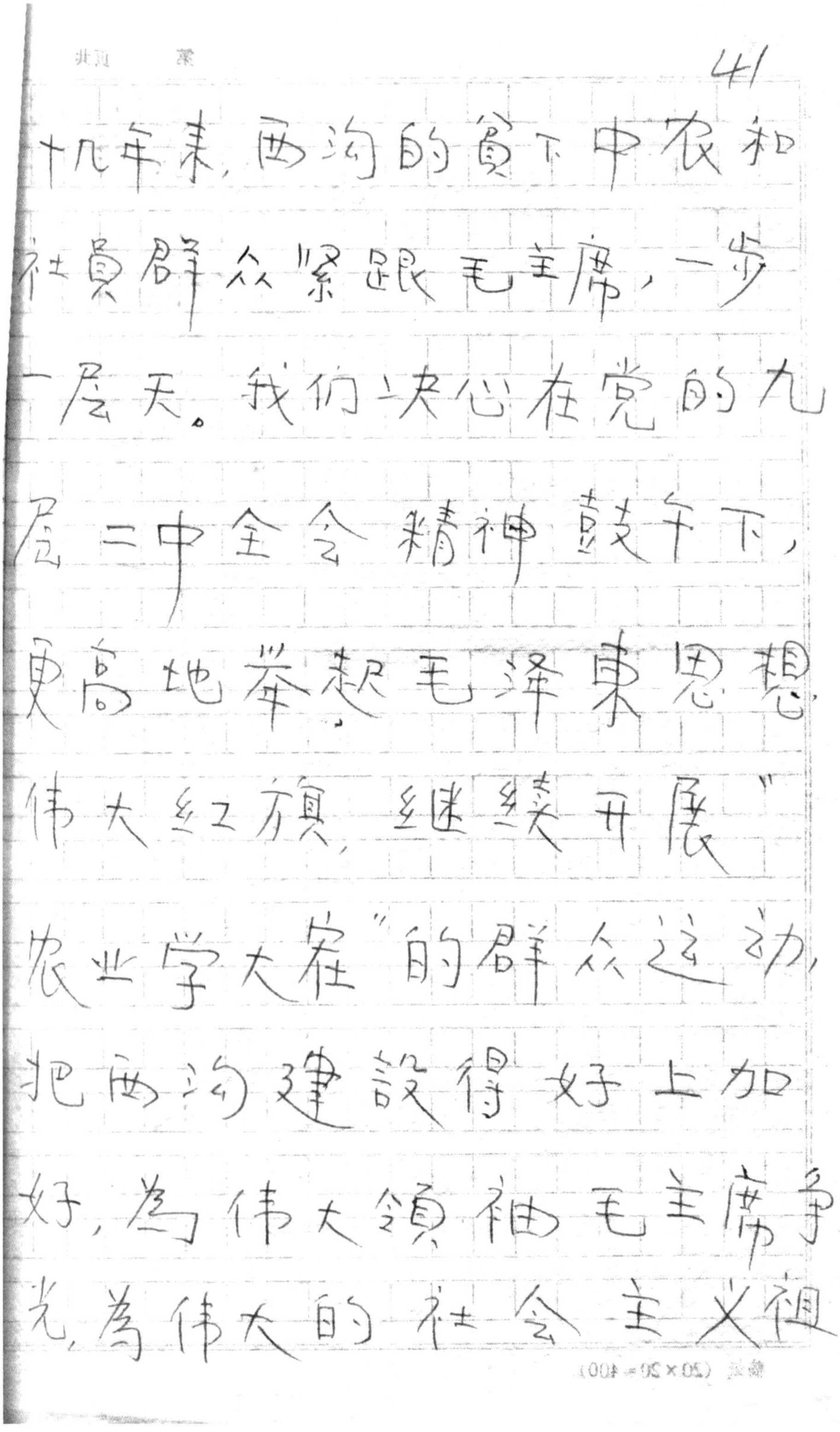
41

十九年来，西沟的贫下中农和社员群众紧跟毛主席，一步一层天。我们决心在党的九届二中全会精神鼓舞下，更高地举起毛泽东思想伟大红旗，继续开展"农业学大寨"的群众运动，把西沟建设得好上加好，为伟大领袖毛主席争光，为伟大的社会主义祖

(20×20=400)

图1-3-43　手稿：心中有了红太阳，太行山上粮食亩产过"长江"第四十一页

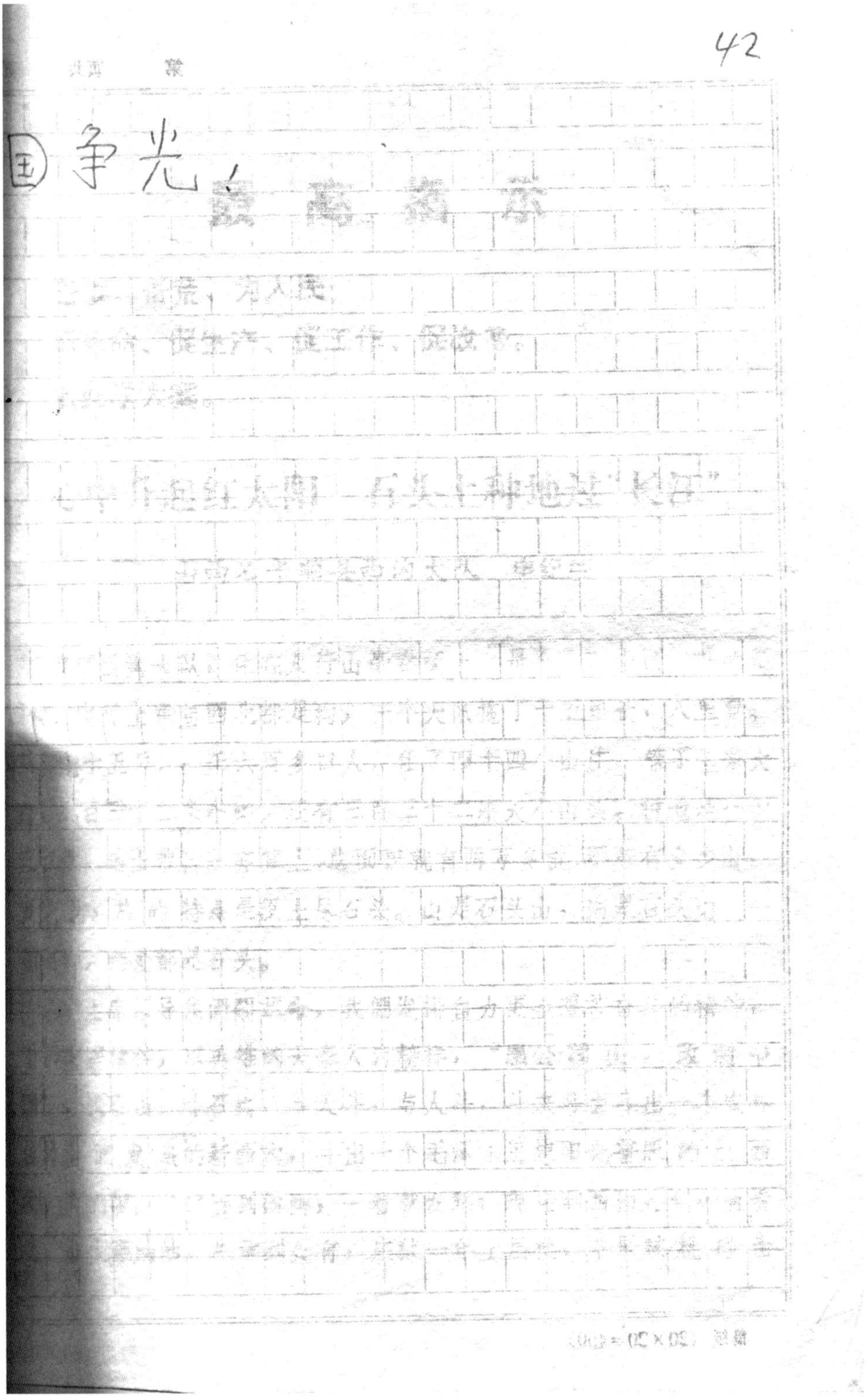

图1-3-44　手稿：心中有了红太阳，太行山上粮食亩产过“长江”第四十二页

最高指示

备战、备荒、为人民。

抓革命、促生产、促工作、促战备。

农业学大寨。

心中升起红太阳　石头上种地过"长江"

山西省平顺县西沟大队　申纪兰

我们西沟大队，住在太行山的只良上，是

千石山区。叫的是西沟，实际上东西南北

是沟，一个大队拖了十五里长，八里宽。三

七十五户，一千六百多口人，住了四十四个山

管了七条大沟，二百三十二条小沟，还有

百三十二助大小山夫。耕地是一千五百亩，

图1-3-45　手稿：心中升起红太阳，石头上种地过"长江"（中央会发言稿）第一页

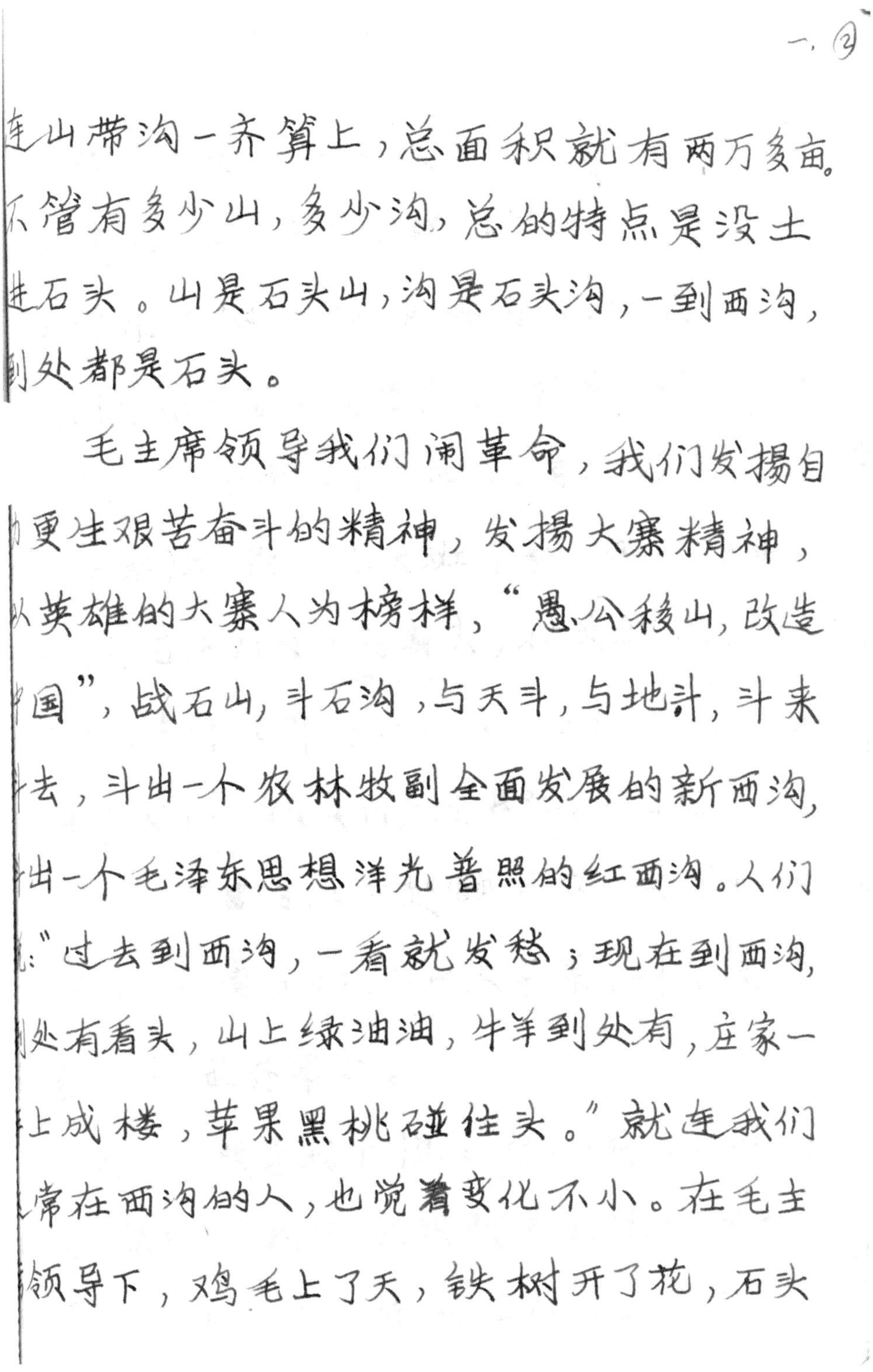

一.②

连山带沟一齐算上，总面积就有两万多亩。不管有多少山，多少沟，总的特点是没土进石头。山是石头山，沟是石头沟，一到西沟，到处都是石头。

毛主席领导我们闹革命，我们发扬自力更生艰苦奋斗的精神，发扬大寨精神，以英雄的大寨人为榜样，“愚公移山，改造中国”，战石山，斗石沟，与天斗，与地斗，斗来斗去，斗出一个农林牧副全面发展的新西沟，斗出一个毛泽东思想洋光普照的红西沟。人们说：“过去到西沟，一看就发愁；现在到西沟，到处有看头，山上绿油油，牛羊到处有，庄家一年上成楼，苹果黑桃碰住头。”就连我们经常在西沟的人，也觉着变化不小。在毛主席领导下，鸡毛上了天，铁树开了花，石头

图1-3-46　手稿：心中升起红太阳，石头上种地过“长江”第二页

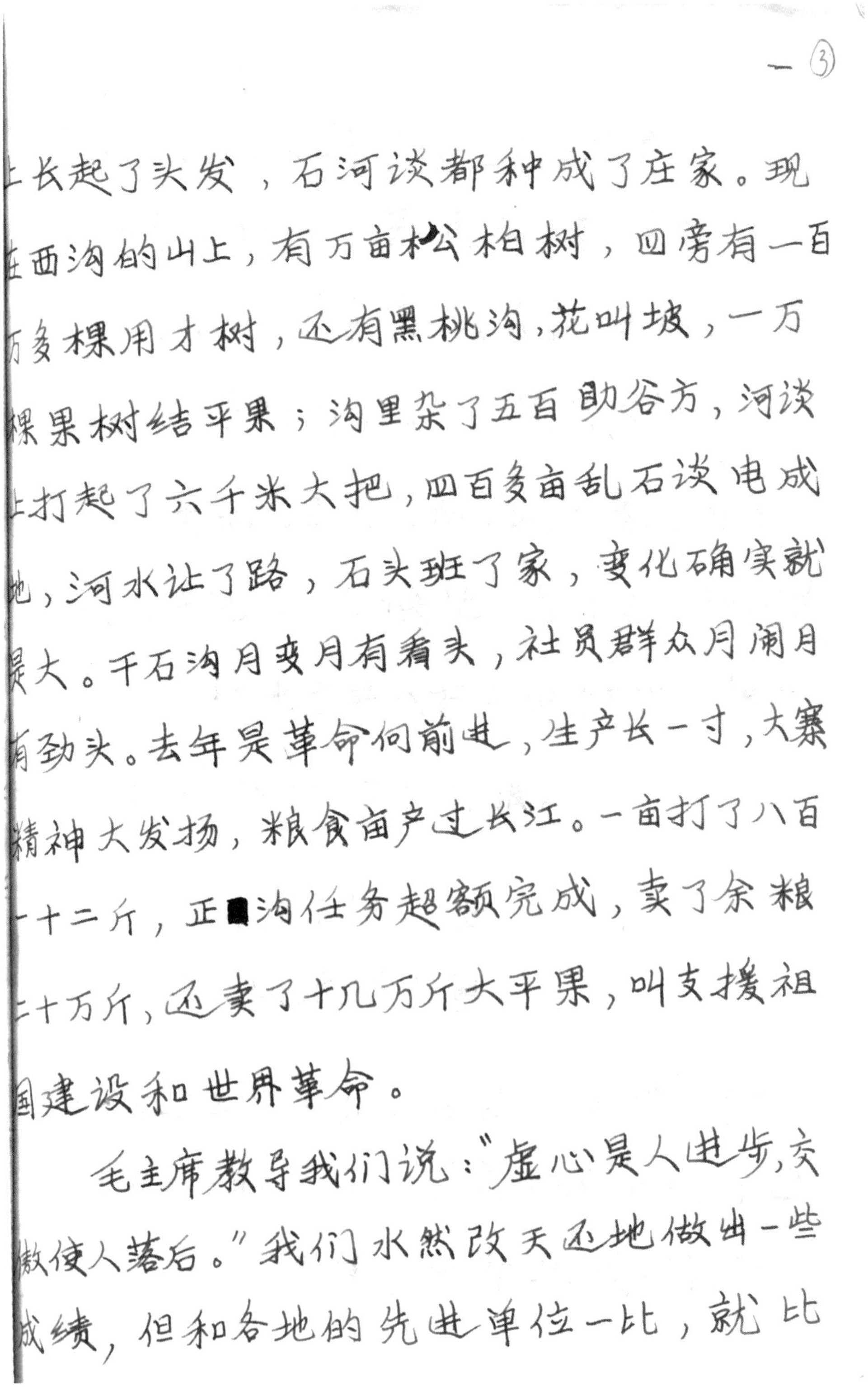

— ③

上长起了头发，石河滩都种成了庄家。现在西沟的山上，有万亩松柏树，四旁有一百万多棵用才树，还有黑桃沟，花叶坡，一万棵果树结平果；沟里杂了五百助谷方，河滩上打起了六千米大把，四百多亩乱石滩电成地，河水让了路，石头班了家，变化确实就是大。干石沟月变月有看头，社员群众月闹月有劲头。去年是革命何前进，生产长一寸，大寨精神大发扬，粮食亩产过长江。一亩打了八百一十二斤，正[redacted]沟任务超额完成，卖了余粮二十万斤，还卖了十几万斤大平果，叫支援祖国建设和世界革命。

毛主席教导我们说："虚心是人进步，交傲使人落后。"我们水然改天还地做出一些成绩，但和各地的先进单位一比，就比

图1-3-47　手稿：心中升起红太阳，石头上种地过"长江"第三页

—④

出了差具，和大寨比，差具就更大。有差具就的应头赶上，要进步，就要虚心学习。我来开会的时候，大家就安顿我，样我在会上好好学习。为了接受大家批评指导，我着重把西沟大队，以大寨人为榜样，战天斗地，改天换地，在干石山沟闹革命，石头上种地亩产八百斤的情况，给各位首长和同志们作个会报。

毛主席指示记心上
改天换地有力量

西沟过去是山穷，沟穷，人也穷，可是毛主席对我们非常关心。抗日战争刚开始，毛主席就派八路軍，来帮助我们打日本，

图1-3-48　手稿：心中升起红太阳，石头上种地过“长江”第四页

-⑤

斗地主，从三助大山底下，把西沟人解放出来，引上革命的道路。天安门上岗岗升起五星红旗，毛主席就連须三年，一年接见一次西沟贫下中农的代表李顺达。毛主席对顺达说："中国山很多，北方有太行山，吕良山，南方还有大别山，到了社会主义也不能不要山。教顺达带领大家，好好建设山区，把南瓜结的大大的，罗卜长的粗粗的，玉米棒长的長長的。毛主席关心，就是力量，毛主席指示，就有方向。一九五〇年，顺达同志从北京回到西沟，传达了毛主席的指示，贫下中农说："毛主席把咱看在眼里，咱要把毛主席的指示人在心上，拚上命也要建设好西沟，为毛主席争光。"

图1-3-49　手稿：心中升起红太阳，石头上种地过"长江"第五页

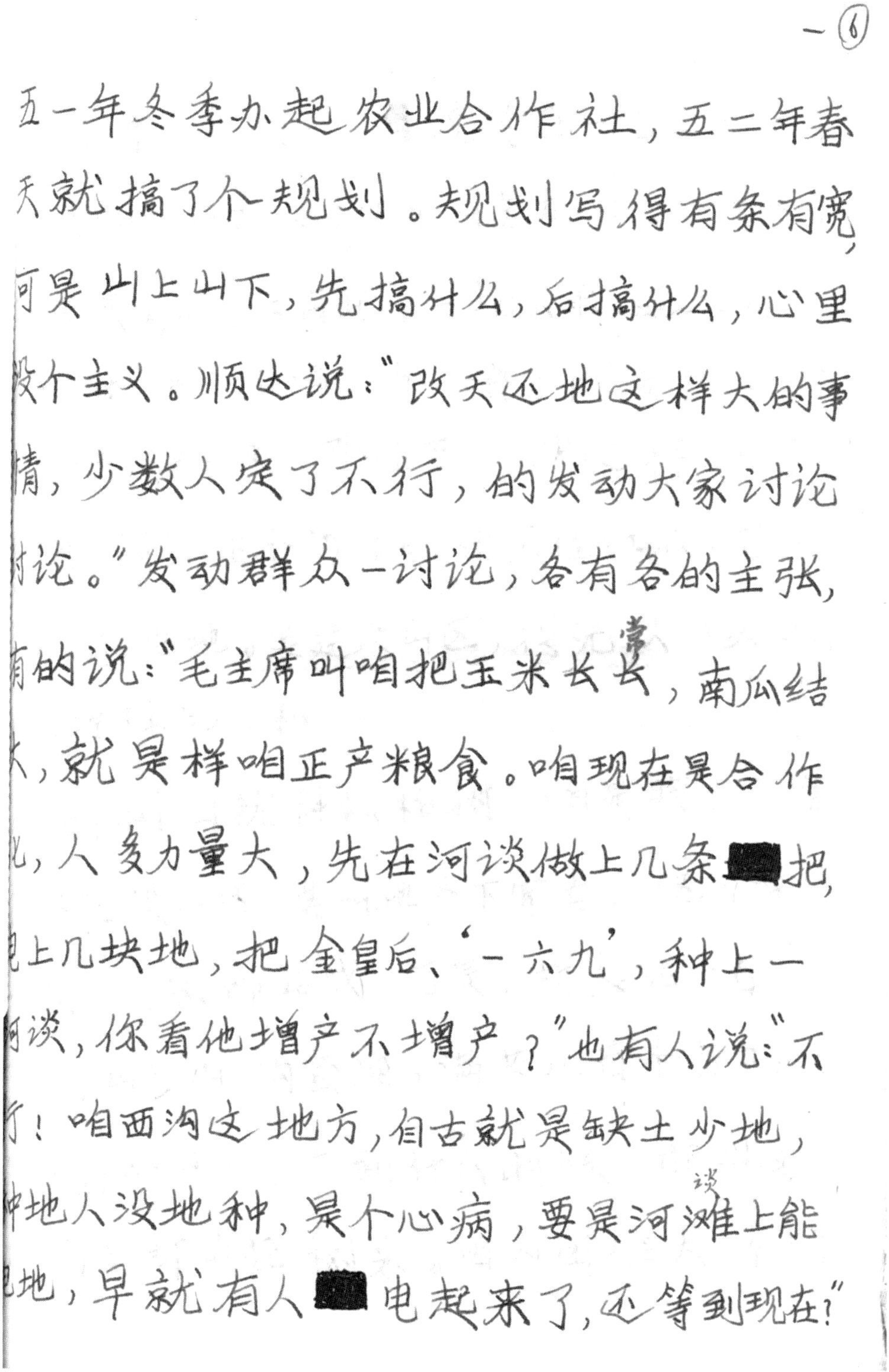

—⑥

五一年冬季办起农业合作社，五二年春天就搞了个规划。规划写得有条有宽，可是山上山下，先搞什么，后搞什么，心里没个主义。顺达说："改天还地这样大的事情，少数人定了不行，的发动大家讨论讨论。"发动群众一讨论，各有各的主张，有的说："毛主席叫咱把玉米长长（常），南瓜结大，就是样咱正产粮食。咱现在是合作社，人多力量大，先在河谈做上几条[redacted]把，垫上几块地，把金皇后、'一六九'，种上一河谈，你看他增产不增产？"也有人说："不行！咱西沟这地方，自古就是缺土少地，种地人没地种，是个心病，要是河滩（谈）上能垫地，早就有人[redacted]电起来了，还等到现在？"

图1-3-50　手稿：心中升起红太阳，石头上种地过"长江"第六页

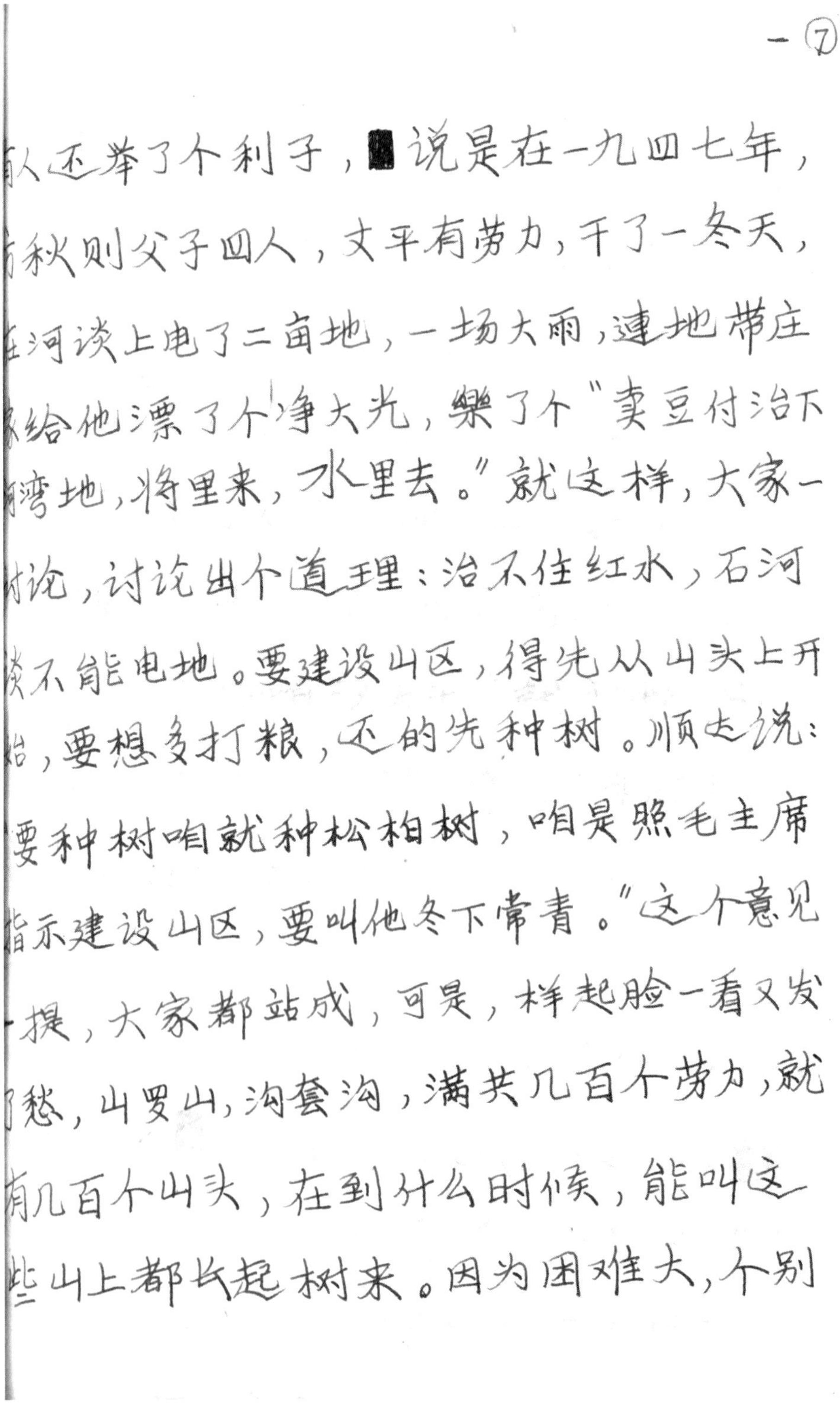

－⑦

有人还举了个利子，[redacted]说是在一九四七年，
秋则父子四人，文平有劳力，干了一冬天，
在河谈上电了二亩地，一场大雨，連地带庄
家给他漂了个净大光，樂了个"卖豆付治下
湾地，将里来，水里去。"就这样，大家一
讨论，讨论出个道理：治不住红水，石河
谈不能电地。要建设山区，得先从山头上开
始，要想多打粮，还的先种树。顺达说：
"要种树咱就种松柏树，咱是照毛主席
指示建设山区，要叫他冬下常青。"这个意见
一提，大家都站成，可是，样起脸一看又发
了愁，山罗山，沟套沟，满共几百个劳力，就
有几百个山头，在到什么时候，能叫这
些山上都长起树来。因为困难大，个别

图1-3-51　手稿：心中升起红太阳，石头上种地过"长江"第七页

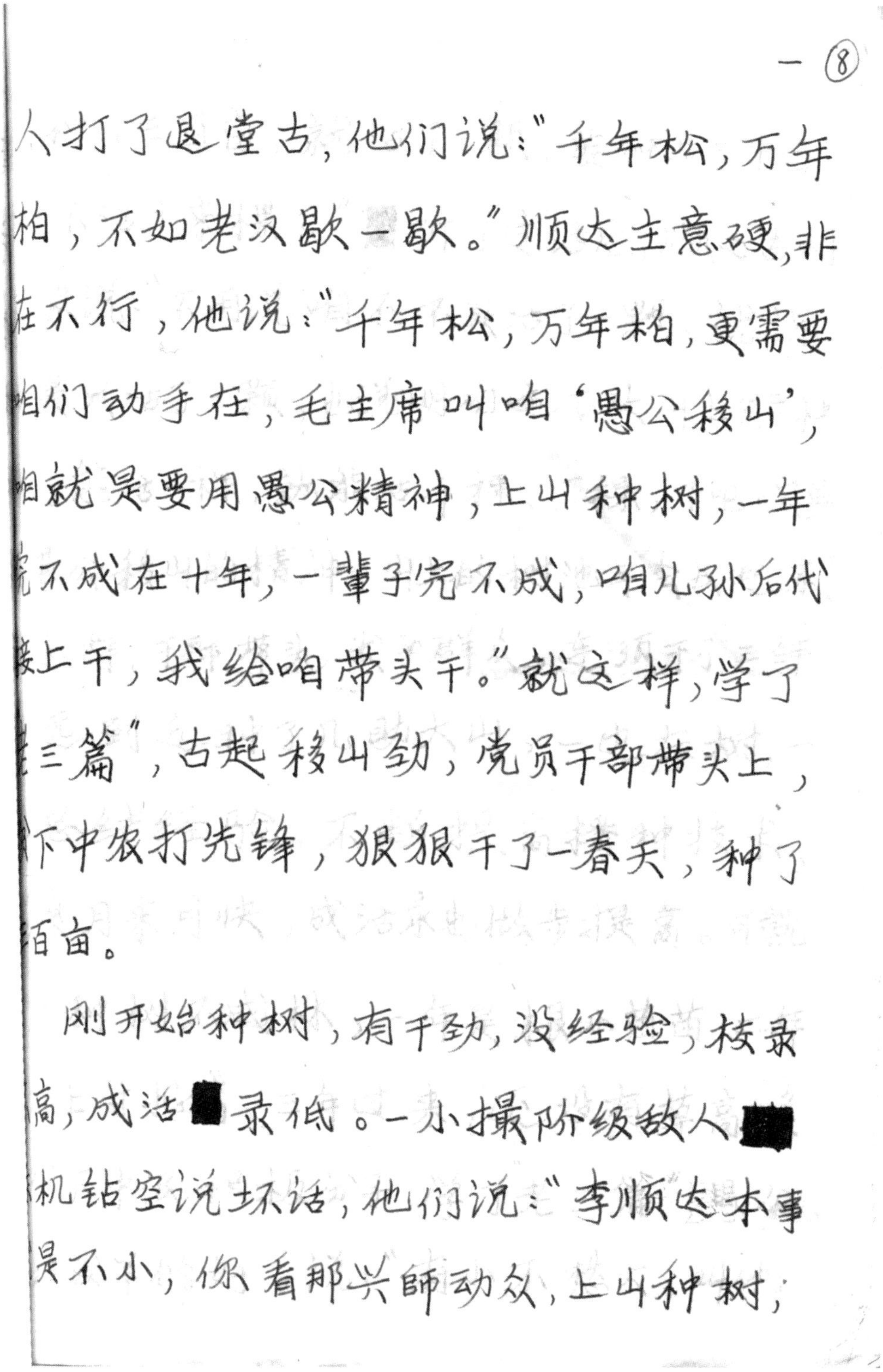

— ⑧

人打了退堂古，他们说："千年松，万年柏，不如老汉歇一歇。"顺达主意硬，非在不行，他说："千年松，万年柏，更需要咱们动手在，毛主席叫咱'愚公移山'，咱就是要用愚公精神，上山种树，一年完不成在十年，一辈子完不成，咱儿孙后代接上干，我给咱带头干。"就这样，学了"老三篇"，古起移山劲，党员干部带头上，贫下中农打先锋，狠狠干了一春天，种了百亩。

刚开始种树，有干劲，没经验，枝录搞，成活[redacted]录低。一小撮阶级敌人[redacted]乘机钻空说坏话，他们说："李顺达本事是不小，你看那兴師动众，上山种树，

图1-3-52　手稿：心中升起红太阳，石头上种地过"长江"第八页

—⑨

才种了三百亩，就活了一颗。要种上三千亩，还不活十来棵?!" [redacted]听了这话后，顺这古利大家说："不用说咱还不是活了一颗，就说成是只活了一颗，也说明咱这石头山上能种树。能活一棵，就能活千棵、万棵，干吧！只要有愚公移山的精神，山上的树也早会长起来"。就这样，干部带头，发动群众，连须干了三年，从远到近种了几助大山，一边在树，一边总结经验，不断提高播种技术，速度月来月快，成活汞也做步提高。可就光种树不成林，一年是根小苗苗，二年不上寸把高，三年过来，还没有草高。多贫下中农积极分子，学了"老三篇"，愚公精神发羊的好，说："有小不愁大，叫他

图1-3-53　手稿：心中升起红太阳，石头上种地过"长江"第九页

— 10

慢慢长吧！”少数思想不坚定的人，谢了气，白出个老知受家势来，一看三年长了寸把高的松树，又要头，又发笑，说：“不算话，不算话，石头上长树困难大，不如班家把山下。”想起当时的情况，就是有意思。毛主席的《愚公移山》文张里，说是有个知受，西峪也是又有愚公，又有知受。开始大家说：“有个把知受也可以，他发上几声笑，咱们加上几把[redacted]力，还的劲哩。”后来看见在上的松树一直不往高里长，有[redacted]些积极分子也召了急，种树是为了绿化荒山，保持水土，真要是三年长一寸，不用说靠他畜水保土，就是割上烧才也做不中一顿饭，这事情恐（空）怕不能这样干，的另想办法里！有人提了个建

图1-3-54　手稿：心中升起红太阳，石头上种地过“长江”第十页

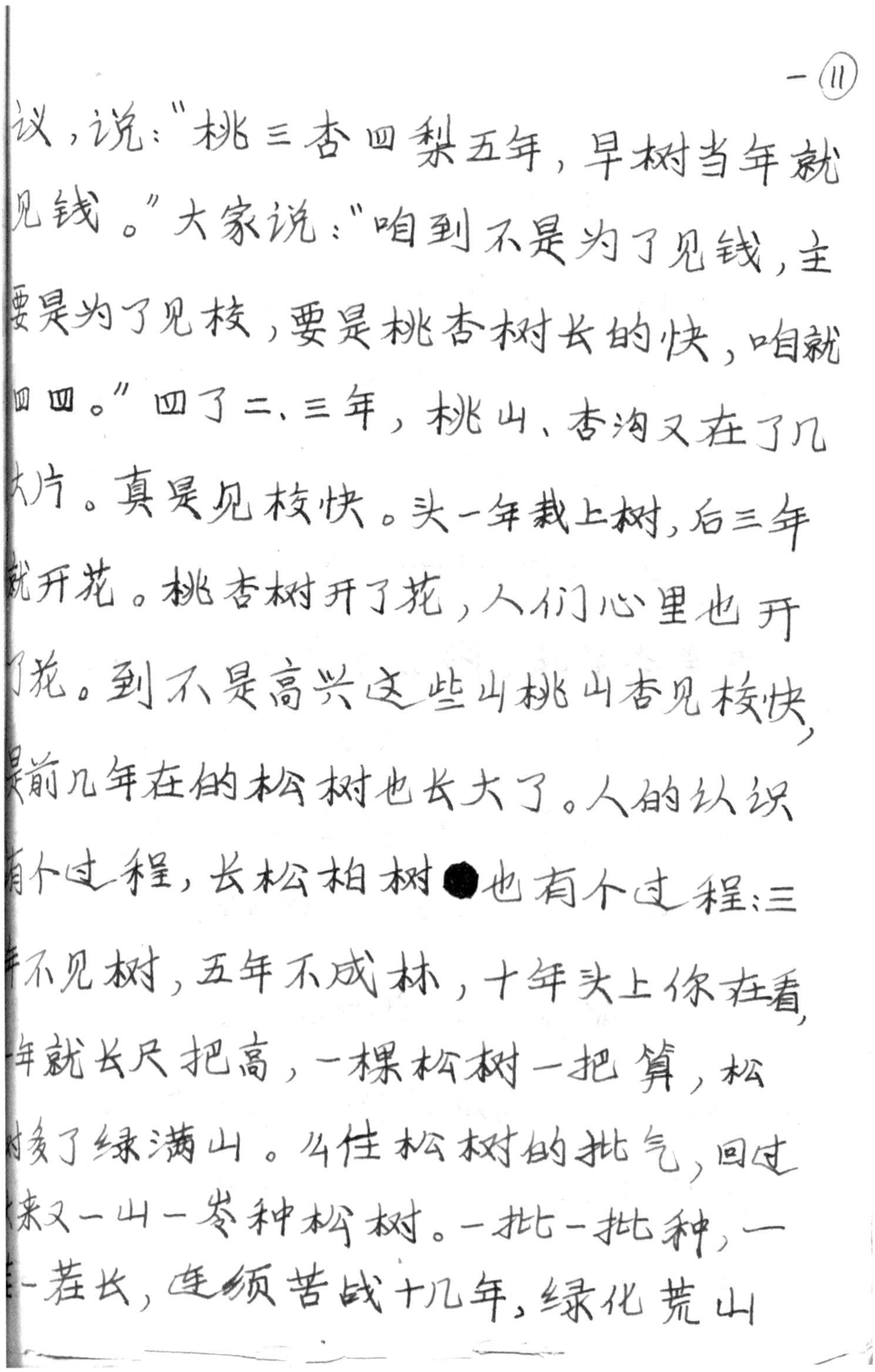
—⑪
议，说："桃三杏四梨五年，早树当年就
见钱。"大家说："咱到不是为了见钱，主
要是为了见校，要是桃杏树长的快，咱就
四四。"四了二、三年，桃山、杏沟又在了几
大片。真是见校快。头一年栽上树，后三年
就开花。桃杏树开了花，人们心里也开
了花。到不是高兴这些山桃山杏见校快，
是前几年在的松树也长大了。人的认识
有个过程，长松柏树也有个过程：三
年不见树，五年不成林，十年头上你在看，
年就长尺把高，一棵松树一把算，松
树该了绿满山。么住松树的批气，回过
来又一山一岑种松树。一批一批种，一
茬一茬长，连须苦战十几年，绿化荒山

图1-3-55　手稿：心中升起红太阳，石头上种地过"长江"第十一页

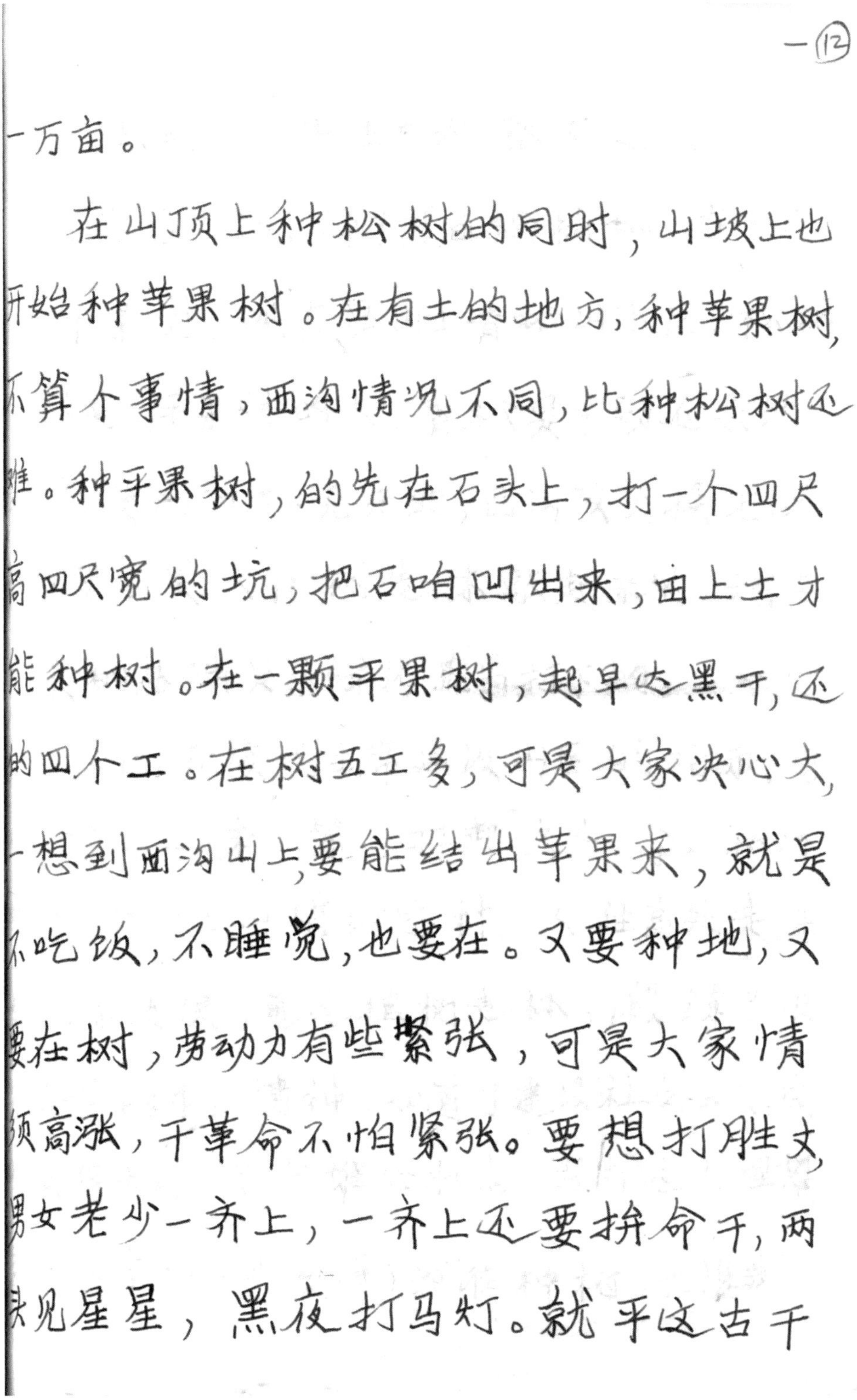

—⑫

一万亩。

在山顶上种松树的同时，山坡上也开始种苹果树。在有土的地方，种苹果树，不算个事情，西沟情况不同，比种松树还难。种平果树，的先在石头上，打一个四尺高四尺宽的坑，把石咱凹出来，由上土才能种树。在一颗平果树，起早么黑干，还的四个工。在树五工多，可是大家决心大，一想到西沟山上要能结出苹果来，就是不吃饭，不睡觉，也要在。又要种地，又要在树，劳动力有些紧张，可是大家情绪高涨，干革命不怕紧张。要想打胜丈，男女老少一齐上，一齐上还要拚命干，两头见星星，黑夜打马灯。就平这古干

图1-3-56　手稿：心中升起红太阳，石头上种地过“长江”第十二页

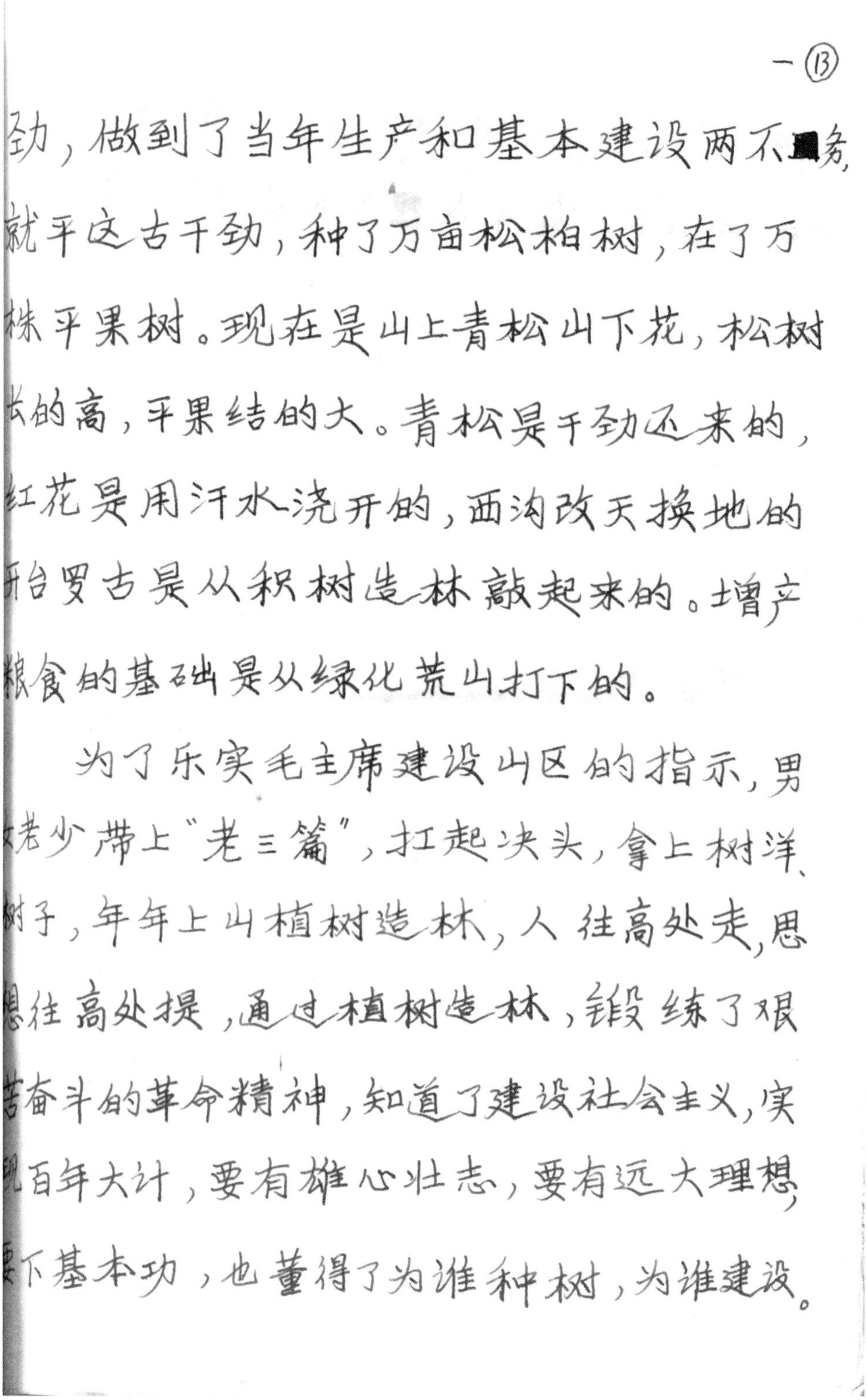

—⑬

劲，做到了当年生产和基本建设两不[redacted]务，就平这古干劲，种了万亩松柏树，在了万株平果树。现在是山上青松山下花，松树长的高，平果结的大。青松是干劲还来的，红花是用汗水浇开的，西沟改天换地的开台罗古是从积树造林敲起来的。增产粮食的基础是从绿化荒山打下的。

为了乐实毛主席建设山区的指示，男女老少带上“老三篇”，扛起决头，拿上树洋、树子，年年上山植树造林，人往高处走，思想往高处提，通过植树造林，锻练了艰苦奋斗的革命精神，知道了建设社会主义，实现百年大计，要有雄心壮志，要有远大理想，要下基本功，也董得了为谁种树，为谁建设。

图1-3-57　手稿：心中升起红太阳，石头上种地过“长江”第十三页

-⑭

跟毛主席干革命，为实现共产主义出力，为解放全人类流汗，累也觉[redacted]的不累，苦也觉得田。

图1-3-58　手稿：心中升起红太阳，石头上种地过“长江”第十四页

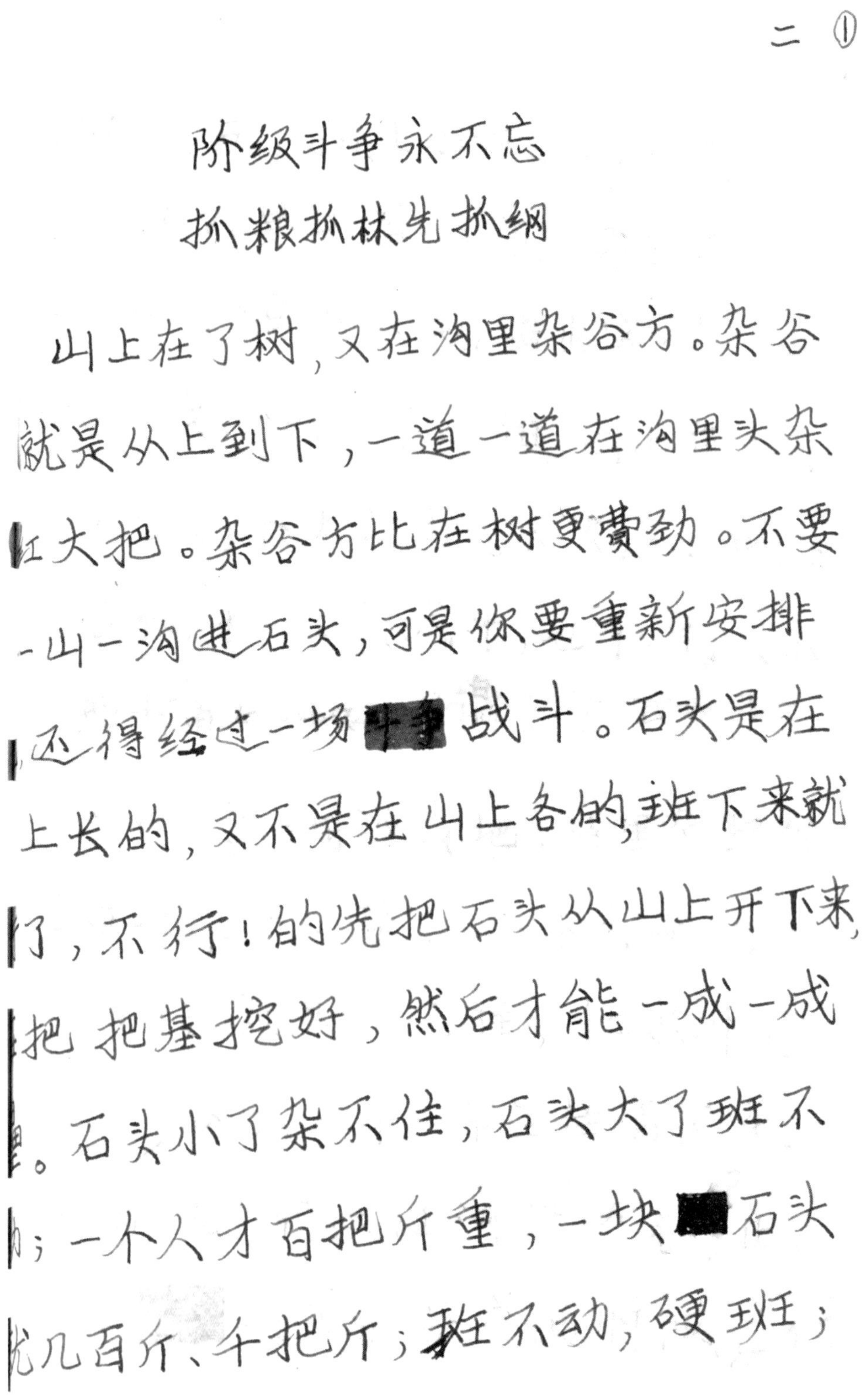
二 ①

阶级斗争永不忘
抓粮抓林先抓纲

山上在了树，又在沟里杂谷方。杂谷
就是从上到下，一道一道在沟里头杂
工大把。杂谷方比在树更费劲。不要
一山一沟进石头，可是你要重新安排
还得经过一场[redacted]战斗。石头是在
上长的，又不是在山上各的班下来就
了，不行！的先把石头从山上开下来，
把把基挖好，然后才能一成一成
。石头小了杂不住，石头大了班不
；一个人才百把斤重，一块[redacted]石头
几百斤、千把斤；班不动，硬班；

图1-3-59　手稿：阶级斗争永不忘，抓粮抓林先抓纲 第一页

二②

台不动硬台，拚上命干。沟不是三道两道，把不是十道八道，要实现沟沟谷方化，胆小人听着也害怕。可是西沟人决心大，不害怕，身上有古大干劲，心上有个大计划。大家说："咱这治山治水，和红水战斗，也和打丈不差，要有勇气，还得摆开个真细，山上在松树，守住前沿真地，沟里杂起谷方，准备好防玉工事。万一下大雨，发大水，松树在前头顶不住，红水冲进来，沟里的谷方，一节一节兰住消灭他。战胜红水，就能保证河谈的丰产田。"其实，在[redacted]沟里杂谷方的时候，河

图1-3-60　手稿：阶级斗争永不忘，抓粮抓林先抓纲 第二页

二 ③

滩上确还是乱石蛋哩，不用说丰产田，就连地也没有。河滩上没地，可是心里有地，心里要没有河滩上的地，就不在山上沟里出那么大的力气，这就是心里的大计划。有了大计划，理想出干劲，精神变物质。

西沟的贫下中农，许多人是旧社会灾荒年，拖儿带女，从河南林县逃荒上来的。那时候，穷人上山，为的是"包个荒坡，吃个我我"，走条活路。可是在旧社会，就连西沟这个穷地方，也不是穷人的地方，山是地主的是产，沟是地主的主业，山在大，没有穷人一草

图1-3-61　手稿：阶级斗争永不忘，抓粮抓林先抓纲 第三页

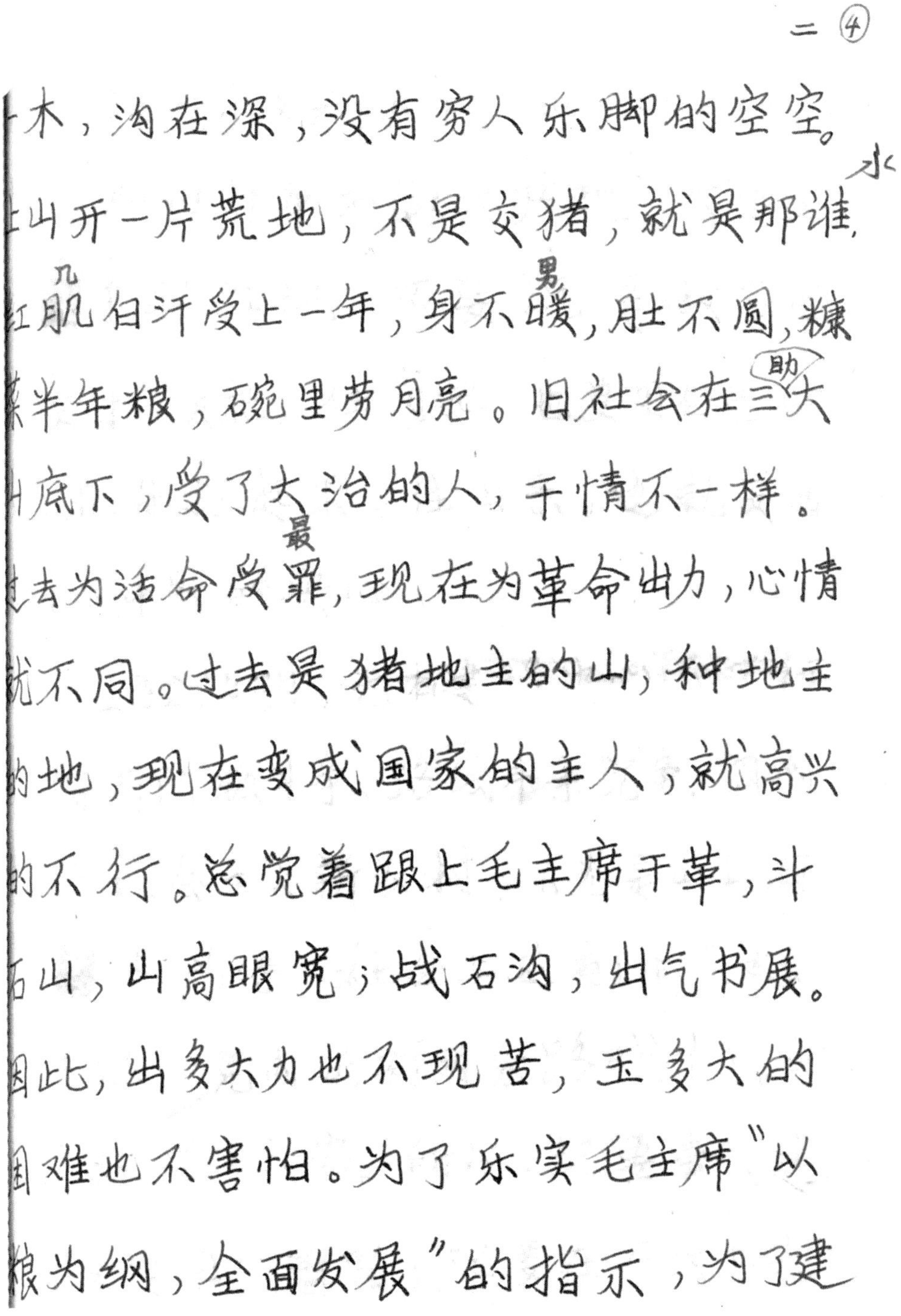
二 ④

木，沟在深，没有穷人乐脚的空空。

山开一片荒地，不是交猪，就是那谁

肌白汗受上一年，身不暖，肚不圆，糠

半年粮，碗里劳月亮。旧社会在三大

底下，受了大治的人，干情不一样。

过去为活命受罪，现在为革命出力，心情

就不同。过去是猪地主的山，种地主

的地，现在变成国家的主人，就高兴

的不行。总觉着跟上毛主席干革，斗

石山，山高眼宽；战石沟，出气书展。

因此，出多大力也不现苦，玉多大的

困难也不害怕。为了乐实毛主席"以

粮为纲，全面发展"的指示，为了建

图1-3-62 手稿：阶级斗争永不忘，抓粮抓林先抓纲 第四页

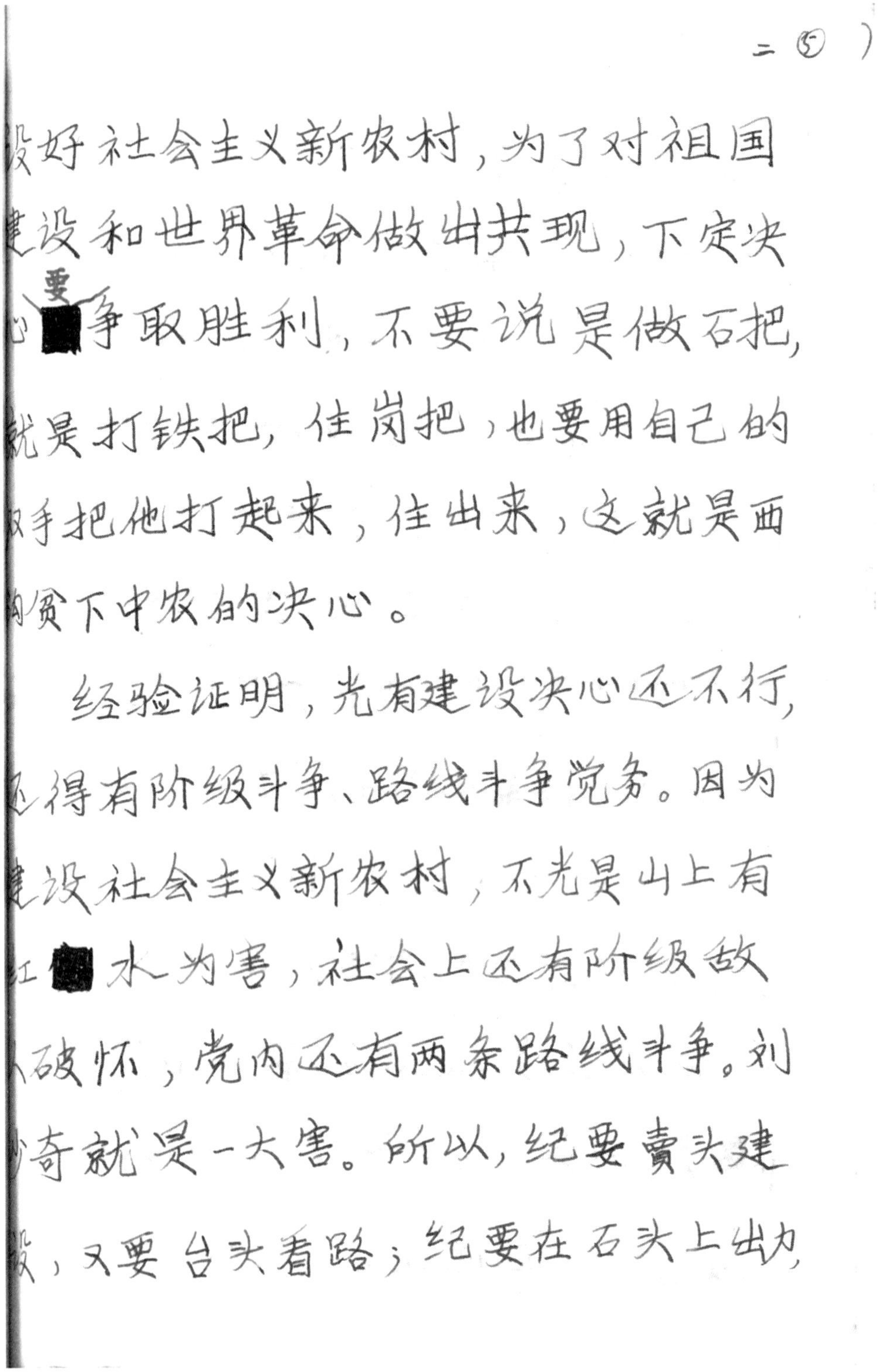
二⑤

设好社会主义新农村，为了对祖国
建设和世界革命做出共现，下定决
心要[redacted]争取胜利，不要说是做石把，
就是打铁把，住岗把，也要用自己的
双手把他打起来，住出来，这就是西
沟贫下中农的决心。

经验证明，光有建设决心还不行，
还得有阶级斗争、路线斗争觉务。因为
建设社会主义新农村，不光是山上有
红[redacted]水为害，社会上还有阶级敌
人破坏，党内还有两条路线斗争。刘
少奇就是一大害。所以，纪要實头建
设，又要台头看路；纪要在石头上出力，

图1-3-63　手稿：阶级斗争永不忘，抓粮抓林先抓纲 第五页

=⑥

又要在路线上超心。建设山区的过程，也是两个阶级、两条道路、两条路线斗争的过程。这种斗争，在各个时期表现不同。是上山搞建设，还是下山早出路，这是一开始的斗争。当时有人说："台头看，一六天，低头看，乱石滩，山高路则地块小，到了社会主义工业化，机器也来不了，电灯也点不上。"但是社会上有些人刮冷风，也不过是知受笑愚公，动要下了决心。问题是县里、专里有些领导人，中了刘少奇的毒，也说的是这反话，也说是山大沟深没闹头，不是叫移民[redacted]并庄，就是样班家下山到平川。不提艰

图1-3-64　手稿：阶级斗争永不忘，抓粮抓林先抓纲 第六页

苦奋斗，光强调的活命折学。上边说
话，影响就大。听上他们的话，有几
户捲起铺[redacted]改，班上家下山走了，有些
人受了影响，动要起来，走在两可，二心
不定。在这关建时克，绝大部分共产
党员、贫下中农不动要，顺达更不动要。
大家说："机器咱可以不要，电灯咱能
够不点，毛主席的指示可不能不乐实，
山区不能不建设。建设社会主义，不能
丢下山区，打起丈来不能利开山区。"
顺达说："就是都走完，六下我一个人，
我也不下山。建设山区是毛主席面对面
给我说的，我也要起来走了，和毛主

图1-3-65　手稿：阶级斗争永不忘，抓粮抓林先抓纲 第七页

席在见面，问我山区建设的怎么样，我
还能说我班了家口啦？”顺这把话
说到这里，贫下中农都说：“毛主席给
你说的话，也是给我们说的话，你
有决心干下去，我们都不走。”就这
样走了少数，坚定了大多数。经过一
场风波，加了一古干劲，树在的更快，
把打的更结实。连住打了几年把，几条
大沟做到了土不下山，水不出沟。就
在这个时候，又自上而下郭来一古歪风，
说：“西沟人手粗脚甲本，光知道劳动，不董
的经济合算。不算收入账，不注意工
分值，不抓‘现过现’，光抓‘眼不见’，

图1-3-66　手稿：阶级斗争永不忘，抓粮抓林先抓纲 第八页

二 ⑨

家一个工多少粮，多少钱，西沟老是赶

不上，出的是死力，务的是血工，拿上劳动

日了沟啦。”

西沟种地务工是多，千把亩土地就

有万把块，岸比地宽，不是冲，就是

特，不用说搞基本建设，就是起马建

设，修修補補，也不知道多务[redacted]多少工。

况且，不搞基本建设就不行，小路将

補不住大铁锅，山上不种树，沟里不

打把坝，大雨下来一冲，土地就成了石头

地。满共不到一尺后的土，他能吃住

冲？说老实话，种山地就是不能算

工账，搞革命更不能为正钱。光打

图1-3-67　手稿：阶级斗争永不忘，抓粮抓林先抓纲 第九页

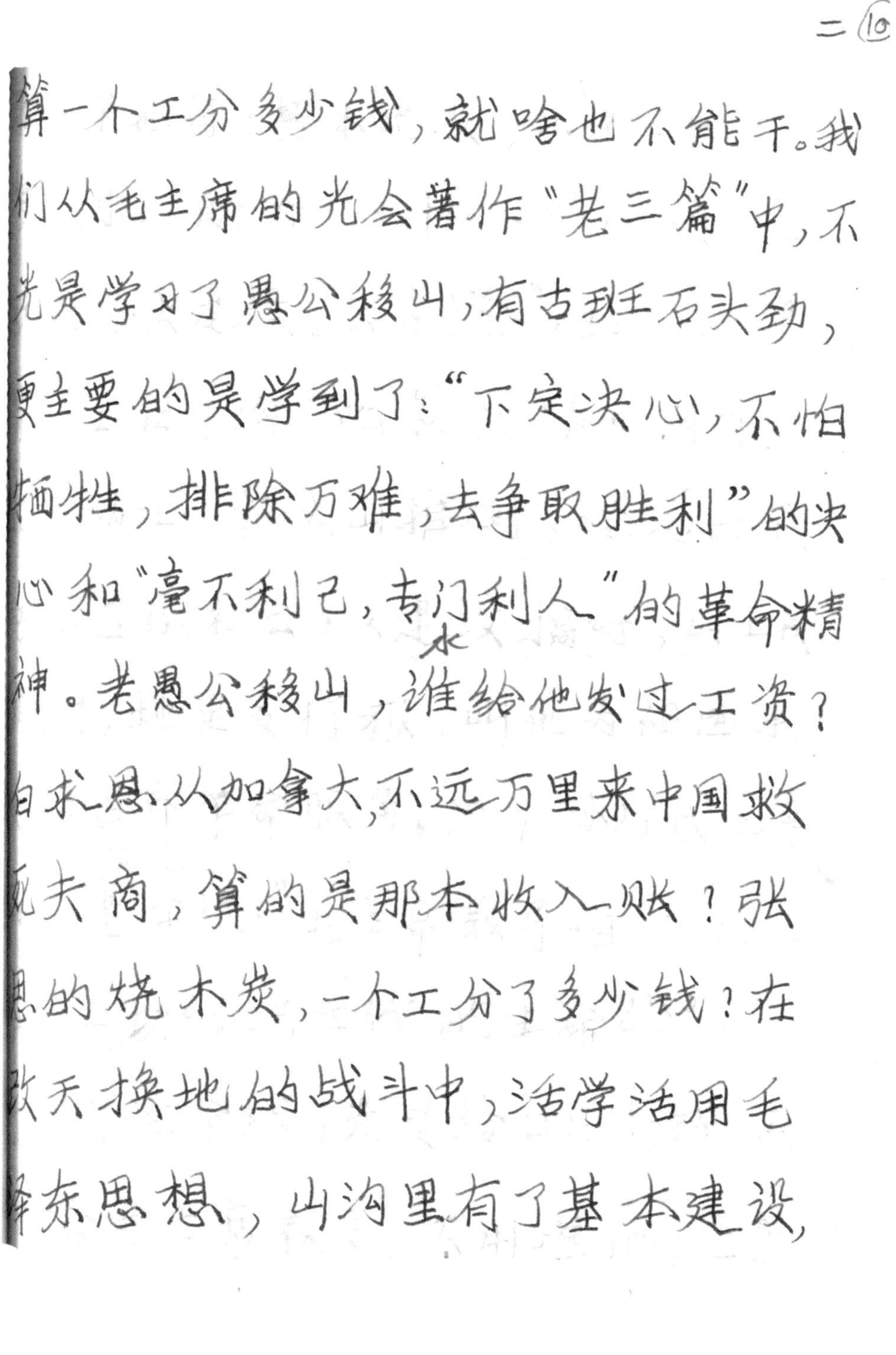

二⑩

算一个工分多少钱，就啥也不能干。我们从毛主席的光会著作"老三篇"中，不光是学习了愚公移山，有古班石头劲，更主要的是学到了："下定决心，不怕牺牲，排除万难，去争取胜利"的决心和"毫不利己，专门利人"的革命精神。老愚公移山，谁给他发过工资？白求恩从加拿大，不远万里来中国救死夫商，算的是那本收入账？张思的烧木炭，一个工分了多少钱？在改天换地的战斗中，活学活用毛泽东思想，山沟里有了基本建设，

图1-3-68　手稿：阶级斗争永不忘，抓粮抓林先抓纲 第十页

脑子里也有了基本建设。用"老三篇"武
装头脑，解决了为什么人的问题，这
就是个大建设。大家说："他说咱把
劳动工田了沟，咱就是情元用自己
的劳动工，把大山推倒，深沟田平，
把山区的社会主义建设搞好，山上长
满树，地里多打粮，叫他为祖国建
设和世界革命服务，为子孙后代目幸
顺达
福。"老李说："毛主席教导咱'政治工
作是一切经济工作的生命线'，他
们不讲生命线，光是给口几个钱，不
付合毛主席教导，不用理他，他算

图1-3-69　手稿：阶级斗争永不忘，抓粮抓林先抓纲 第十一页

二⑫

他的账，咱壘咱的把，各干各。听上
他们的话，各人都打自己的小算盘，
工分值不高不干，正钱不多不干，这
基本建设谁来搞？社会主义叫谁来
建设？"

就这样顶住歪风，古足干劲，纪
须革命。七条大沟全面铺开，沟沟有
工程，年年有发展。有多大发展，有些
人也是[redacted]给知柱眼不看，专门[redacted]早
反。特别是六0年以来，到文化大
马 反 月
革命这一段，麻烦越来月多，不是
说"西沟老先进到了头了，产量老是
主
百斤，七八年间住就不动，开劳模

图1–3–70　手稿：阶级斗争永不忘，抓粮抓林先抓纲 第十二页

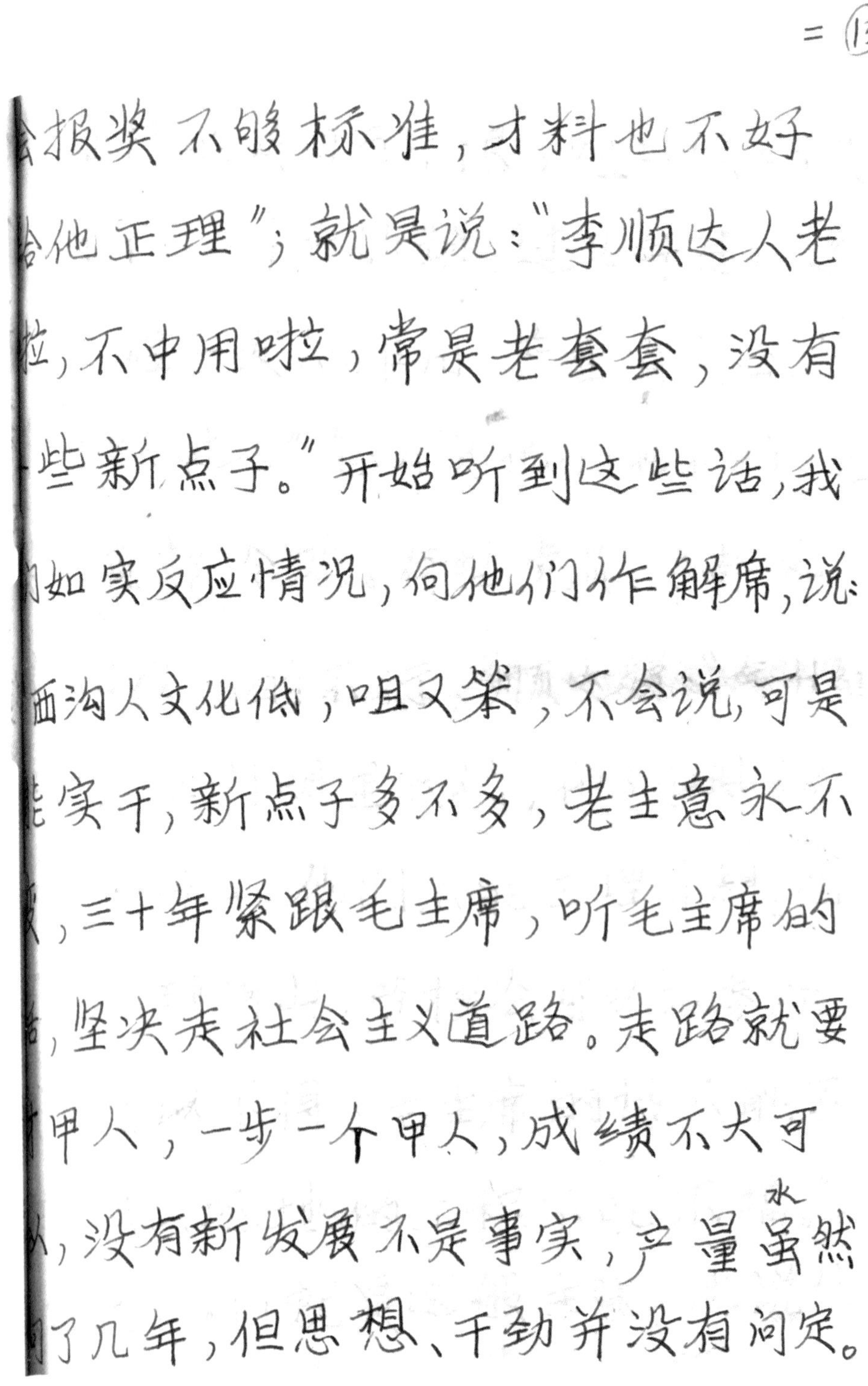

=⑬

会报奖不够标准，才料也不好
给他正理"；就是说："李顺达人老
啦，不中用啦，常是老套套，没有
一些新点子。"开始听到这些话，我
们如实反应情况，向他们作解席，说：
西沟人文化低，咀又笨，不会说，可是
能实干，新点子多不多，老主意永不
变，三十年紧跟毛主席，听毛主席的
话，坚决走社会主义道路。走路就要
有甲人，一步一个甲人，成绩不大可
以，没有新发展不是事实，产量虽[水]然
了几年，但思想、干劲并没有问定。

图1-3-71　手稿：阶级斗争永不忘，抓粮抓林先抓纲 第十三页

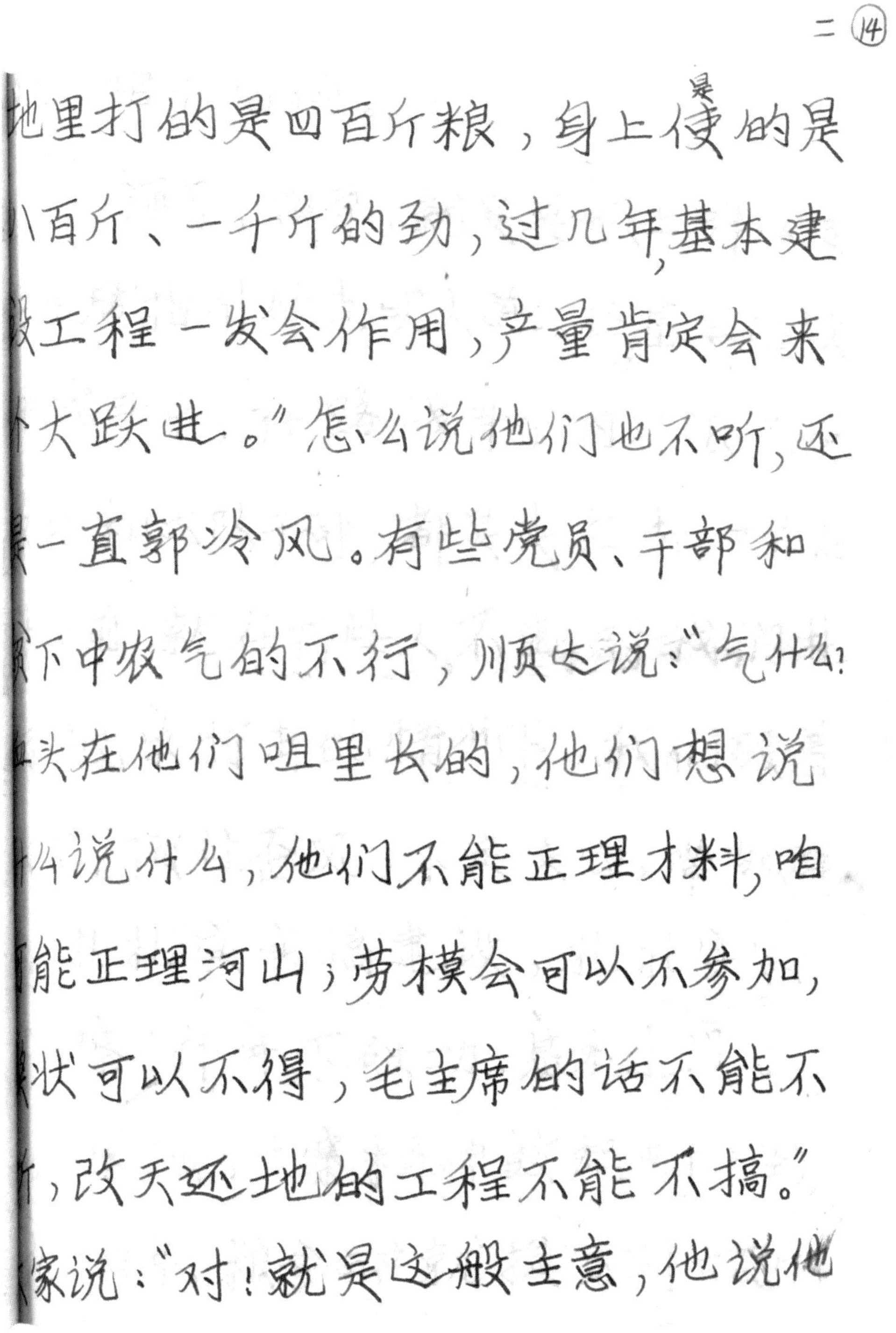

二 ⑭

地里打的是四百斤粮，身上使的是八百斤、一千斤的劲，过几年，基本建设工程一发会作用，产量肯定会来个大跃进。"怎么说他们也不听，还是一直郭冷风。有些党员、干部和贫下中农气的不行，顺达说："气什么？舌头在他们咀里长的，他们想说什么说什么，他们不能正理才料，咱可能正理河山；劳模会可以不参加，奖状可以不得，毛主席的话不能不听，改天还地的工程不能不搞。"大家说："对！就是这般主意，他说他

图1-3-72　手稿：阶级斗争永不忘，抓粮抓林先抓纲 第十四页

的，咱干咱的。”

领导，领导，就是要领上群众，走毛主席指引的光明大道。在基本建设的战斗中，在路线斗争的风浪中，党支部和大队干部，都是走在先，干在前，斗在前。就在有些人不断对我们进行讽次打击的情况下，我们硬着头皮，顶住歪风；下定决心，带领群众，扎扎实实搞建设，扎扎实实学大寨，年年下硬功。基本建设打下老基础，大寨精神鼓起新干劲，一九六四年，粮食亩产就提高到六百斤，

图1-3-73　手稿：阶级斗争永不忘，抓粮抓林先抓纲 第十五页

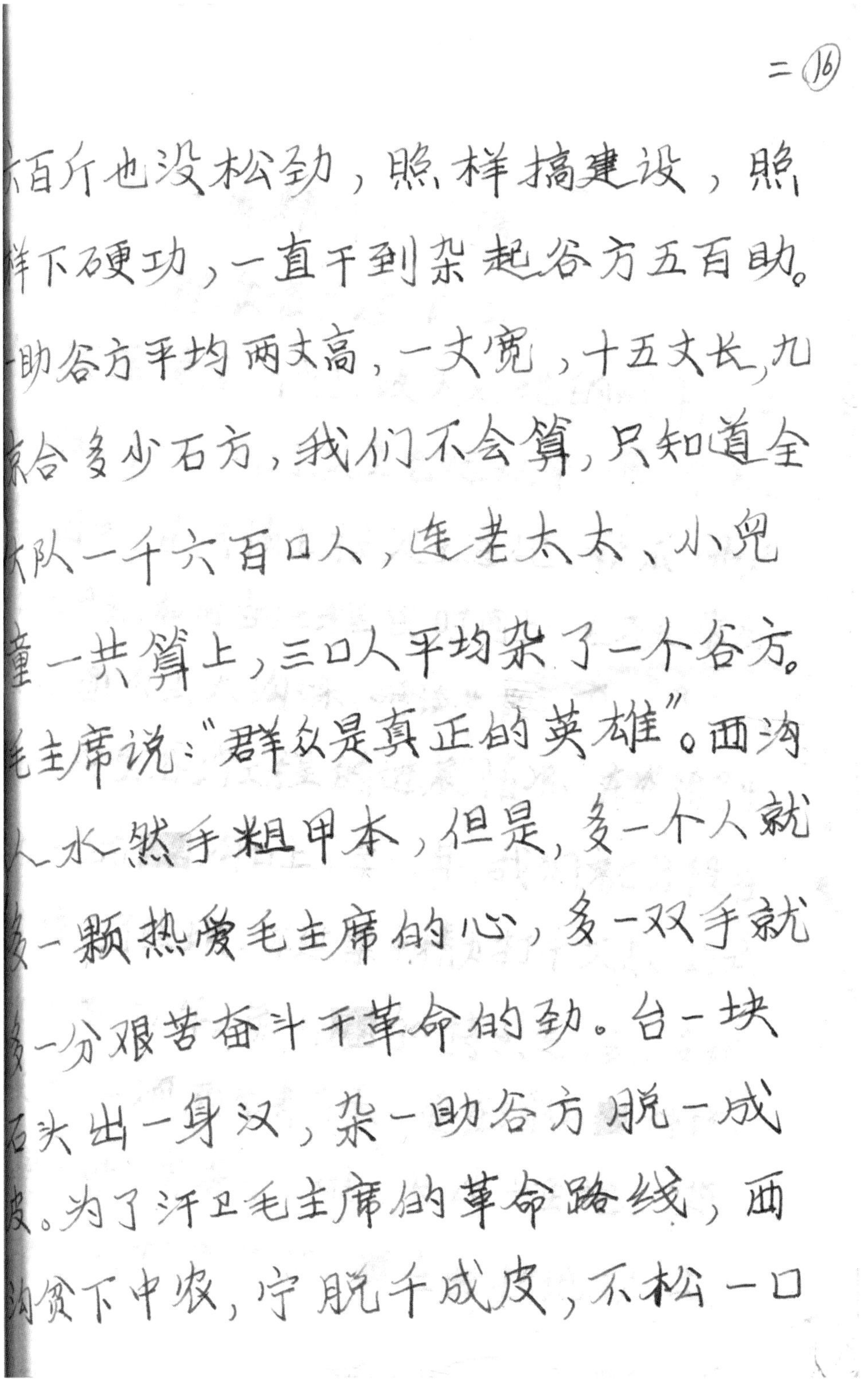

二⑯

百斤也没松劲，照样搞建设，照
样下硬功，一直干到杂起谷方五百助。
一助谷方平均两丈高，一丈宽，十五丈长，九
合多少石方，我们不会算，只知道全
队一千六百口人，连老太太、小兒
童一共算上，三口人平均杂了一个谷方。
毛主席说："群众是真正的英雄"。西沟
人水然手粗甲本，但是，多一个人就
多一颗热爱毛主席的心，多一双手就
多一分艰苦奋斗干革命的劲。台一块
石头出一身汉，杂一助谷方脱一成
皮。为了汗卫毛主席的革命路线，西
沟贫下中农，宁脱千成皮，不松一口

图1-3-74　手稿：阶级斗争永不忘，抓粮抓林先抓纲 第十六页

不怕吃苦受累，不怕风次打击
块一块台石头，一道一道杂谷方，
年一年搞建设。就是这些"不董的
济合算的人，用石坝党住了七条
沟的红水，基本上空治了水土六
，给河谈造地创造了条件；就
这些"出死力"，"务血工"的人，用
吨石头，杂烂了刘少奇的修正主义
论，让毛主席"艰苦奋斗，自力更
"的伟大方针，乐到实处，使
朵红花在西沟永远开放。

图1-3-75　手稿：阶级斗争永不忘，抓粮抓林先抓纲 第十七页

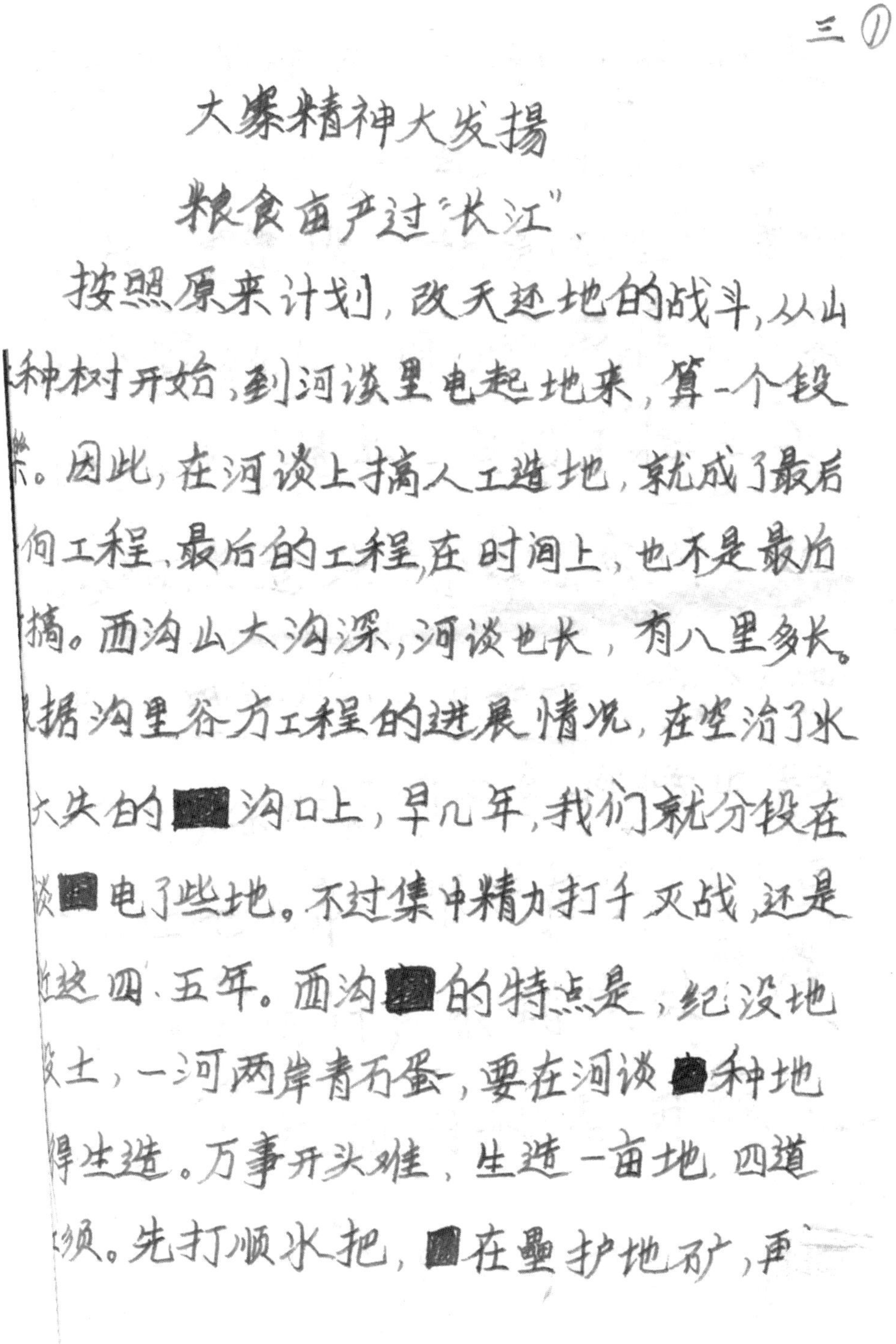

三 ①

大寨精神大发揚

粮食亩产过"长江"

按照原来计划，改天还地的战斗，从山种树开始，到河滩里屯起地来，算一个段落。因此，在河滩上搞人工造地，就成了最后的工程，最后的工程，在时间上，也不是最后搞。西沟山大沟深，河滩也长，有八里多长。根据沟里各方工程的进展情况，在坐治了水土流失的[redacted]沟口上，早几年，我们就分段在滩[redacted]屯了些地。不过集中精力打千灭战，还是近这四、五年。西沟[redacted]的特点是，纪没地没土，一河两岸青石蛋，要在河滩[redacted]种地得生造。万事开头难，生造一亩地，四道手续。先打顺水把，[redacted]在垒护地石广，再

图1-3-76　手稿：大寨精神大发扬，粮食亩产过“长江”第一页

三 ②

乱石蛋谈平，最后从远处担上土电地。四道工须少了那一道也不行。不打顺水把弄不成。山高、沟深、来水面积宽，河谈种地也不能把水切断。就说成是上边做了工程，兰住红水不下山，清水也要下。沟里垒了谷方，村里又不能垒谷方。一个大队四十四个山庄，一个山庄一古水，四十多古水下来就流成一条河。顺水把就是起必河护地作用。要必河，就得有古必河的力，把小了必不住，做大把就用大劲做：从石山上开石头，[redacted]合到石河谈做石把，这还能不费劲？费劲也得这样干，因为河谈上的石头不能用，又小又不规各，都是圆给蛋，用它做把，垒也垒不住，垒住也不顶事，大水一冲，它就给滚，不用说护地，連自己也护不住，只能是用大石头做起把墙，把

图1-3-77　手稿：大寨精神大发扬，粮食亩产过“长江”第二页

它装到把心里热个分量。

有了大把，还少不了垒矿。把是顺水做，矿是红着垒，一头爱山，一头靠把。为啥有了把还要垒矿？这里头[redacted]也有个道理，把能觉住河水，可觉不住山里、沟里、村里流下来的水。你要不垒矿，满河湾一片地，下大雨水进来，人往高处走，水往低处流，总然冲不特大把，把土冲走了也了不得。有了矿就解决了这个问题，几亩地垒成一矿，地平矿高，水流到那一块地，那一块地就把它矿住，各自为战，各负各责，百年大计，万无一失。

第三、四道工须是平谈、电土。听起来比較简单，可是简单里头还有些不简单。一亩地电一尺后的土是八千担，电上三尺后，三八就是两万四千担，要是一个人

图1-3-78　手稿：大寨精神大发扬，粮食亩产过“长江”第三页

担土屯一亩地，就是好后生也差不多得一年。现在是集体干，几十个人一齐担，就觉得比较快，其实账还是一样算，平均下来造一亩地，也就得多三四百个工。以前我们就是搞基本建设不算劳力账，在文化革命中批判了刘少奇的"物质次级"，"经济挂帅"的修正主义流毒，思想就又有新提高，不管花去多少工，多造一亩河滩地，就能多打千斤粮，[redacted]多产一斤粮，就能多对祖国建设和世界革命做一分贡献，就能给贵大帝修反增加一分力量。

为了解决基本建设用工多，和劳力不足的矛盾，我们把屯滩地的任务，集中在冬天完成。三九天修河滩屯地，又增加了一成困难。顺河风，吹断斤。没有一古不怕苦的干劲，冰四四，顺河风一吹，抢住連气也出不上来，

图1-3-79　手稿：大寨精神大发扬，粮食亩产过“长江”第四页

空人走路也得束下脖子，袖住手赶紧跑。可是西沟贫下中农婚身都是硬骨头，不怕风大也不现天冷。有人说："西沟都是些林县客，林县家就能实干"。其实这不是个正經原因。要说西沟人成年四季爬山月岭，艰苦奋斗[redacted]失啦，有锻炼，到是有个来[redacted]利。不过更主要的是有了大寨这个好老师，以大寨人为榜样，突出无产阶级政治，活学活用毛泽东思想，"斗私批修"，破私立公，改造了世界观，知道为谁苦，为谁忙。在河滩上集中力量打千亩战电地，是一九六四年以来，在大寨精神古五下搞的，是在文化大革命中搞的。狠批了刘少奇反革命修正主义路线，群众性的活学活用毛泽东思想，学大寨，赶大寨，精神力量[redacted]月来月大。有

图1-3-80　手稿：大寨精神大发扬，粮食亩产过"长江"第五页

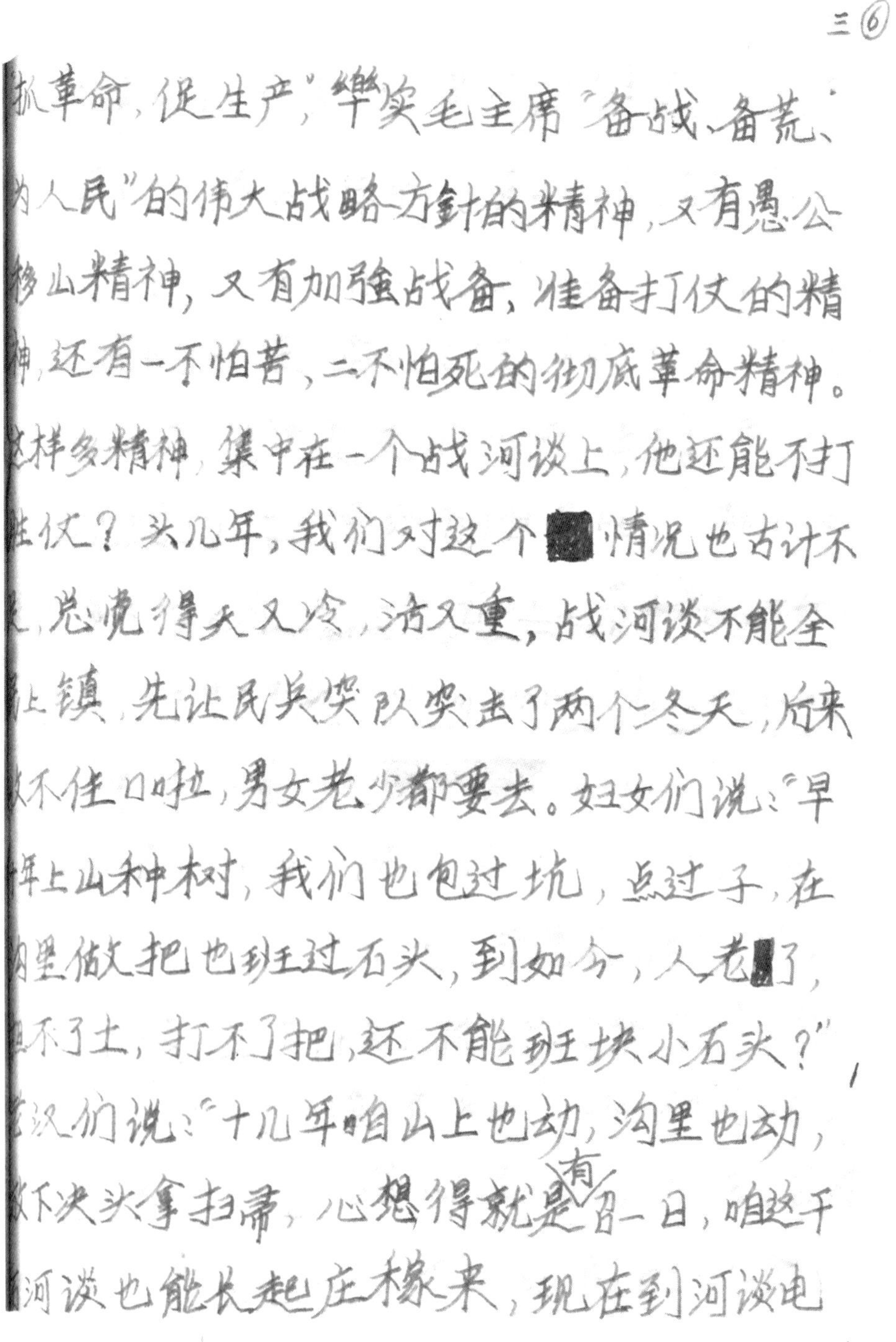
三⑥
"抓革命，促生产"，学习毛主席"备战、备荒、
为人民"的伟大战略方针的精神，又有愚公
移山精神，又有加强战备，准备打仗的精
神，还有一不怕苦，二不怕死的彻底革命精神。
这样多精神，集中在一个战河谈上，他还能不打
胜仗？头几年，我们对这个[redacted]情况也古计不
足，总觉得天又冷，活又重，战河谈不能全
上镇，先让民兵突队突击了两个冬天，后来
挡不住口啦，男女老少都要去。妇女们说："早
年上山种树，我们也刨过坑，点过子，在
沟里做把也搬过石头，到如今，人老[redacted]了，
刨不了土，打不了把，还不能搬块小石头？"
老汉们说："十几年咱山上也劫，沟里也劫，
放下决头拿扫帚，心想得就是有一日，咱这干
河谈也能长起庄稼来，现在到河谈也

图1-3-81　手稿：大寨精神大发扬，粮食亩产过"长江"第六页

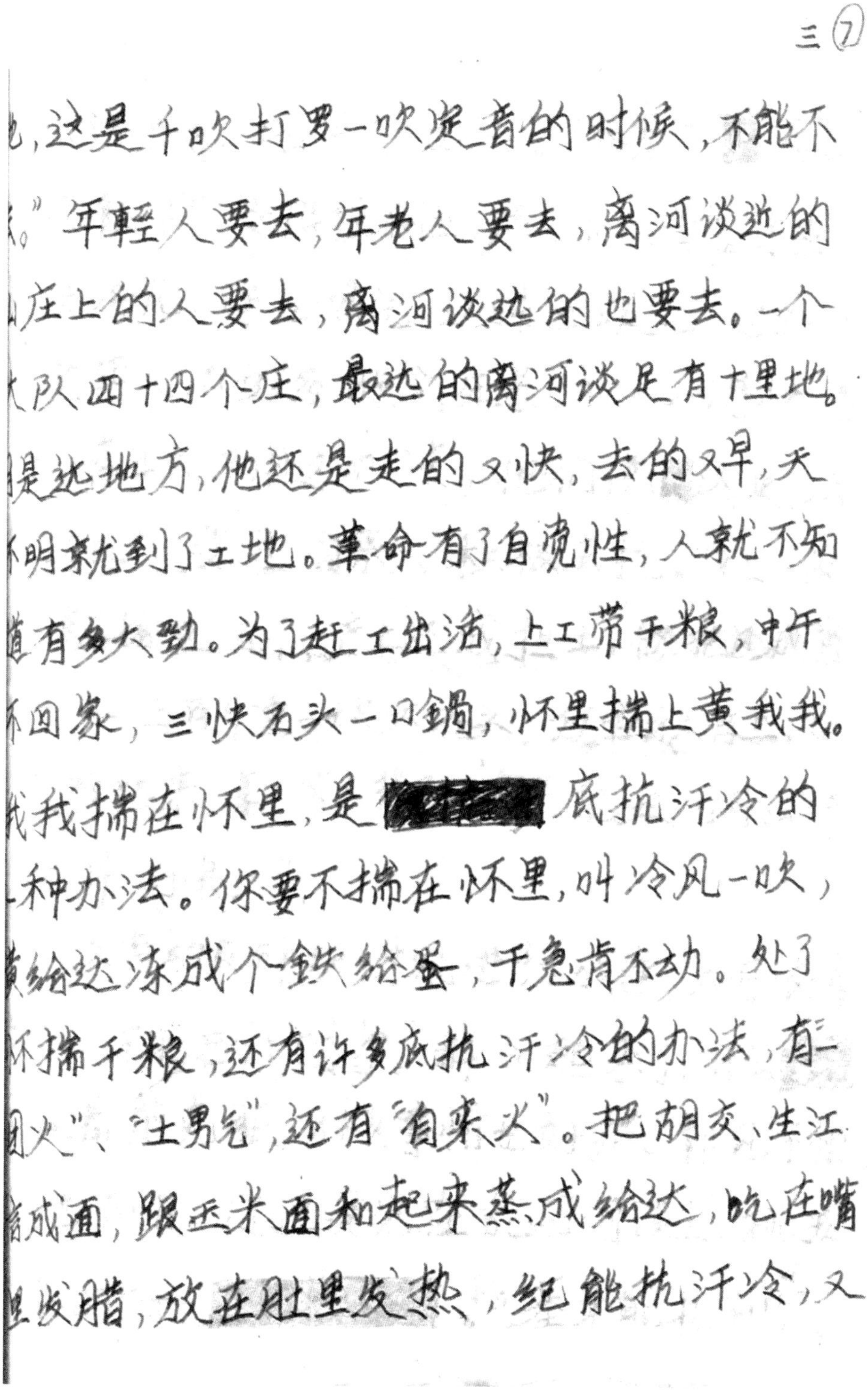

三⑦

也，这是千吹打罗一吹定音的时候，不能不
。"年轻人要去，年老人要去，离河谈近的
庄上的人要去，离河谈远的也要去。一个
大队四十四个庄，最远的离河谈足有十里地。
是远地方，他还是走的又快，去的又早，天
明就到了工地。革命有了自觉性，人就不知
道有多大劲。为了赶工出活，上工带干粮，中午
不回家，三块石头一口锅，怀里揣上黄我我。
我我揣在怀里，是[redacted]底抗汗冷的
种办法。你要不揣在怀里，叫冷风一吹，
给达冻成个铁给蛋，干急肯不动。处了
怀揣干粮，还有许多底抗汗冷的办法，有
团火"、"土男气"，还有"自来火"。把胡交、生江
成面，跟玉米面和起来蒸成给达，吃在嘴
里发腊，放在肚里发热，纪能抗汗冷，又

图1-3-82　手稿：大寨精神大发扬，粮食亩产过"长江"第七页

能洽干毛，这叫"一团火"。休息下[redacted]或者是吃饭时，冷得顶不住，两三个人背靠背坐下，挡住冷风，保住热气，这叫"土暖气"。这种办法老年人用的多，他们年老，干一会得休息一下。青年人不用这办法，他们说[redacted]这是"消极防玉"，要用"自来火"积极底抗。身上一发冷，就抢重活干，产土还成担土，做把还成背石头。一二百斤重一块大石头，放在积背上，从河我背起来，享！享！背到把上就是婚身出汗，这就叫"自来火"。

"只有动员群众，才能进行战争，只有依靠群众，才能进行战争。"群众起来了，什么[redacted]困难都能克服，什么事情也好办。郭风不怕，雪也不怕。打把要先在乱石河滩上，挑五深的好，[redacted]把基才能扎到实

图1-3-83　手稿：大寨精神大发扬，粮食亩产过"长江"第八页

止。负责挑好的社员，头上下雪，甲下[redacted]才水，两
甲攻上下席。数九天，的水成兵，手沾在决
上，甲冻在[redacted]给好里，不叫苦，不喊累。看到
种情形，顺达说："毛主席教导咱要'关心群
生活，注意工作方法'，大家干劲这样大，咱可
得好好关心大家。要是发现那个同志上风
毛，或者是操上、碰破，就赶快让回去
休息两天。"可是谁也不愿意在大家苦战的
时候，自己回家休息。因此，就有了病也假
装没病不肯说。自己不说，只好进行检查。前
冬天，有一天查到复员军人、民兵宋买平身上，
明明见他脸又发红，又打喷嚏，他就是不承
认自己干了毛。他不承认，别人就"揭发"，工
地一共有八个人干毛，可是一个人也劝不回家。
没办法，只好把干毛的同志集中起来办学习班，

图1-3-84　手稿：大寨精神大发扬，粮食亩产过"长江"第九页

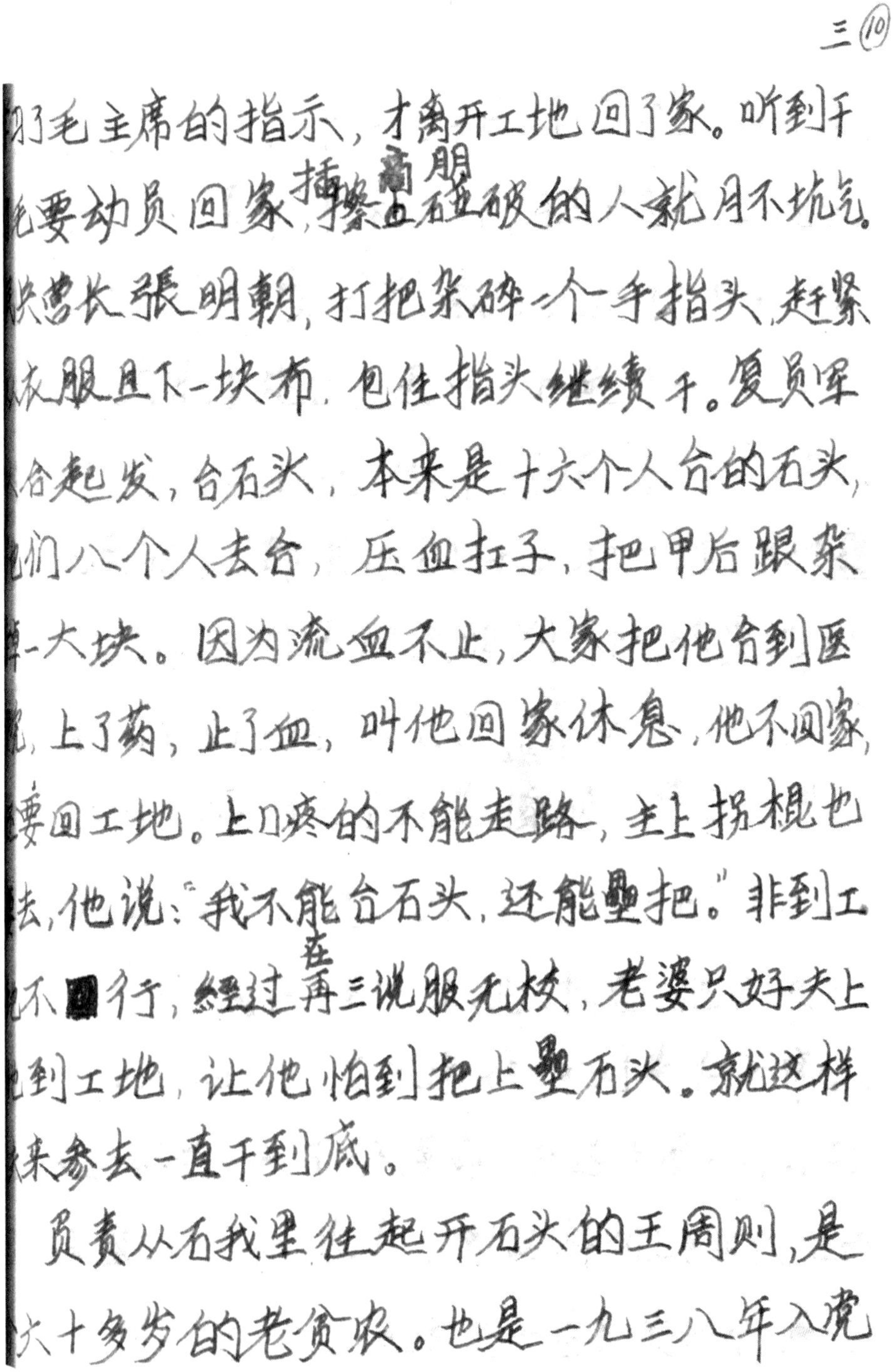
三⑩
阴毛主席的指示，才离开工地回了家。听到干
部要动员回家，插朋石砬破的人就月不坑气。
民营长張明朝，打把杂碎一个手指头，赶紧
衣服且下一块布，包住指头继续干。复员军
合起发，台石头，本来是十六个人台的石头，
他们八个人去台，压血扛子，把甲后跟杂
掉一大块。因为流血不止，大家把他台到医
院，上了药，止了血，叫他回家休息，他不回家，
要回工地。上门疼的不能走路，主上拐棍也
去，他说："我不能台石头，还能垒把。"非到工
地不[redacted]行，經过再三说服无校，老婆只好夫上
他到工地，让他怕到把上垒石头。就这样
来参去一直干到底。
员责从石我里往起开石头的王周则，是
六十多岁的老贫农。也是一九三八年入党

图1-3-85　手稿：大寨精神大发扬，粮食亩产过“长江”第十页

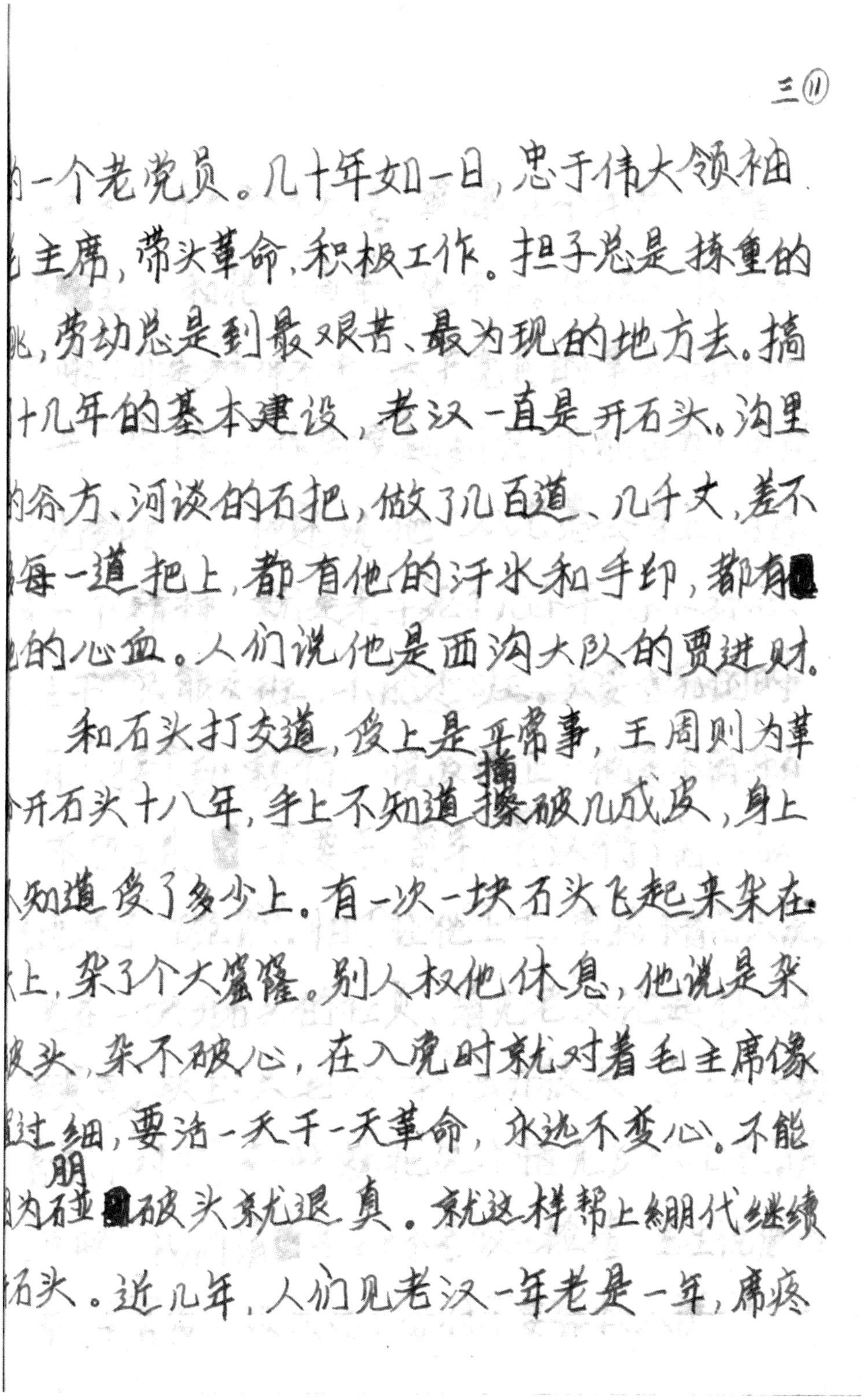

三⑪

的一个老党员。几十年如一日，忠于伟大领袖
毛主席，带头革命，积极工作。担子总是拣重的
挑，劳动总是到最艰苦、最为现的地方去。搞
十几年的基本建设，老汉一直是开石头。沟里
的谷方、河谈的石把，做了几百道、几千丈，差不
多每一道把上，都有他的汗水和手印，都有[redacted]
他的心血。人们说他是西沟大队的贾进财。

和石头打交道，伤上是平常事，王周则为革
命开石头十八年，手上不知道搞破几成皮，身上
不知道伤了多少上。有一次一块石头飞起来杂在
头上，杂了个大窟窿。别人权他休息，他说是杂
破头，杂不破心，在入党时就对着毛主席像
宣过细，要活一天干一天革命，永远不变心。不能
因为碰朋[redacted]破头就退真。就这样帮上绷代继绩
石头。近几年，人们见老汉一年老是一年，腐疼

图1-3-86　手稿：大寨精神大发扬，粮食亩产过“长江”第十一页

三⑫

年纪大，开石头活太重，建議让个年輕人去替

替[redacted]赵。和他一商量，他不干。他说："我人虽

老啦，可是精神不老，共产党员的革命精神就

不老，先鋒队作用要起到底，不能因为人老就

不当先鋒队。"他还说他"从老愚公身上，多学

[redacted]一个精神，就是老子死了儿子干，子子孙孙

接住干，只能交班，不能还班。只要有气的时

候有人接上班就行。"说反说正，他是不离开石

头，不放工具，[redacted]一直要干。前年，老汉得了病，一顿

[redacted]吃不了一碗饭。怕不让他上工，有病不肯告人说。

和他在一块开石头的社员，看见老汉抡起铁吹来

脸要黄黄，头上一只毛冷汗，出力很大，杂下去没劲，

说着就不对头，赶快就把这个情况反映上来。听

到反映，我们请[redacted]医生给老汉一检查，医生说他病

很重，是卫胃癌，没法治。分付不要告本人说，思想

图1-3-87　手稿：大寨精神大发扬，粮食亩产过“长江”第十二页

紧張能多活两天。一听这话，大家心里和刀割一
样。不告他说吧，他一直要上山开石头，告他说吧，
怕他思想紧張，这样好的同志，谁不愿意让他
活两天。想来想去，还是听医生话，不说为好。结
，和原来想的一样。你不说，他天天要上工。一见他
上铁吹上工，人们心里就觉得难过。把！还
如实给他说了好。周则同志是老党员，經得起
命斗争的考验，也能经得起积病和生死的考验，
他说，他思想上也不会紧張，我们应该相信同
。就这样，把实话告[redacted]给他。大家说了实话，
则同志也说了实话，他说："大家不给我说，我心
也清楚，病在我身上，你不说我还不知道？新名
叫大子，老月头就叫吃不下病。得了吃不下病，
夏[redacted]不吃秋，吃秋不吃夏，这是个有天期
情。我也知道，我不在吃现在种上的庄稼啦，

图1-3-88　手稿：大寨精神大发扬，粮食亩产过"长江"第十三页

是石头我还是要开，因为国家建设需要粮食，准
打仗需要粮食。我不吃，解放軍同志要吃，
人老大哥要吃；阶级兄弟要吃。在毛主席领
下干革命的同志们，都是我的亲人，谁吃了，
和我吃了一样。”

共产党员，钢铁意志士死如贵。共产党员，
不利己，专门利人。王周则同志就是这样的
产党员。他下了为人民服务到最后一亮中的决心，
是大家[redacted]过意不去，硬把他送到医院，请医
给他动动手术。进关事先也知道，开刀也[redacted]
不顶事，可是还是要医生给他开，就是一万里
有个一的希望，也要争取。因为西沟党支部
要这样的党员；和他一起战斗的老同志，舍不
这样的战友；贫下中农，不忍心离去这样一个情
骨油的阶级兄弟。

图1-3-89　手稿：大寨精神大发扬，粮食亩产过“长江”第十四页

三⑬

院住了，刀开了，人从医院抬回家，病在身上
有治，希望他好是不行啦，大家都想陈他
能正开眼，说出话来的时候，在去看看他。
关谁去看他，他总是说，大把还没有做成，
他还没有电完，争取亩产八百斤的计划还
有实现，不要因为一个病人但五大家的时间，
响做把电谈，影响革命。老战友顺达同志去
他，给他带了些白面，他无论如何不收。说他
上也不顶事[redacted]啦，叫送给河谈[redacted]做把
同志，叫他们吃饱吃好，为革命多出力。他
顺达同志说："老兄弟，眼看我是不能和你一
完成毛主席交给咱自的任务啦。我结记咱
谈的把没有完全做起来，我但心年青人
懂事。我要有个三长两短，你要好好教育咱
山。我的儿和你的儿一样，无论如叫他听

图1-3-90　手稿：大寨精神大发扬，粮食亩产过“长江”第十五页

三⑯

毛主席的话，一心一意和你一块干革命。"大
队付队长郭钢柱去看他，他已經说不清楚话
了，但还是结结[redacted]把把分付钢柱说："河滩的
坝是听毛主席话，为建设社会主义新山区修
的，是百年大计，最后一节把一定要做老靠，不
[redacted]光图快不图好。垒把墙时，石头要死头
死面，要把长石头[redacted]红放在把上。看起来多
两块石头，多出点力，可是把结实，大河大水
冲不垮。王周则同志就这样为革命操了最后
一分心，进了最后一点责任，合上眼睛，咽了气。

周则同志死后，我们根据毛主席的教导，
为他开了追悼会。在会上，大家擦干眼泪，表示
决心，一定[redacted]要向王周则同志那样，为毛主席
献忠心，为共产主义事业献出身。一定要把王周
则同志留下的重担挑起来，继续完成他没

图1-3-91　手稿：大寨精神大发扬，粮食亩产过"长江"第十六页

三⑰

有完成的革命事业。西沟的共产党员、贫下中农、就这样用紧跟毛主席，继续革命的决心，告别自己的同志和战友。

去年以来，我们高举"九大"团结胜利的旗，继续苦战一年，胜利完成了做把电[redacted]谈务，六千米长的光河护地大石把，把在河谈，远看是一条龙，近看是一道长城。在石把的保护下，石河谈上人工造出了四百多[redacted]亩好地，年全大队平均亩产达到八百一十二斤。万山沟革命见了[redacted]硕果，石头上种地，产量跨过长。

十五[redacted]年前，我们伟大领袖毛主席，亲自批西沟合作社的报告，关心我们，住的是"那一个太行山上的穷地方"，告别我们说"由于众的努力，三年工夫，已经开始改变了面貌。"

图1-3-92　手稿：大寨精神大发扬，粮食亩产过"长江"第十七页

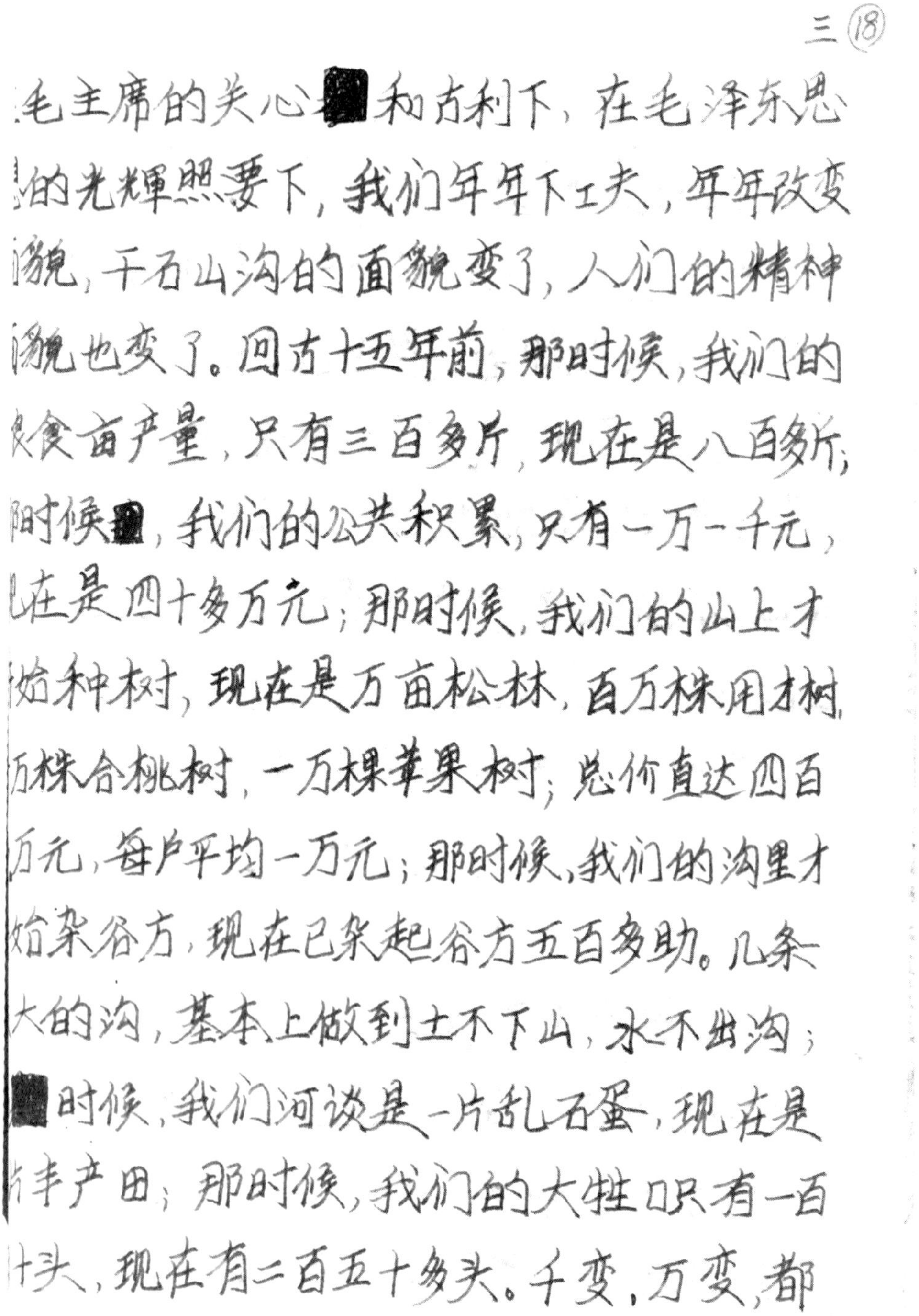

三⑱

毛主席的关心[redacted]和古利下，在毛泽东思
的光辉照要下，我们年年下工夫，年年改变
貌，千万山沟的面貌变了，人们的精神
貌也变了。回古十五年前，那时候，我们的
食亩产量，只有三百多斤，现在是八百多斤；
时候[redacted]，我们的公共积累，只有一万一千元，
在是四十多万元；那时候，我们的山上才
始种树，现在是万亩松林，百万株用材树，
万株合桃树，一万棵苹果树；总价值达四百
万元，每户平均一万元；那时候，我们的沟里才
始架谷方，现在已架起谷方五百多助。几条
大的沟，基本上做到土不下山，水不出沟；
[redacted]时候，我们河谈是一片乱石蛋，现在是
丰产田；那时候，我们的大牲口只有一百
十头，现在有二百五十多头。千变，万变，都

图1-3-93　手稿：大寨精神大发扬，粮食亩产过“长江”第十八页

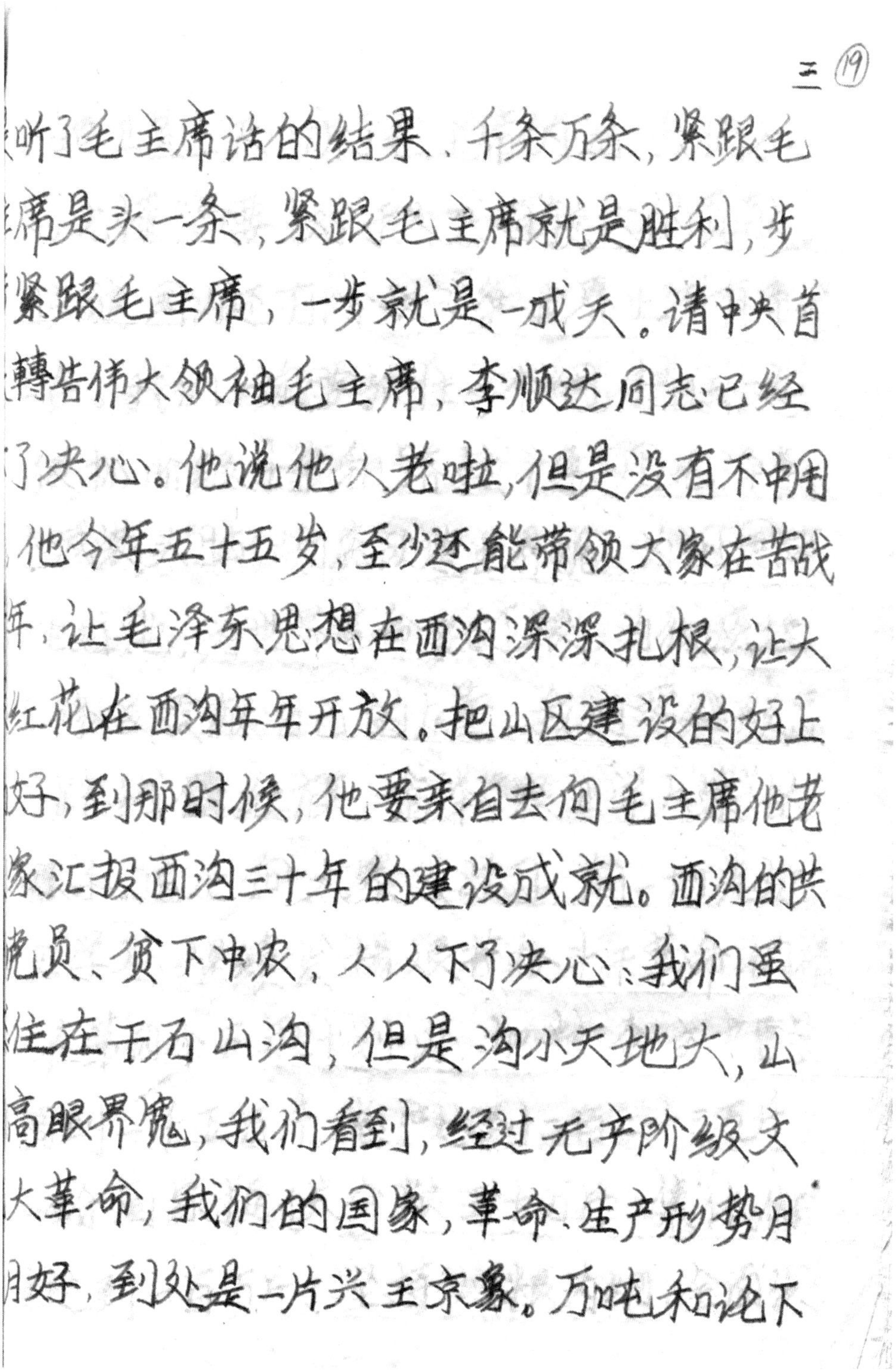
三 ⑲

听了毛主席话的结果。千条万条，紧跟毛
席是头一条，紧跟毛主席就是胜利，步
紧跟毛主席，一步就是一成天。请中央首
轉告伟大领袖毛主席，李顺达同志已经
了决心。他说他人老啦，但是没有不中用
他今年五十五岁，至少还能带领大家在苦战
年，让毛泽东思想在西沟深深扎根，让大
红花在西沟年年开放。把山区建设的好上
好，到那时候，他要亲自去向毛主席他老
家汇报西沟三十年的建设成就。西沟的共
党员、贫下中农，人人下了决心：我们虽
住在干石山沟，但是沟小天地大，山
高眼界宽，我们看到，经过无产阶级文
大革命，我们的国家，革命、生产形势月
月好，到处是一片兴王京象。万吨和论下

图1-3-94　手稿：大寨精神大发扬，粮食亩产过“长江”第十九页

三 ⑳

人造卫星上天。听了毛主席的话，我们种
人，也懂得要"对于人类有较大的贡献"。
们知道国内还有阶级斗争，世界上还有帝修
存在。我们一定要抓住一个纲，把住一道
狠抓阶级斗争和路线斗争，用毛泽东
想武装头脑，彻底改造世界观，为祖国建
种好地，为世界革命多打粮，为彻底埋
帝修反贡献自己的力量。我们要继续高
路线[redacted]红旗，高举"农业学大寨"的
[redacted]子。虚心向大寨人学习，向一切先进
位学习，继续发扬艰苦奋斗干革命的精
，在第四个五年计划内，把粮食亩产[redacted]量
高到一千五百斤，总产达到二百二十三万斤，
年给国家提供余粮五十万斤，集体储
要达到一百万斤。坚持"以粮为纲，全面发

图1-3-95 手稿：大寨精神大发扬，粮食亩产过"长江"第二十页

三 (21)

的方针，山上的[redacted]森林复改面积要达到一二千亩。大牲口发展到三百头，猪达到一亩口，羊发展到三千只。用实际行动，反复实毛主席"备战、备荒、为人民"的伟大战[redacted]方针，为伟大领袖毛主席争光，为伟大社会主义祖国争光。

我们以无比深后的无产阶级感情，中心敬祝我们伟大领袖毛主席万寿无疆！

一九七0年 月 日

图1-3-96 手稿：大寨精神大发扬，粮食亩产过"长江"第二十一页

二、照片资料

（一）西沟照片资料自然环境部分

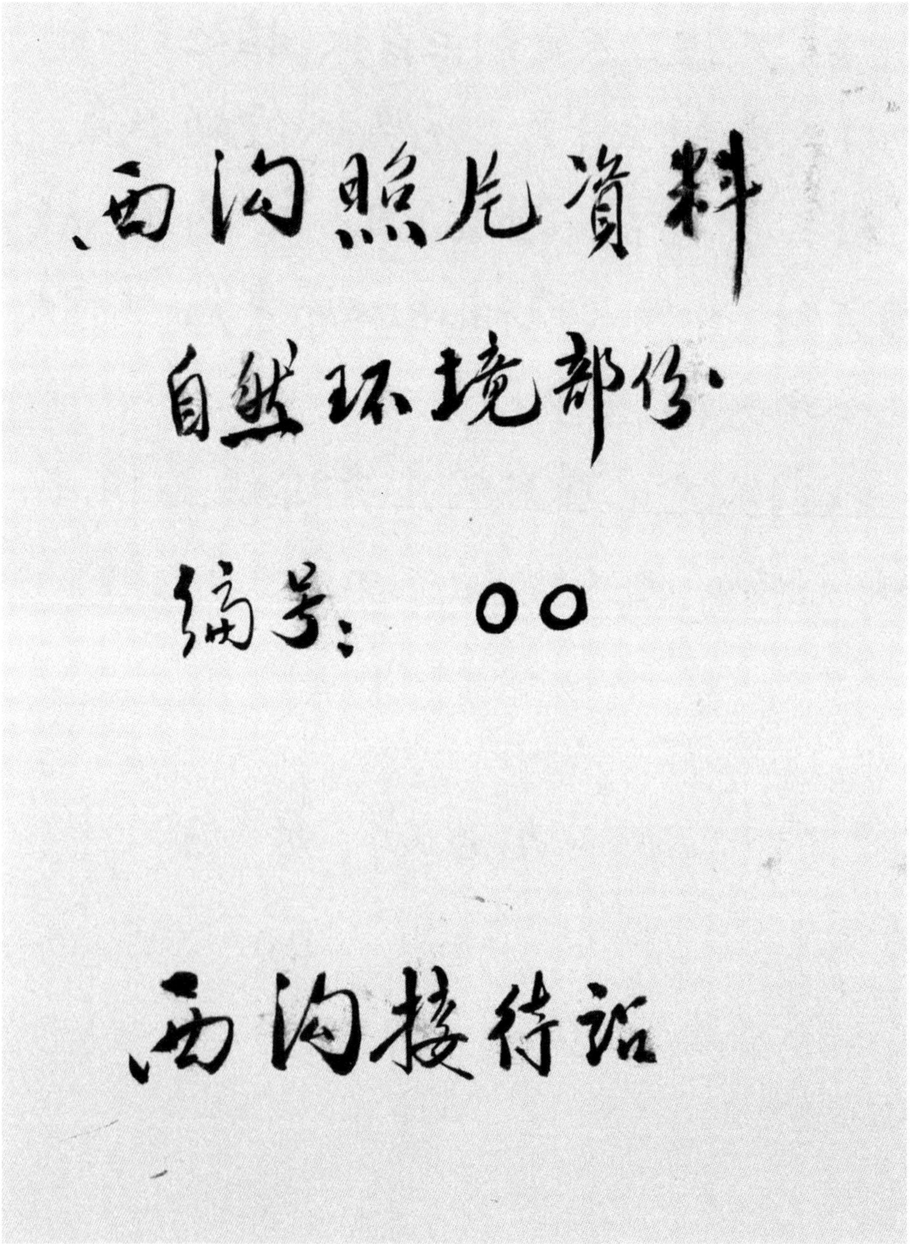

图2-1-1　自然环境部分封面

图2–1–2　自然环境部分1

图2-1-3　自然环境部分2

图2-1-4　自然环境部分3

图2-1-5　自然环境部分4

（二）西沟照片资料政治活动部分

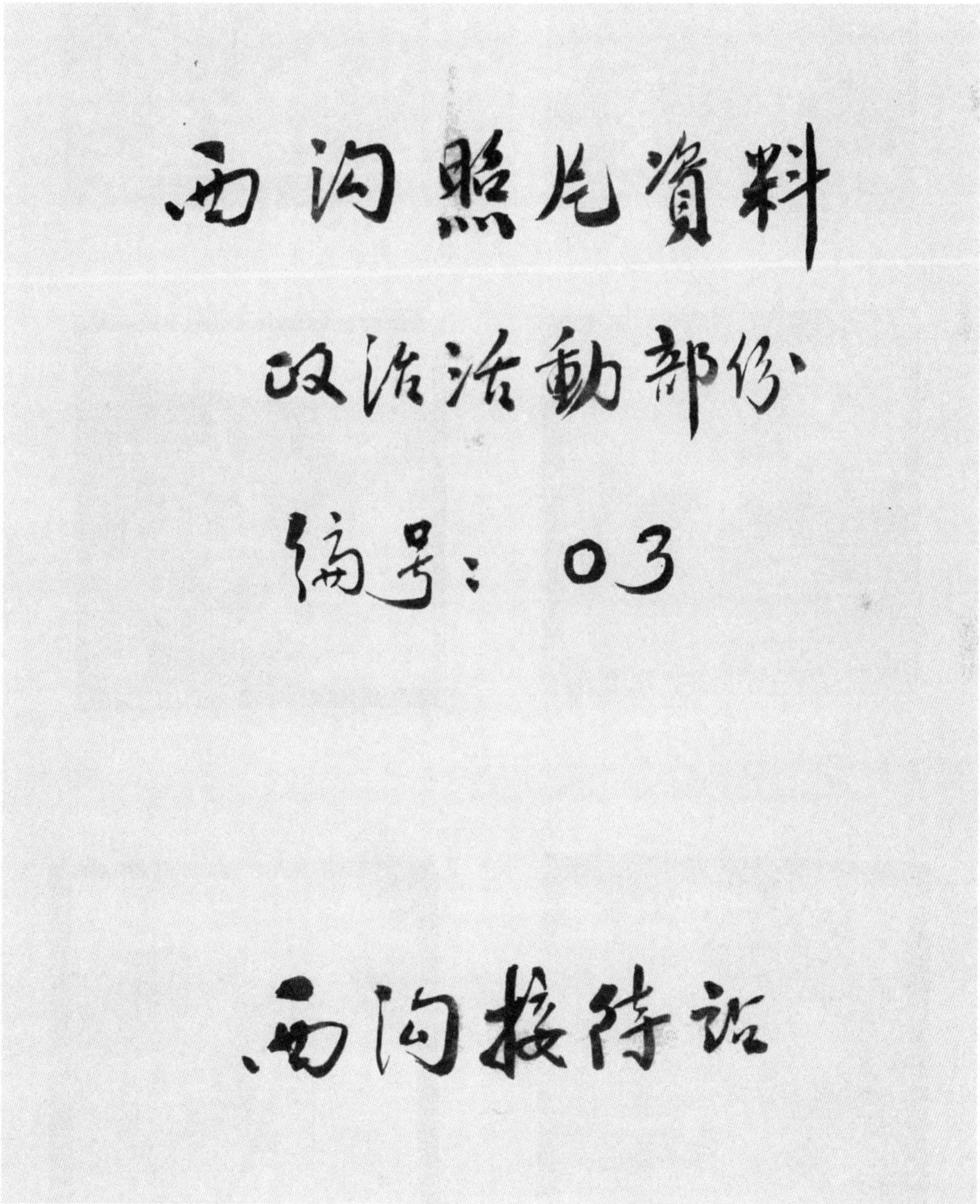
西沟照片資料

政治活動部分

编号：03

西沟接待站

图2-2-1　政治活动部分封面

图2–2–2　政治活动部分1

图2–2–3　政治活动部分2

图2–2–4　政治活动部分3

图2–2–5　政治活动部分4

图2-2-6　政治活动部分5

图2–2–7　政治活动部分6

（三）西沟照片资料人物特写部分

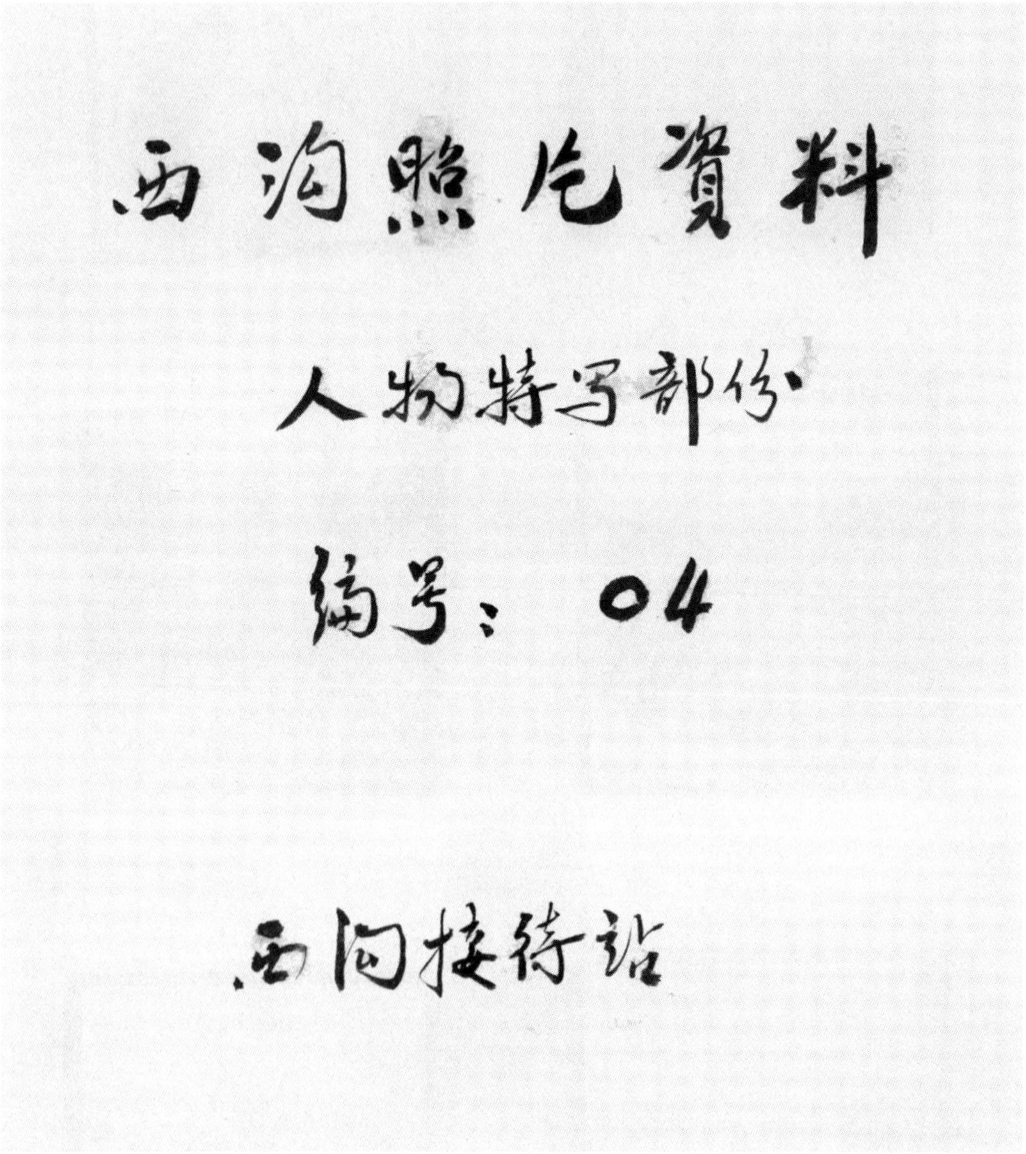
西沟照片資料

人物特写部份

编号：04

西沟接待站

图2–3–1　人物特写部分封面

图2-3-2　人物特写部分1

图2-3-3　人物特写部分2

图2–3–4　人物特写部分3

图2-3-5　人物特写部分4

图2-3-6　人物特写部分5

图2-3-7　人物特写部分6

图2-3-8　人物特写部分7

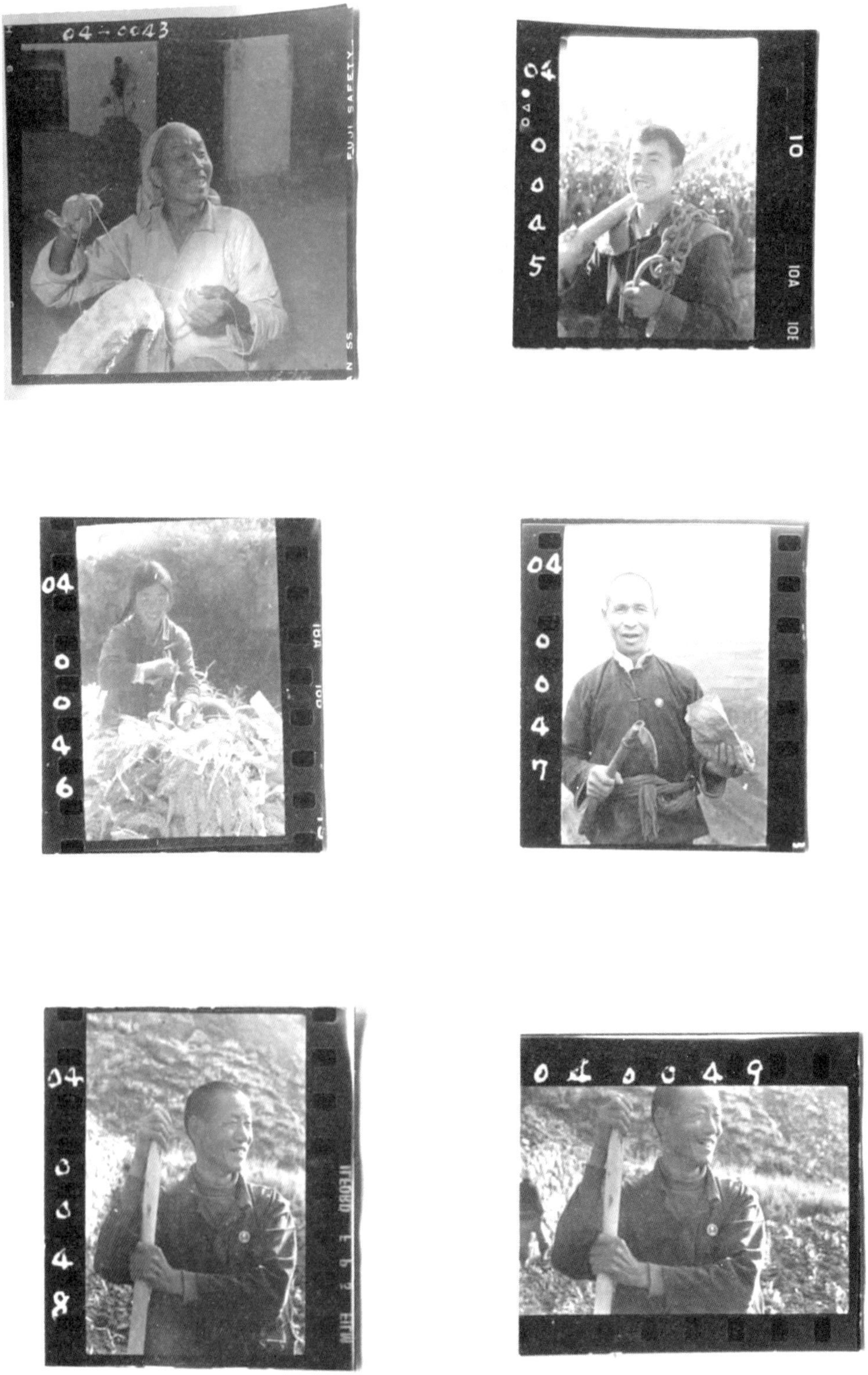

图2-3-9　人物特写部分8

图2-3-10　人物特写部分9

图2-3-11　人物特写部分10

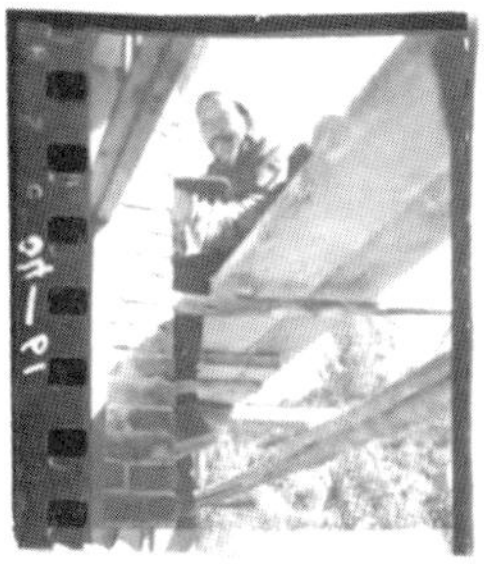

图2-3-12　人物特写部分11

（四）西沟照片资料农业生产部分

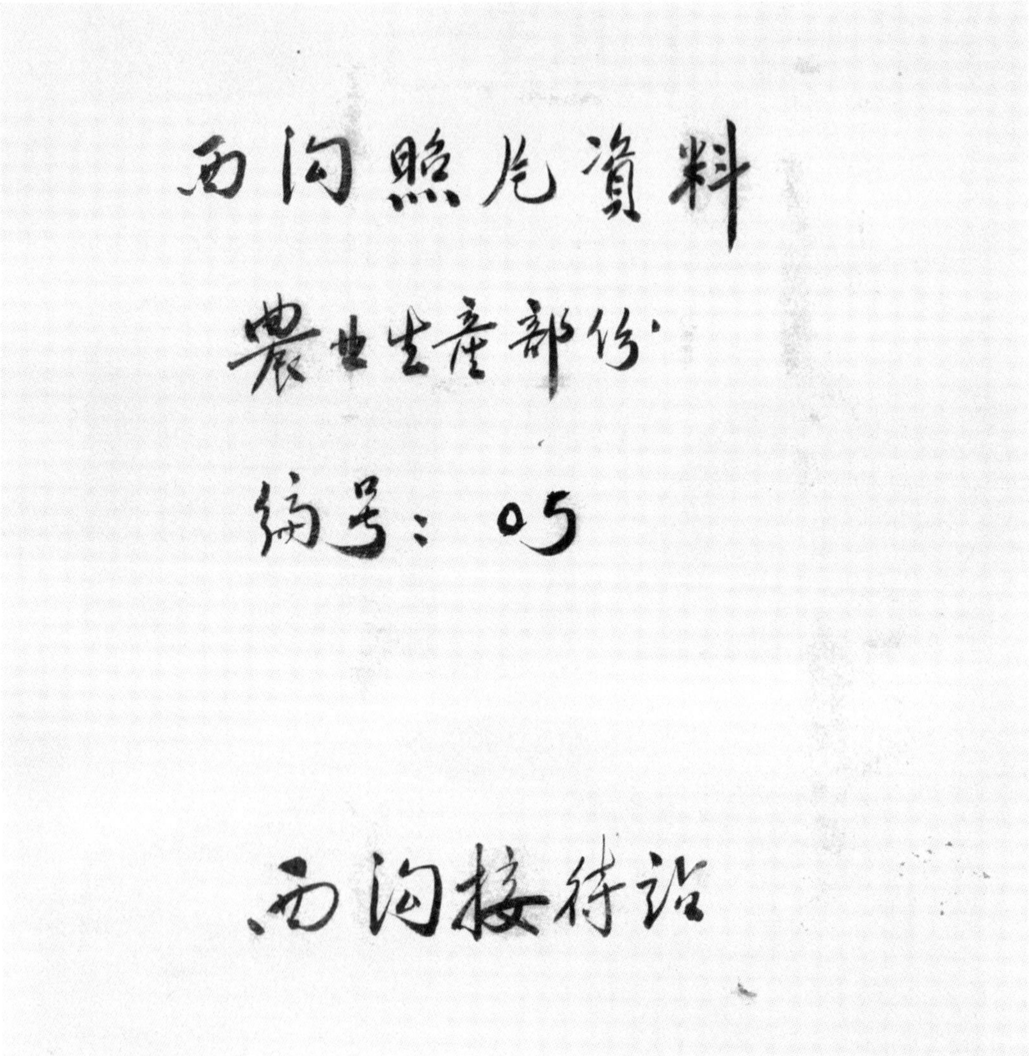
西沟照片資料
農业生產部份
编号：05
西沟接待站

图2-4-1　农业生产部分封面

图2-4-2　农业生产部分1

图2-4-3　农业生产部分2

图2-4-4　农业生产部分3

图2-4-5　农业生产部分4

图2-4-6　农业生产部分5

图2–4–7　农业生产部分6

图2-4-8　农业生产部分7

05—00047

图2–4–9　农业生产部分8

图2–4–10　农业生产部分9

图2-4-11　农业生产部分10

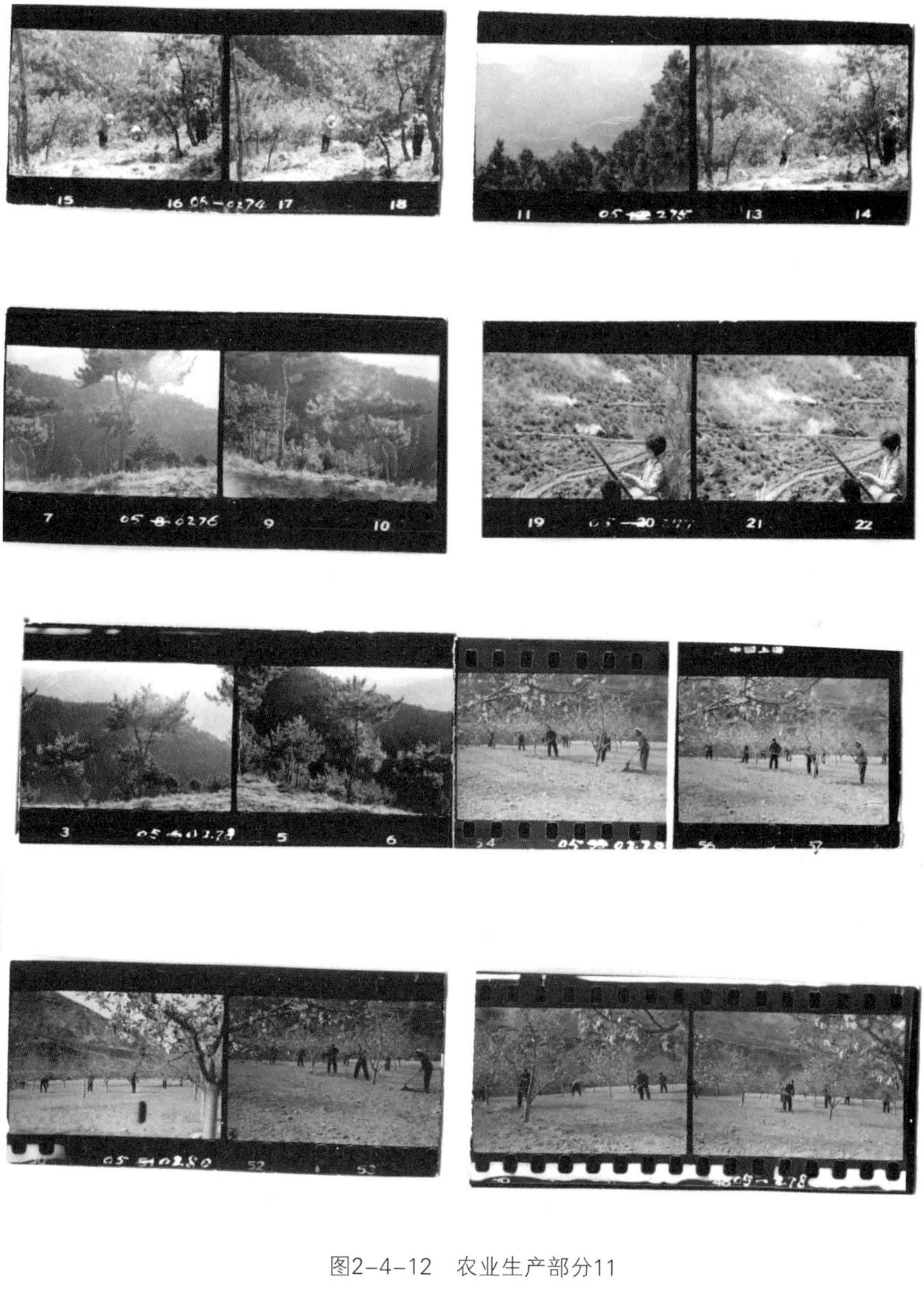

图2-4-12　农业生产部分11

图2-4-13　农业生产部分12

图2-4-14　农业生产部分13

（五）西沟照片资料农田水利基本建设部分

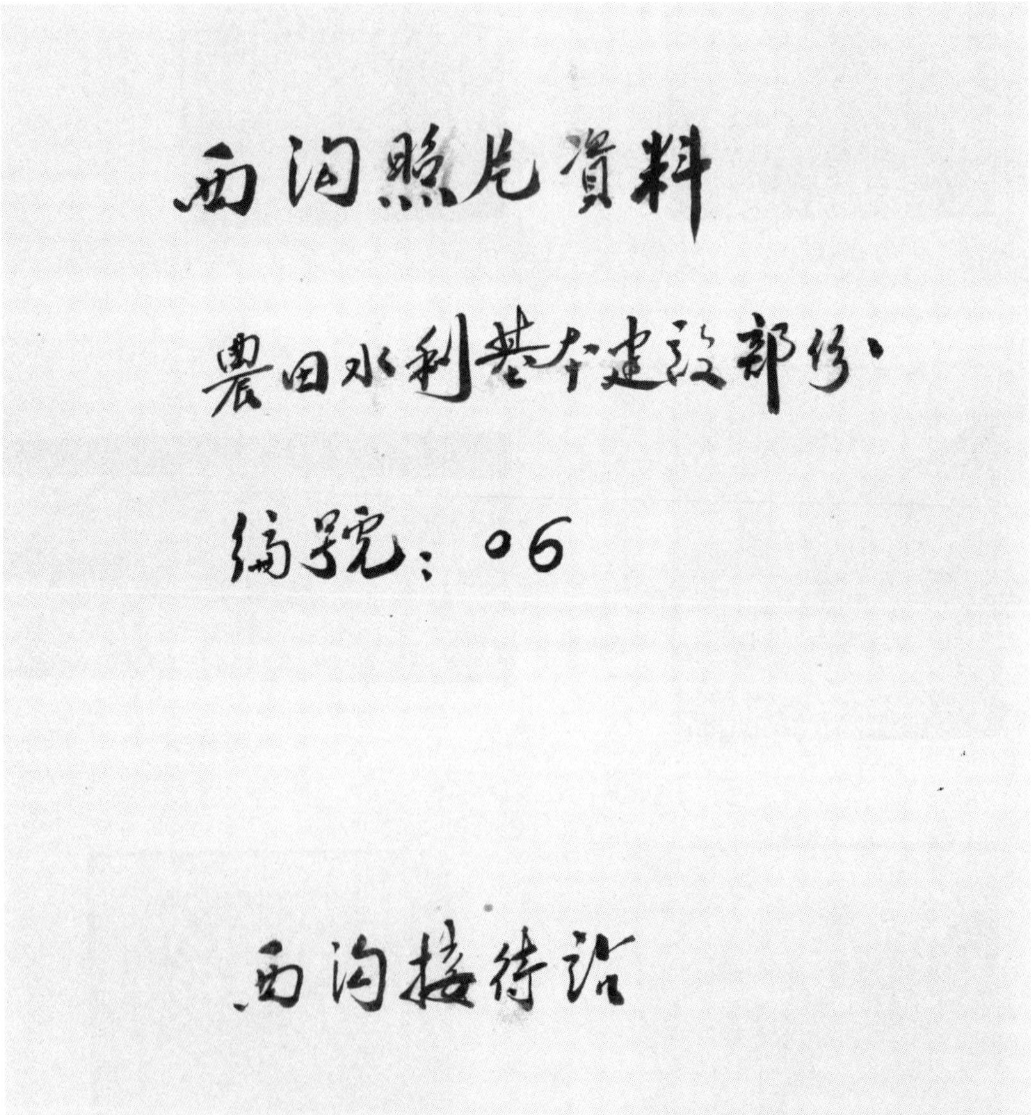

图2-5-1　农田水利基本建设部分封面

图2–5–2　农田水利基本建设部分1

图2-5-3　农田水利基本建设部分2

图2-5-4　农田水利基本建设部分3

图2-5-5　农田水利基本建设部分4

（六）西沟照片资料农业科学研究部分

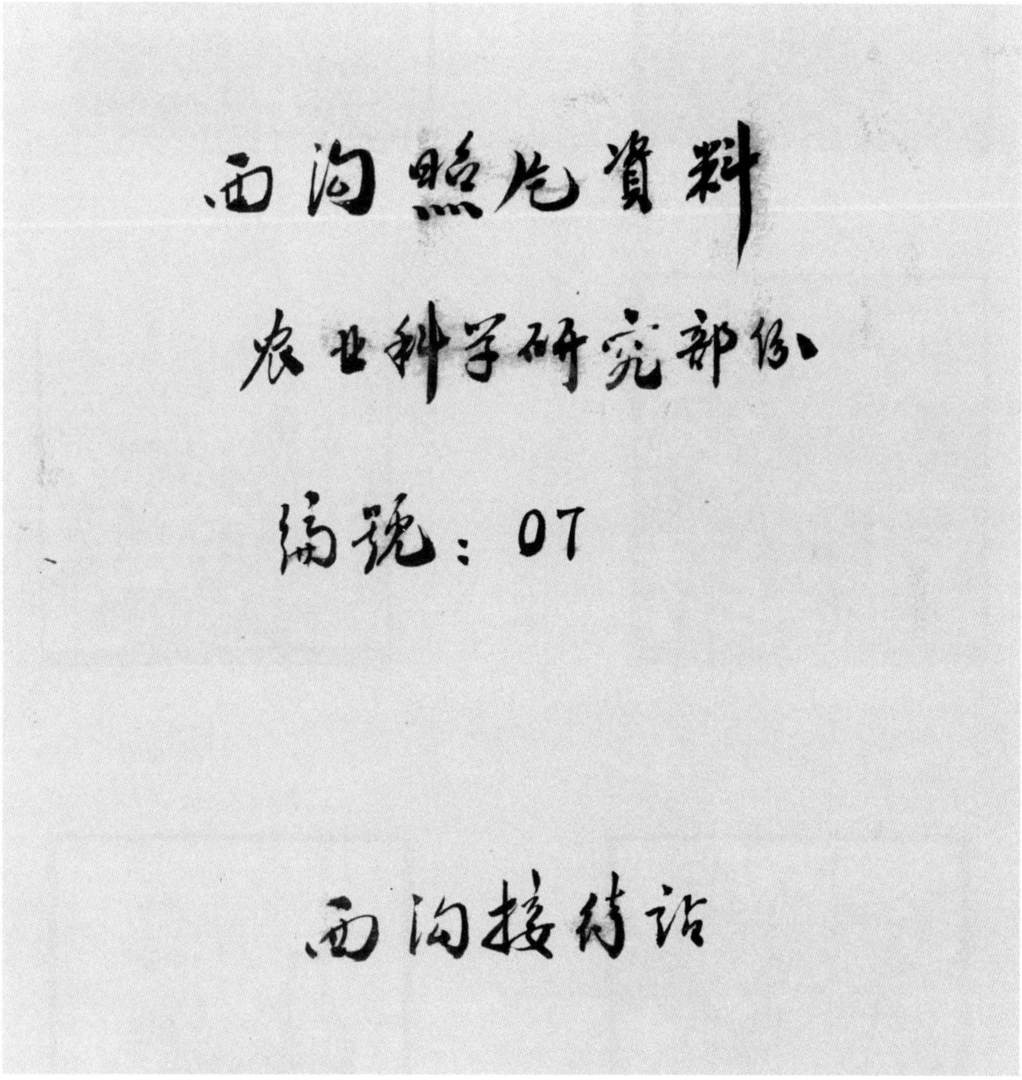

西沟照片資料

农业科学研究部份

编號：07

西沟接待站

图2-6-1　农业科学研究部分封面

图2-6-2　农业科学研究部分1

图2–6–3　农业科学研究部分2

图2–6–4　农业科学研究部分3

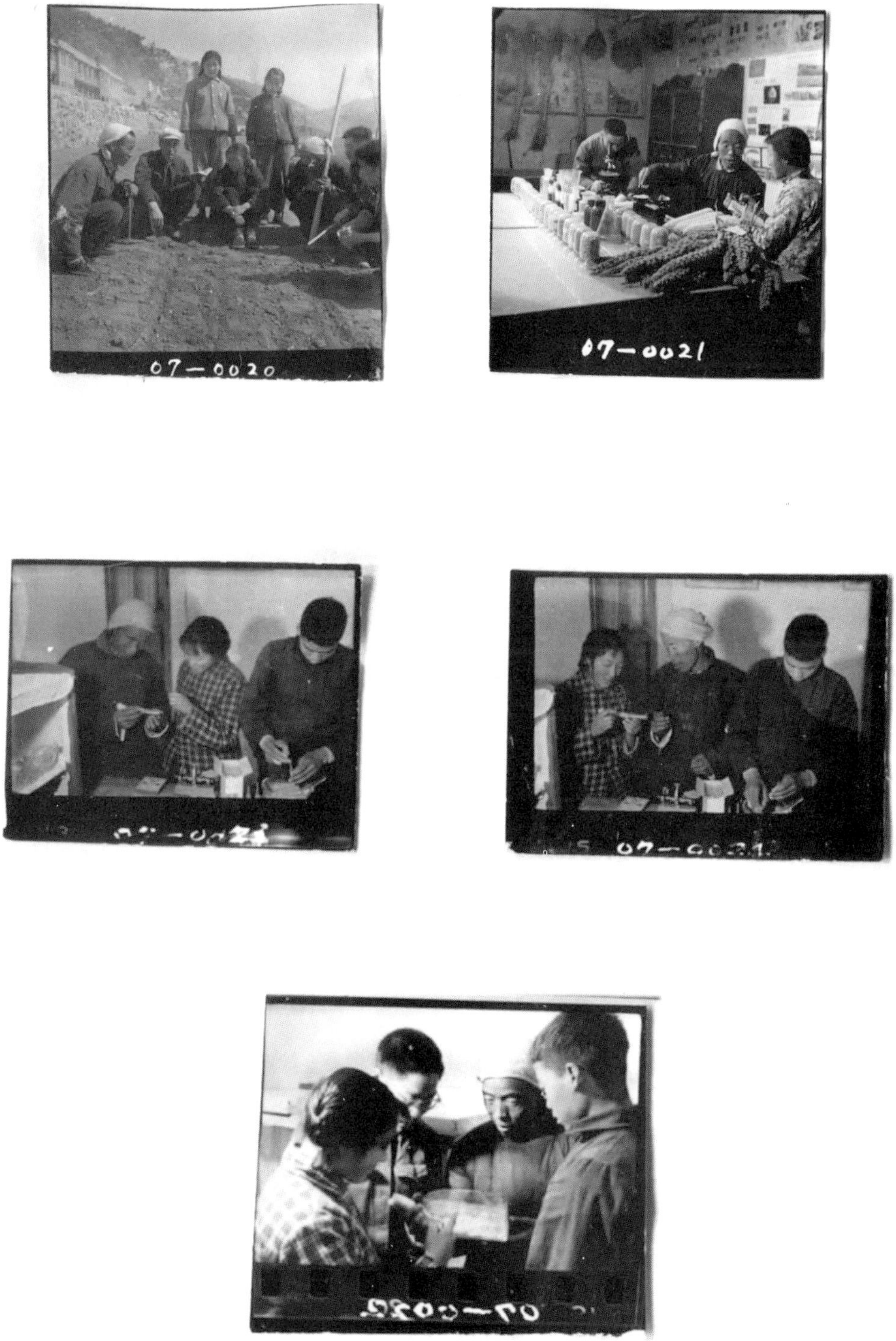

图2-6-5　农业科学研究部分4

（七）西沟照片资料农业机械化部分

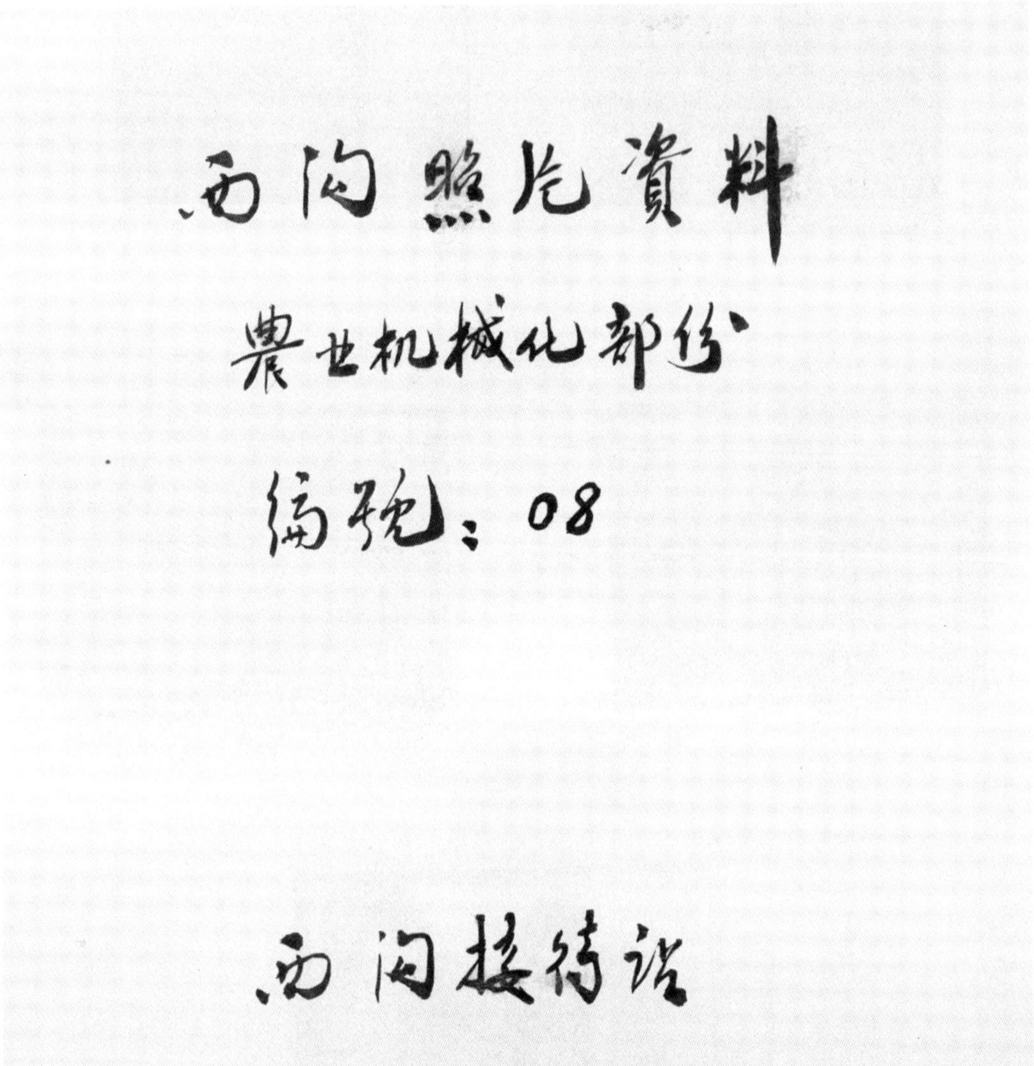
西沟照片資料

農业机械化部份

编號：08

西沟接待站

图2-7-1　西沟照片资料农业机械化部分封面

图2-7-2　农业机械化部分1

图2–7–3　农业机械化部分2

图2-7-4　农业机械化部分3

图2-7-5　农业机械化部分4

图2–7–6　农业机械化部分5

（八）西沟照片资料林业生产部分

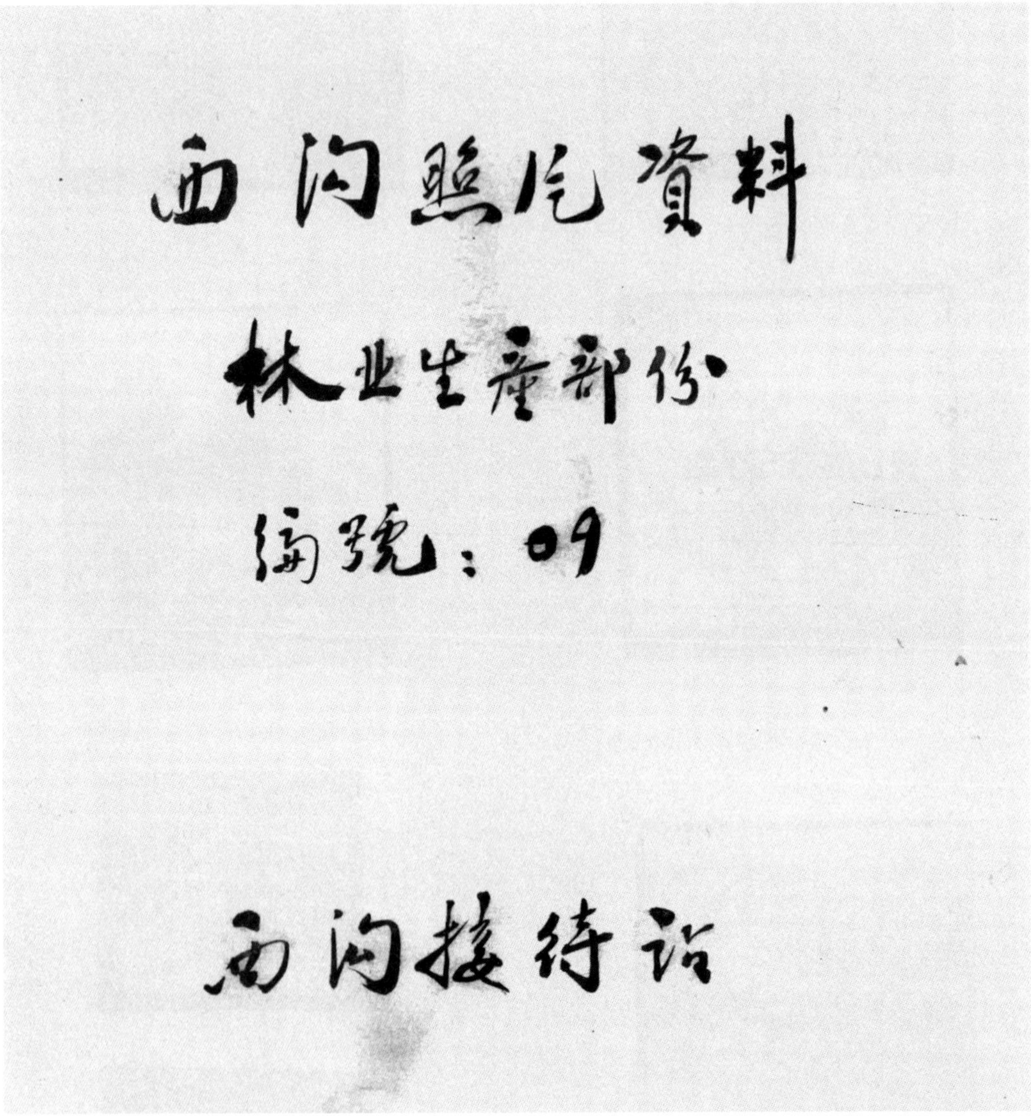

图2-8-1　林业生产部分封面

图2-8-2　林业生产部分1

图2-8-3　林业生产部分2

图2-8-4　林业生产部分3

图2-8-5　林业生产部分4

（九）西沟照片资料畜牧业生产部分

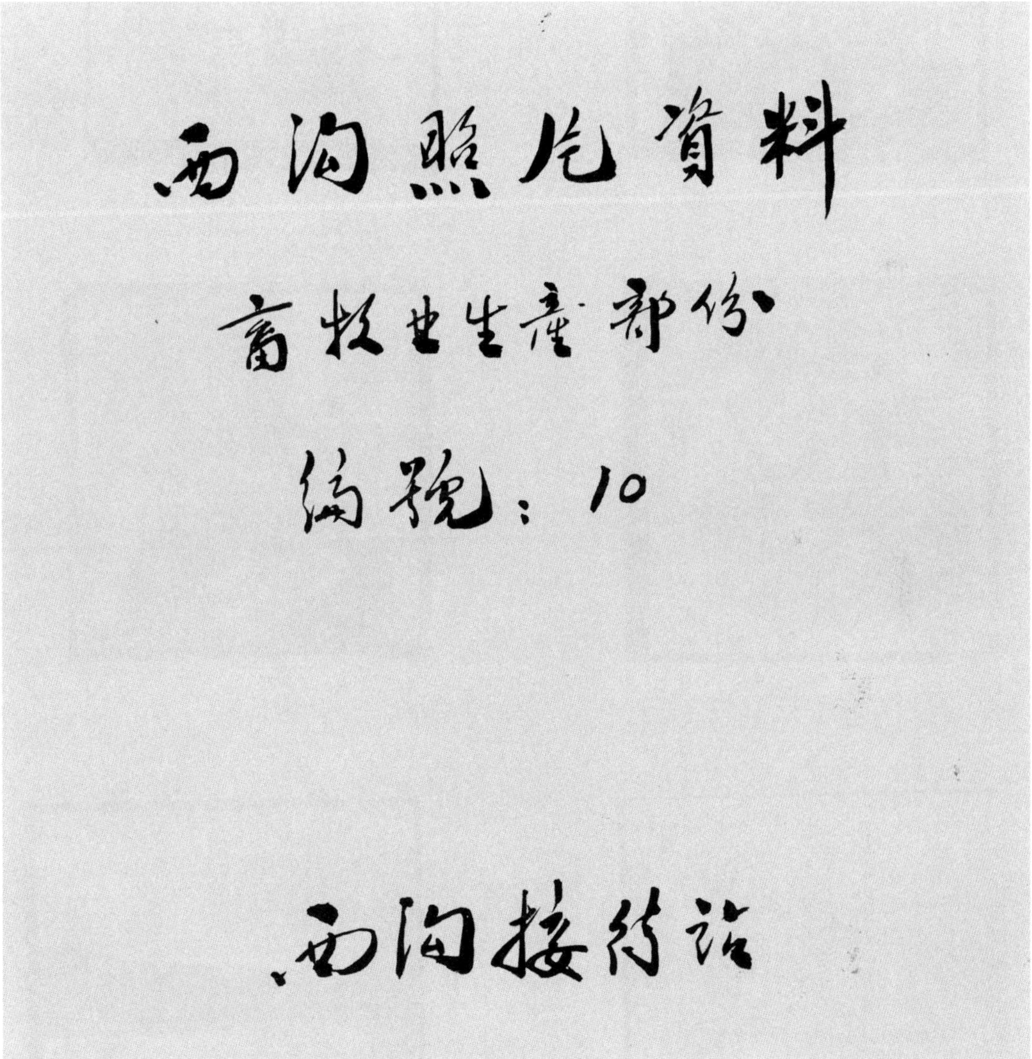

图2–9–1　畜牧业生产部分封面

图2-9-2　畜牧业生产部分1

图2-9-3　畜牧业生产部分2

图2-9-4　畜牧业生产部分3

图2-9-5　畜牧业生产部分4

图2-9-6　畜牧业生产部分5

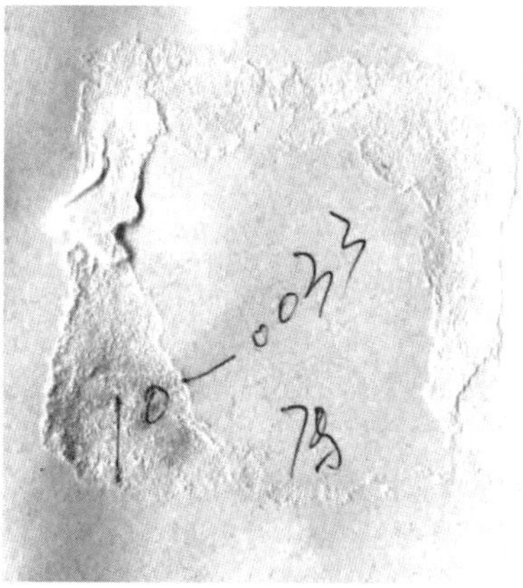

图2-9-7　畜牧业生产部分6

（十）西沟照片资料工副业生产部分

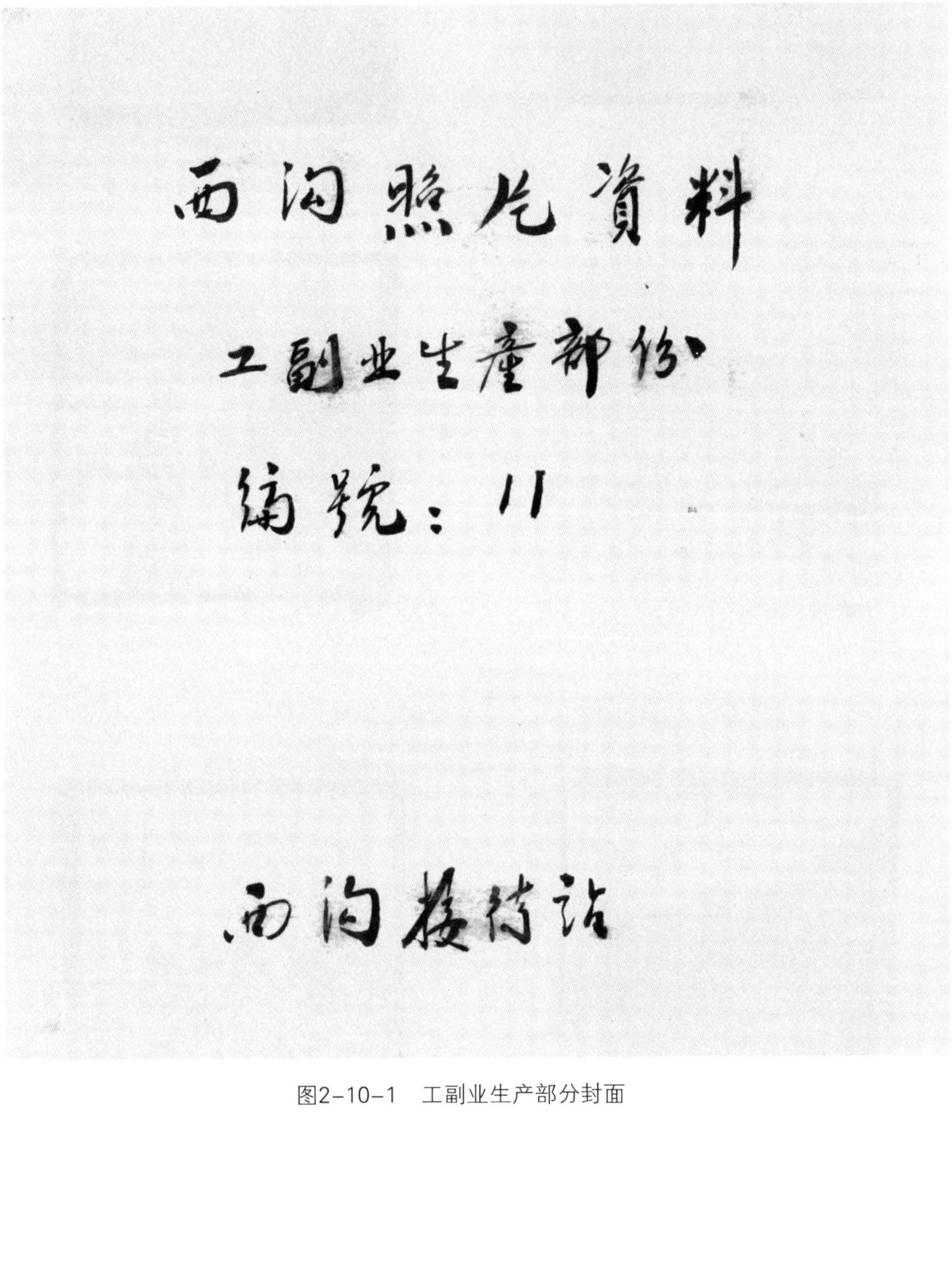

图2-10-1　工副业生产部分封面

图2-10-2　工副业生产部分1

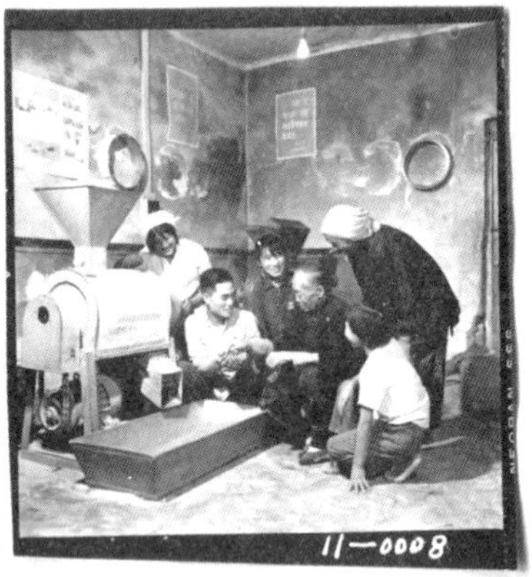

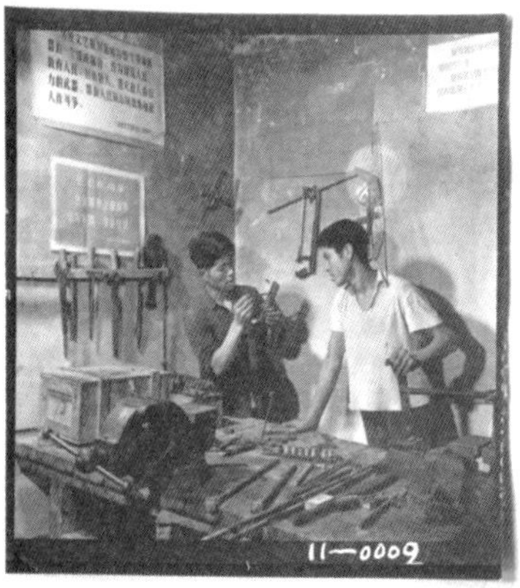

图2–10–3　工副业生产部分2

图2-10-4　工副业生产部分3

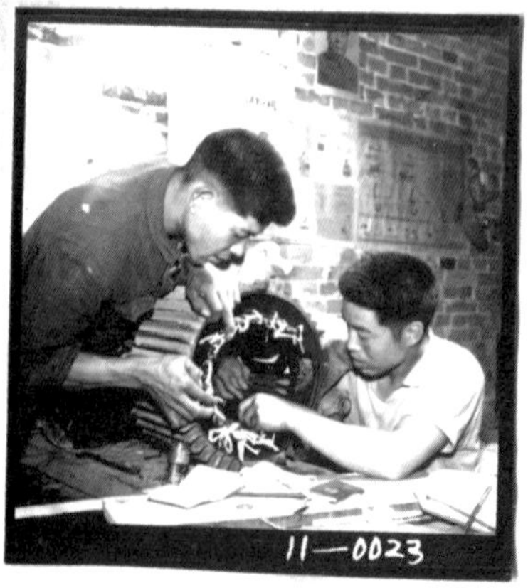

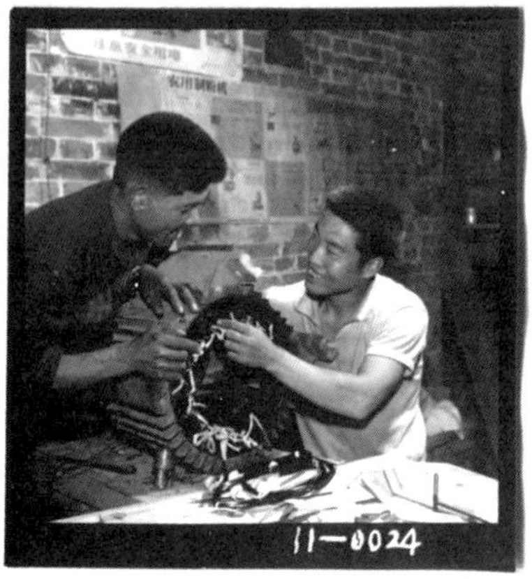

图2–10–5　工副业生产部分4

图2-10-6　工副业生产部分5

11-0037

图2-10-7　工副业生产部分6

（十一）西沟照片资料民兵、青、妇部分

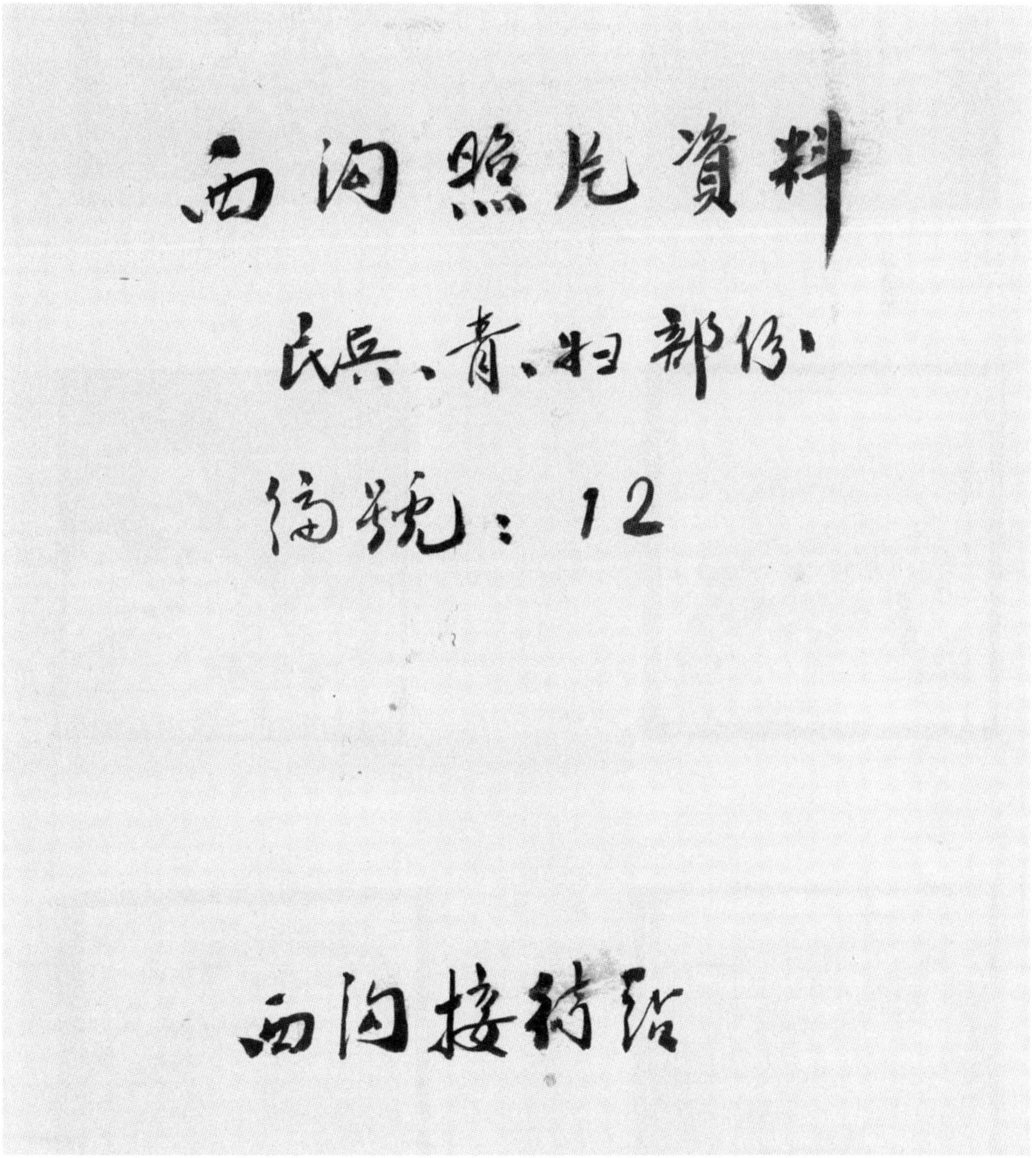
西沟照片資料
民兵、青、妇部份
编號：12
西沟接待站

图2-11-1　民兵、青、妇部分封面

图2-11-2　民兵、青、妇部分1

图2-11-3　民兵、青、妇部分2

图2–11–4　民兵、青、妇部分3

（十二）西沟照片资料文教、卫生、财贸部分

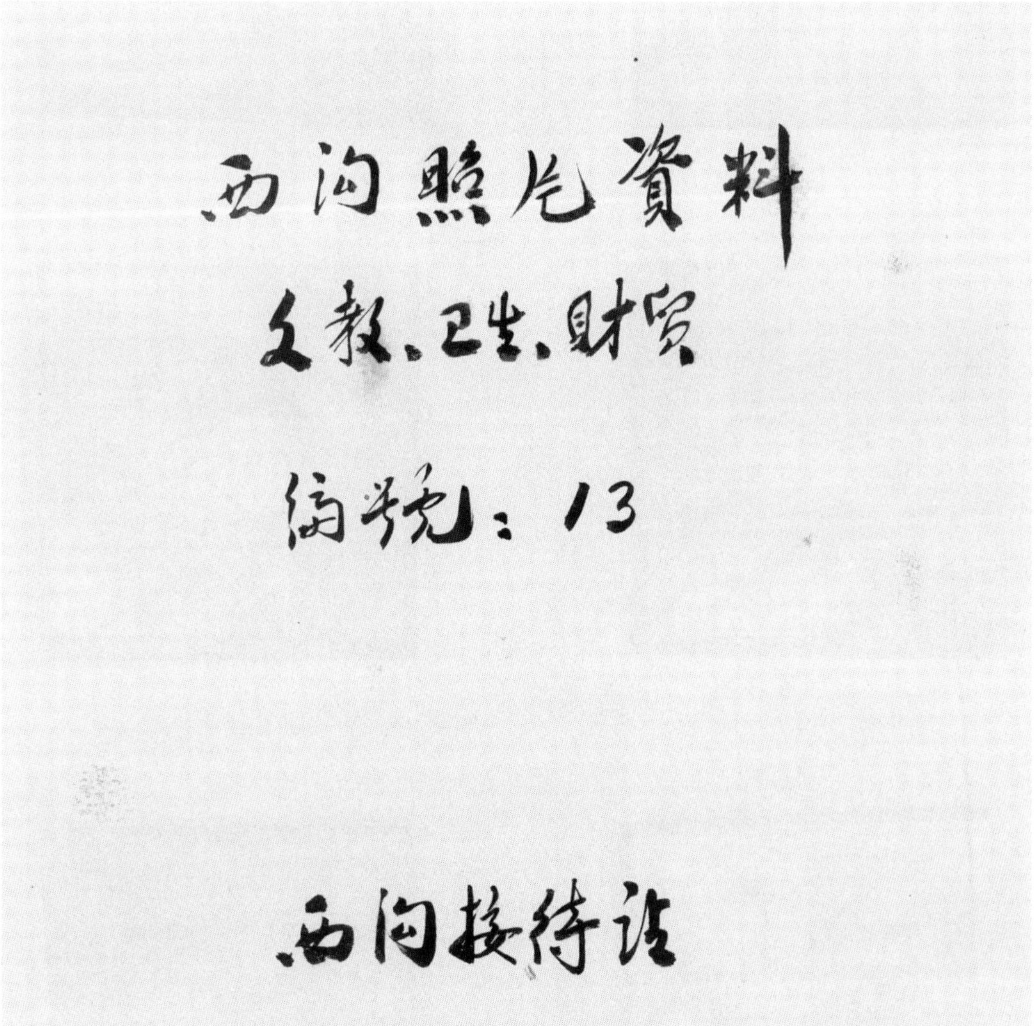
西沟照片資料
文教、卫生、财贸
编号：13
西沟接待站

图2-12-1 文教、卫生、财贸部分封面

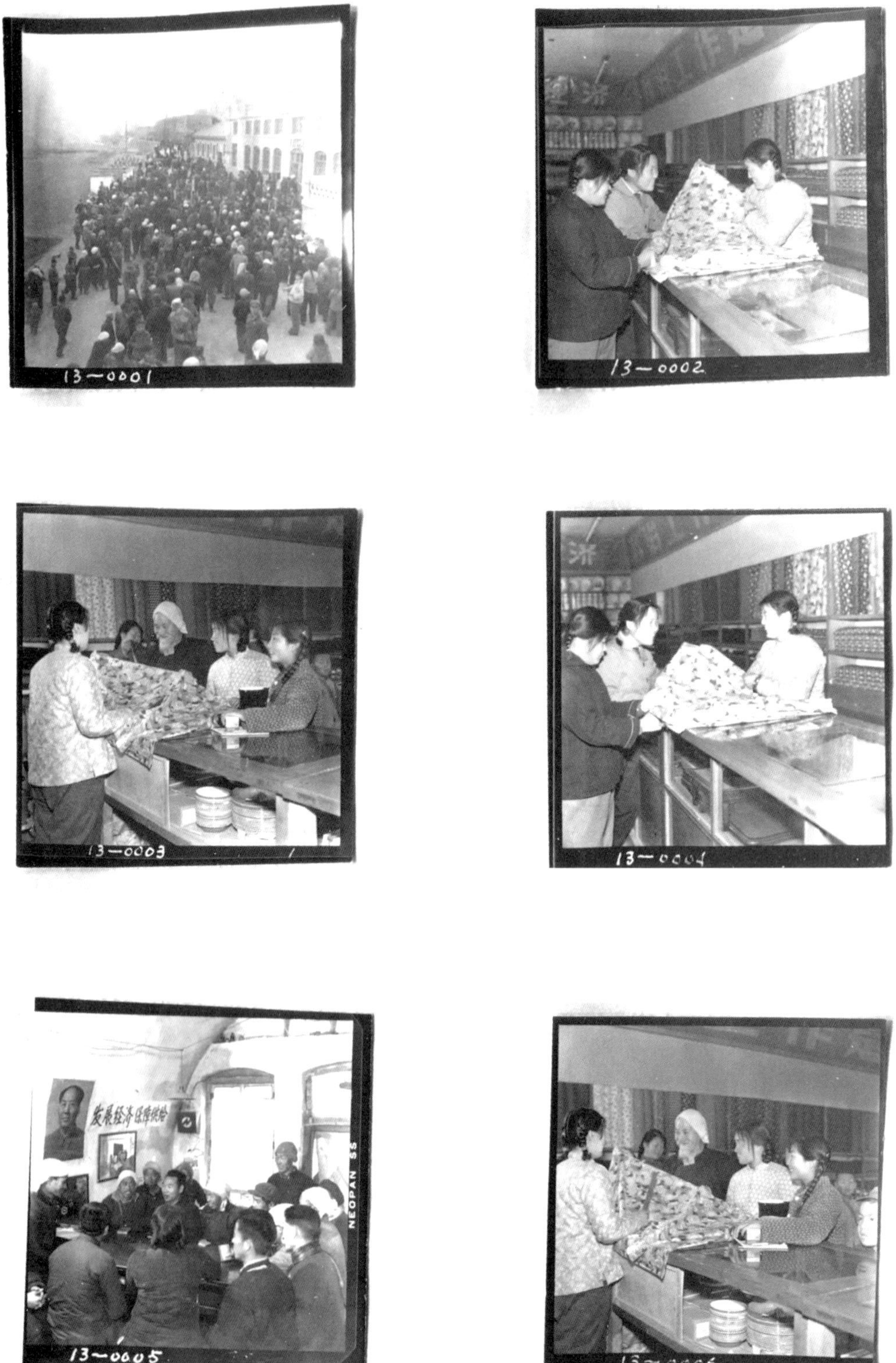

图2–12–2 文教、卫生、财贸部分1

图2–12–3 文教、卫生、财贸部分2

图2-12-4 文教、卫生、财贸部分3

图2–12–5 文教、卫生、财贸部分4

图2-12-6 文教、卫生、财贸部分5

图2–12–7 文教、卫生、财贸部分6

（十三）西沟照片资料社员生活部分

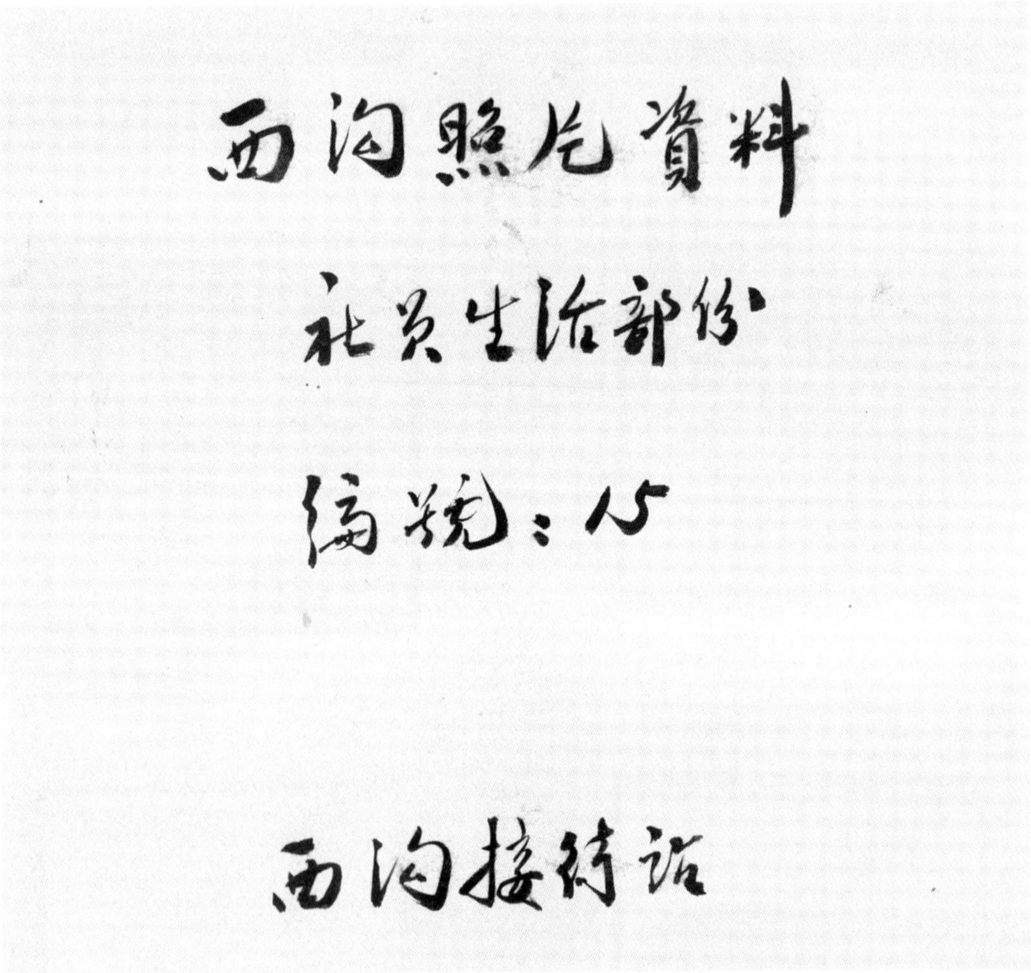
西沟照片資料

社员生活部份

编號：15

西沟接待站

图2-13-1　社员生活部分封面

图2-13-2　社员生活部分1

图2-13-3　社员生活部分2

图2-13-4　社员生活部分3

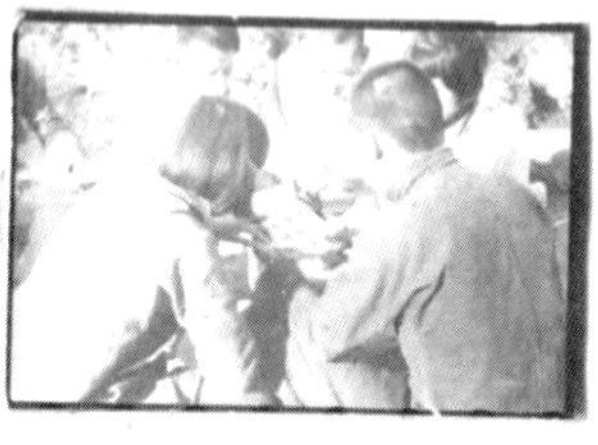

图2-13-5　社员生活部分4

图2-13-6　社员生活部分5

（十四）西沟照片资料军民关系部分

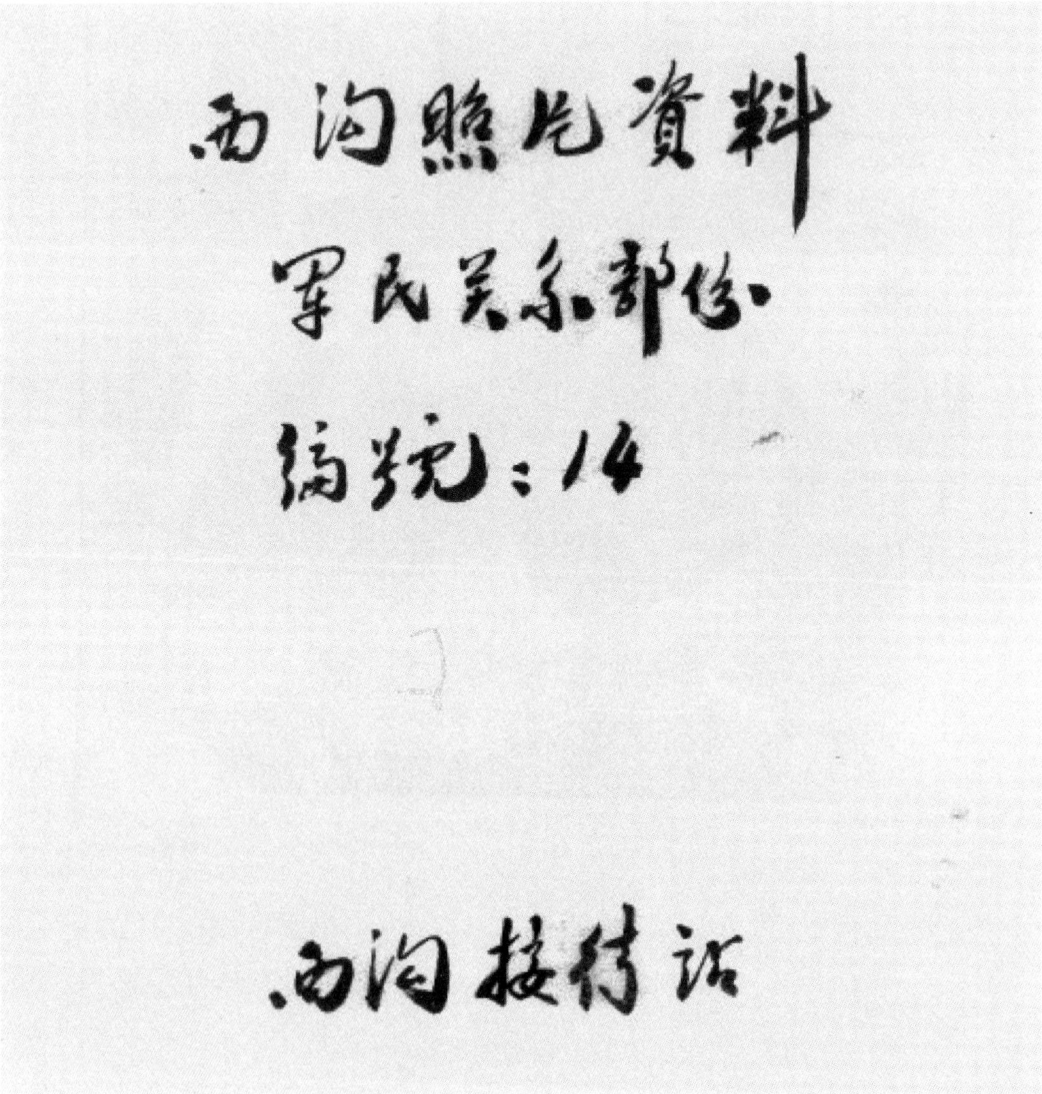

西沟照片資料

军民关系部分

编号：14

西沟接待站

图2-14-1　军民关系部分封面

图2–14–2　军民关系部分1

图2-14-3　军民关系部分2

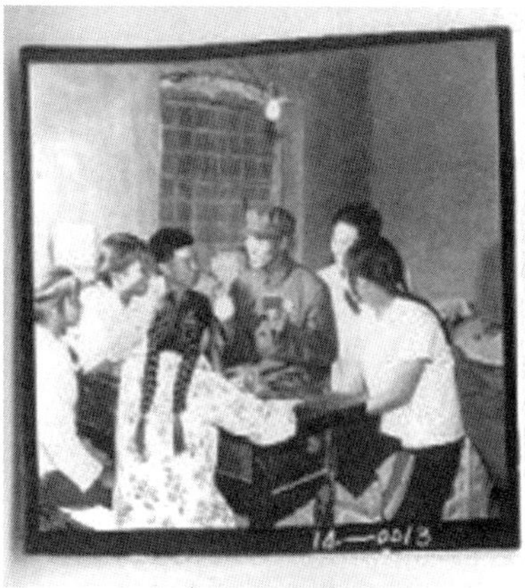

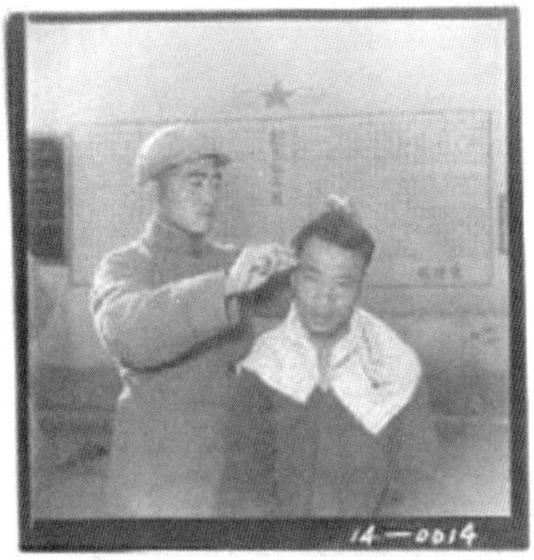

图2-14-4　军民关系部分3

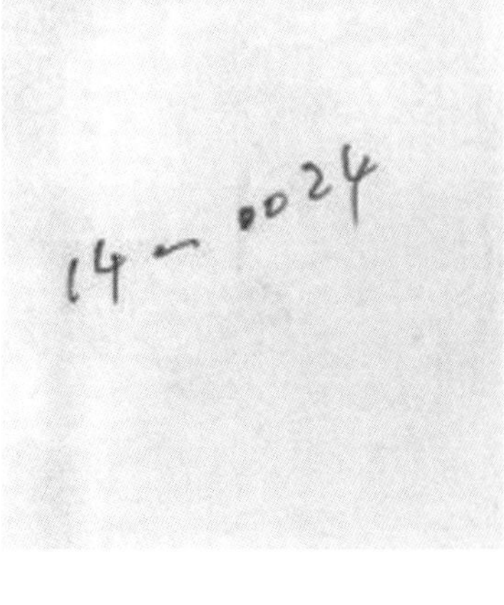

图2-14-5　军民关系部分4

图2-14-6　军民关系部分5

图2-14-7　军民关系部分6

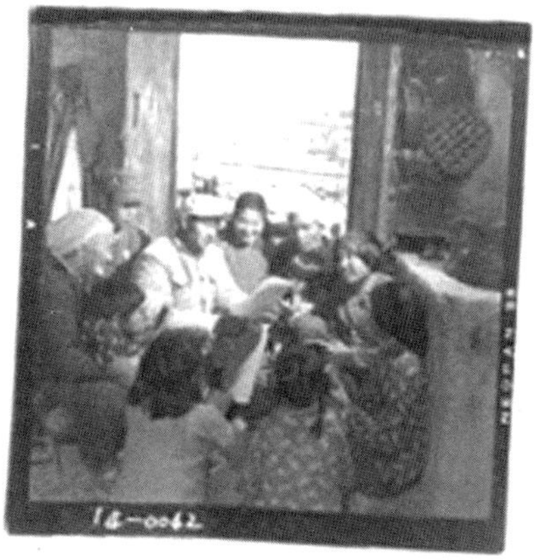

图2-14-8　军民关系部分7

图2-14-9　军民关系部分8

图2-14-10　军民关系部分9

图2–14–11　军民关系部分10

图2-14-12　军民关系部分11

图2–14–13　军民关系部分12

图2-14-14　军民关系部分13

图2-14-15　军民关系部分14

图2–14–16　军民关系部分15

图2-14-17　军民关系部分16

（十五）历史实物

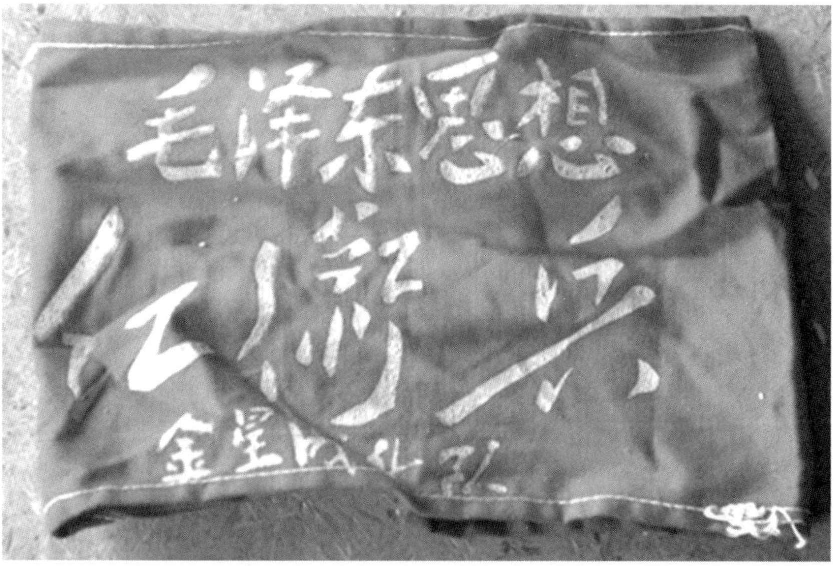

图2-15-1　西沟金星战斗队红卫兵袖章

图2-15-2　西沟大队用过的投票箱

图2-15-3　西沟大队用过的流动箱

三、锦旗（1952—2002年）

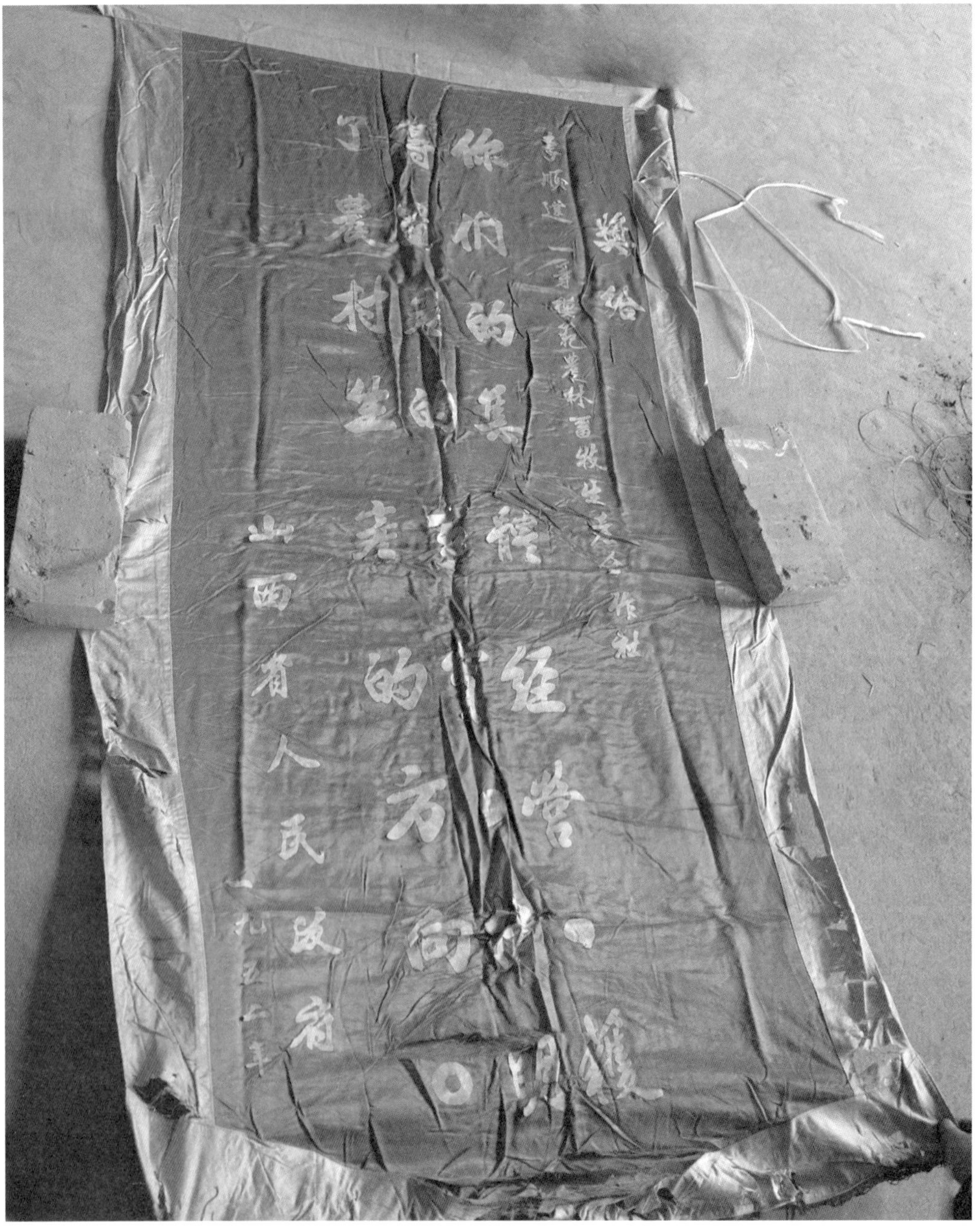

图3-1　山西省人民政府奖给模范农林畜牧生产合作社的锦旗

注：锦旗内容为“你们的集体经营、获得农产的事实，指明了农村生产的方向。”

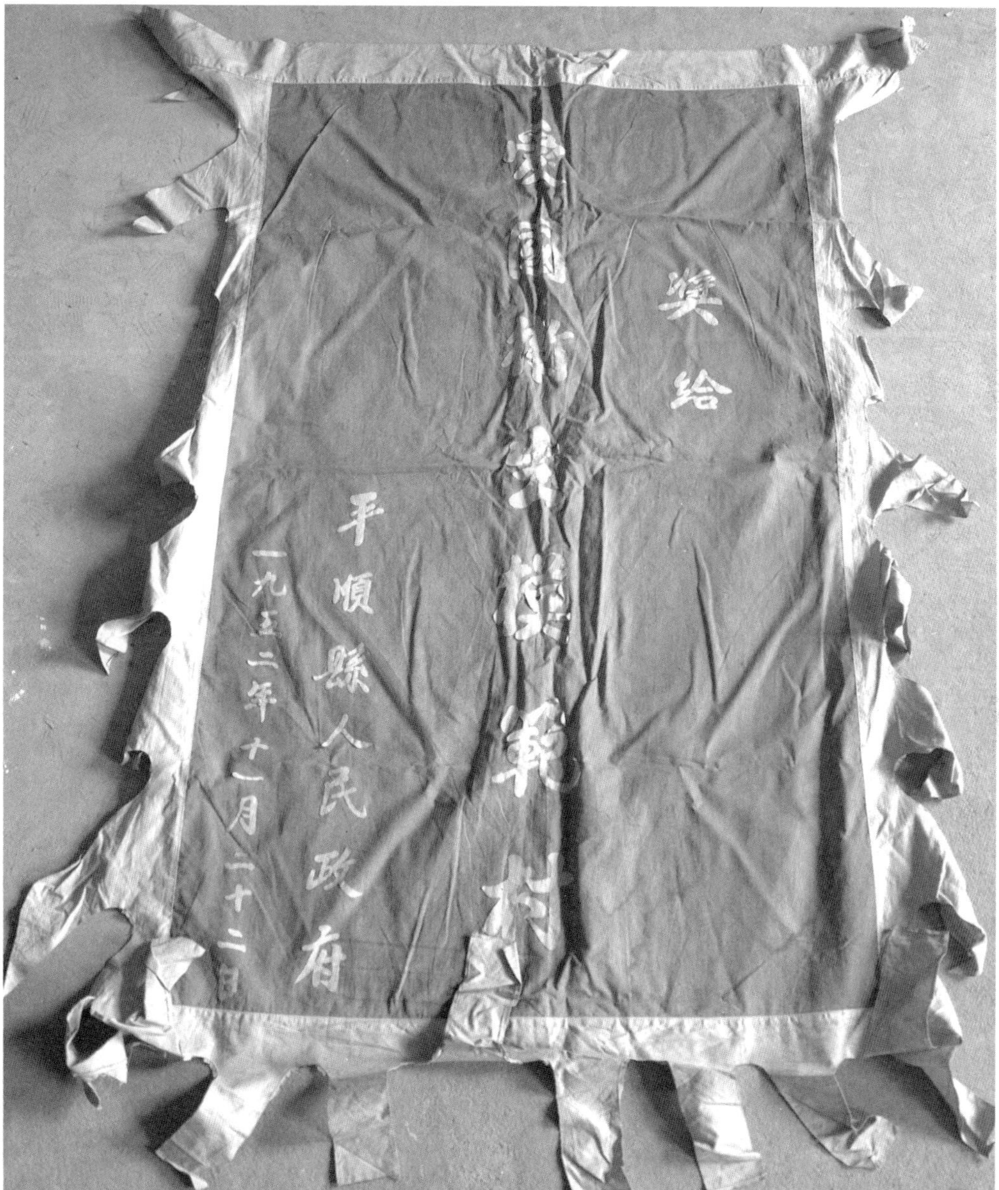

图3-2　平顺县人民政府奖给西沟的锦旗

注：锦旗内容为“爱国卫生模范村”

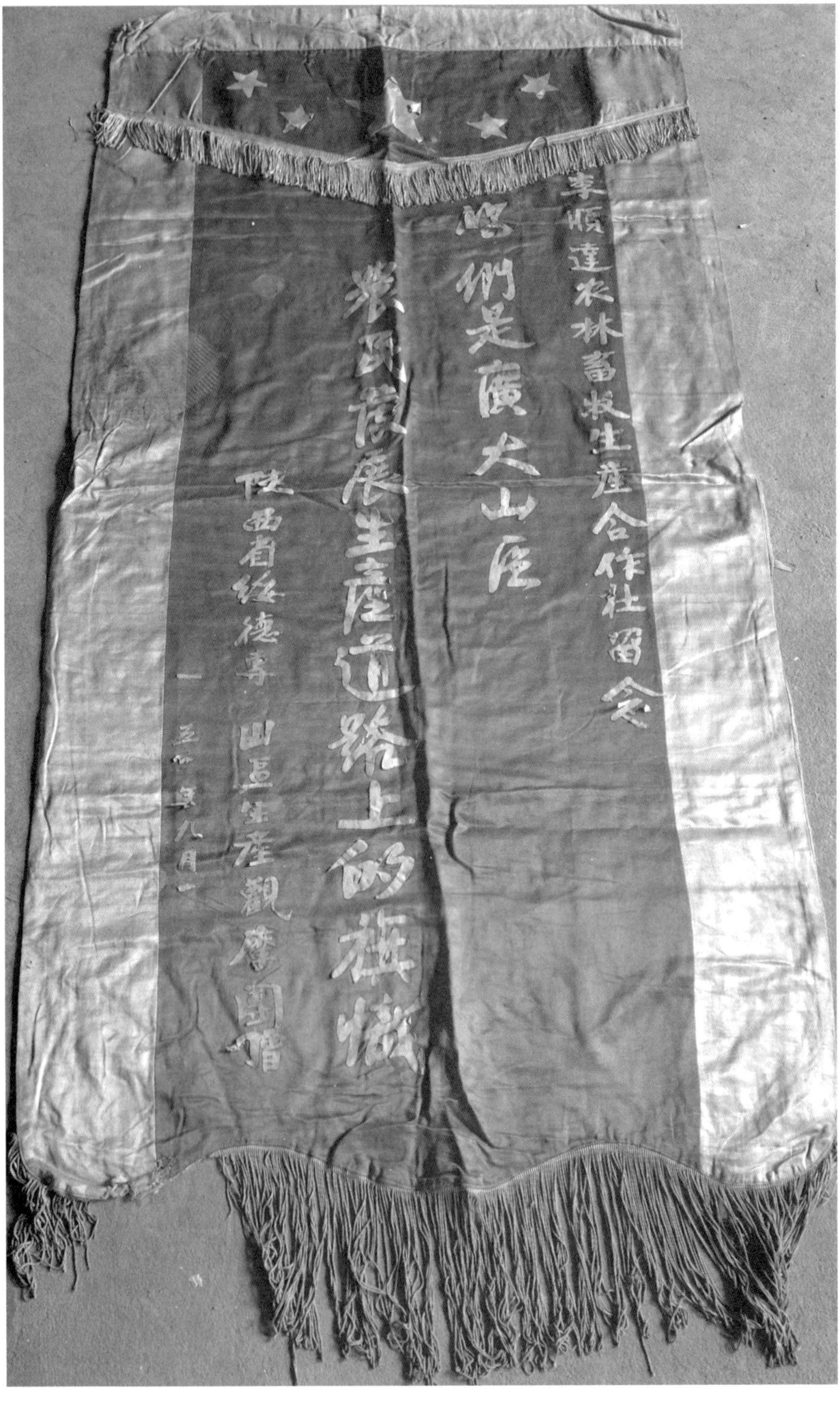

图3-3　陕西省绥德专区山区生产观摩团赠给李顺达农林畜牧生产合作社的锦旗

注：锦旗内容为“你们是广大山区农民发展生产道路上的旗帜”

图3-4　山西省人民政府奖给平顺县西沟乡的锦旗

注：锦旗内容为“鼓励士气巩固国防　保障社会主义建设”

图3-5　山西省人民委员会奖给平顺县西沟金星农林牧生产合作社的锦旗

注：锦旗内容为“推广先进生产经验　全面发展农村经济”

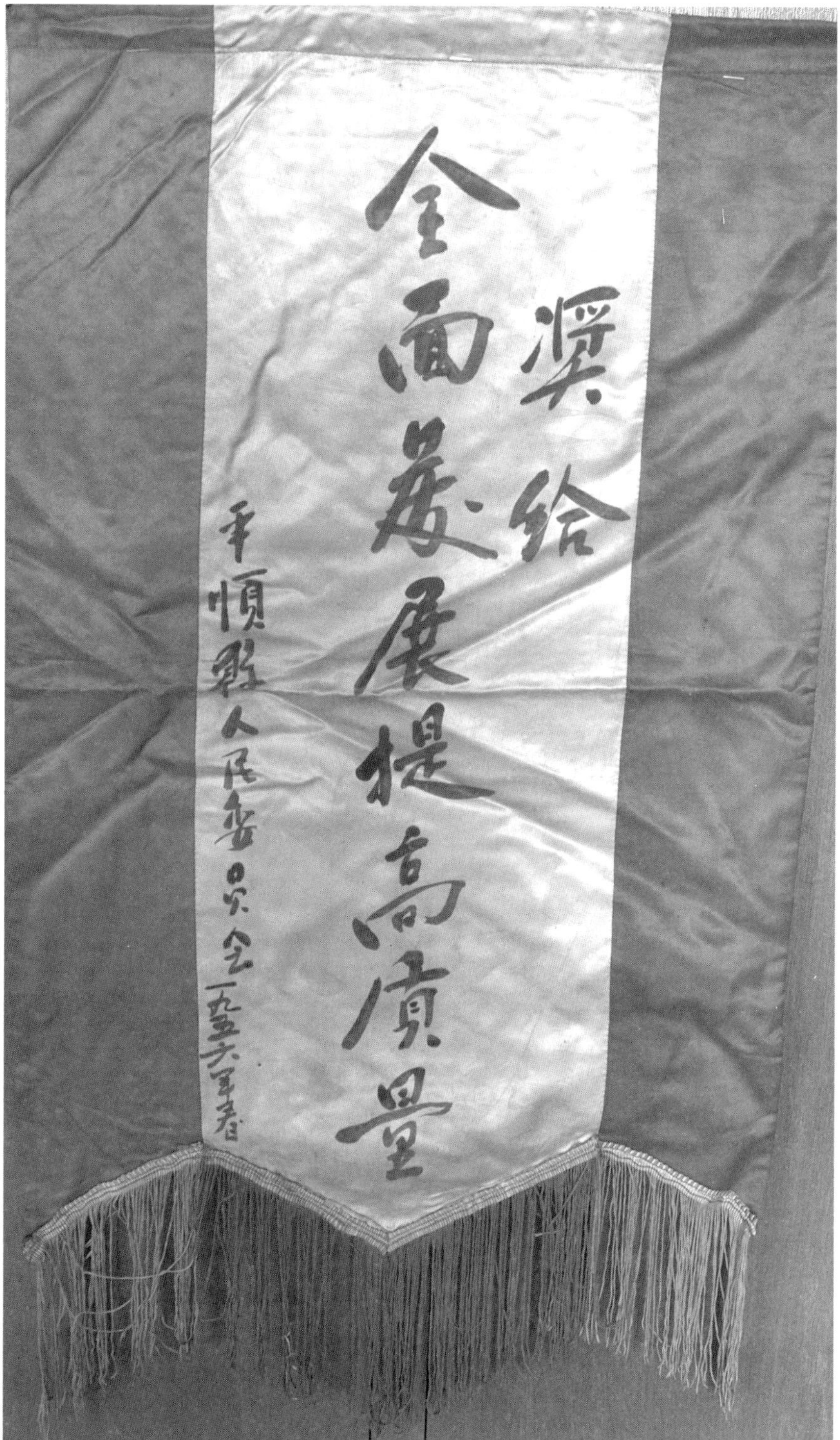

图3–6　平顺县人民委员会奖给西沟的锦旗

注：锦旗内容为“全面发展提高质量”

图3-7　平顺县人民委员会奖给西沟乡金星社的锦旗

注：锦旗内容为“自繁自养发展养猪”

图3-8　内蒙古农业参观团赠给金星合作社的锦旗

注：锦旗内容为“兄弟民族团结起来，为提前实现全国农业发展纲要而奋斗！”

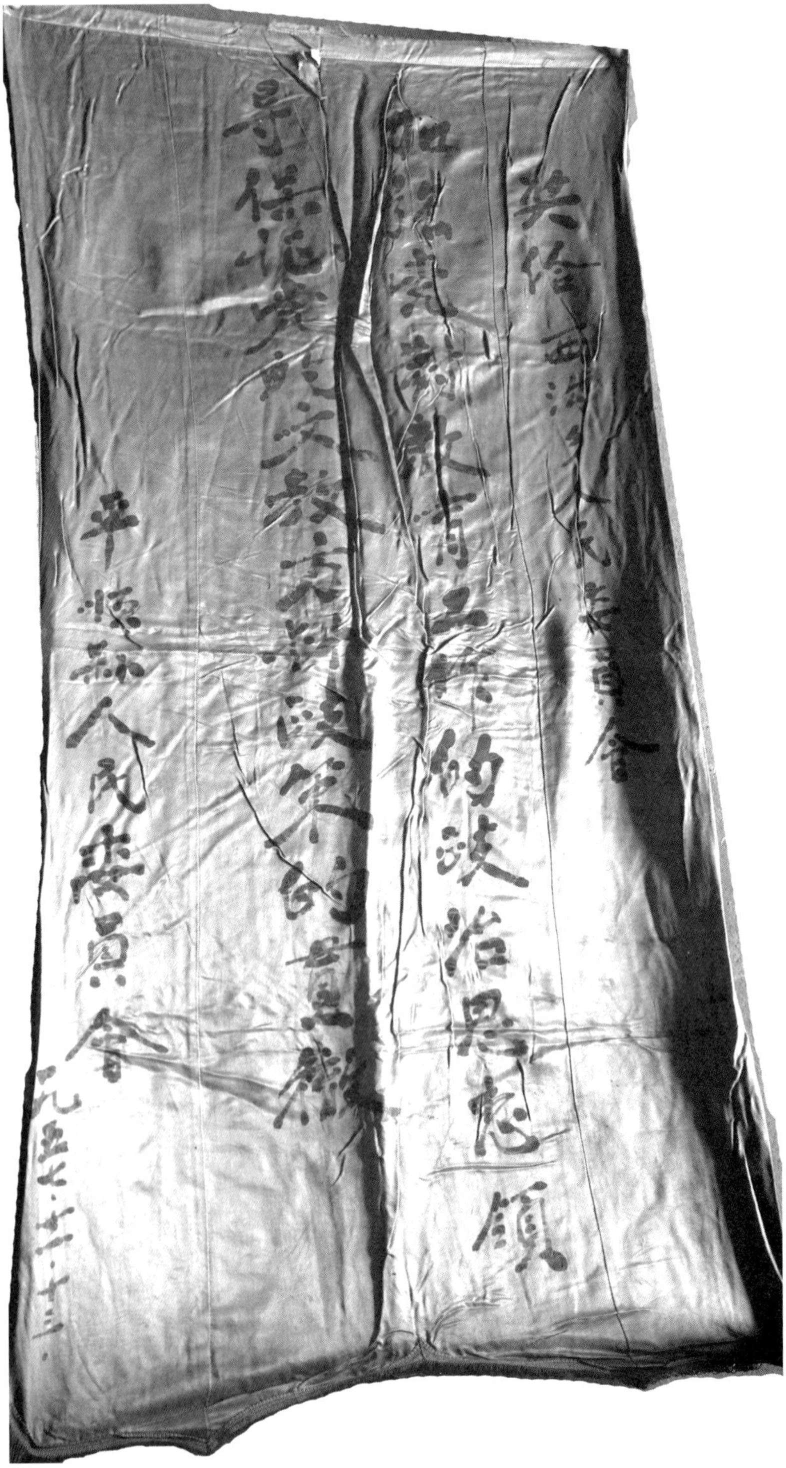

图3-9　平顺县人民委员会奖给西沟乡人民委员会的锦旗

注：锦旗内容为“加强党对教育工作的政治思想领导保证党的文教方针政策的贯彻”

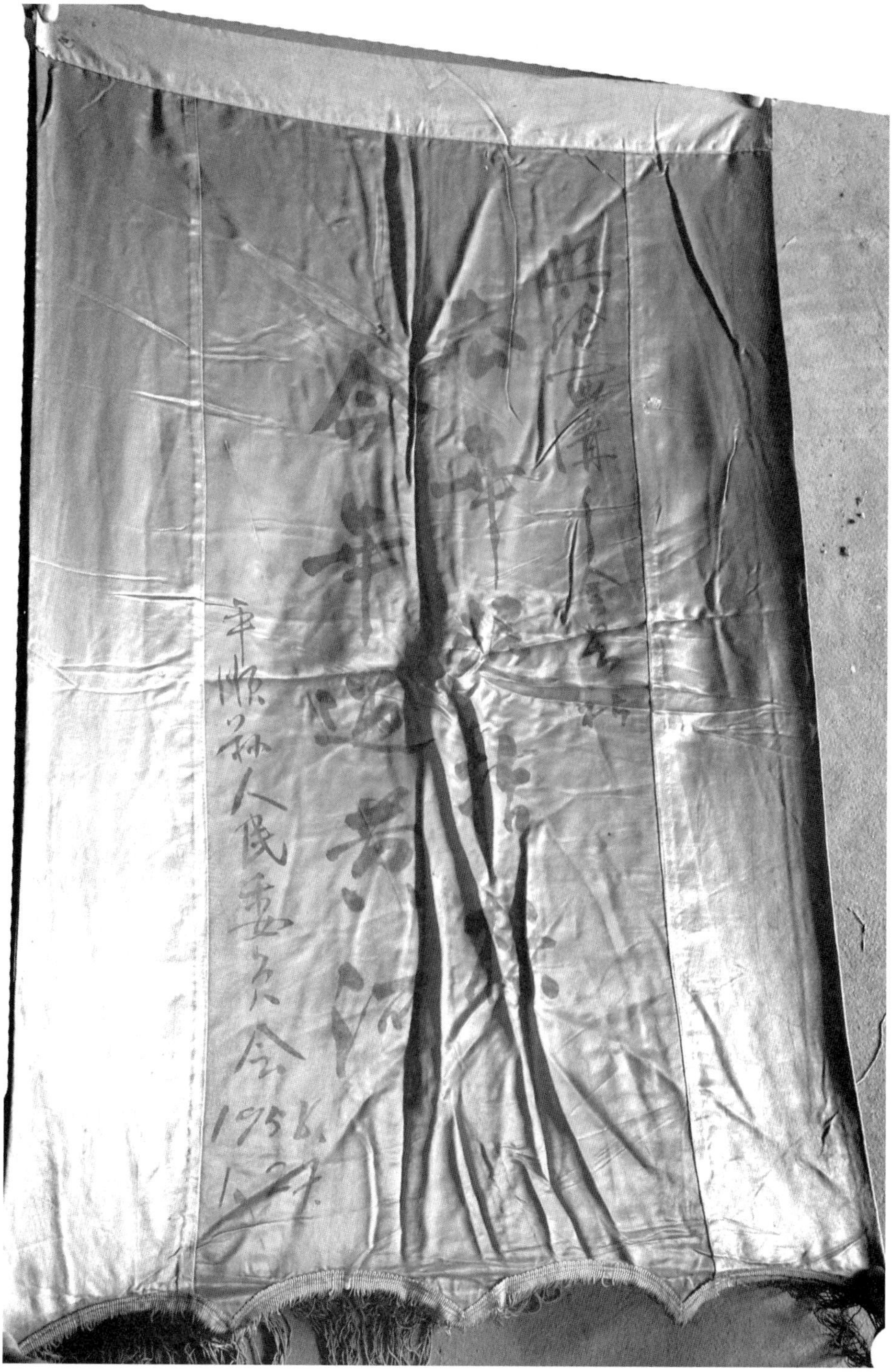

图3-10　平顺县人民委员会奖给西沟金星社的锦旗

注：锦旗内容为“厺年超指标　今年過黄河”

图3-11　平顺县人民委员会奖给西沟乡中心俱乐部的锦旗

注：锦旗内容为“说说唱唱鼓舞生产热情”

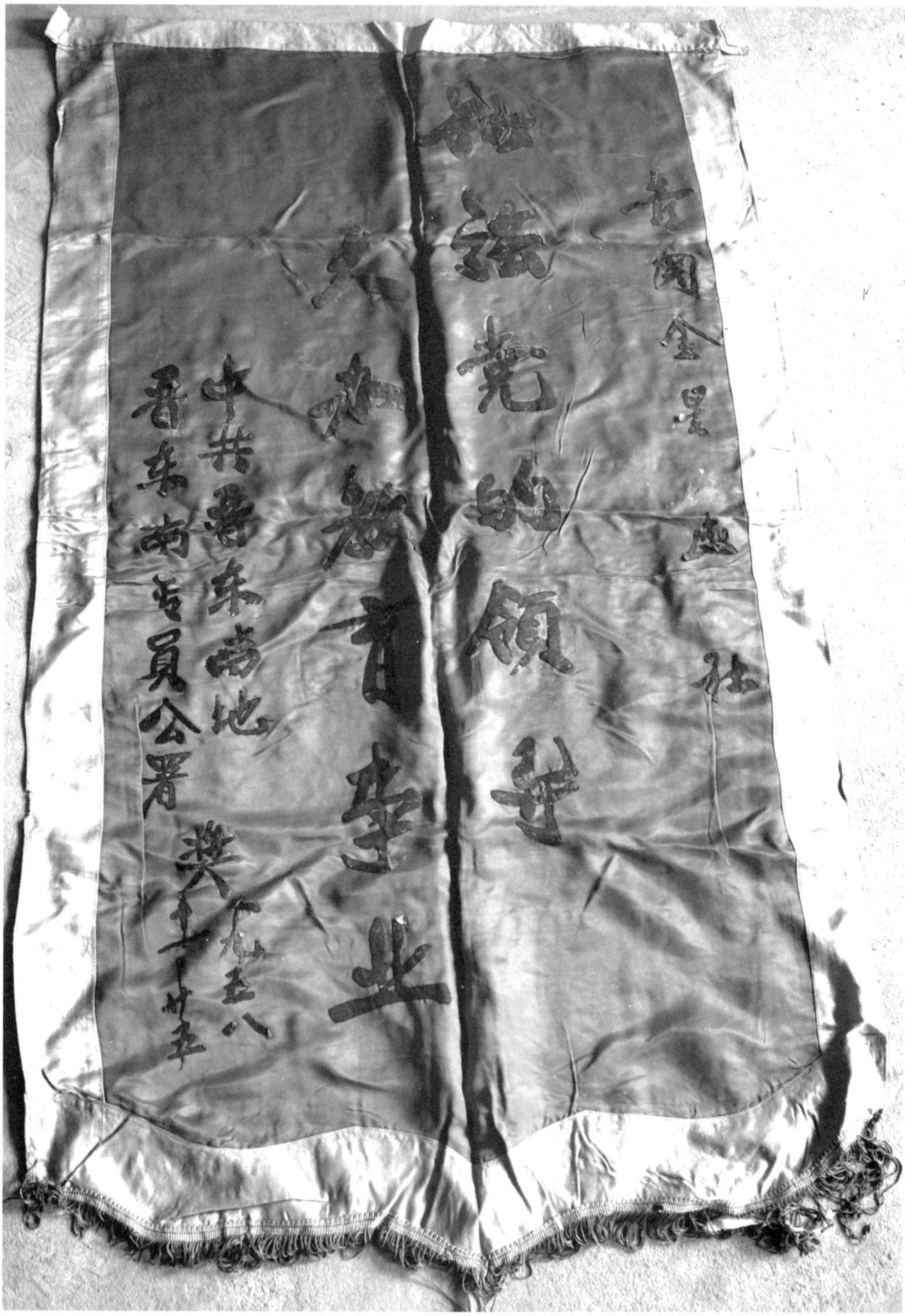

图3-12　中共晋东南地委、晋东南专员公署奖给金星社的锦旗

注：锦旗内容为“加强党的领导　大办教育事业”

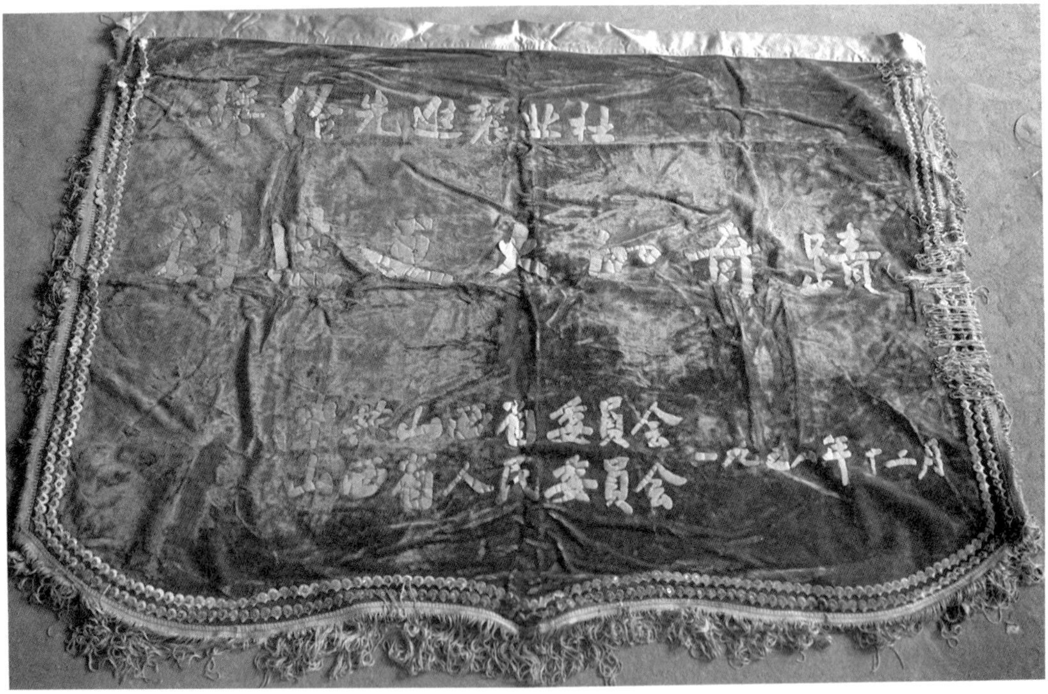

图3-13　中共山西省委员会、山西省人民委员会奖给先进农业社的锦旗

注：锦旗内容为“创造更大的奇迹”

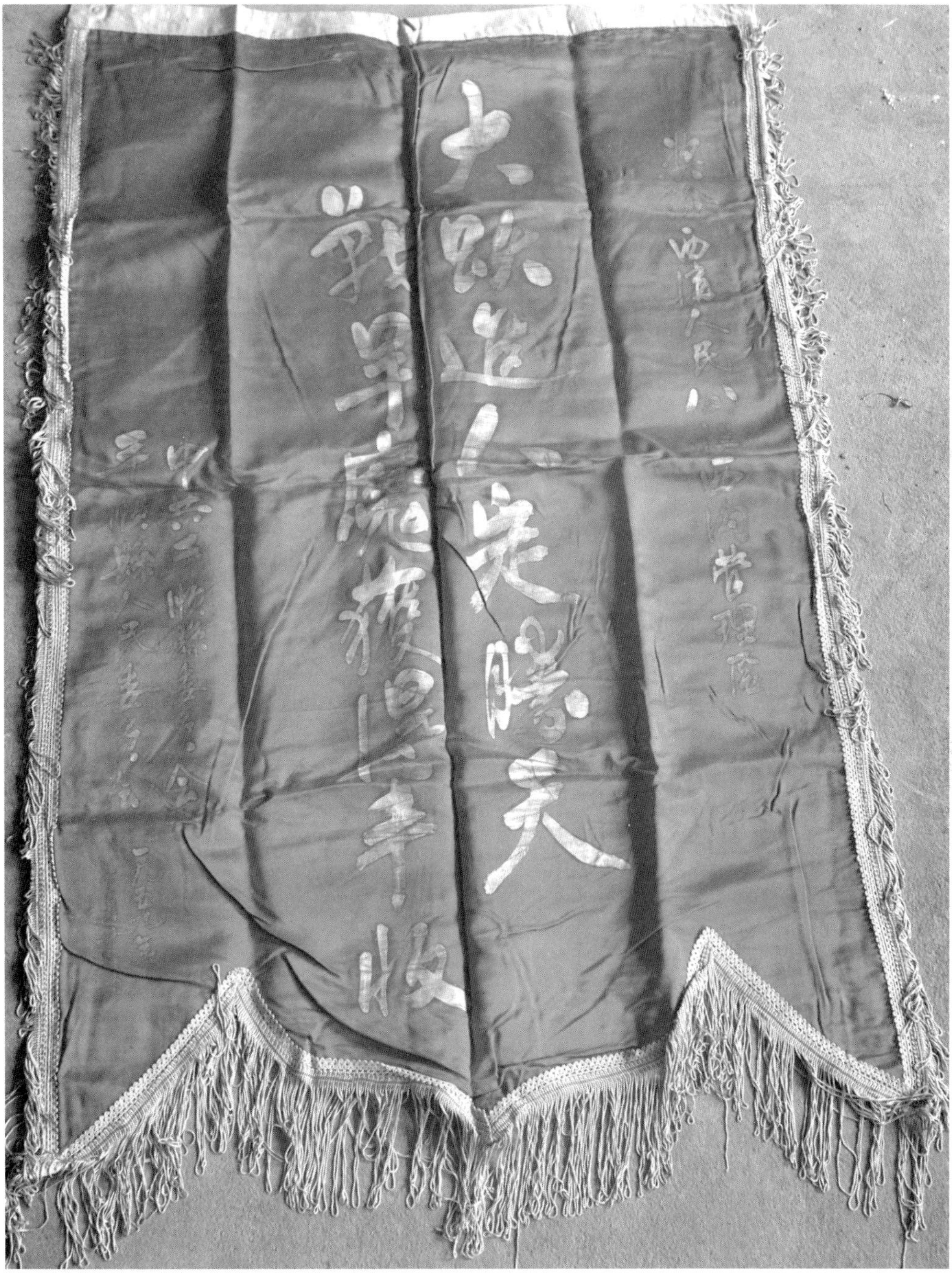

图3–14　中共平顺县委员会、平顺县人民委员会奖给西沟人民公社西沟管理区的锦旗

注：锦旗内容为“大跃进人定胜天　战旱魔获得丰收”

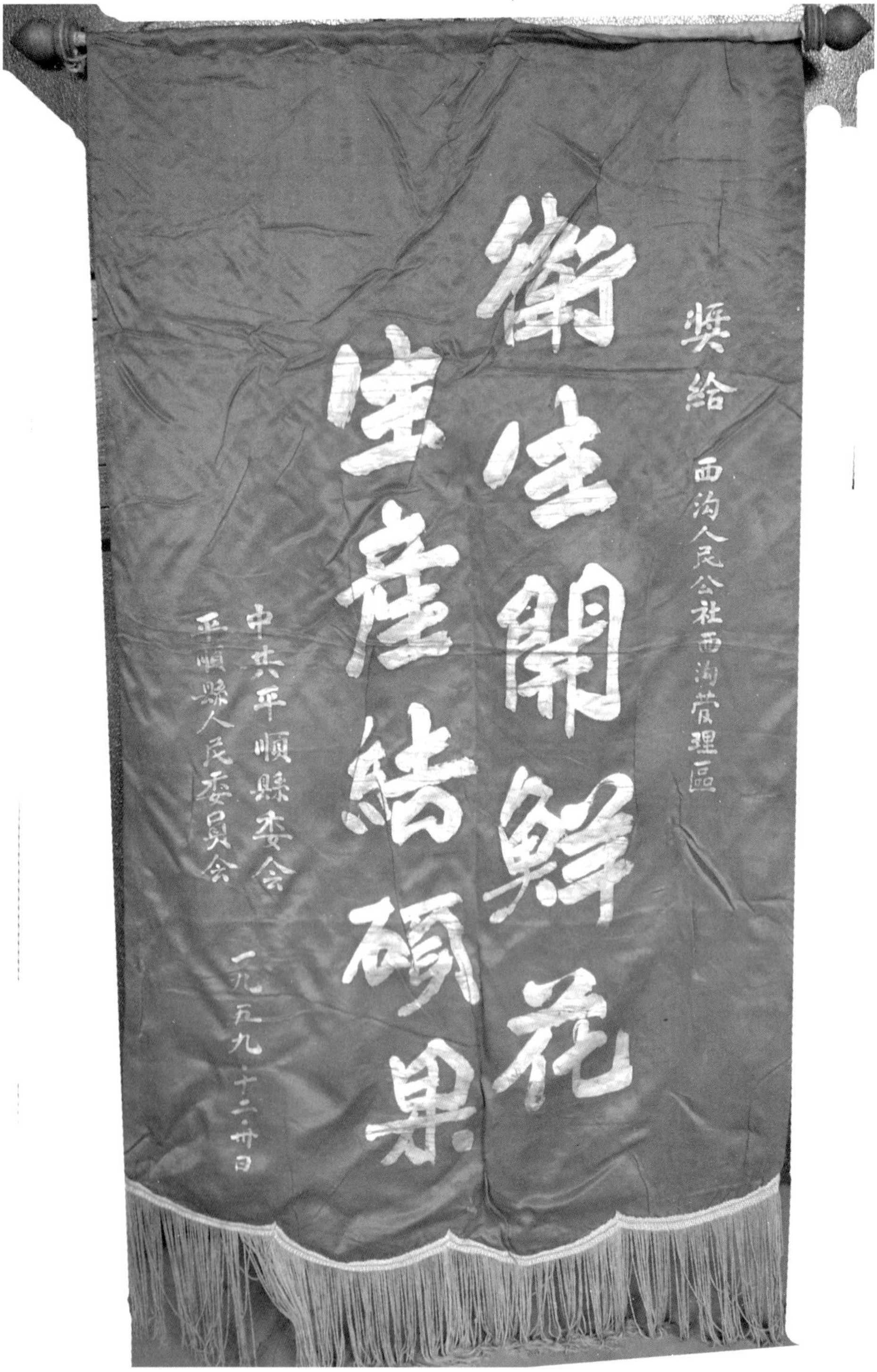

图3–15　中共平顺县委会、平顺县人民委员会奖给西沟人民公社西沟管理区的锦旗

注：锦旗内容为“卫生开鲜花　生产结硕果”

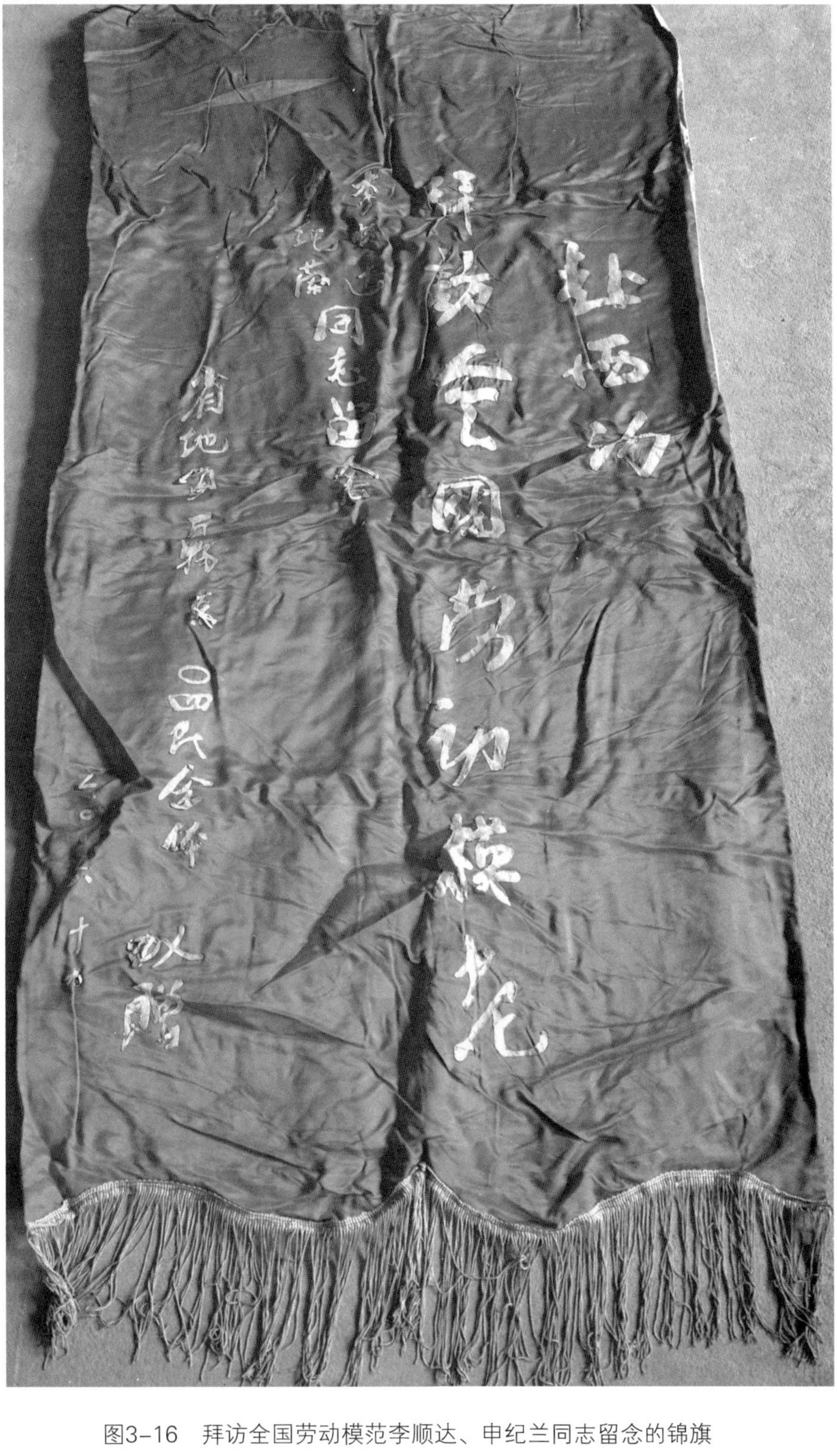

图3-16　拜访全国劳动模范李顺达、申纪兰同志留念的锦旗

注：锦旗内容为“赴西沟拜访全国劳动模范李顺达、申纪兰同志留念”

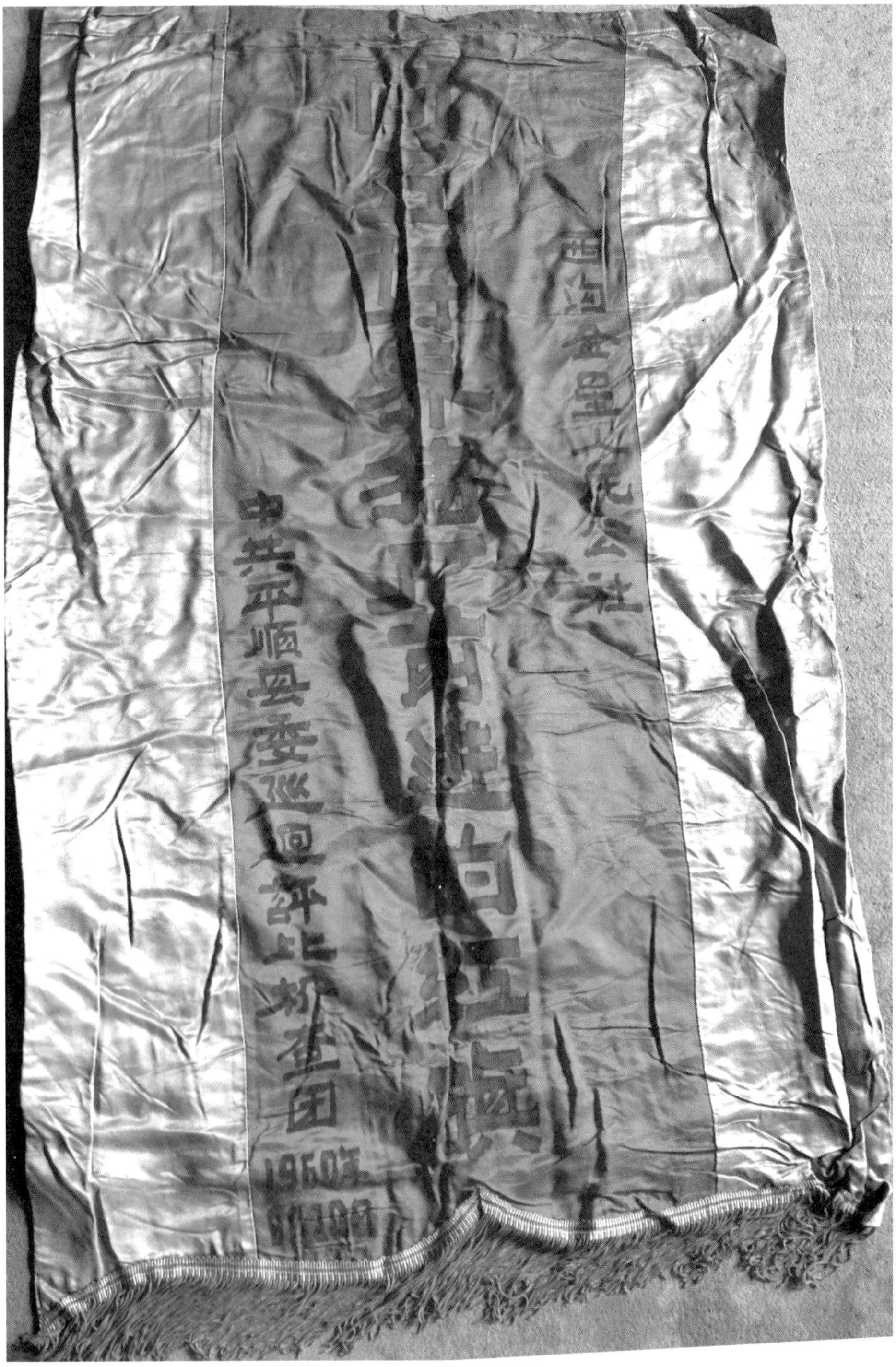

图3-17　中共平顺县委巡回评比检查团奖给西沟金星人民公社的锦旗

注：锦旗内容为“向五好养猪厂前进的红旗”

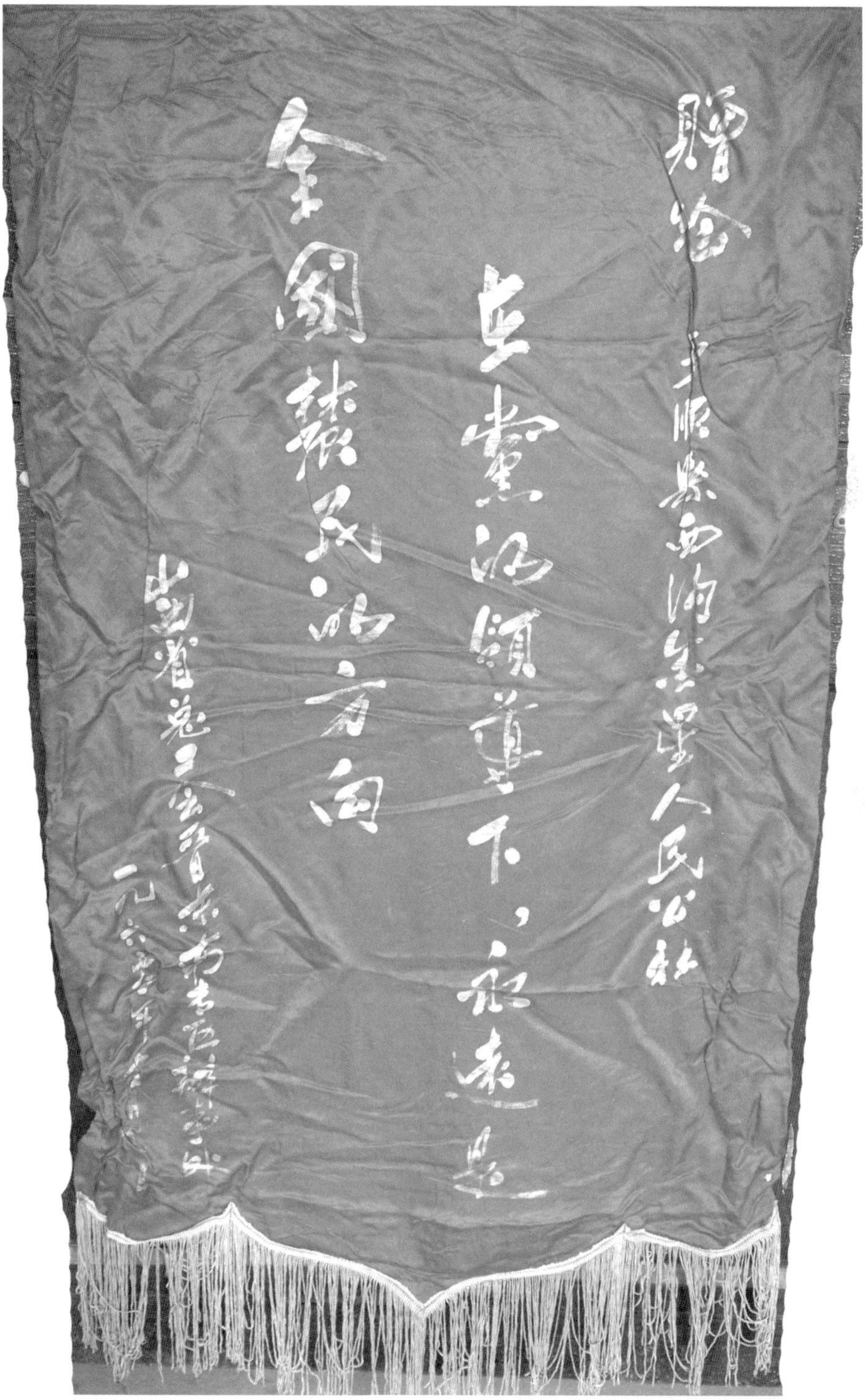

图3–18　山西省总工会晋东南专区办事处赠给西沟金星人民公社的锦旗

注：锦旗内容为“在党的领导下，永远是全国农民的方向”

图3-19　中共山西省委员会、山西省人民委员会奖给西沟生产大队的锦旗

注：锦旗内容为“不断革命建设山区”

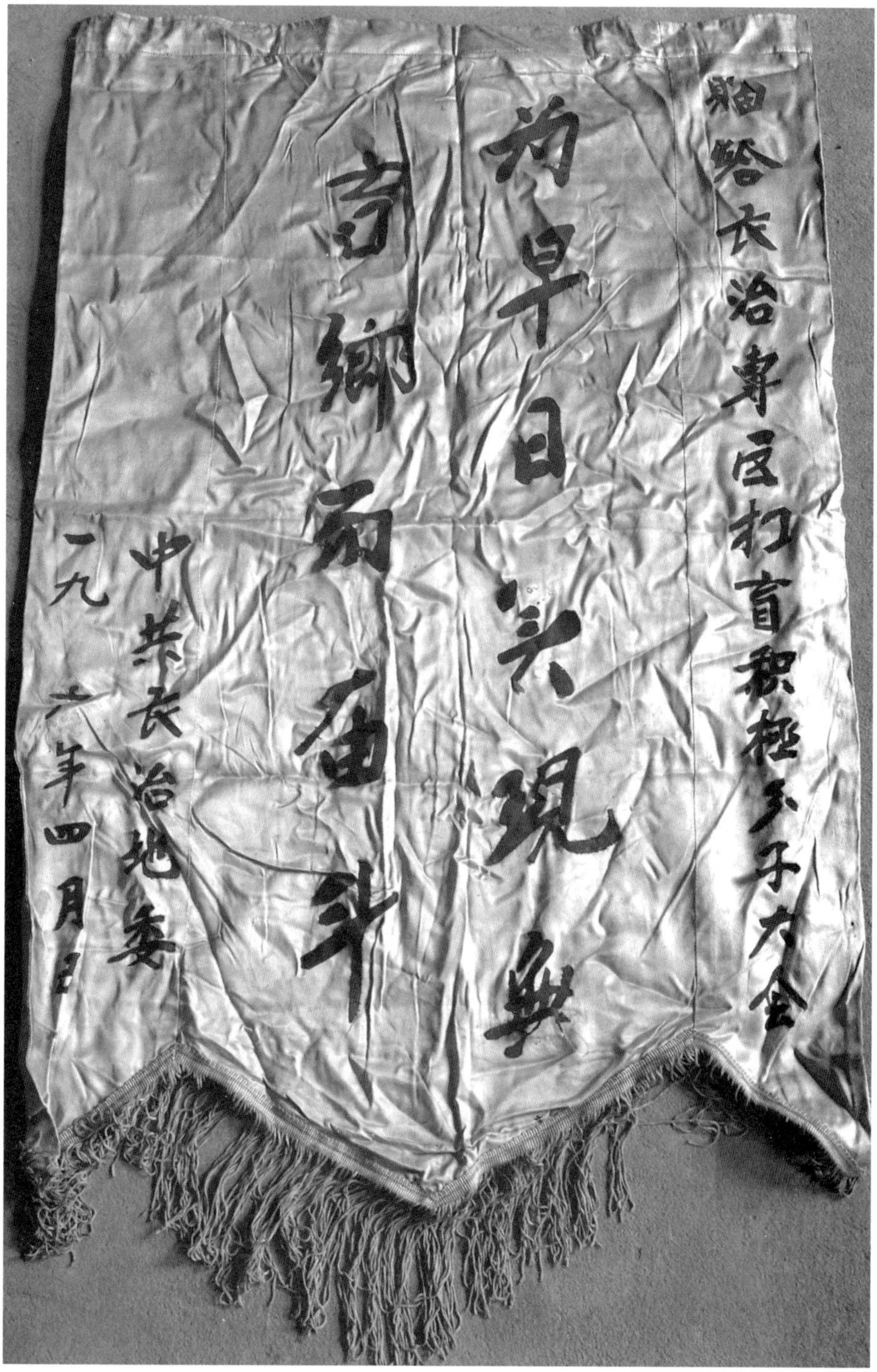

图3-20　中共长治地委赠给长治专区打盲积极分子大会的锦旗

注：锦旗内容为“为早日实现无盲乡而奋斗”

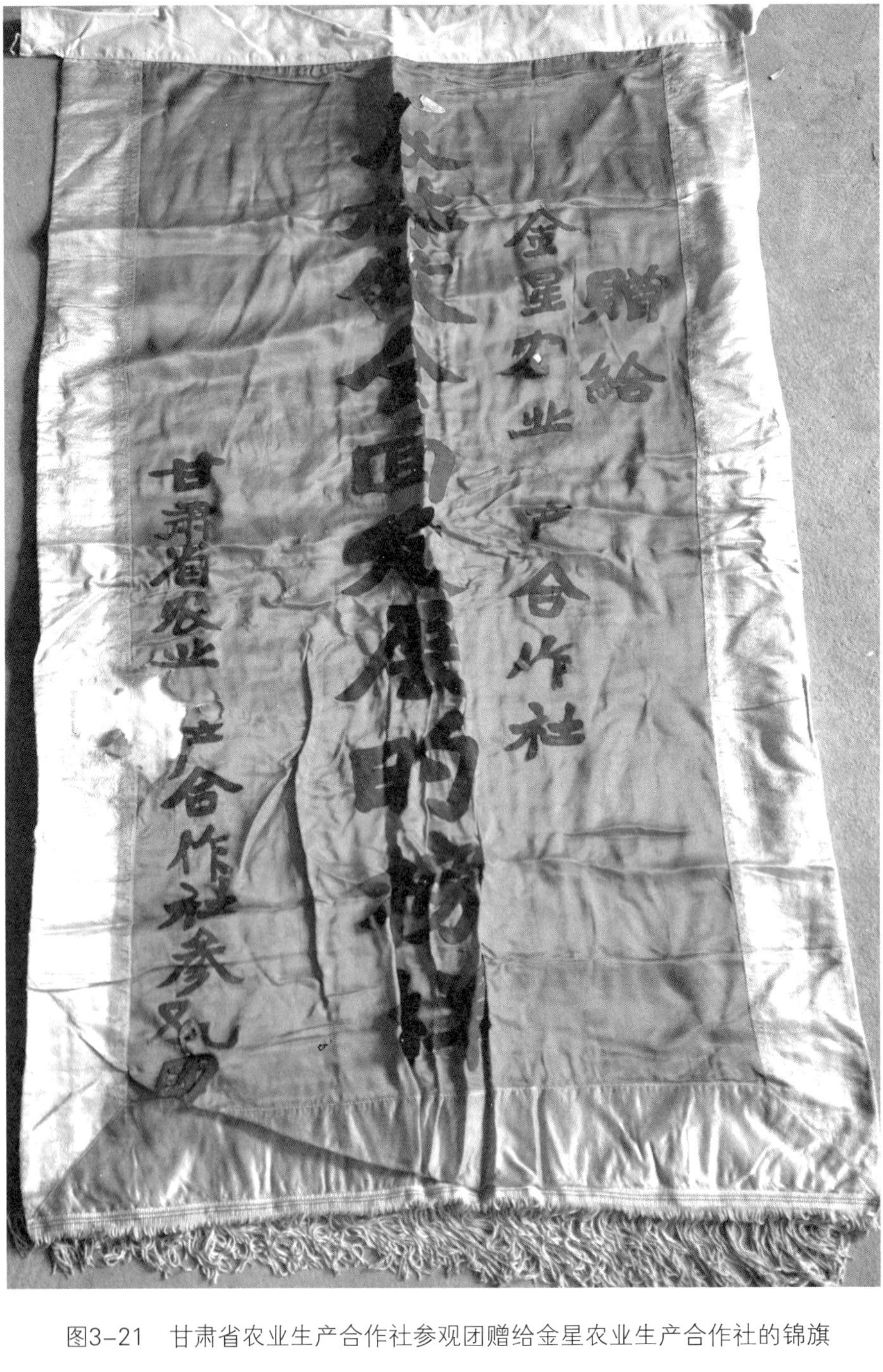

图3-21　甘肃省农业生产合作社参观团赠给金星农业生产合作社的锦旗

注：锦旗内容为“农林牧全面发展的榜样”

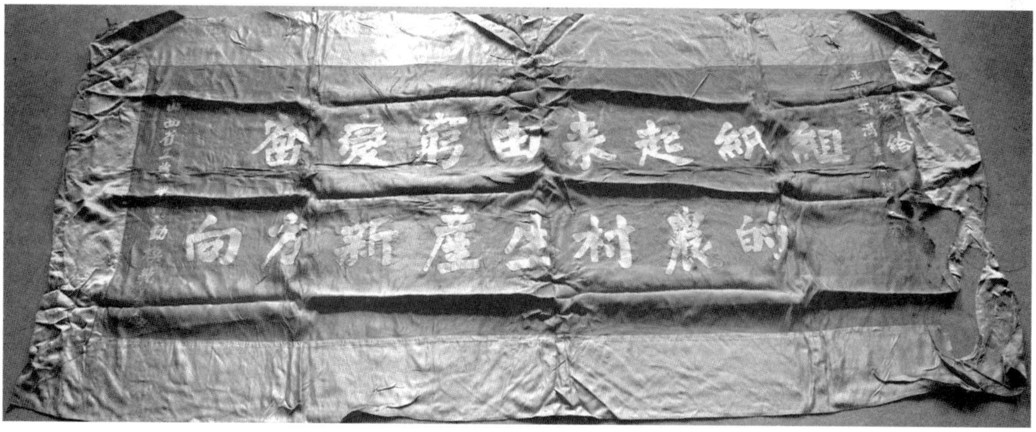

图3-22　山西省工农业劳动模范大会奖给平顺西沟生产模范村的锦旗

注：锦旗内容为“组织起来由穷变富的农村生产新方向”

图3-23　临汾县参观团赠给金星农林牧生产合作社的锦旗

注：锦旗内容为“农林牧付齐发展　改造山区大自然”

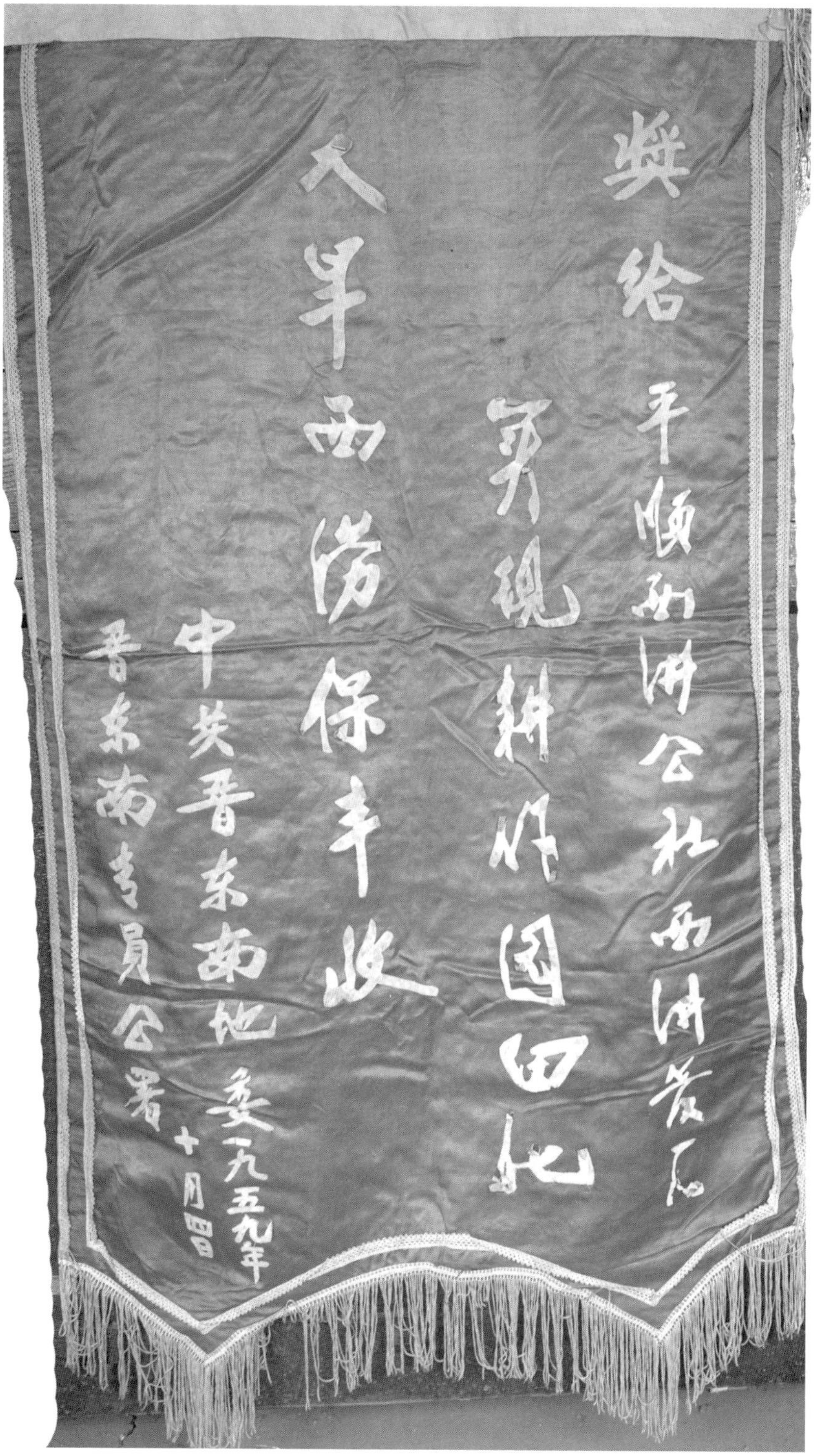

图3-24　中共晋东南地委、晋东南专员公署奖给平顺西沟公社的锦旗

注：锦旗内容为“实现耕作园田化　大旱西涝保丰收”

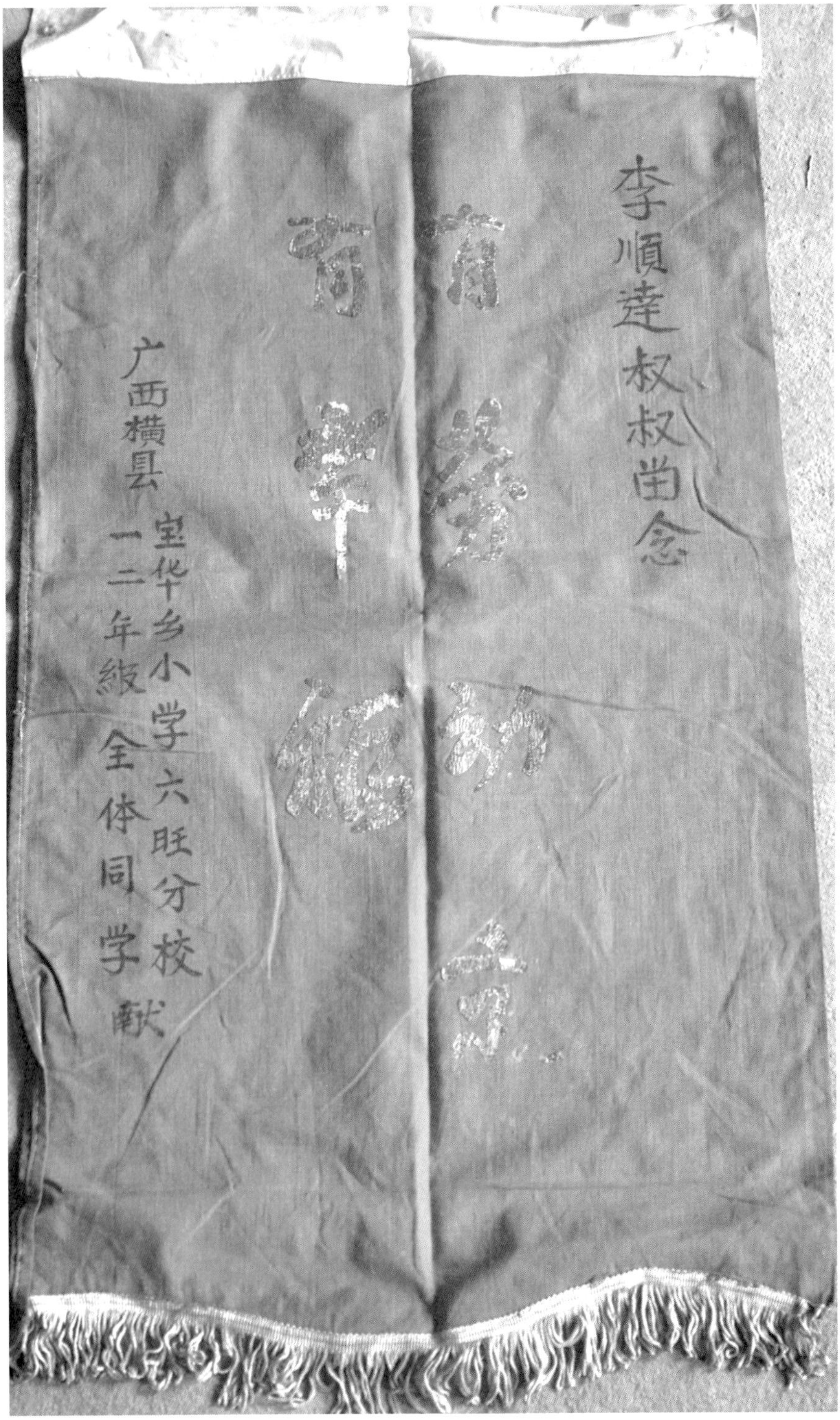

图3-25　广西横县宝华乡小学六旺分校一二年级全体同学献给李顺达留念的锦旗

注：锦旗内容为“有劳动就有幸福”

图3-26　向西沟大队贫下中农学习、致敬的锦旗

注：锦旗内容为“向西沟大队贫下中农学习、致敬！”

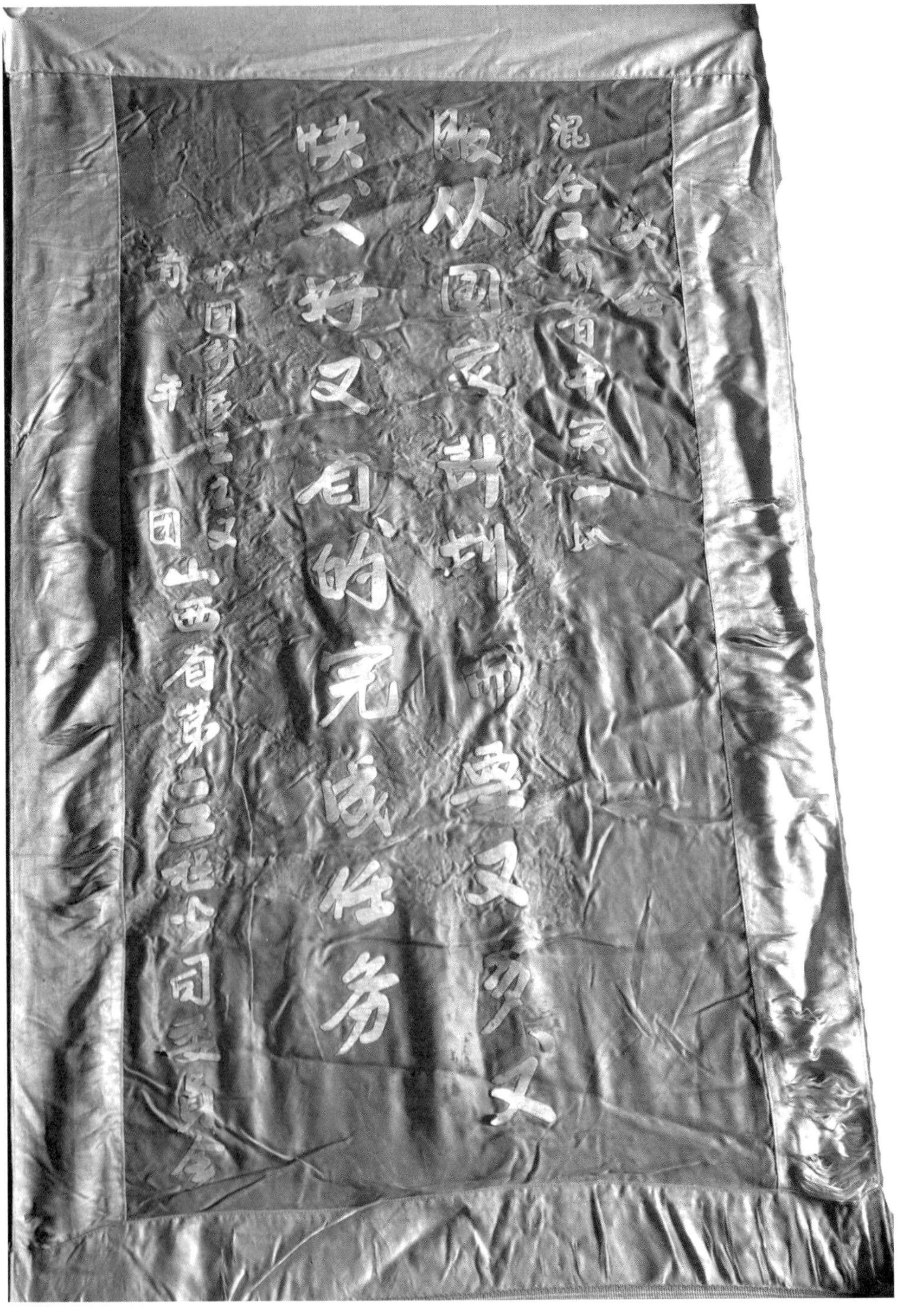

图3-27　山西省第二工程公司委员会奖给混合工种青年突击队的锦旗

注：锦旗内容为“服从国家计划需要又多、又快、又好、又省、的完成任务”

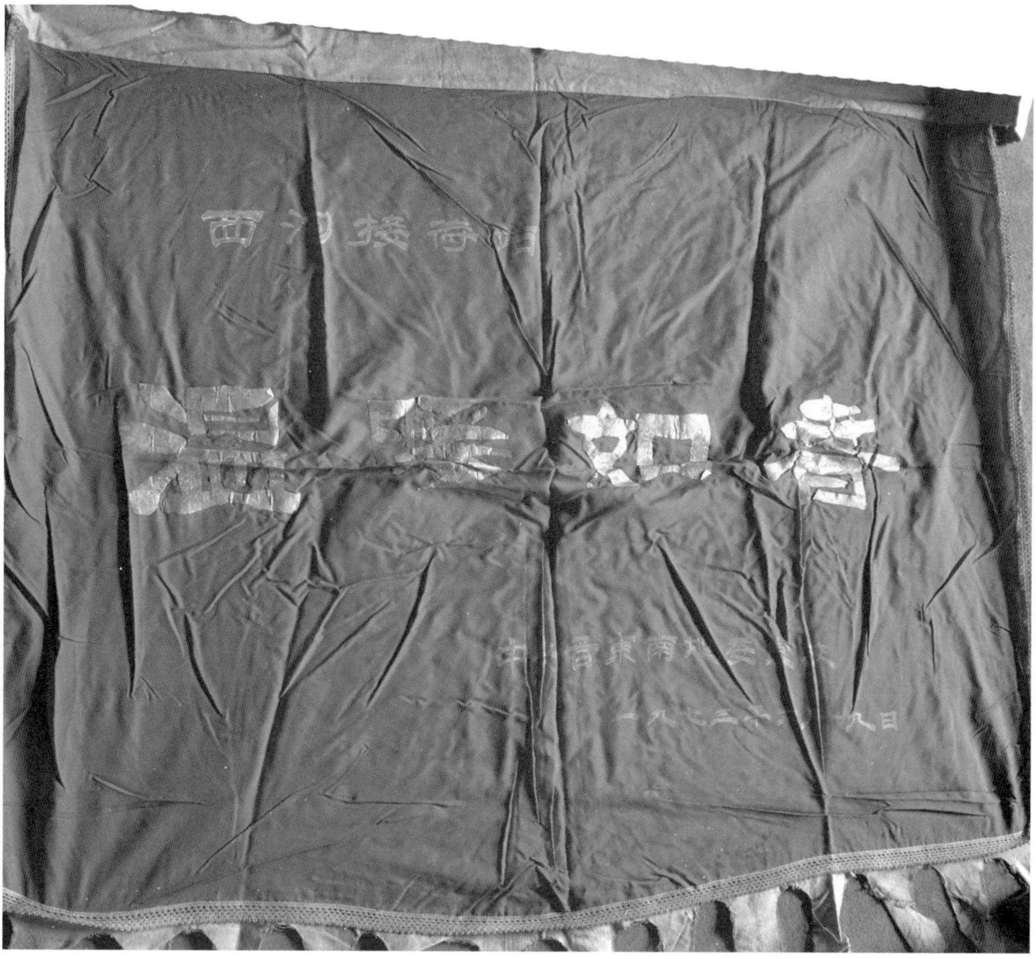

图3-28　中共晋东南地委党校赠给西沟接待站的锦旗

注：锦旗内容为“温暖如春”

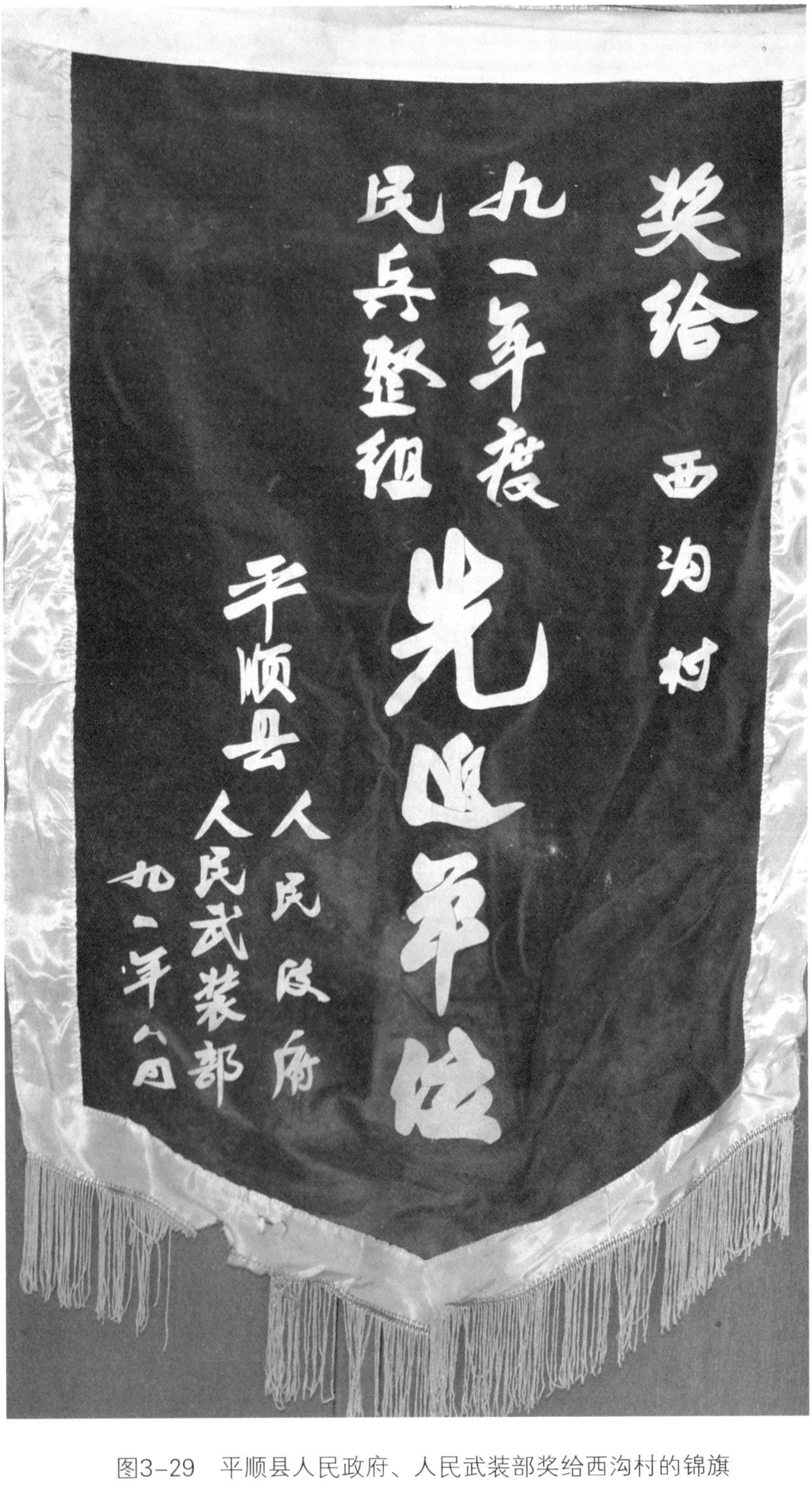

图3-29　平顺县人民政府、人民武装部奖给西沟村的锦旗

注：锦旗内容为“九一年度民兵整组先进单位”

图3-30　省委第五批农村工作队机电厅赠给西沟村的锦旗

注：锦旗内容为“情系太行　心连平顺”

图3-31　西沟乡党委、西沟乡人民政府奖给西沟村的锦旗

注：锦旗内容为“先进集体”

图3–32　中共西沟乡委员会、西沟乡人民政府奖给西沟村的锦旗

注：锦旗内容为“九四年度先进集体”

图3-33　中共长治市富豪商贸服务中心党支部赠给平顺县西沟村党总支的锦旗

注：锦旗内容为“支部建设的典范　党员学习的楷模”

四、会议记录（1971年）

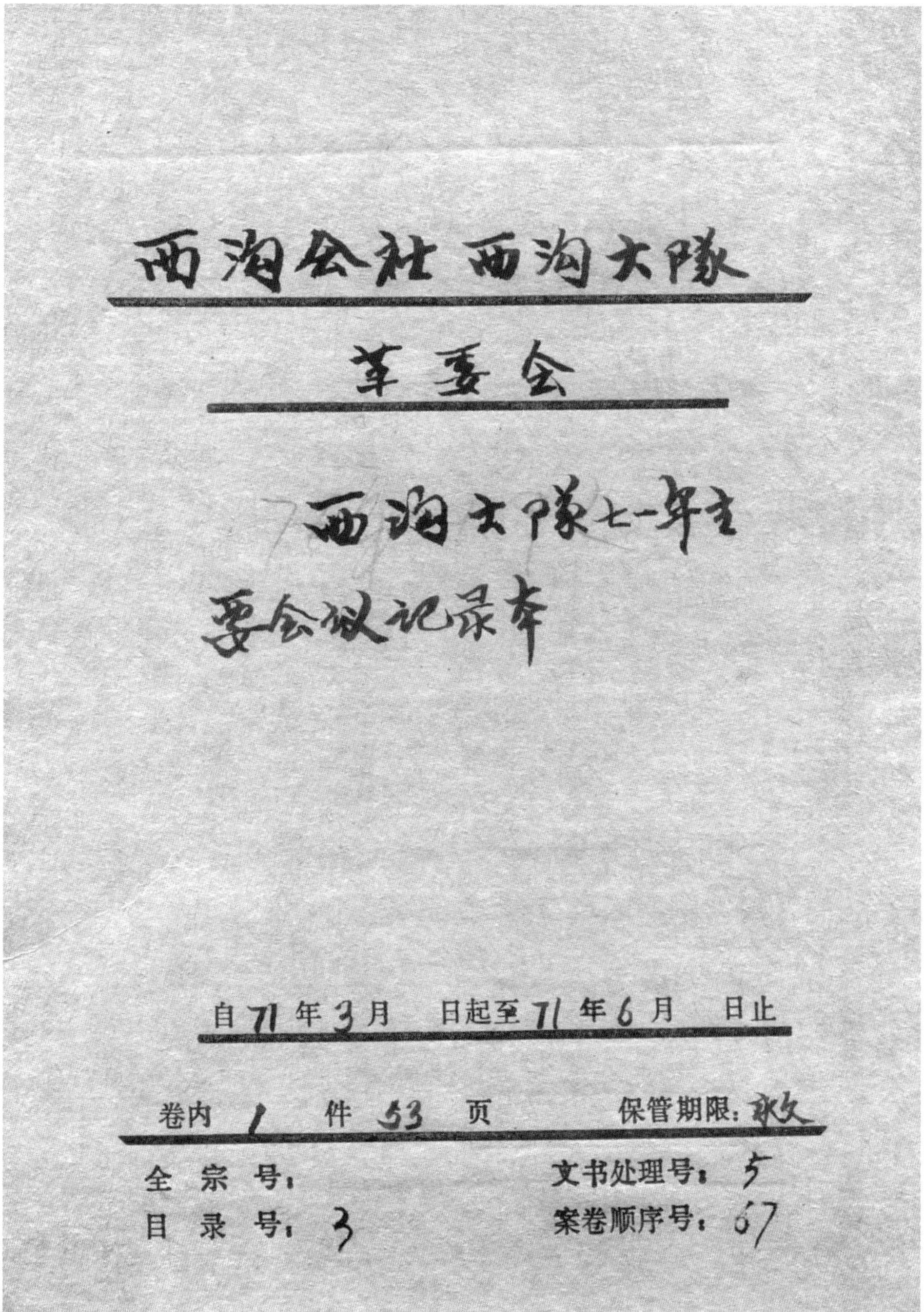

西沟公社 西沟大队

革委会

西沟大队七一年主要会议记录本

自71年3月 日起至71年6月 日止

卷内 1 件 53 页 保管期限：永久

全宗号： 文书处理号：5

目录号：3 案卷顺序号：67

图4-1 西沟大队（一九）七一年主要会议记录本封面

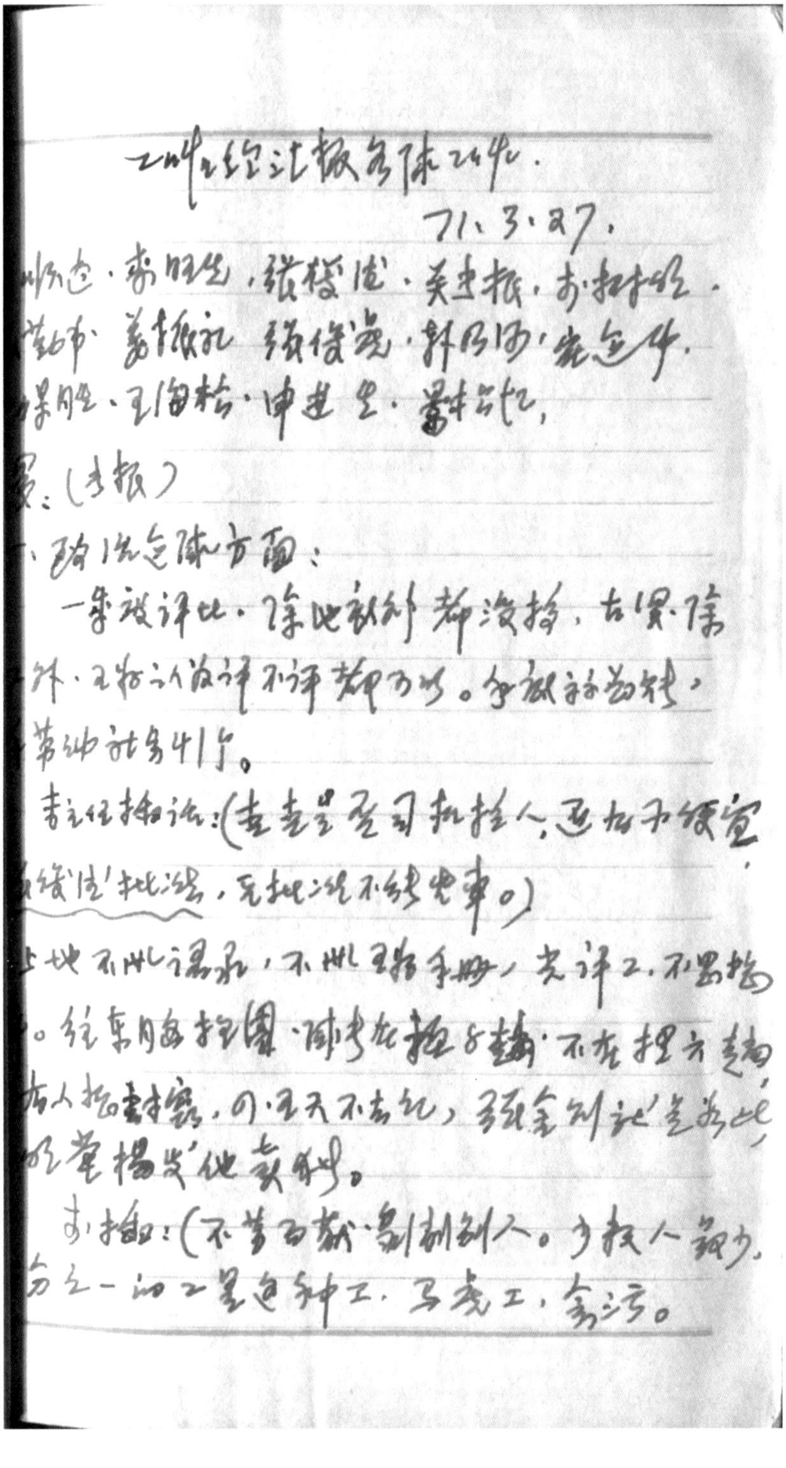

71.3.27

图4-2　（一九）七一年主要会议记录第一页

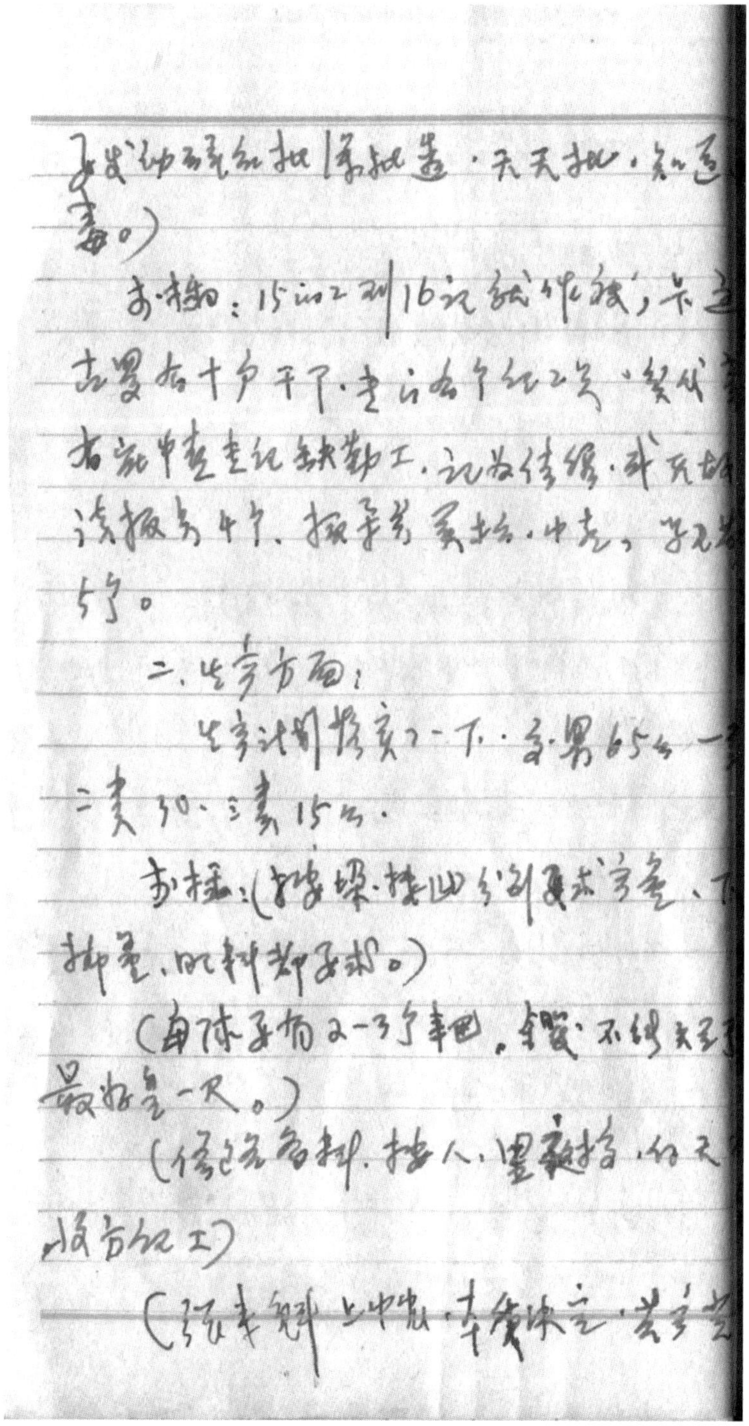

图4-3 （一九）七一年主要会议记录第二页

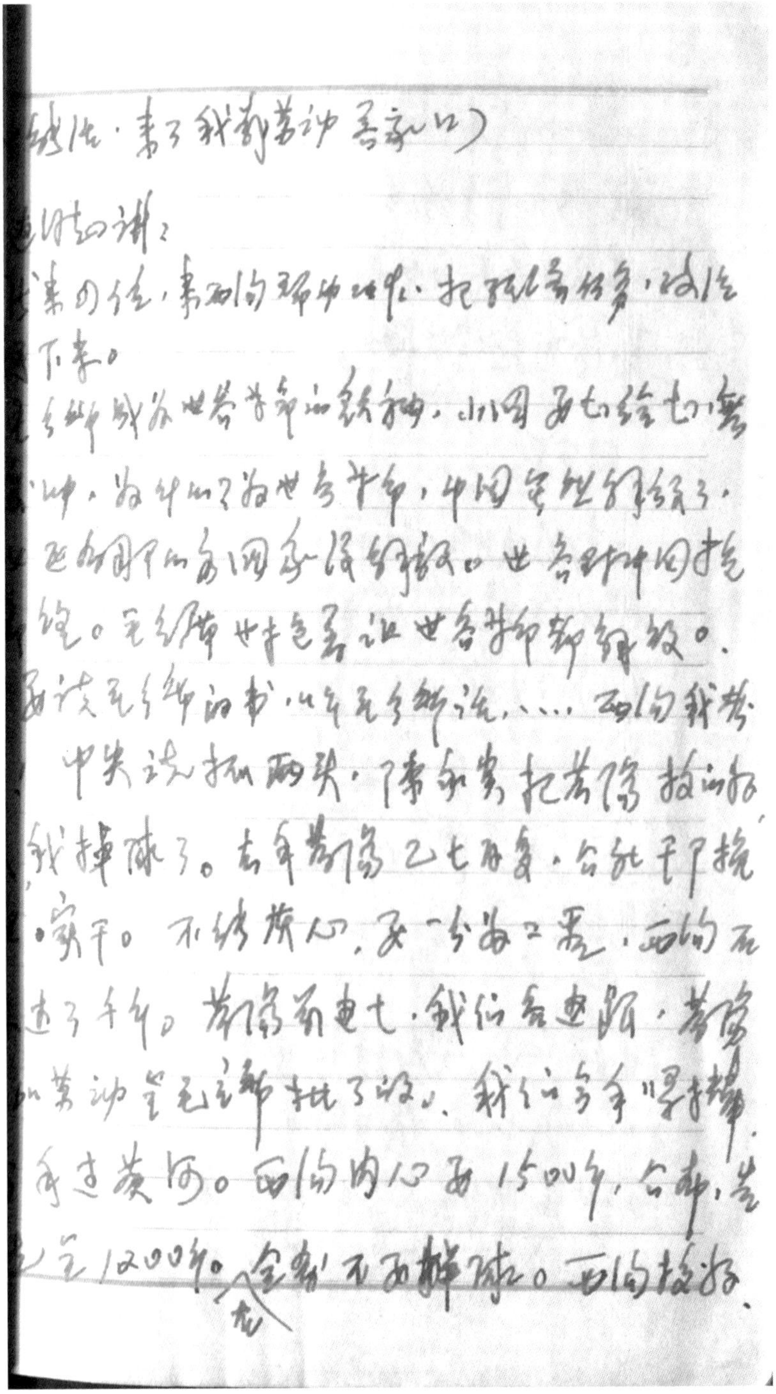

图4-4　（一九）七一年主要会议记录第三页

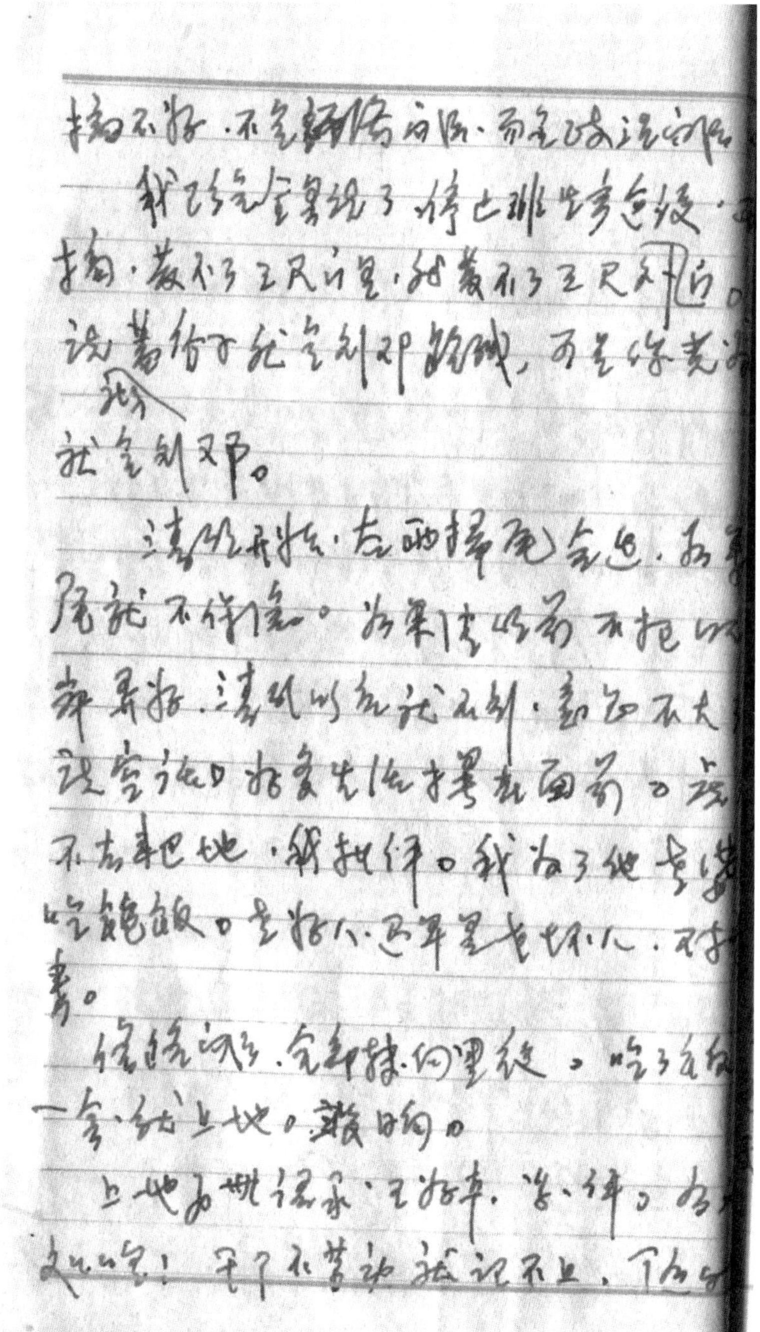

图4-5 （一九）七一年主要会议记录第四页

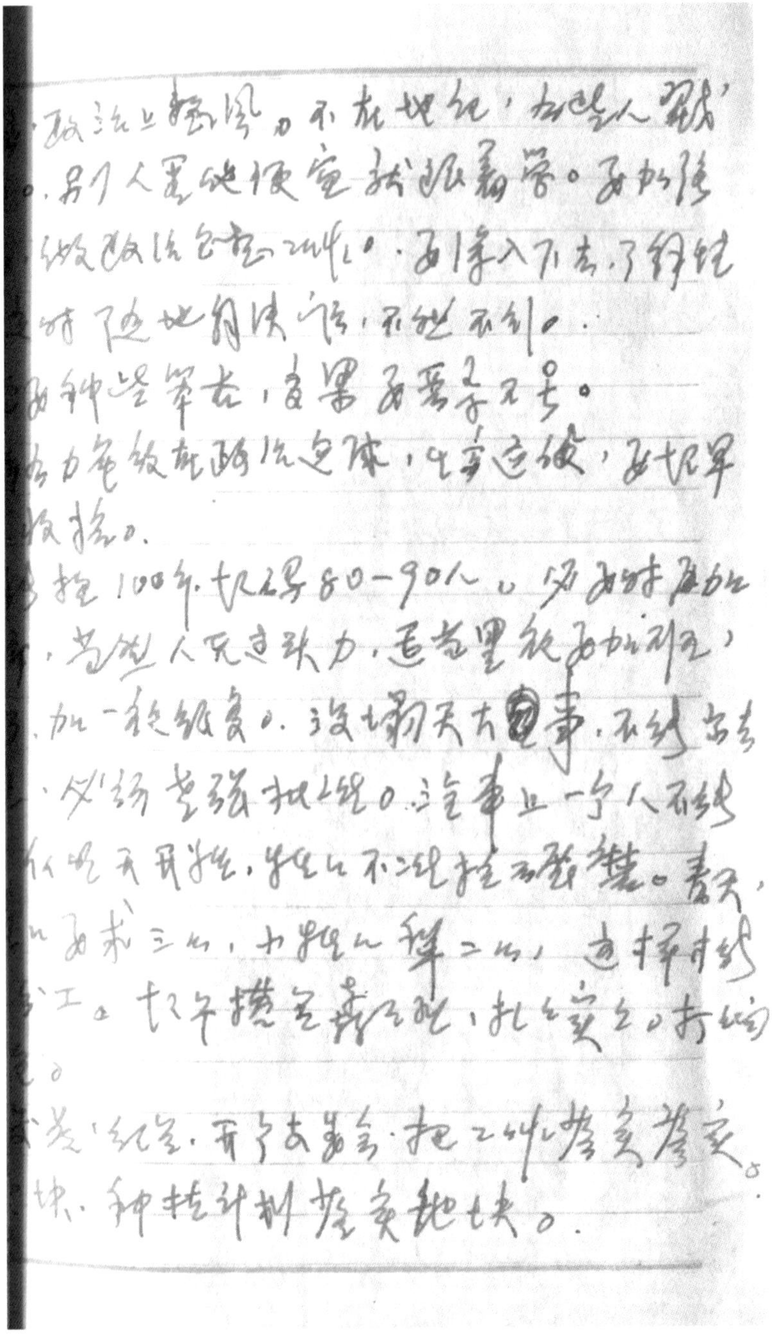

图4-6　（一九）七一年主要会议记录第五页

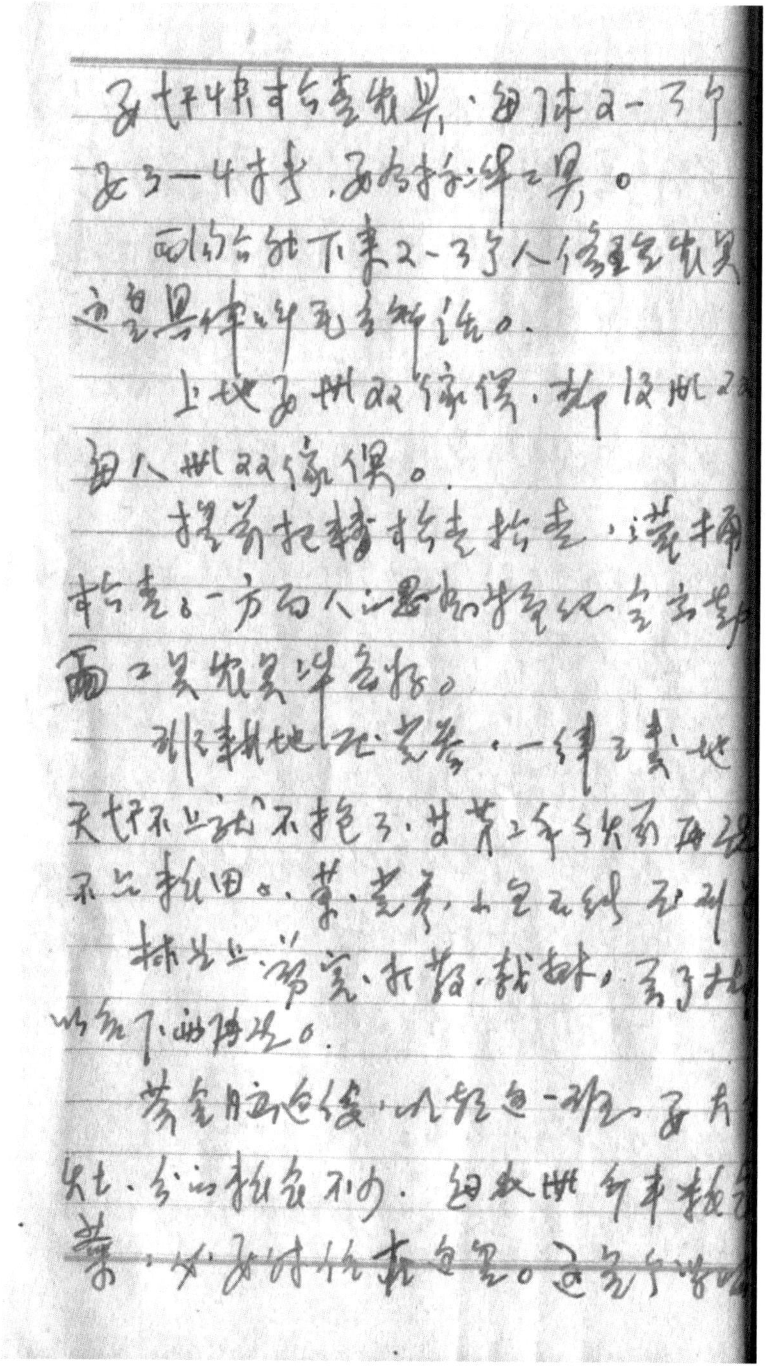

图4-7　（一九）七一年主要会议记录第六页

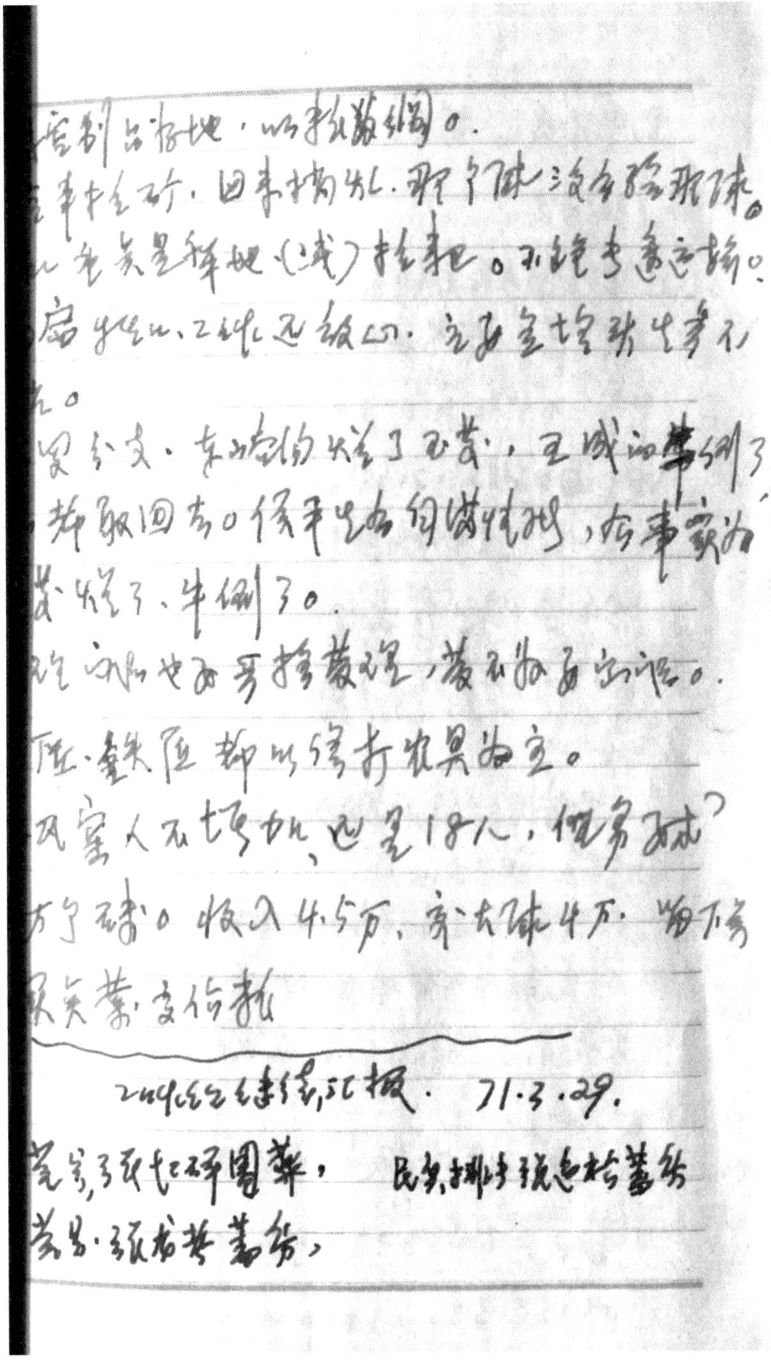

图4–8　（一九）七一年主要会议记录第七页

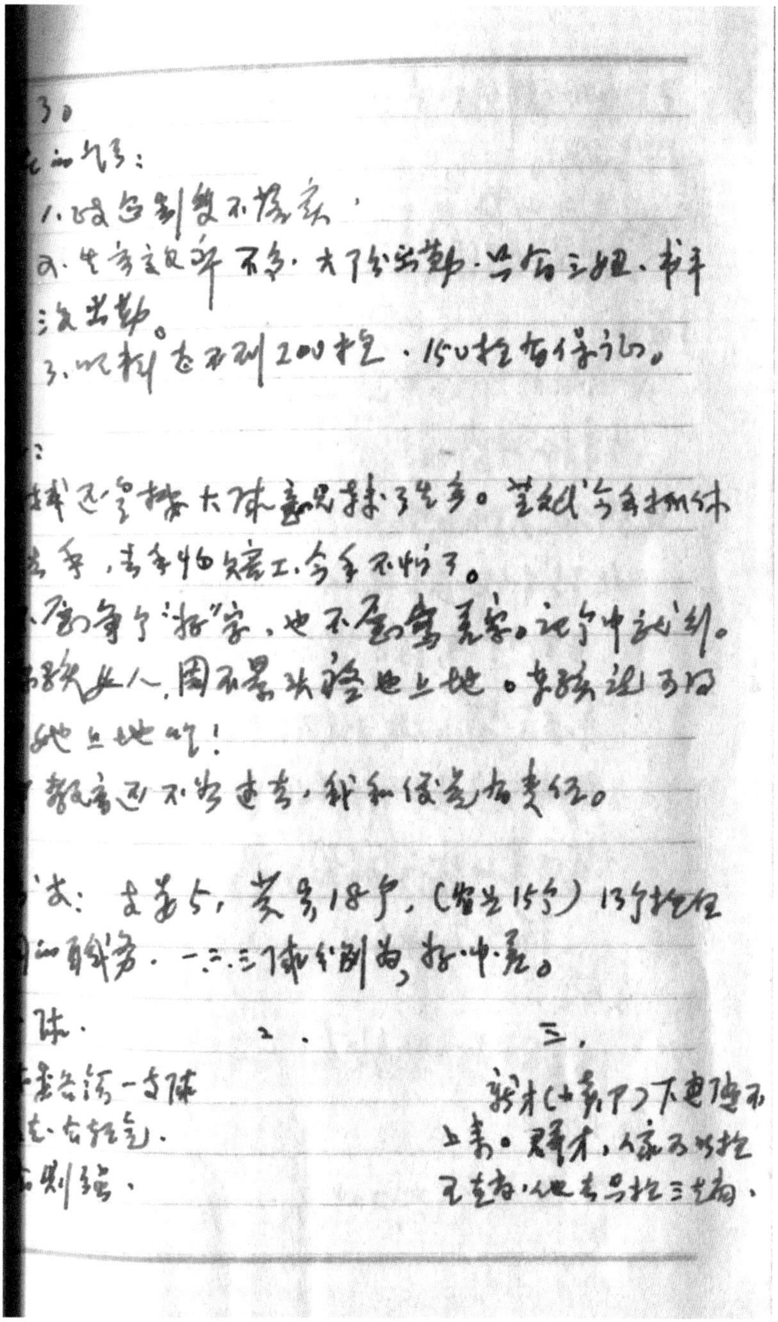

图4-9　（一九）七一年主要会议记录第八页

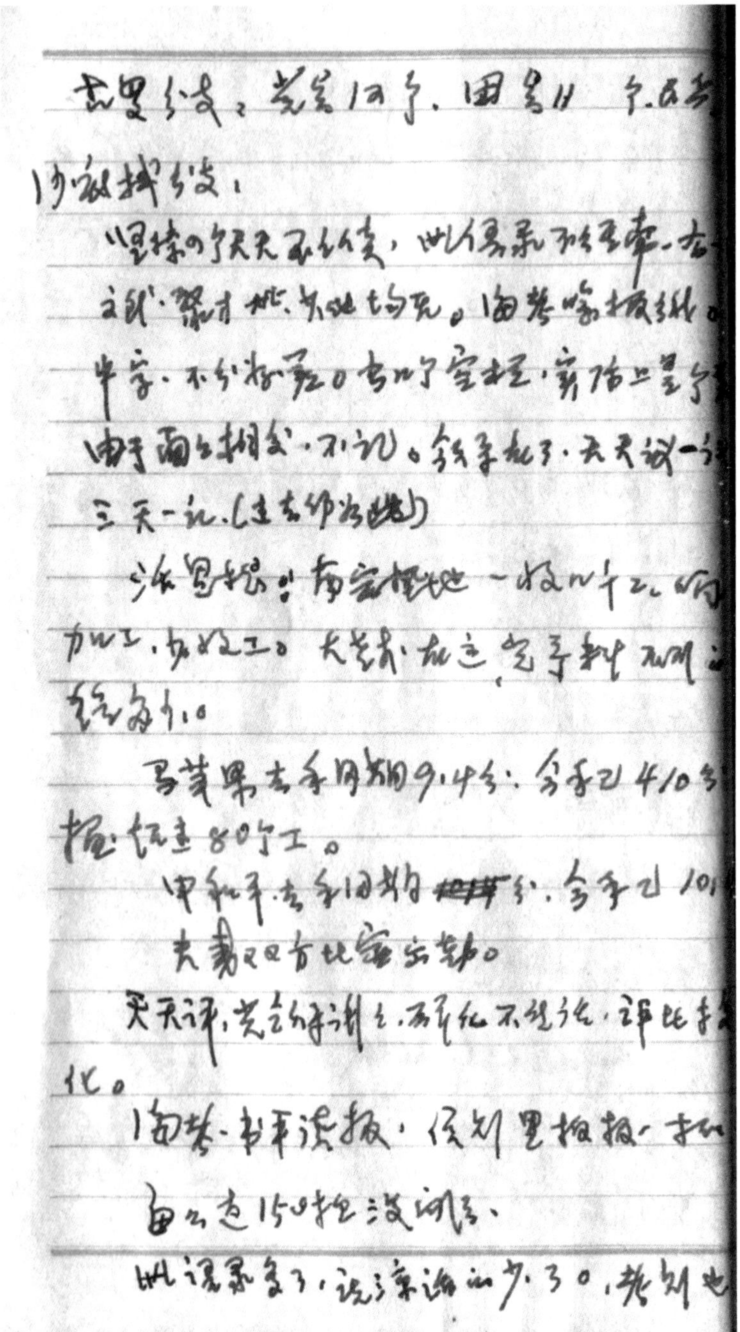

图4-10　（一九）七一年主要会议记录第九页

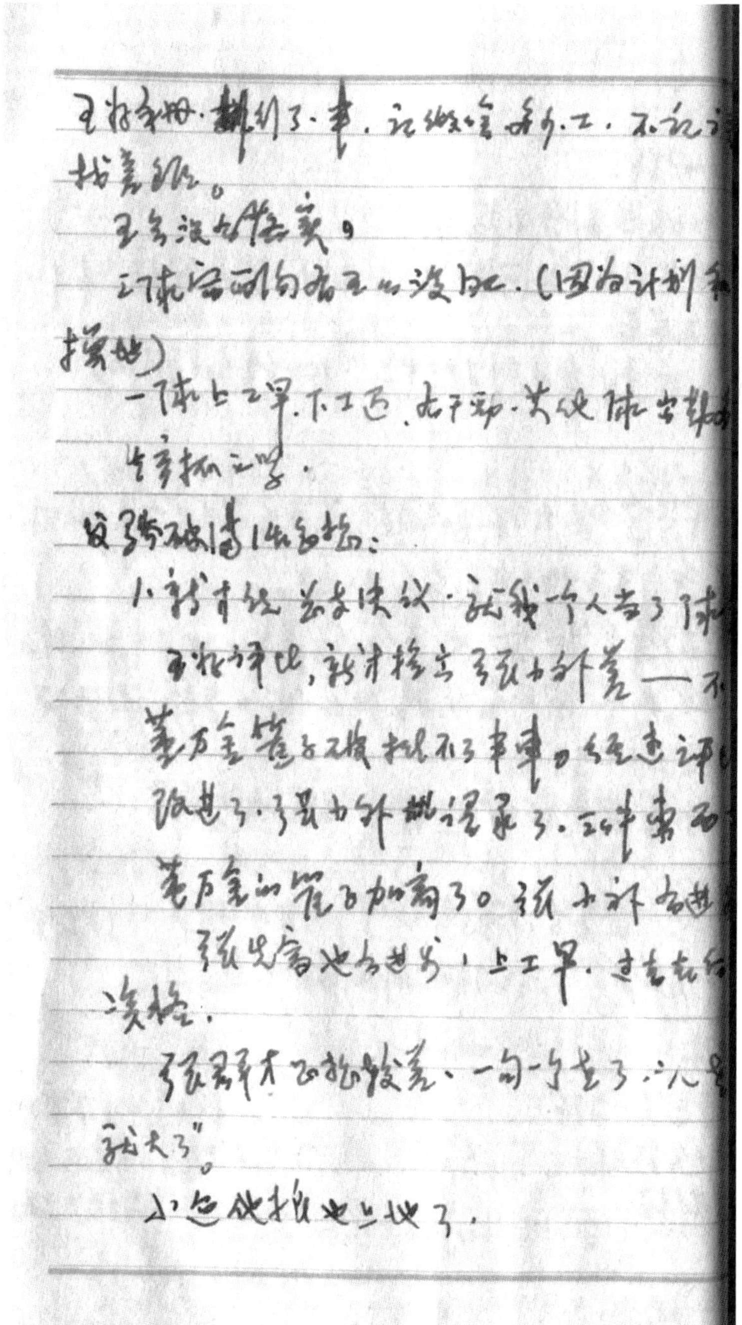

图4-11　（一九）七一年主要会议记录第十页

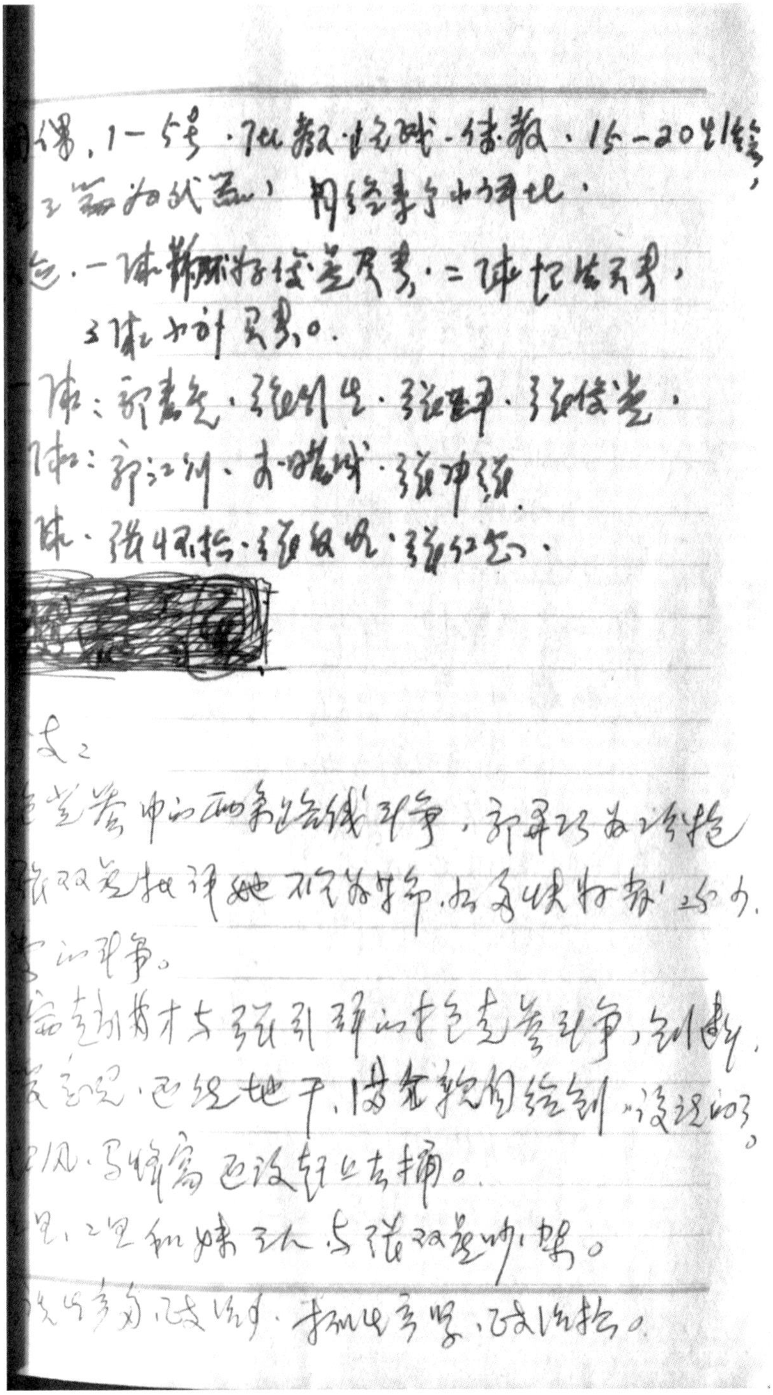

图4-12 （一九）七一年主要会议记录第十一页

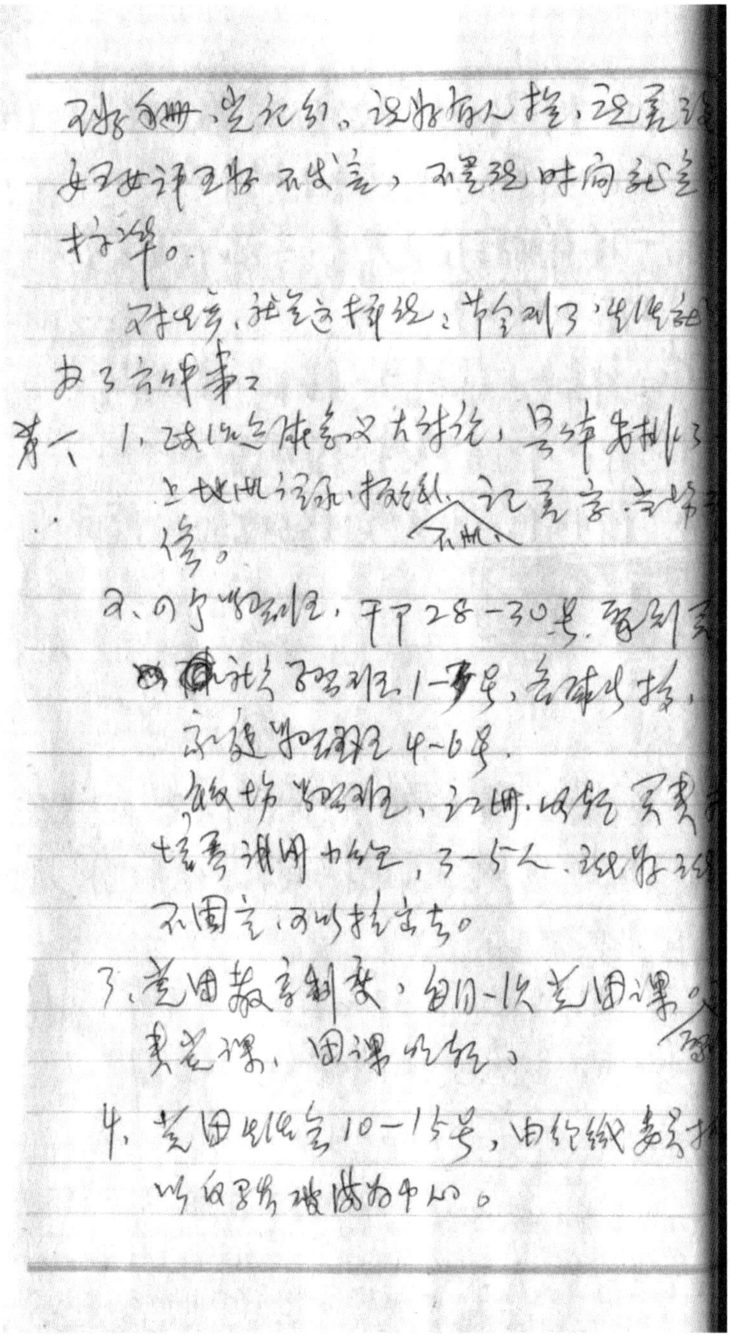

图4-13　（一九）七一年主要会议记录第十二页

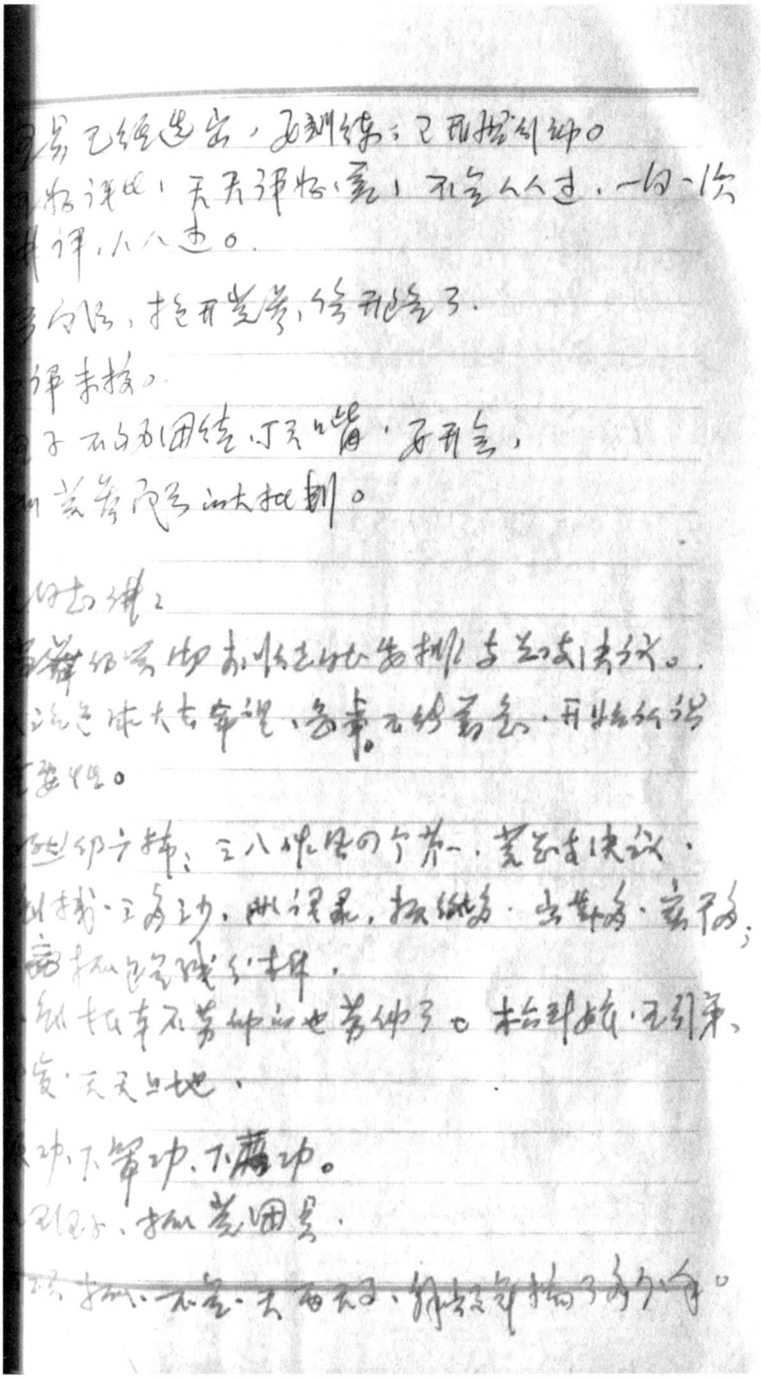

图4-14　（一九）七一年主要会议记录第十三页

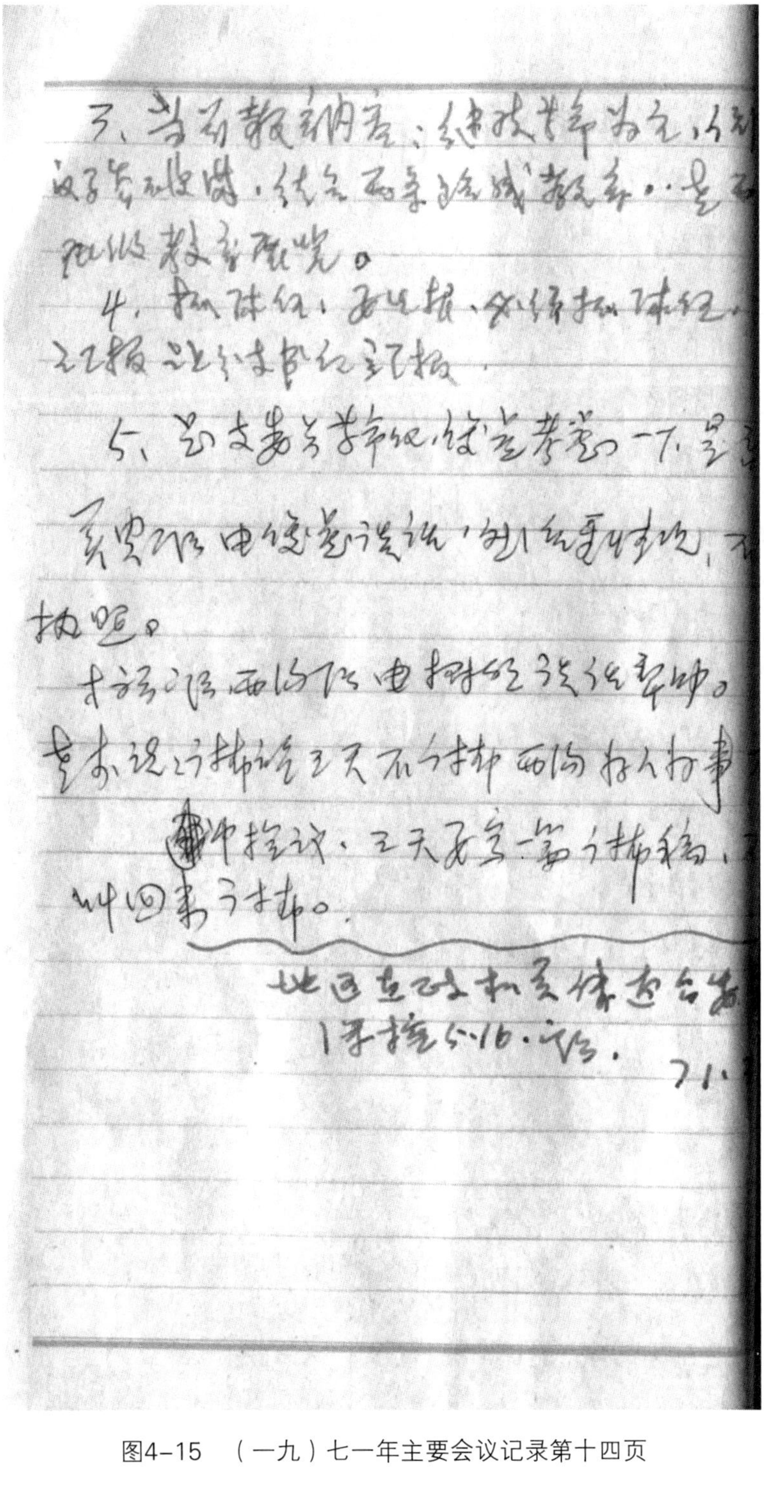

图4-15 （一九）七一年主要会议记录第十四页

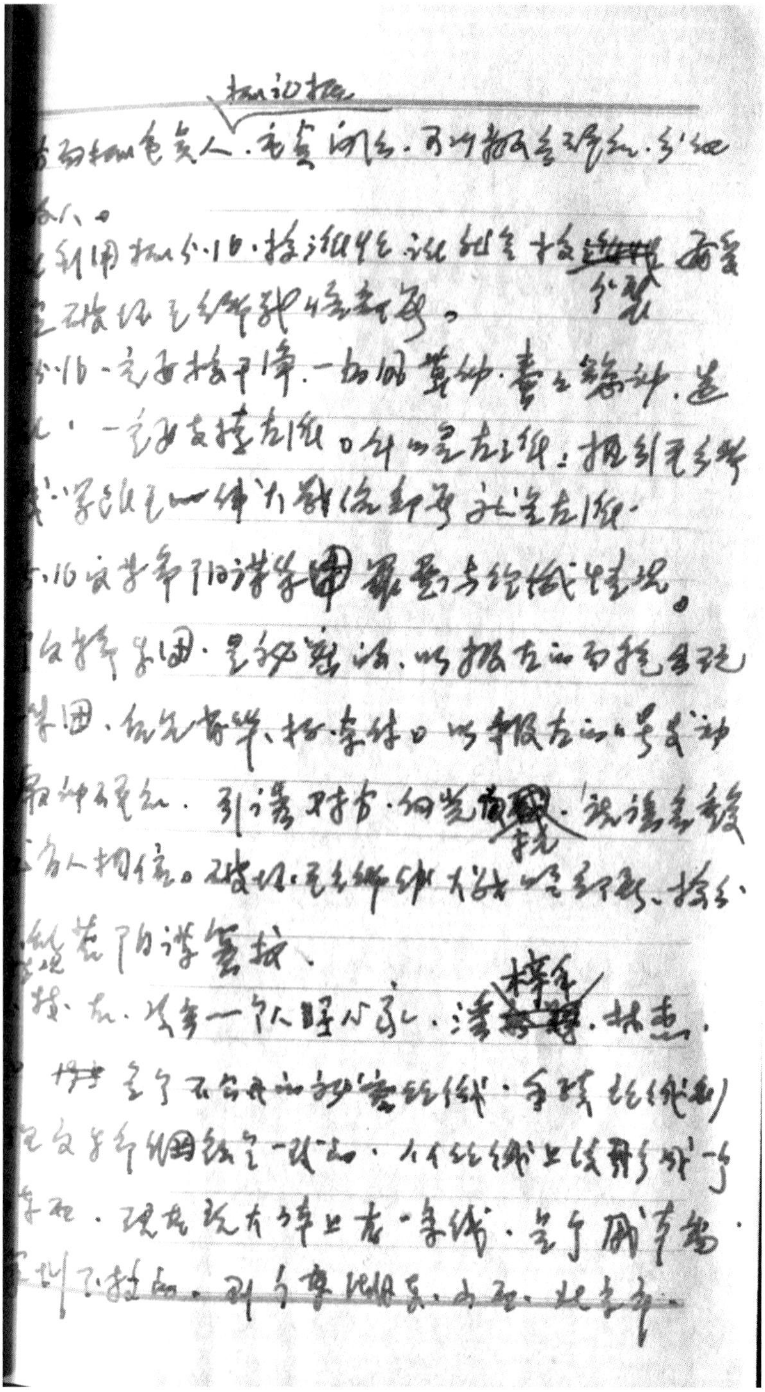

图4-16　（一九）七一年主要会议记录第十五页

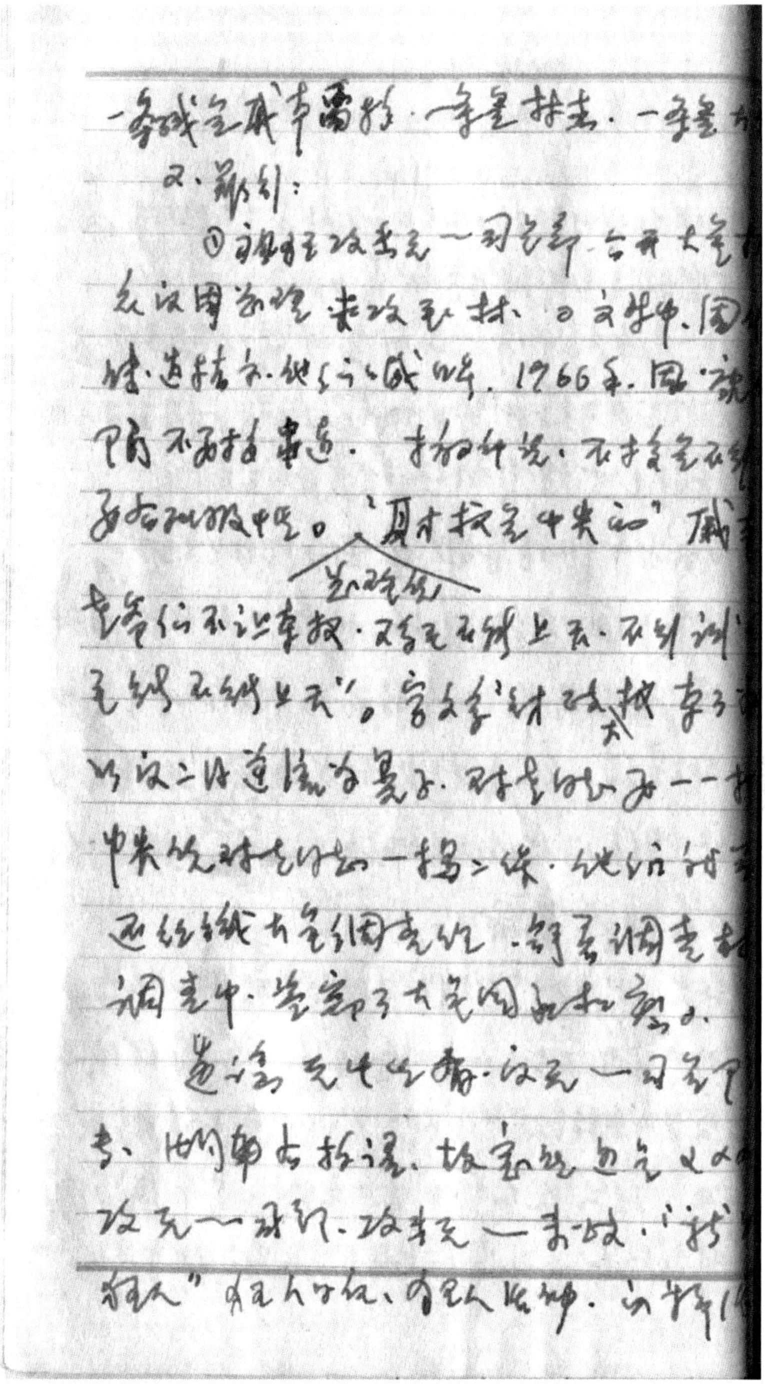

图4-17 （一九）七一年主要会议记录第十六页

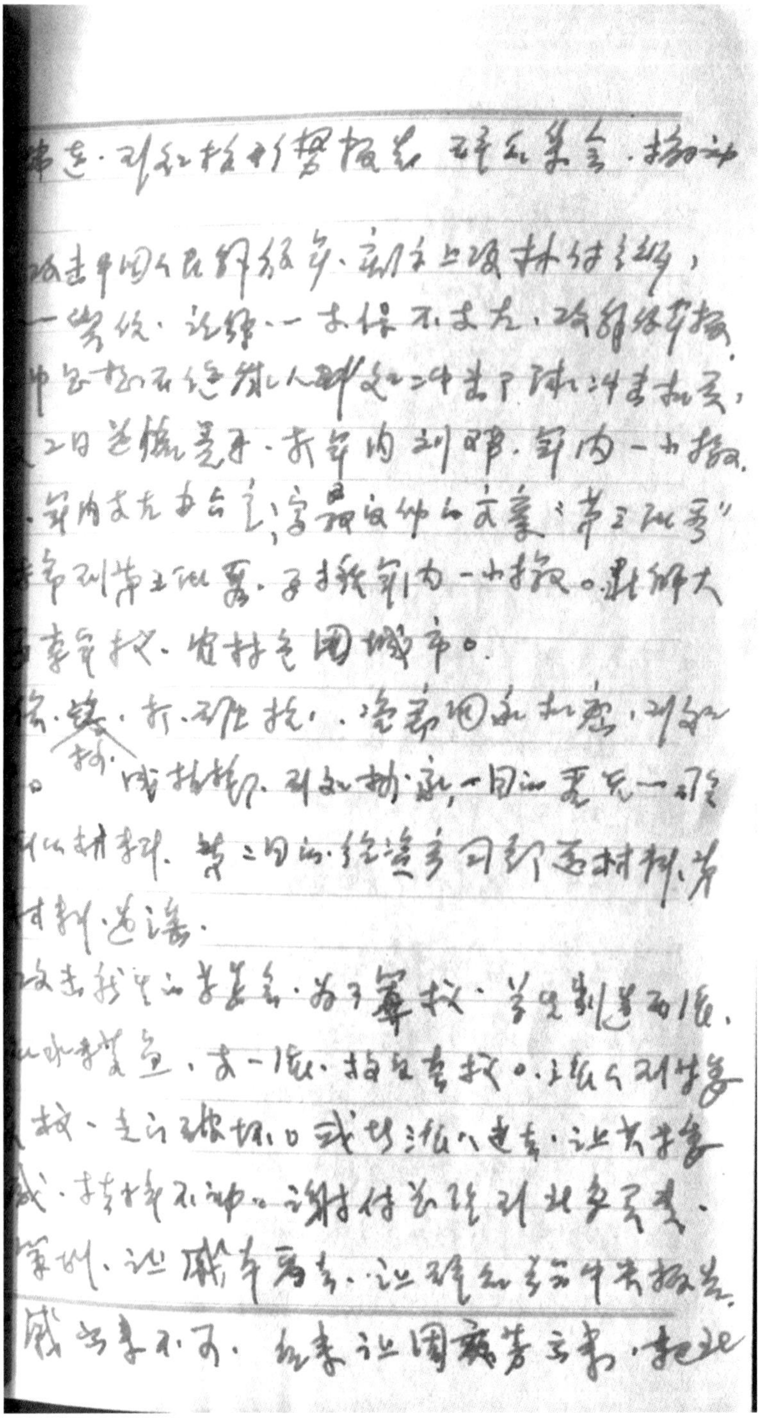

图4-18　（一九）七一年主要会议记录第十七页

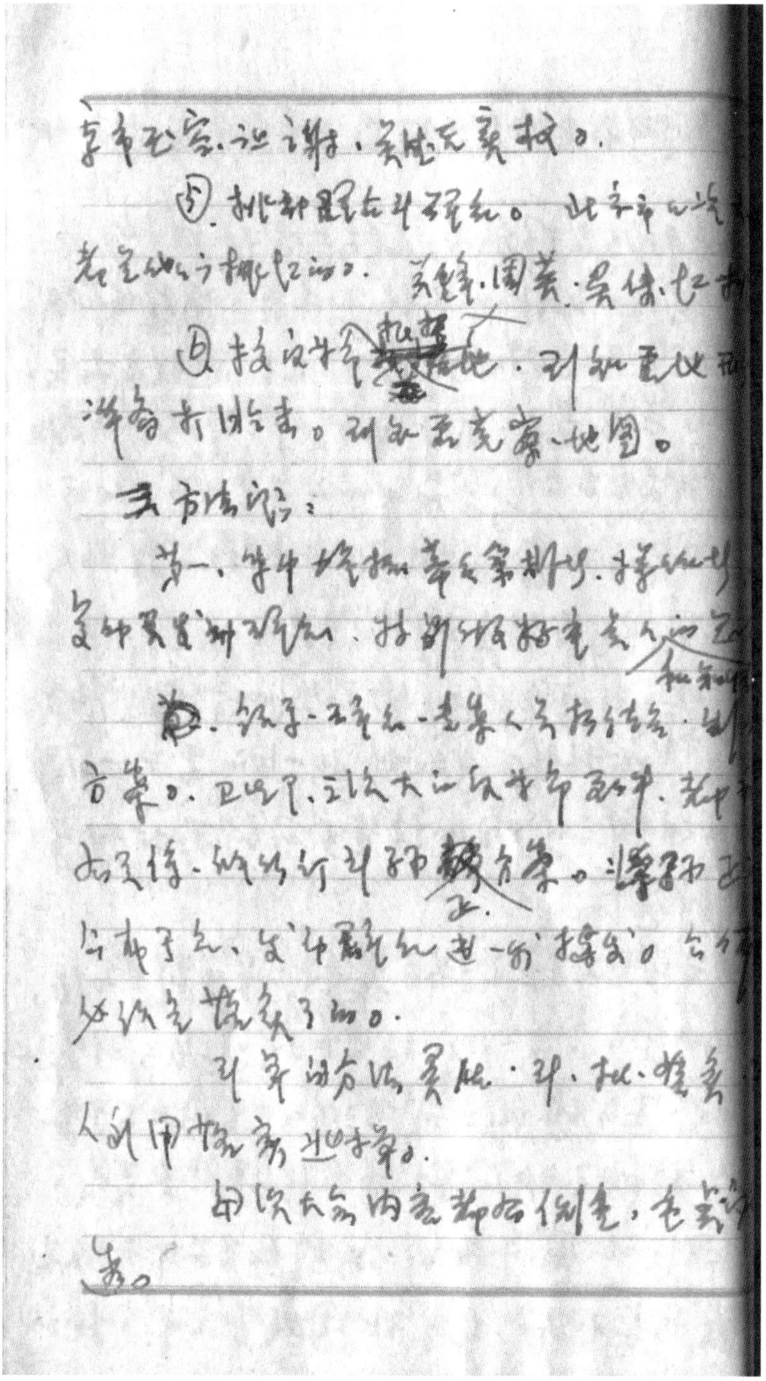

图4-19　（一九）七一年主要会议记录第十八页

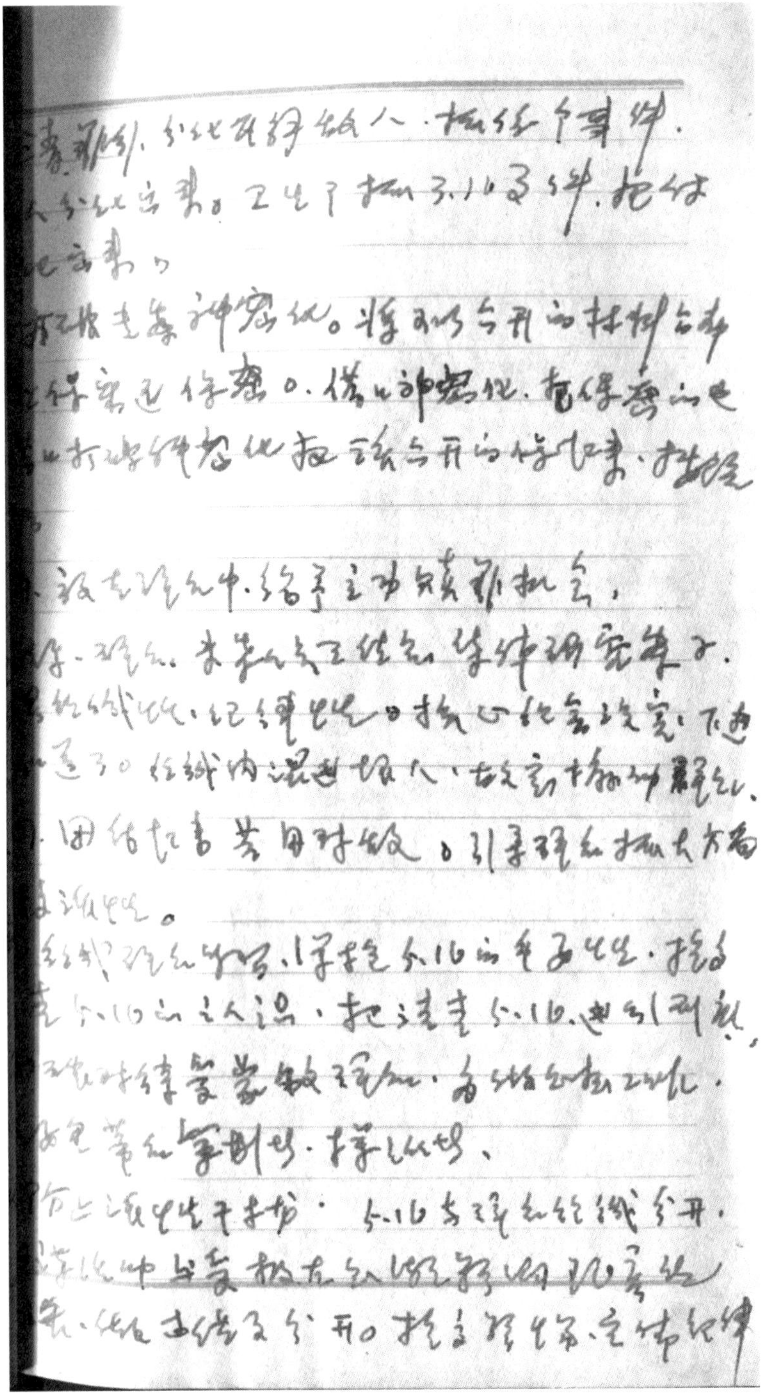

图4-20　（一九）七一年主要会议记录第十九页

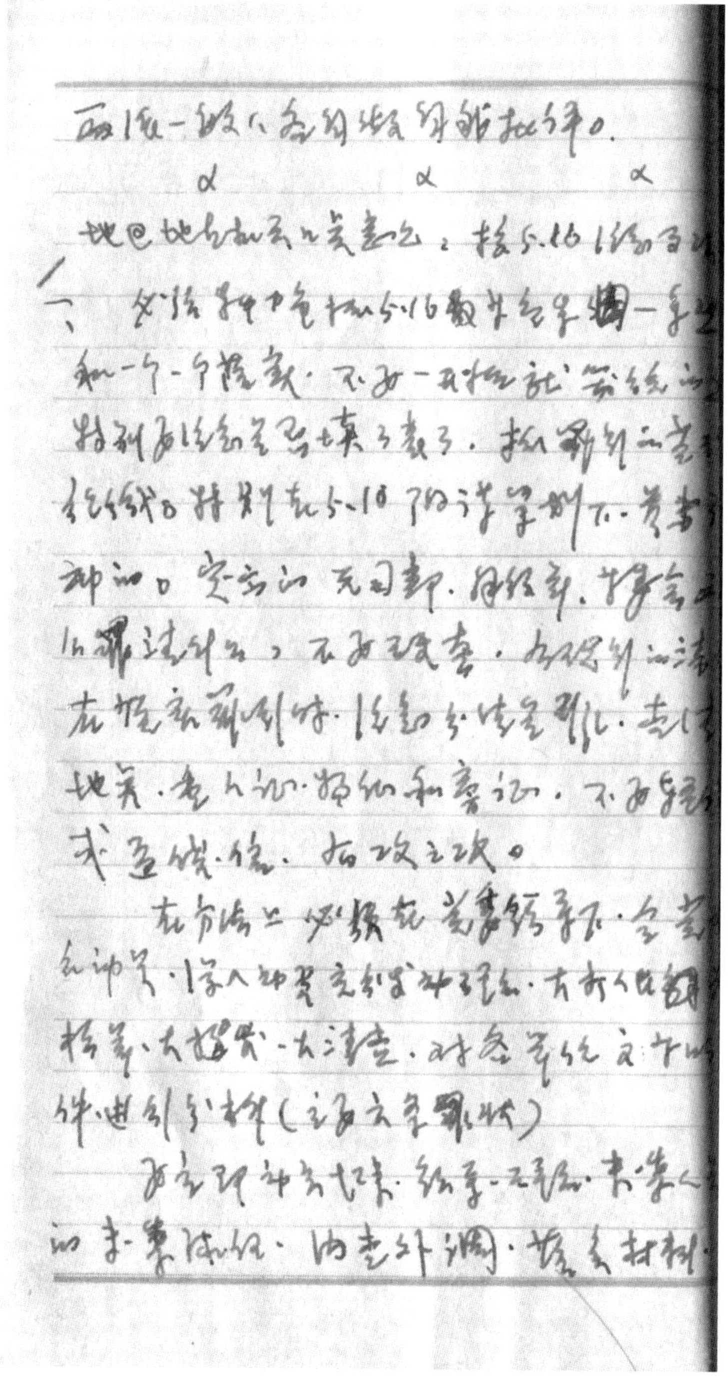

图4-21　（一九）七一年主要会议记录第二十页

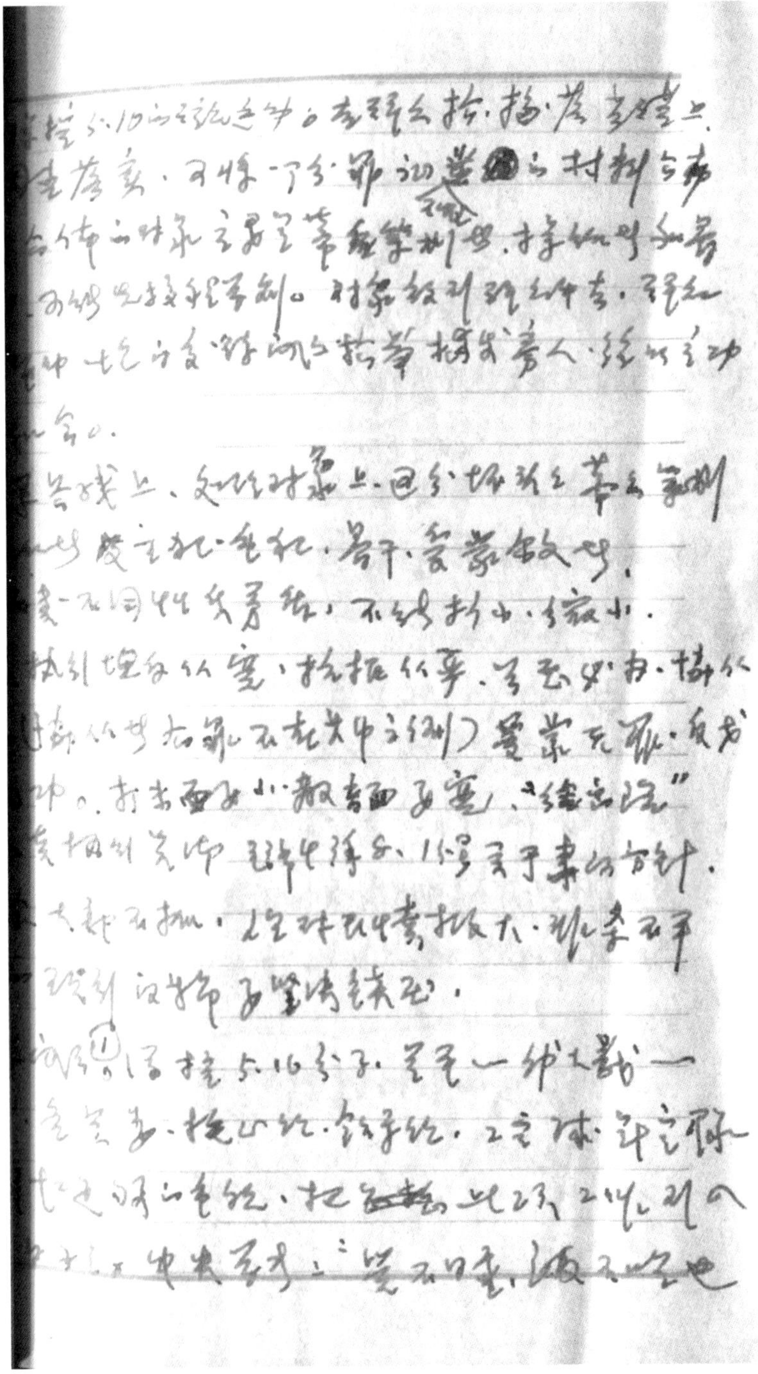

图4-22　（一九）七一年主要会议记录第二十一页

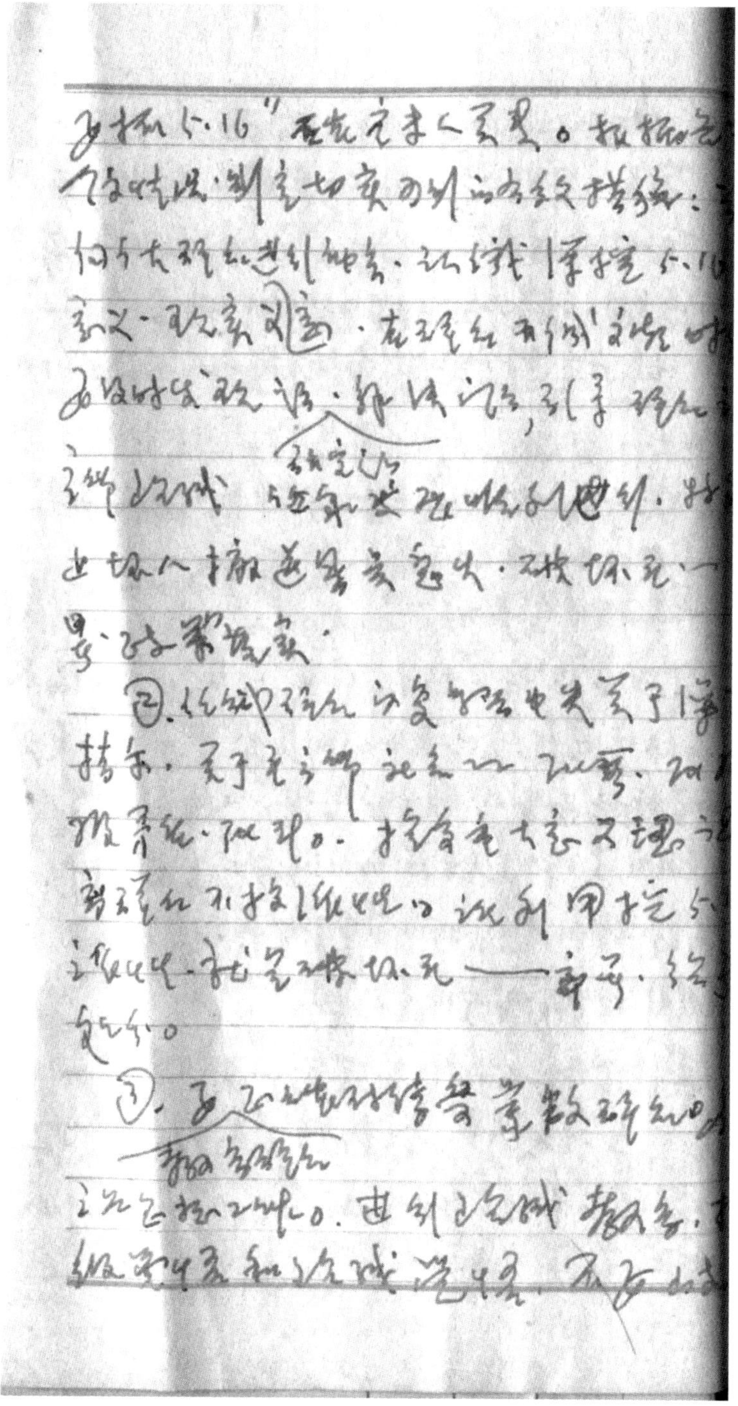

图4-23　（一九）七一年主要会议记录第二十二页

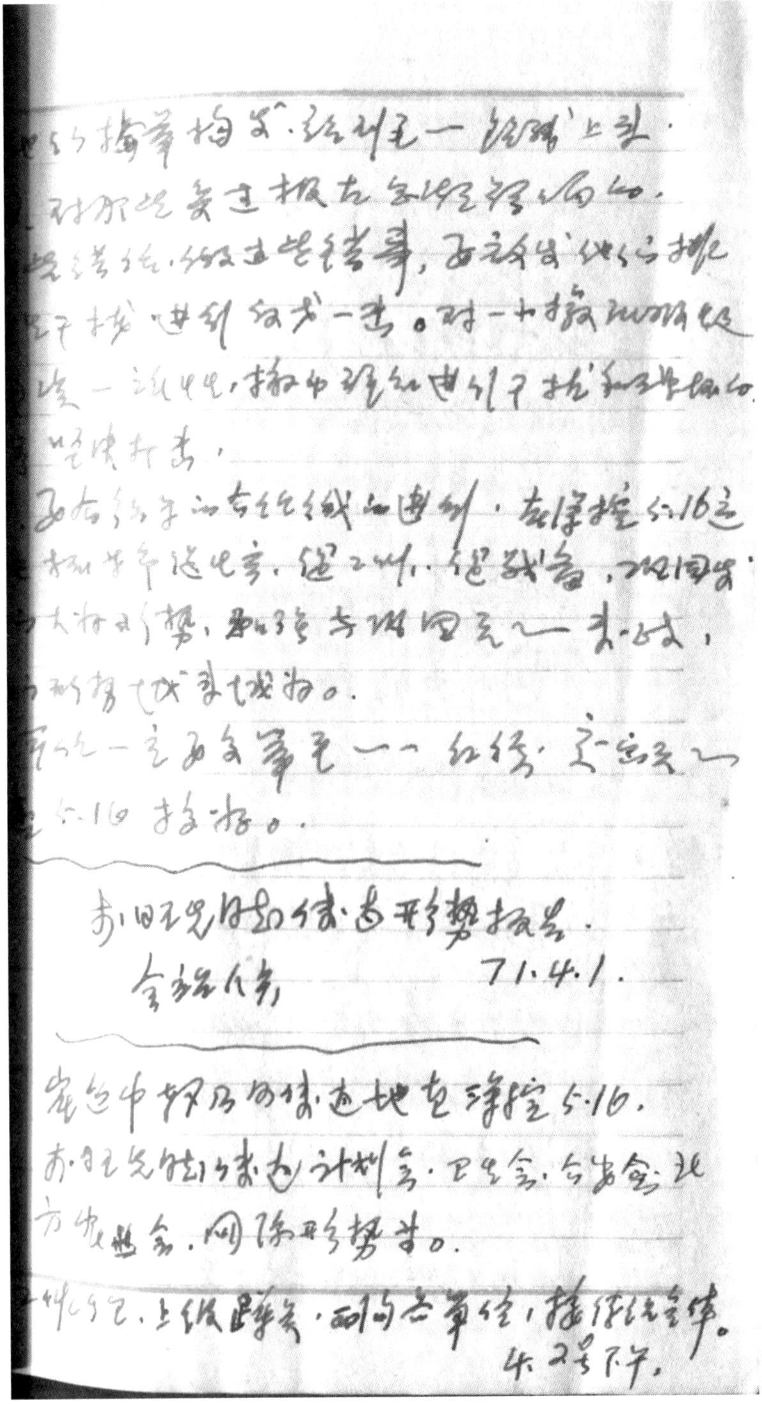

图4-24　（一九）七一年主要会议记录第二十三页

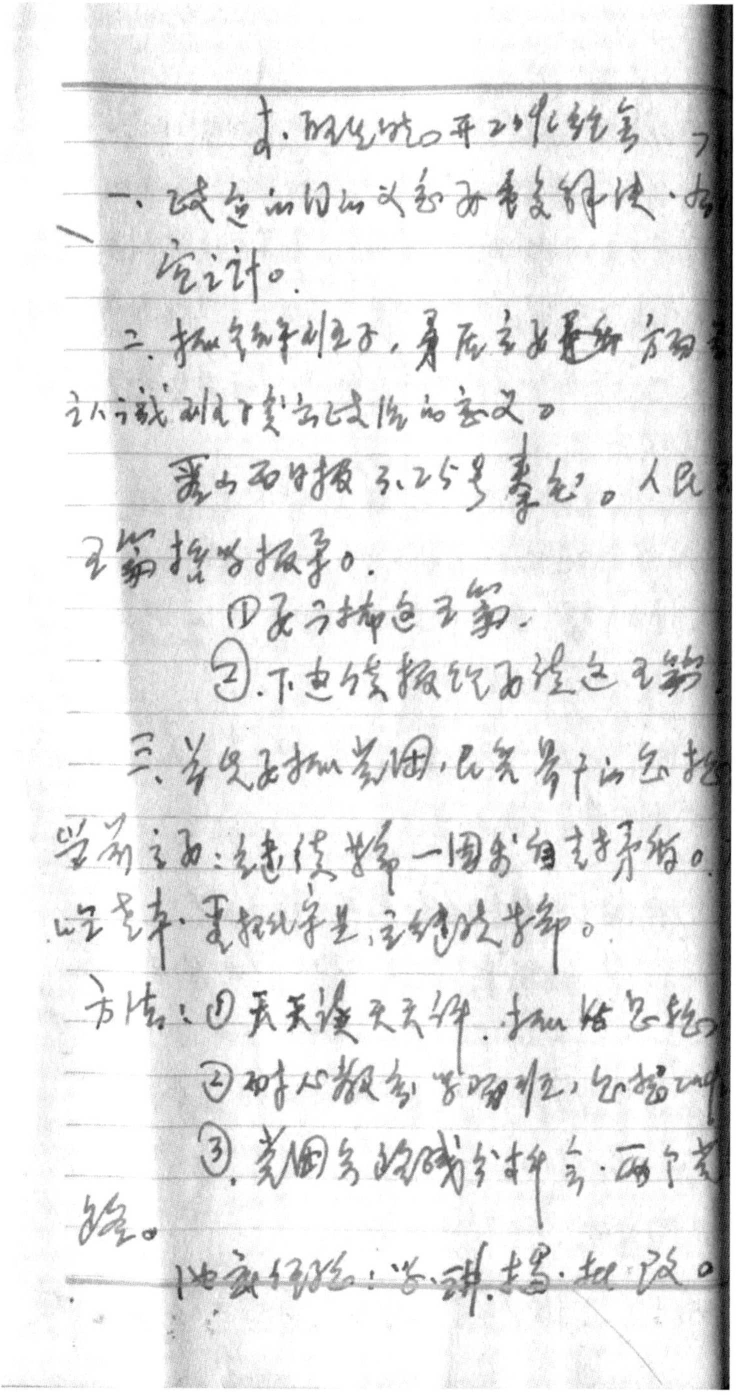

图4-25　（一九）七一年主要会议记录第二十四页

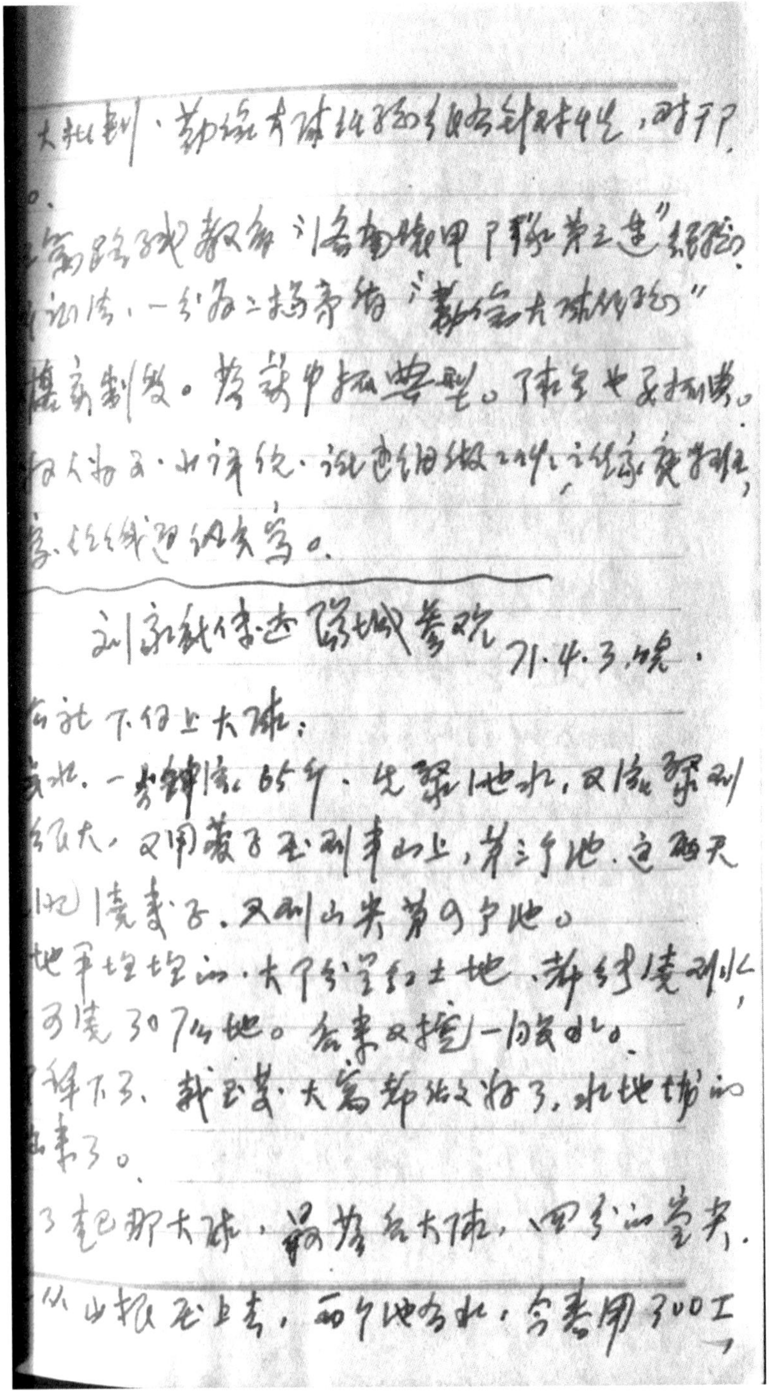

图4-26　（一九）七一年主要会议记录第二十五页

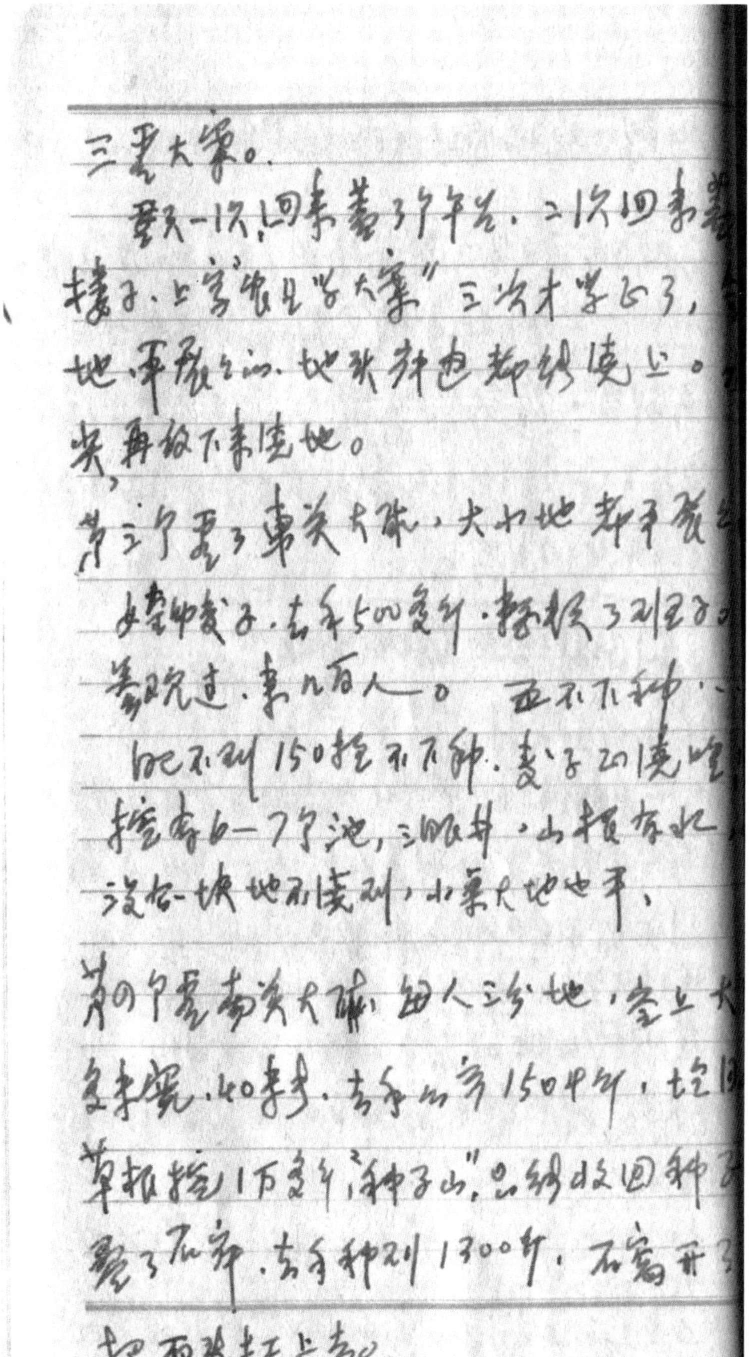

三要大寨。

要一次回来盖了个牛圈。二次回来要

楼子。上了“农业学大寨”三次才学会了，

地平展展的。地头井边都修好了。

实，再往下来修地。

第三个要了东关大队，大小地都平展

妇女种麦子，去年500多斤，挖根了到

等跑道，来几百人。 亚不下种，

肥不到150担不下种。麦子20垅

挖有6—7个池，三眼井，山根有水

没有一块地不修到，小渠大地也平，

第四个要南关大队 每人三分地，全上大

多来实，40来斤。去年山药150多斤，拉

草根挖1万多斤“种子山”，总结收回种

要了石窑。去年种到1300斤。不离开

把西头扛上去。

图4-27 （一九）七一年主要会议记录第二十六页

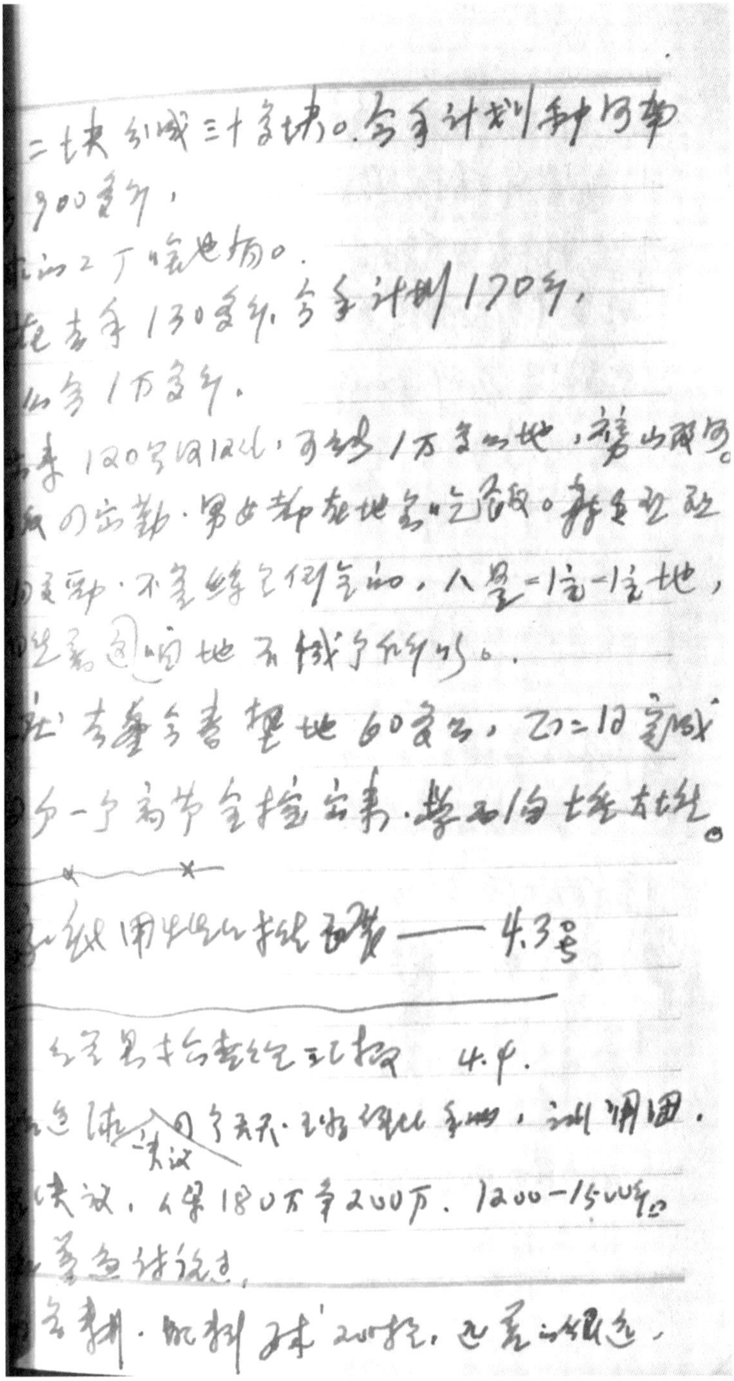

图4-28 （一九）七一年主要会议记录第二十七页

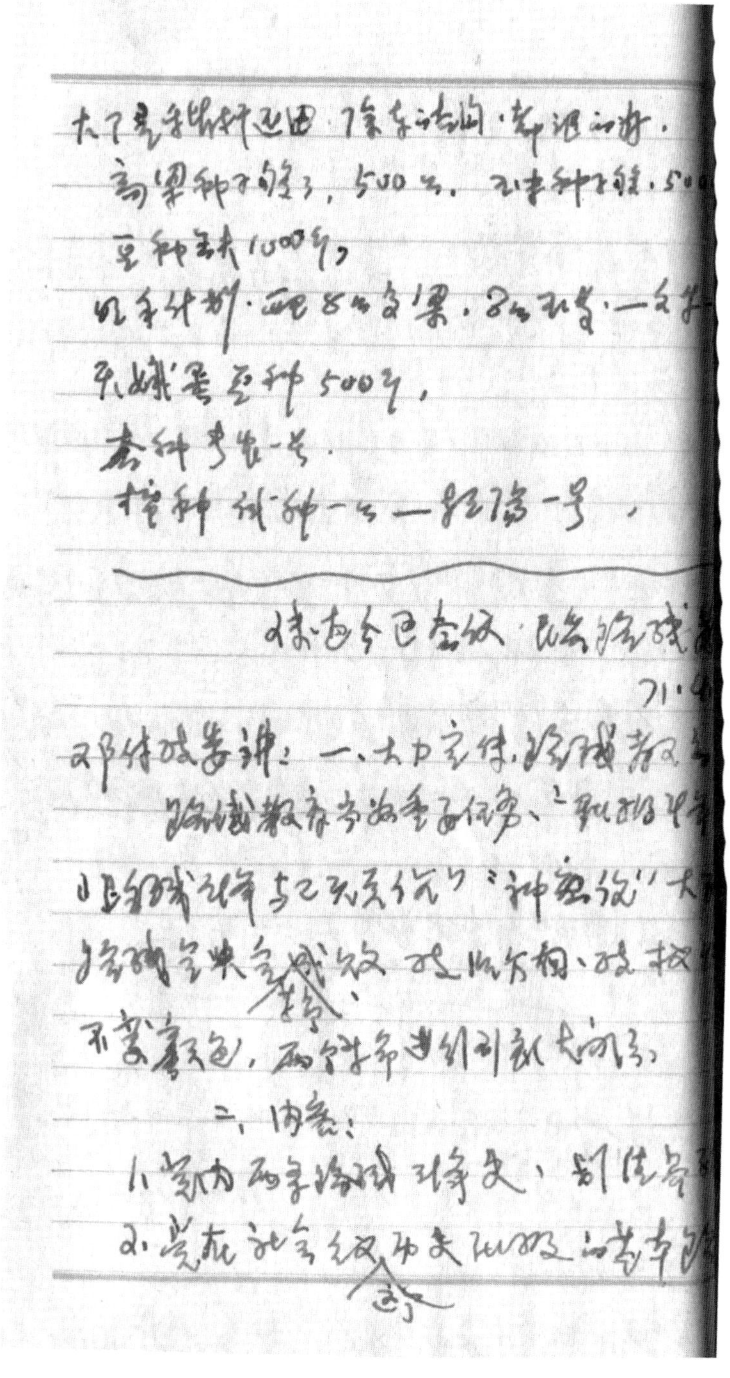

图4-29　（一九）七一年主要会议记录第二十八页

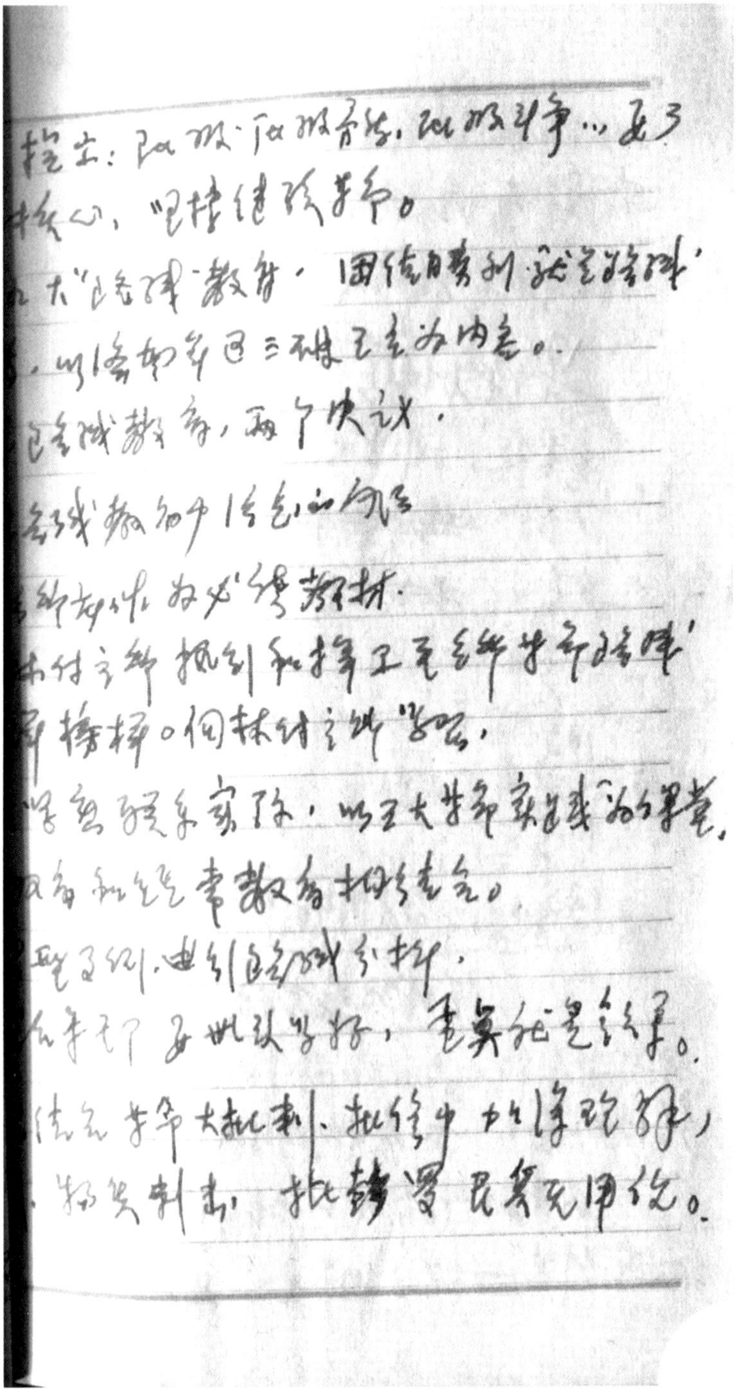

图4-30　（一九）七一年主要会议记录第二十九页

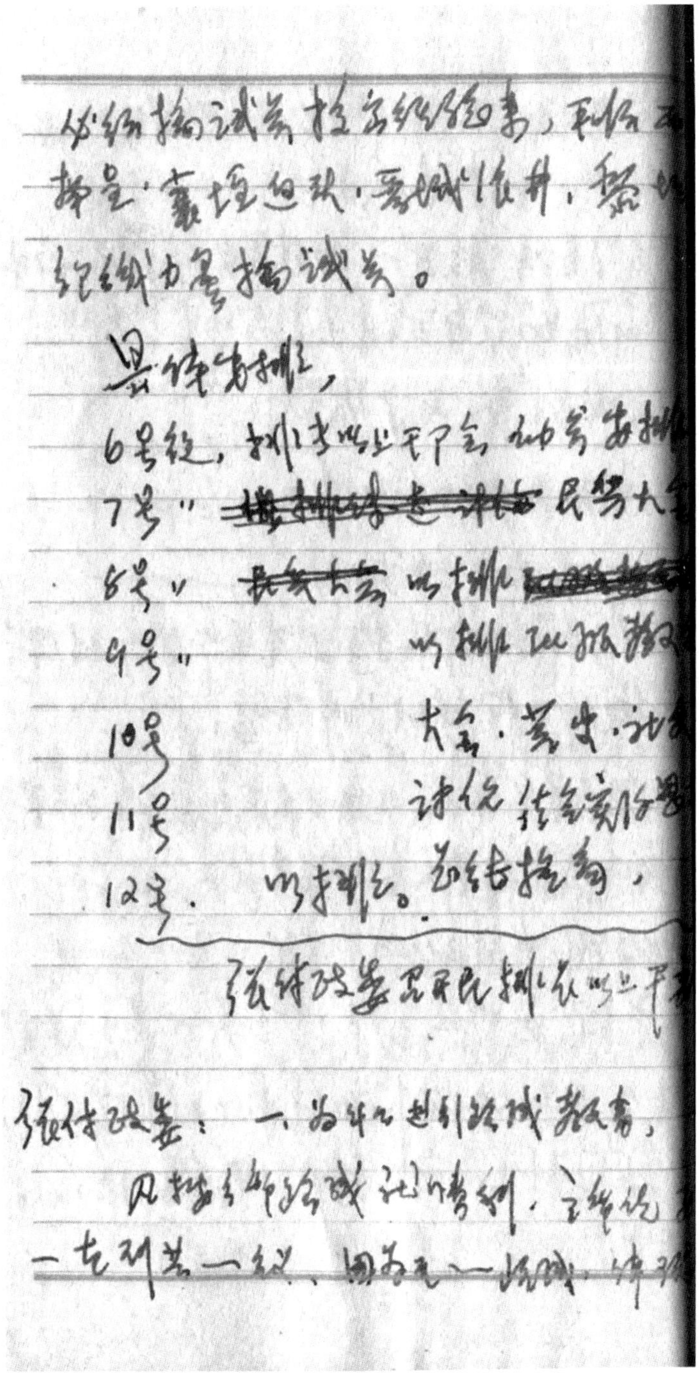

图4-31 （一九）七一年主要会议记录第三十页

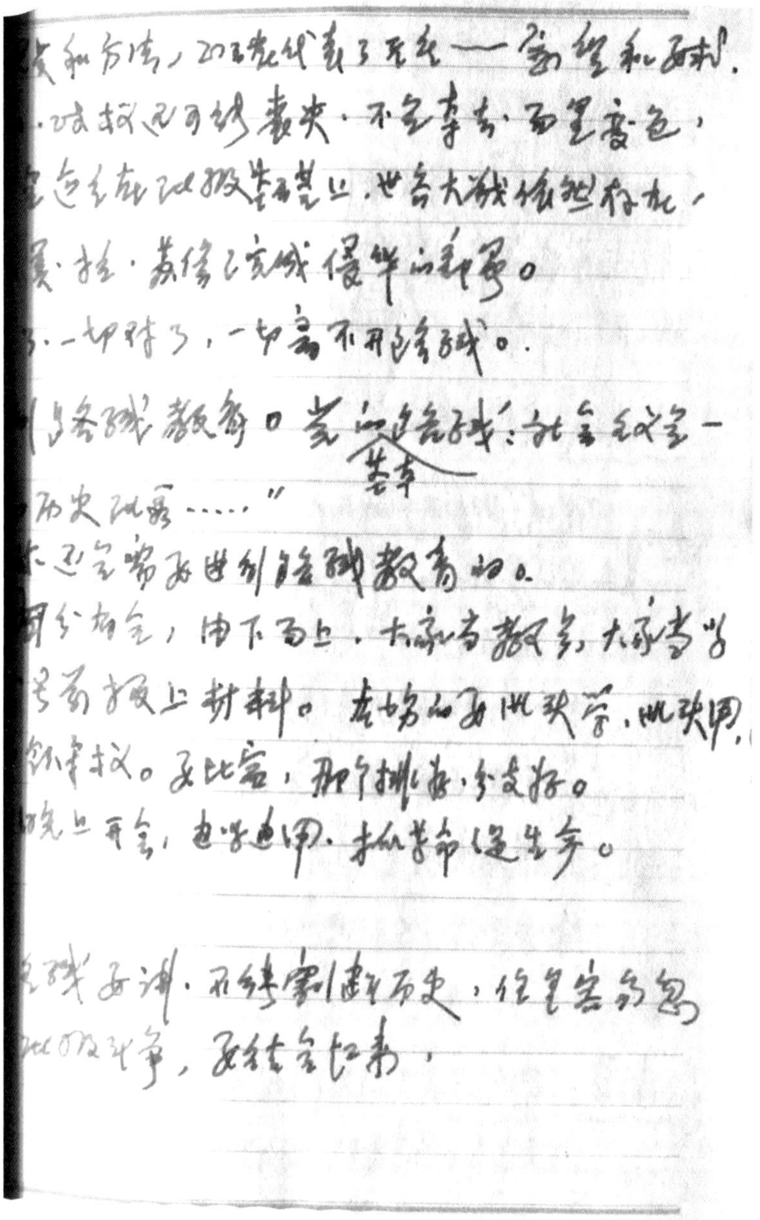

图4-32　（一九）七一年主要会议记录第三十一页

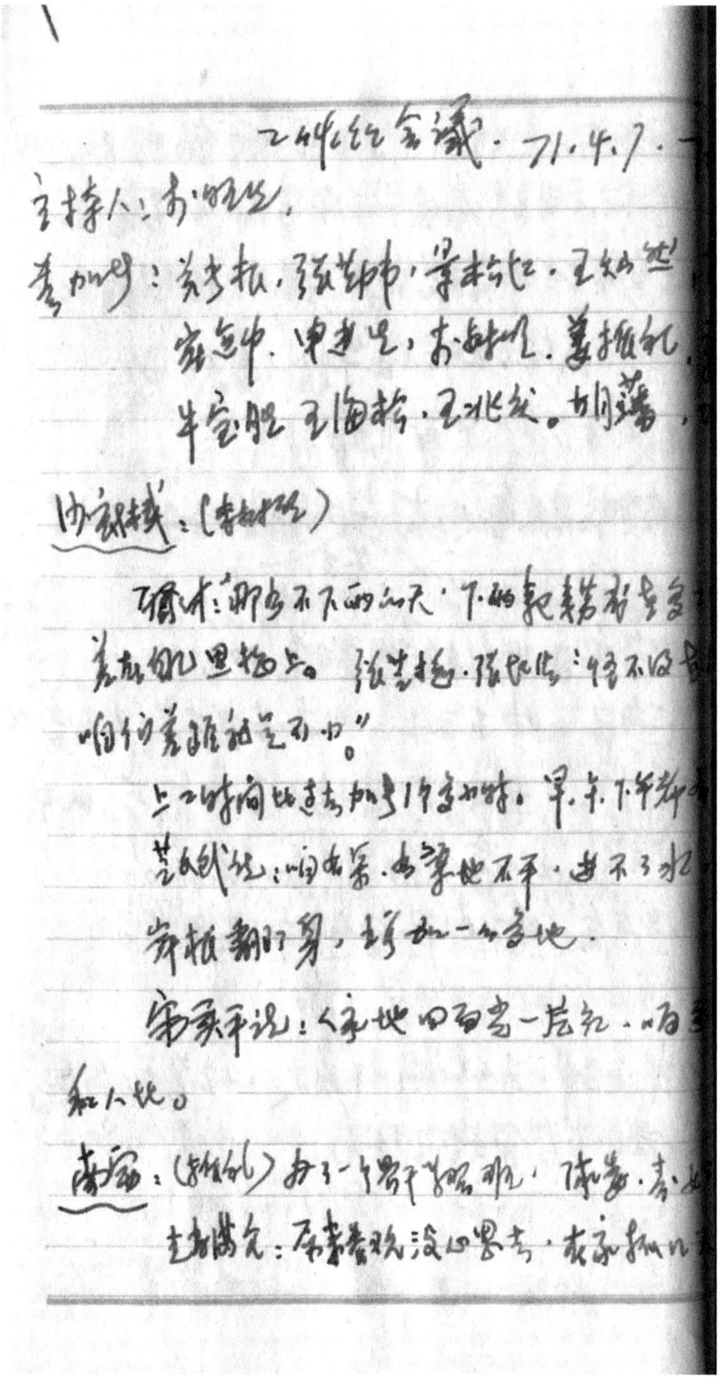

图4-33　（一九）七一年主要会议记录第三十二页

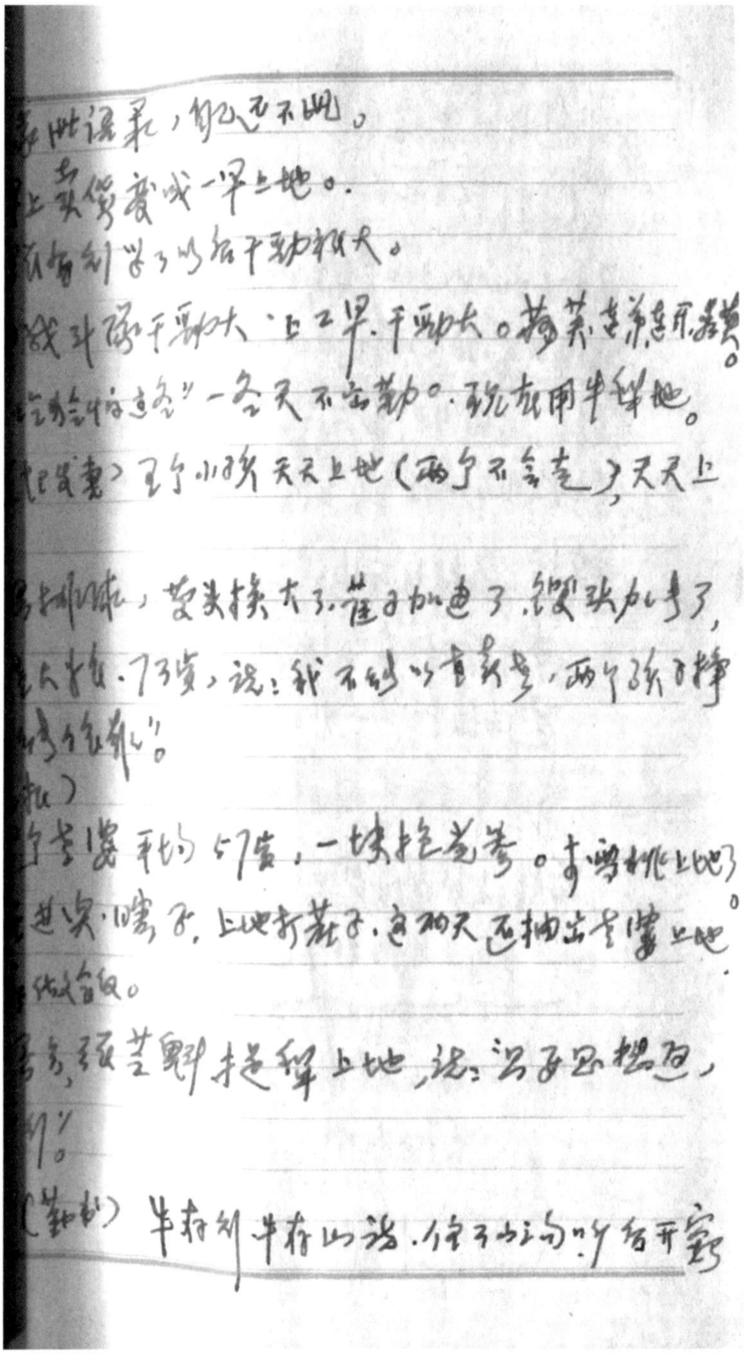

图4-34 （一九）七一年主要会议记录第三十三页

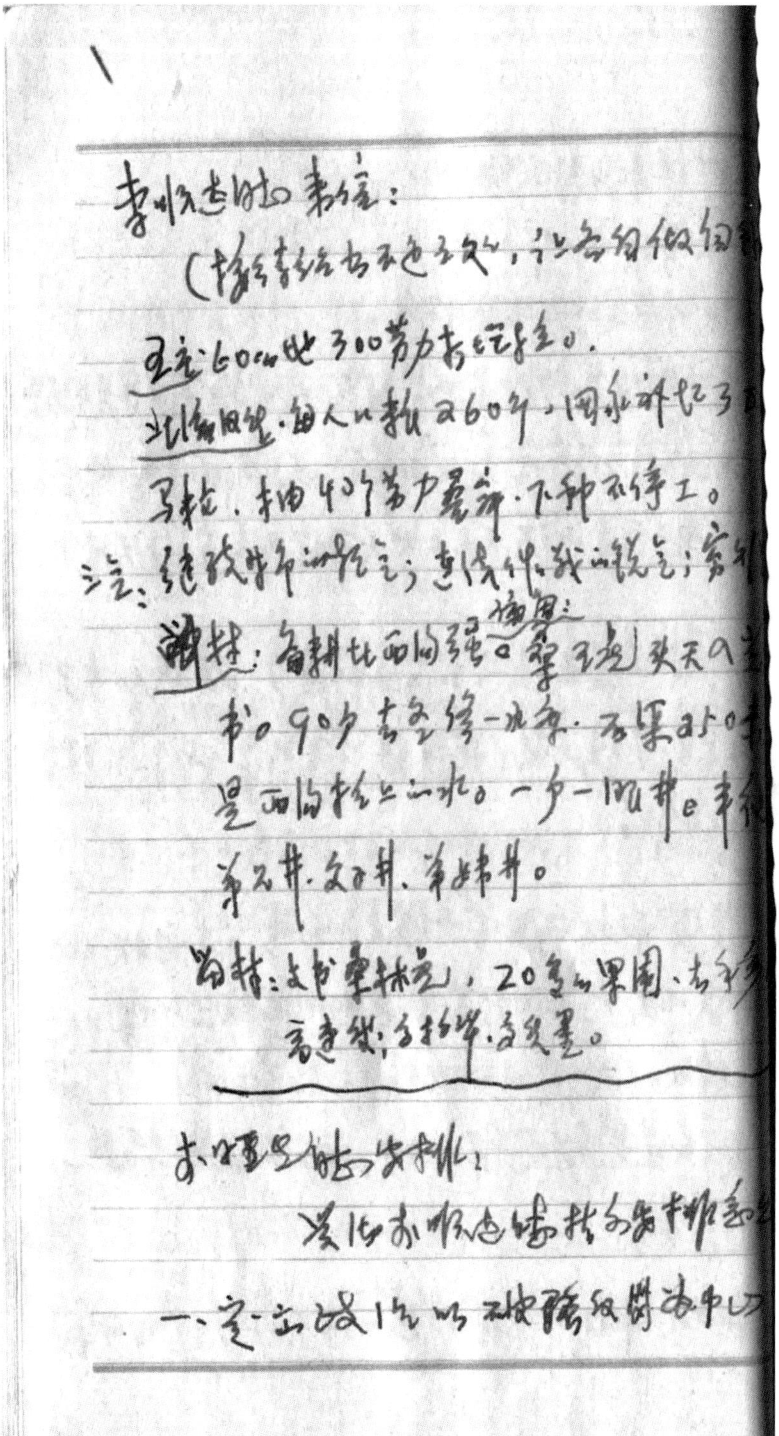

图4-35　（一九）七一年主要会议记录第三十四页

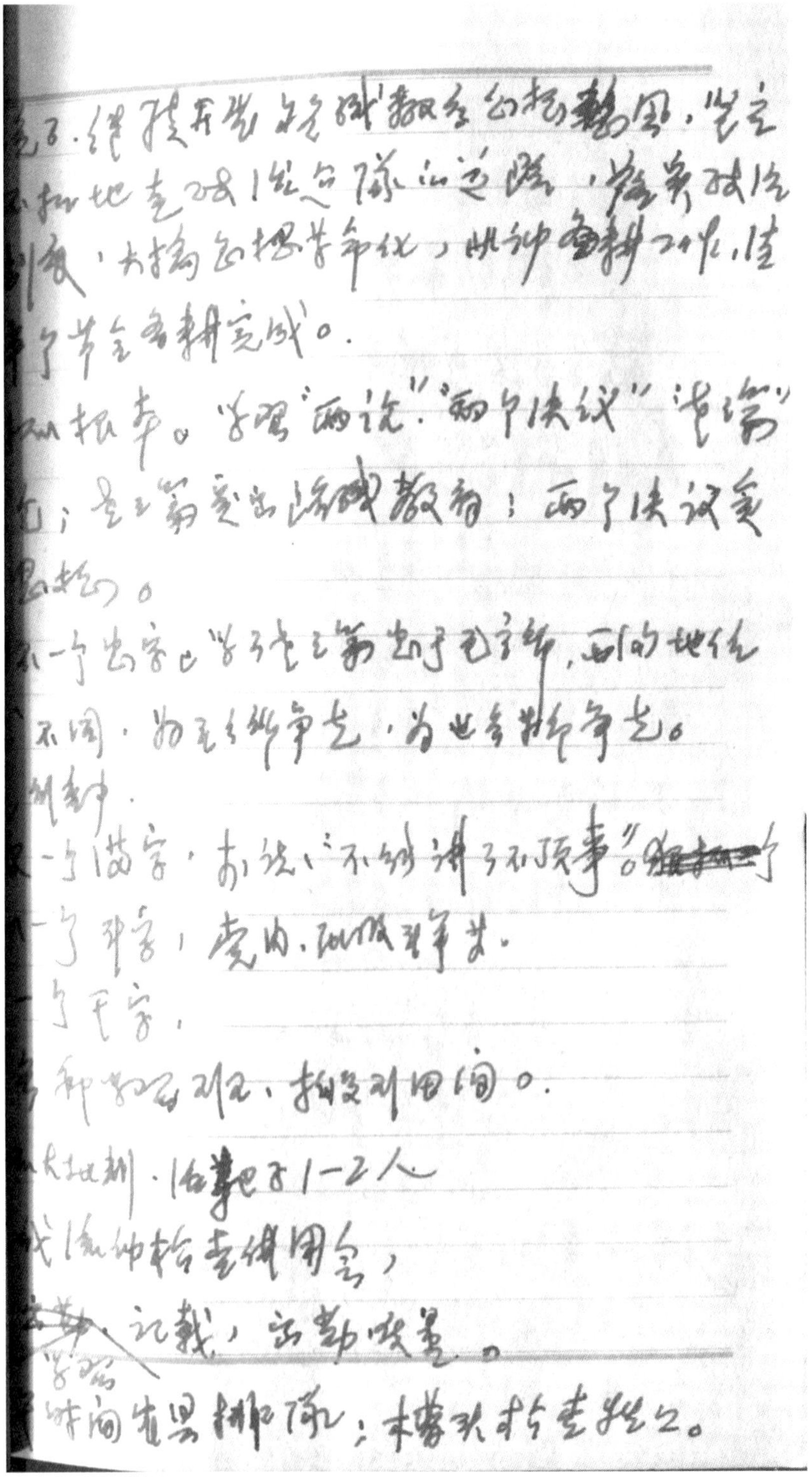

图4-36 （一九）七一年主要会议记录第三十五页

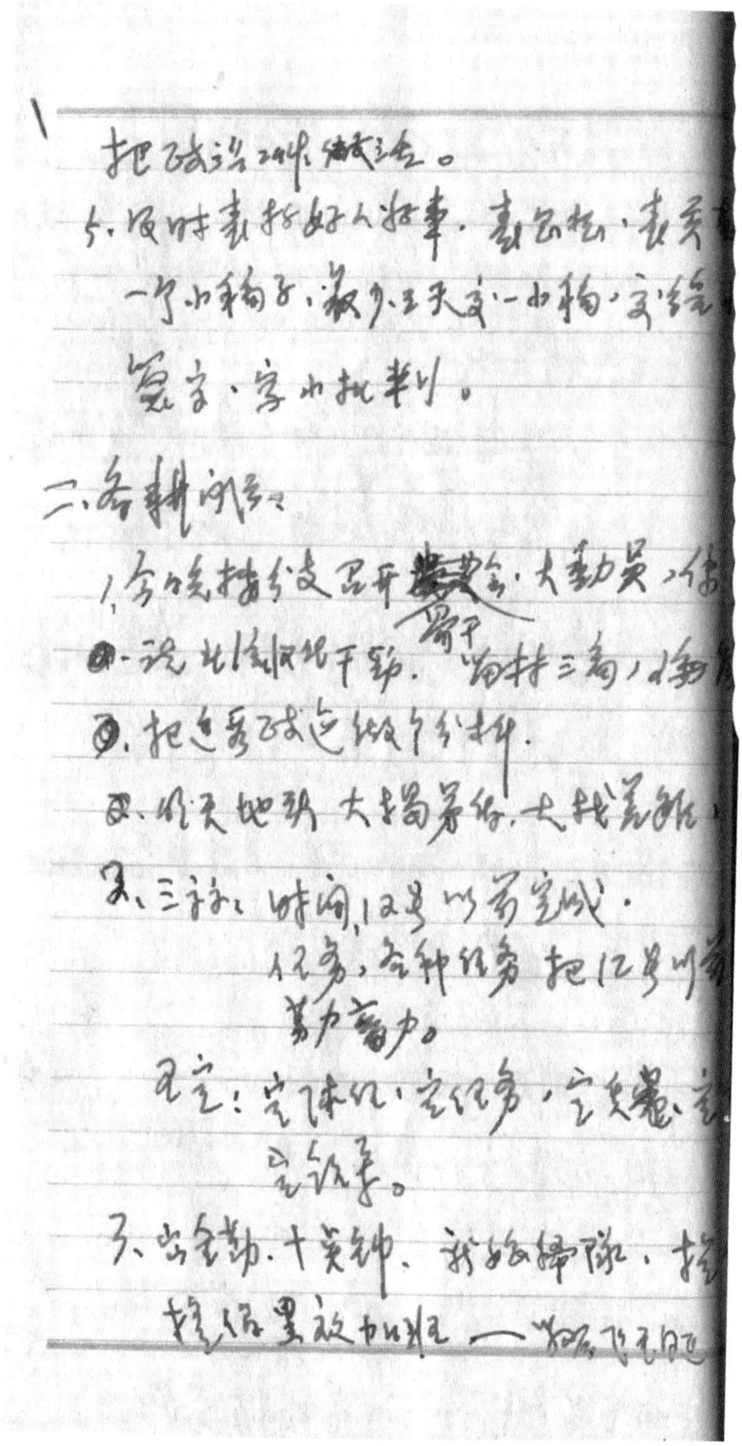

把政治工作做在前。
5、及时表扬好人好事，表扬……表扬……
一个小稿子，最少三天出一小稿，写……
……字、写小批判。
二、备耕问题：
1、今晚村各支召开社员大会，大动员，人……
2、谈批修整风干部，……村三为，人……
3、把这项工作进行各个分村。
4、明天地头大搞……大找……
5、三秋：时间，12月以前完成。
任务，各种任务把12月以前……
努力奋斗。
要实：实体化，实任务，实……
实检查。
6、出全勤，十……钟，……换队，……
……加班——……

图4–37 （一九）七一年主要会议记录第三十六页

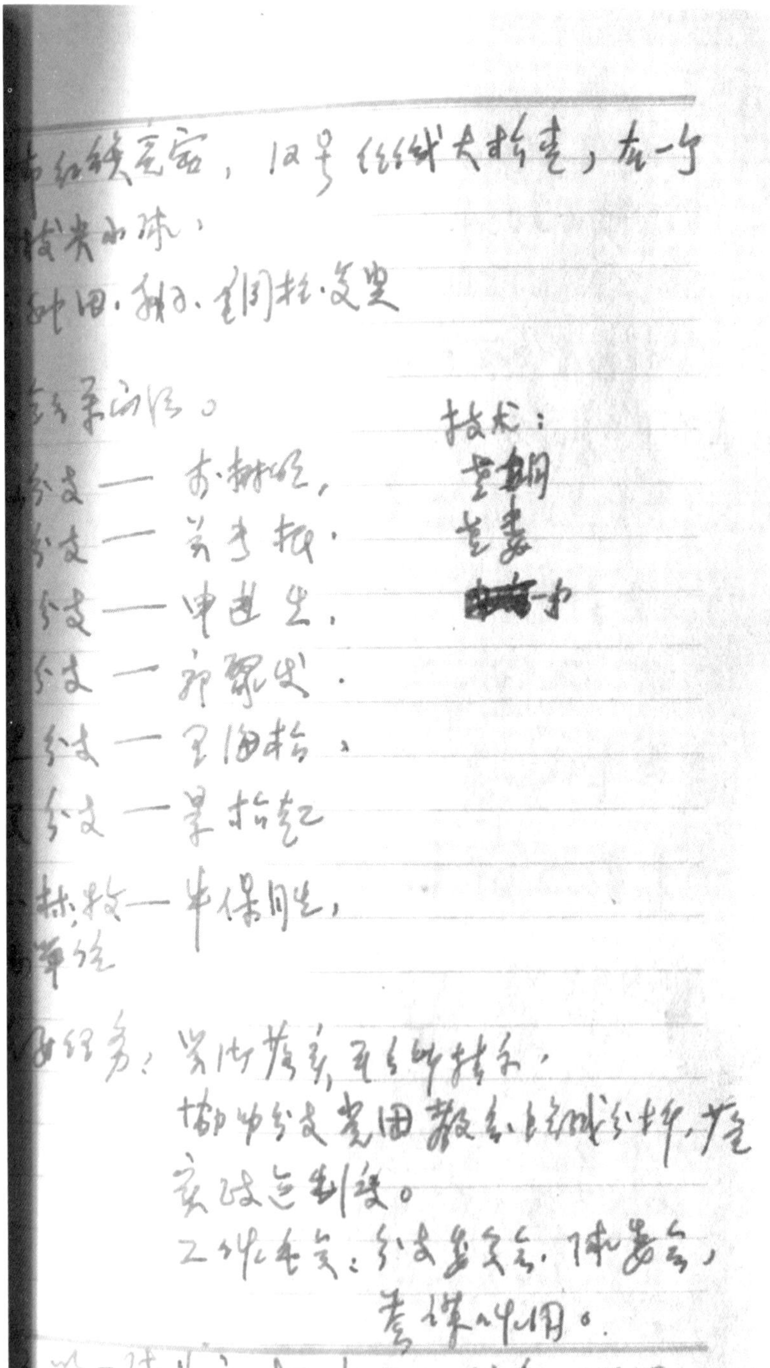

红线完全，10号线大检查，在一个
找出小床。
种田、种子、组织、收支
经济问题。
分支——苏静祥，
分支——黄喜根，
分支——申世生，
分支——郭家兴。
分支——王海松，
分支——吴松红
机械——牛保国，
单位
技术：
王钢
王某
[redacted]
任务：发挥党员五好作用，
协助分支党团教育小组学习，搞
实践总结。
工作方法：分支多开会，小组会，
发挥作用。
以一队为主，抓全面，信息周。

图4–38　（一九）七一年主要会议记录第三十七页

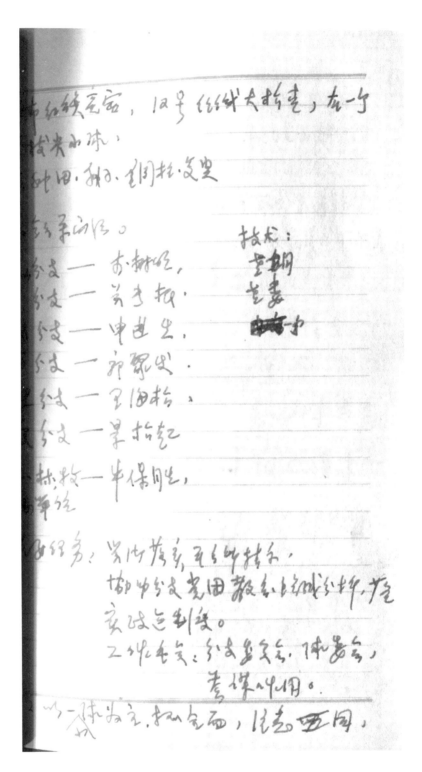

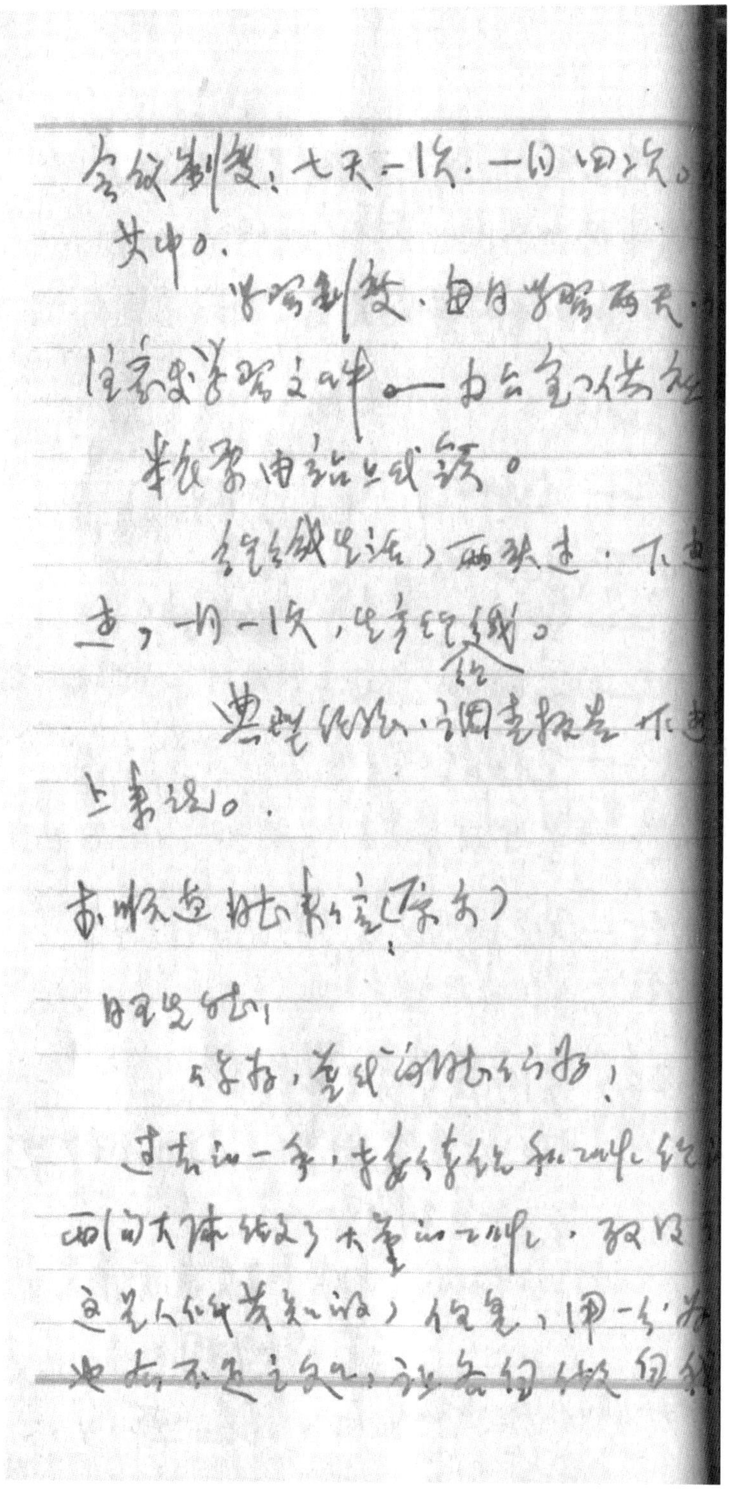

图4-39　（一九）七一年主要会议记录第三十八页

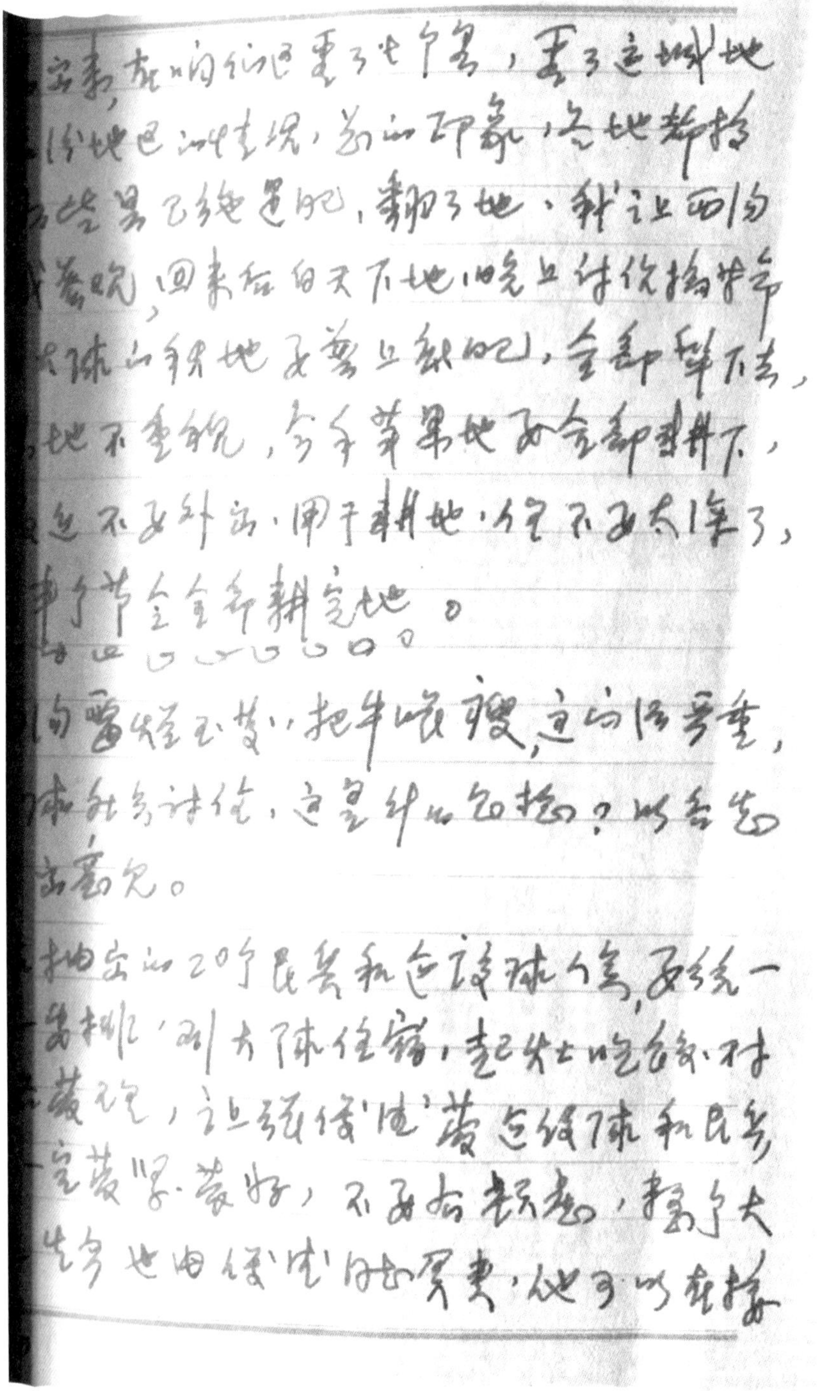

图4-40　（一九）七一年主要会议记录第三十九页

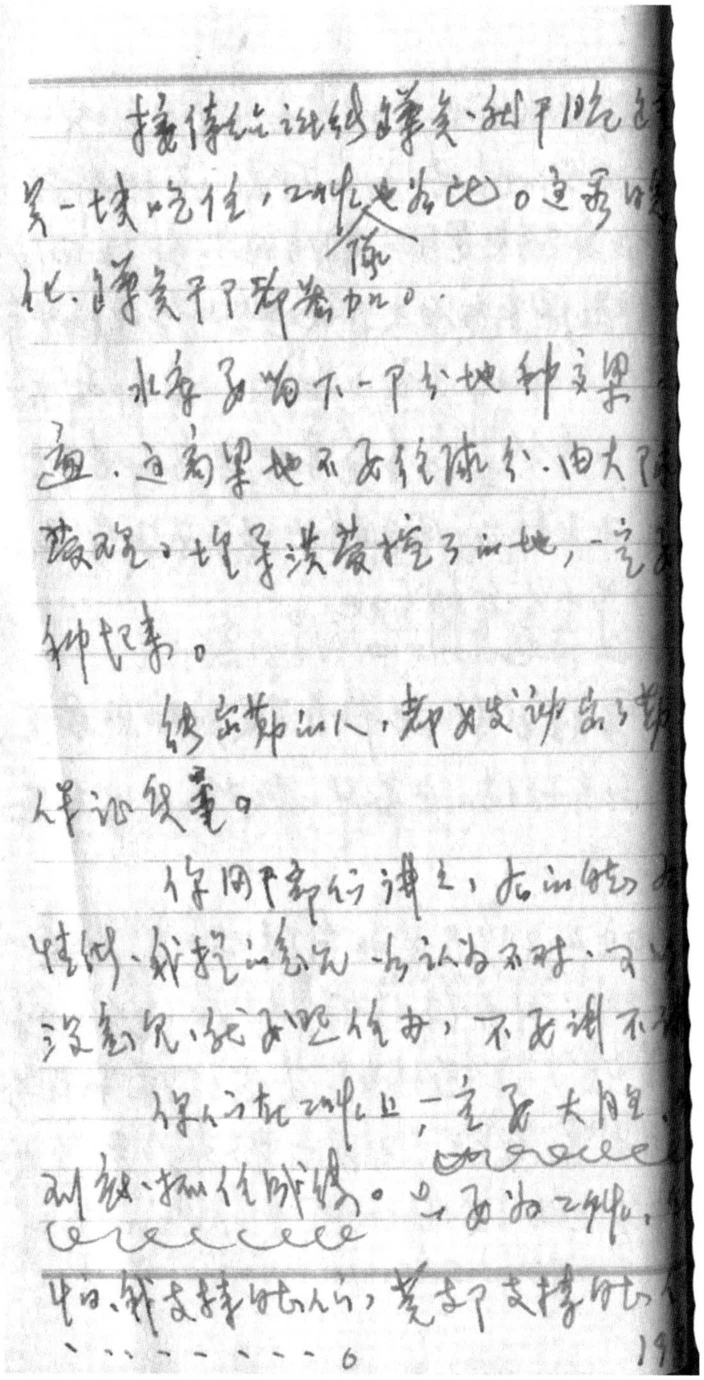

图4-41　（一九）七一年主要会议记录第四十页

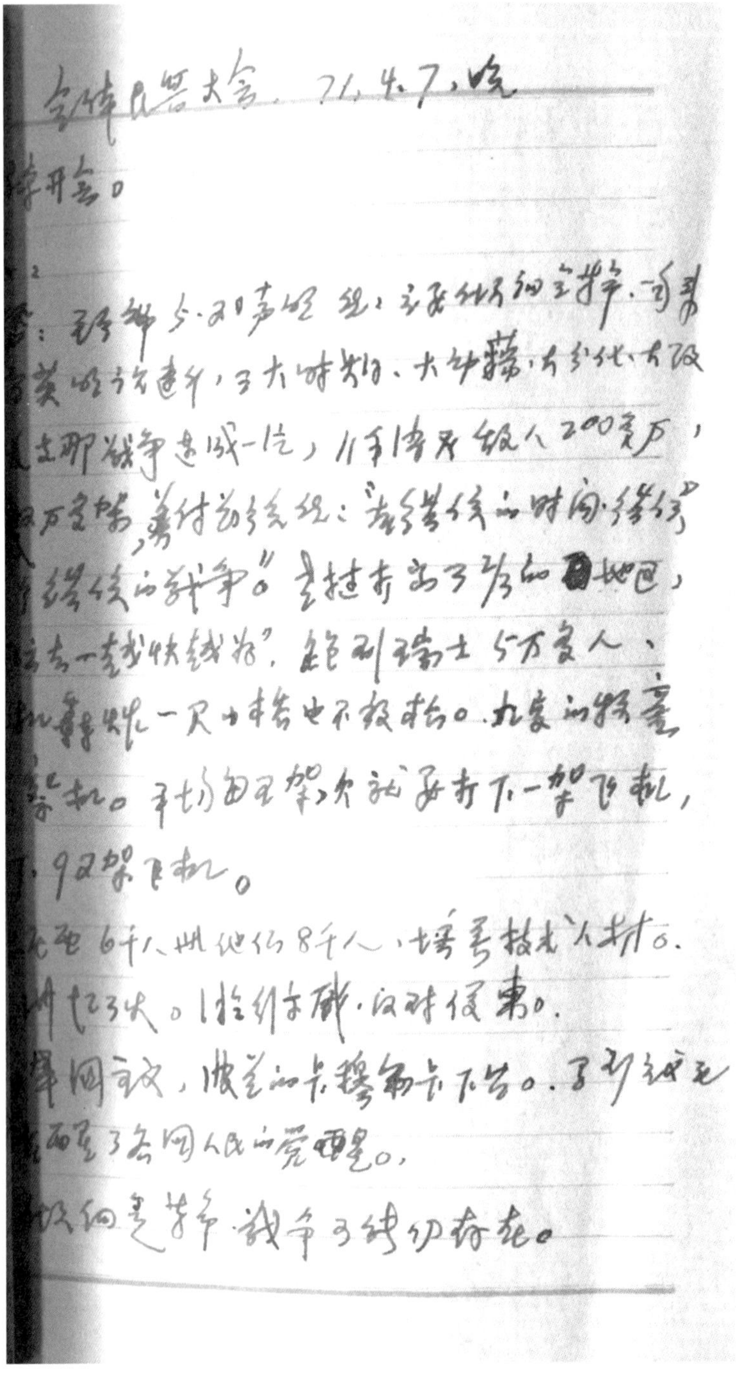

图4–42 （一九）七一年主要会议记录第四十一页

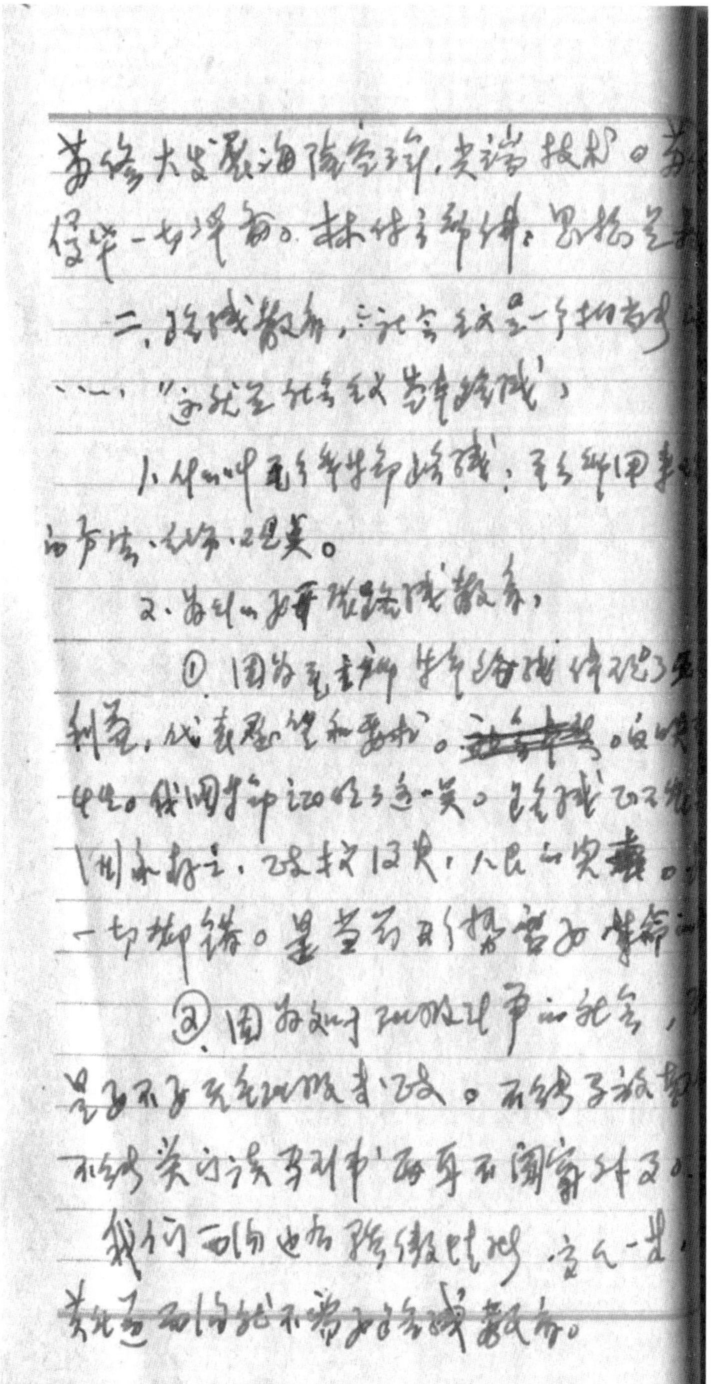

图4-43　（一九）七一年主要会议记录第四十二页

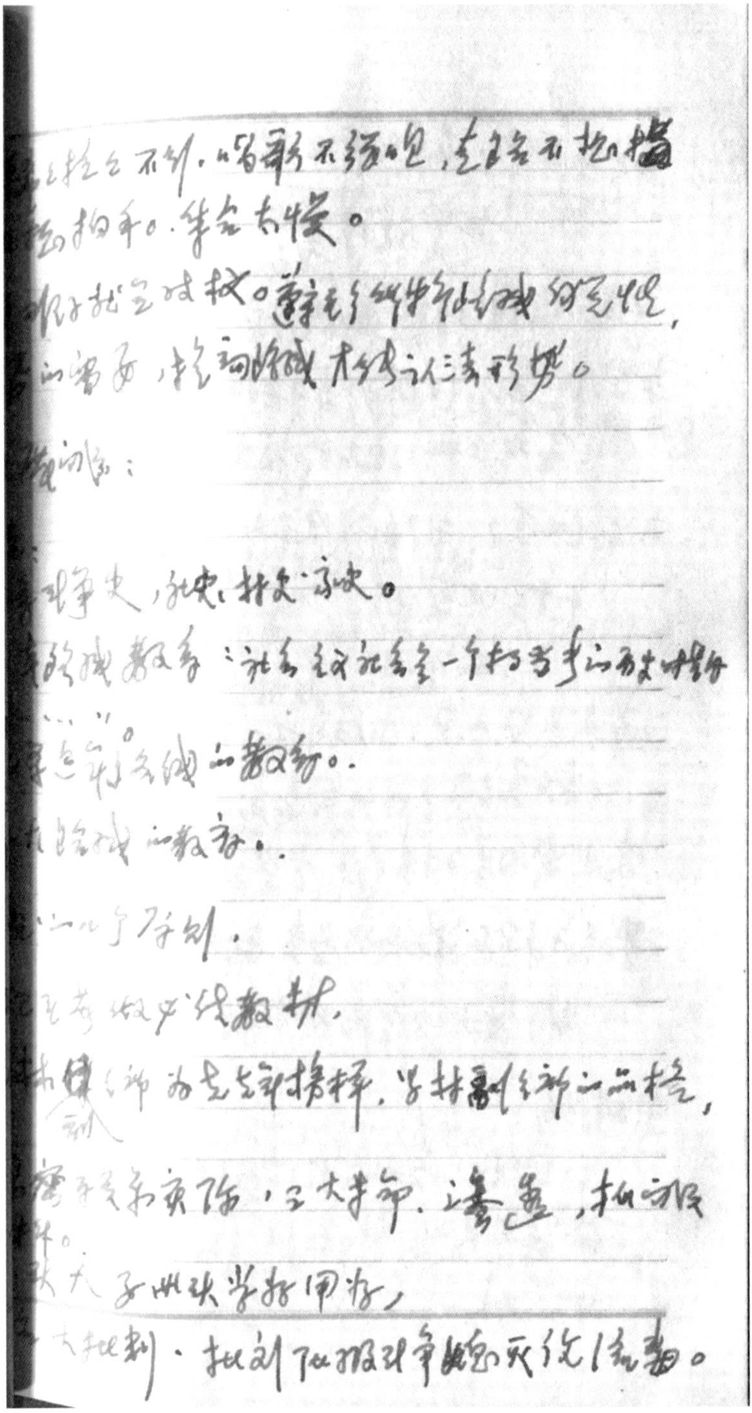

图4-44　（一九）七一年主要会议记录第四十三页

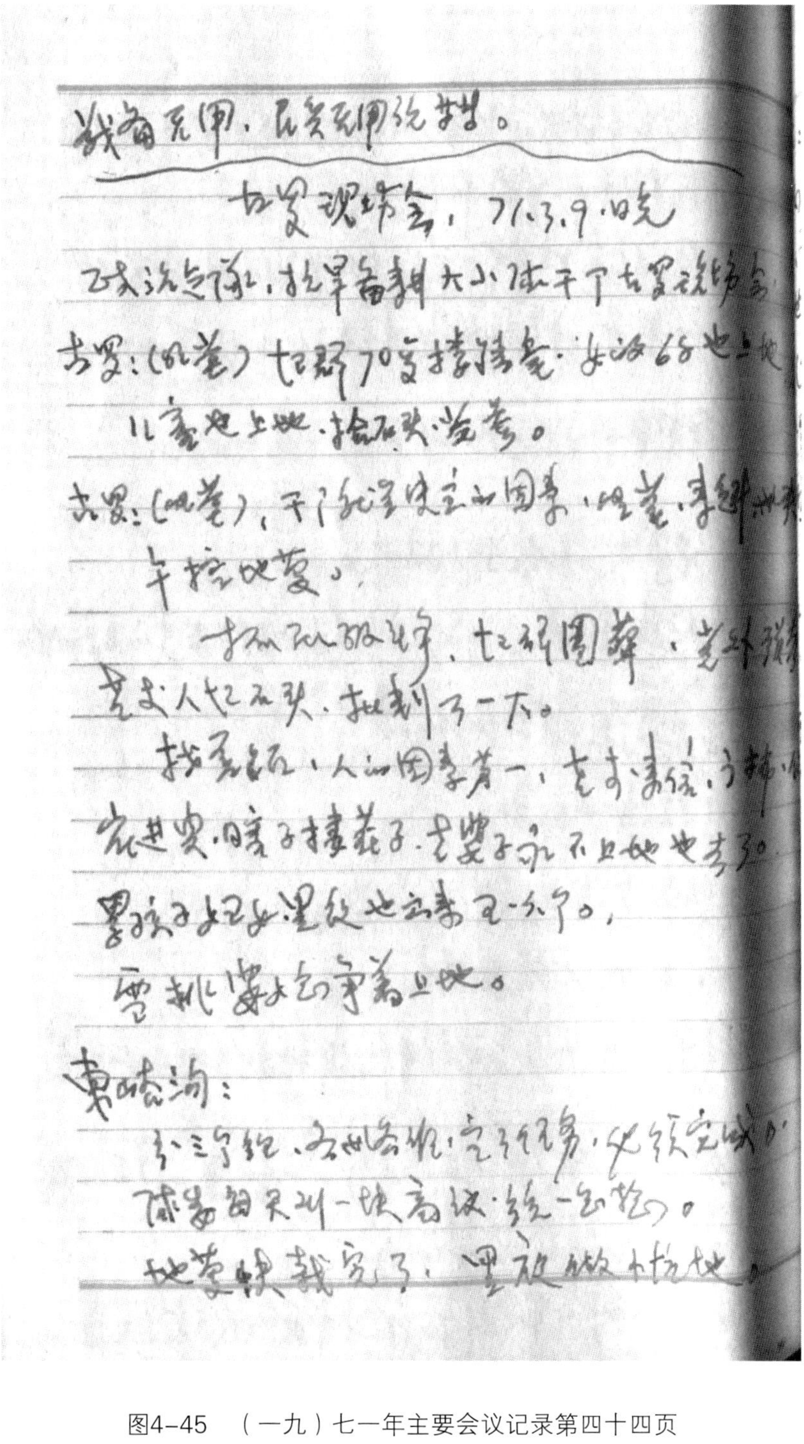

图4-45　（一九）七一年主要会议记录第四十四页

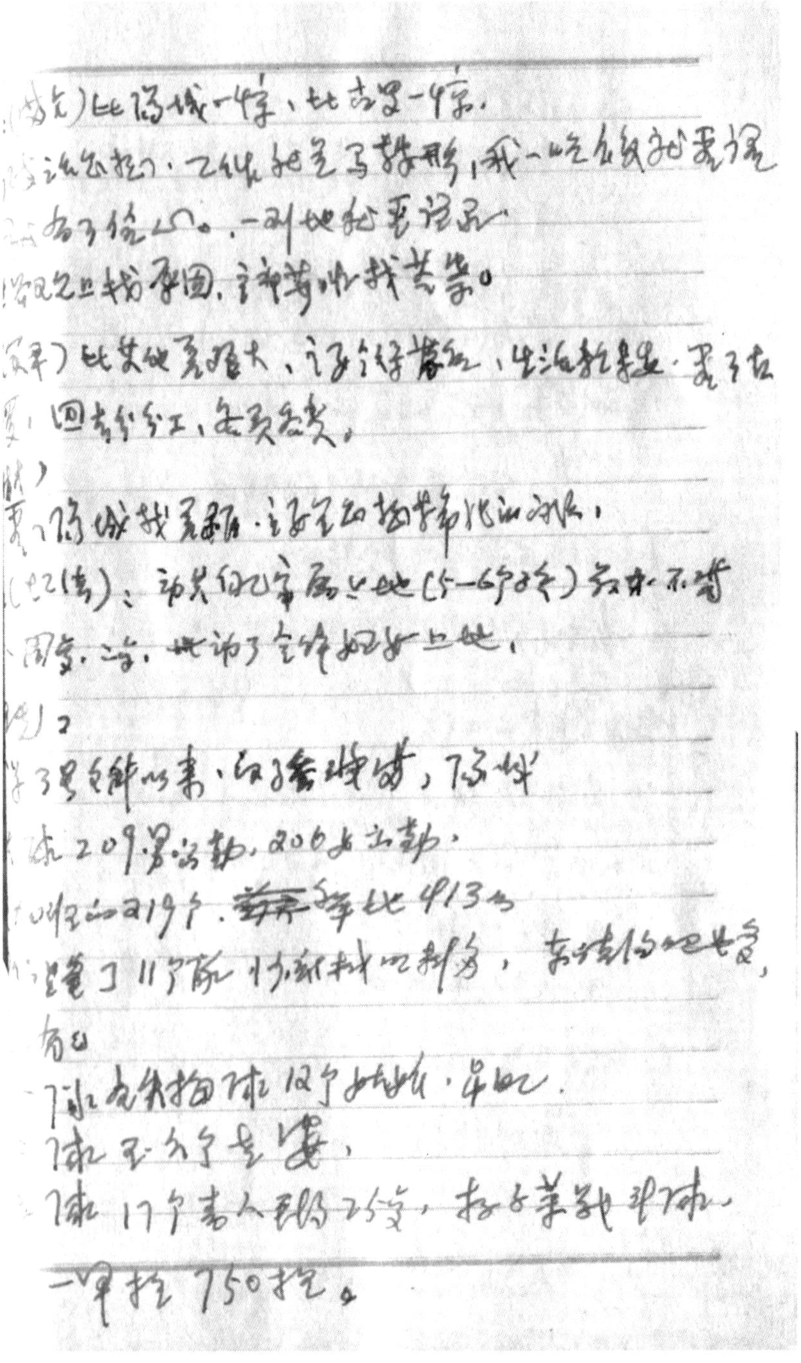

图4-46　（一九）七一年主要会议记录第四十五页

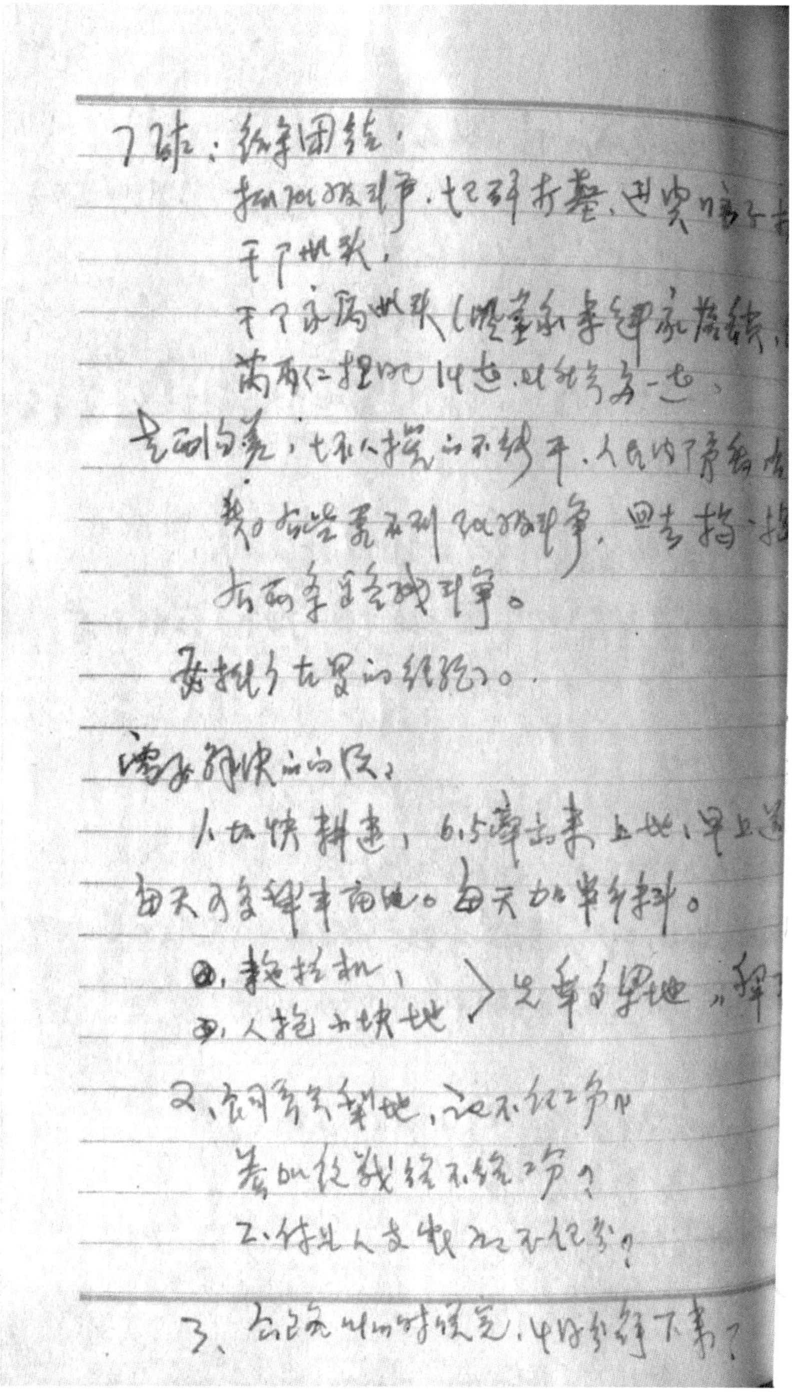

图4-47　（一九）七一年主要会议记录第四十六页

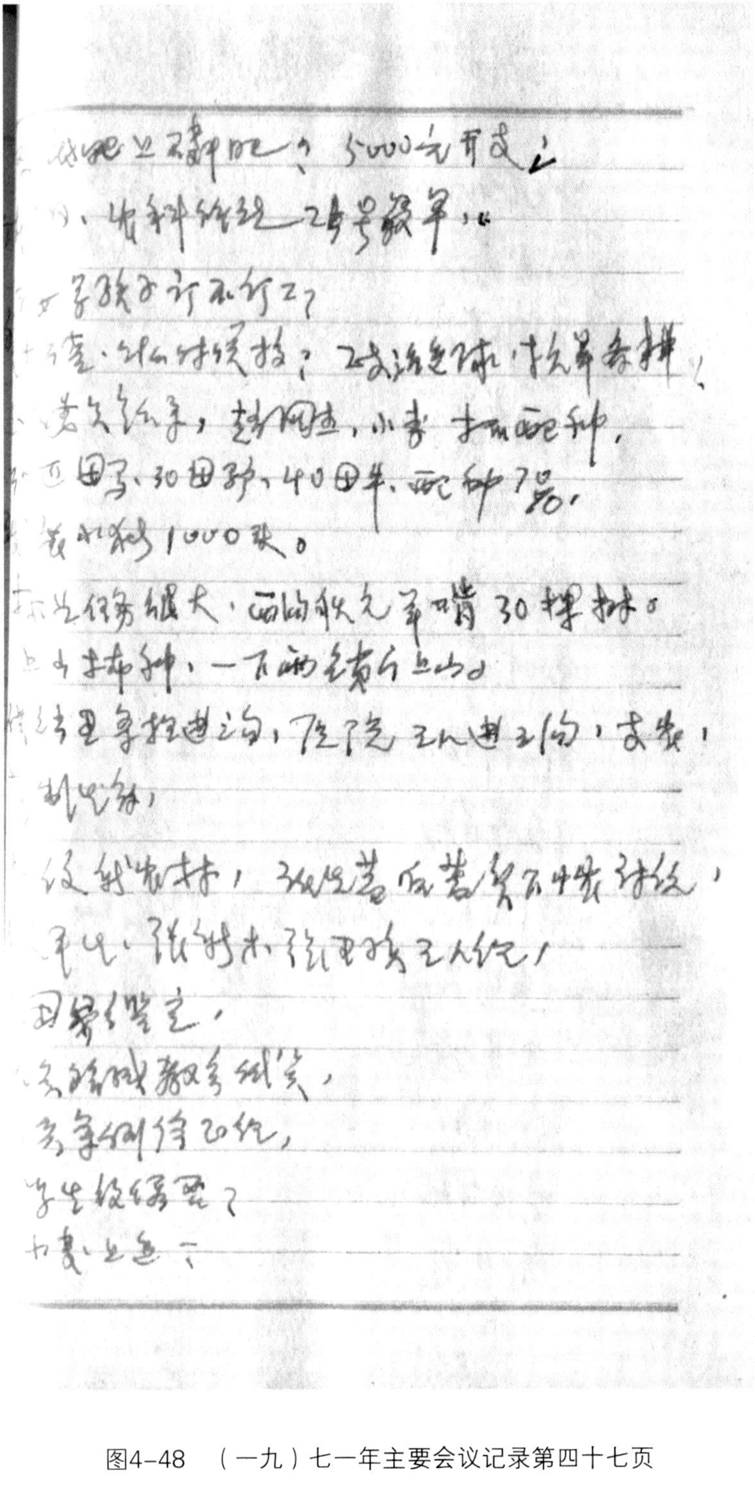

图4-48　（一九）七一年主要会议记录第四十七页

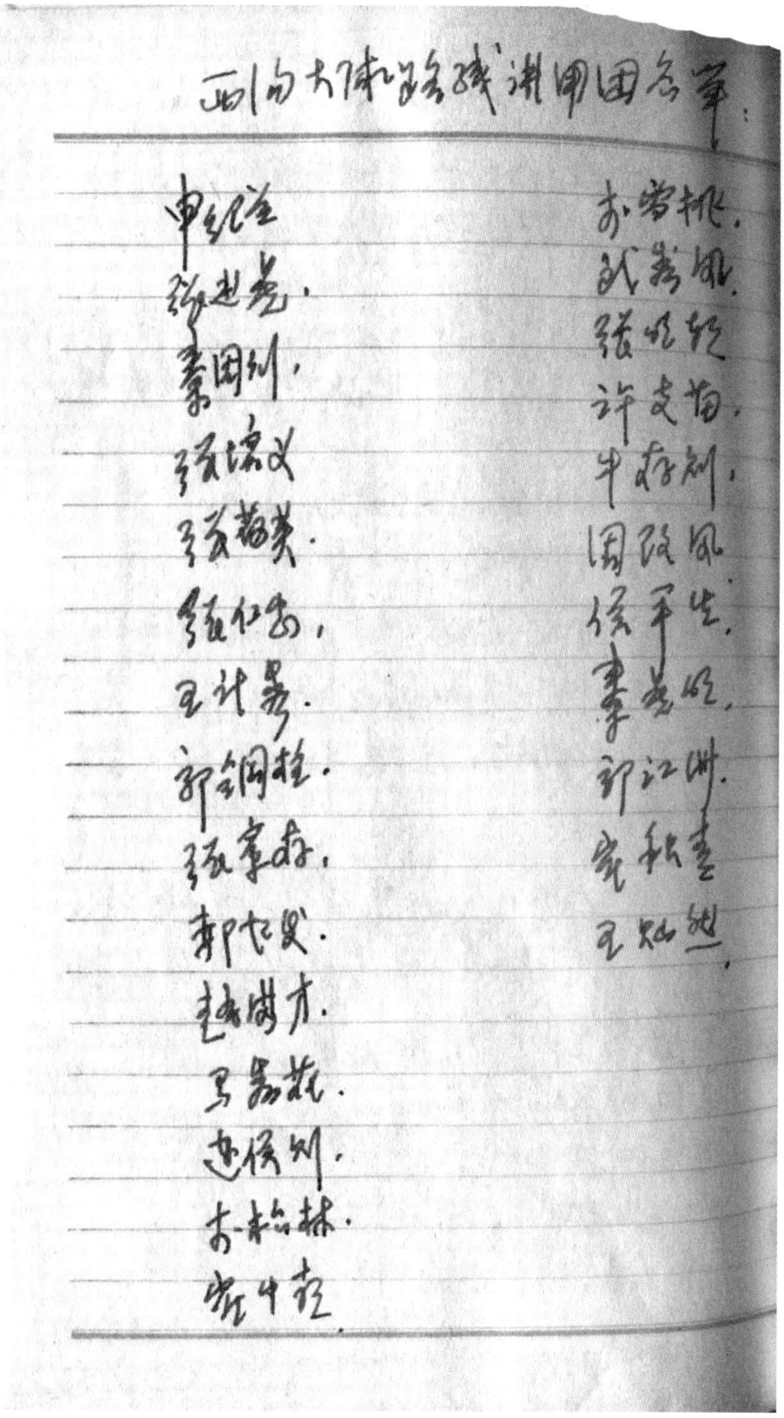

西沟大队路线讲用团名单：

申纪兰
张赵先
李国则
张培文
张福贵
张仁安
王计易
郭铜柱
张拿存
郭长更
赵满才
马嘉旺
赵候则
李松林
宋中喜

李安排
武秀凤
张好红
许交海
牛存则
周玉凤
侯平生
李秀好
郭江洲
宋秋喜
王如然

图4-49　（一九）七一年主要会议记录第四十八页

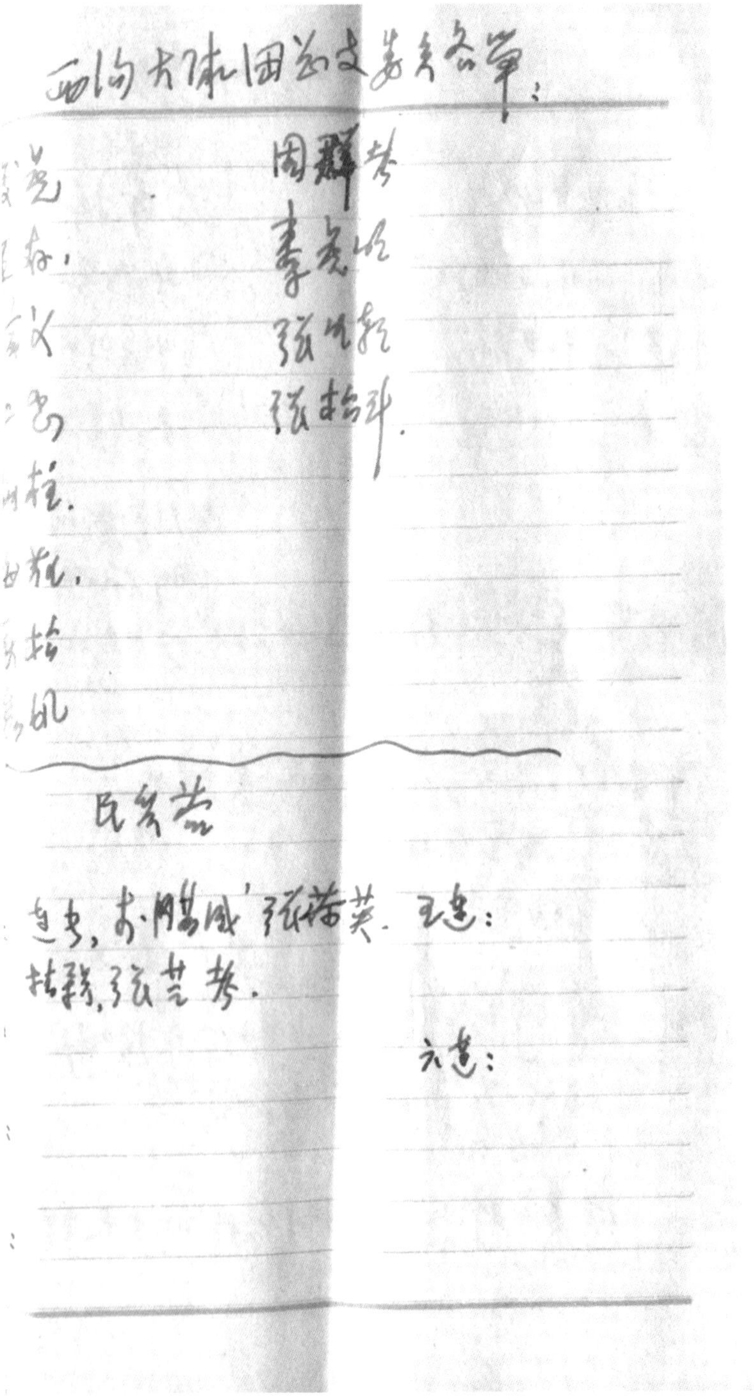

图4-50　（一九）七一年主要会议记录第四十九页

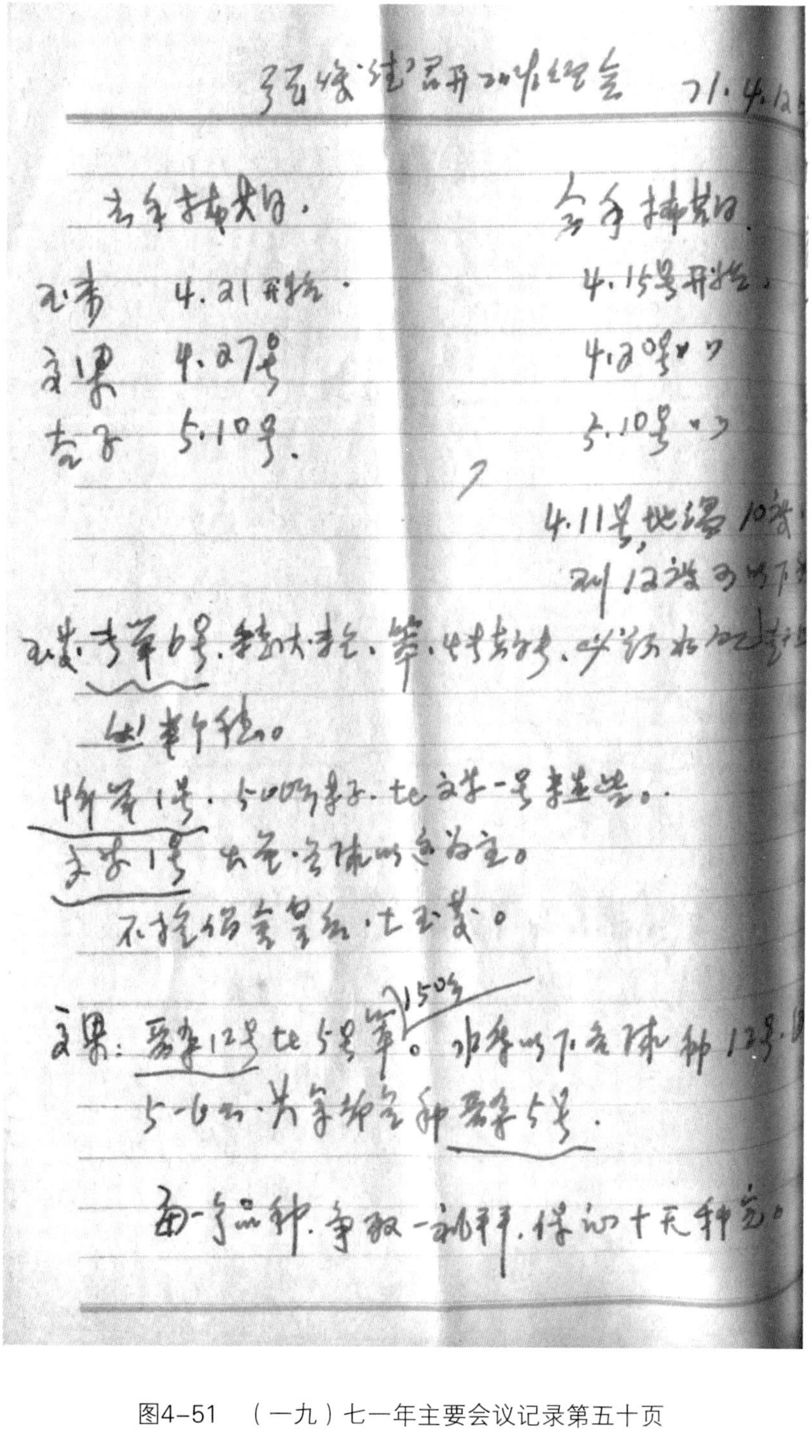

图4-51 （一九）七一年主要会议记录第五十页

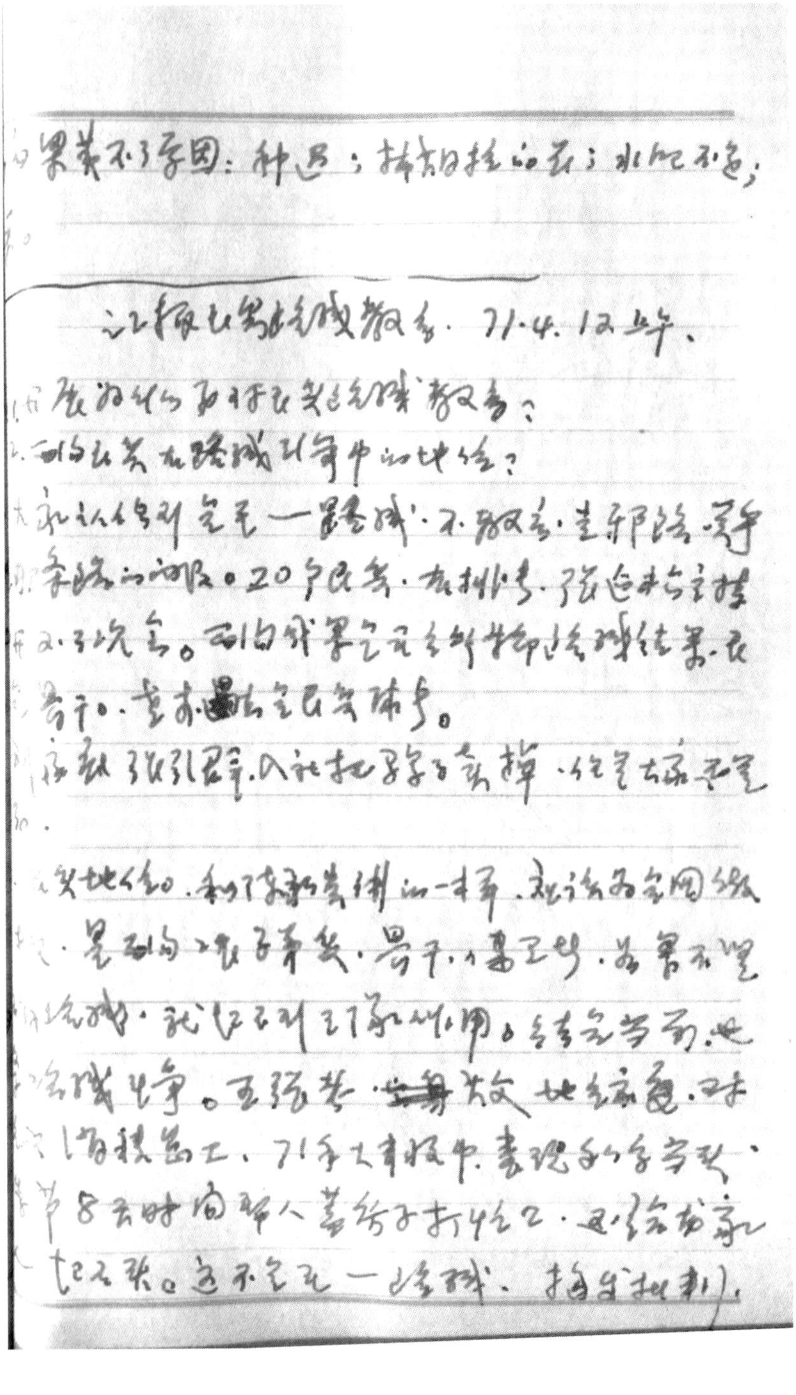

图4–52　（一九）七一年主要会议记录第五十一页

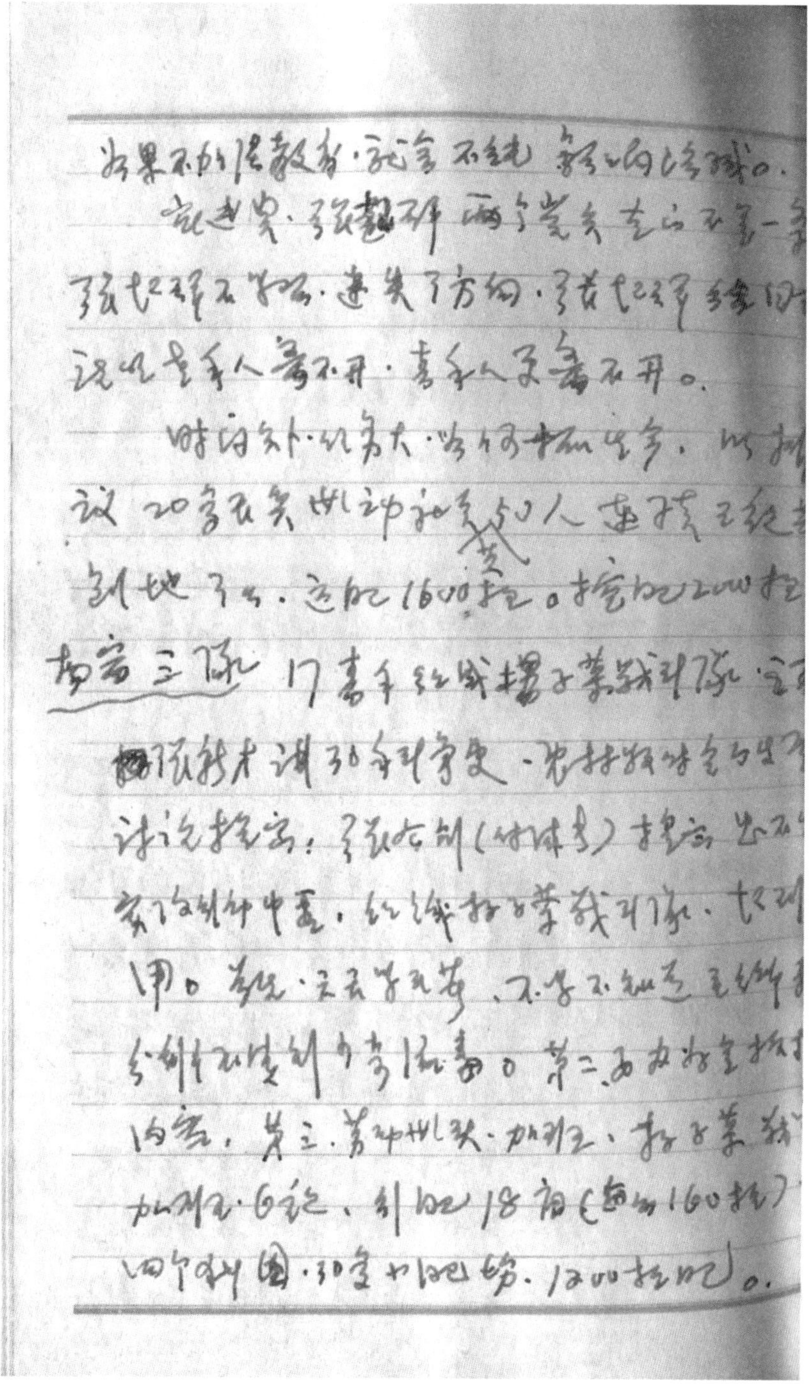

图4-53　（一九）七一年主要会议记录第五十二页

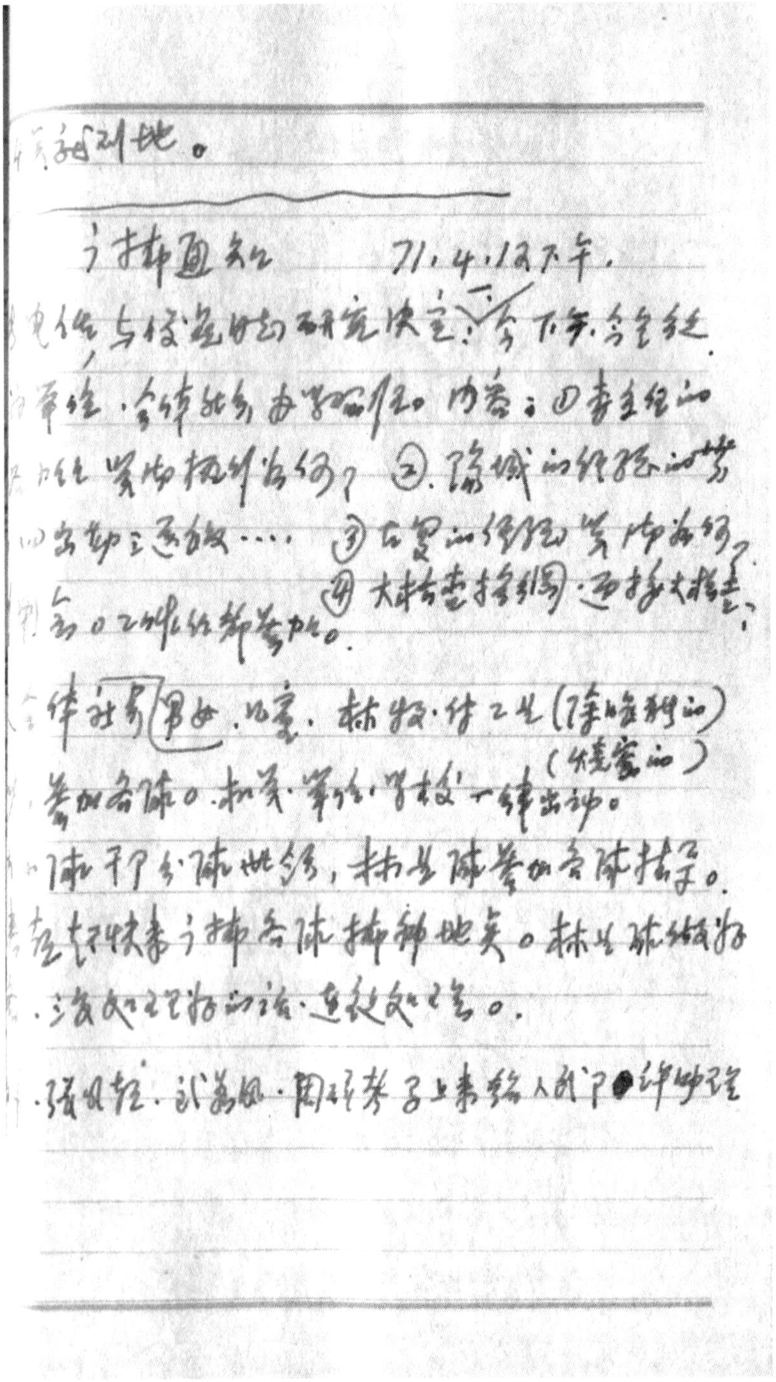

图4-54　（一九）七一年主要会议记录第五十三页

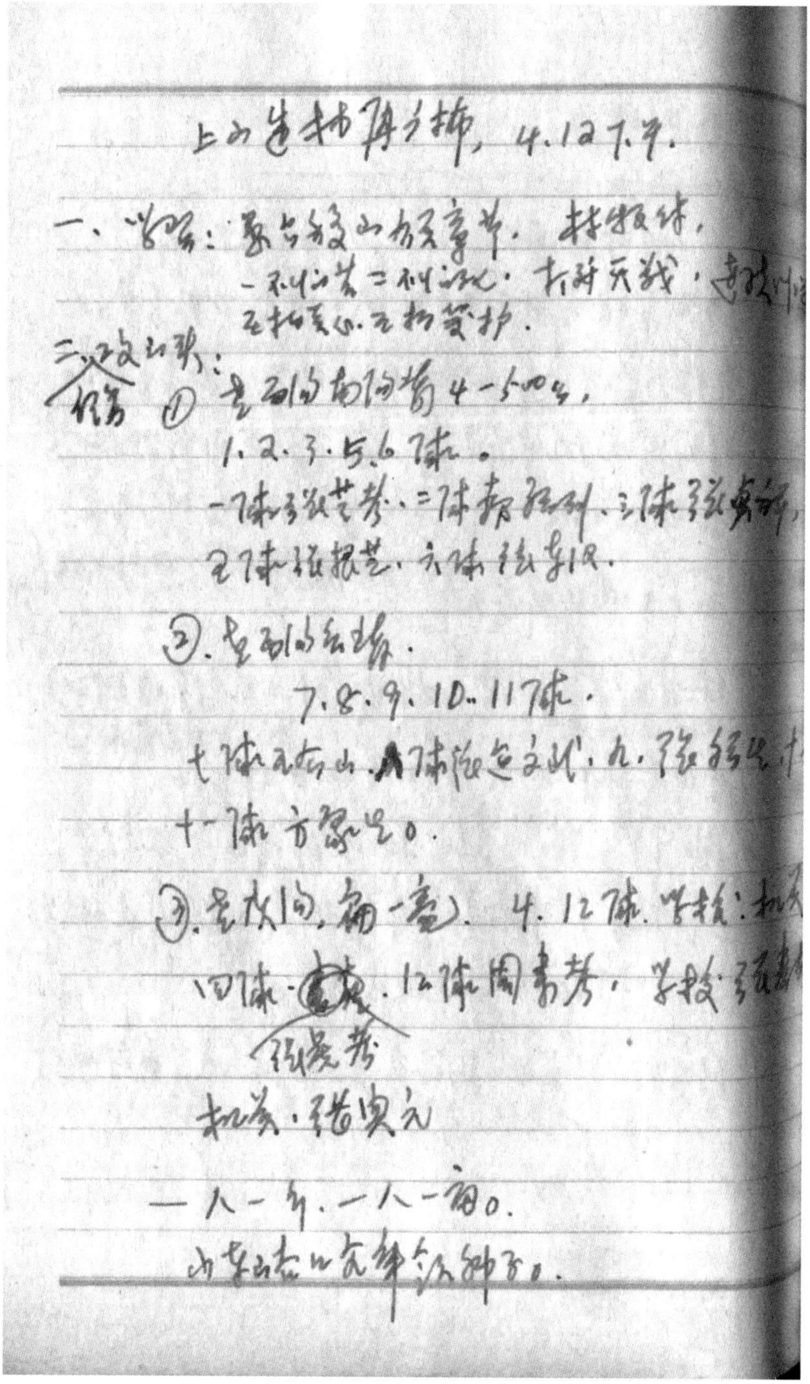

上山生产播种分工，4.12下午。

一、学习：[illegible]

二、[illegible]

① [illegible] 4—500人，

1.2.3.5.6队。

一队[illegible]、二队[illegible]、三队[illegible]

五队[illegible]、六队[illegible]。

② [illegible]

7.8.9.10.11队。

七队[illegible]、八队[illegible]、九队[illegible]

十一队[illegible]。

③ [illegible] 4.12队。学校：[illegible]

四队[illegible]、12队[illegible]、学校[illegible]

[illegible]

机关：[illegible]

一人一斤，一人一亩。

[illegible]

图4-55　（一九）七一年主要会议记录第五十四页

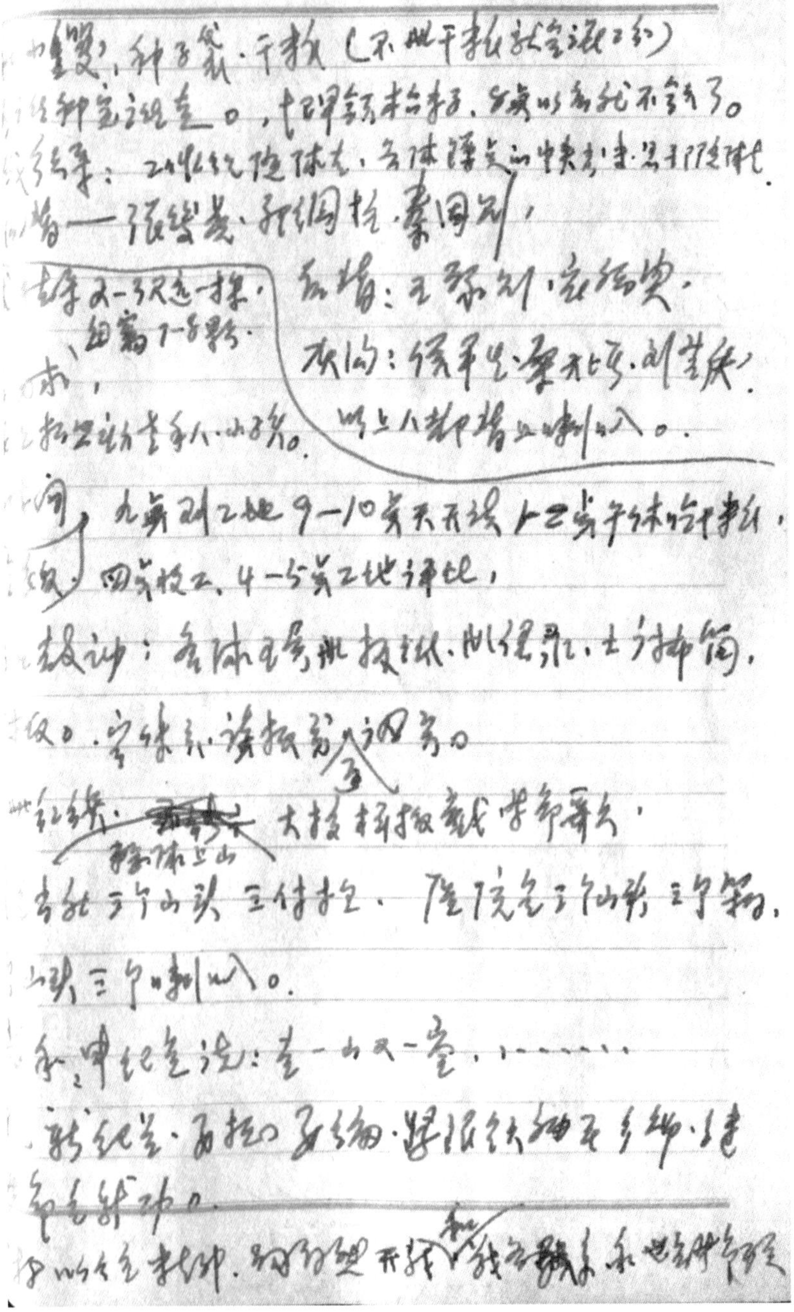

图4-56 （一九）七一年主要会议记录第五十五页

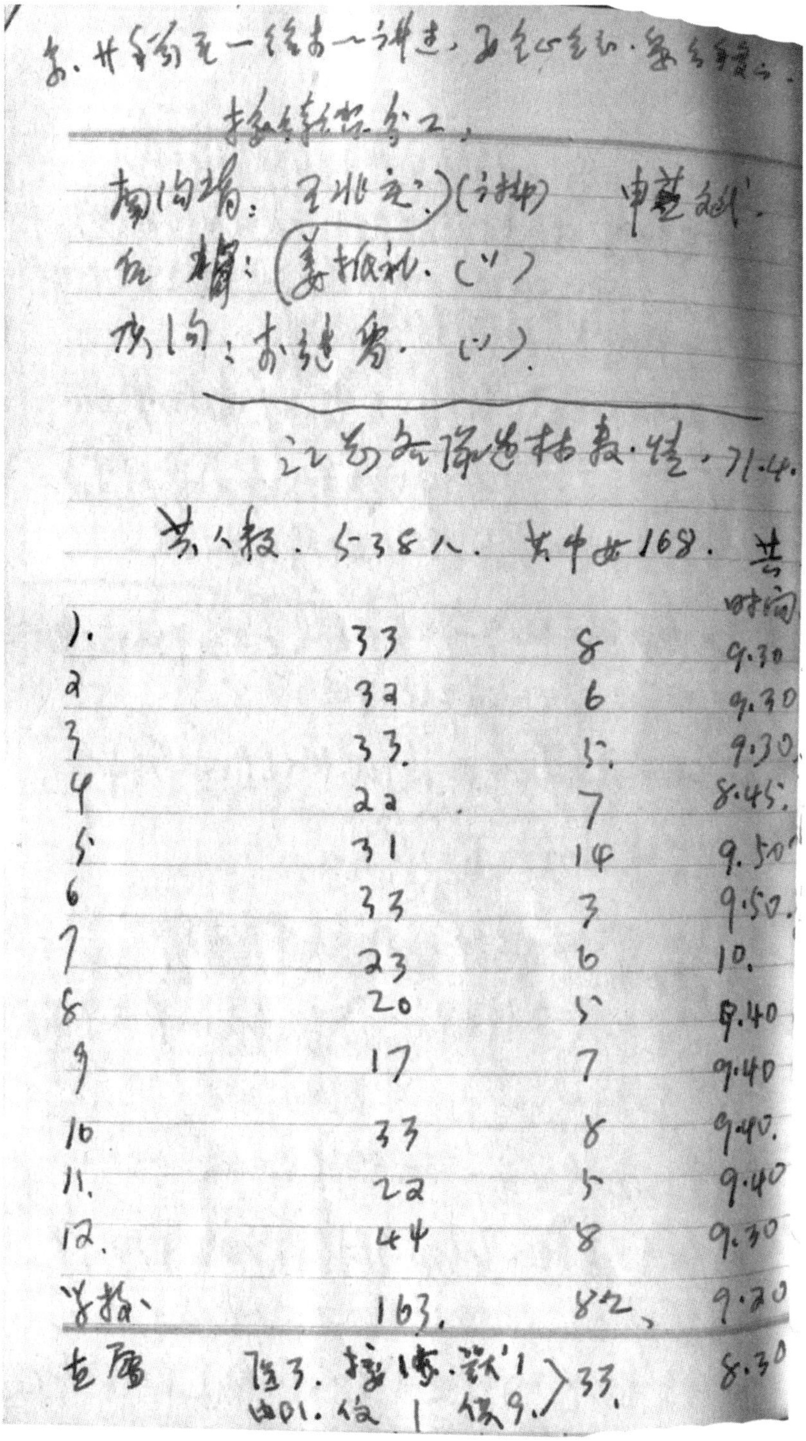

[illegible]

[illegible]

南向墙（?）：王兆元（讨拍）（?） [illegible]

[illegible]：姜振礼（?）（ 〃 ）

[illegible]：[illegible]（ 〃 ）

[illegible] 71.4.

共人数：538人。其中女168。

			共时间
1.	33	8	9.30
2	32	6	9.30
3	33.	5.	9.30.
4	22	7	8.45.
5	31	14	9.50
6	33	3	9.50.
7	23	6	10.
8	20	5	9.40
9	17	7	9.40
10	33	8	9.40.
11.	22	5	9.40
12.	44	8	9.30
小计	163.	82.	9.20
支书（?）	[illegible] 33.		8.30

图4-57 （一九）七一年主要会议记录第五十六页

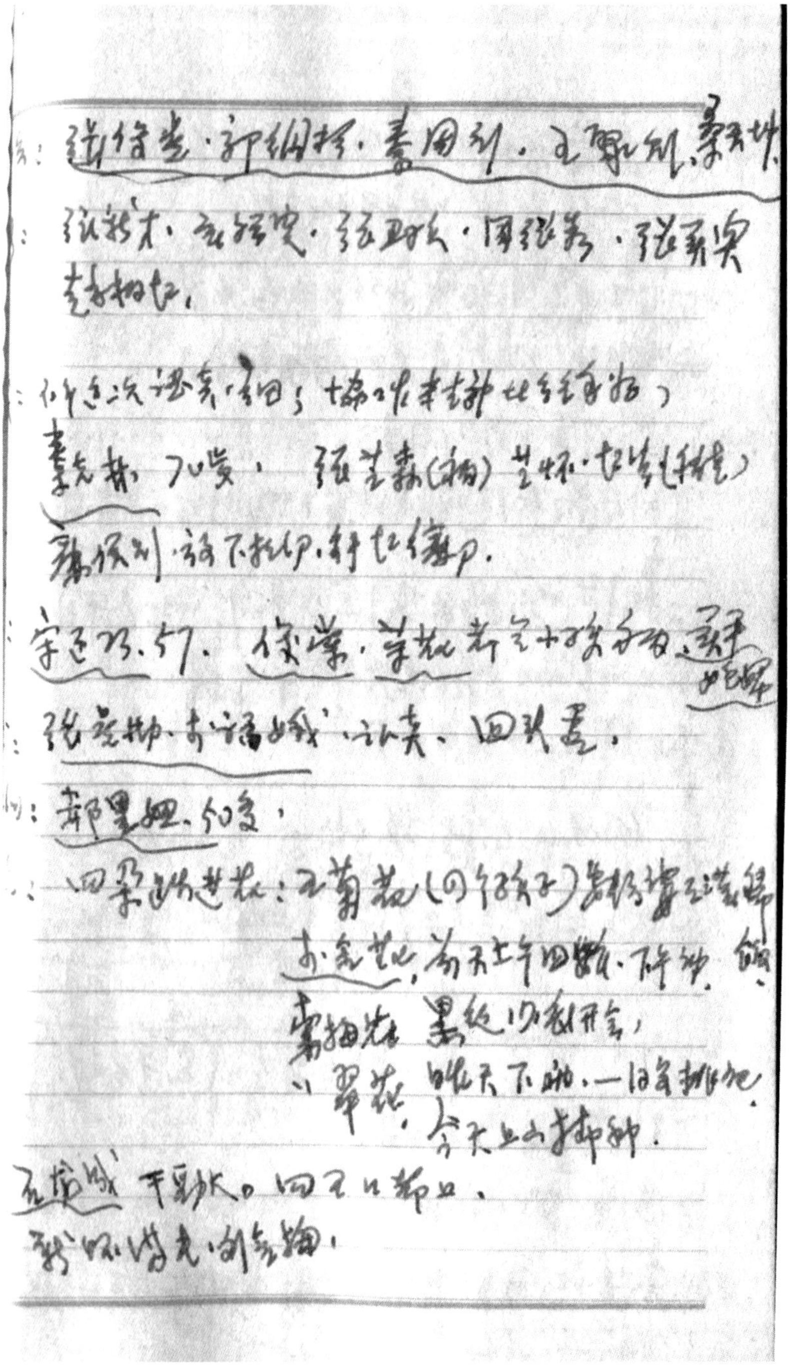

图4-58　（一九）七一年主要会议记录第五十七页

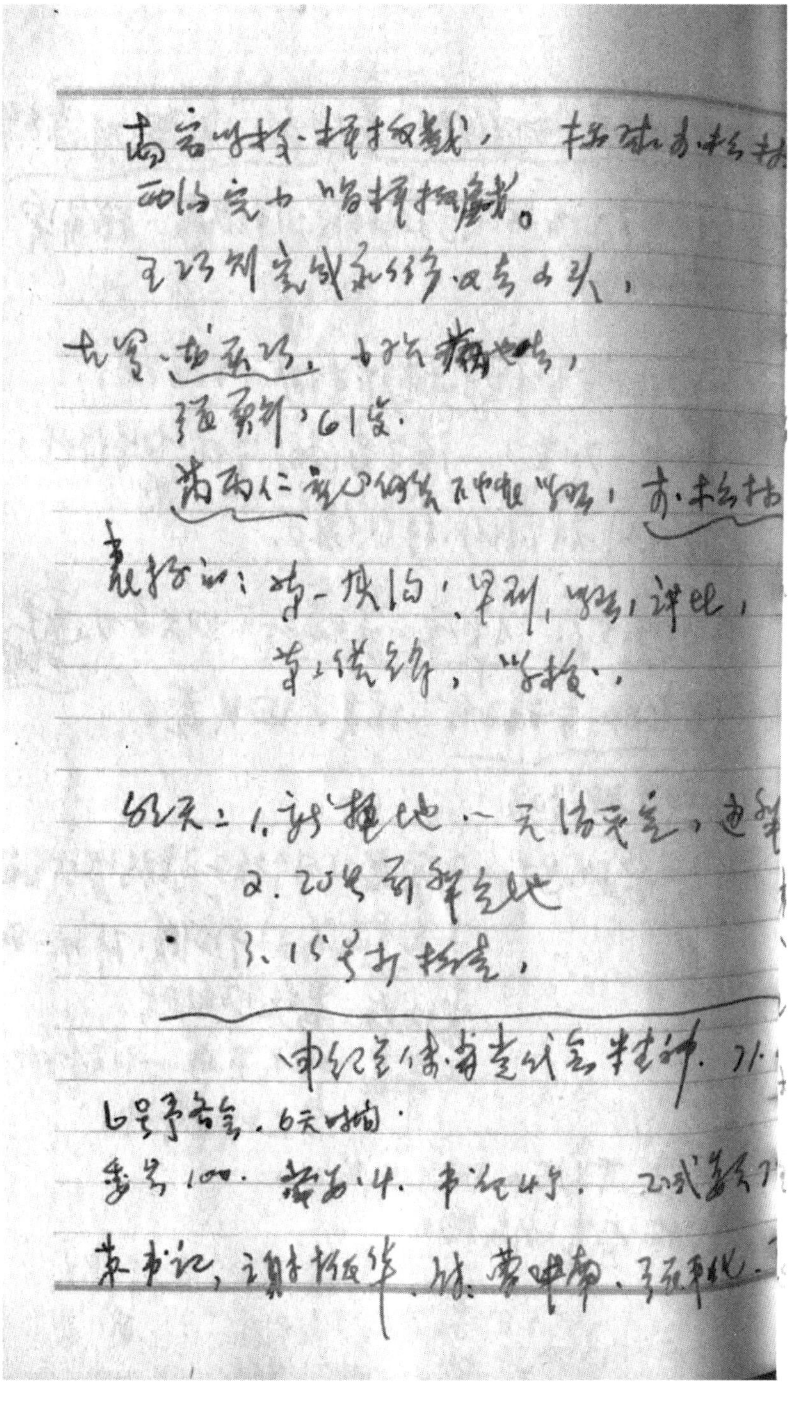

图4-59　（一九）七一年主要会议记录第五十八页

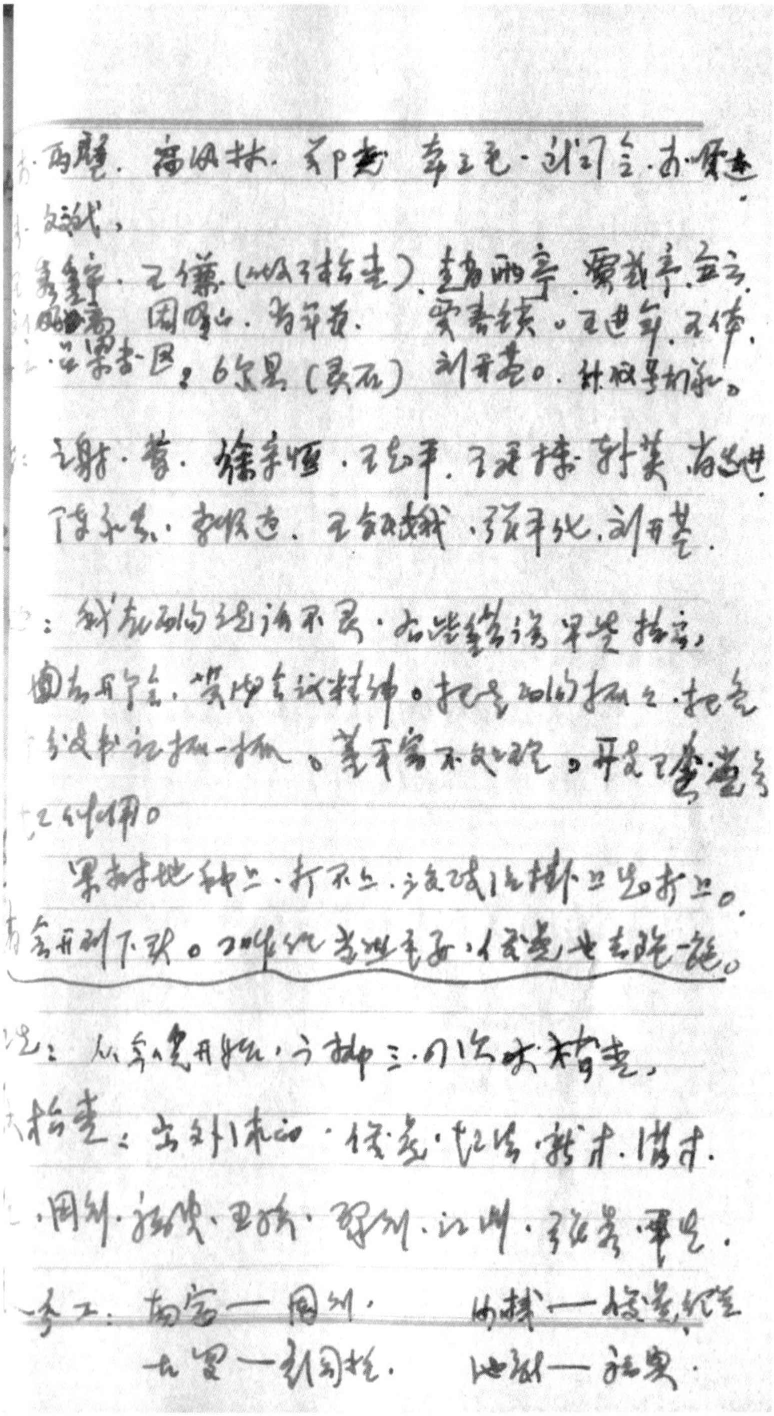

图4-60　（一九）七一年主要会议记录第五十九页

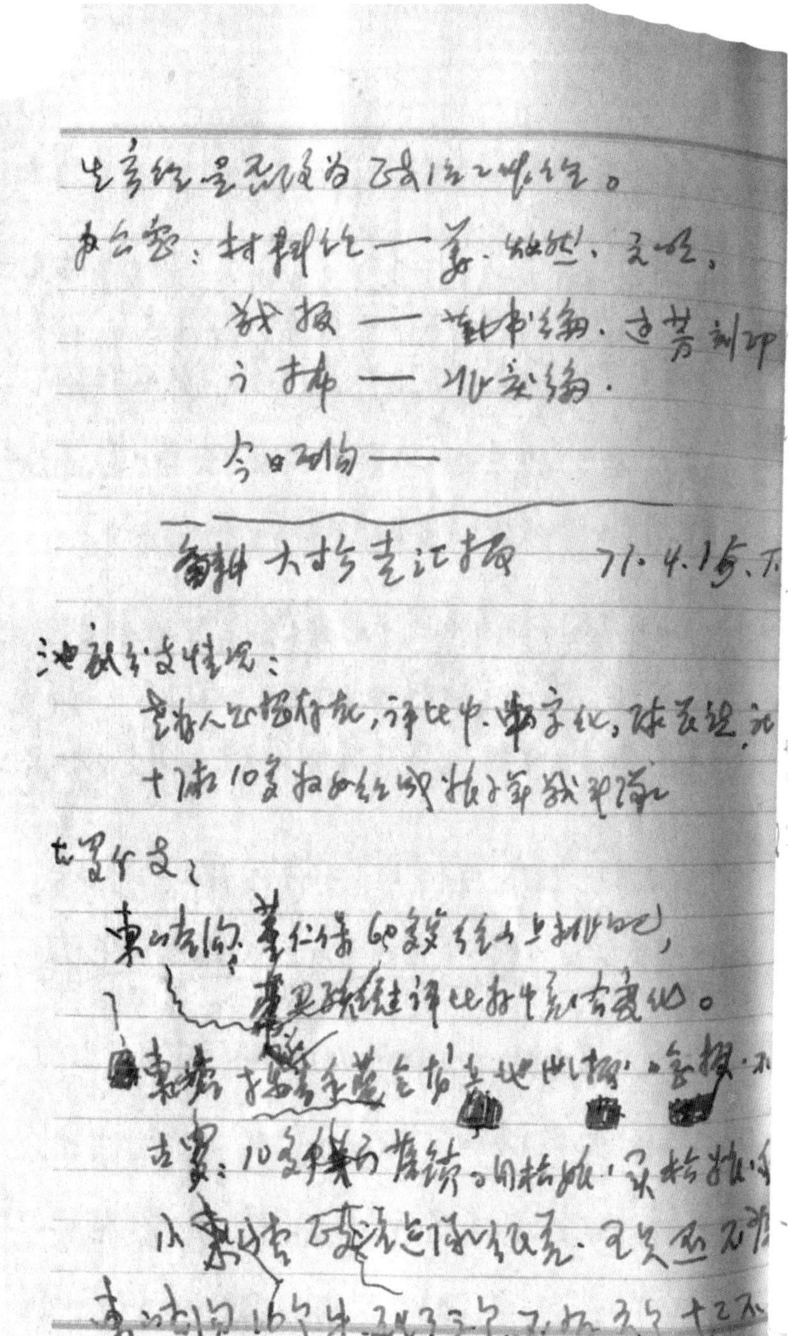

图4-61 （一九）七一年主要会议记录第六十页

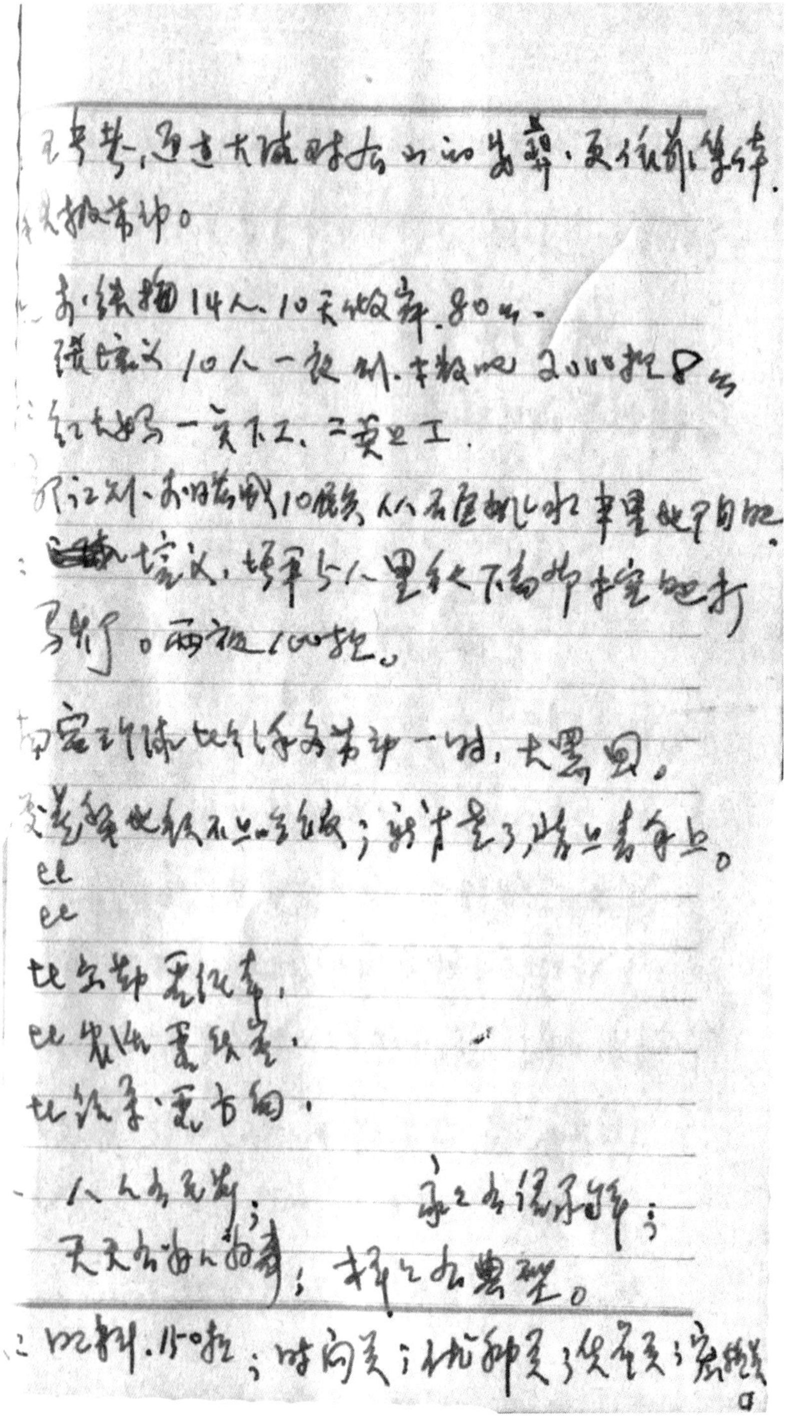

图4-62 （一九）七一年主要会议记录第六十一页

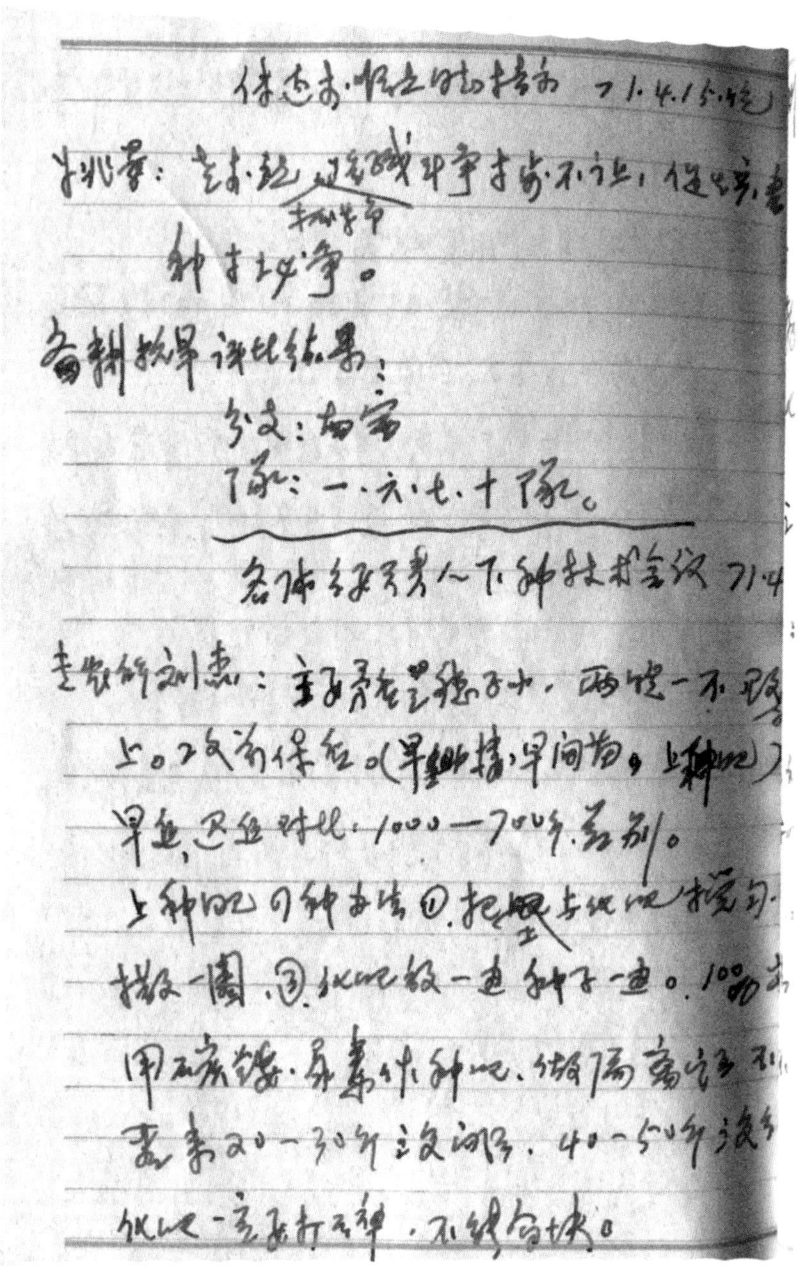

传达市、报告县的指示 71.4.15.晚

肖兆景：在抓革命、促生产中争生产不放松，促生产、春种生产斗争。

备耕检查评比结果：

公社：南富

队：一、六、七、十队。

各队负责人下种技术会议 71.4

李发解副主任：主要是要保证出苗，两个一不跟上。二是要保苗。（早插、早间苗，上种肥）早熟、迟熟对比，1000—700斤差别。

上种肥的种方法 ①把肥与泥搅匀……一遍 ②犁一遍种子一遍。100斤……

用石灰……元素作种肥，……

亩20—30斤……40—50斤……

种肥一定……不能合……

图4–63 （一九）七一年主要会议记录第六十二页

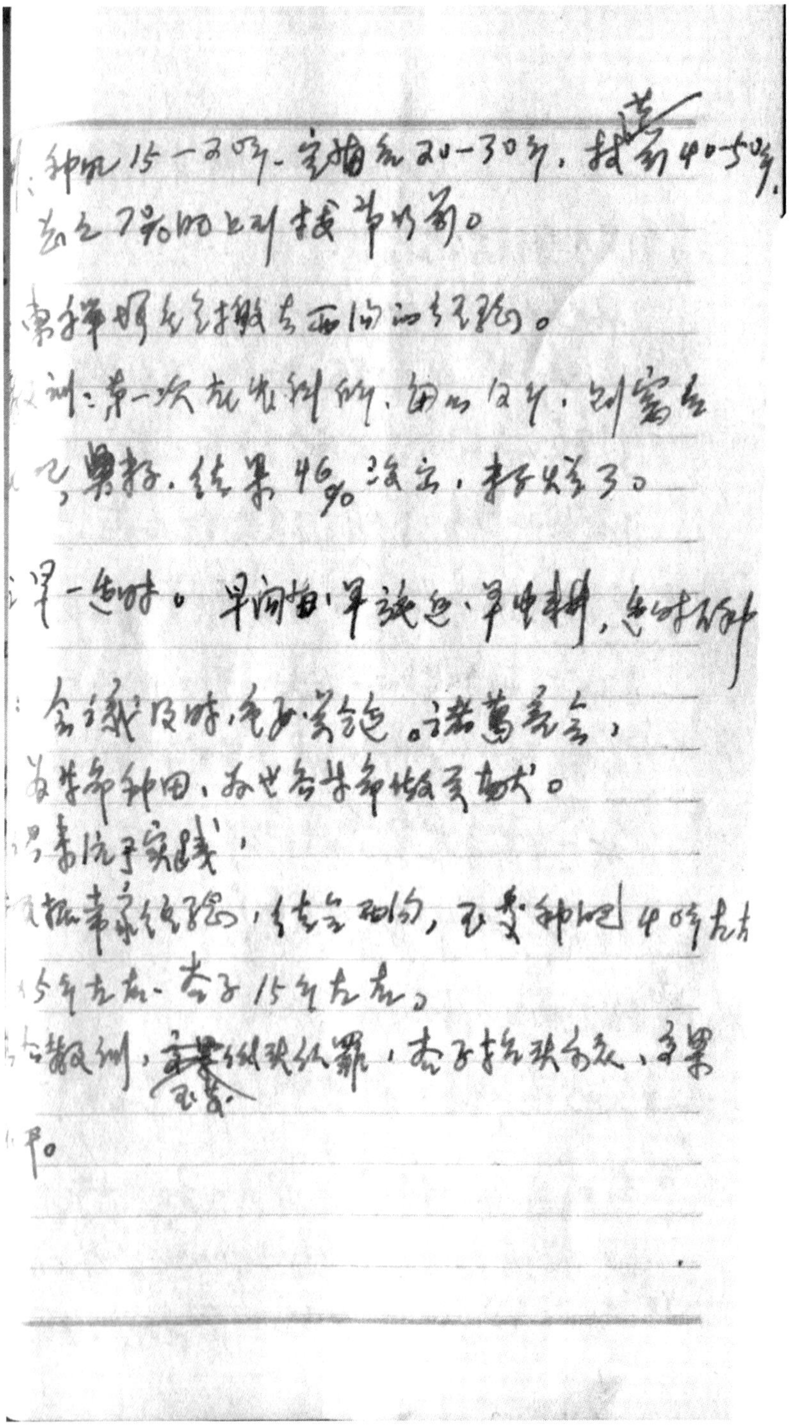

图4-64　（一九）七一年主要会议记录第六十三页

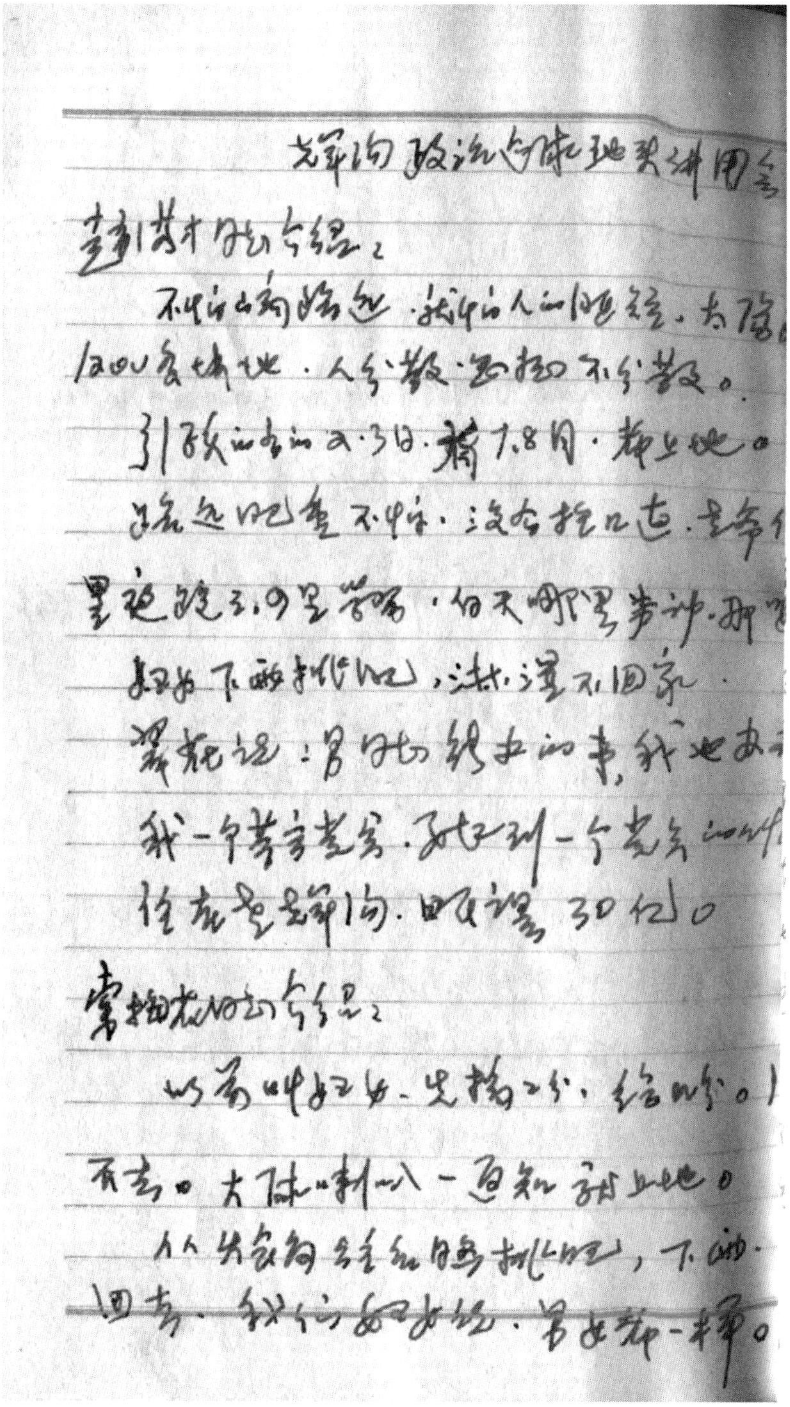

图4-65　（一九）七一年主要会议记录第六十四页

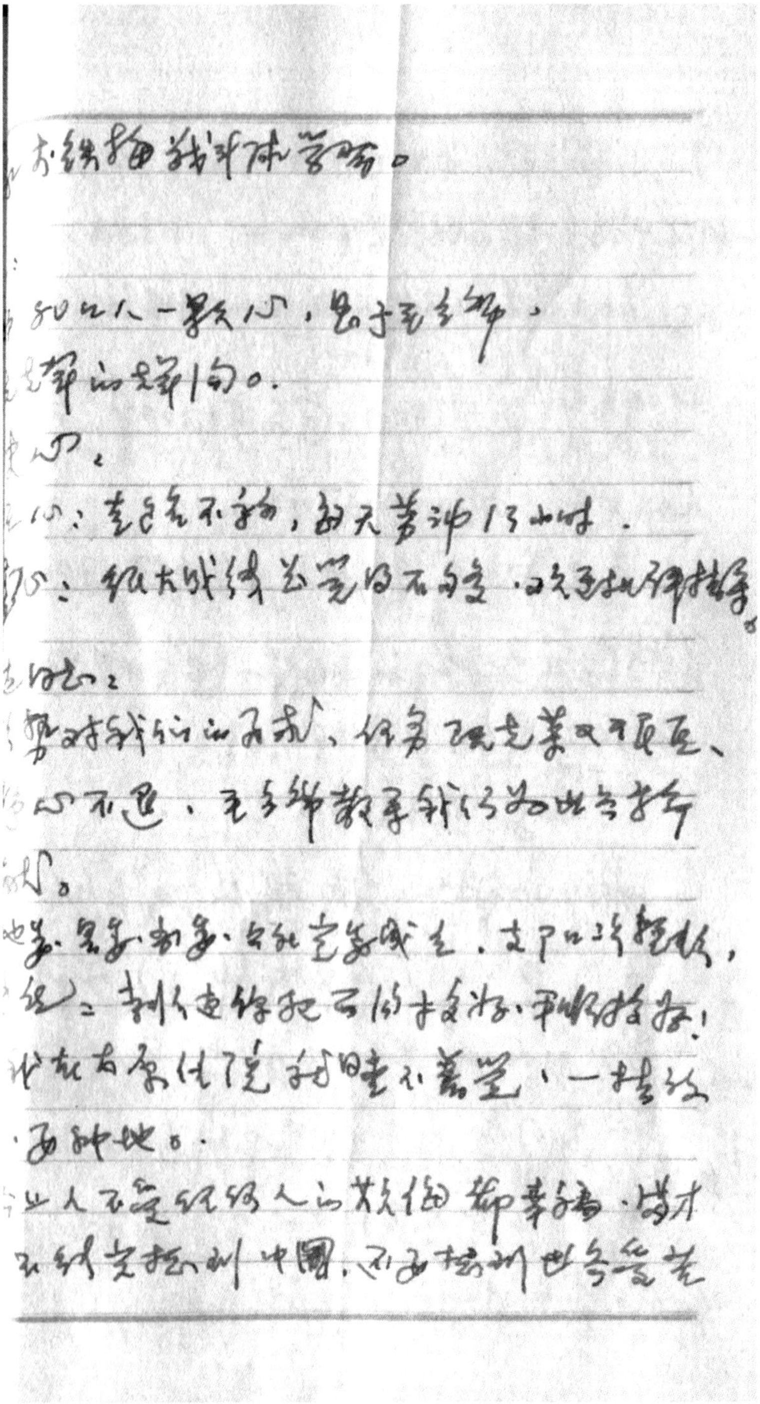

图4-66　（一九）七一年主要会议记录第六十五页

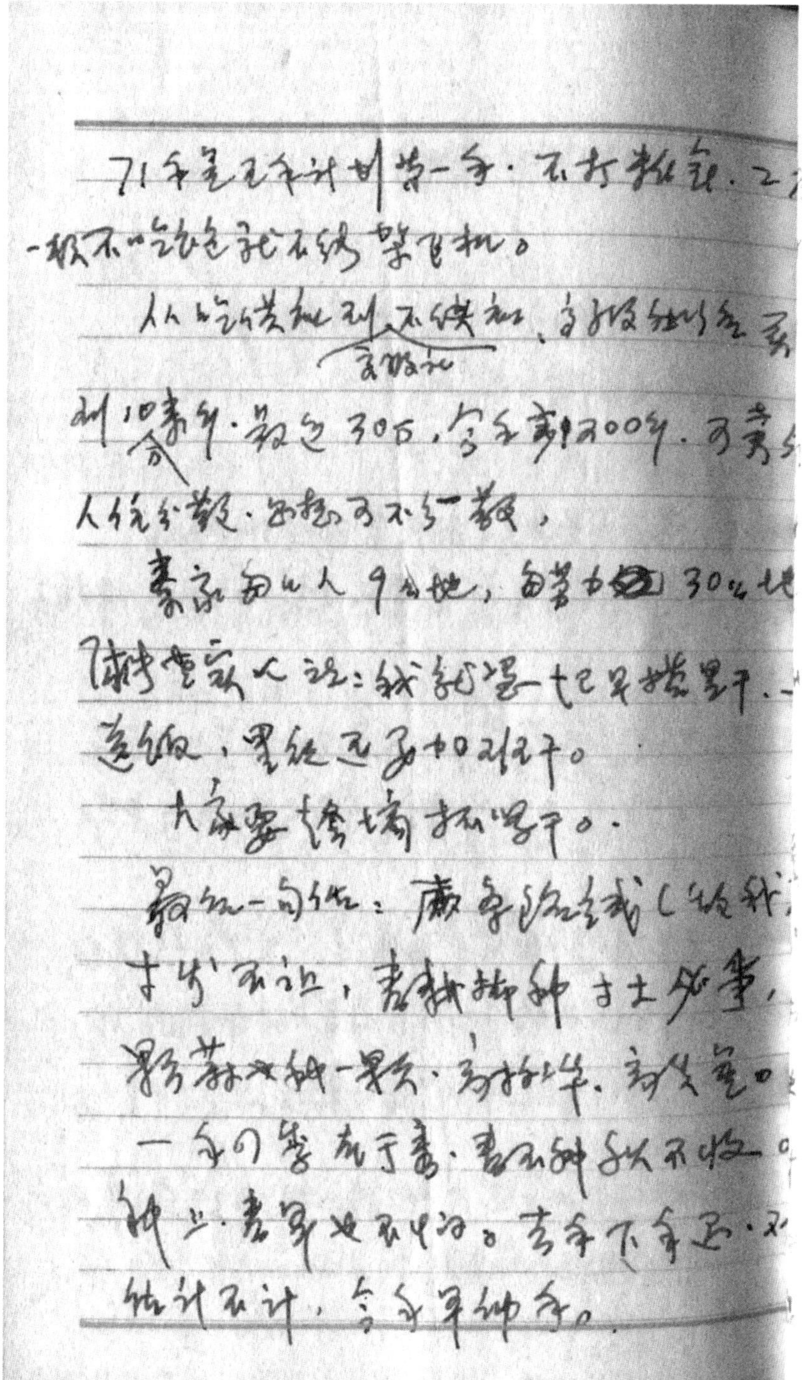

图4-67　（一九）七一年主要会议记录第六十六页

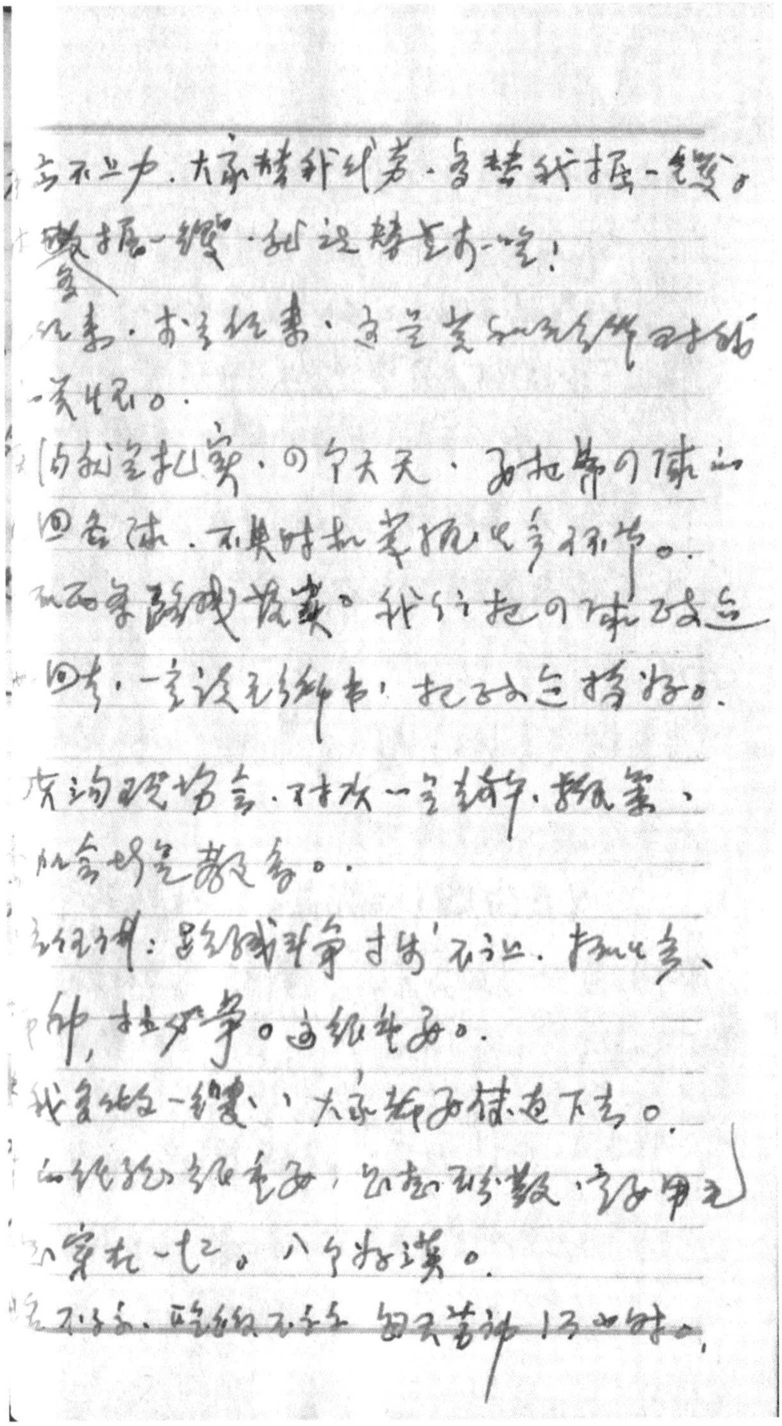

图4-68　（一九）七一年主要会议记录第六十七页

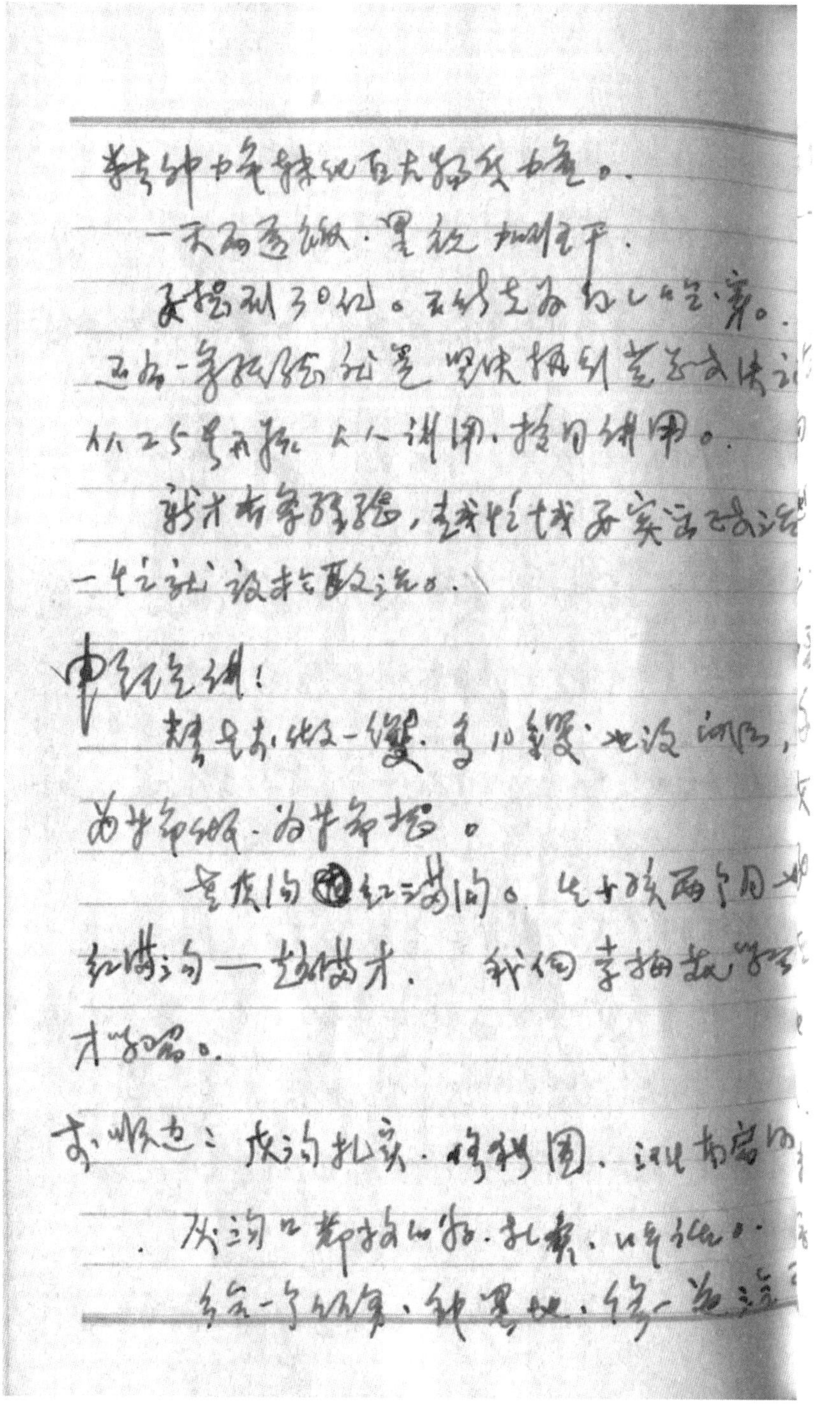

图4-69　（一九）七一年主要会议记录第六十八页

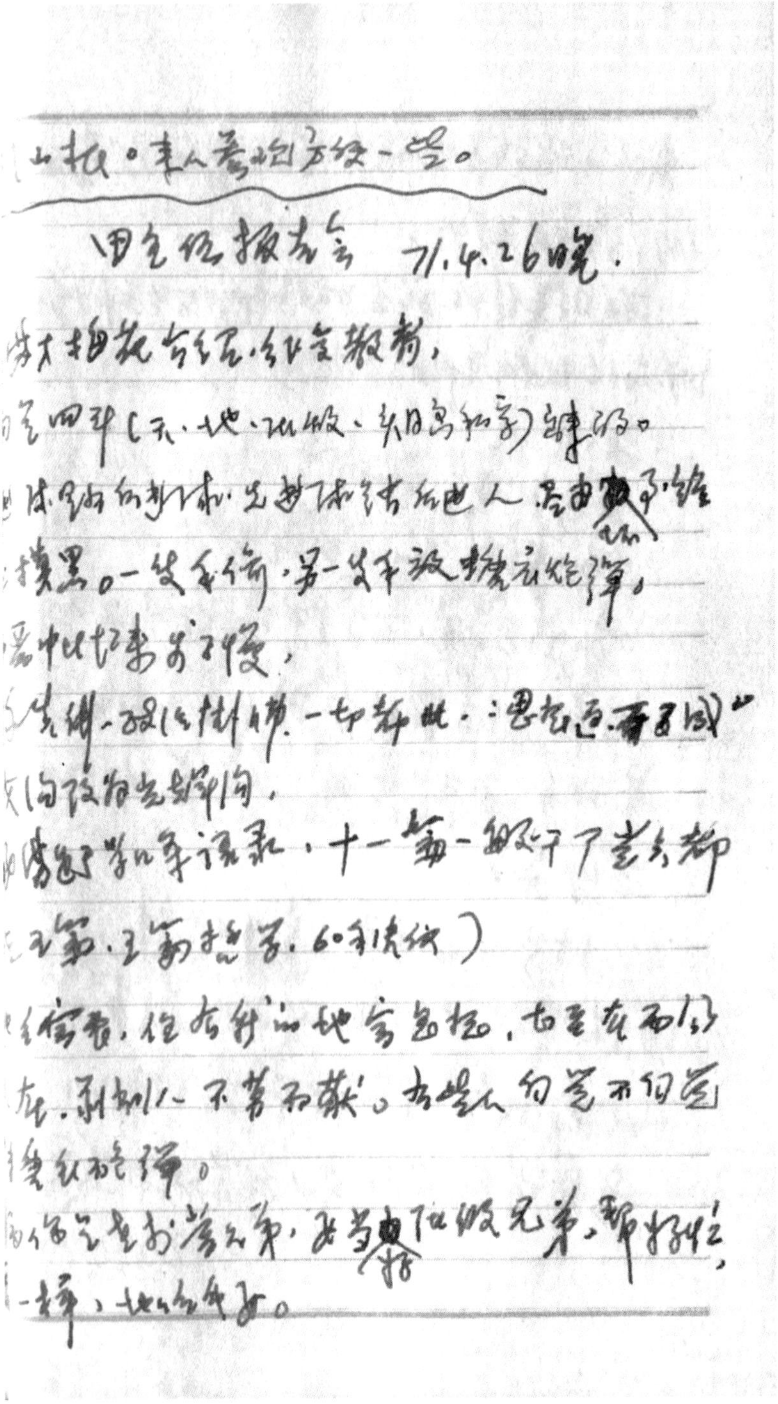

图4-70　（一九）七一年主要会议记录第六十九页

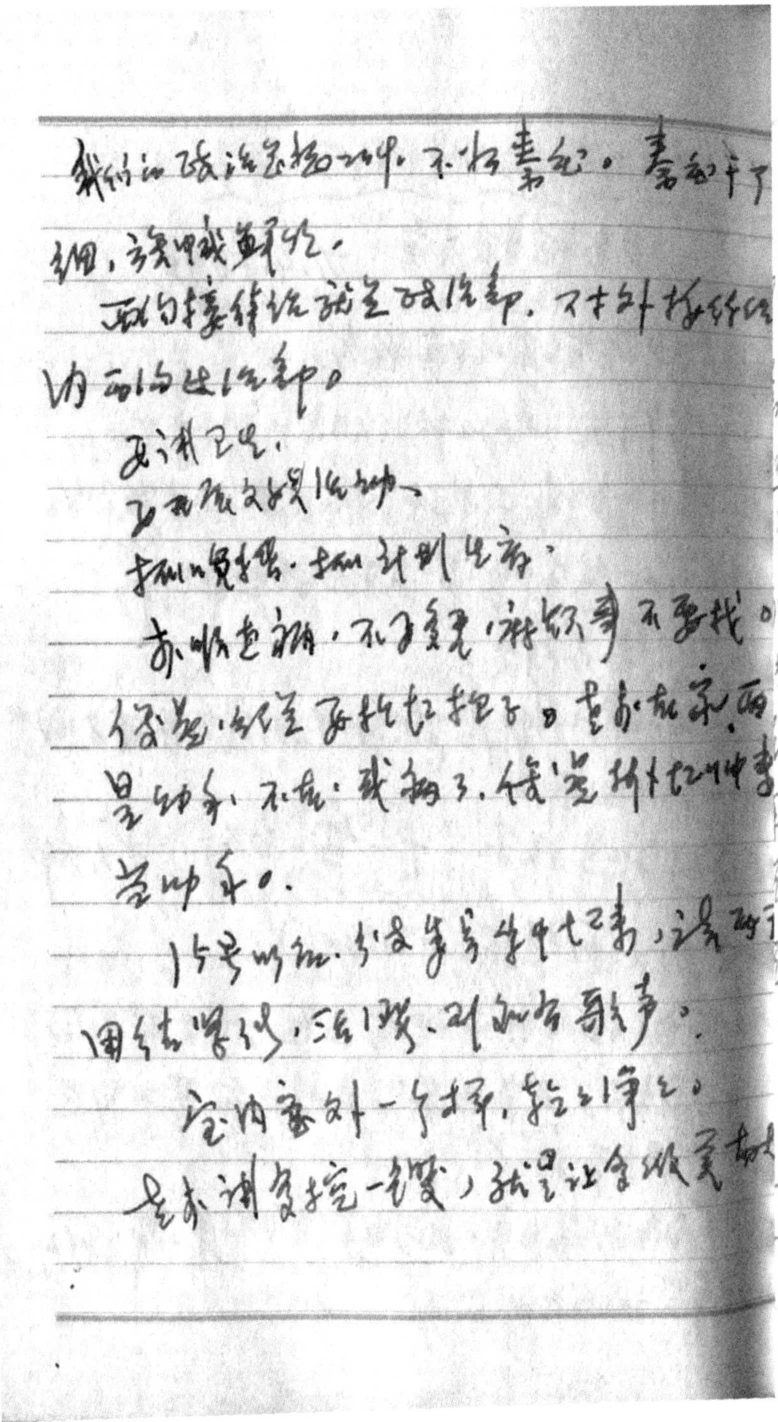

图4-71 （一九）七一年主要会议记录第七十页

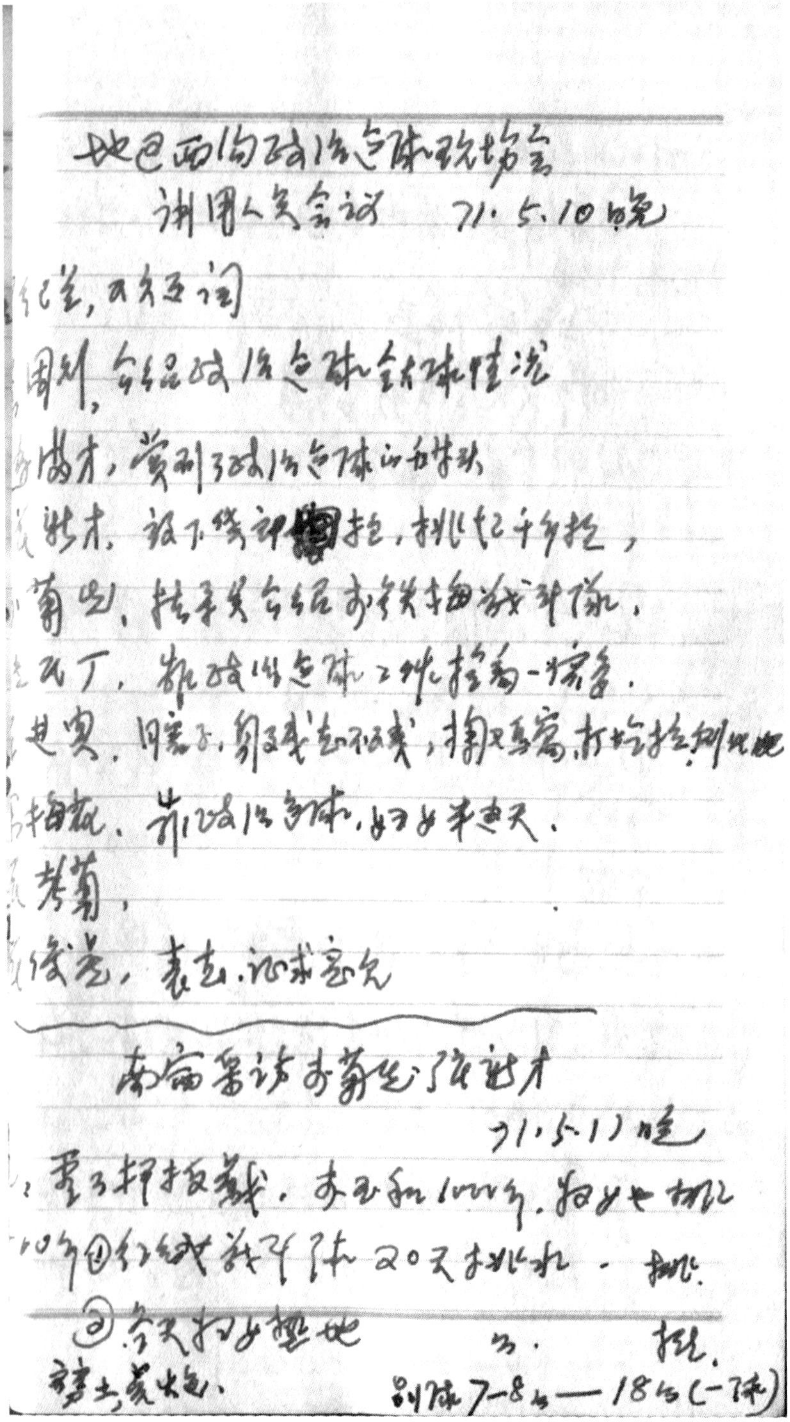

图4-72　（一九）七一年主要会议记录第七十一页

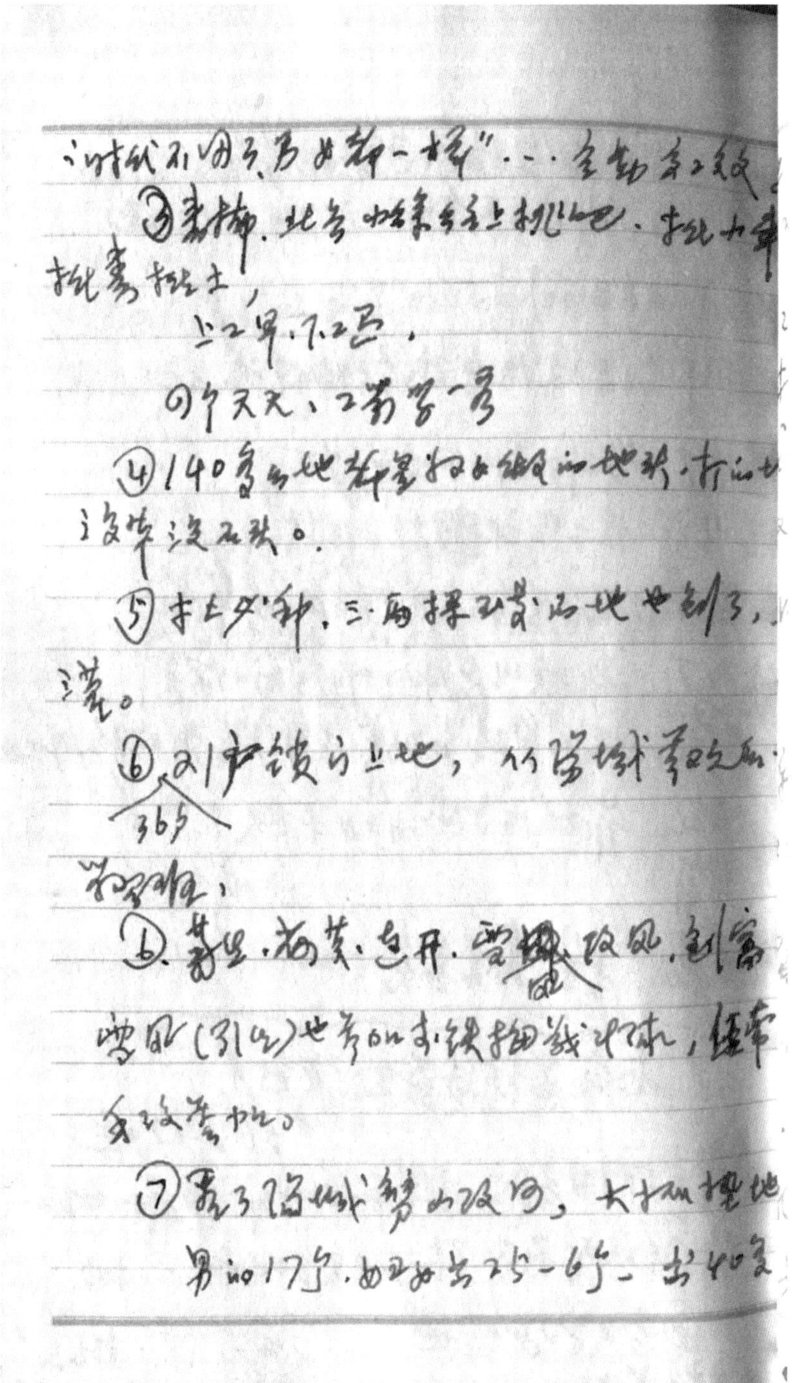

图4-73　（一九）七一年主要会议记录第七十二页

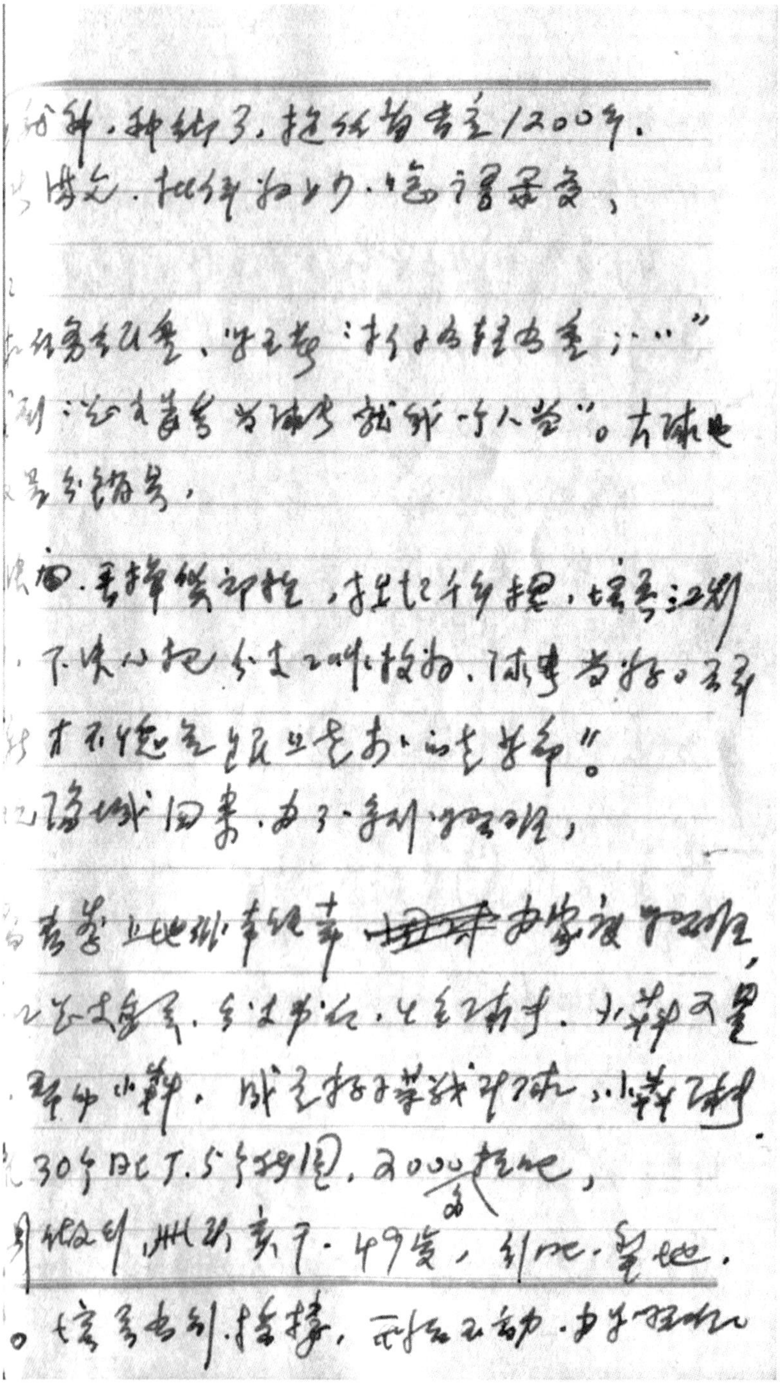

图4-74　（一九）七一年主要会议记录第七十三页

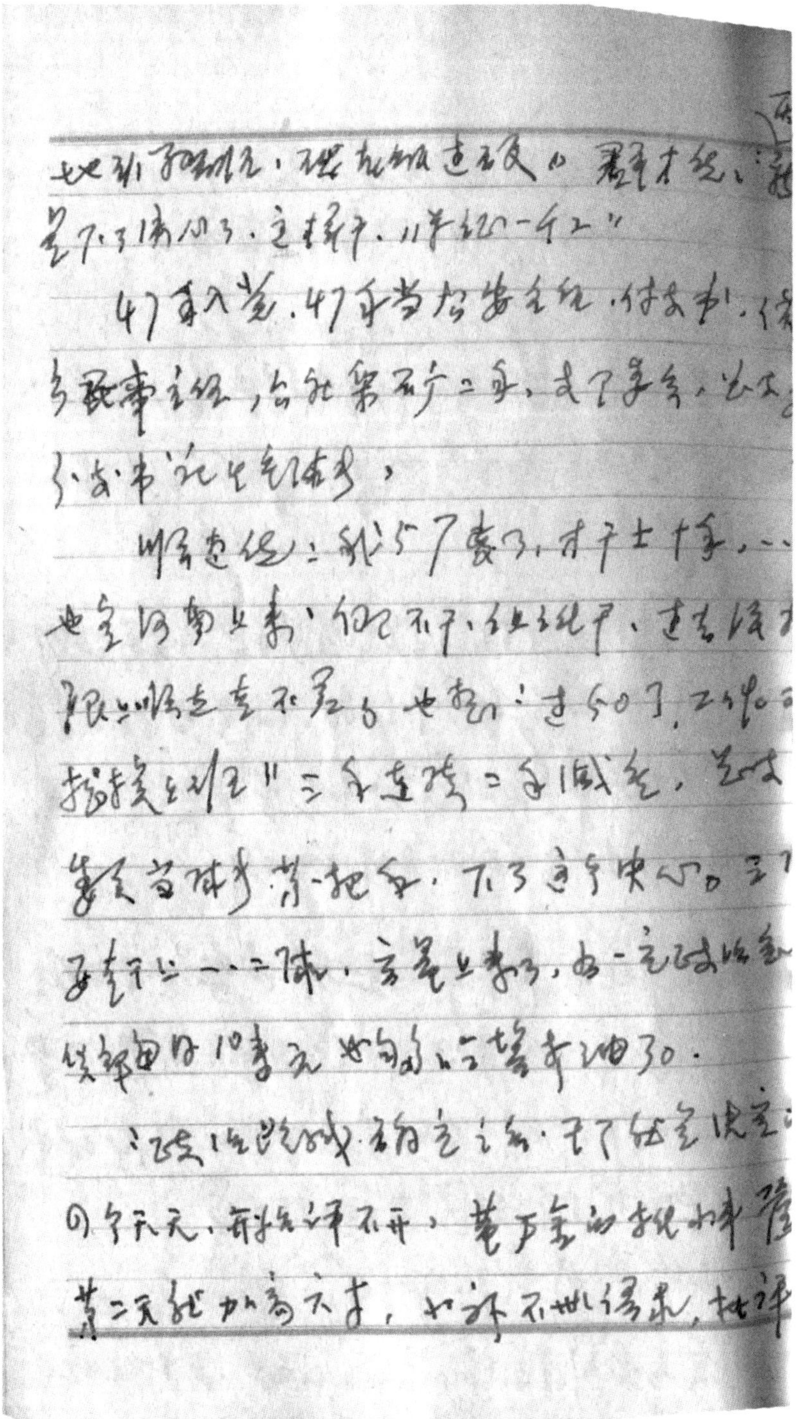

图4-75　（一九）七一年主要会议记录第七十四页

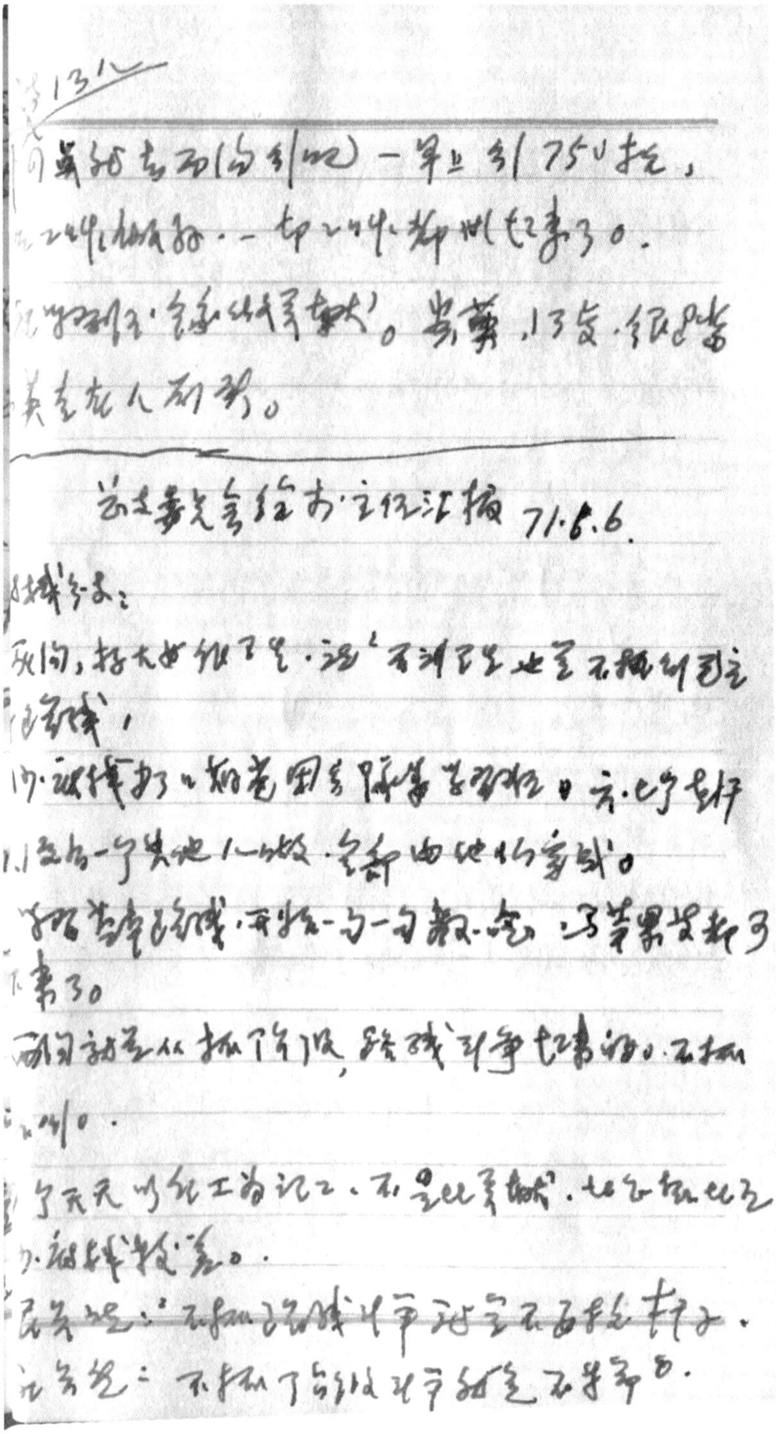

图4-76　（一九）七一年主要会议记录第七十五页

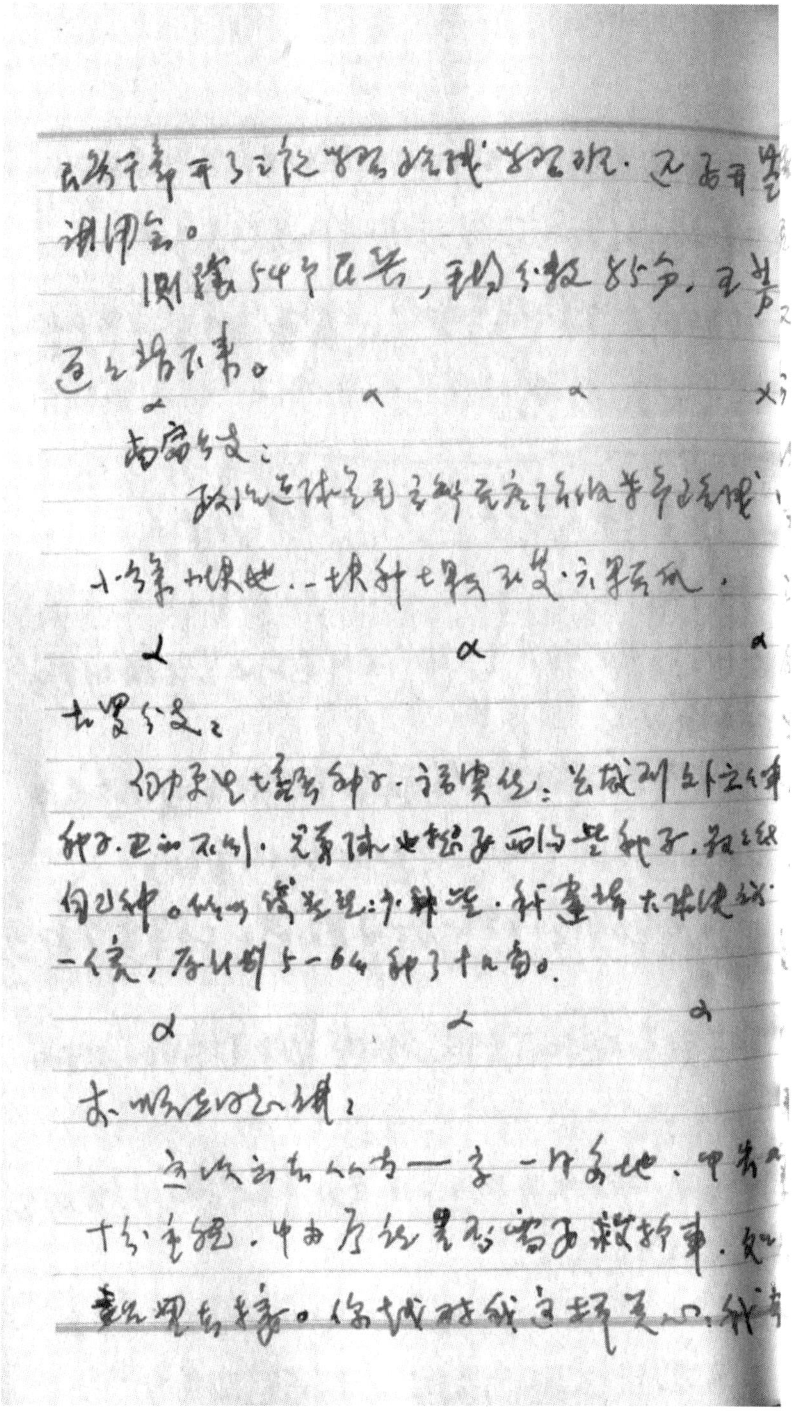

图4-77　（一九）七一年主要会议记录第七十六页

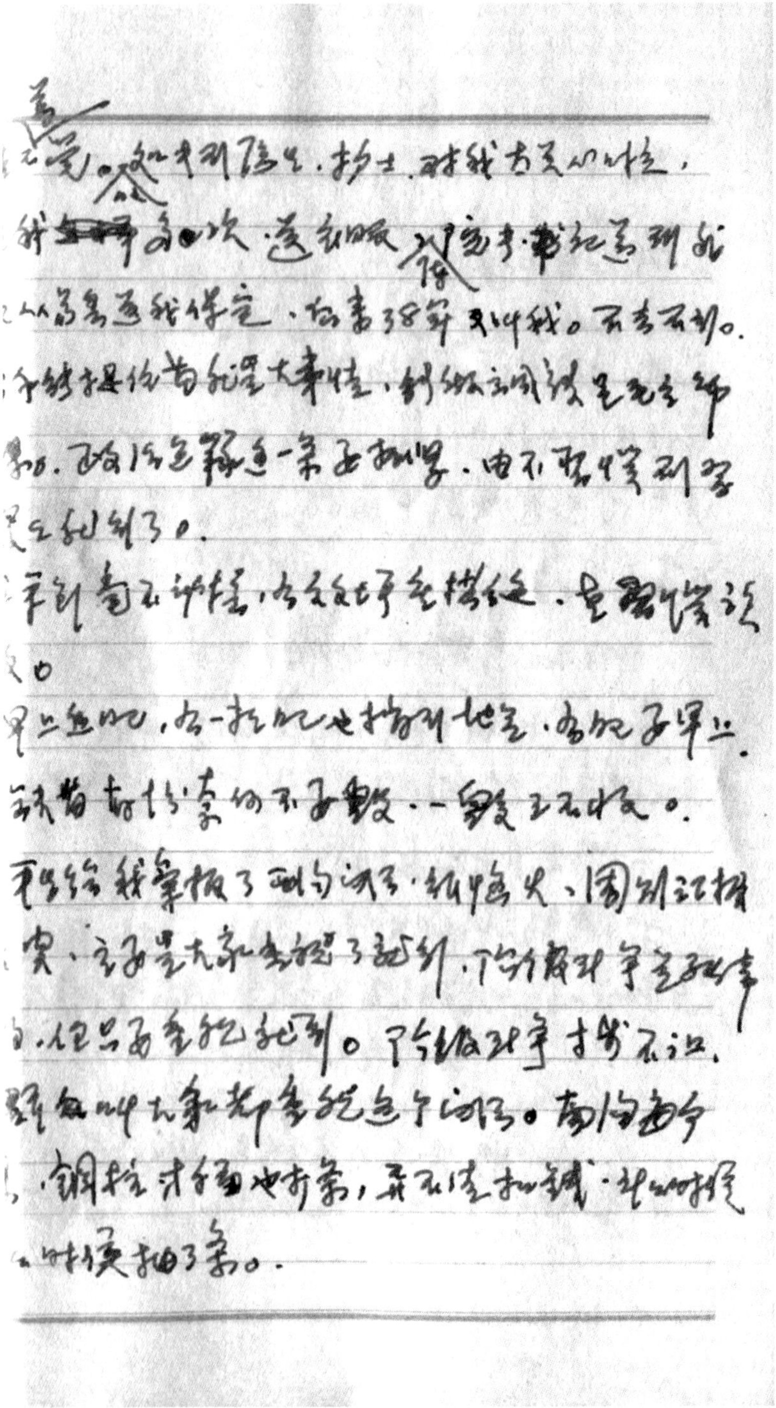

图4-78 （一九）七一年主要会议记录第七十七页

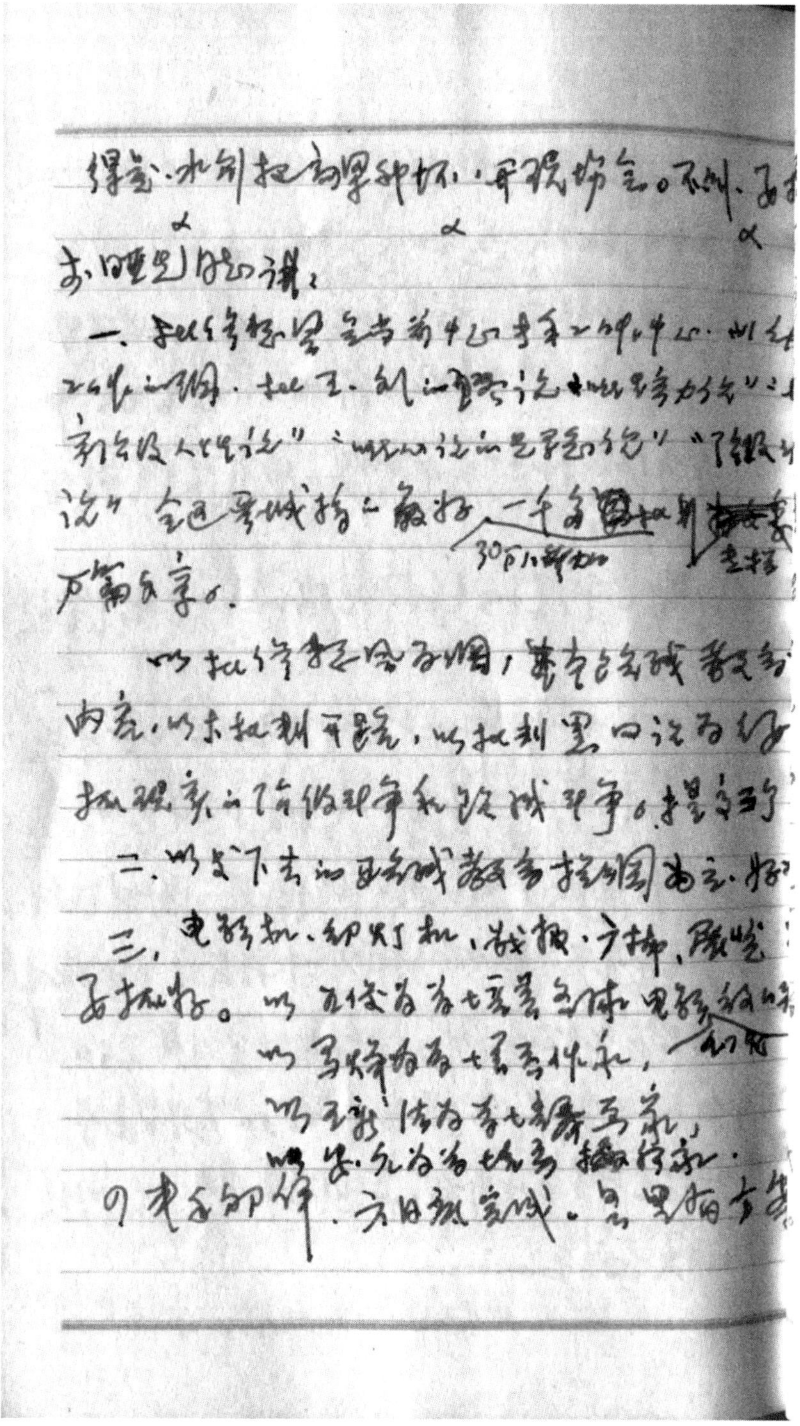

图4-79 （一九）七一年主要会议记录第七十八页

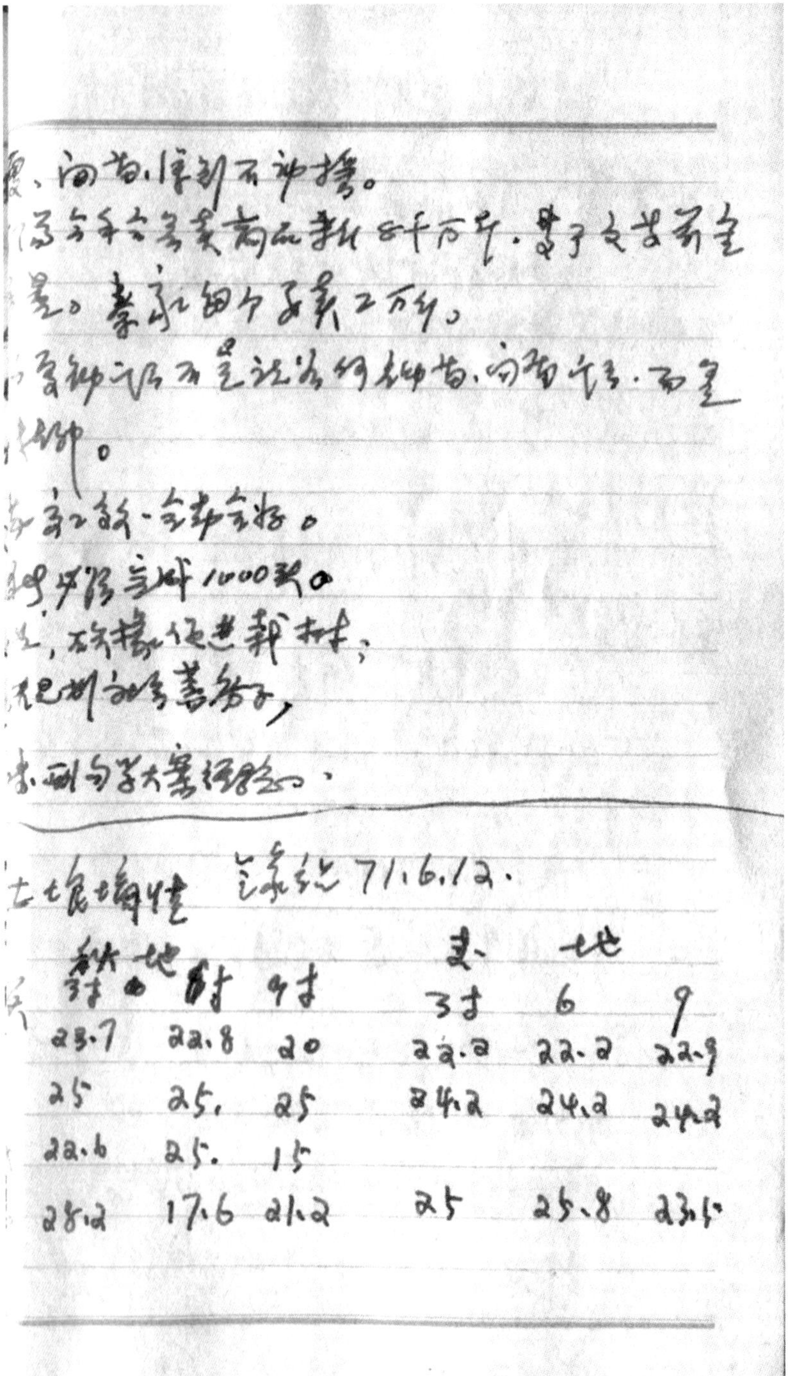

土壤墒情 记录 71.6.12.

秋地 3寸	6寸	9寸	麦地 3寸	6	9
23.7	22.8	20	22.2	22.2	22.9
25	25.	25	24.2	24.2	24.2
22.6	25.	15			
28.2	17.6	21.2	25	25.8	23.5

图4-80　（一九）七一年主要会议记录第七十九页

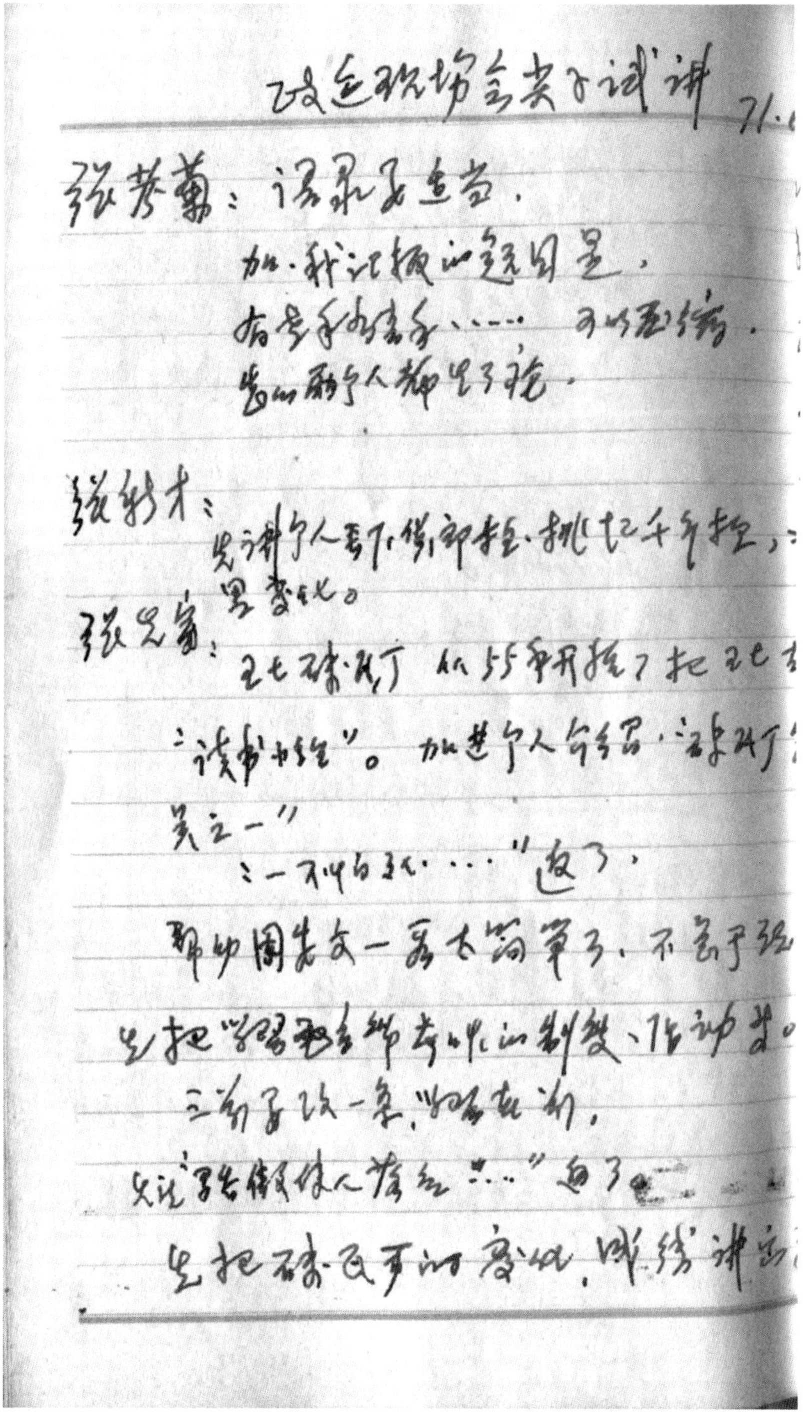

图4-81　（一九）七一年主要会议记录第八十页

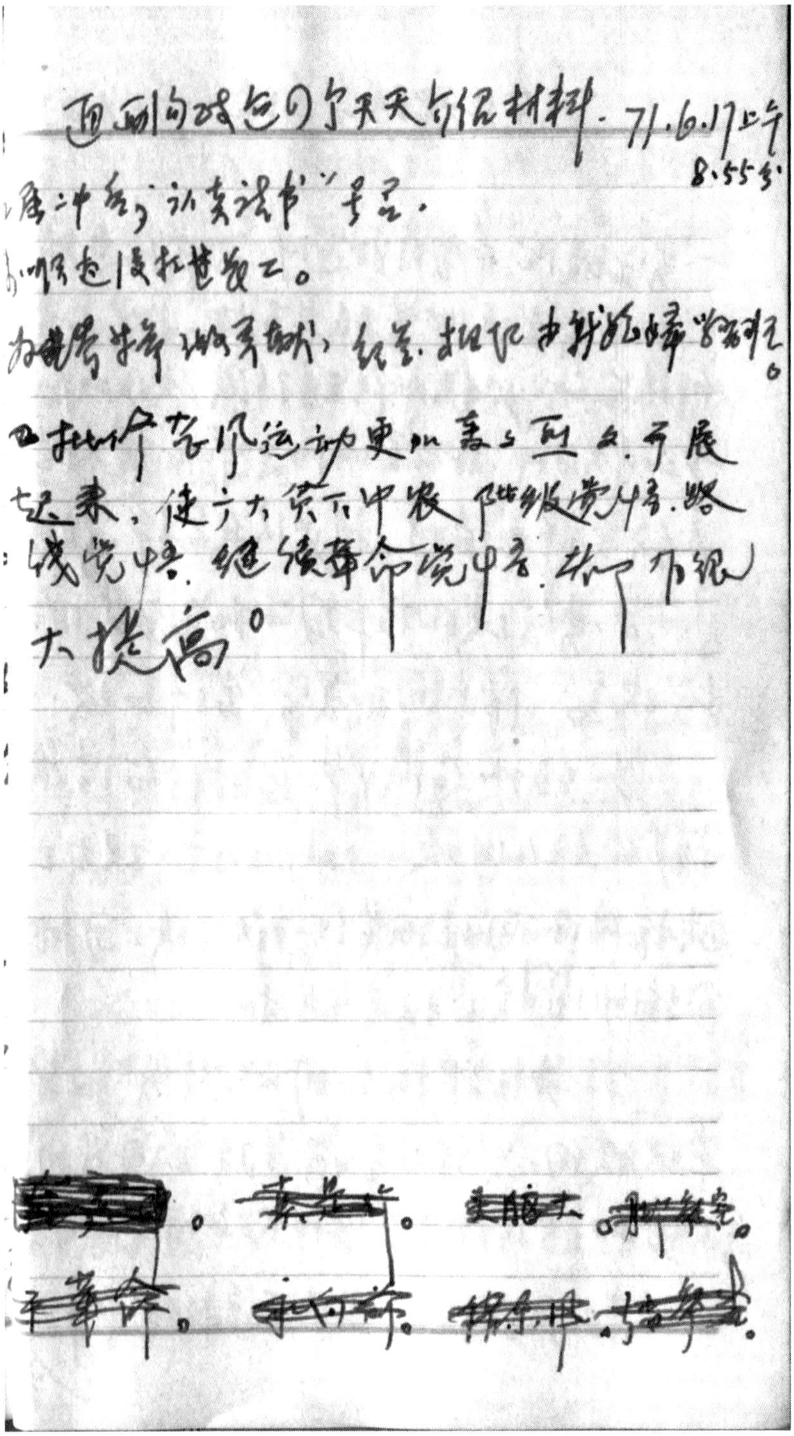

通知向群众的[illegible]介绍材料. 71.6.17上午 8:55分

[illegible]二中全会，认真读书"学习。

[illegible]工。

[illegible]

四 批修整风运动更加深入开展起来，使广大贫下中农阶级觉悟、路线觉悟、继续革命觉悟都有很大提高。

[redacted]。[illegible]。[illegible]。[illegible]。

[illegible]。[illegible]。[illegible]。[illegible]。

图4–82 （一九）七一年主要会议记录第八十一页

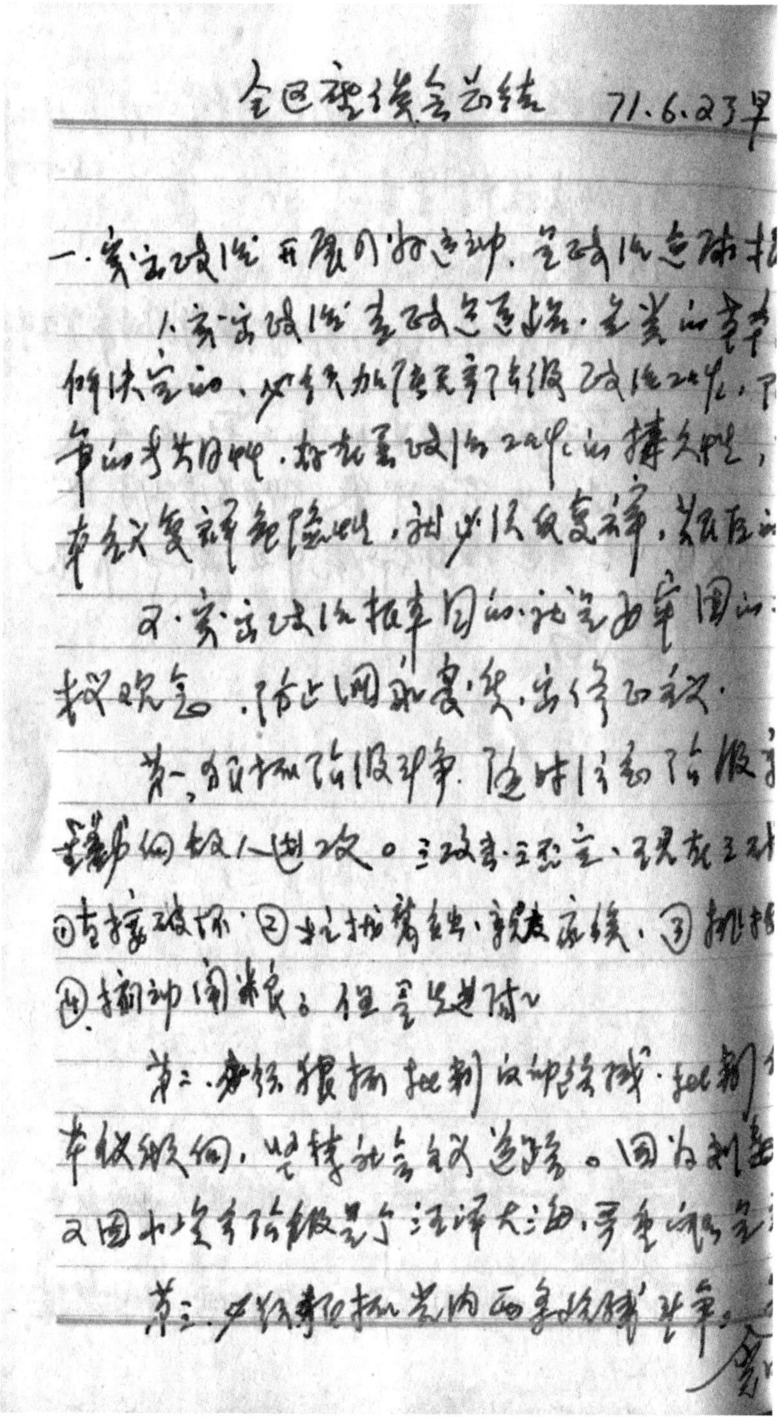

图4–83 （一九）七一年主要会议记录第八十二页

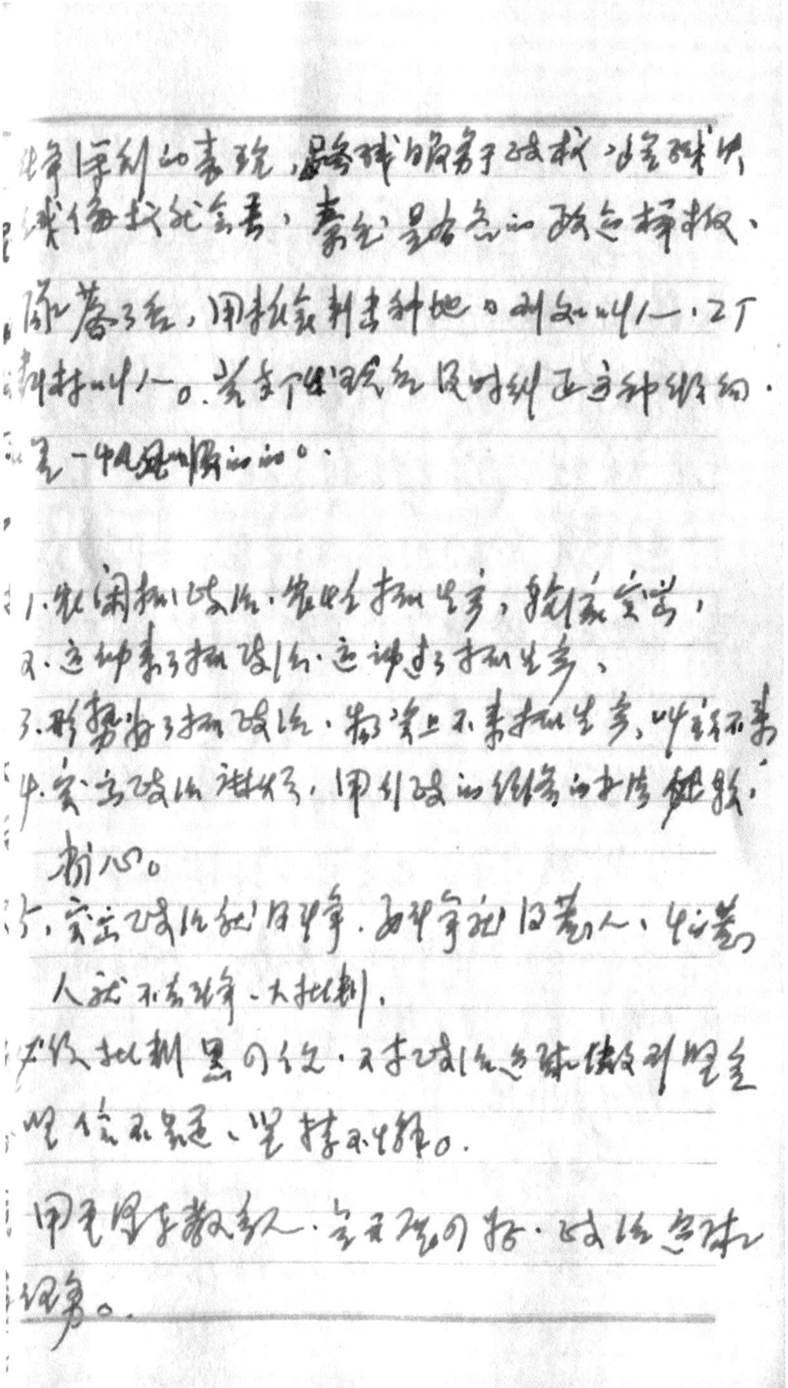

图4-84　（一九）七一年主要会议记录第八十三页

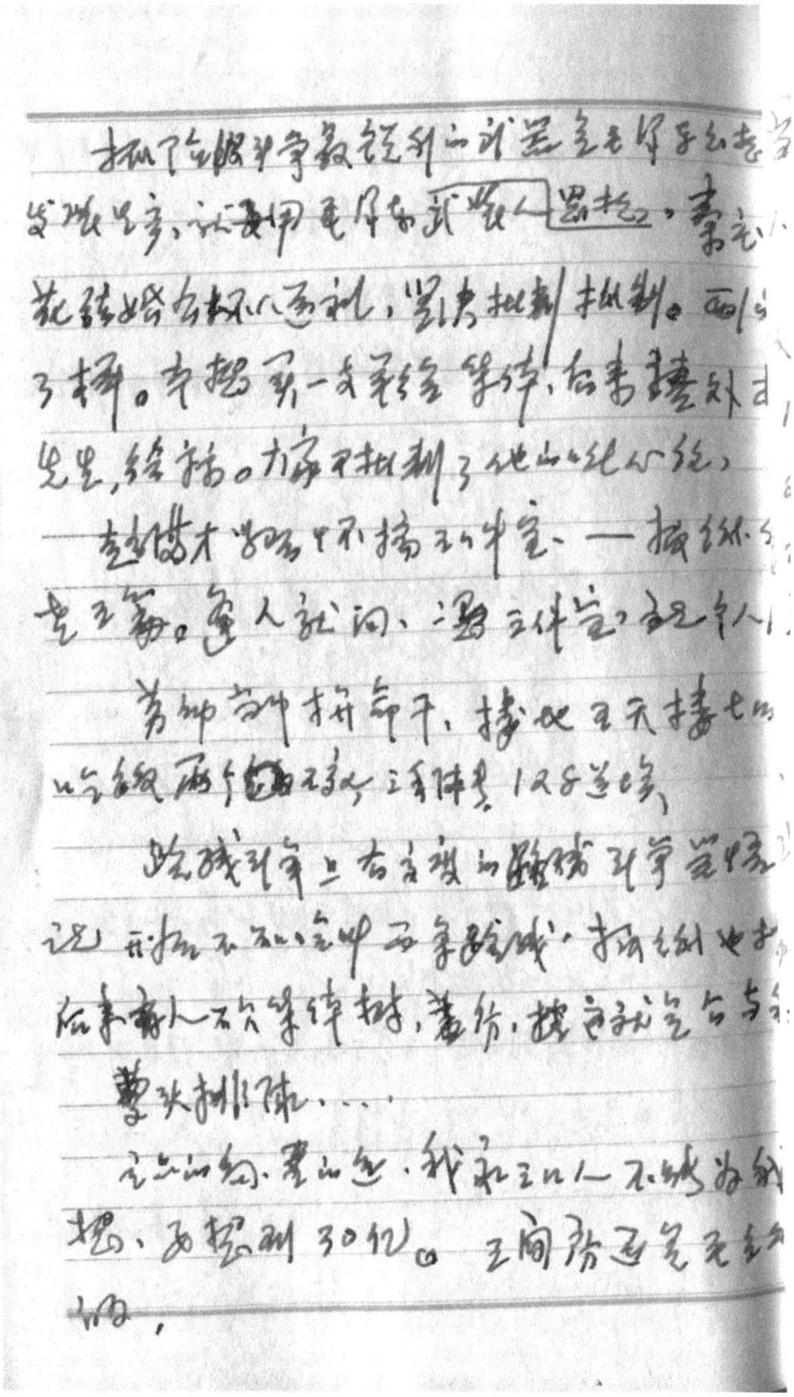

图4-85　（一九）七一年主要会议记录第八十四页

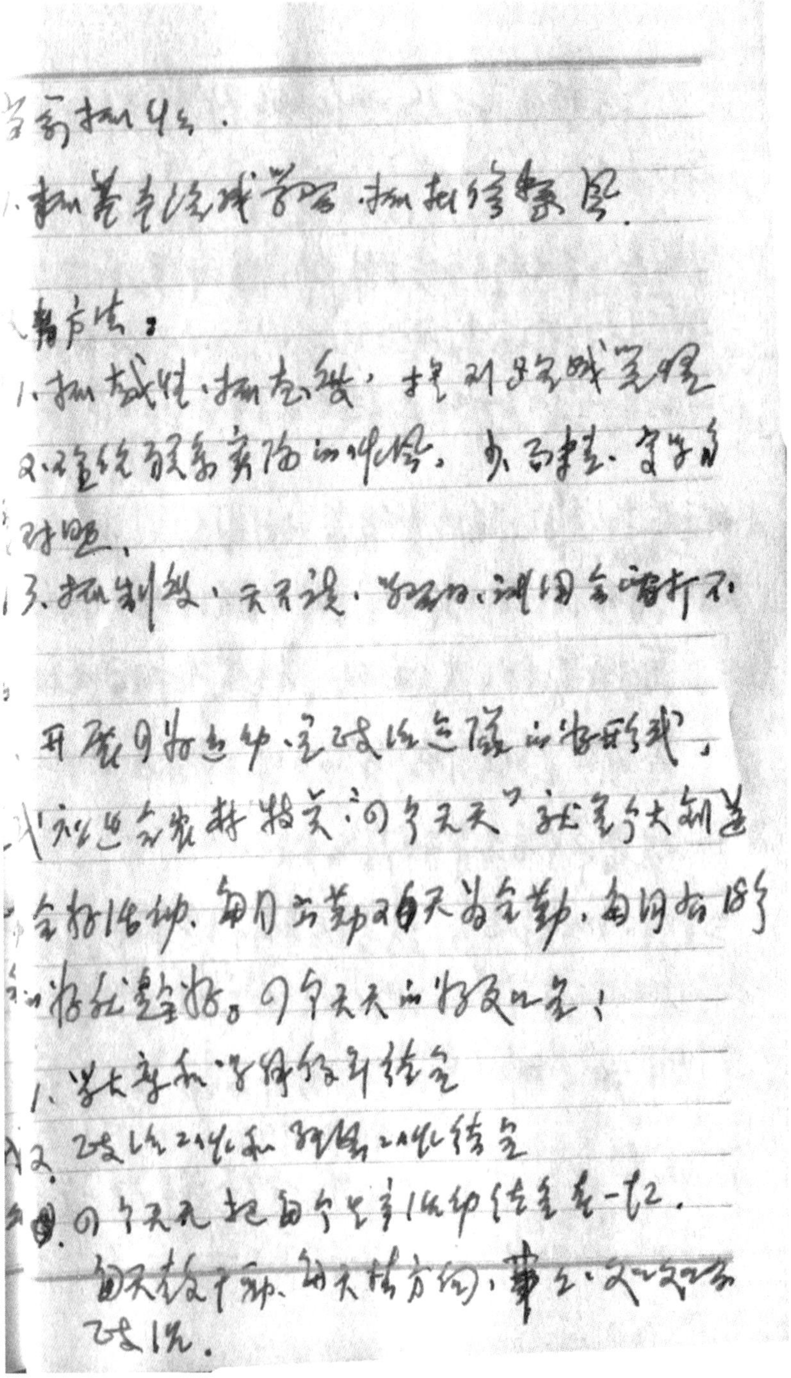

图4-86　（一九）七一年主要会议记录第八十五页

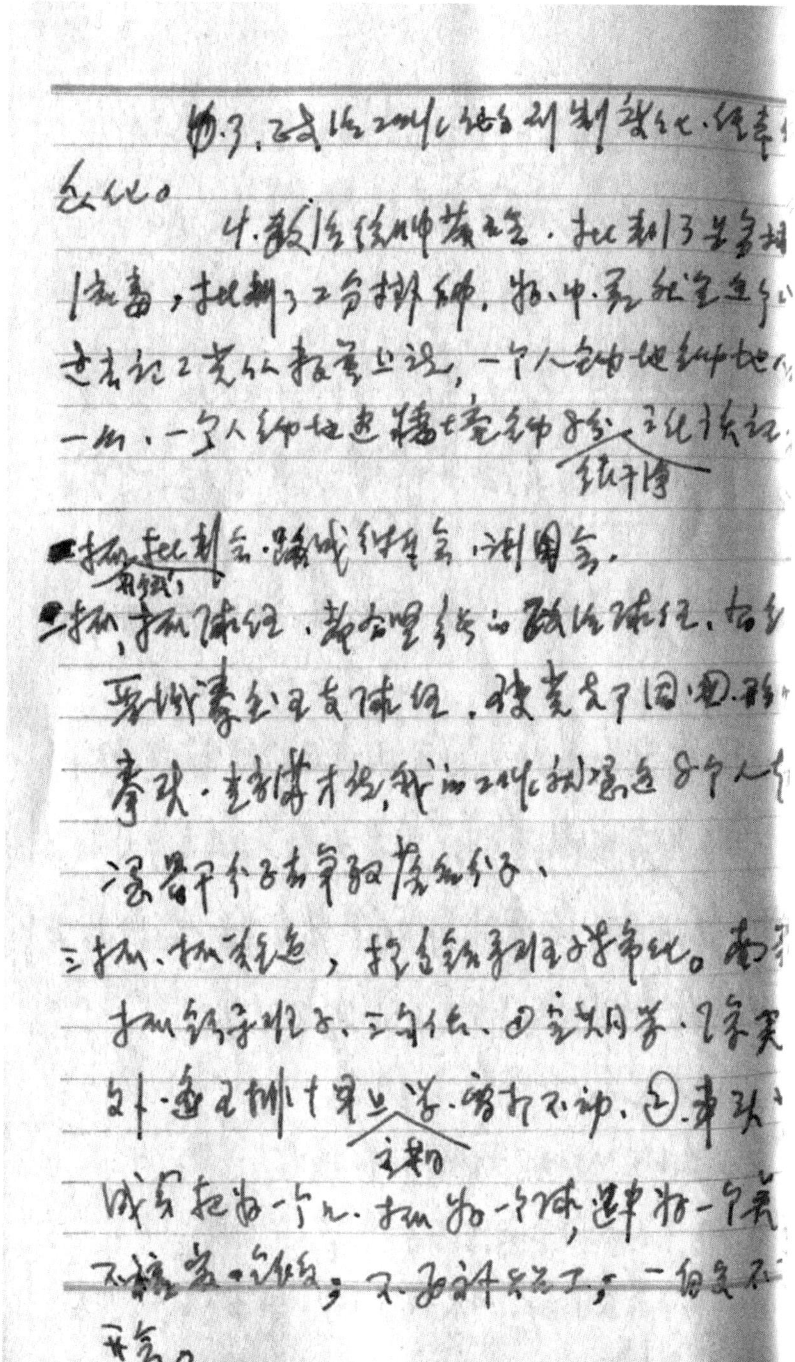

图4-87　（一九）七一年主要会议记录第八十六页

[illegible]

[illegible]

[illegible]

[illegible]

[illegible]

[illegible]

[illegible]

[illegible]

四、[illegible]

[illegible]

[illegible]

图4-88 （一九）七一年主要会议记录第八十七页

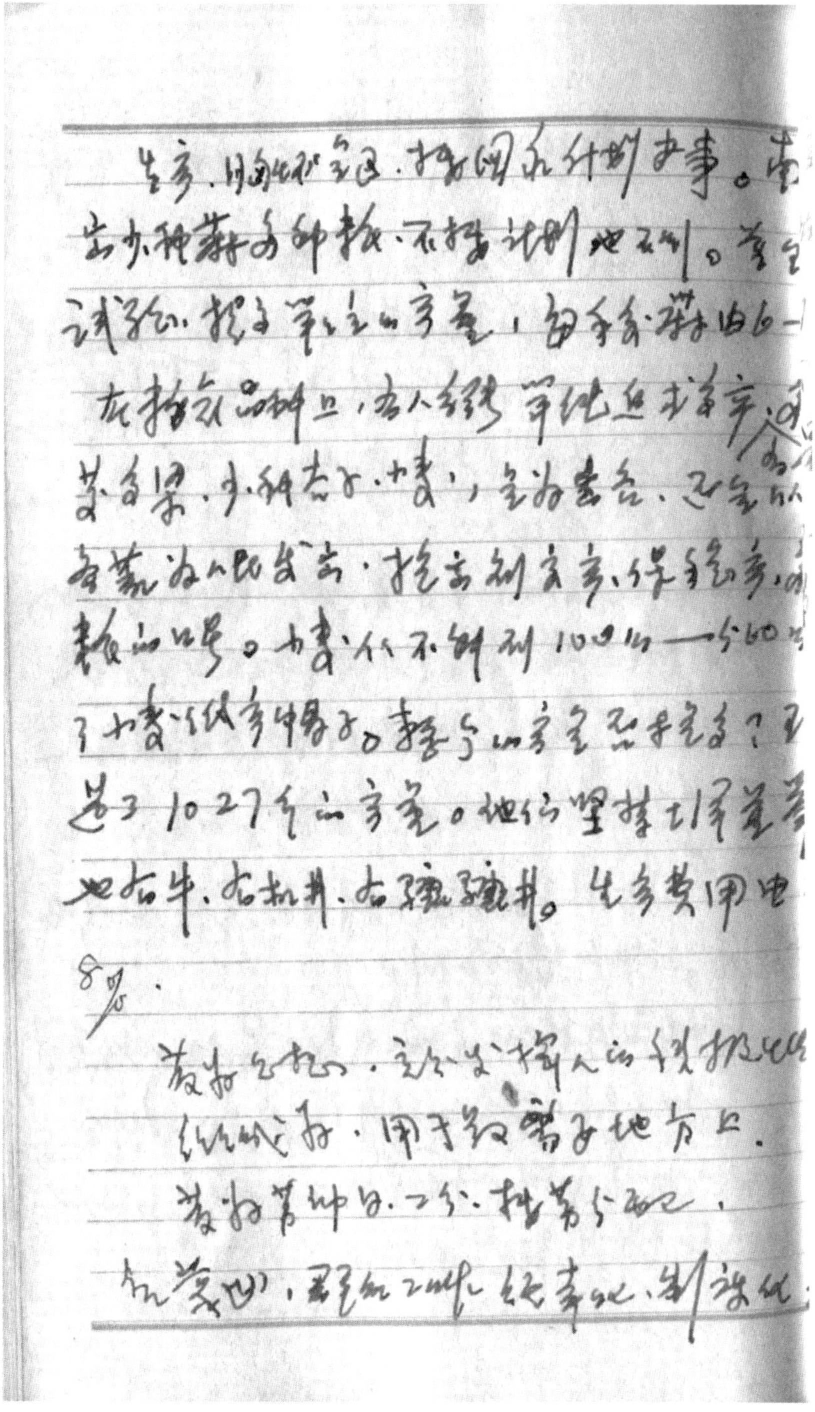

图4-89　（一九）七一年主要会议记录第八十八页

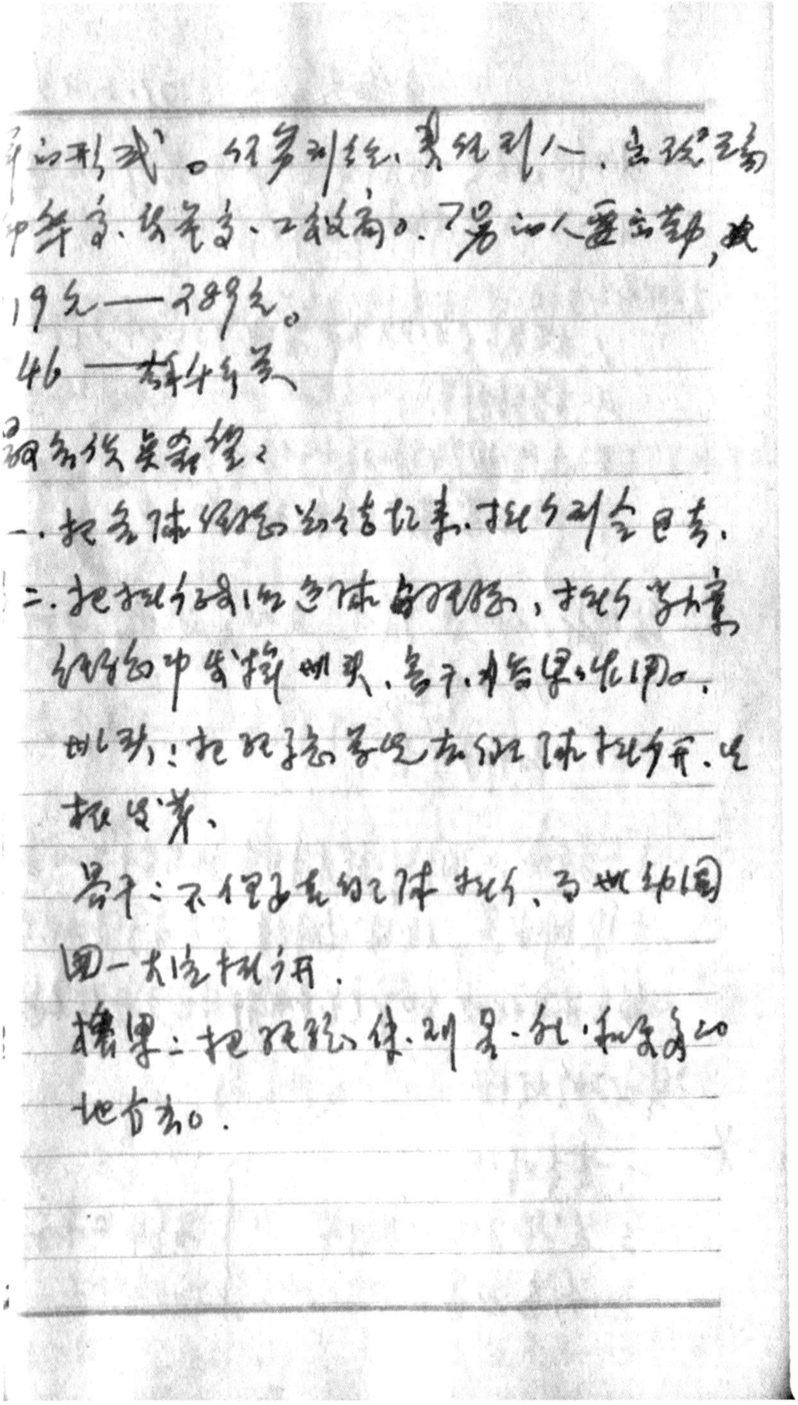

图4-90　（一九）七一年主要会议记录第八十九页

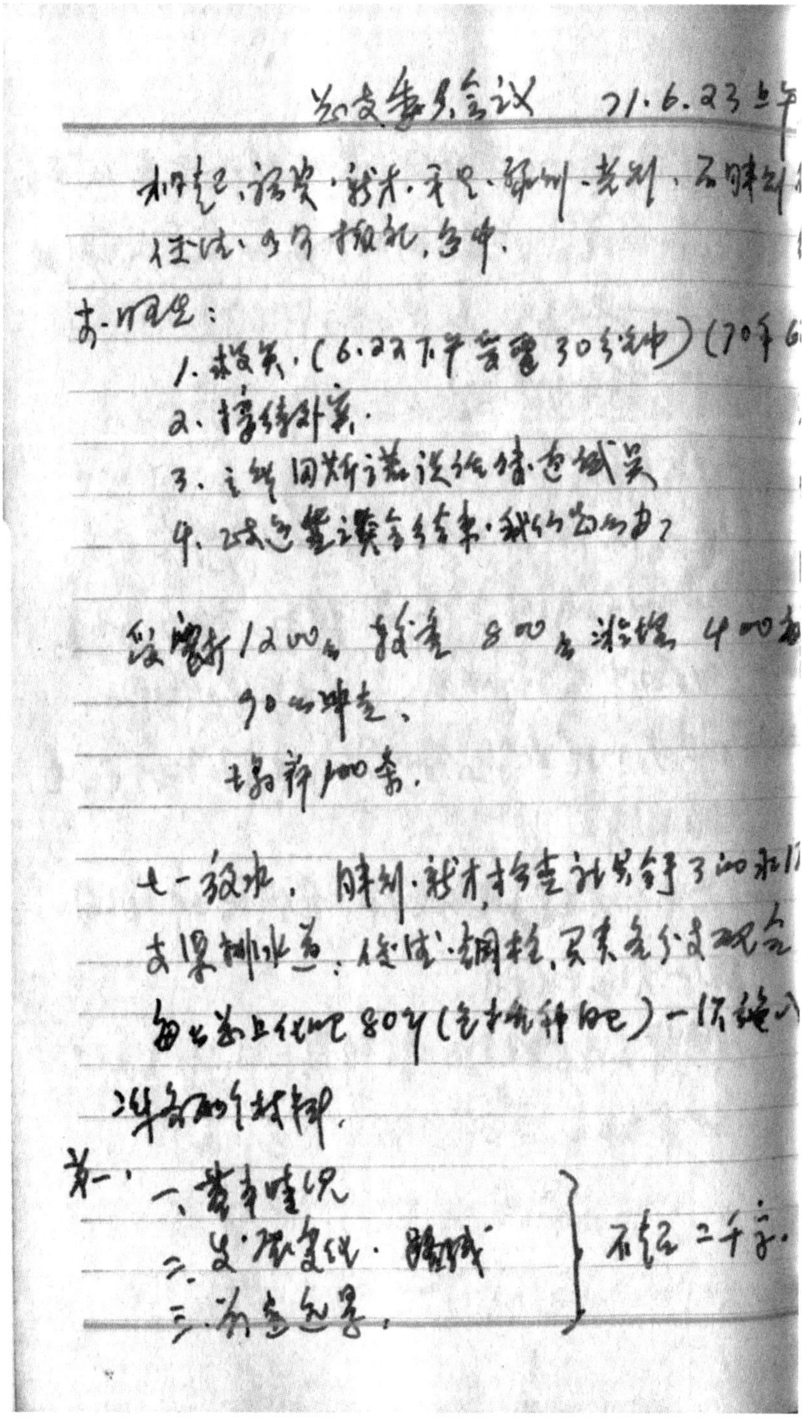

图4-91　（一九）七一年主要会议记录第九十页

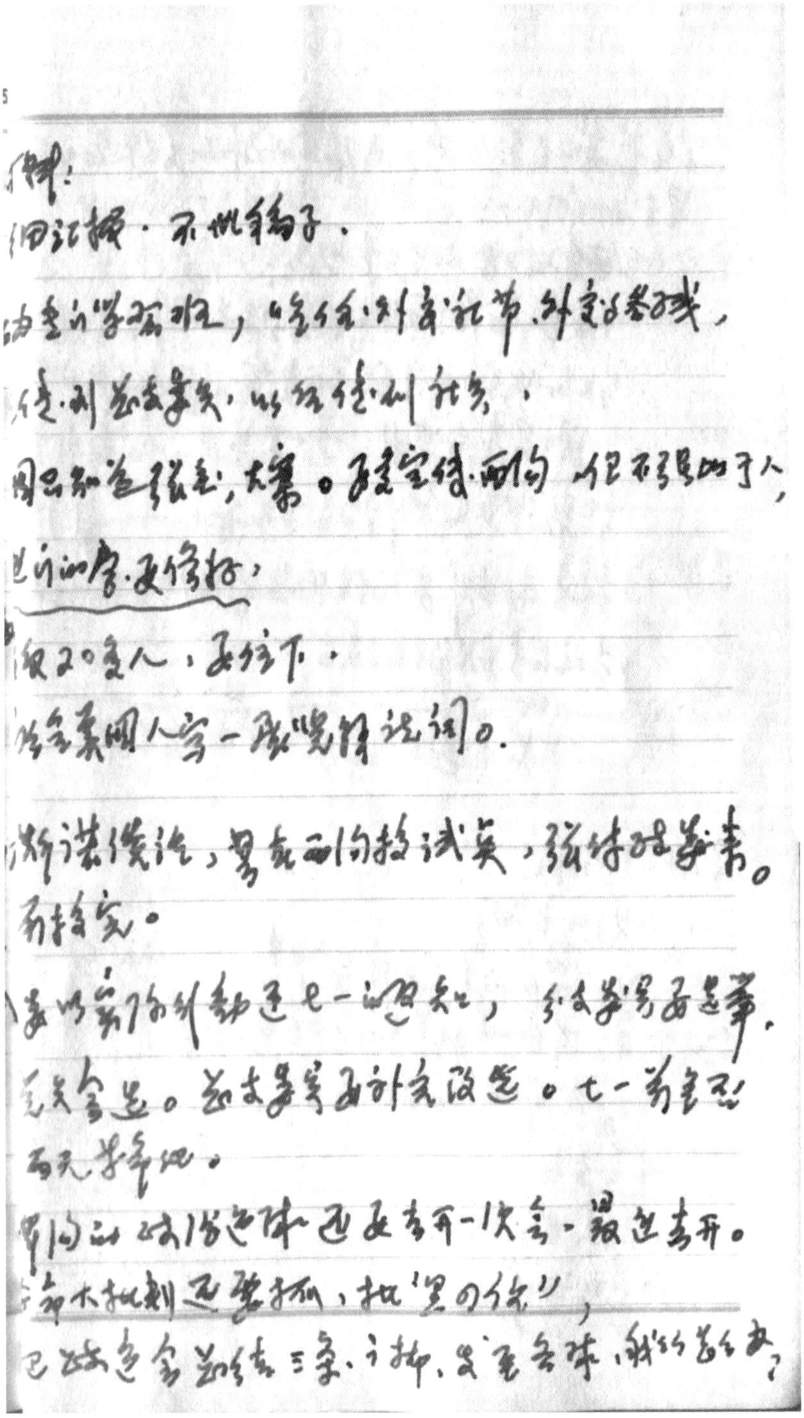

图4-92 （一九）七一年主要会议记录第九十一页

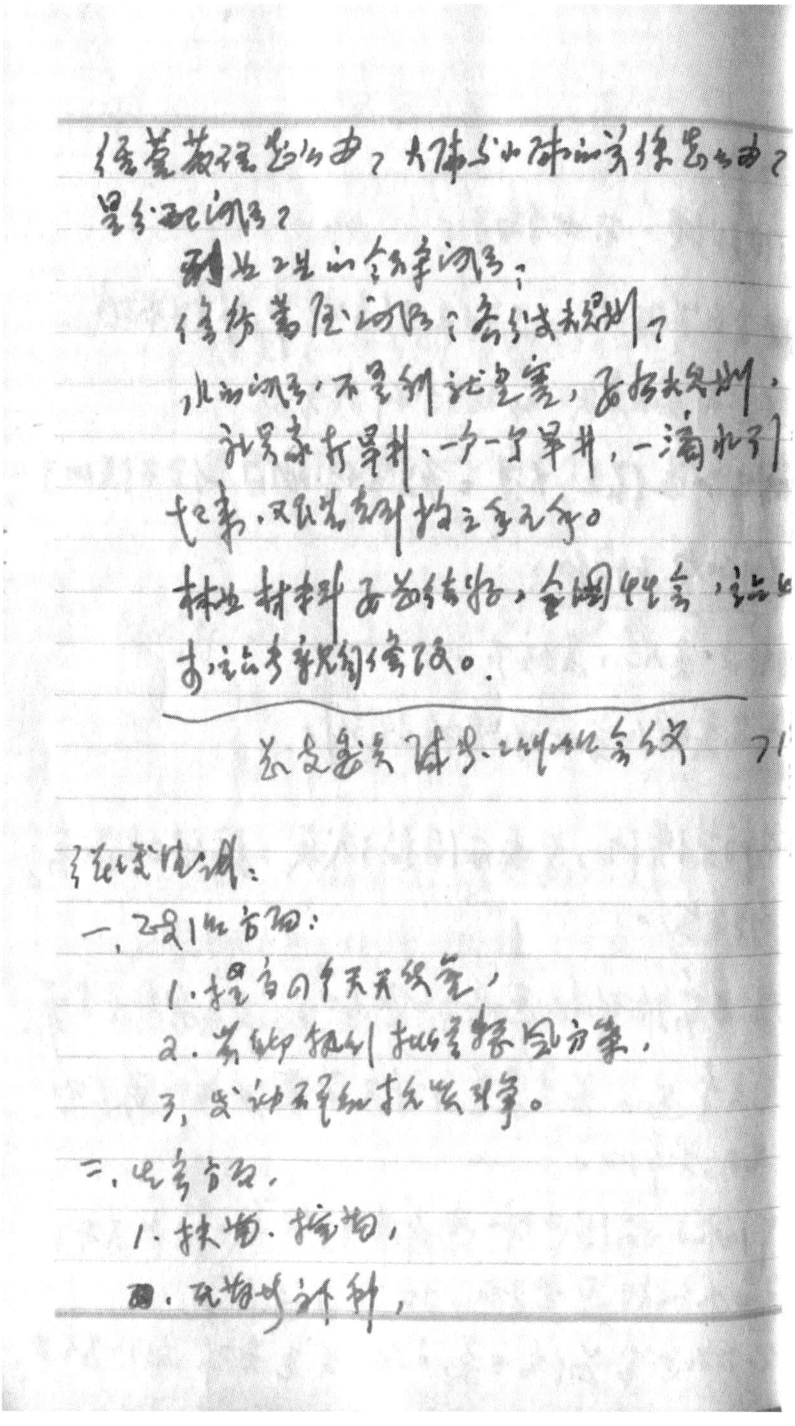

图4-93 （一九）七一年主要会议记录第九十二页

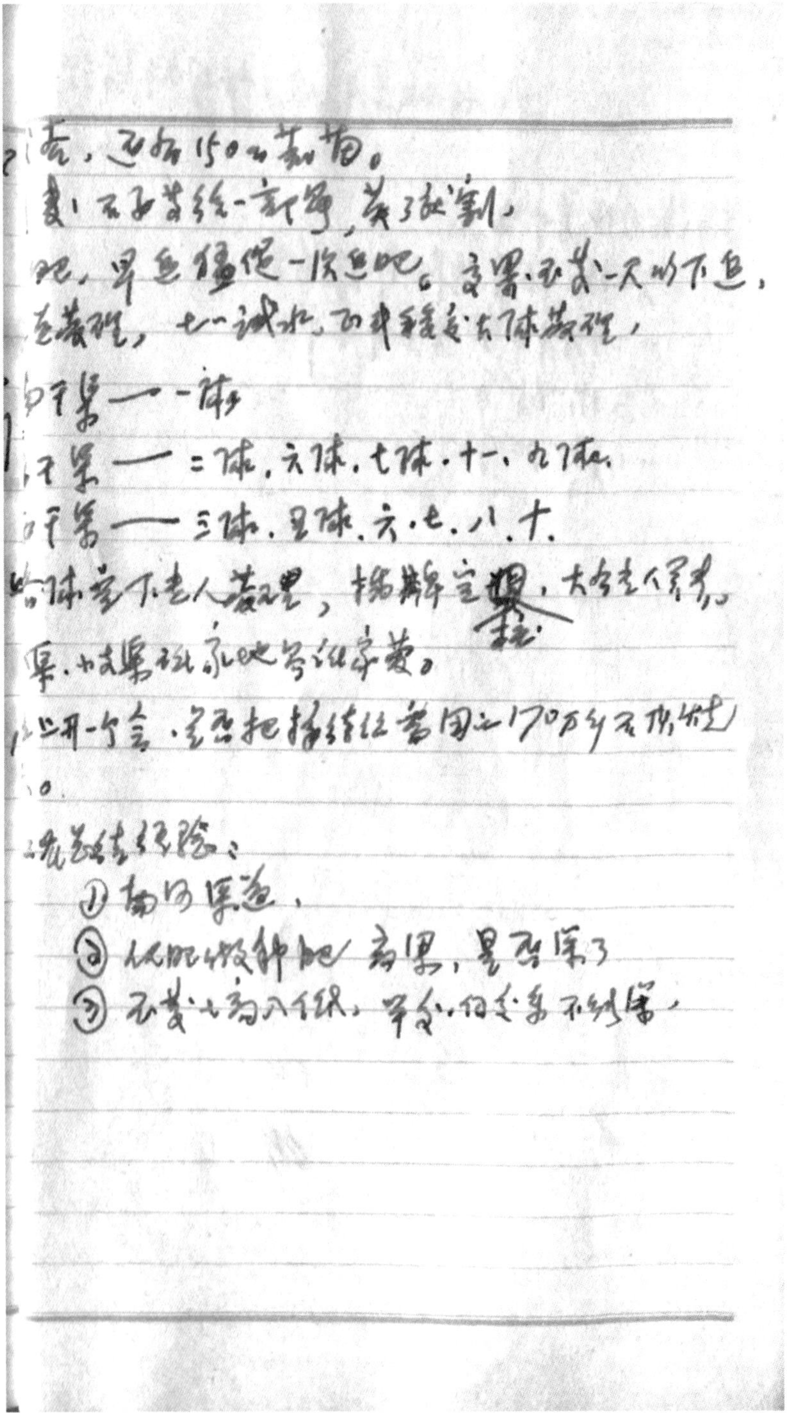

图4-94　（一九）七一年主要会议记录第九十三页

张体政传达毛主席同斯诺谈话

71.6.25下

斯诺四次来中国。

第一次36年。去边区陕北来。

〃二次49年 写毛主席生平.

〃三次65年

〃四次70年

图4–95　（一九）七一年主要会议记录第九十四页

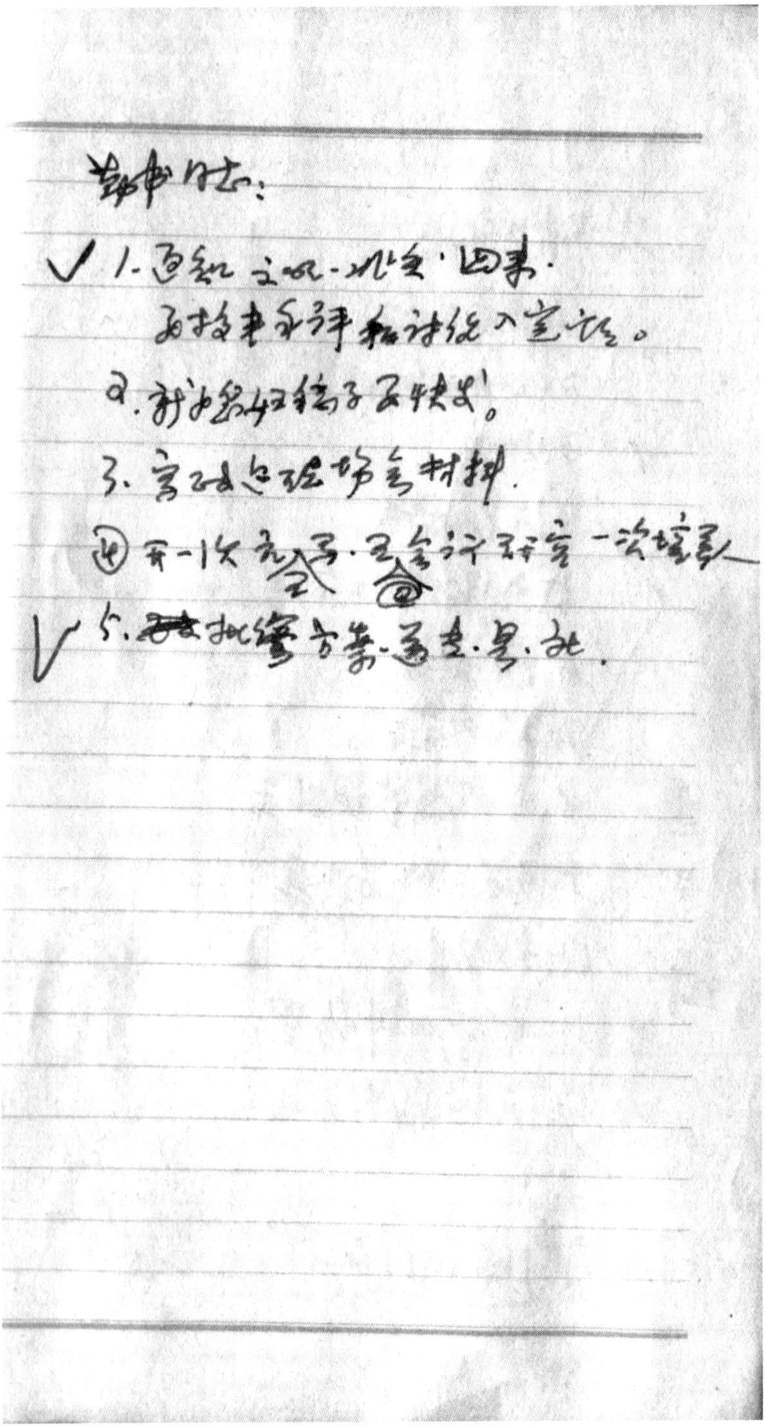
郭[illegible]同志：

1. 通知文化、水电、四[illegible]。
[illegible]接来手续[illegible]讨论[illegible]宣传。

2. 新的妇女组织要快些。

3. [illegible]总结[illegible]材料。

④ 开一次[illegible]、[illegible]会计[illegible]一次[illegible]

5. 批修方案、[illegible]

图4-96 （一九）七一年主要会议记录第九十五页

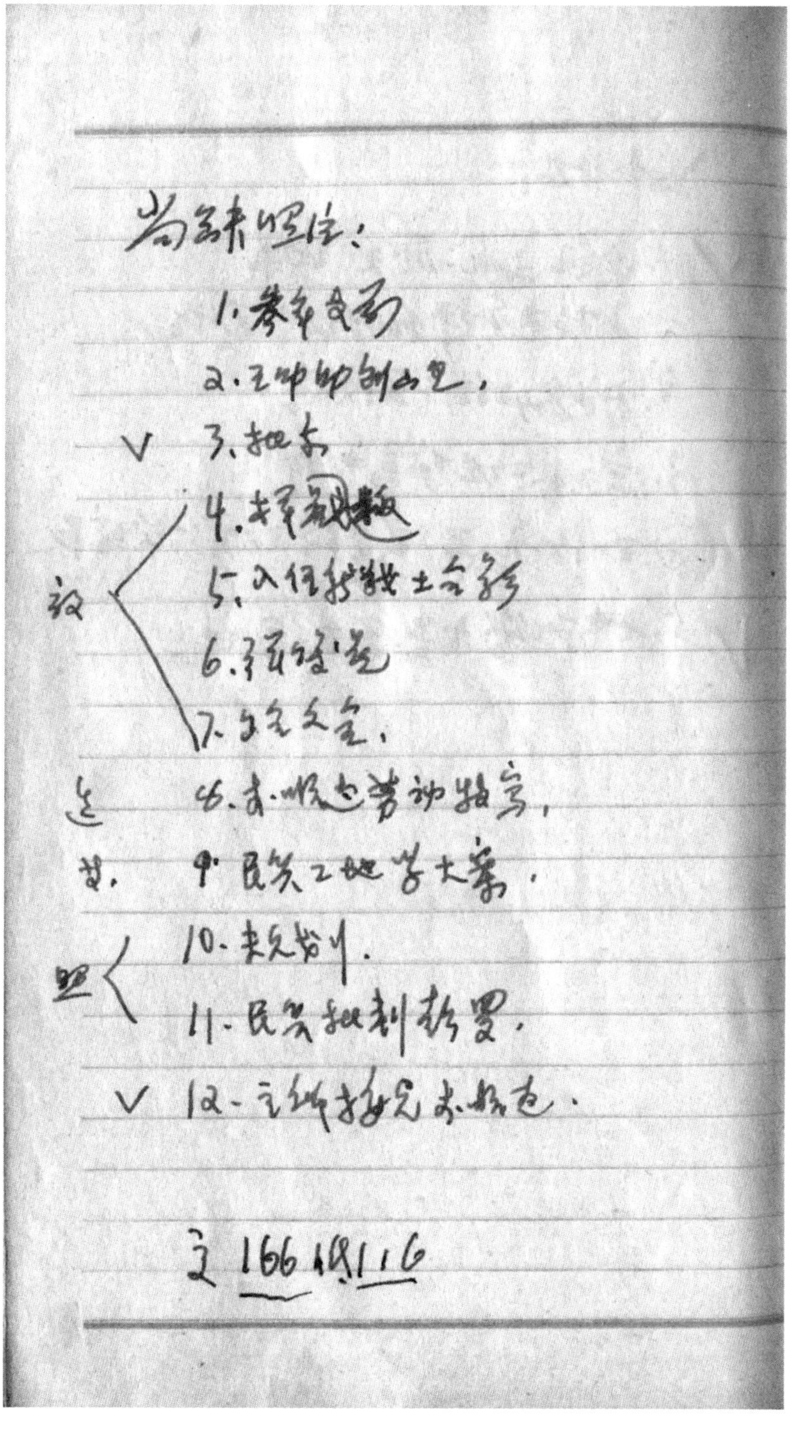

图4-97　（一九）七一年主要会议记录第九十六页

五、工作笔记

（一）西沟生产大队基本情况

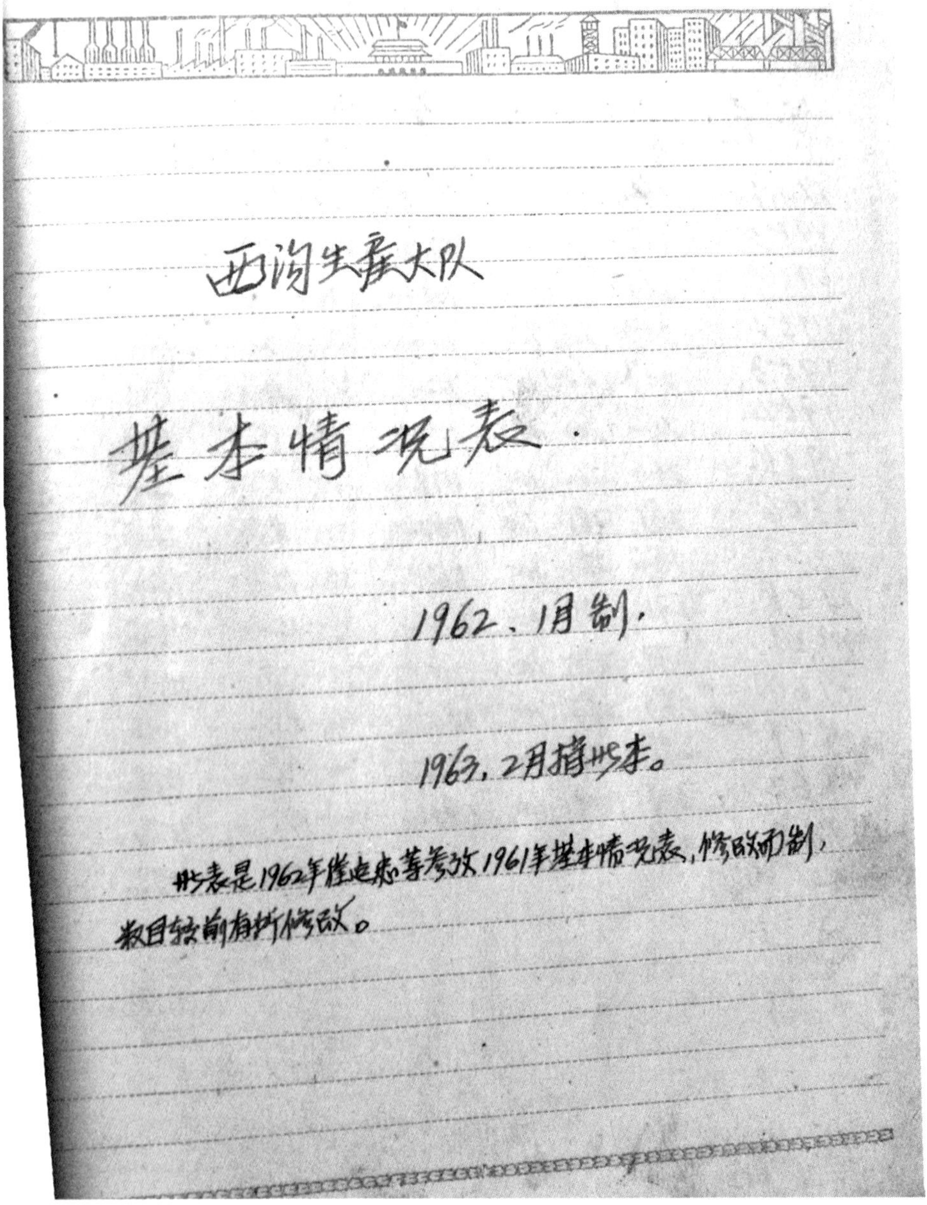

图5-1-1　西沟生产大队基本情况表封面

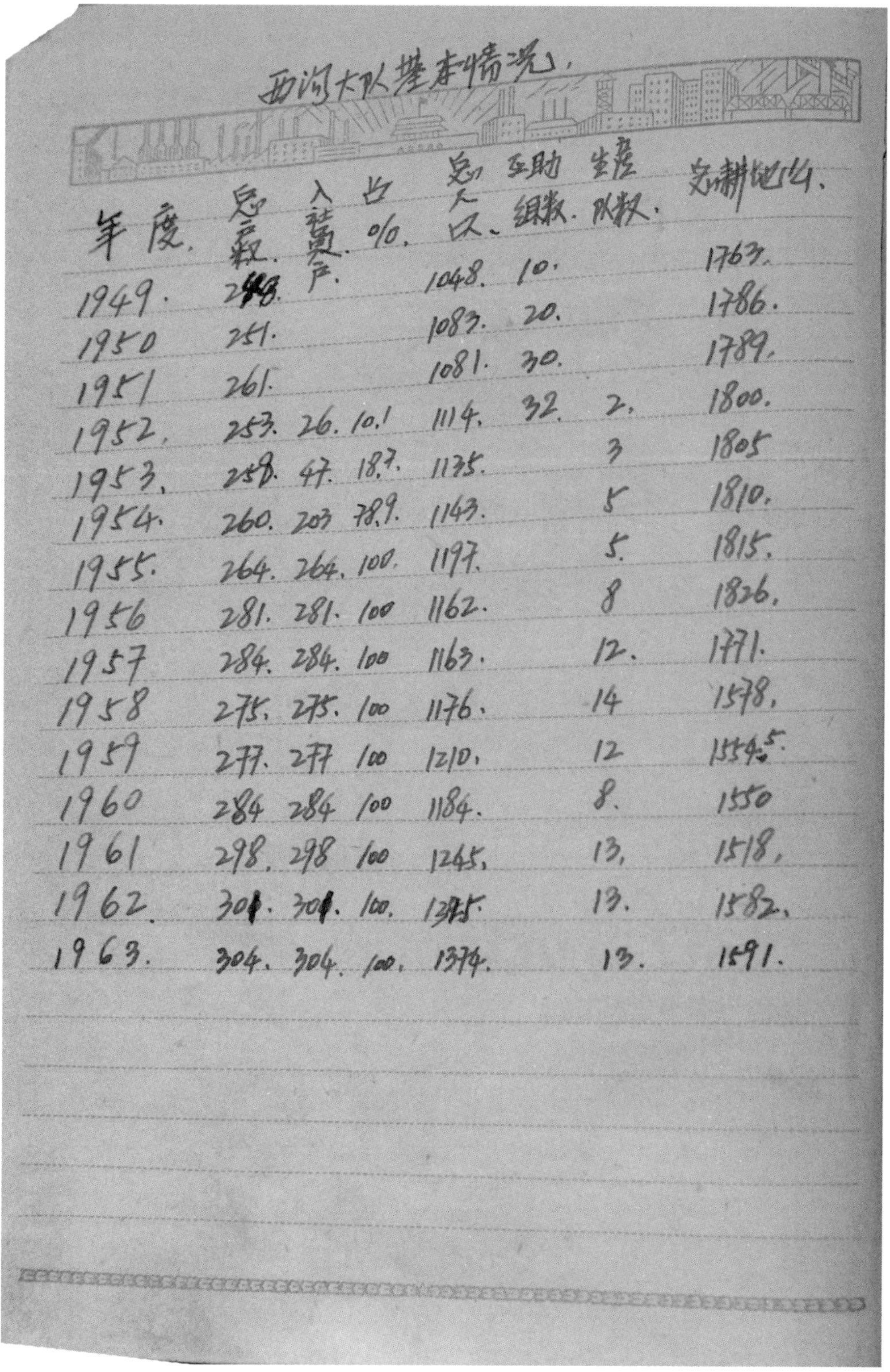

西沟大队基本情况

年度	总户数	入社户数	占%	总人口	互助组数	生产队数	实耕地亩
1949	248			1048	10		1763
1950	251			1083	20		1786
1951	261			1081	30		1789
1952	253	26	10.1	1114	32	2	1800
1953	258	47	18.7	1135		3	1805
1954	260	203	78.9	1143		5	1810
1955	264	264	100	1197		5	1815
1956	281	281	100	1162		8	1826
1957	284	284	100	1163		12	1771
1958	275	275	100	1176		14	1578
1959	277	277	100	1210		12	1554.5
1960	284	284	100	1184		8	1550
1961	298	298	100	1265		13	1518
1962	301	301	100	1315		13	1582
1963	304	304	100	1374		13	1591

图5-1-2　西沟大队基本情况表一（1949—1963年）

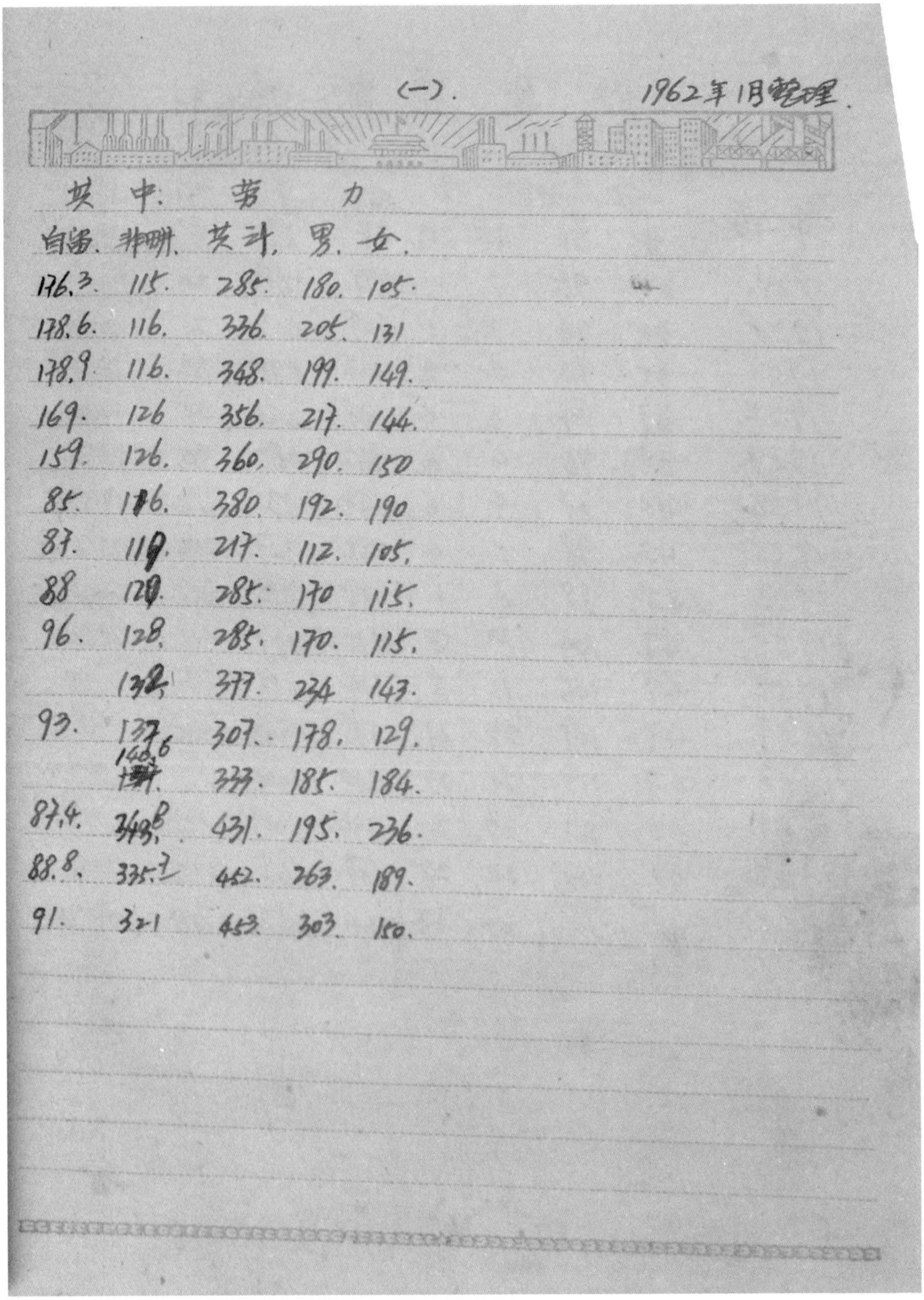

(一). 1962年1月整理.

其	中：	劳	力	
自留	非耕	共计	男	女
176.3	115	285	180	105
178.6	116	336	205	131
178.9	116	348	199	149
169	126	356	217	144
159	126	360	290	150
85	116	380	192	190
87	119	217	112	105
88	120	285	170	115
96	128	285	170	115
	132	377	234	143
93	137	307	178	129
	140.6	333	185	184
87.4	348.8	431	195	236
88.8	335.7	452	263	189
91	321	453	303	150

图5-1-3　西沟大队基本情况表二（1949—1963年）

注：统计内容包括总户数、入社员户数、总人口、互助组数、生产队数、总耕地面积、劳力数量。

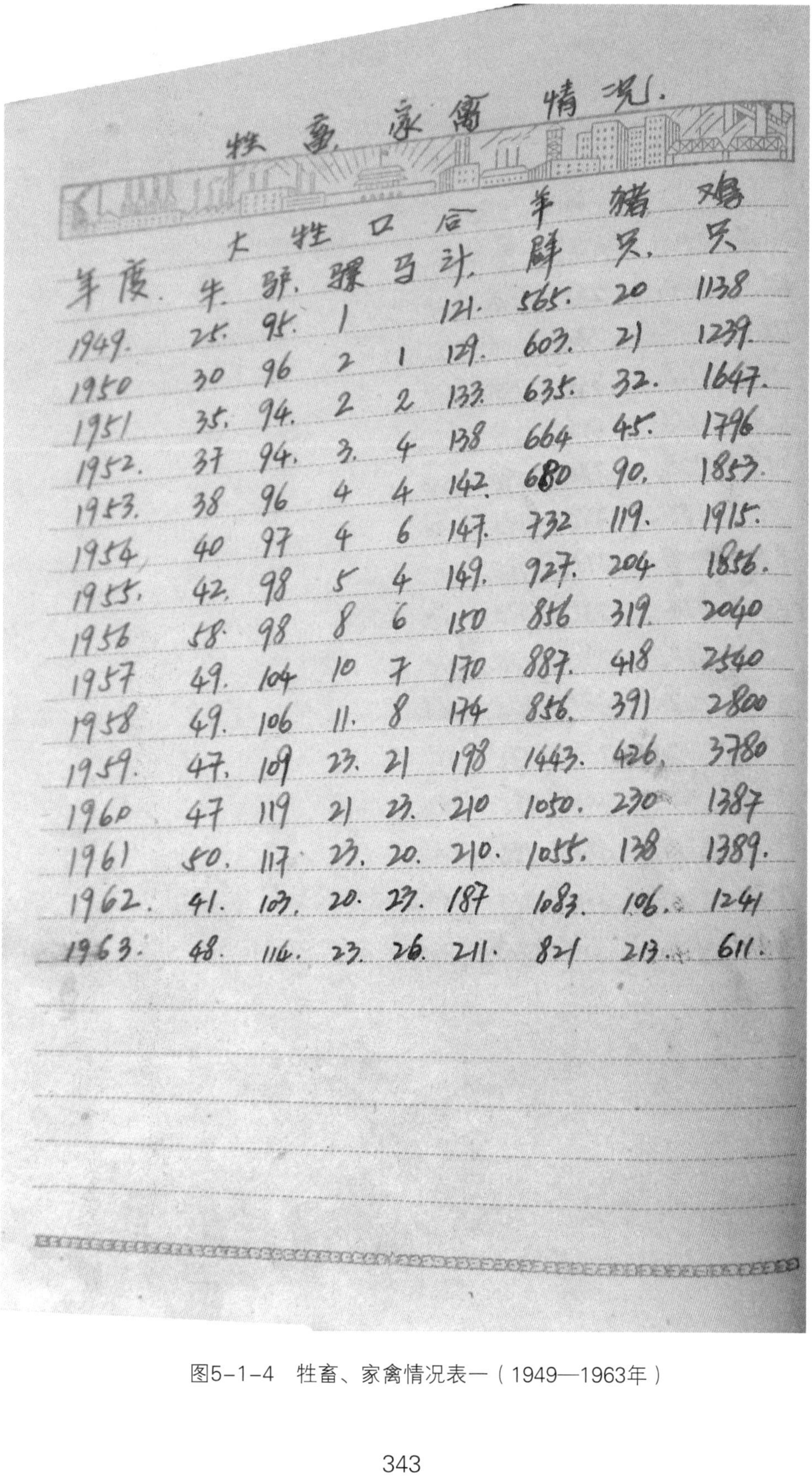

牲畜家禽情况.

年度	大牲口合计 牛	驴	骡	马	计	羊群	猪只	鸡只
1949.	25.	95.	1		121.	565.	20	1138
1950	30	96	2	1	129.	603.	21	1239.
1951	35.	94.	2	2	133.	635.	32.	1647.
1952.	37	94.	3.	4	138	664	45.	1796
1953.	38	96	4	4	142.	680	90.	1853.
1954.	40	97	4	6	147.	732	119.	1915.
1955.	42.	98	5	4	149.	927.	204	1856.
1956	58.	98	8	6	150	856	319.	2040
1957	49.	104	10	7	170	887.	418	2540
1958	49.	106	11.	8	174	856.	391	2800
1959.	47.	109	23.	21	198	1443.	426.	3780
1960	47	119	21	23.	210	1050.	230	1387
1961	50.	117	23.	20.	210.	1055.	138	1389.
1962.	41.	103.	20.	23.	187	1083.	106.	1241
1963.	48.	116.	23.	26.	211.	821	213.	611.

图5-1-4　牲畜、家禽情况表一（1949—1963年）

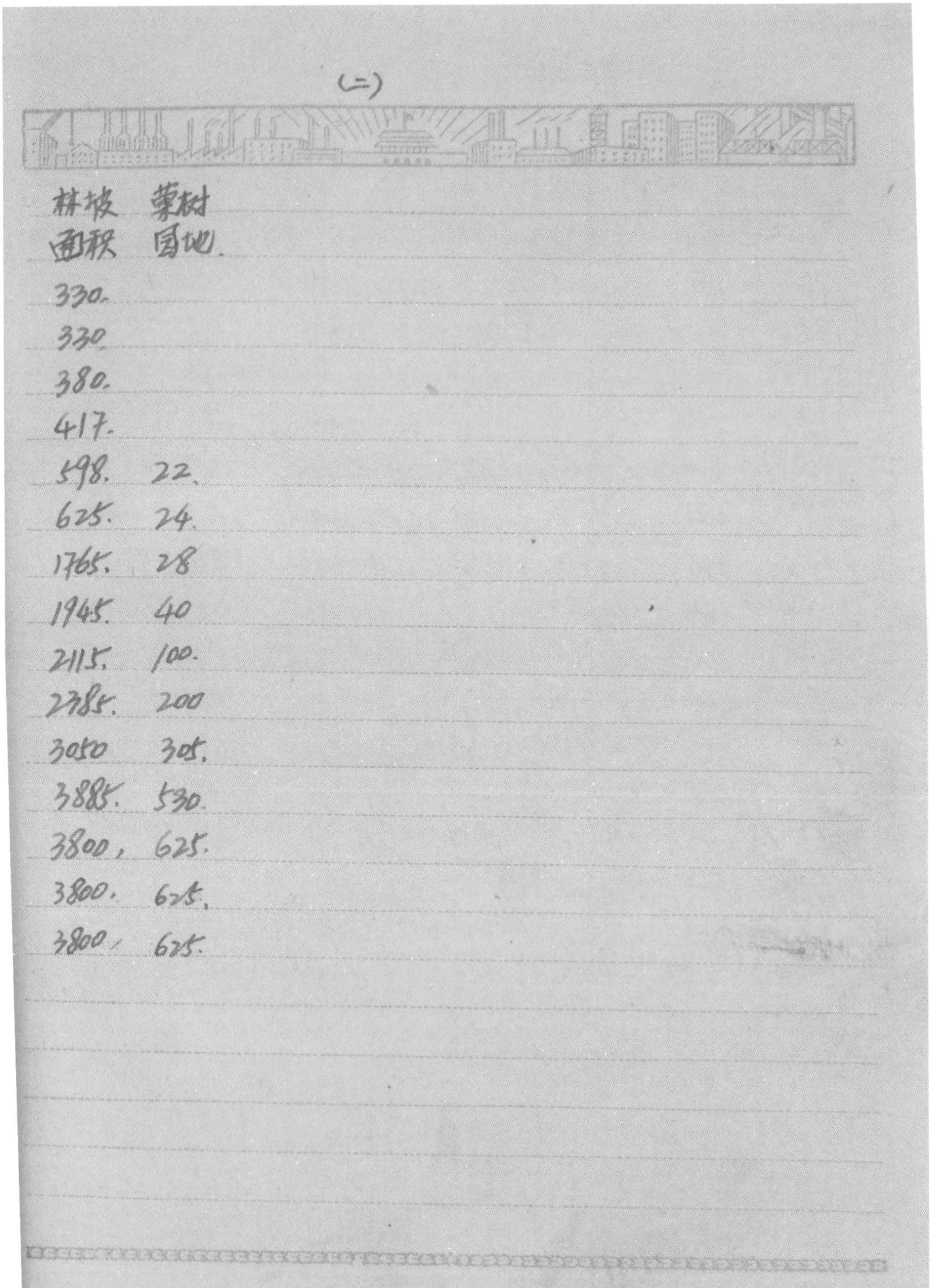

（二）

林坡面积	菓树园地
330.	
330.	
380.	
417.	
598.	22.
625.	24.
1765.	28
1945.	40
2115.	100.
2385.	200
3050	305.
3885.	530.
3800,	625.
3800.	625.
3800.	625.

图5-1-5　牲畜、家禽情况表二（1949—1963年）

注：统计内容包括大牲口（牛、驴、骡、马）数量，羊、猪、鸡数量，林坡面积，菓（果）树园地面积。

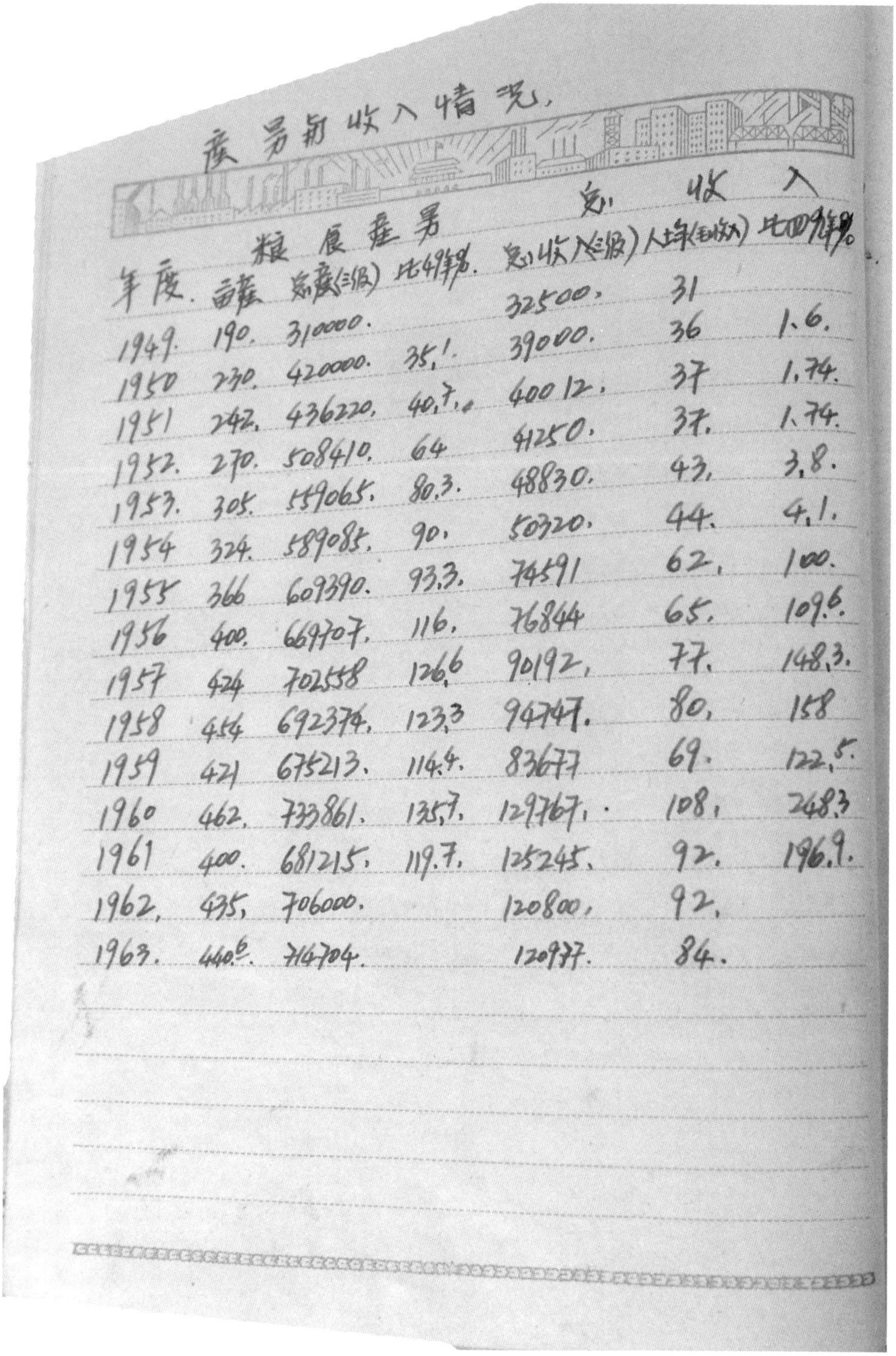

产量和收入情况

年度	粮食产量 亩产	总产(三级)	比49年%	总收入 总收入(三级)	人均(毛收入)	比四九年%
1949	190	310000		32500	31	
1950	230	420000	35.1	39000	36	1.6
1951	242	436220	40.7	40012	37	1.74
1952	270	508410	64	41250	37	1.74
1953	305	559065	80.3	48830	43	3.8
1954	324	589085	90	50320	44	4.1
1955	366	609390	93.3	74591	62	100
1956	400	669707	116	76844	65	109.6
1957	424	702558	126.6	90192	77	148.3
1958	454	692374	123.3	94747	80	158
1959	421	675213	114.4	83677	69	122.5
1960	462	733861	135.7	129767	108	248.3
1961	400	681215	119.7	125245	92	196.9
1962	435	706000		120800	92	
1963	440.5	714704		120977	84	

图5-1-6　产量与收入情况表（1949—1963年）

注：统计内容包括粮食亩产、总产（三级）、总收入（三级）、人均（毛收入）。

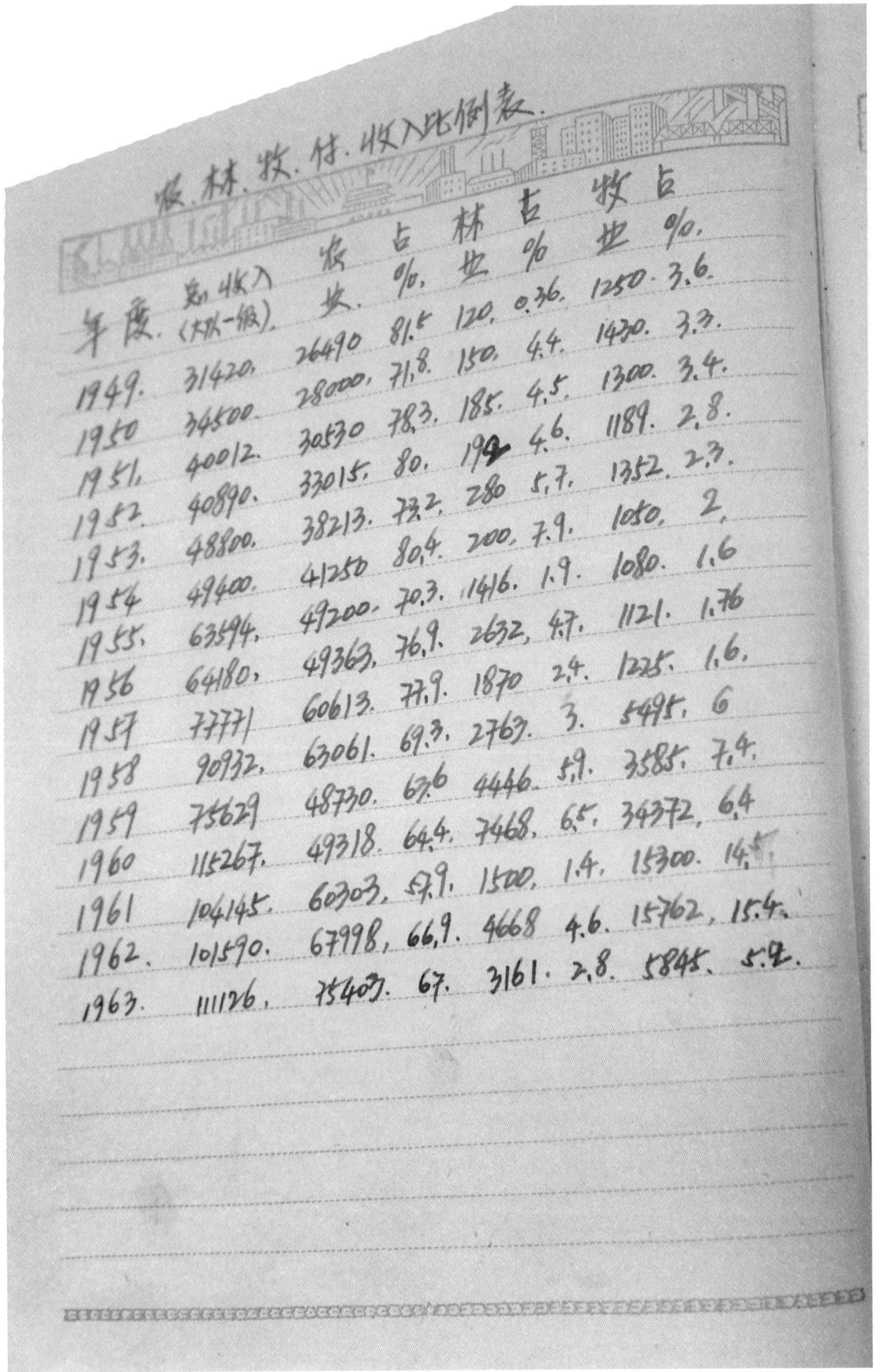

农.林.牧.付.收入比例表.

年度.	总收入（大队一级）.	农业.	占%.	林业	占%	牧业	占%.
1949.	31420.	26490	81.5	120.	0.36.	1250.	3.6.
1950	34500.	28000.	71.8.	150.	4.4.	1430.	3.3.
1951.	40012.	30530	78.3.	185.	4.5.	1300.	3.4.
1952.	40890.	33015.	80.	19[illegible]	4.6.	1189.	2.8.
1953.	48800.	38213.	73.2.	286	5.7.	1352.	2.3.
1954	49400.	41250	80.4.	200.	7.9.	1050.	2.
1955.	63594.	49200.	70.3.	1416.	1.9.	1080.	1.6
1956	64180.	49363.	76.9.	2632.	4.7.	1121.	1.76
1957	77771	60613.	77.9.	1870	2.4.	1225.	1.6.
1958	90932.	63061.	69.3.	2763.	3.	5495.	6
1959	75629	48730.	63.6	4446.	5.9.	3585.	7.4.
1960	115267.	49318.	64.4.	7468.	6.5.	34372.	6.4
1961	104145.	60303.	57.9.	1500.	1.4.	15300.	14.5
1962.	101590.	67998.	66.9.	4668	4.6.	15762.	15.4.
1963.	111126.	75403.	67.	3161.	2.8.	5845.	5.2.

图5-1-7　农、林、牧、付（副）收入比例表一（1949—1963年）

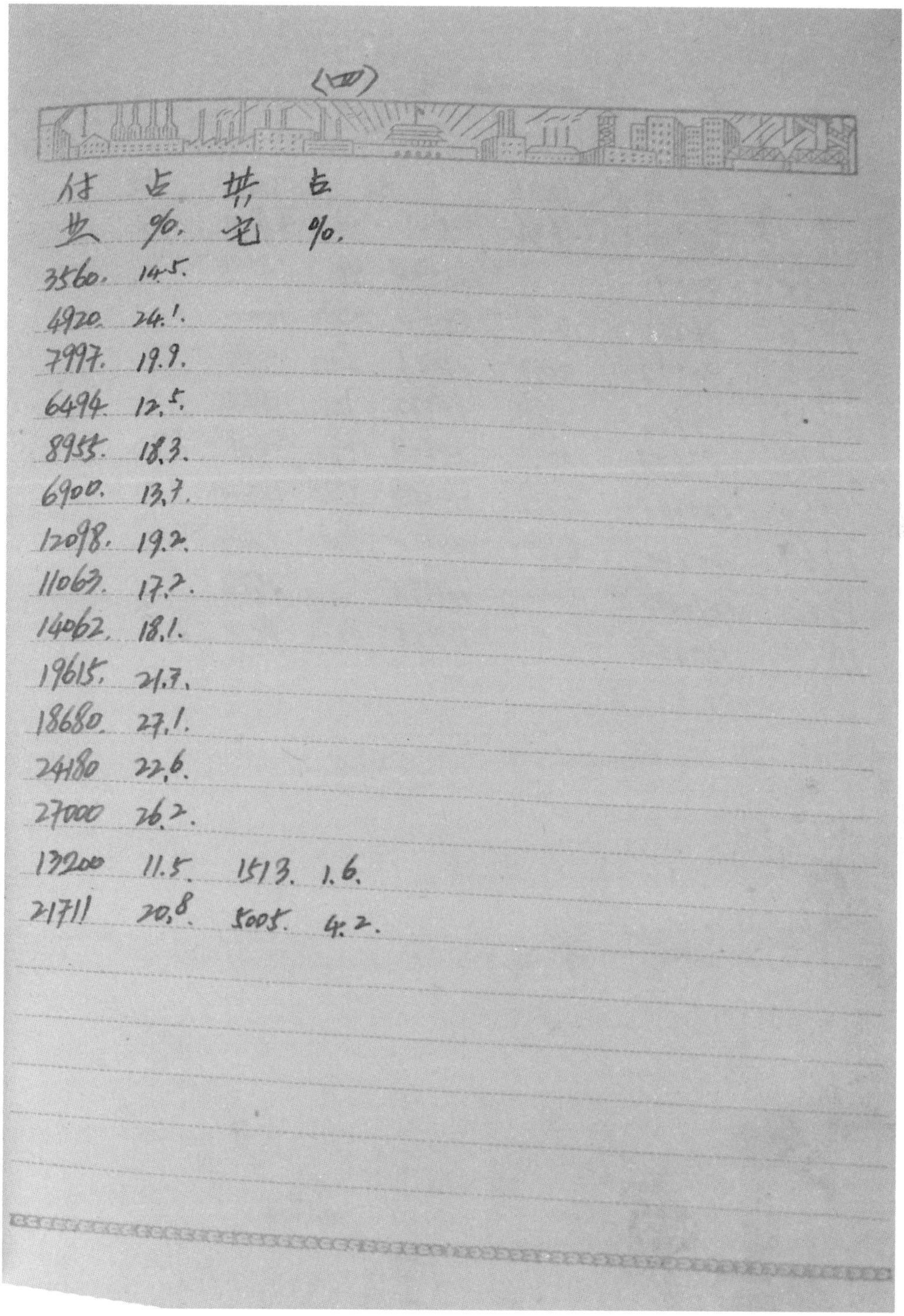

（四）

付业	占%	其它	占%
3560.	14.5.		
4920.	24.1.		
7997.	19.9.		
6494.	12.5.		
8955.	18.3.		
6900.	13.7.		
12098.	19.2.		
11063.	17.2.		
14062.	18.1.		
19615.	21.7.		
18680.	27.1.		
24180	22.6.		
27000	26.2.		
13200	11.5.	1513.	1.6.
21711	20.8.	5005.	4.2.

图5-1-8　农、林、牧、付（副）收入比例表二（1949—1963年）

注：统计内容包括总收入（大队一级）、农业收入、林业收入、牧业收入、付（副）业收入、其它收入。

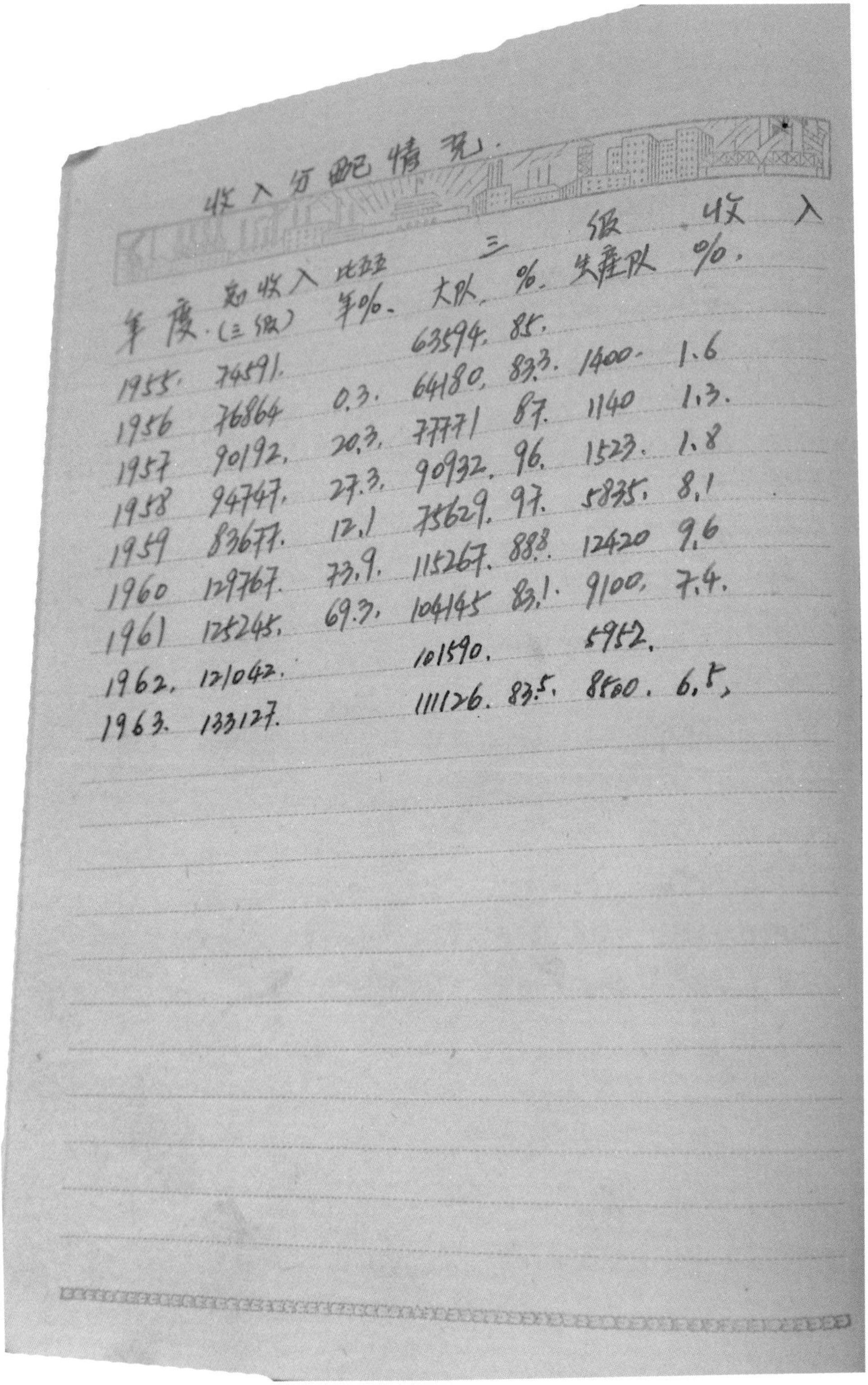

收入分配情况.

年度	总收入（三级）	比去年%	三级收入 大队	%	生产队	%
1955	74591		63594	85		
1956	76864	0.3	64180	83.3	1400	1.6
1957	90192	20.3	77771	87	1140	1.3
1958	94747	27.3	90932	96	1523	1.8
1959	83677	12.1	75629	97	5835	8.1
1960	129767	73.9	115267	88.8	12420	9.6
1961	125245	69.3	104145	83.1	9100	7.4
1962	121042		101590		5952	
1963	133127		111126	83.5	8500	6.5

图5-1-9　收入分配情况表一（1955—1963年）

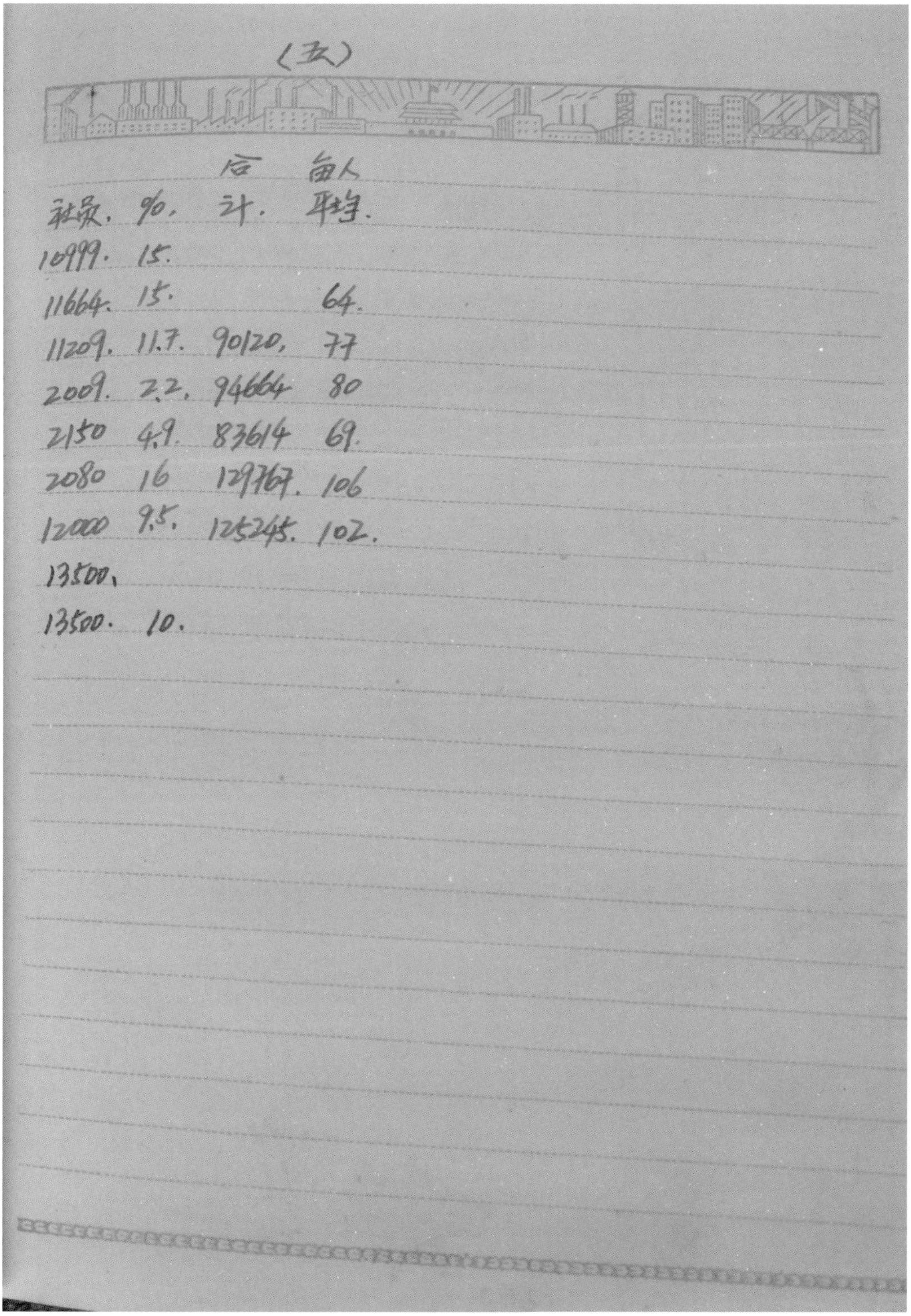

（五）

社员	%	合计	每人平均
10999.	15.		
11664.	15.		64.
11209.	11.7.	90120,	77
2009.	2.2.	94664	80
2150	4.9.	83614	69.
2080	16	129767.	106
12000	9.5.	125245.	102.
13500、			
13500.	10.		

图5-1-10　收入分配情况表二（1955—1963年）

注：统计内容包括总收入（三级）、大队收入、生产队收入、社员收入、人均收入。

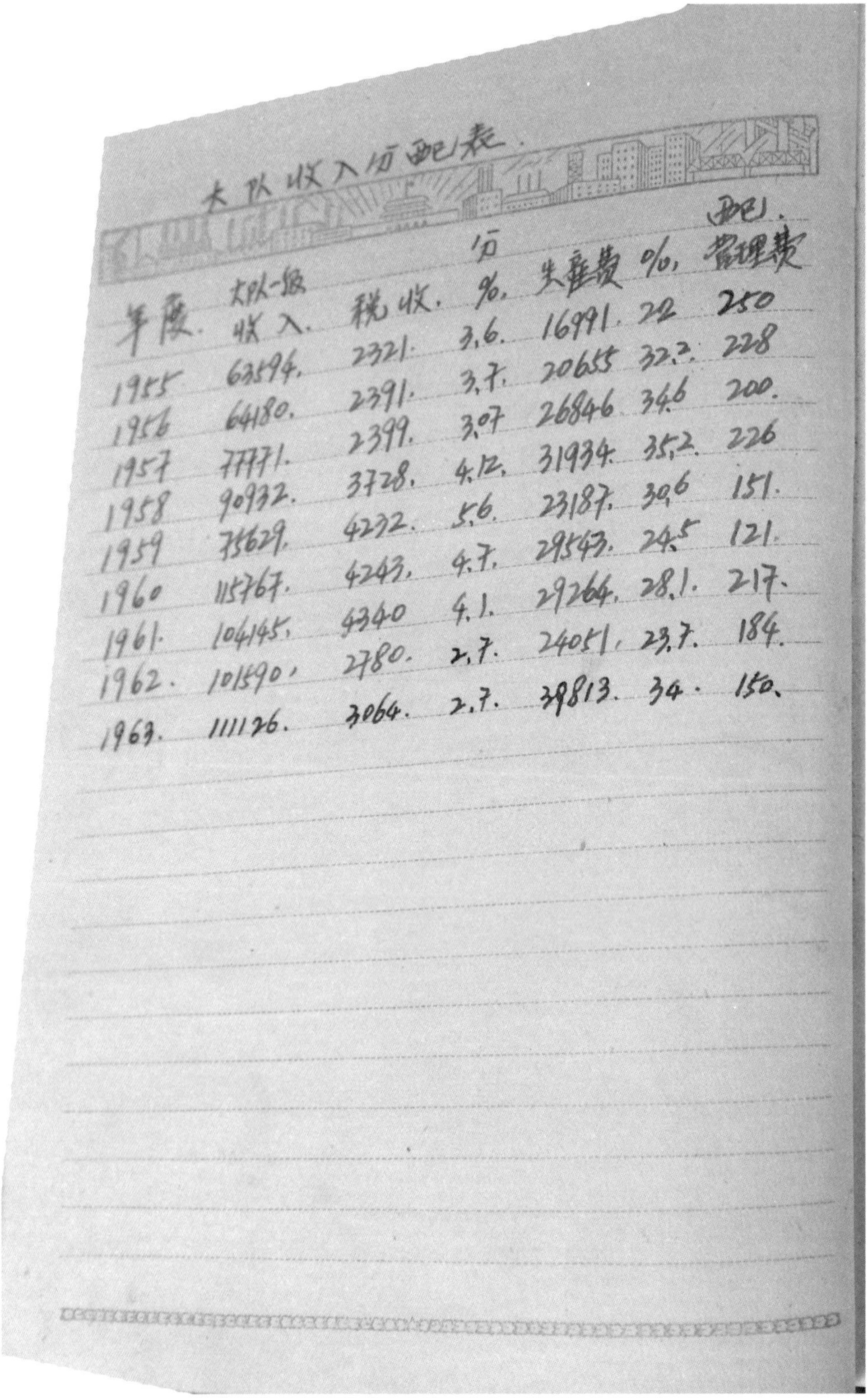

大队收入分配表.

年度.	大队一级收入.	税收.	%.	生産费	%.	管理费
1955	63594.	2321.	3.6.	16991.	22	250
1956	64180.	2391.	3.7.	20655	32.2.	228
1957	77771.	2399.	3.07	26846	34.6	200.
1958	90932.	3728.	4.12.	31934.	35.2.	226
1959	75629.	4232.	5.6.	23187.	30.6	151.
1960	115767.	4243.	4.7.	29543.	24.5	121.
1961.	104145.	4340	4.1.	29264.	28.1.	217.
1962.	101590.	2780.	2.7.	24051.	23.7.	184.
1963.	111126.	3064.	2.7.	39813.	34.	150.

图5-1-11　大队（一级）收入分配表一（1955—1963年）

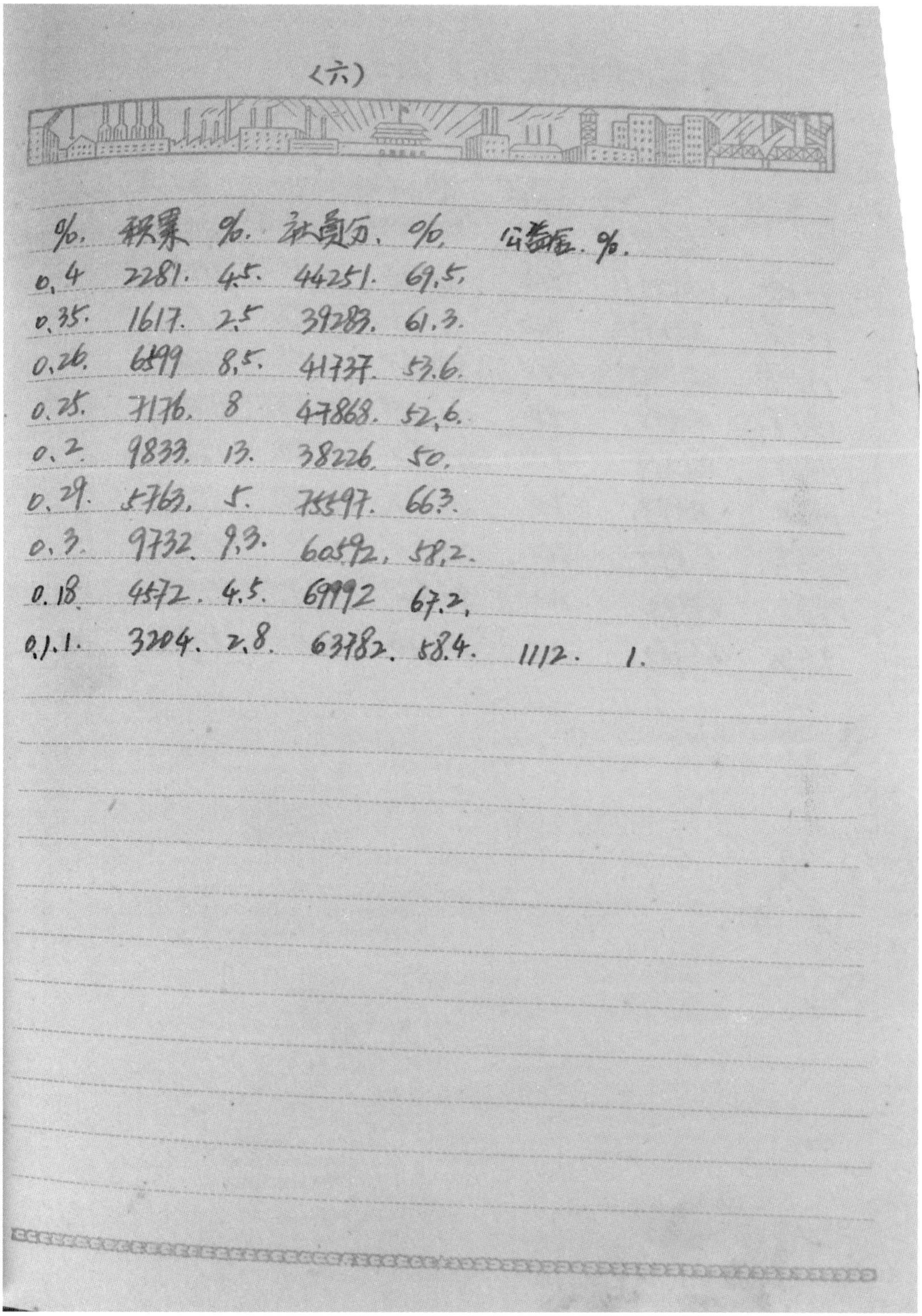

（六）

%	积累	%	社员分	%	公益金	%
0.4	2281	4.5	44251	69.5		
0.35	1617	2.5	39283	61.3		
0.26	6599	8.5	41737	53.6		
0.25	7176	8	47868	52.6		
0.2	9833	13	38226	50		
0.29	5763	5	75597	66.3		
0.3	9732	9.3	60592	58.2		
0.18	4572	4.5	69992	67.2		
0.1.1	3204	2.8	63782	58.4	1112	1

图5-1-12　大队（一级）收入分配表二（1955—1963年）

注：统计内容包括收入、税收、生产费、管理费、积累、社员分、公益金。

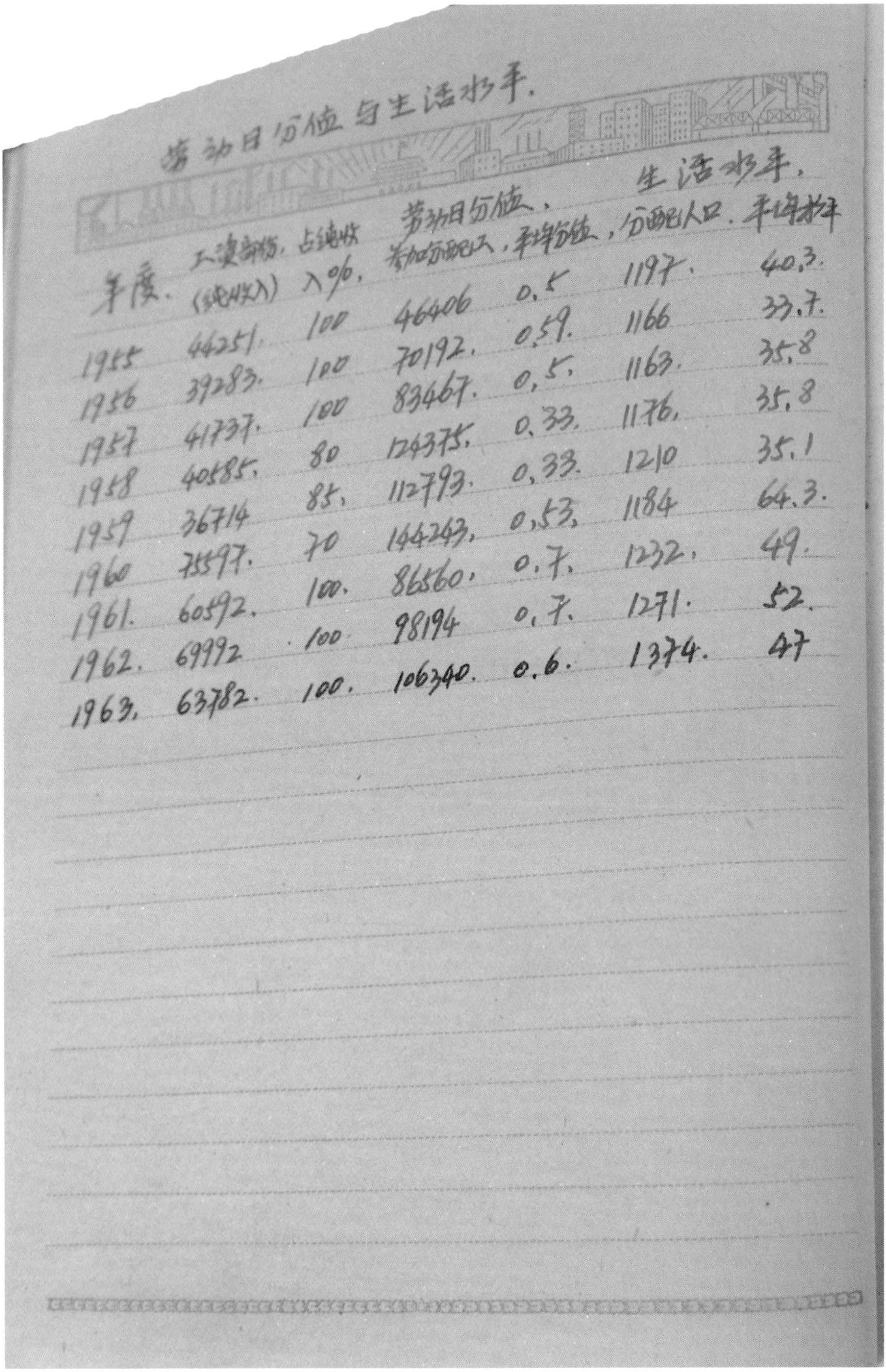

劳动日分值与生活水平.

年度.	工资部份(纯收入)	占纯收入%	劳动日分值 参加分配人工	平均分值	生活水平 分配人口	平均水平
1955	44251	100	46406	0.5	1197	40.3
1956	39283	100	70192	0.59	1166	33.7
1957	41737	100	83467	0.5	1163	35.8
1958	40585	80	124375	0.33	1176	35.8
1959	36714	85	112793	0.33	1210	35.1
1960	75597	70	164243	0.53	1184	64.3
1961	60592	100	86560	0.7	1232	49
1962	69992	100	98194	0.7	1271	52
1963	63782	100	106340	0.6	1374	47

图5-1-13　劳动日分值与生活水平表（1955—1963年）

注：统计内容包括工资部分（纯收入）、劳动日分值、生活水平。

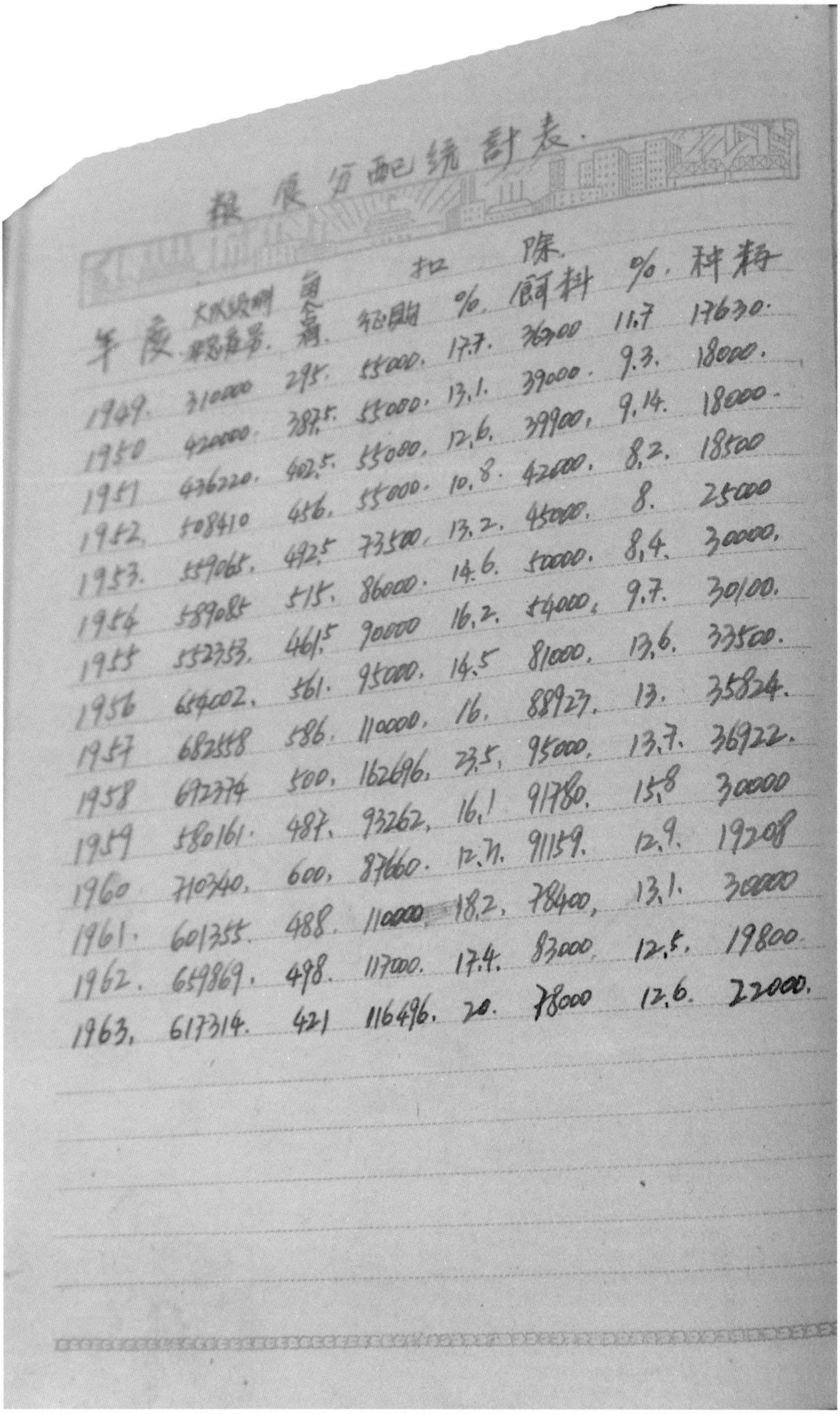

粮食分配统計表.

年度	大队粮食总产量	亩產	扣除 征购	%	饲料	%	种籽
1949.	310000	295.	55000.	17.7.	36200	11.7	17630.
1950	420000.	387.5.	55000.	13.1.	39000.	9.3.	18000.
1951	436220.	402.5.	55000.	12.6.	39900.	9.14.	18000.
1952.	508410	456.	55000.	10.8.	42000.	8.2.	18500
1953.	559065.	492.5	73500.	13.2.	45000.	8.	25000
1954	589085	515.	86000.	14.6.	50000.	8.4.	30000.
1955	552353.	461.5	90000	16.2.	54000.	9.7.	30100.
1956	654002.	561.	95000.	14.5	81000.	13.6.	33500.
1957	682558	586.	110000.	16.	88927.	13.	35824.
1958	692374	500.	162696.	23.5.	95000.	13.7.	36922.
1959	580161.	487.	93262.	16.1	91780.	15.8	30000
1960	710340.	600.	87660.	12.7.	91159.	12.9.	19208
1961.	601355.	488.	110000.	18.2.	78400.	13.1.	30000
1962.	659869.	498.	117000.	17.4.	83000.	12.5.	19800.
1963.	617314.	421	116496.	20.	78000	12.6.	22000.

图5-1-14　粮食分配统计表一（1949—1963年）

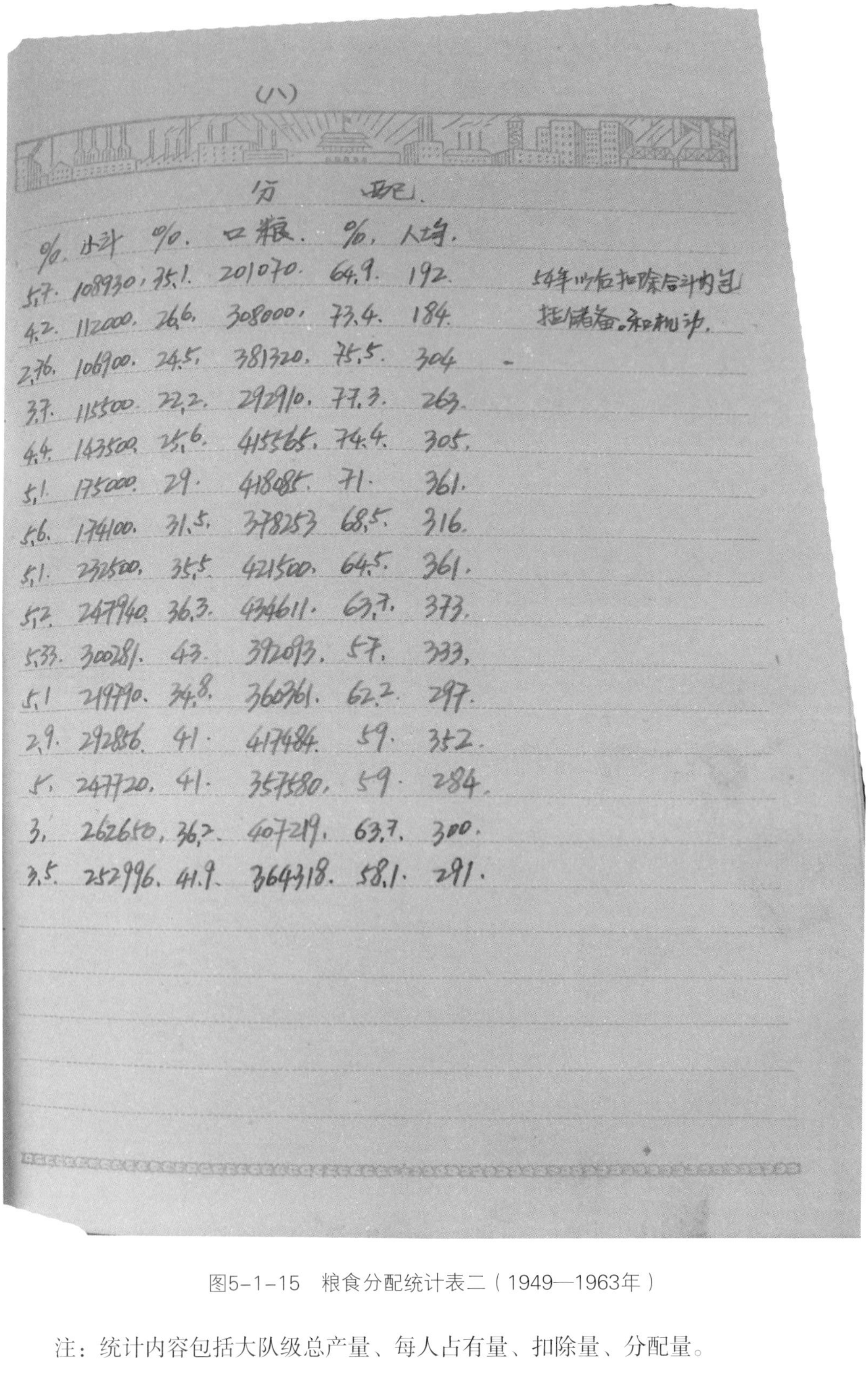

（八）

分　配

%.	饲料	%.	口粮.	%.	人均.
5.7.	108930,	35.1.	201070.	64.9.	192.
4.2.	112000.	26.6.	308000,	73.4.	184.
2.76.	106900.	24.5.	381320.	75.5.	304
3.7.	115500.	22.2.	292910.	77.3.	263.
4.4.	143500.	25.6.	415565.	74.4.	305.
5.1.	175000.	29.	418085.	71.	361.
5.6.	174100.	31.5.	378253	68.5.	316.
5.1.	232500.	35.5.	421500.	64.5.	361.
5.2.	247940.	36.3.	434611.	63.7.	373.
5.33.	300281.	43.	392093.	57.	333.
5.1	219790.	34.8.	360361.	62.2.	297.
2.9.	292856.	41.	417484.	59.	352.
5.	247720.	41.	357580.	59.	284.
3.	262650.	36.2.	407219.	63.7.	300.
3.5.	252996.	41.9.	364318.	58.1.	291.

54年以后扣除合计内包括储备和机动.

图5-1-15　粮食分配统计表二（1949—1963年）

注：统计内容包括大队级总产量、每人占有量、扣除量、分配量。

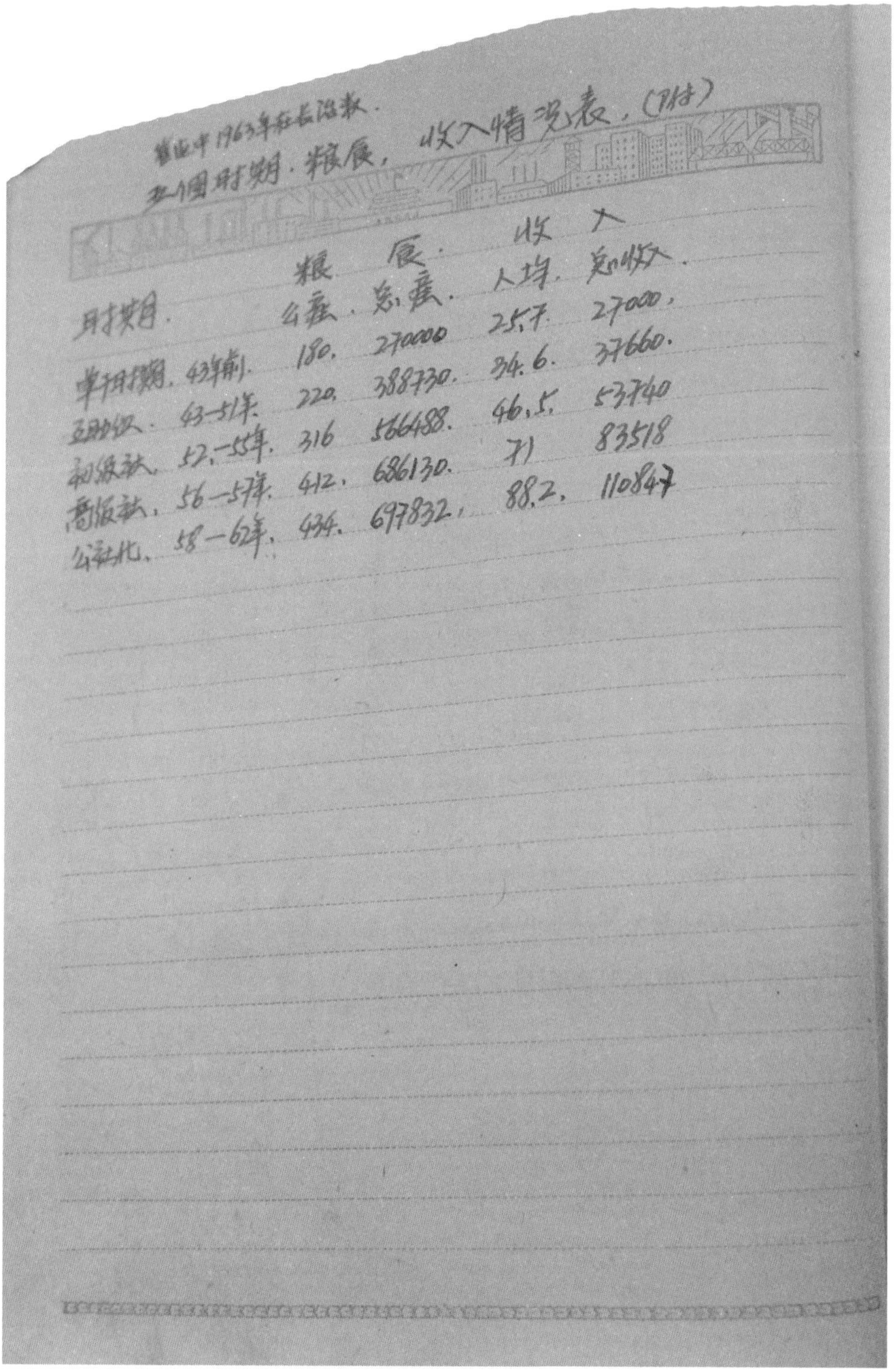

曹西中1963年在长治教.

五个时期.粮食，收入情况表，(附)

时期.	粮食. 亩产.	总产.	收入 人均.	总收入.
单干时期.43年前.	180.	270000	25.7.	27000.
互助组. 43-51年.	220.	388730.	34.6.	37660.
初级社. 52-55年.	316	566488.	46.5.	53740
高级社. 56-57年.	412.	686130.	71	83518
公社化. 58-62年.	434.	697832.	88.2.	110847

图5-1-16　五个时期粮食、收入情况表

注：统计内容包括粮食亩产量、粮食总产量、人均收入、总收入。

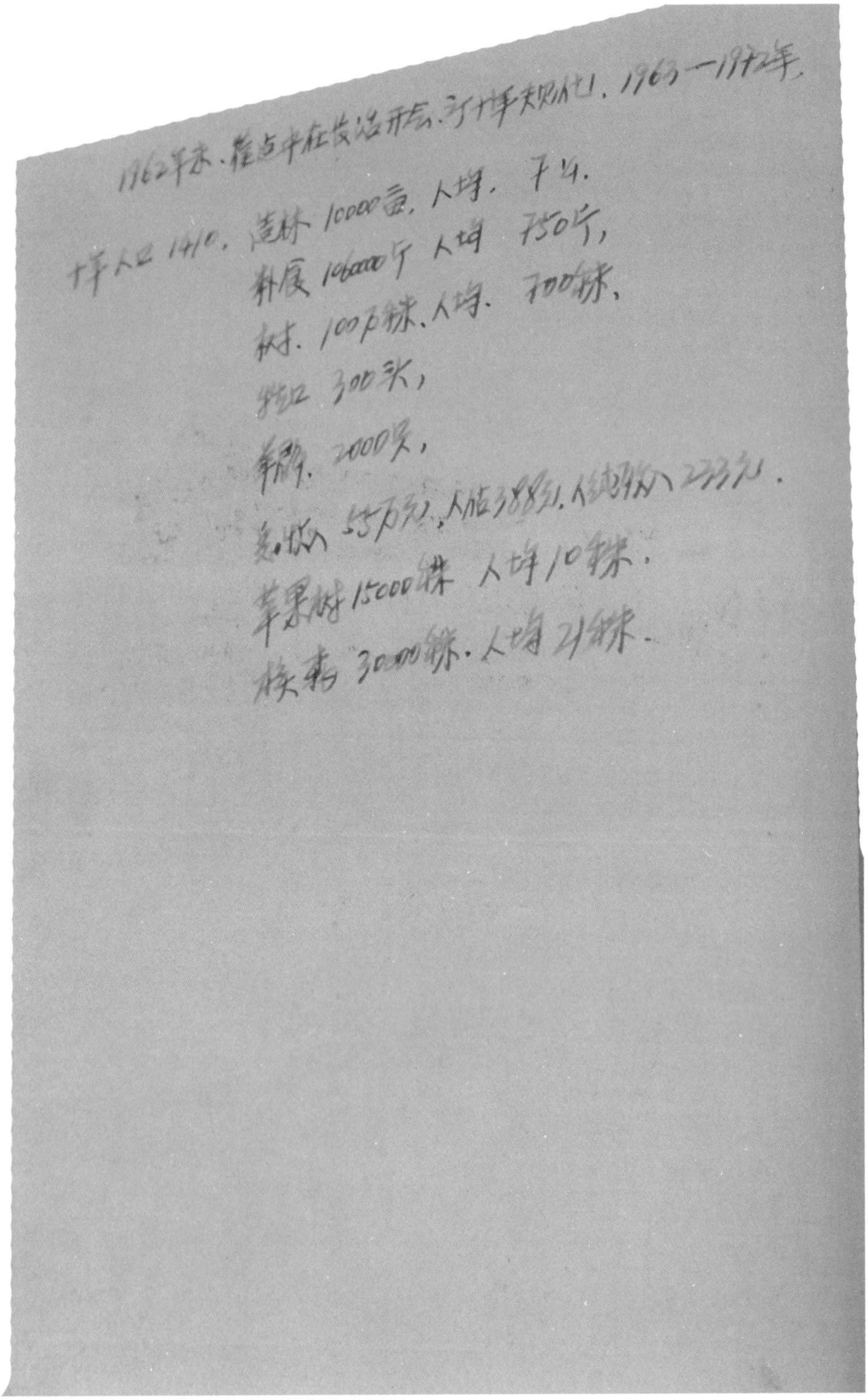

1962年末，[illegible]在长治开会，订十年规化，1963—1972年，

十年人口 1410，造林 10000亩，人均 7亩，

粮食 1060000斤 人均 750斤，

树，100万株，人均 700株，

牲口 300头，

羊群，2000只，

总收入 55万元，人均388元，人纯收入 233元，

苹果树 15000株 人均10株，

核桃 30000株，人均21株。

图5-1-17　1963—1972年十年规化（划）

注：规划内容包括十年人口数量，树、牲口、羊群、收入、苹果树、核桃树数量及人均量。

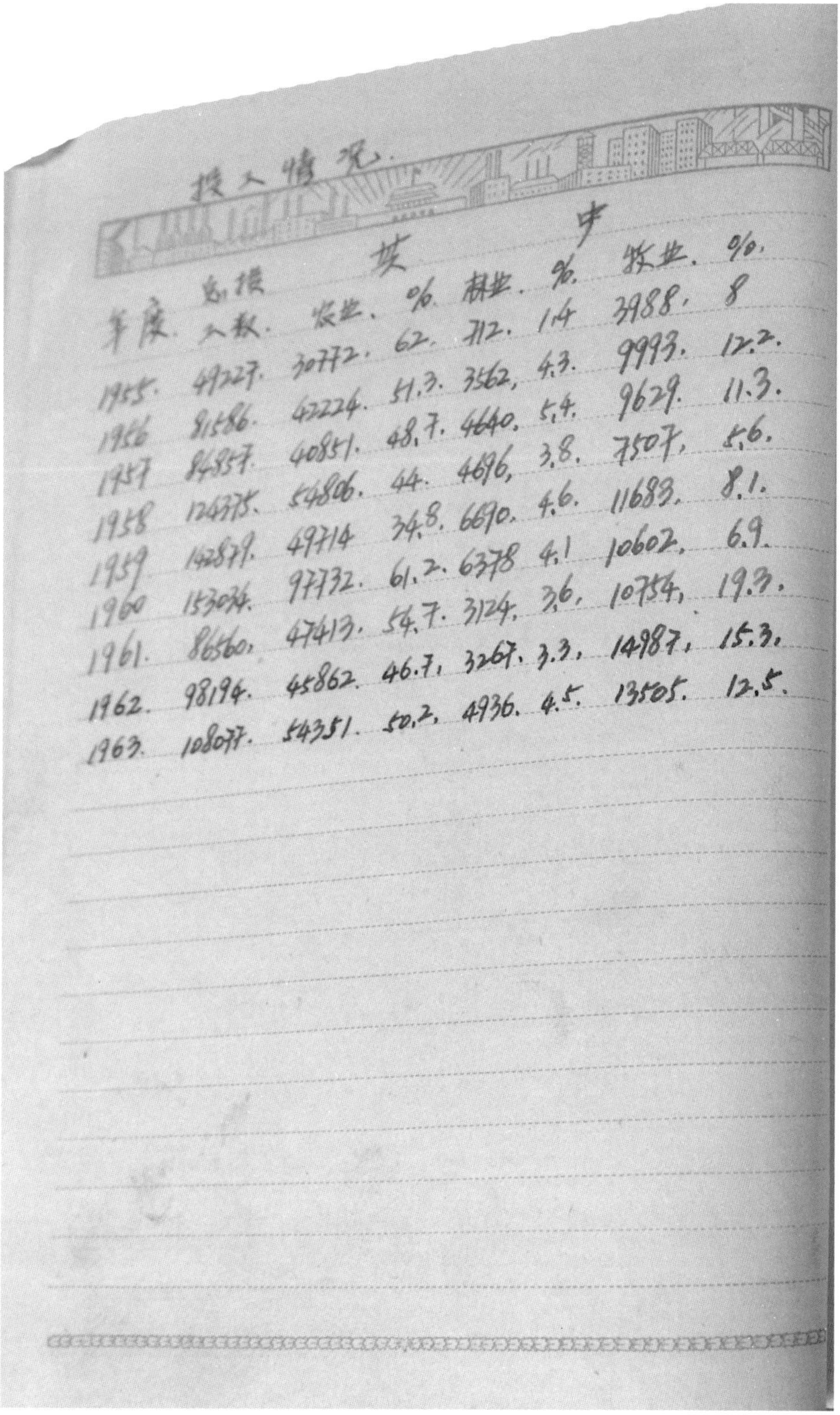

投入情况.

年度	总投入数	其中 农业	%	林业	%	牧业	%
1955	49227	30772	62	712	1.4	3988	8
1956	81586	42224	51.3	3562	4.3	9993	12.2
1957	84857	40851	48.7	4640	5.4	9629	11.3
1958	124375	54806	44	4696	3.8	7507	5.6
1959	142879	49714	34.8	6690	4.6	11683	8.1
1960	153034	97732	61.2	6378	4.1	10602	6.9
1961	86560	47413	54.7	3124	3.6	10754	19.3
1962	98194	45862	46.7	3267	3.3	14987	15.3
1963	108077	54351	50.2	4936	4.5	13505	12.5

图5-1-18　投入情况表一（1955—1963年）

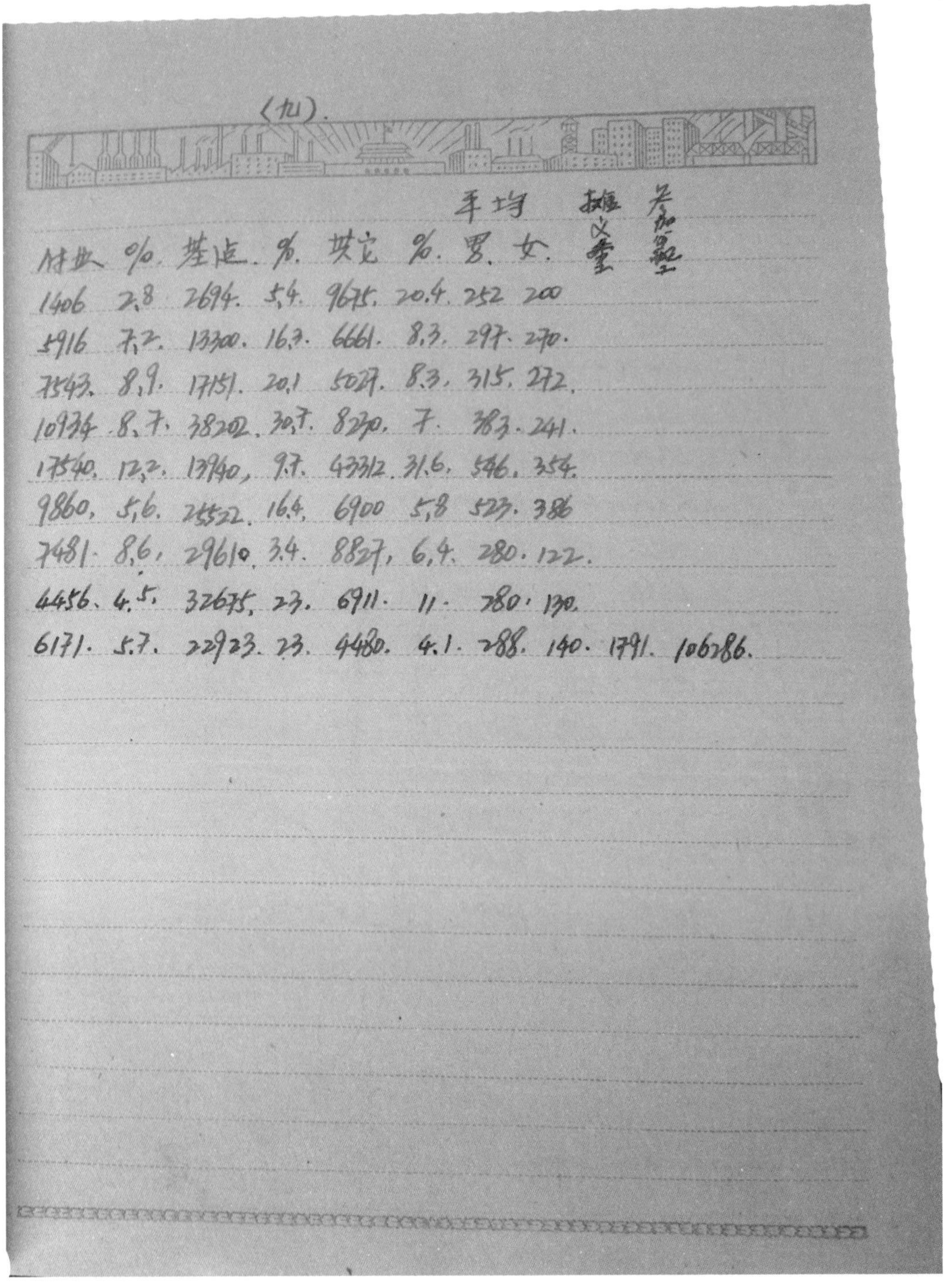

（九）.

付业	%	基迮	%	其它	%	平均 男	平均 女	[illegible]	[illegible]
1406	2.8	2694.	5.4.	9675.	20.4.	252	200		
5916	7.2.	13300.	16.3.	6661.	8.3.	297.	270.		
7543.	8.9.	17151.	20.1	5027.	8.3.	315.	272.		
10934	8.7.	38202.	30.7.	8230.	7.	383.	241.		
17540.	12.2.	13940,	9.7.	43312.	31.6.	546.	354.		
9860,	5.6.	25522.	16.4.	6900	5.8	523.	386		
7481.	8.6,	29610.	3.4.	8827,	6.4.	280.	122.		
4456.	4.5.	32675,	23.	6911.	11.	280.	130.		
6171.	5.7.	22923.	23.	4480.	4.1.	288.	140.	1791.	106286.

图5-1-19 投入情况表二（1955—1963年）

注：统计内容包括总投入、农业投入、林业投入、牧业投入、付（副）业投入、基迮投入、其他投入、男女平均投入。

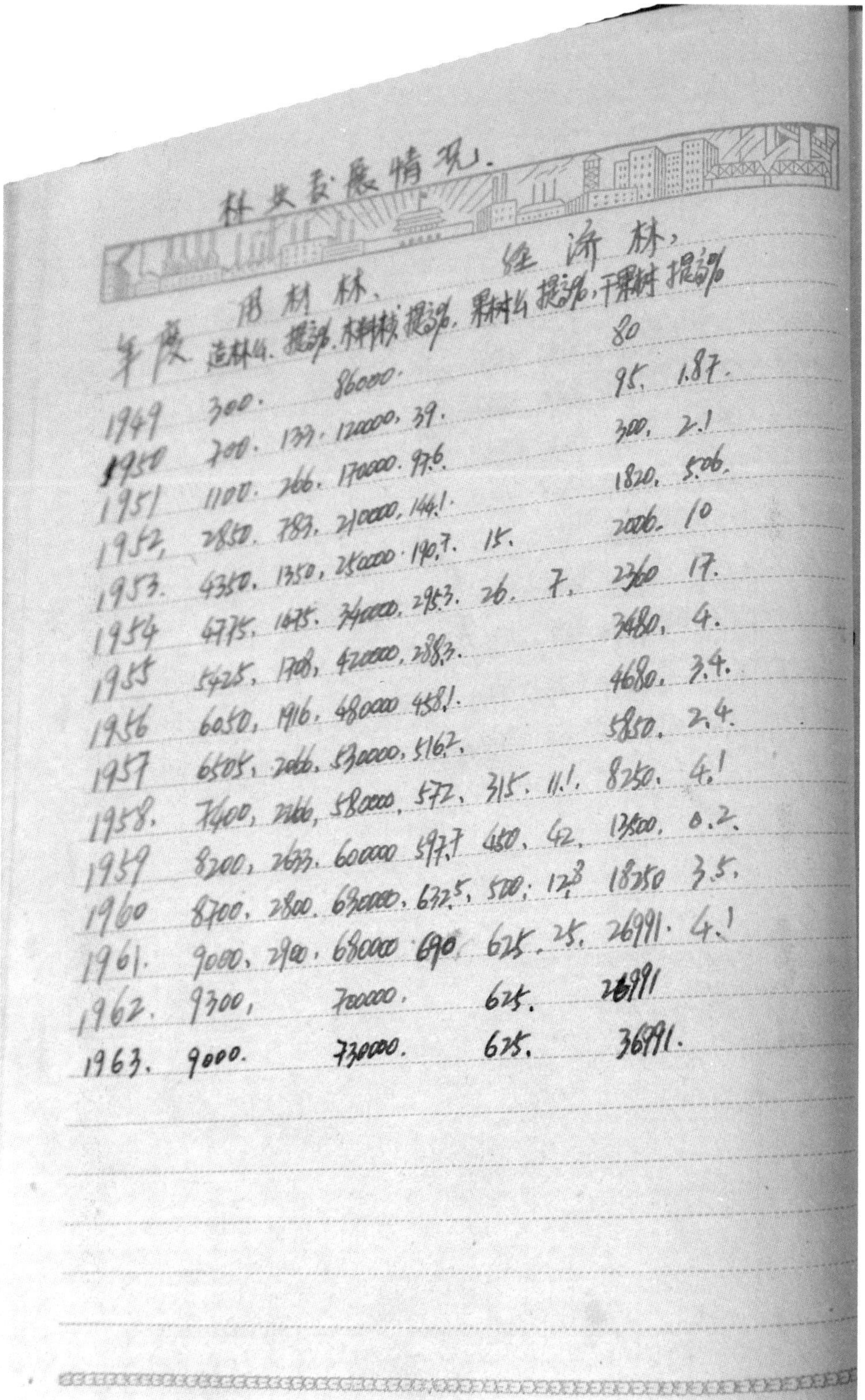

林业发展情况

年度	用材林 造林亩	提高%	木材株	提高%	经济林 果树亩	提高%	干果树	提高%
1949	300		86000				80	
1950	700	133	120000	39			95	1.87
1951	1100	266	170000	97.6			300	2.1
1952	2850	783	210000	144.1			1820	5.06
1953	4350	1350	250000	190.7	15		2006	10
1954	4775	1635	340000	295.3	26	7	2360	17
1955	5425	1708	420000	288.3			3480	4
1956	6050	1916	480000	458.1			4680	3.4
1957	6505	2066	530000	516.2			5850	2.4
1958	7400	2266	580000	572	315	11.1	8250	4.1
1959	8200	2633	600000	597.7	450	42	13500	0.2
1960	8700	2800	630000	632.5	500	12.8	18250	3.5
1961	9000	2900	680000	690	625	25	26991	4.1
1962	9300		700000		625		26991	
1963	9000		730000		625		36991	

图5-1-20 林业发展情况表一（1949—1963年）

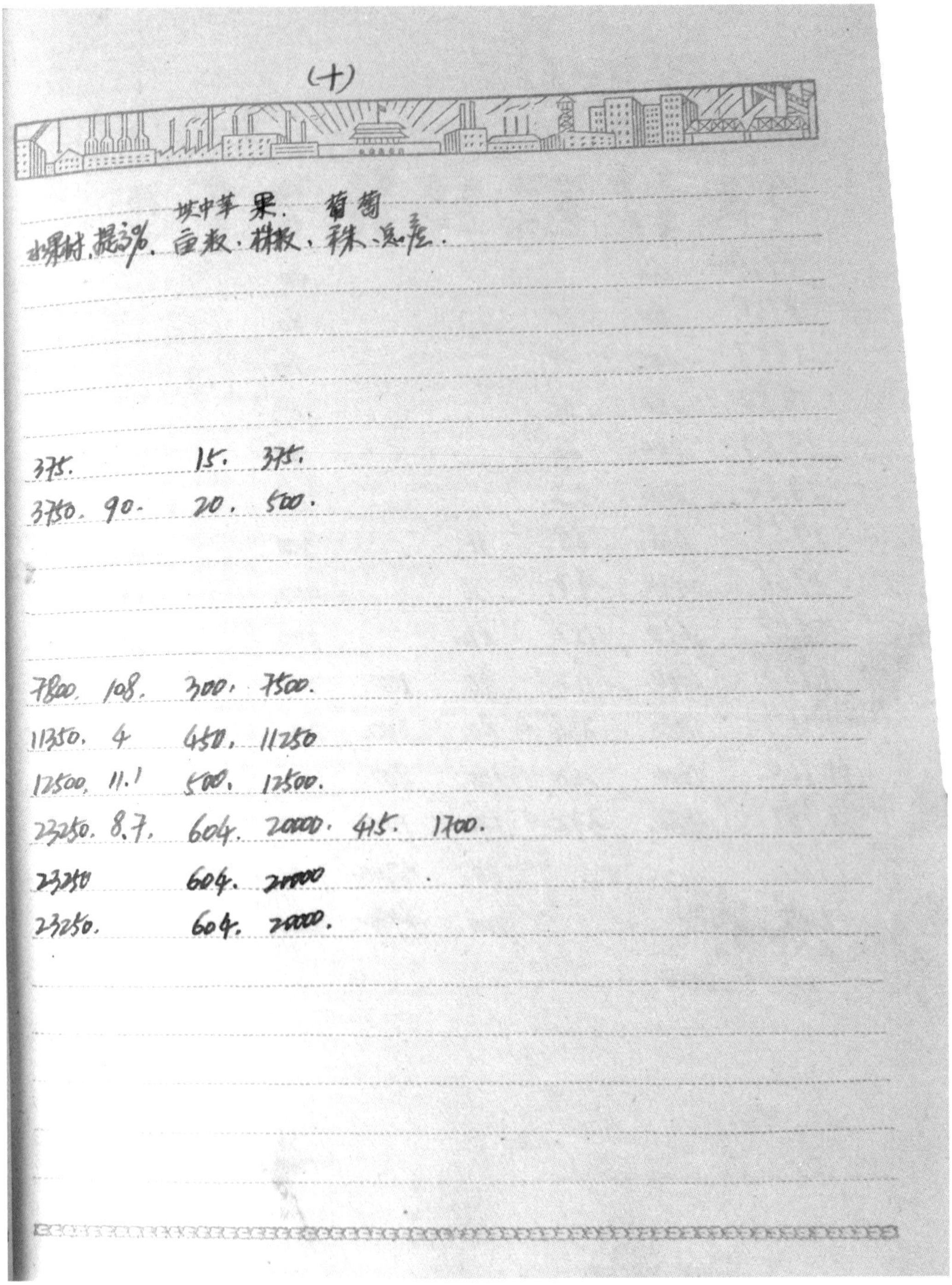

图5-1-21　林业发展情况表二（1949—1963年）

注：统计内容包括用材林数量、经济林数量。

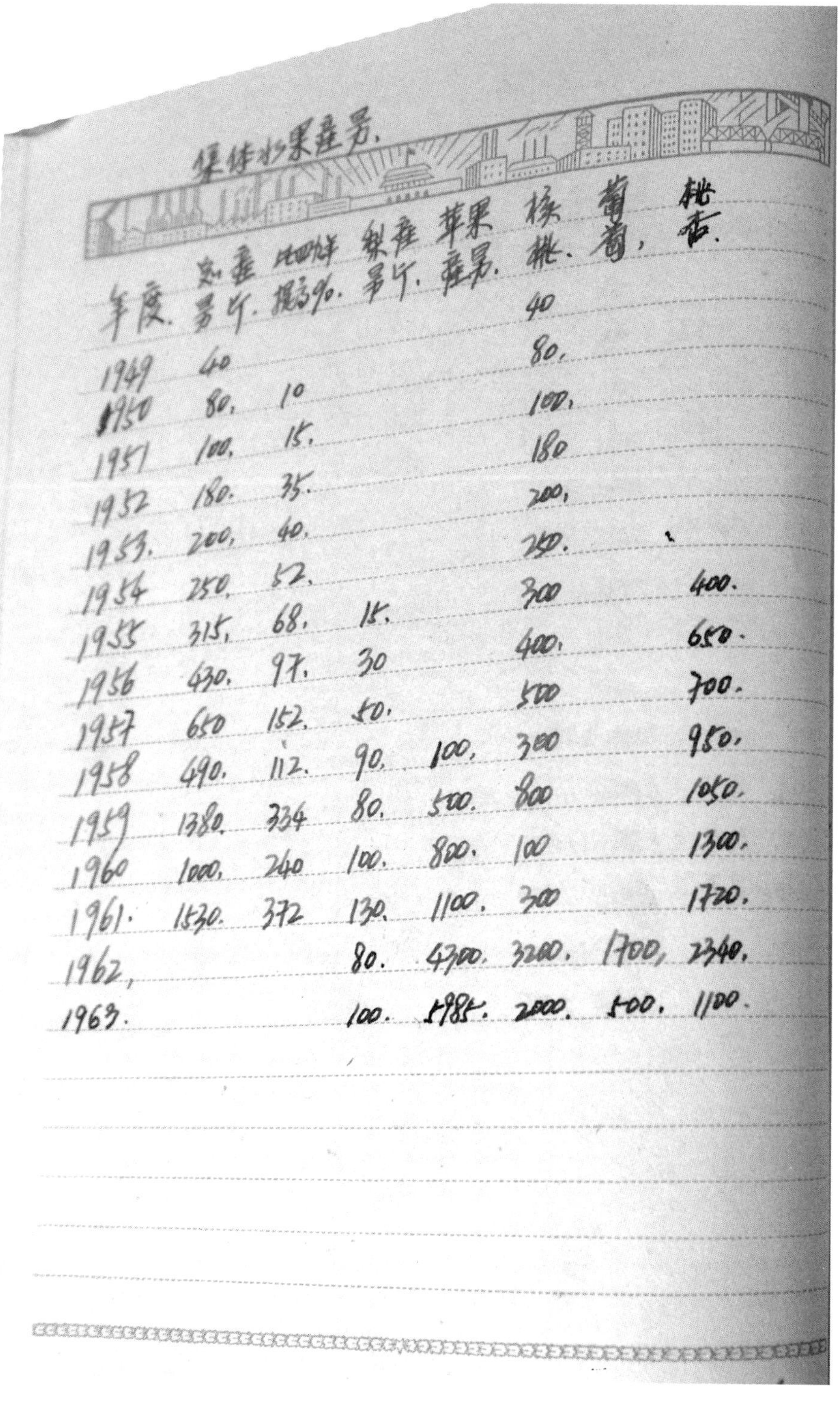

集体水果产量

年度	总产量斤	比四九年提高%	梨产量斤	苹果产量	核桃	葡萄	桃杏
1949	40				40		
1950	80	10			80		
1951	100	15			100		
1952	180	35			180		
1953	200	40			200		
1954	250	52			250		
1955	315	68	15		300		400
1956	430	97	30		400		650
1957	650	152	50		500		700
1958	490	112	90	100	300		950
1959	1380	334	80	500	800		1050
1960	1000	240	100	800	100		1300
1961	1530	372	130	1100	300		1720
1962			80	4300	3200	1700	2340
1963			100	1985	2000	500	1100

图5-1-22　集体水果产量表（1949—1963年）

注：统计内容包括总产量、梨产量、苹果产量、核桃产量、葡萄产量、桃杏产量。

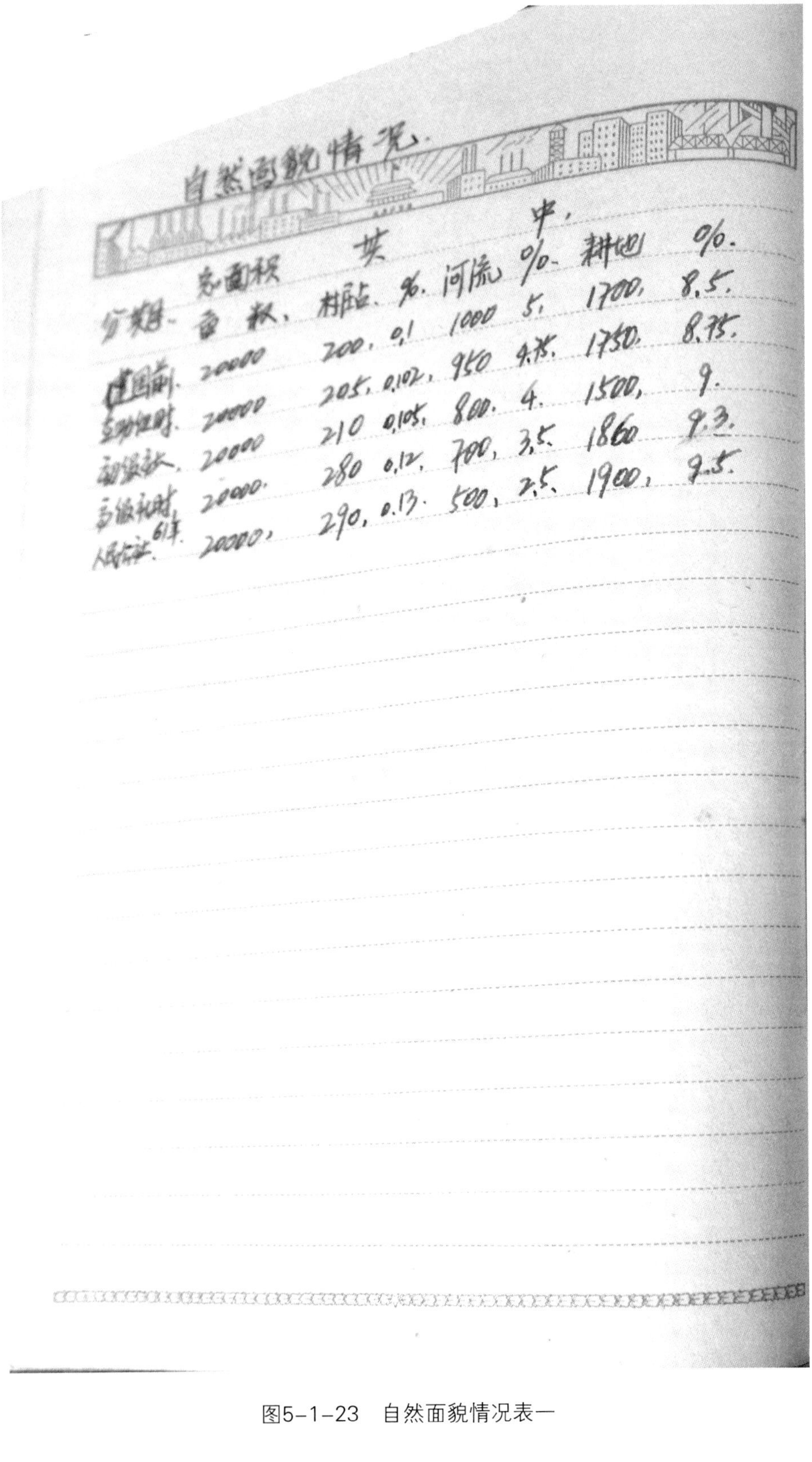

自然面貌情况

分类目	总面积 亩	积、林陆	%	河流	%	耕地	%
建国前	20000	200	0.1	1000	5	1700	8.5
互助组时	20000	205	0.102	950	4.75	1750	8.75
初级社	20000	210	0.105	800	4	1500	9
高级社时	20000	280	0.12	700	3.5	1860	9.3
人民公社61年	20000	290	0.13	500	2.5	1900	9.5

图5-1-23　自然面貌情况表一

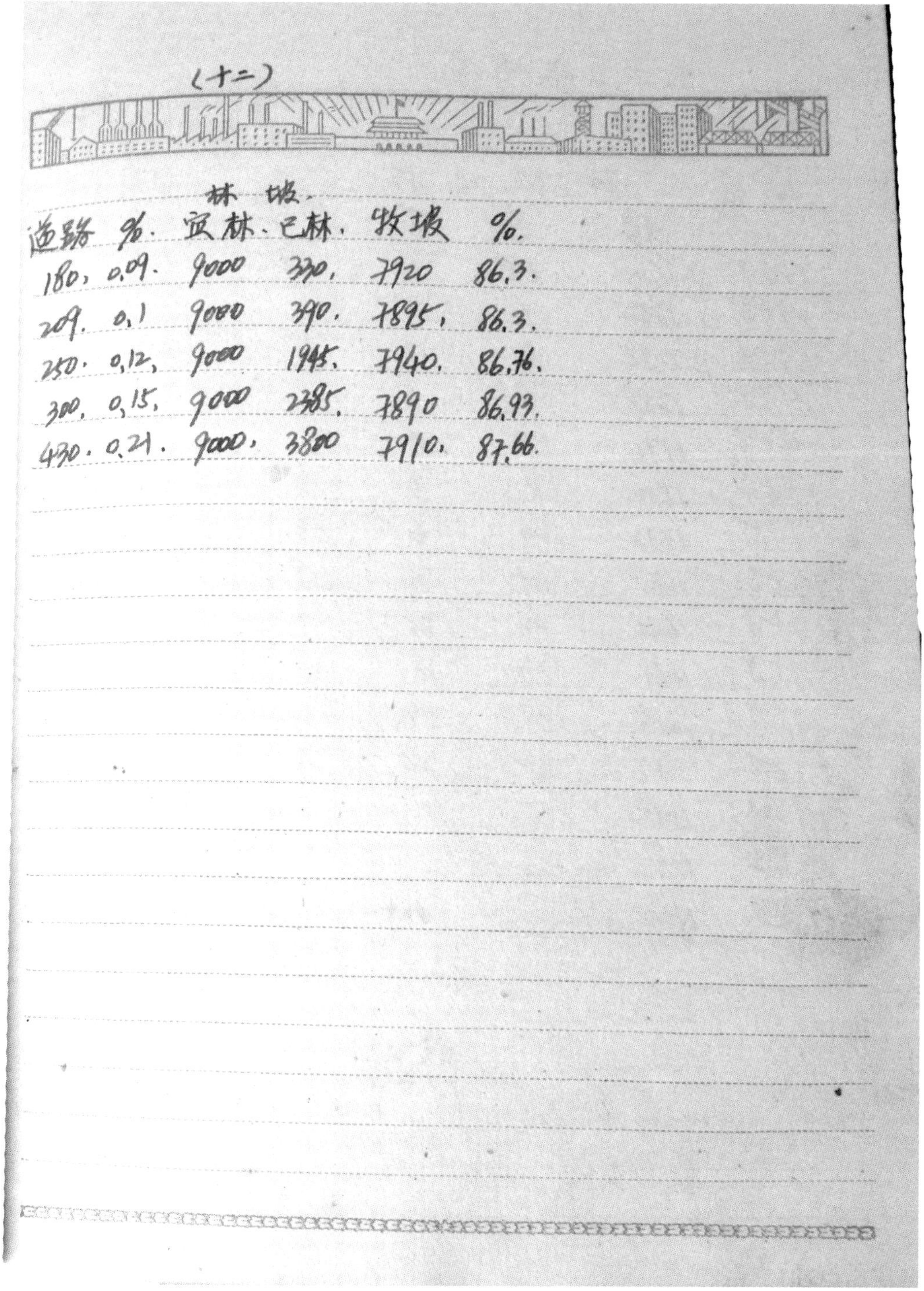

（十二）

林　坡

道路	%	宜林	已林	牧坡	%
180	0.09	9000	330	7920	86.3
209	0.1	9000	390	7895	86.3
250	0.12	9000	1945	7940	86.76
300	0.15	9000	2385	7890	86.93
430	0.21	9000	3800	7910	87.66

图5-1-24　自然面貌情况表二

注：统计内容包括总面积、村庄面积、河流面积、耕地面积、道路面积、宜林面积、已林面积、牧坡面积。

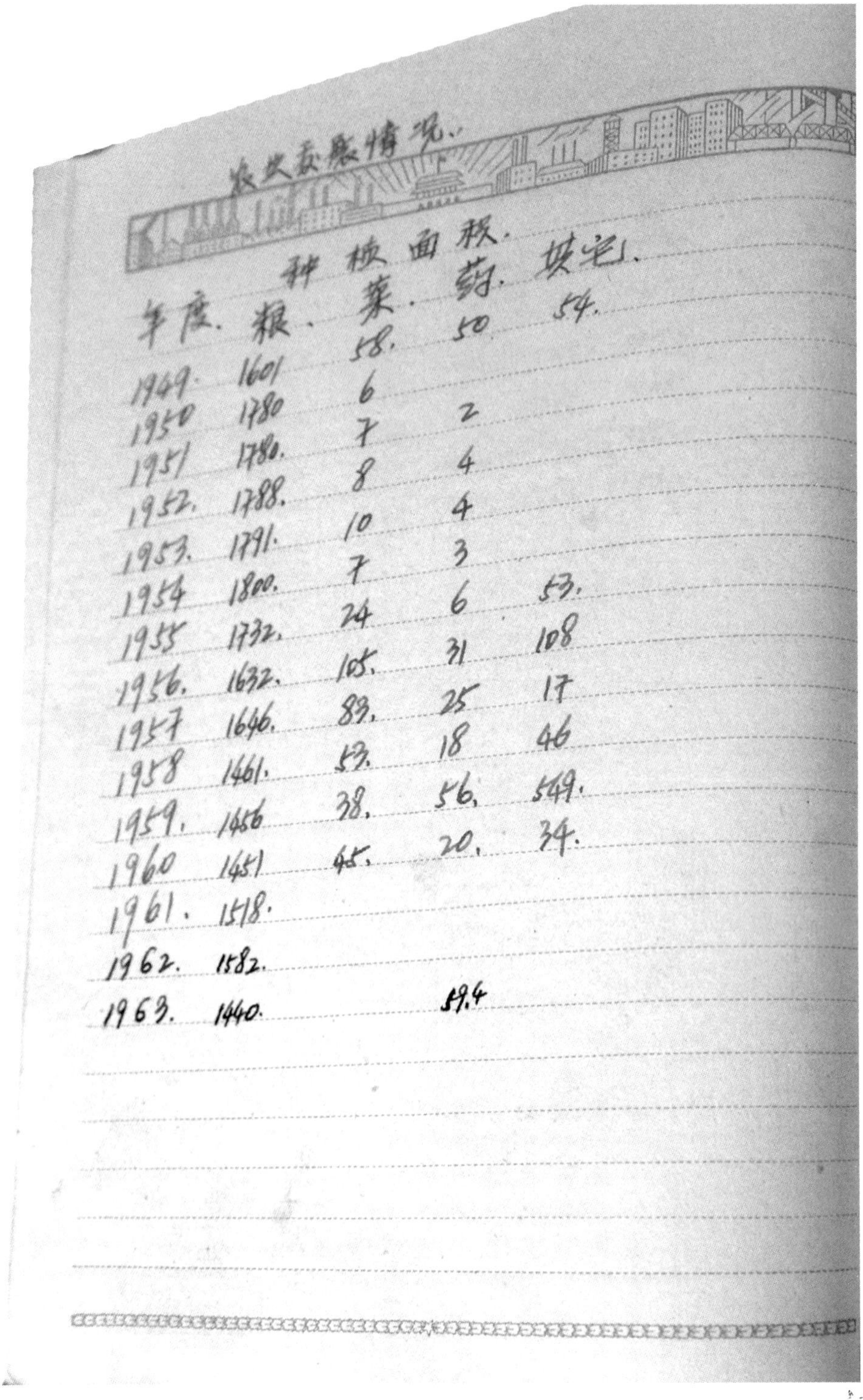

农业发展情况。

种植面积

年度	粮	菜	药	其它
1949	1601	58	50	54
1950	1780	6		
1951	1780	7	2	
1952	1788	8	4	
1953	1791	10	4	
1954	1800	7	3	
1955	1732	24	6	53
1956	1632	105	31	108
1957	1646	89	25	17
1958	1461	53	18	46
1959	1456	38	56	549
1960	1451	45	20	34
1961	1518			
1962	1582			
1963	1440		59.4	

图5-1-25　农业发展情况表（1949—1963年）

注：统计内容包括粮食种植面积、蔬菜种植面积、药材种植面积、其它种植面积。

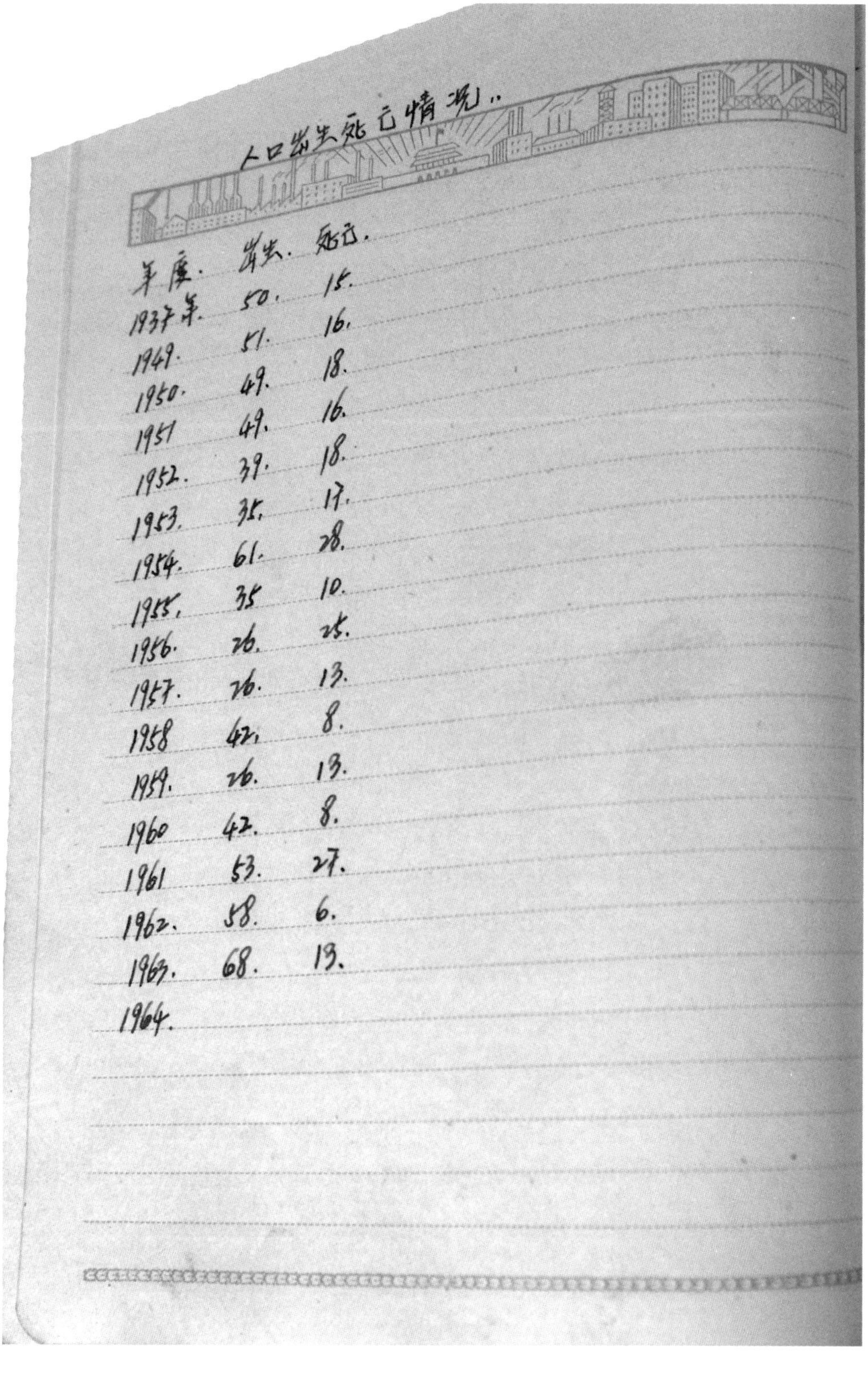

人口出生死亡情况

年度	出生	死亡
1937年	50	15
1949	51	16
1950	49	18
1951	49	16
1952	39	18
1953	35	17
1954	61	28
1955	35	10
1956	26	25
1957	26	13
1958	42	8
1959	26	13
1960	42	8
1961	53	27
1962	58	6
1963	68	13
1964		

图5-1-26　人口出生死亡情况表（1937—1963年）

（二）西沟生产大队逐年调查表

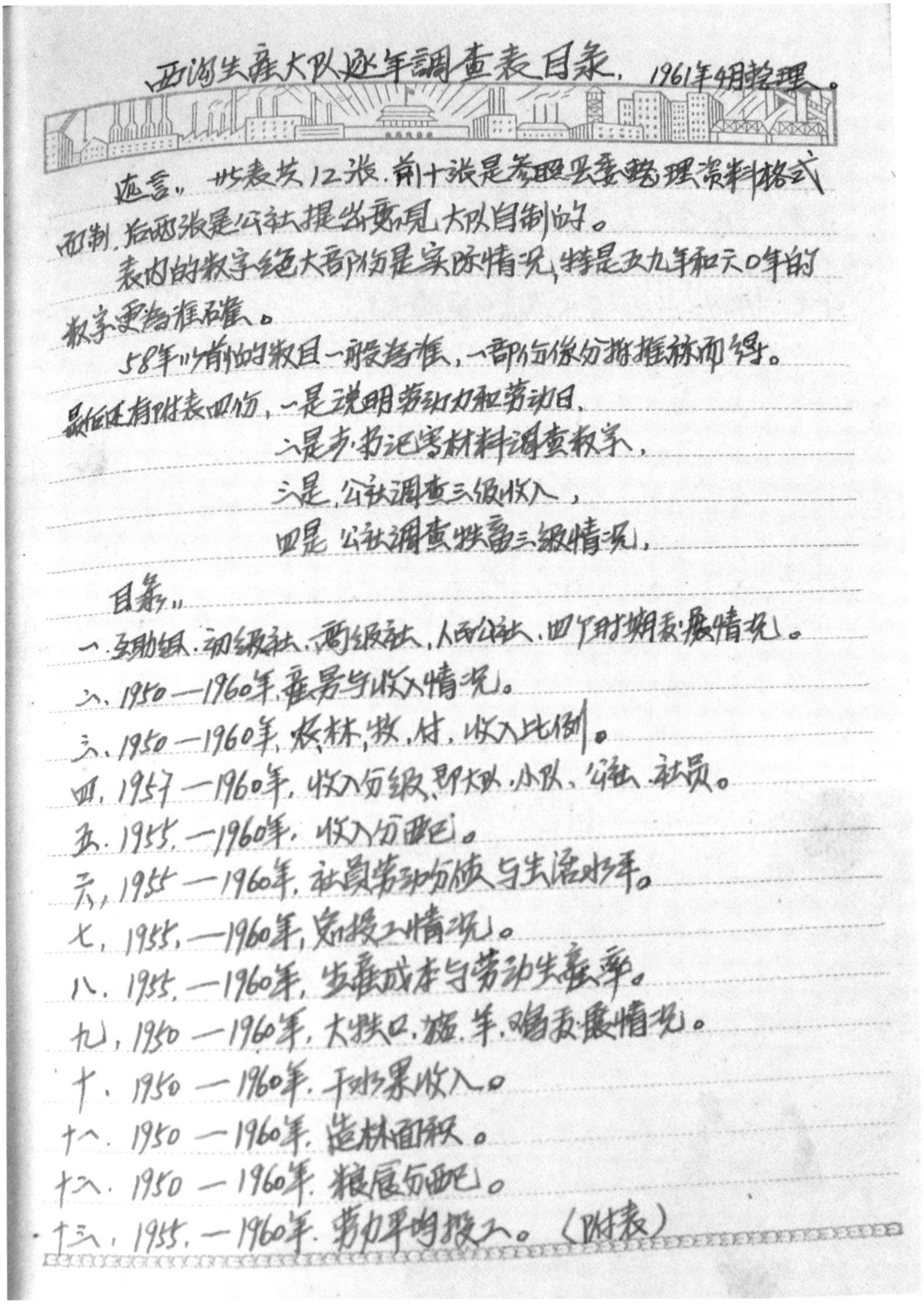

西沟生産大队逐年调查表目录，1961年4月整理。

引言：此表共12张，前十张是参照县委整理资料格式而制，后两张是公社提出意见大队自制的。

表内的数字绝大部份是实际情况，特是五九年和六0年的数字更为准确。

58年以前的数目一般为准，一部份係分析推算而得。

最后还有附表四份，一是说明劳动力和劳动日，

二是步·书记写材料调查数字，

三是，公社调查三级收入，

四是 公社调查牲畜三级情况，

目录：

一、互助组、初级社、高级社、人民公社、四个时期发展情况。

二、1950—1960年产量与收入情况。

三、1950—1960年，农林，牧，付，收入比例。

四、1957—1960年，收入分级，即大队、小队、公社、社员。

五、1955—1960年，收入分配。

六、1955—1960年，社员劳动分值与生活水平。

七、1955—1960年，实投工情况。

八、1955—1960年，生産成本与劳动生産率。

九、1950—1960年，大牲口、猪、羊、鸡发展情况。

十、1950—1960年，干鲜果收入。

十一、1950—1960年，造林面积。

十二、1950—1960年，粮食分配。

十三、1955—1960年，劳力平均投工。（附表）

图5-2-1　西沟生产大队逐年调查表目录一

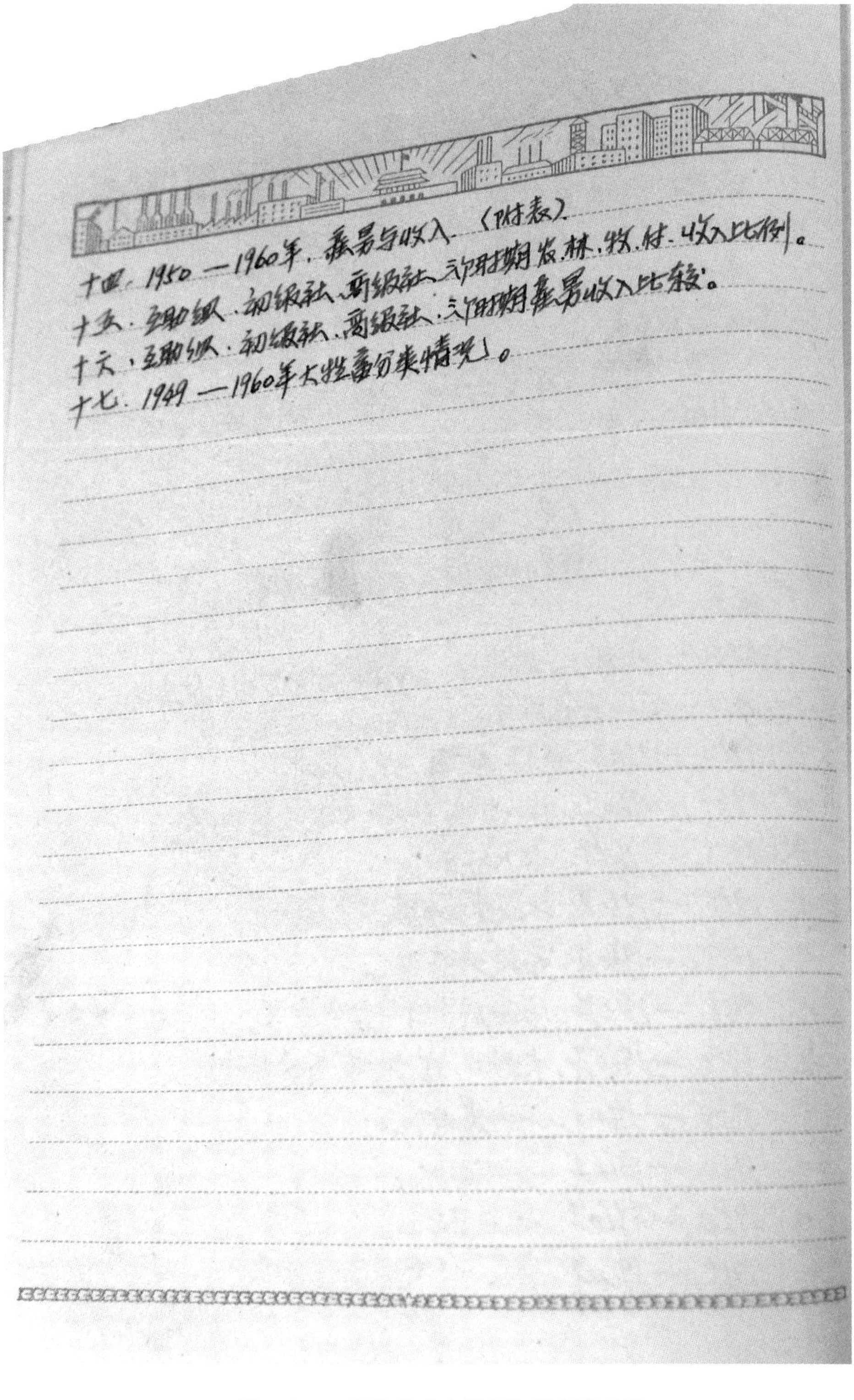

十四、1950—1960年、蚕易与收入（附表）。

十五、互助组、初级社、高级社、公社时期农、林、牧、付、收入比例。

十六、互助组、初级社、高级社、公社时期蚕易收入比较。

十七、1949—1960年大牲畜分类情况。

图5-2-2　西沟生产大队逐年调查表目录二

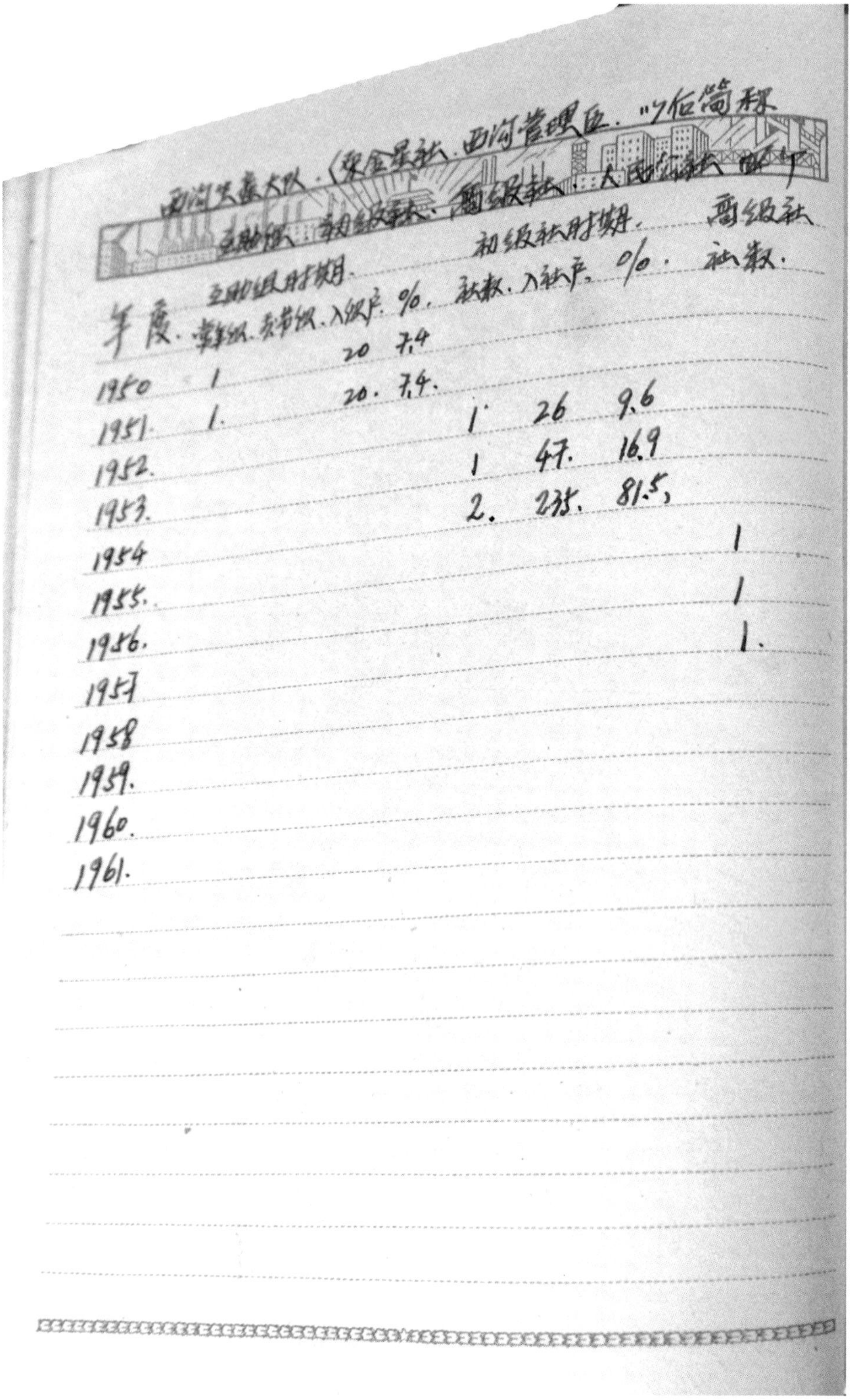

西河生产大队（保全星社、西河管理区、"公社简称"）互助组、初级社、高级社、人民公社、四个时期

年度	互助组时期 常年组	季节组	入组户	%	初级社时期 社数	入社户	%	高级社 社数
1950	1		20	7.4				
1951	1		20	7.4	1	26	9.6	
1952					1	47	16.9	
1953					2	235	81.5	
1954								1
1955								1
1956								1
1957								
1958								
1959								
1960								
1961								

图5-2-3　互助组、初级社、高级社、人民公社四个时期发展情况表一

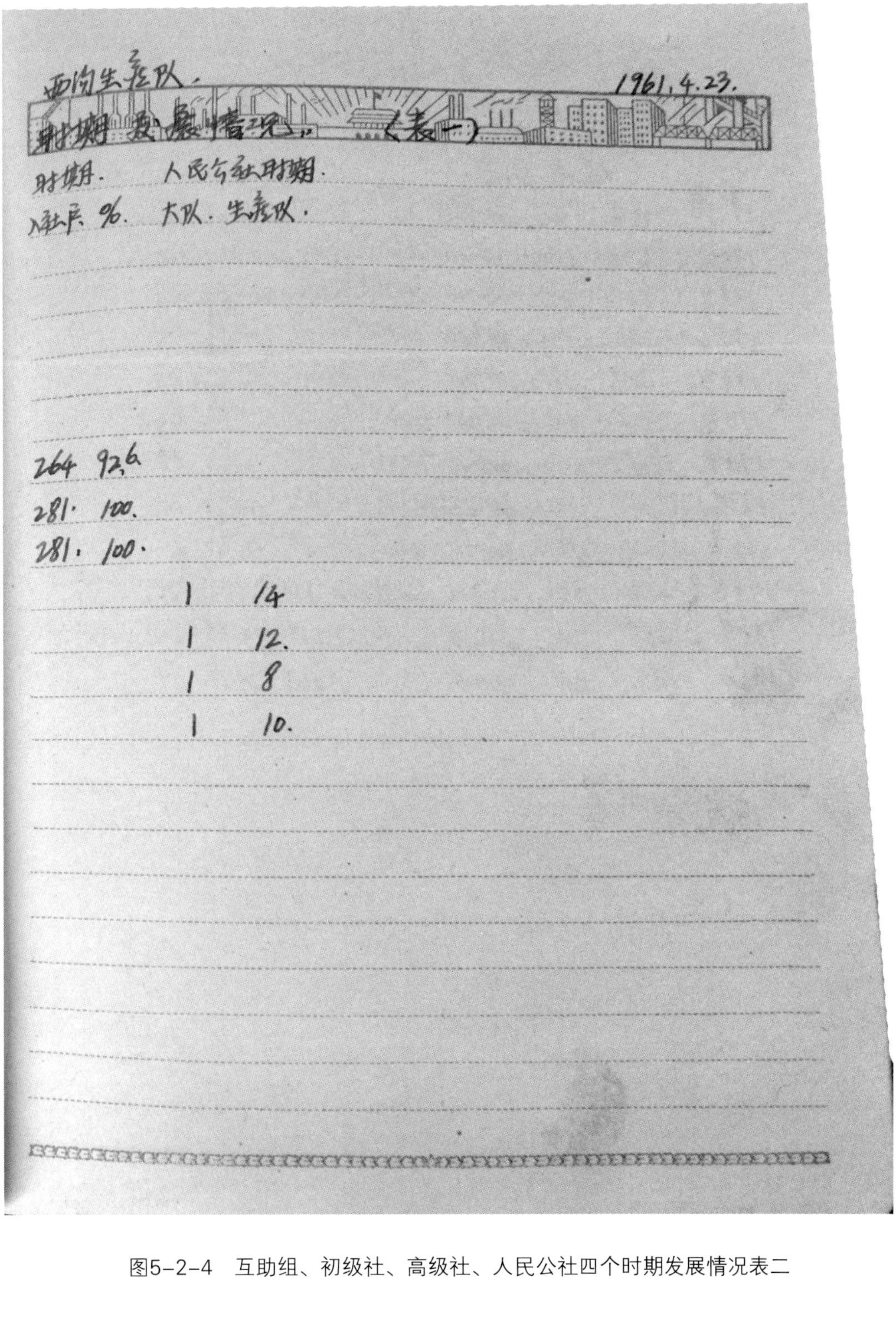

西沟生产队。 1961.4.23.

时期发展情况。（表一）

时期. 人民公社时期.

入社户 %. 大队. 生产队.

264 92.6

281. 100.

281. 100.

1 14

1 12.

1 8

1 10.

图5-2-4 互助组、初级社、高级社、人民公社四个时期发展情况表二

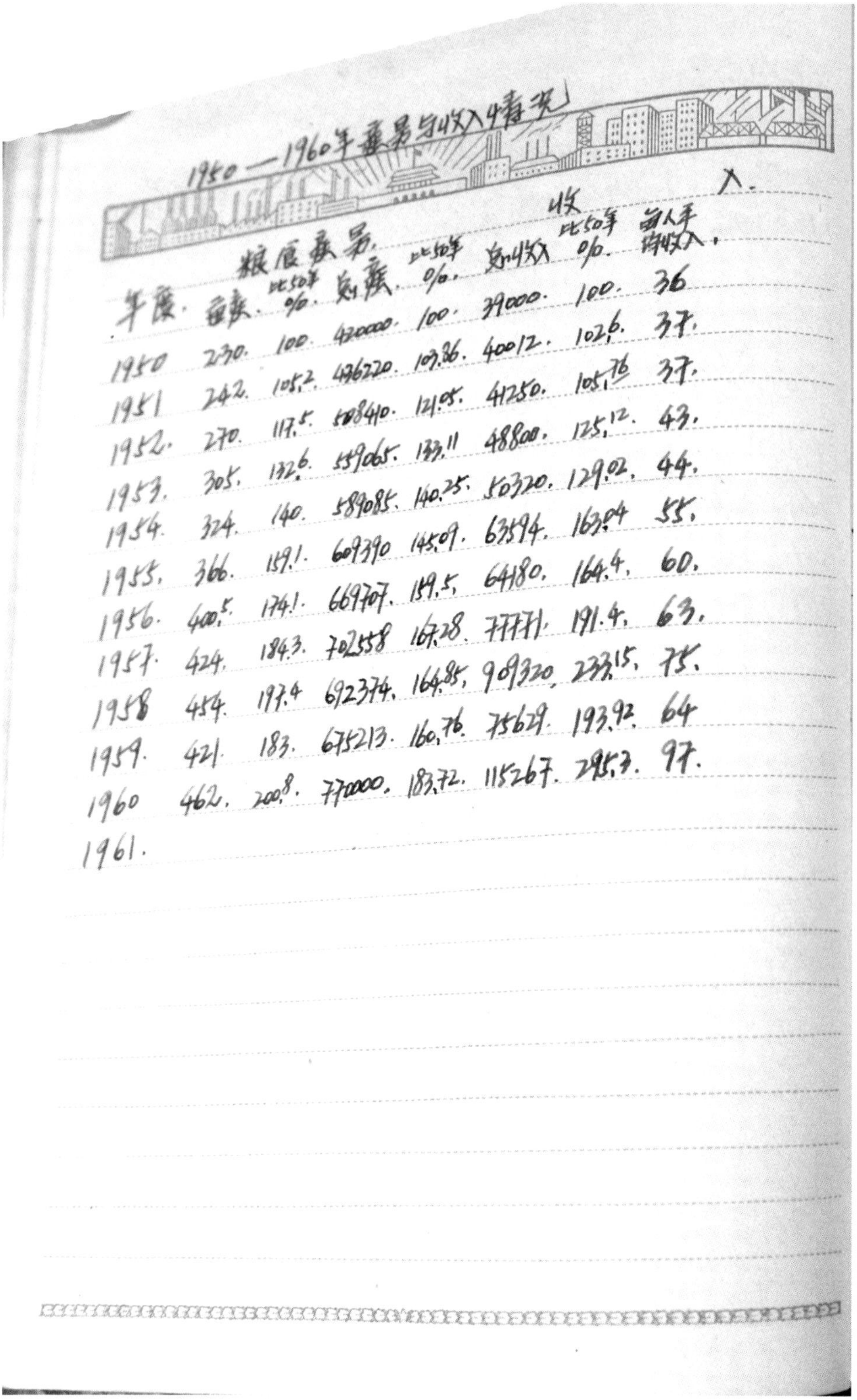

1950—1960年产量与收入情况

年度	粮食产量				收入		
	亩产	比50年%	总产	比50年%	总收入	比50年%	每人平均收入
1950	230.	100.	420000.	100.	39000.	100.	36
1951	242.	105.2	436220.	103.86.	40012.	102.6.	37.
1952.	270.	117.5.	508410.	121.05.	41250.	105.76	37.
1953.	305.	132.6.	559065.	133.11	48800.	125.12.	43.
1954.	324.	140.	589085.	140.25.	50320.	129.02.	44.
1955.	366.	159.1.	609390	145.09.	63594.	163.04	55.
1956.	400.5.	174.1.	669707.	159.5,	64180.	164.4.	60.
1957.	424.	184.3.	702558	167.28.	77771.	191.4.	63.
1958	454.	197.4	692374.	164.85,	90932 0,	233.15,	75.
1959.	421.	183.	675213.	160.76.	75629.	193.92.	64
1960	462.	200.8.	770000.	183.72.	115267.	295.7.	97.
1961.							

图5-2-5　产量与收入情况表一（1950—1960年）

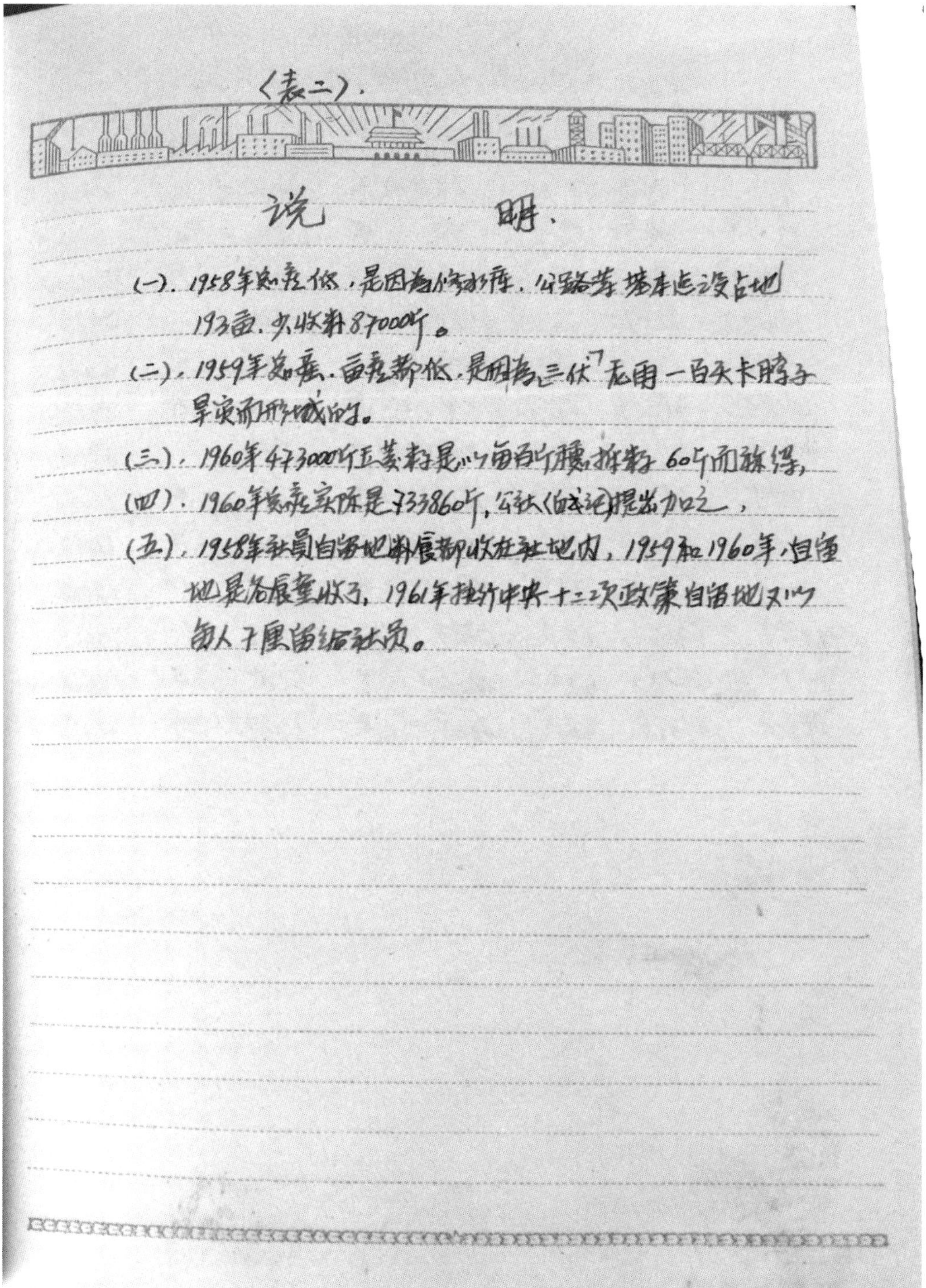

〈表二〉．

说　明．

(一)．1958年总产低，是因为修水库、公路等基本建设占地193亩，少收粮87000斤。

(二)．1959年总产、亩产都低，是因为"三伏"无雨一百天卡脖子旱灾而形成的。

(三)．1960年473000斤玉茭粮是以亩百斤种，挤粮60斤而获得，

(四)．1960年总产实际是733860斤，公社《白戒记》提出加工，

(五)．1958年社员自留地粮食都收在社地内，1959和1960年，自留地是各户自收了，1961年执行中央十二项政策自留地又以每人7厘留给社员。

图5-2-6　产量与收入情况表二（1950-1960年）

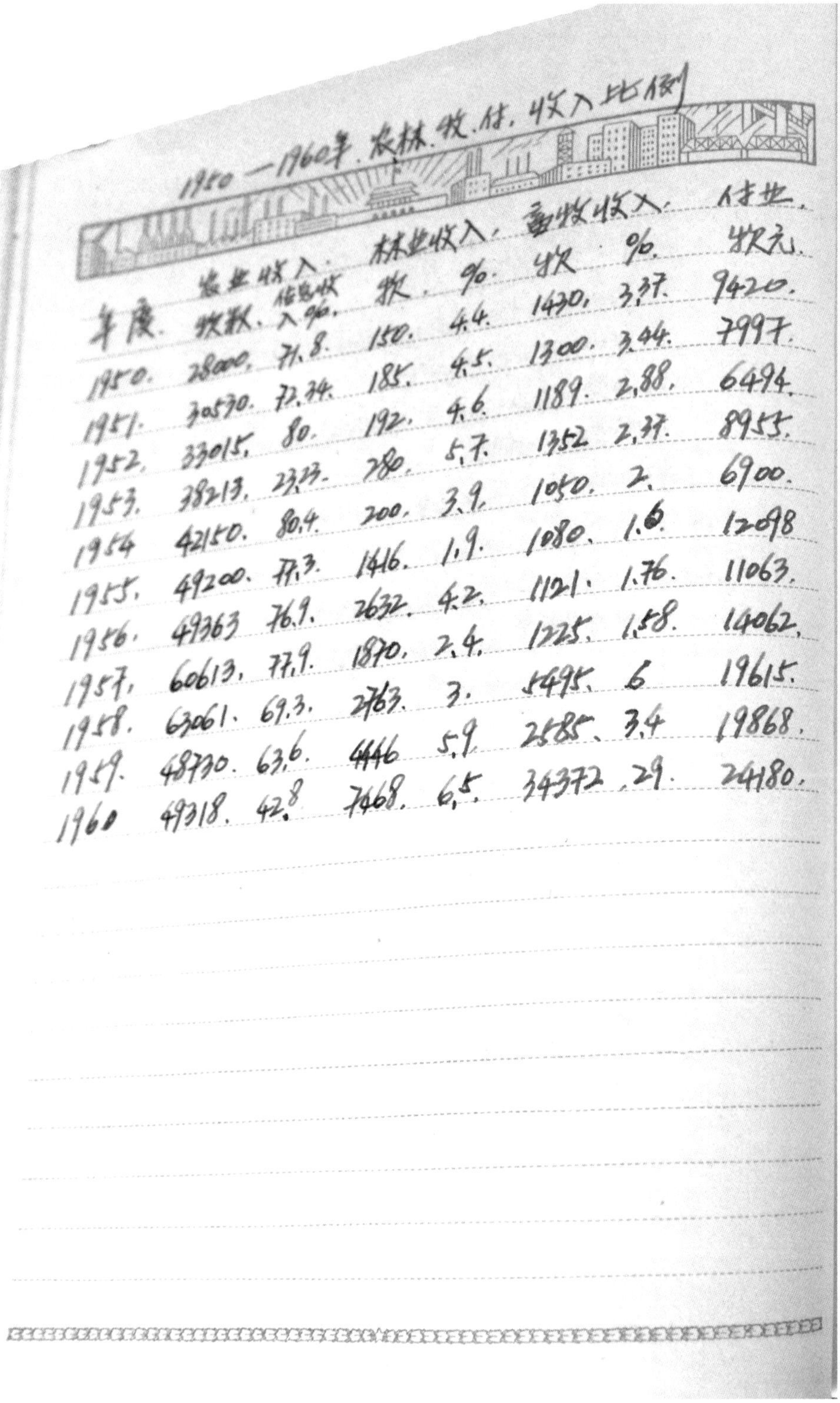

1950—1960年.农林.牧.付.收入比例

年度	农业收入 收数	占总收入%	林业收入 收	%	畜牧收入 收	%	付业 收元
1950	28000	71.8	150	4.4	1430	3.37	9420
1951	30530	72.34	185	4.5	1300	3.44	7997
1952	33015	80	192	4.6	1189	2.88	6494
1953	38213	23.23	280	5.7	1352	2.37	8955
1954	42150	80.4	200	3.9	1050	2	6900
1955	49200	77.3	1416	1.9	1080	1.6	12098
1956	49363	76.9	2632	4.2	1121	1.76	11063
1957	60613	77.9	1870	2.4	1225	1.58	14062
1958	63061	69.3	2763	3	5495	6	19615
1959	48730	63.6	4446	5.9	2585	3.4	19868
1960	49318	42.8	7468	6.5	34372	29	24180

图5-2-7　农、林、牧、付（副）收入比例情况表一（1950-1960年）

（表三）

收入占%

24.1

19.9.

12.5.

18.3.

13.7.

19.2.

17.2.

18.12.

21.7.

27.1.

47.8.

说　明.

① 1959年收入低，是三伏后雨减产之故

②. 1960年农业收入少、是蔬菜、油料等归生产小队所有，

③. 1960年畜牧收入多，是因为牲口价高，每头骡卖一万多元。

图5-2-8　农、林、牧、付（副）收入比例情况表二（1950-1960年）

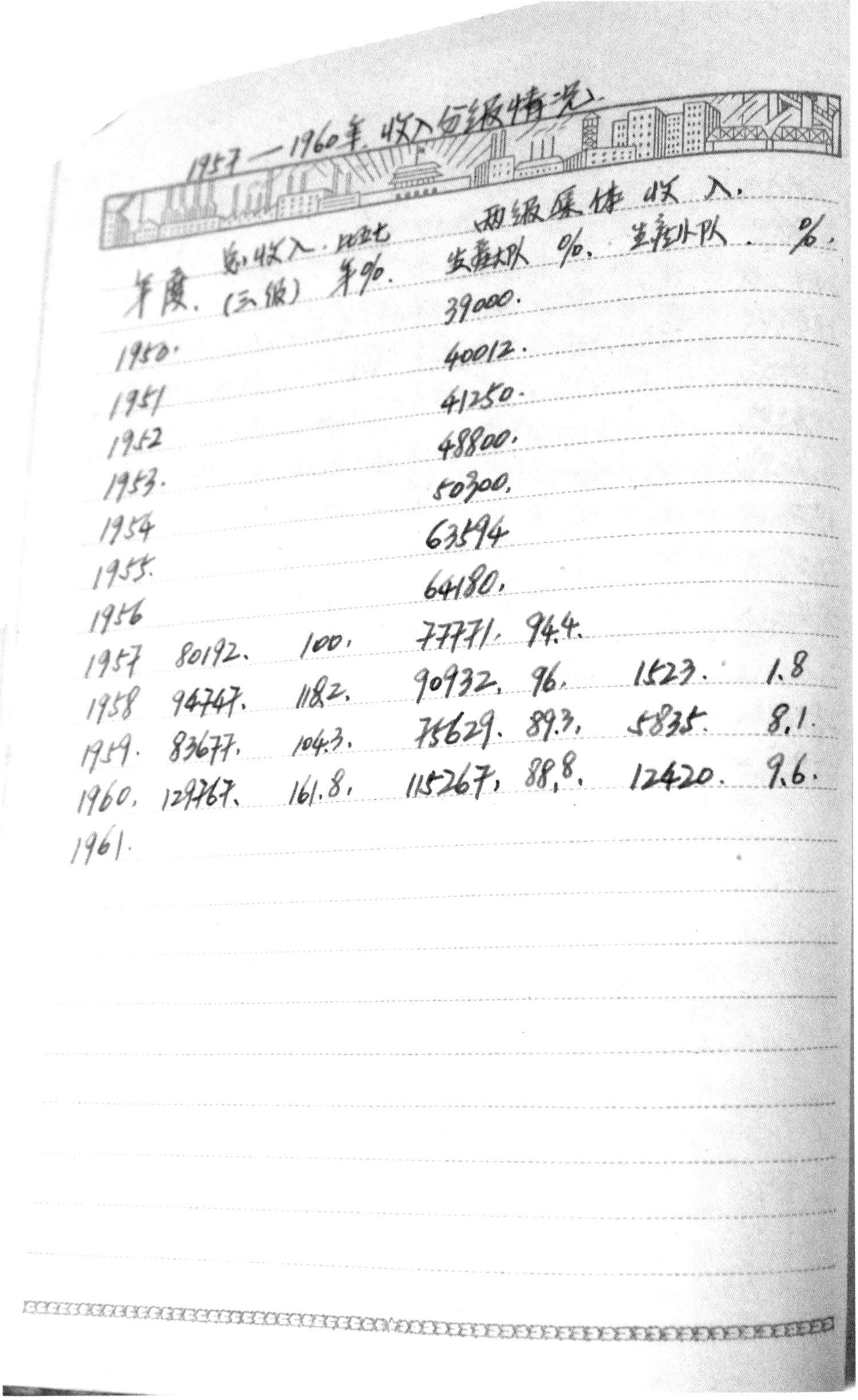

1957—1960年收入分级情况

年度	总收入（三级）	比上年%	两级集体收入 生产大队	%	生产小队	%
			39000			
1950			40012			
1951			41250			
1952			48800			
1953			50300			
1954			63594			
1955			64180			
1956						
1957	80192	100	77771	94.4		
1958	94747	118.2	90932	96	1523	1.8
1959	83677	104.3	75629	89.3	5835	8.1
1960	129767	161.8	115267	88.8	12420	9.6
1961						

图5-2-9　收入分级情况表一（1957-1960年）

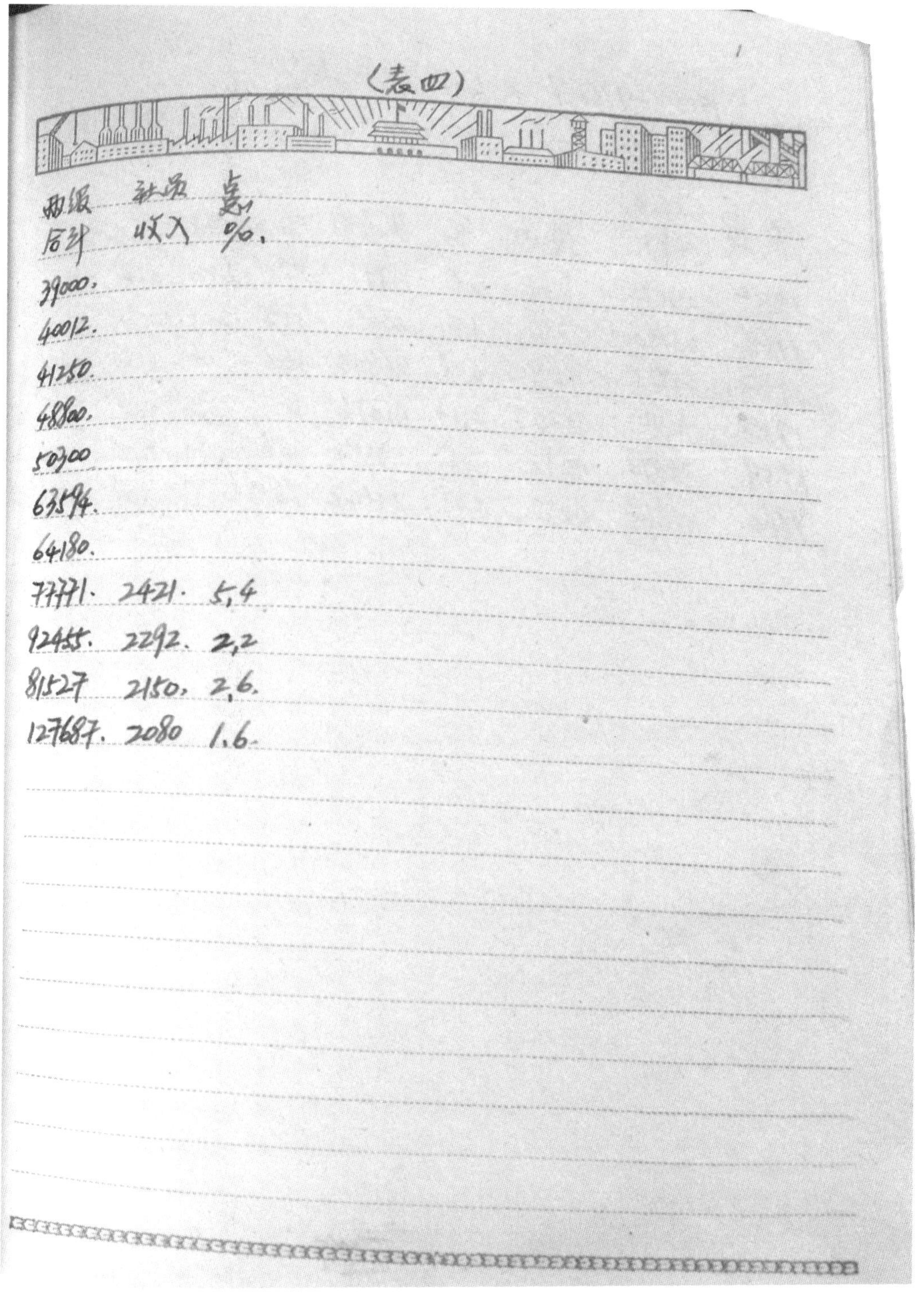

1

（表四）

两级合计	社员收入	占%
39000.		
40012.		
41250.		
48800.		
50300		
63594.		
64180.		
77771.	2421.	5,4
92455.	2292.	2,2
81527	2150,	2,6.
127687.	2080	1.6.

图5-2-10　收入分级情况表二（1957-1960年）

注：统计内容包括总收入、两级集体收入、社员收入。

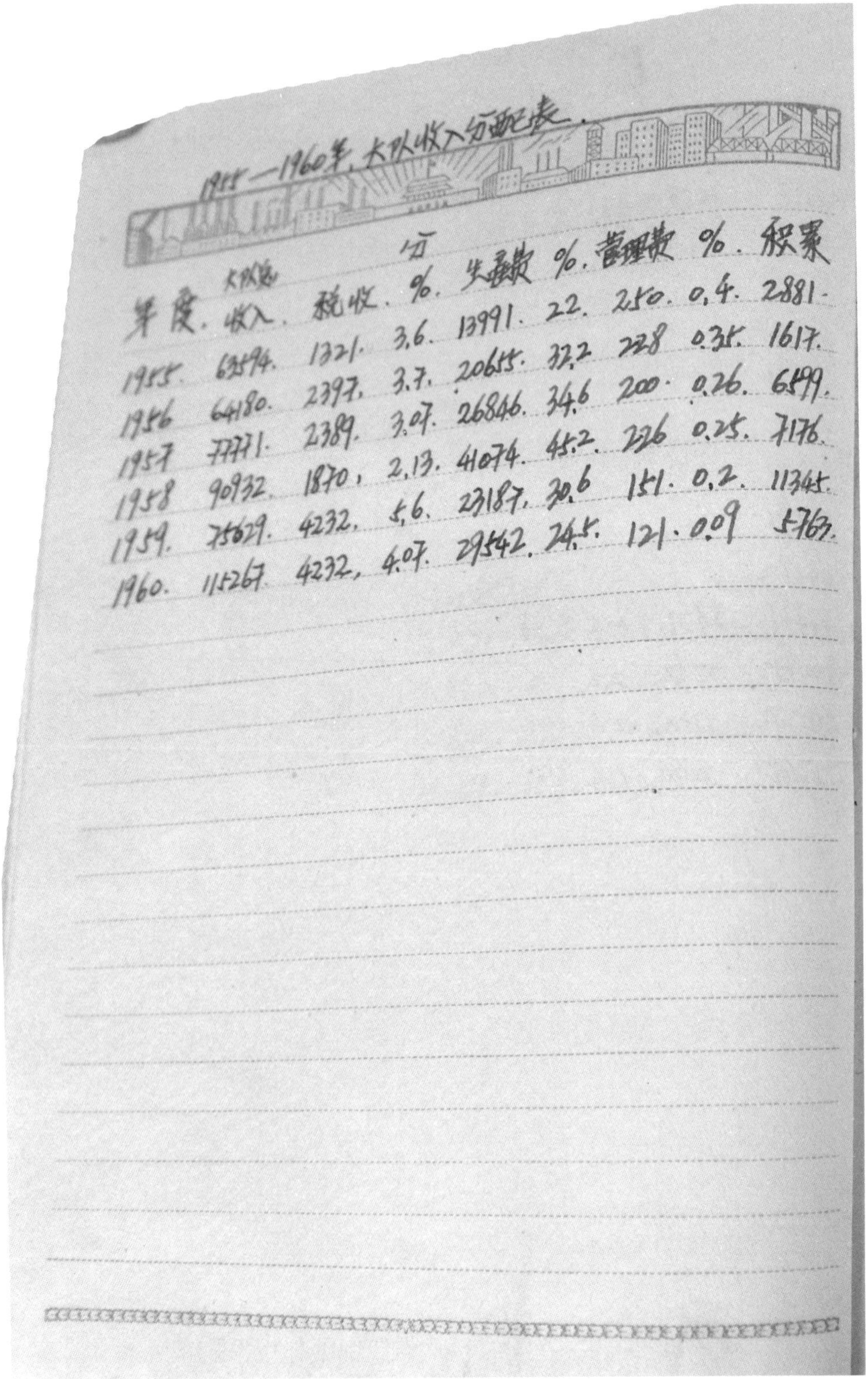

1955—1960年，大队收入分配表。

年度	大队总收入	税收	%	生产费	%	管理费	%	积累
1955	63594	1321	3.6	13991	22	250	0.4	2881
1956	64180	2397	3.7	20655	32.2	228	0.35	1617
1957	77771	2389	3.07	26846	34.6	200	0.26	6599
1958	90932	1870	2.13	41074	45.2	226	0.25	7176
1959	75629	4232	5.6	23187	30.6	151	0.2	11345
1960	115267	4232	4.07	29542	24.5	121	0.09	5763

图5-2-11　收入分配表一（1955-1960年）

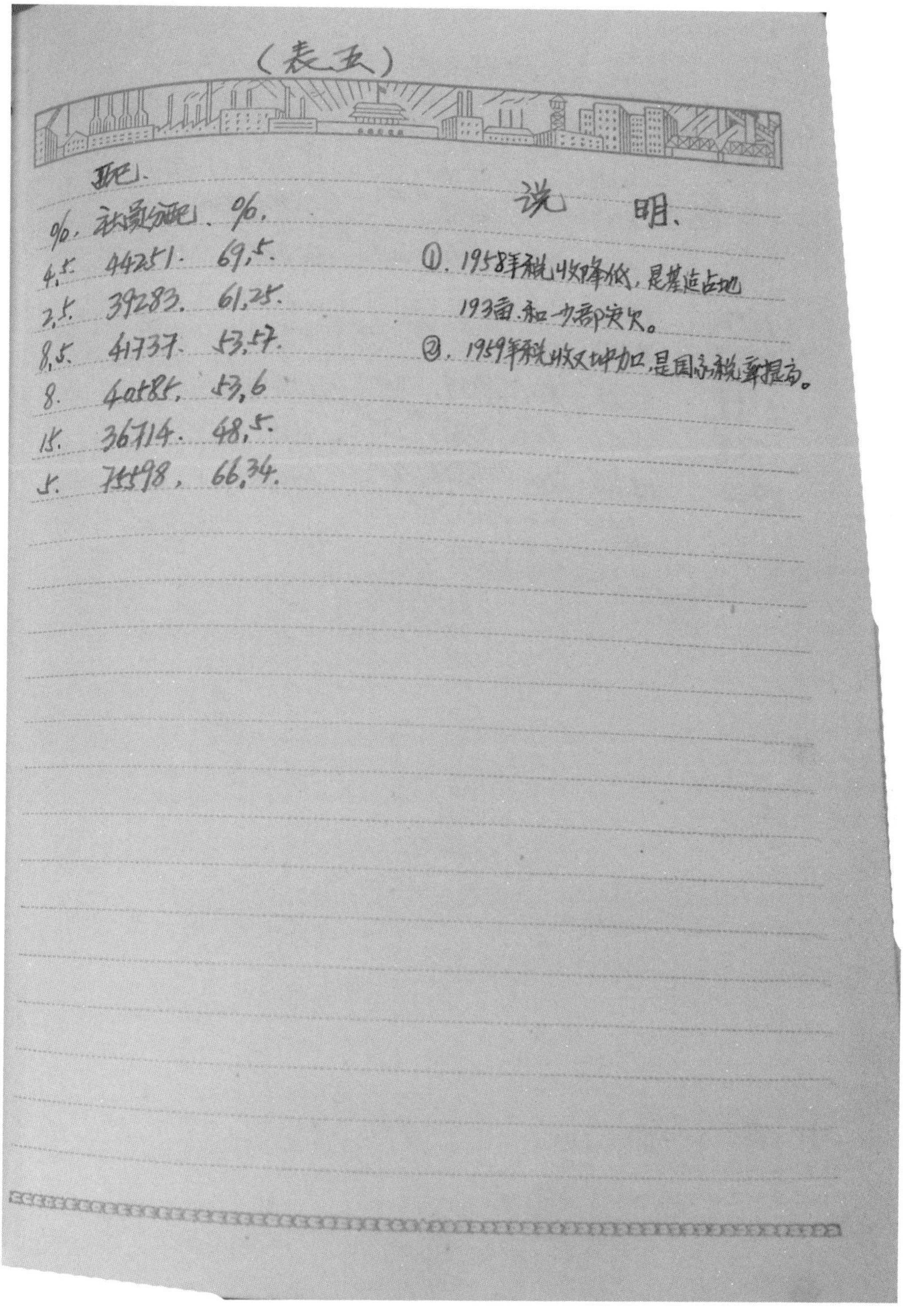

图5-2-12 收入分配表二（1955-1960年）

注：统计内容包括大队总收入、税收、生产费、管理费、积累、社员分配。

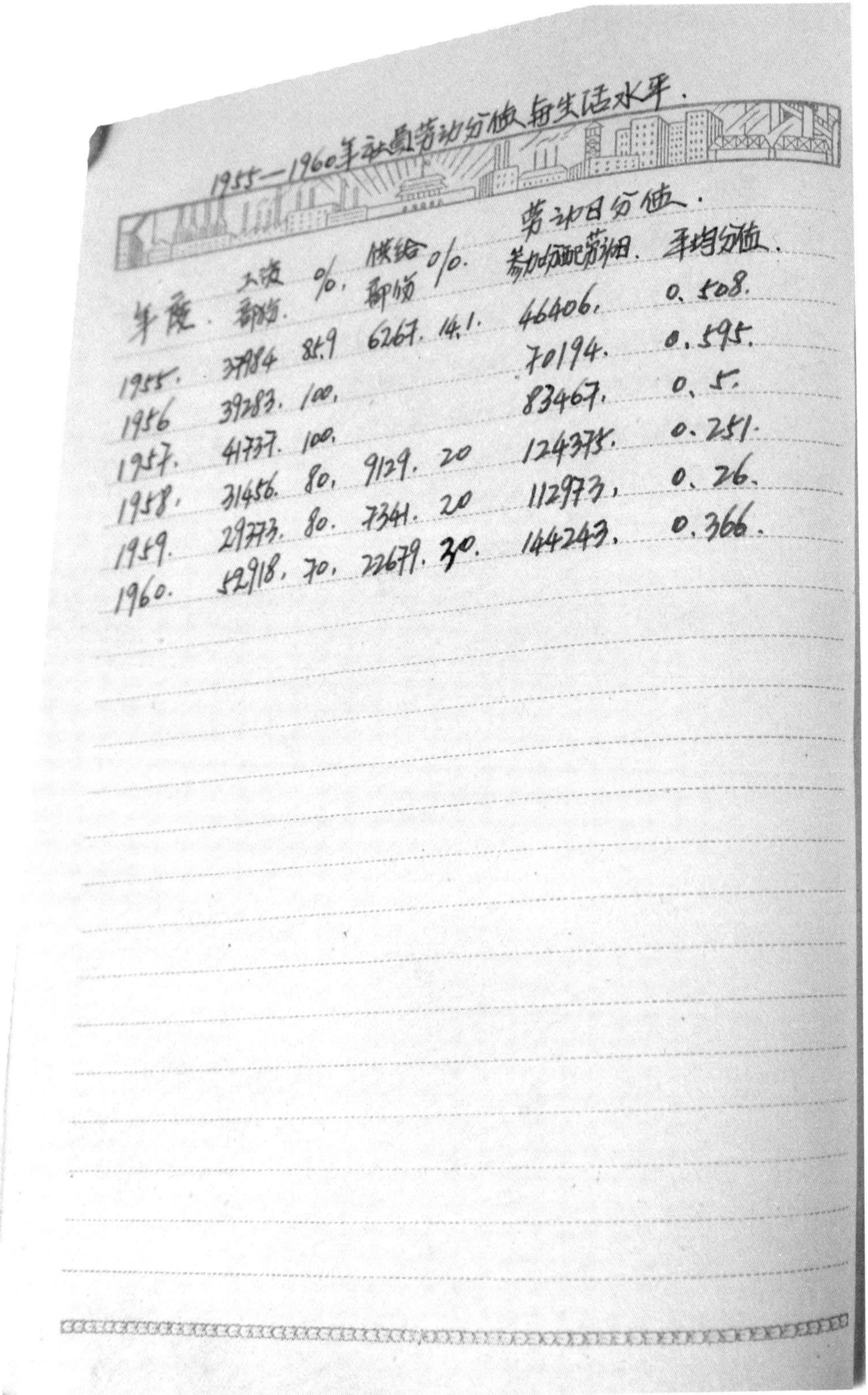

1955—1960年社员劳动分值和生活水平.

年度.	工资部份.	%,	供给部份	%.	劳动日分值. 参加分配劳动日.	平均分值.
1955.	37984	85.9	6267.	14.1.	46406.	0.508.
1956	39283.	100.			70194.	0.595.
1957.	41737.	100.			83467.	0.5.
1958.	31456.	80,	9129.	20	124375.	0.251.
1959.	29773.	80.	7341.	20	112973.	0.26.
1960.	52918,	70.	22679.	30.	144243.	0.366.

图5-2-13　社员劳动分值与生活水平表一（1955-1960年）

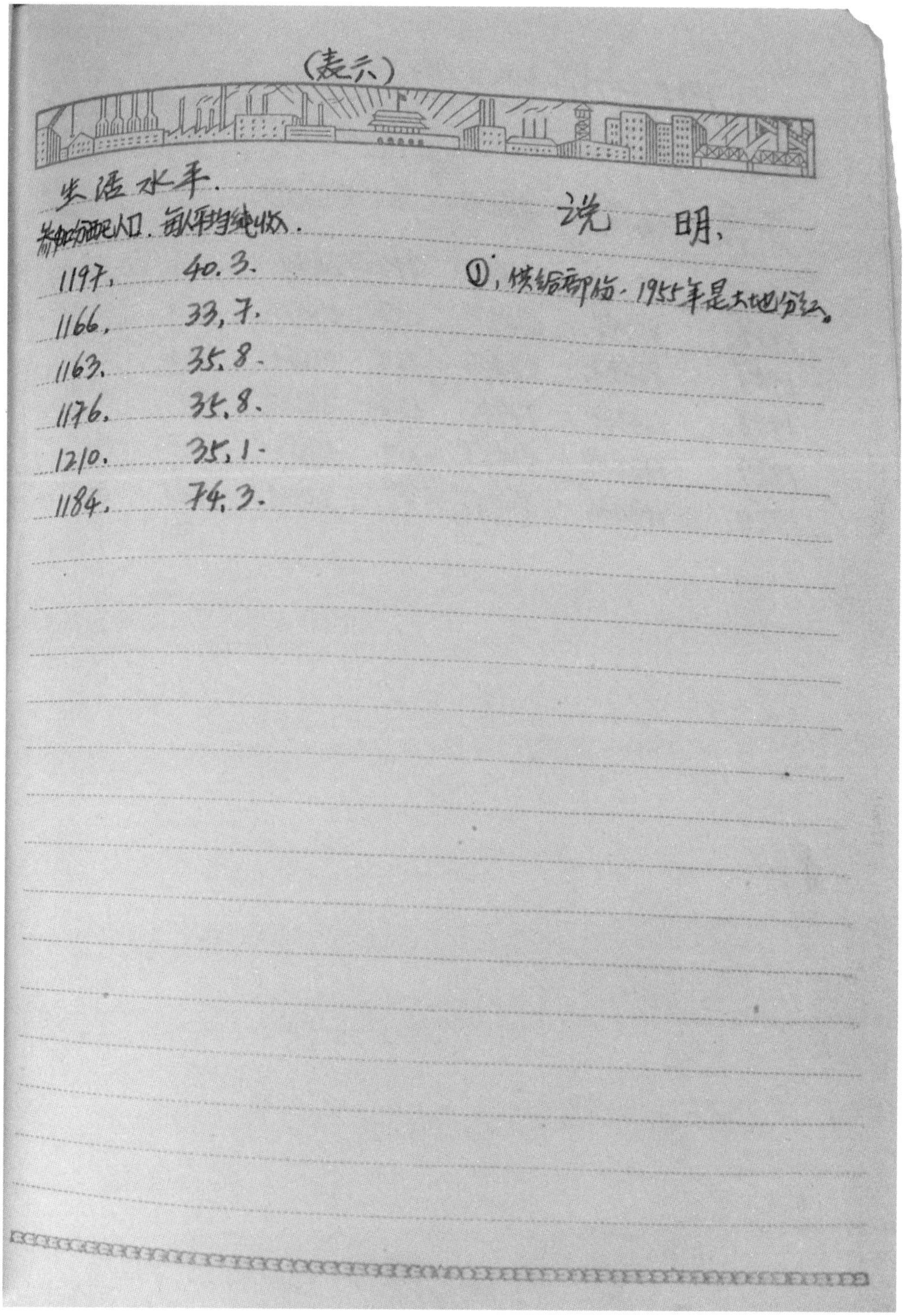
（表六）

生活水平.

参加分配人口.	每人平均纯收入.
1197,	40.3.
1166.	33,7.
1163.	35.8.
1176.	35.8.
1210.	35.1.
1184.	74.3.

说　明、

①，供给部份．1955年是土地分红。

图5-2-14　社员劳动分值与生活水平表二（1955-1960年）

注：统计内容包括工资部分、供给部分、参加分配劳动日、平均分值、参加分配人口、人均纯收入。

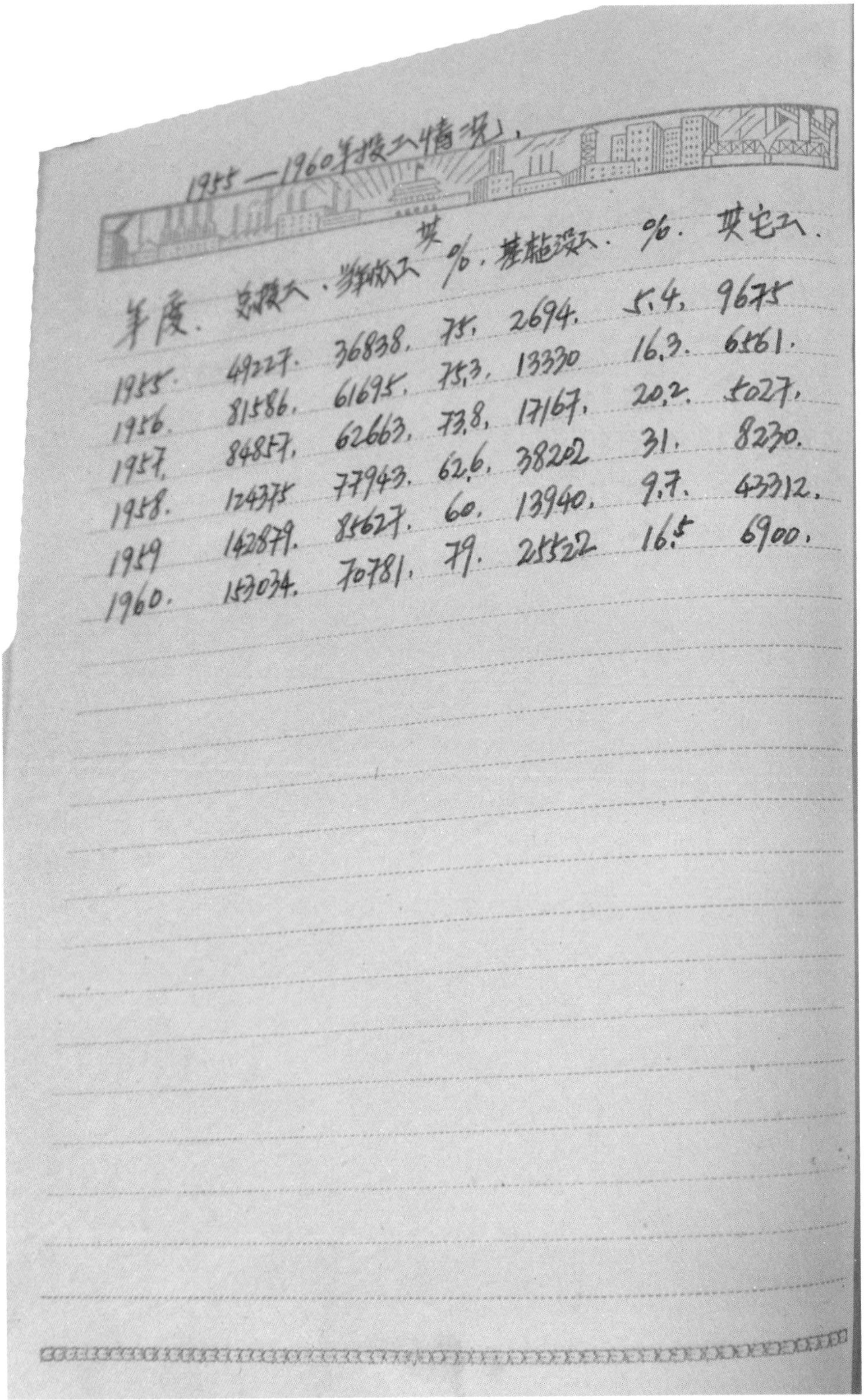

1955—1960年投入情况，

年度	总投入	学校投入	其%	基础投入	%	其它投入
1955	49227	36838	75	2694	5.4	9675
1956	81586	61695	75.3	13330	16.3	6561
1957	84857	62663	73.8	17167	20.2	5027
1958	124375	77943	62.6	38202	31	8230
1959	142879	85627	60	13940	9.7	43312
1960	153034	70781	79	25522	16.5	6900

图5-2-15 投工情况表一（1955-1960年）

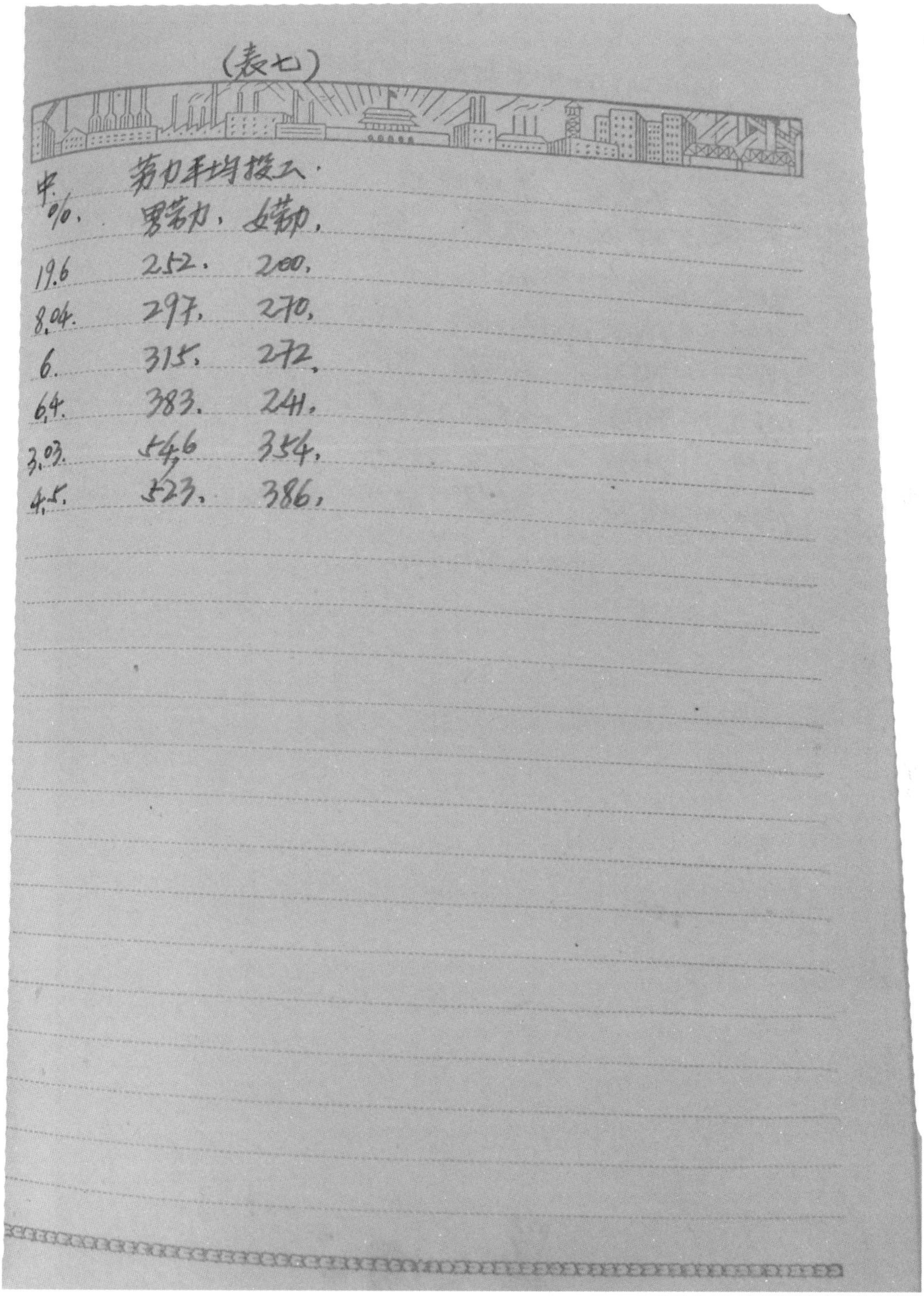

（表七）

中%	劳力平均投工	
	男劳力	女劳力
19.6	252	200
8.04	297	270
6	315	272
6.4	383	241
3.03	546	354
4.5	523	386

图5-2-16　投工情况表二（1955-1960年）

注：统计内容包括总投工、当年收入工、基本迼设工、其它工、劳力平均投工。

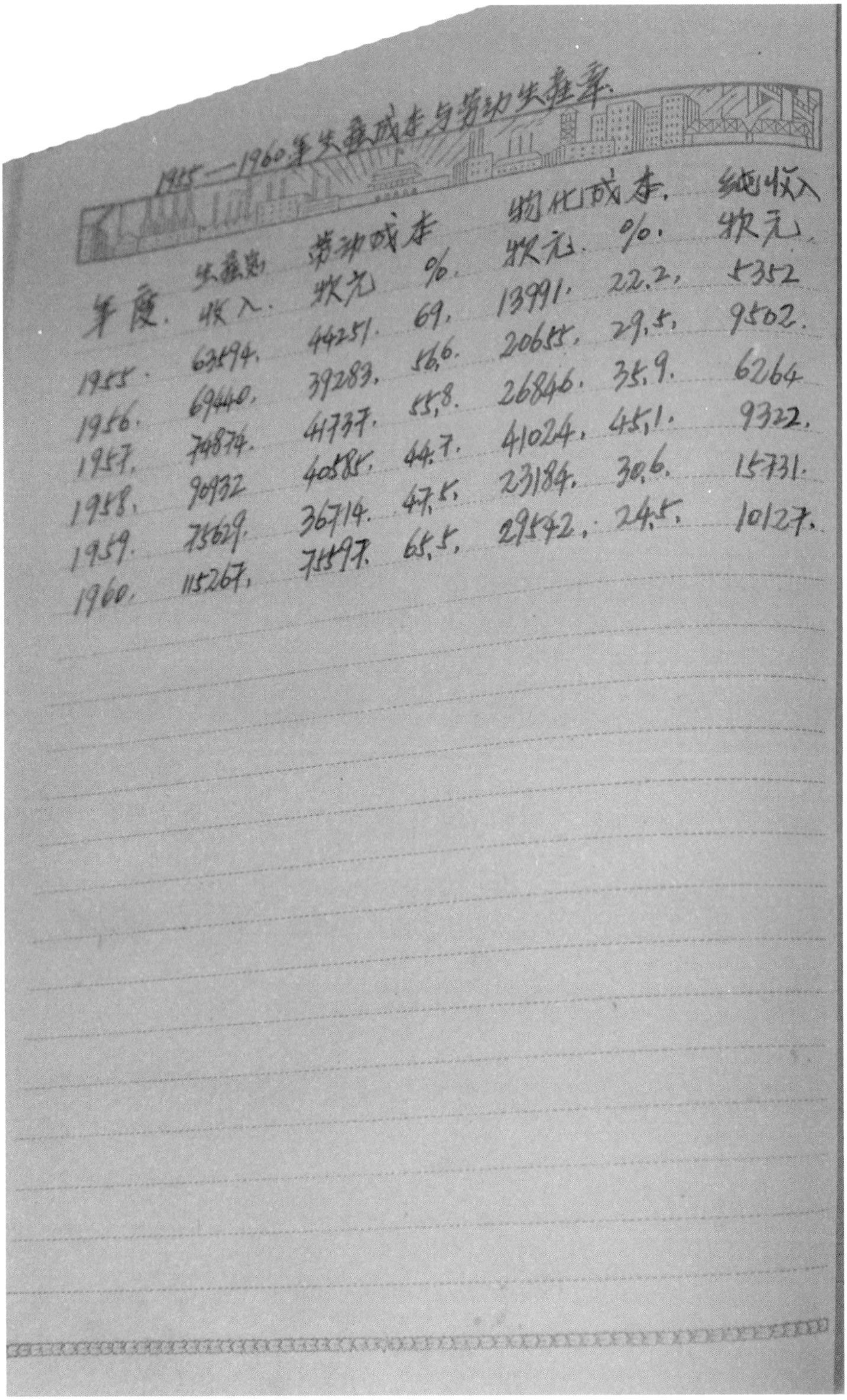

1955—1960年生产成本与劳动生产率

年度	生产总收入	劳动成本 万元	%	物化成本 万元	%	纯收入 万元
1955.	63594.	44251.	69.	13991.	22.2.	5352
1956.	69440.	39283.	56.6.	20655.	29.5.	9502.
1957.	74874.	41737.	55.8.	26846.	35.9.	6264
1958.	90932	40585.	44.7.	41024.	45.1.	9322.
1959.	75629.	36714.	47.5.	23184.	30.6.	15731.
1960.	115267.	75597.	65.5.	29542.	24.5.	10127.

图5-2-17　生产成本与劳动生产率情况表一（1955-1960年）

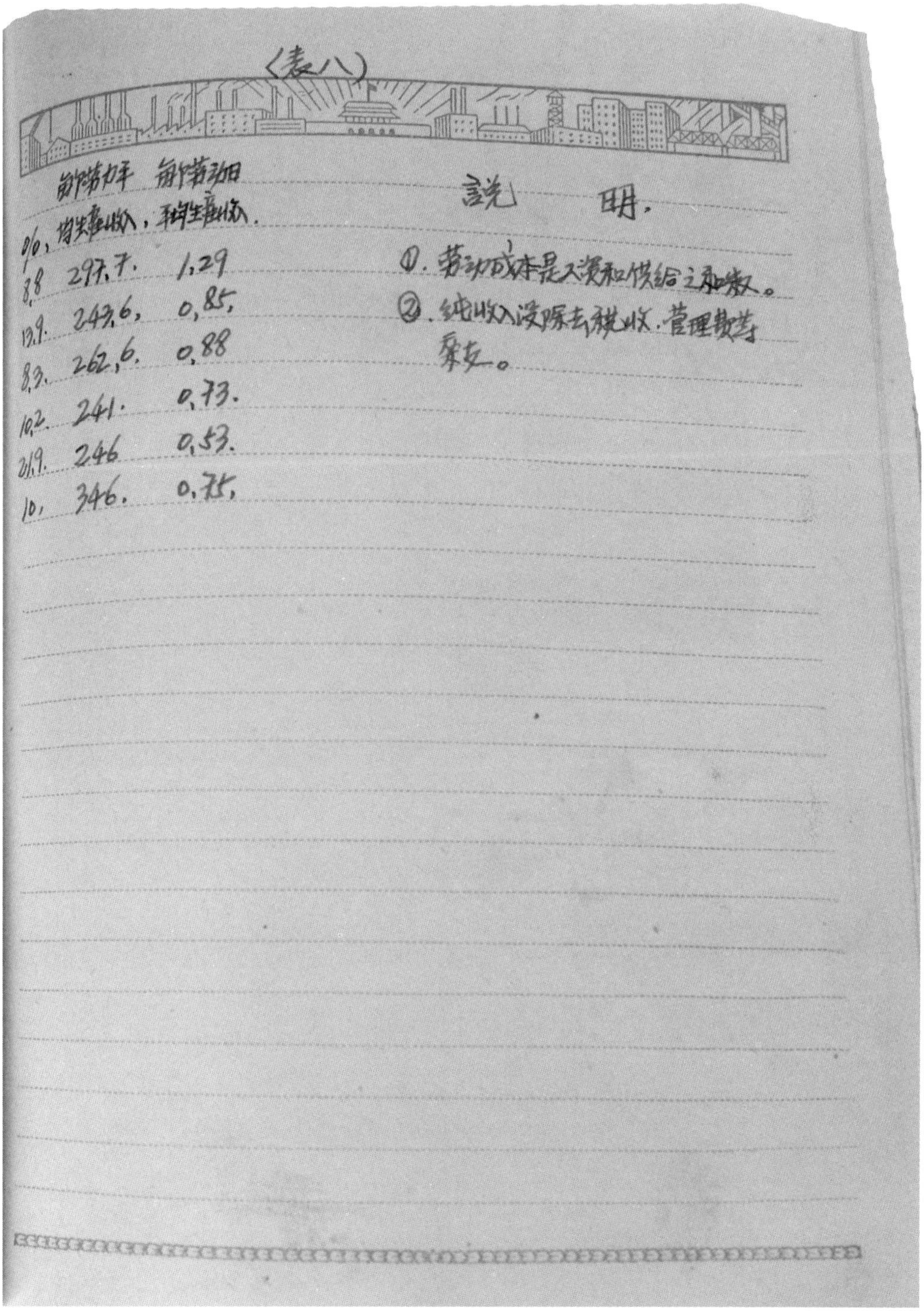

(表八)

%	每个劳力平均生产收入	每个劳动日平均生产收入
8.8	297.7	1.29
13.9	243.6	0.85
8.3	262.6	0.88
10.2	241	0.73
21.9	246	0.53
10	346	0.75

說明.

①.劳动成本是工资和供给之和数。

②.纯收入没除去税收.管理费等开支。

图5-2-18　生产成本与劳动生产率情况表二（1955-1960年）

注：统计内容包括生产总收入、劳动成本、物化成本、纯收入、每个劳力平均生产收入、每个劳动日平均生产收入。

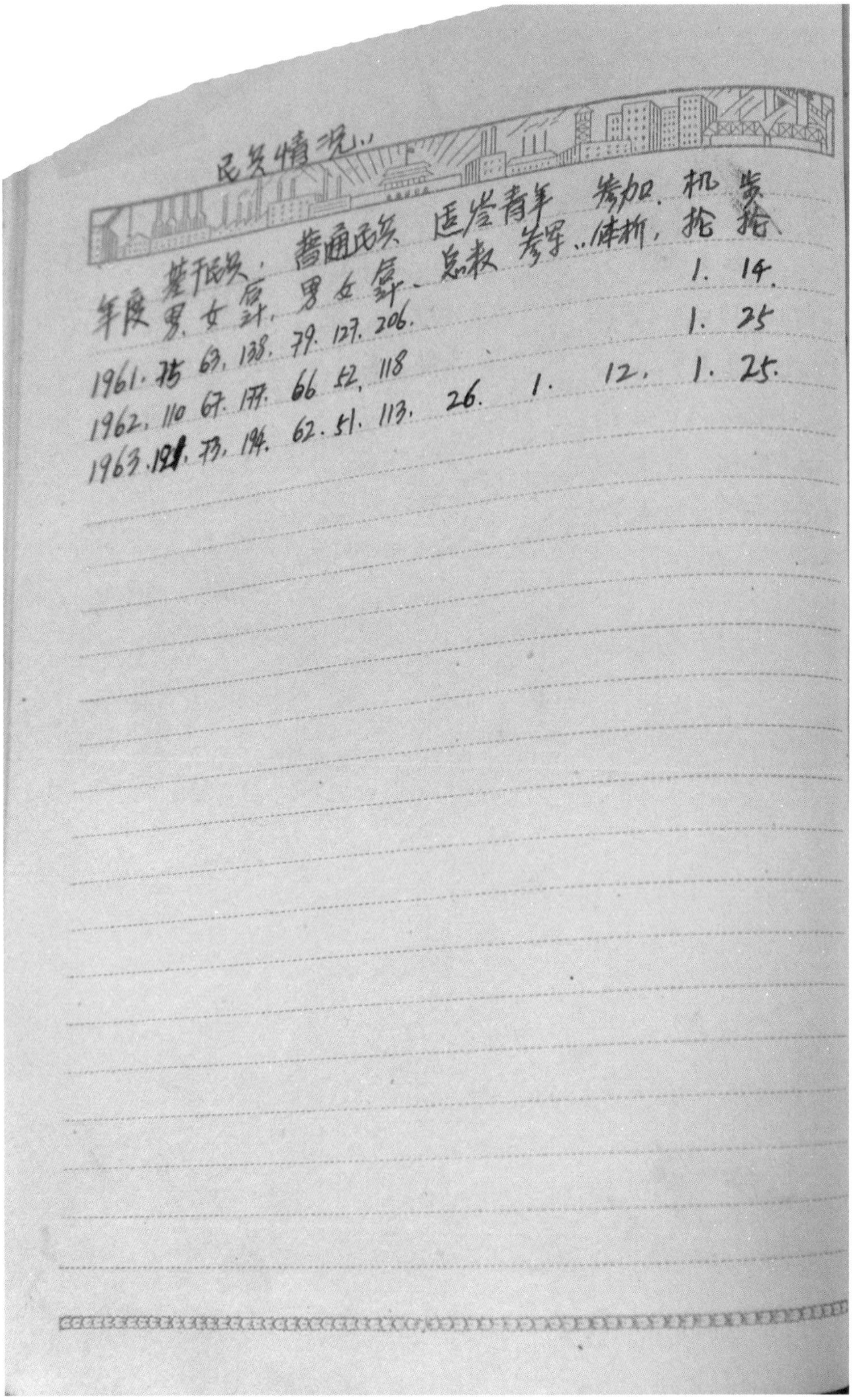
民兵情况：
年度 基干民兵，男 女 合计，普通民兵 男 女 合计、适龄青年 总数 参军，参加 体检，机抢 实抢
1. 14.
1. 25
1961. 75 63, 138, 79. 127. 206.
1. 25.
1962, 110 67. 177. 66 52, 118
1963. 121, 73, 194. 62. 51. 113. 26. 1. 12,

图5-2-19　民兵情况表（1961-1963年）

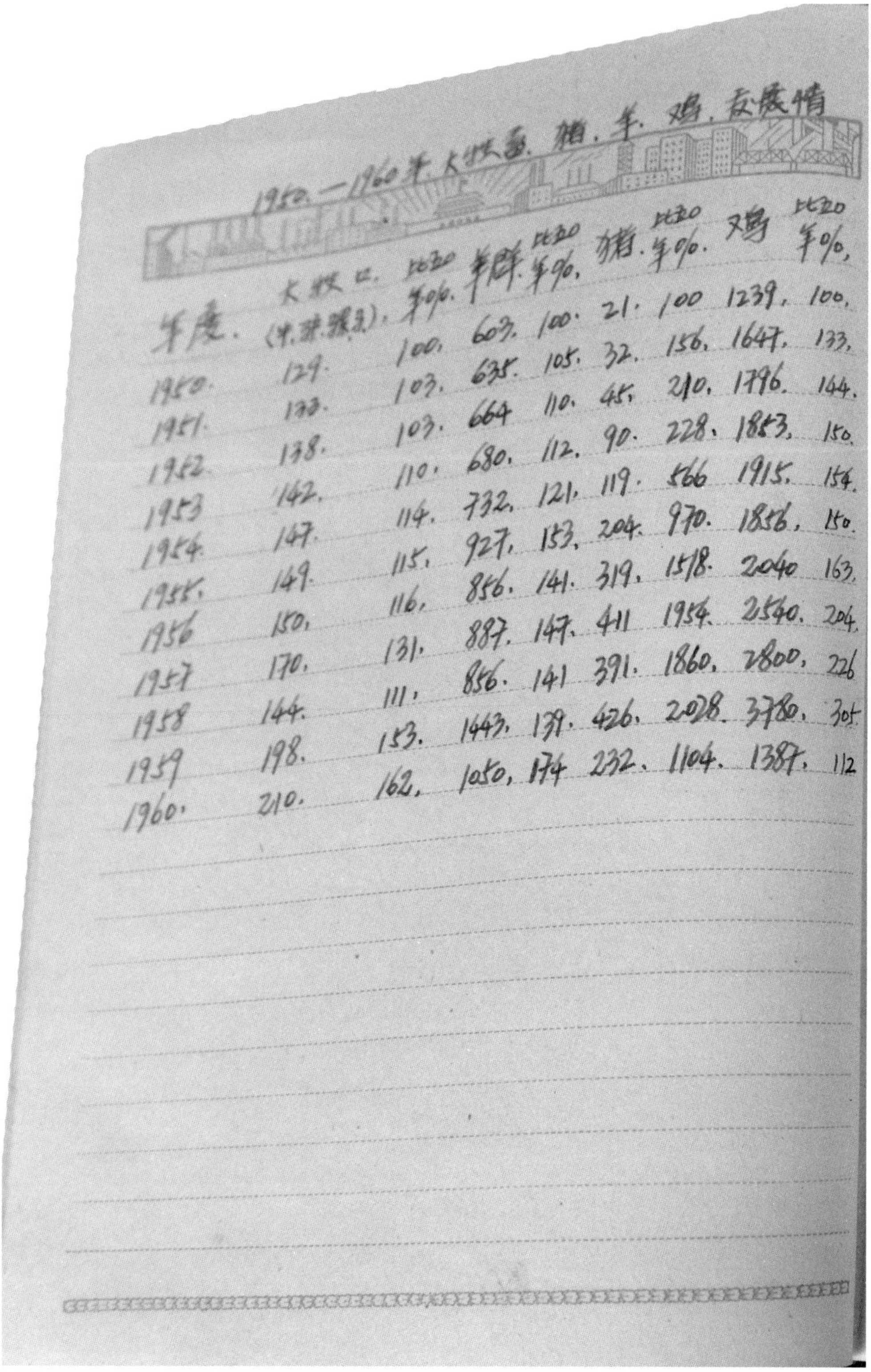

1950—1960年大牲畜.猪.羊.鸡.发展情

年度	大牲口（牛.驴.骡.马）	比50年%	羊群	比50年%	猪	比50年%	鸡	比50年%
1950	129	100	603	100	21	100	1239	100
1951	133	103	635	105	32	156	1647	133
1952	138	103	664	110	45	210	1796	144
1953	142	110	680	112	90	228	1853	150
1954	147	114	732	121	119	566	1915	154
1955	149	115	927	153	204	970	1856	150
1956	150	116	856	141	319	1518	2040	163
1957	170	131	887	147	411	1954	2540	204
1958	144	111	856	141	391	1860	2800	226
1959	198	153	1443	139	426	2028	3780	305
1960	210	162	1050	174	232	1104	1387	112

图5-2-20　大牲口、猪、羊、鸡发展情况表一（1950-1960年）

况，　　（表九）

说　明、

①.鸡是典型调查推算分析数、

②.1959年猪.426个.比1960年高.是1958年，西沟搞千口猪场，先厂内收进猪300多头，因管理不善.几个月死去200头左右。

图5-2-21　大牲口、猪、羊、鸡发展情况表二（1950-1960年）

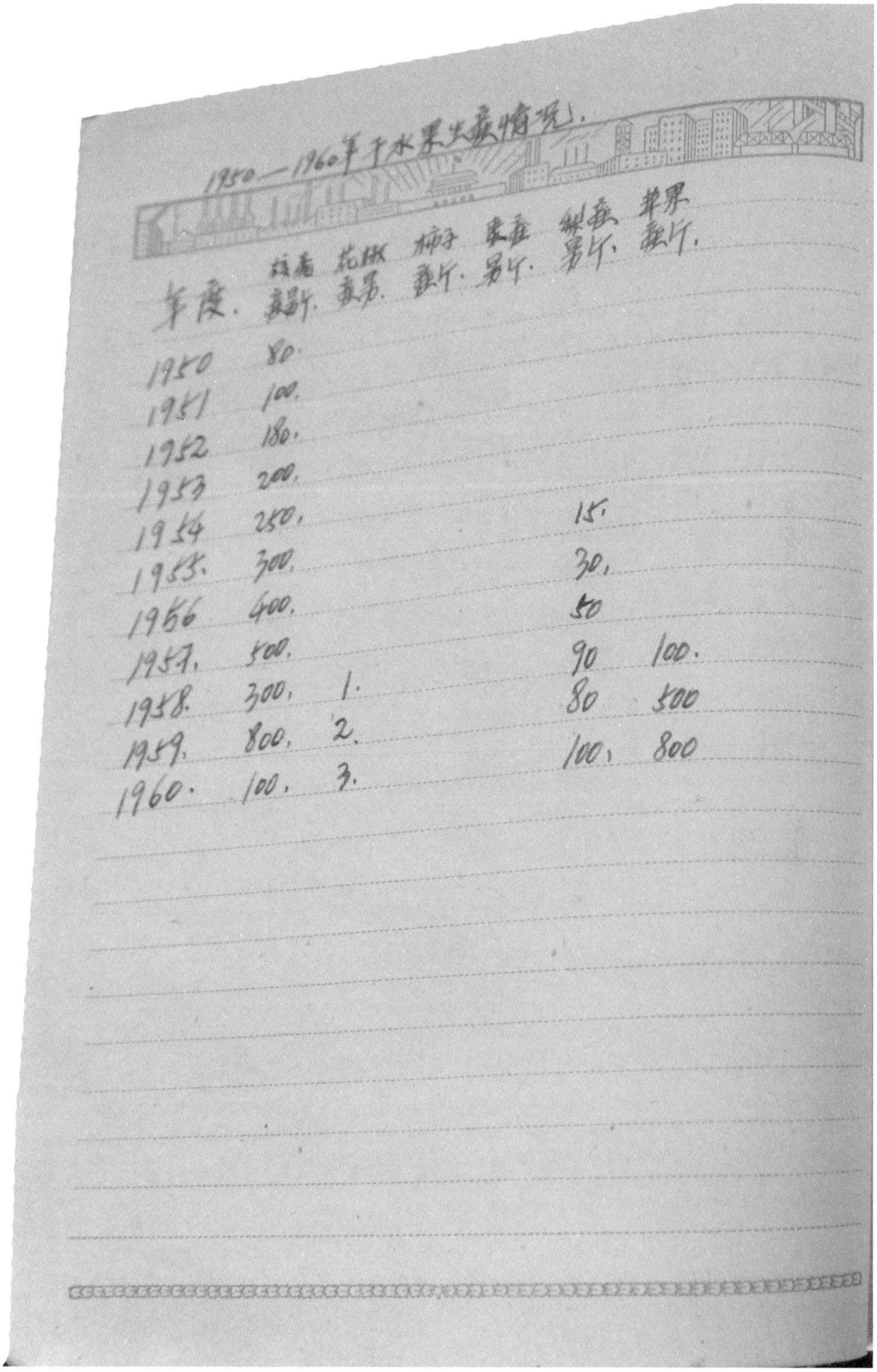

1950—1960年干水果生产情况.

年度	核桃 万斤	花椒 万斤	柿子 万斤	枣 万斤	梨 万斤	苹果 万斤
1950	80.					
1951	100.					
1952	180.					
1953	200.					
1954	250.				15.	
1955.	300.				30.	
1956	400.				50	
1957.	500.				90	100.
1958.	300.	1.			80	500
1959.	800.	2.			100.	800
1960.	100.	3.				

图5-2-22　干水果生产情况表（1950-1960年）

注：统计内容包括核桃产量、花椒产量、柿子产量、枣产量、梨产量、苹果产量。

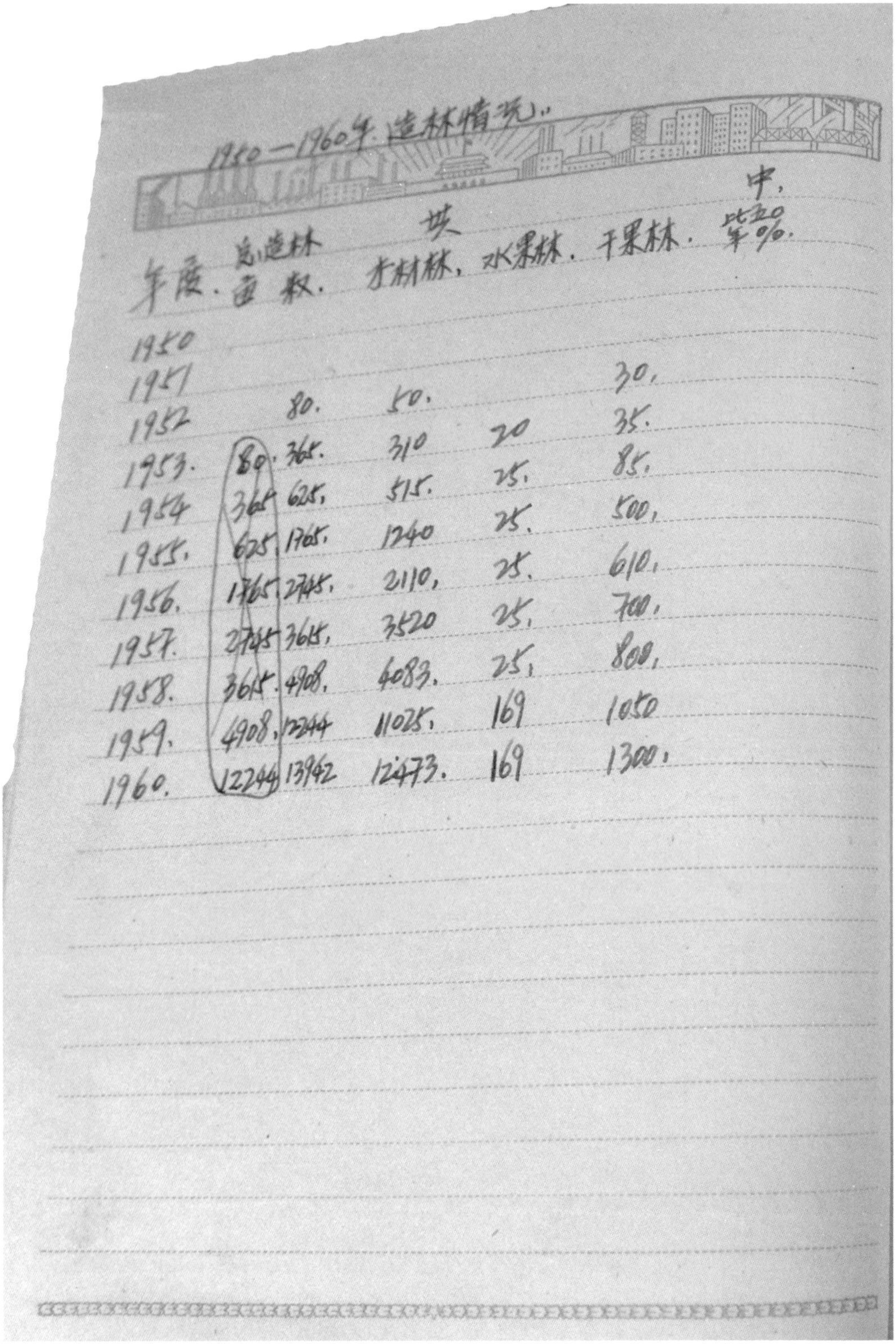

1950—1960年 造林情况

年度		总造林亩数	其中：用材林	水果林	干果林	草%
1950						
1951					30	
1952		80	50		35	
1953	80	365	310	20	85	
1954	365	625	515	25	500	
1955	625	1765	1240	25	610	
1956	1765	2745	2110	25	700	
1957	2745	3665	3520	25	800	
1958	3665	4908	4083	25	1050	
1959	4908	12244	11025	169	1300	
1960	12244	13962	12473	169		

图5-2-23　造林情况表一（1950-1960年）

(表十一),

说 明.

①.单位以亩计林,

②.历年累计数。

图5-2-24　造林情况表二（1950-1960年）

1950—1960年 粮食分配情况

年度	总产量	每人占有粮斤	征购粮斤	每人平均口料	种籽	饲料
1950	420000	387.5				
1951	436220	402.5				
1952	508410	456				
1953	559065	492.5				
1954	589085	515	86000	365	30000	50000
1955	552353	461.5	90000	320	30100	54000
1956	654002	561	95000	363	33500	89000
1957	682558	586	110000	373	35824	88923
1958	692374	590	162696	330	36920	95000
1959	580161	487	93262	298	30000	91780
1960	710339	600	87660	352	19208	91159

图5-2-25　粮食分配情况表一（1950—1960年）

（表十二）

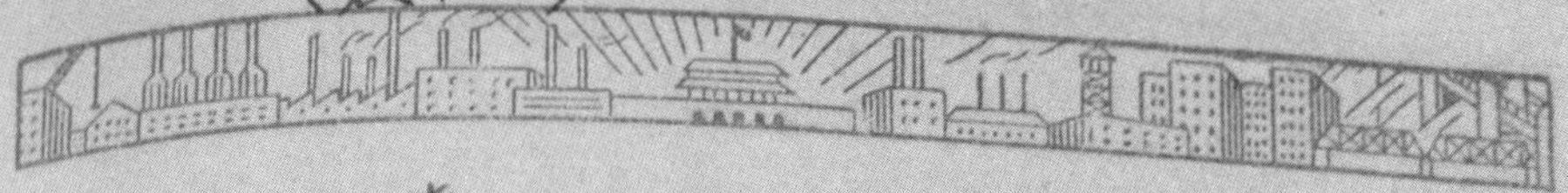

储备料	机动料	人口		说明
		1083		①、1959年统购任务，93262斤，国家返还供应粮50000斤。
		1081		
		1114		②、1958年国家供应更多。
		1135		③、种数是每年实亩数，实种数有多、有少，年度不等。
	5000	1143		
	~~15000~~	1197		
	15000	1166		
	13200 ~~5665~~	1163		
	5665 ~~[illegible]~~	1176		
	4750	1210		
91329	3500	1184		

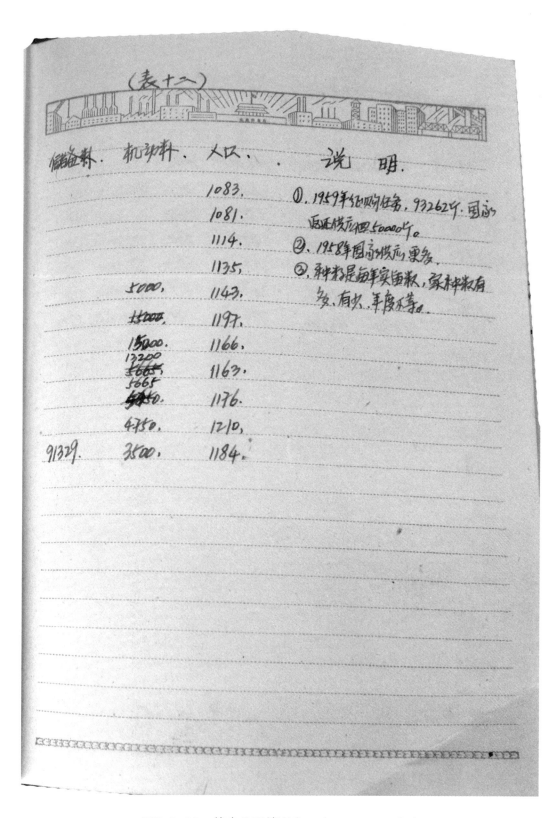

图5-2-26　粮食分配情况表二（1950—1960年）

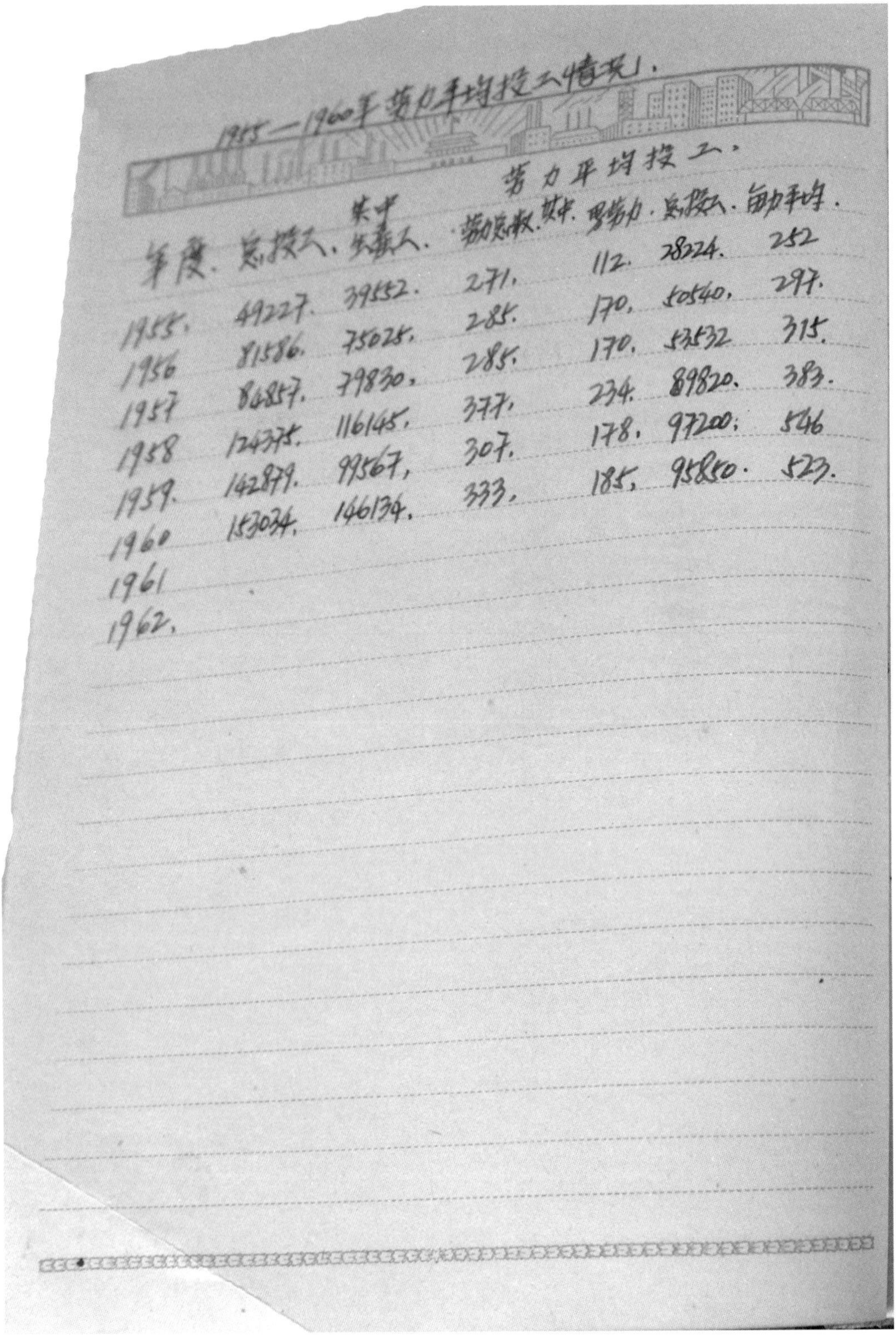

1955—1960年劳力平均投工情况.

年度	总投工	其中[illegible]	劳力总数	其中男劳力	劳力平均投工 总投工	劳力平均投工 每力平均
1955	49227	39552	271	112	28224	252
1956	81586	75025	285	170	50540	297
1957	86857	79830	285	170	53532	315
1958	124375	116145	377	234	89820	383
1959	142879	99567	307	178	97200	546
1960	153034	146134	333	185	95850	523
1961						
1962						

图5-2-27　劳力平均投工情况表一（1955-1960年）

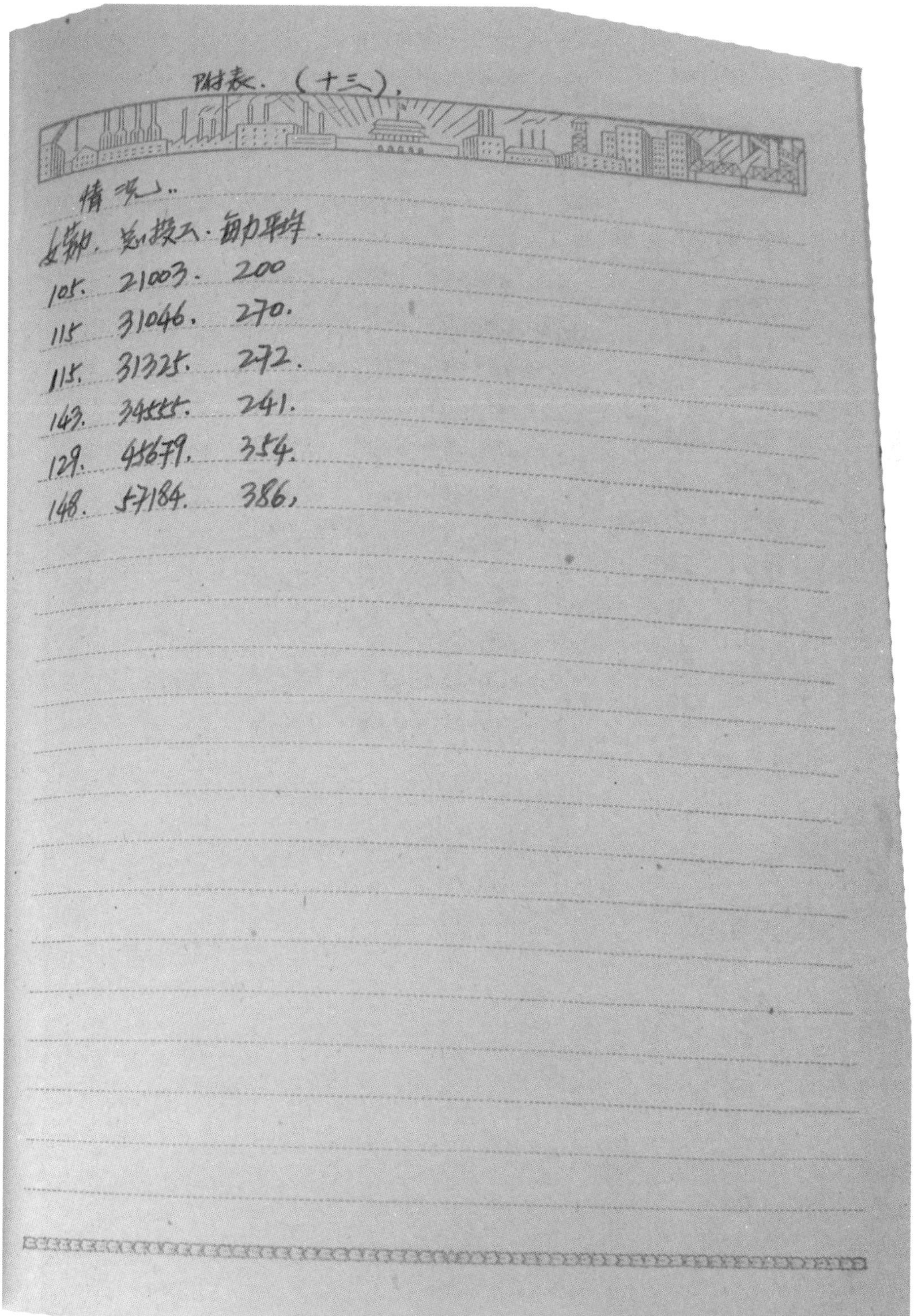

附表.（十三）.

情况..

女劳.	总投工.	每力平均.
105.	21003.	200
115	31046.	270.
115.	31325.	272.
143.	34555.	241.
129.	45679.	354.
148.	57184.	386,

图5-2-28　劳力平均投工情况表二（1955-1960年）

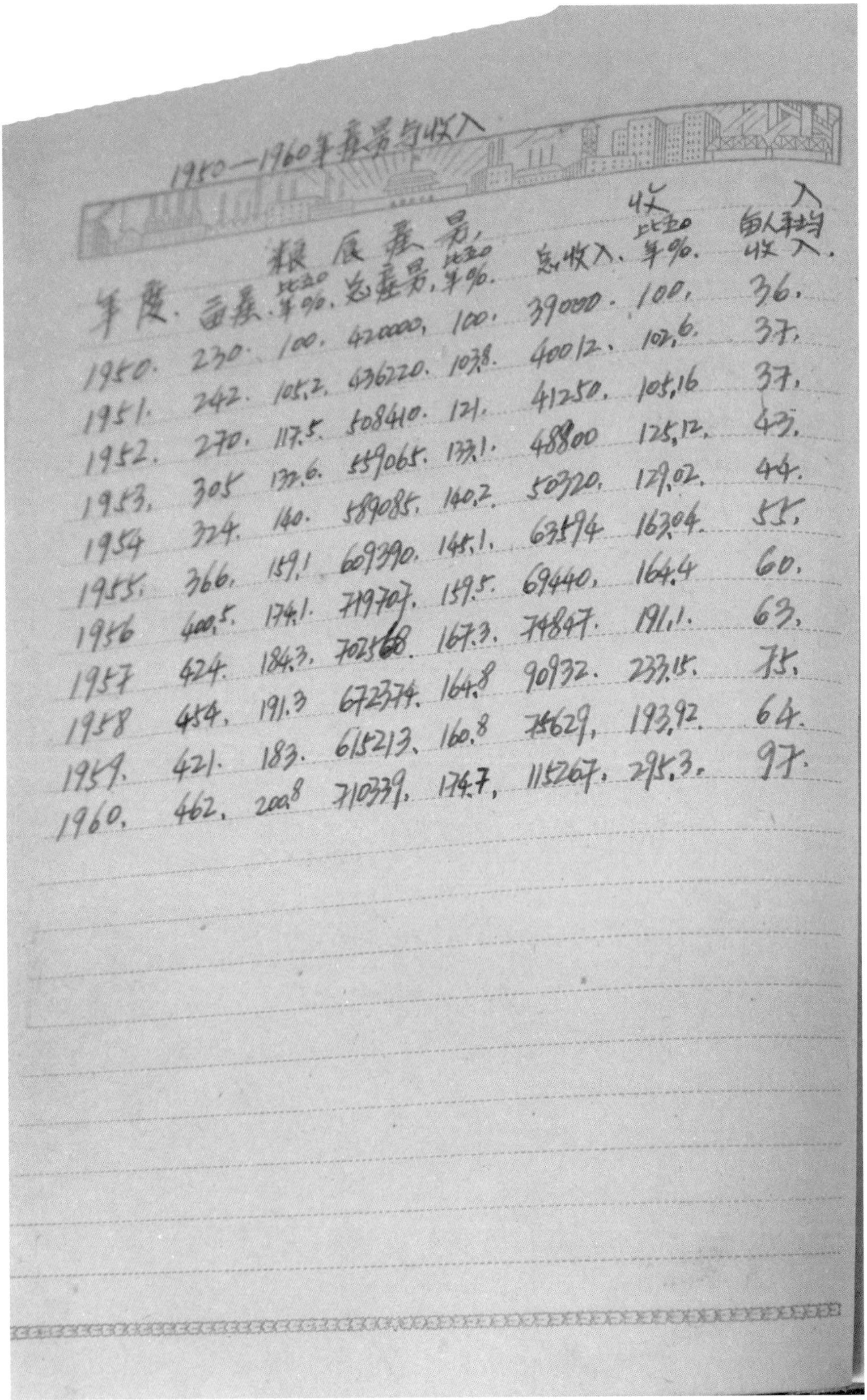

1950—1960年产量与收入

年度	粮食产量 亩产	比50年%	总产量	比50年%	收入 总收入	比50年%	每人平均收入
1950	230	100	420000	100	39000	100	36
1951	242	105.2	436220	103.8	40012	102.6	37
1952	270	117.5	508410	121	41250	105.16	37
1953	305	132.6	559065	133.1	48800	125.12	43
1954	324	140	589085	140.2	50320	129.02	44
1955	366	159.1	609390	145.1	63594	163.04	55
1956	400.5	174.1	719707	159.5	69440	164.4	60
1957	424	184.3	702568	167.3	74847	191.1	63
1958	454	191.3	672374	164.8	90932	233.15	75
1959	421	183	615213	160.8	75629	193.92	64
1960	462	200.8	710339	174.7	115267	295.3	97

图5-2-29　产量与收入情况表一（1950-1960年）

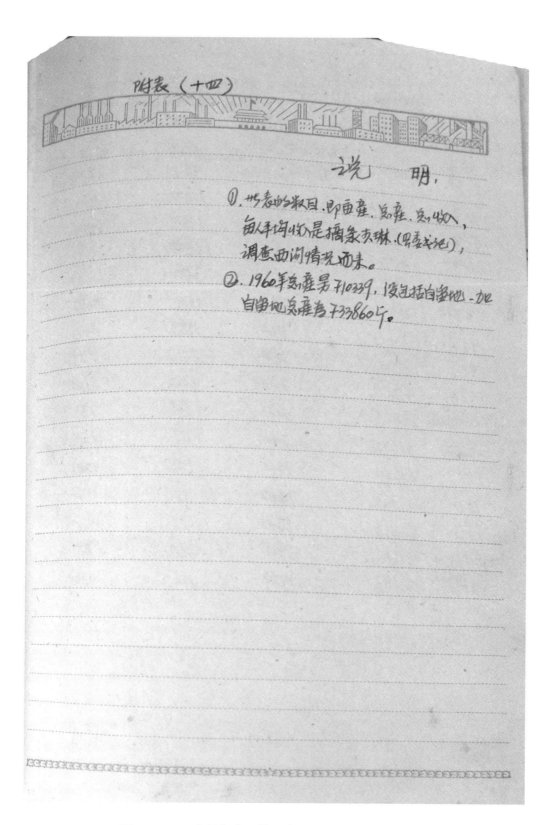

附表（十四）

说 明：

①.此表的数目，即亩产、总产、总收入、每人年均收入是摘录袁琳（县委书记），调查西湖情况而来。

②.1960年总产是710339，没包括自留地，加自留地总产为733860斤。

图5-2-30　产量与收入情况表二（1950-1960年）

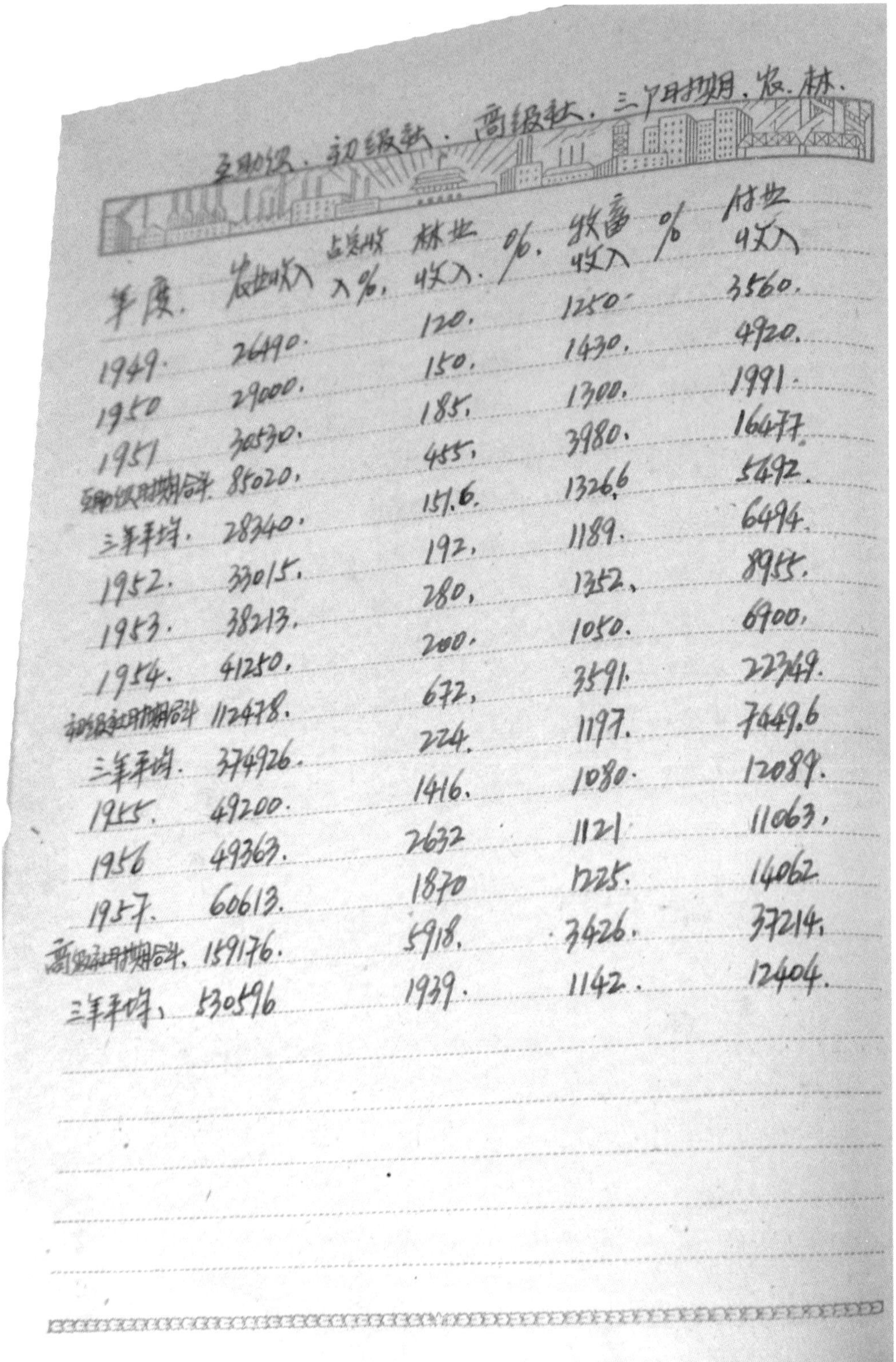

互助组、初级社、高级社、三个时期、农.林.

年度	农业收入	占总收入%	林业收入	%	牧畜收入	%	付业收入
1949	26490		120		1250		3560
1950	29000		150		1430		4920
1951	30530		185		1300		1991
互助组时期合计	85020		455		3980		16477
三年平均	28340		151.6		1326.6		5492
1952	33015		192		1189		6494
1953	38213		280		1352		8955
1954	41250		200		1050		6900
初级社时期合计	112478		672		3591		22349
三年平均	374926		224		1197		7449.6
1955	49200		1416		1080		12089
1956	49363		2632		1121		11063
1957	60613		1870		1225		14062
高级社时期合计	159176		5918		3426		37214
三年平均	530596		1939		1142		12404

图5-2-31　互助组、初级社、高级社三个时期农、林、牧、付（副）收入比例表一

牧.付.收入比例.　〈表十五〉.　1961.4.23.

占总

%

图5-2-32　互助组、初级社、高级社三个时期农、林、牧、付（副）收入比例表二

互助组、初级社、高级社、三个时期产量收入比较。

年度	总耕地	粮田	亩产	总产	总共产量（包括耕地）	总收入
1949	1769	1601	190	304190	310000	32500
1950	1786	1780	230	409400	420000	39000
1951	1789	1780	242	430760	436220	40012
互助组合计		5061	662	1144350	1166220	111512
三年平均		1720	221	381450	388740	37170
1952	1800	1788	270	482760	508410	41250
1953	1805	1791	305	546255	559065	48800
1954	1810	1800	324	579200	589085	50320
初级社合计		5379	899	1608125	1656560	140370
三年平均		1793	299.6	536071	552190	46790
1955	1815	1732	366	589912	609390	63594
1956	1876	1632	400.5	654000	669707	64180
1957	1771	1646	424	697924	702558	77771
高级社合计		5010	1190.5	1941836	1981655	205545
三年平均		1670	376.8	647279	660550	68515
1958	1578	1461	454	663294	692374	90932
1959	1556.5	1456	421	612976	675213	75629
1960	1550	1457	462	669331	770000	115264

图5-2-33　互助组、初级社、高级社三个时期产量收入比较表一

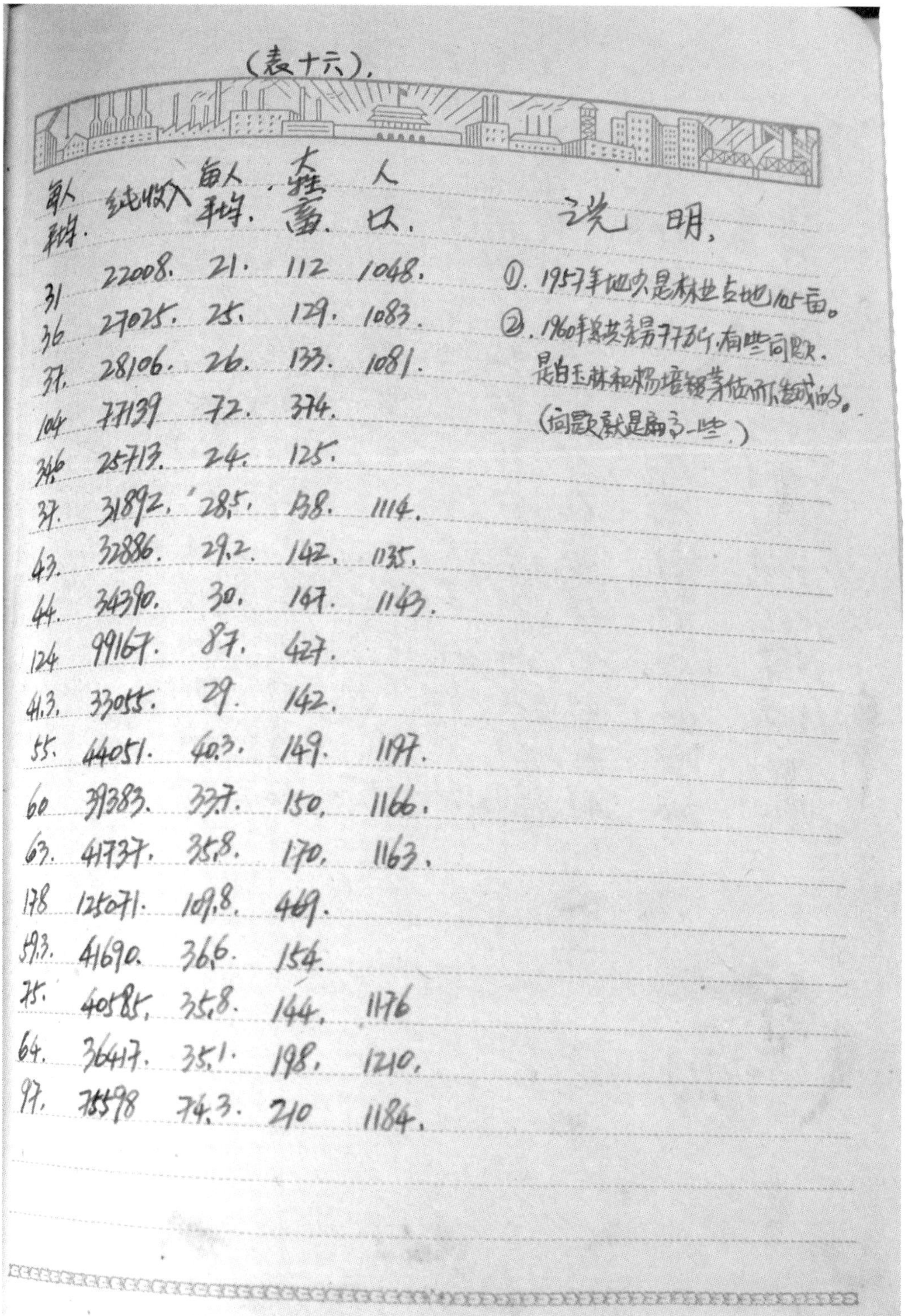

（表十六）。

每人平均	纯收入	每人平均	大牲畜	人口
31	22008.	21.	112	1048.
36	27025.	25.	129.	1083.
37.	28106.	26.	133.	1081.
104	77139	72.	374.	
34.6	25713.	24.	125.	
37.	31892.	28.5.	138.	1114.
43.	32886.	29.2.	142.	1135.
44.	34390.	30.	147.	1143.
124	99167.	87.	427.	
41.3.	33055.	29.	142.	
55.	44051.	40.3.	149.	1197.
60	39383.	33.7.	150.	1166.
63.	41737.	35.8.	170.	1163.
178	125071.	109.8.	469.	
59.3.	41690.	36.6.	154.	
75.	40585.	35.8.	144.	1176
64.	36417.	35.1.	198.	1210.
97.	75598	74.3.	210	1184.

说明，

①.1957年地内是林地占地105亩。

②.1960年粮食产量77万斤，有些问题，是由王林和杨培银等估产所造成的。（问题就是偏高一些。）

图5-2-34 互助组、初级社、高级社三个时期产量收入比较表二

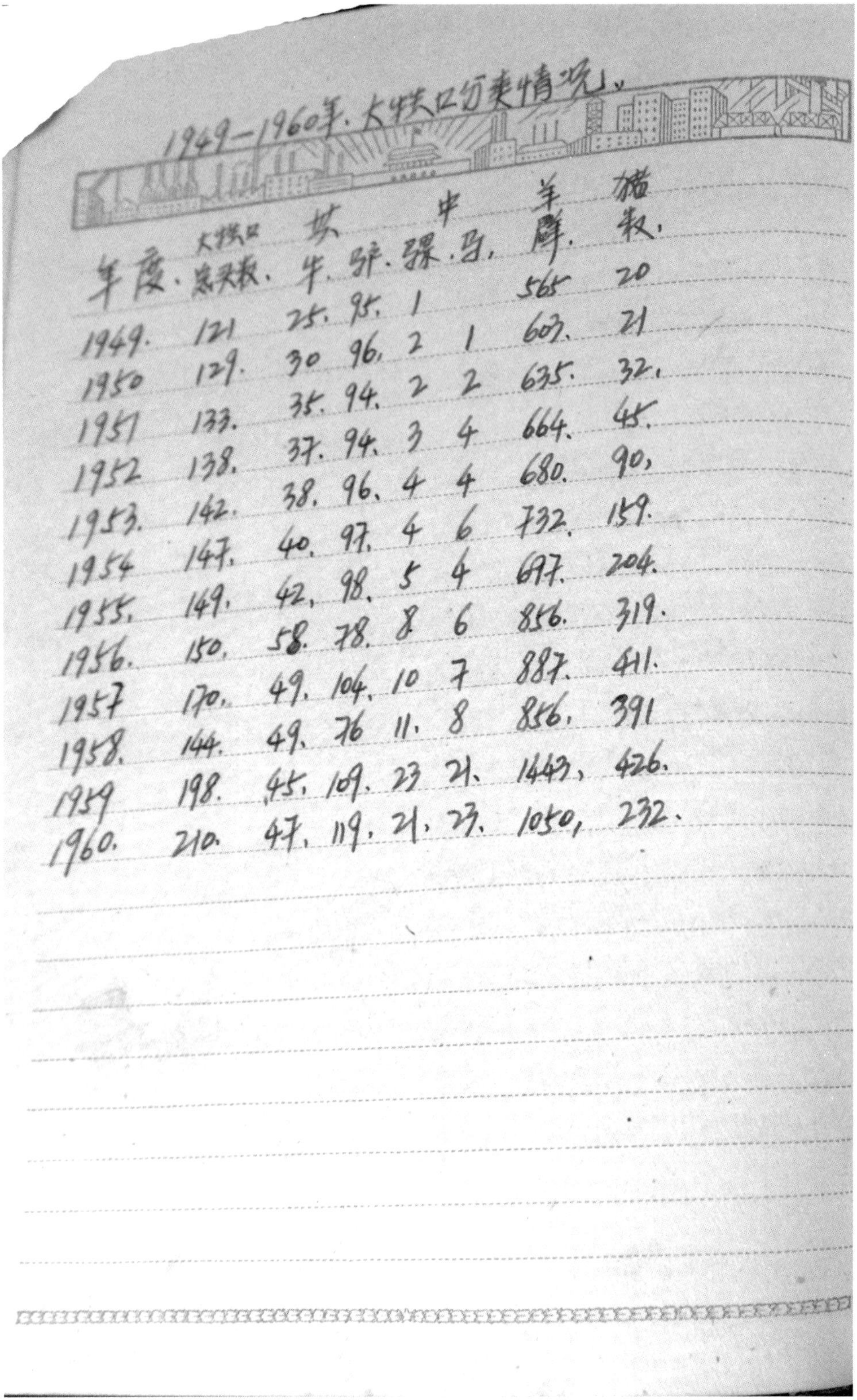

1949—1960年.大牲口分类情况

年度	大牲口总头数	其中 牛	驴	骡	马	羊群	猪数
1949	121	25	95	1		565	20
1950	129	30	96	2	1	603	21
1951	133	35	94	2	2	635	32
1952	138	37	94	3	4	664	45
1953	142	38	96	4	4	680	90
1954	147	40	97	4	6	732	159
1955	149	42	98	5	4	697	204
1956	150	58	78	8	6	856	319
1957	170	49	104	10	7	887	411
1958	144	49	76	11	8	856	391
1959	198	45	109	23	21	1443	426
1960	210	47	119	21	23	1050	232

图5-2-35　大牲畜分类情况表（1949-1960年）

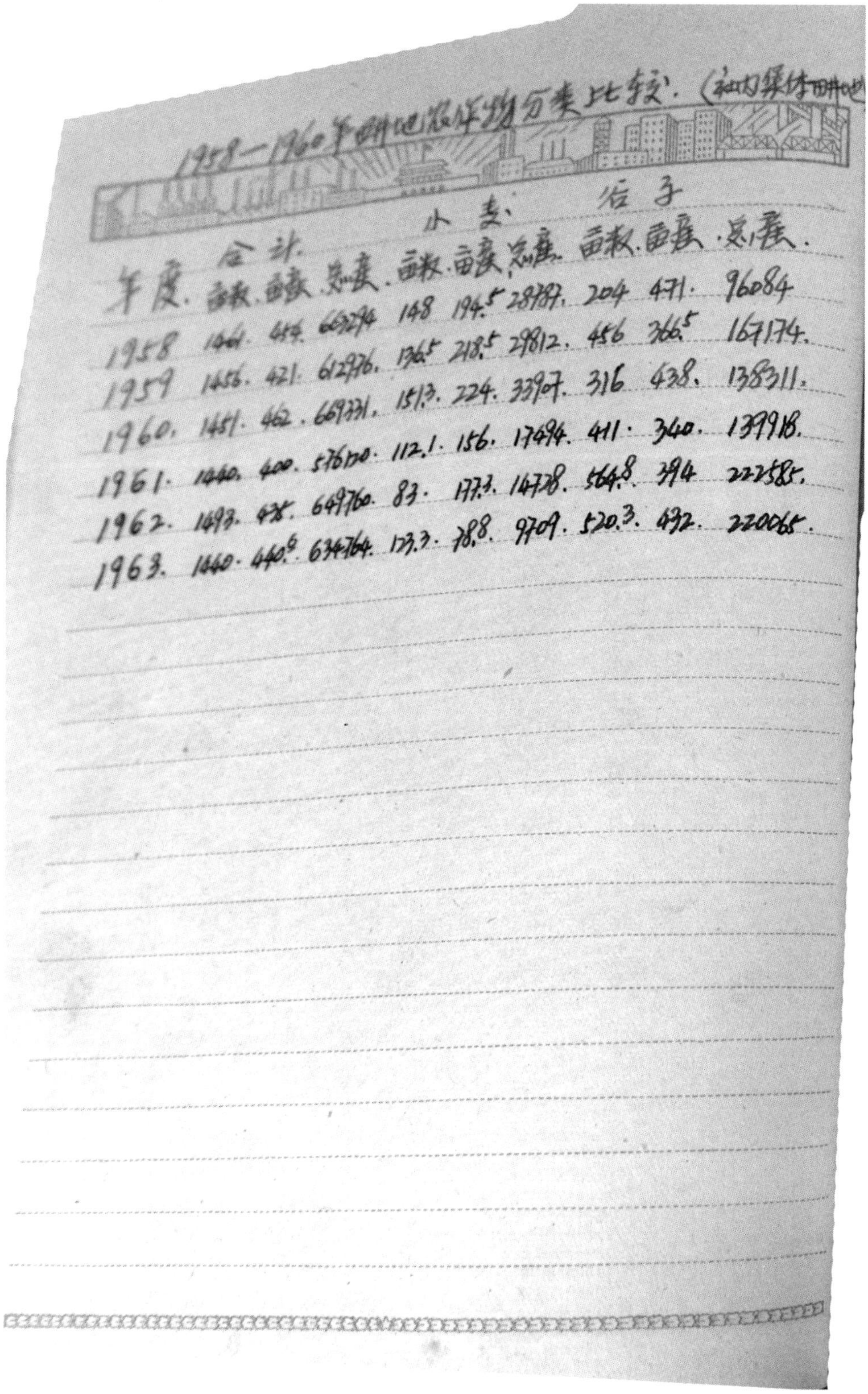

1958—1960年耕地农作物分类比较（社内集体耕地）

年度	合计 亩数	合计 亩产	合计 总产	小麦 亩数	小麦 亩产	小麦 总产	谷子 亩数	谷子 亩产	谷子 总产
1958	1461	454	669296	148	194.5	28787	204	471	96084
1959	1456	421	612976	136.5	218.5	29812	456	366.5	167174
1960	1451	462	669331	151.3	224	33907	316	438	138311
1961	1440	400	576170	112.1	156	17494	411	340	139918
1962	1693	438	649760	83	177.3	14728	564.8	394	222585
1963	1660	440.6	634764	173.3	78.8	9709	520.3	432	220065

图5-2-36　耕地农作物分类比较表一（1958-1963年）

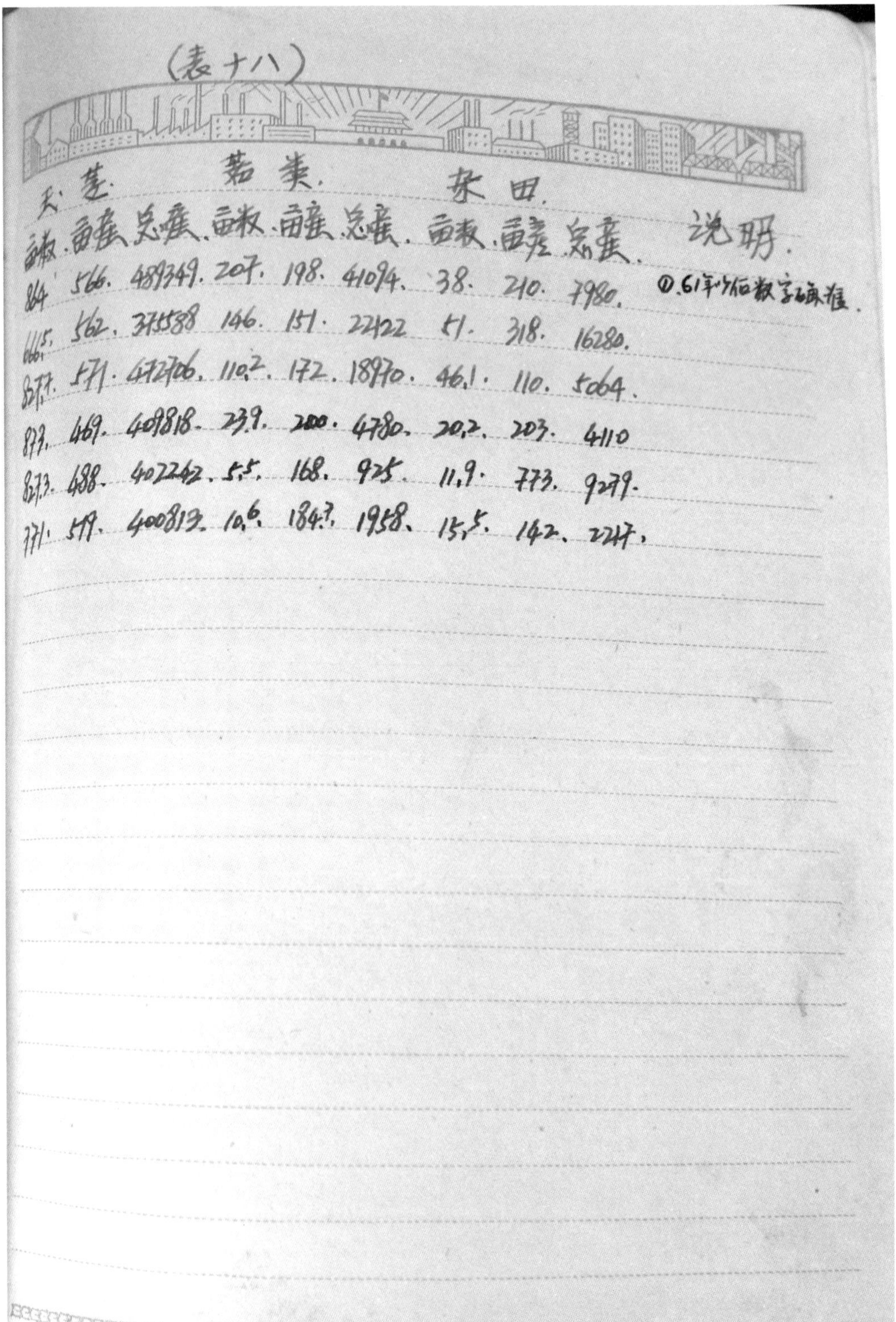

（表十八）

天莲			蕃薯			杂田			说明
亩数	亩产	总产	亩数	亩产	总产	亩数	亩产	总产	
864	566	489349	207	198	41094	38	210	7980	①61年以后数字确准
666.5	562	375588	146	151	22122	51	318	16280	
827.7	571	472706	110.2	172	18970	46.1	110	5064	
873	469	409818	23.9	200	4780	20.2	203	4110	
827.3	488	402242	5.5	168	925	11.9	773	9279	
771	519	400813	10.6	184.7	1958	15.5	142	2217	

图5-2-37　耕地农作物分类比较表二（1958-1963年）

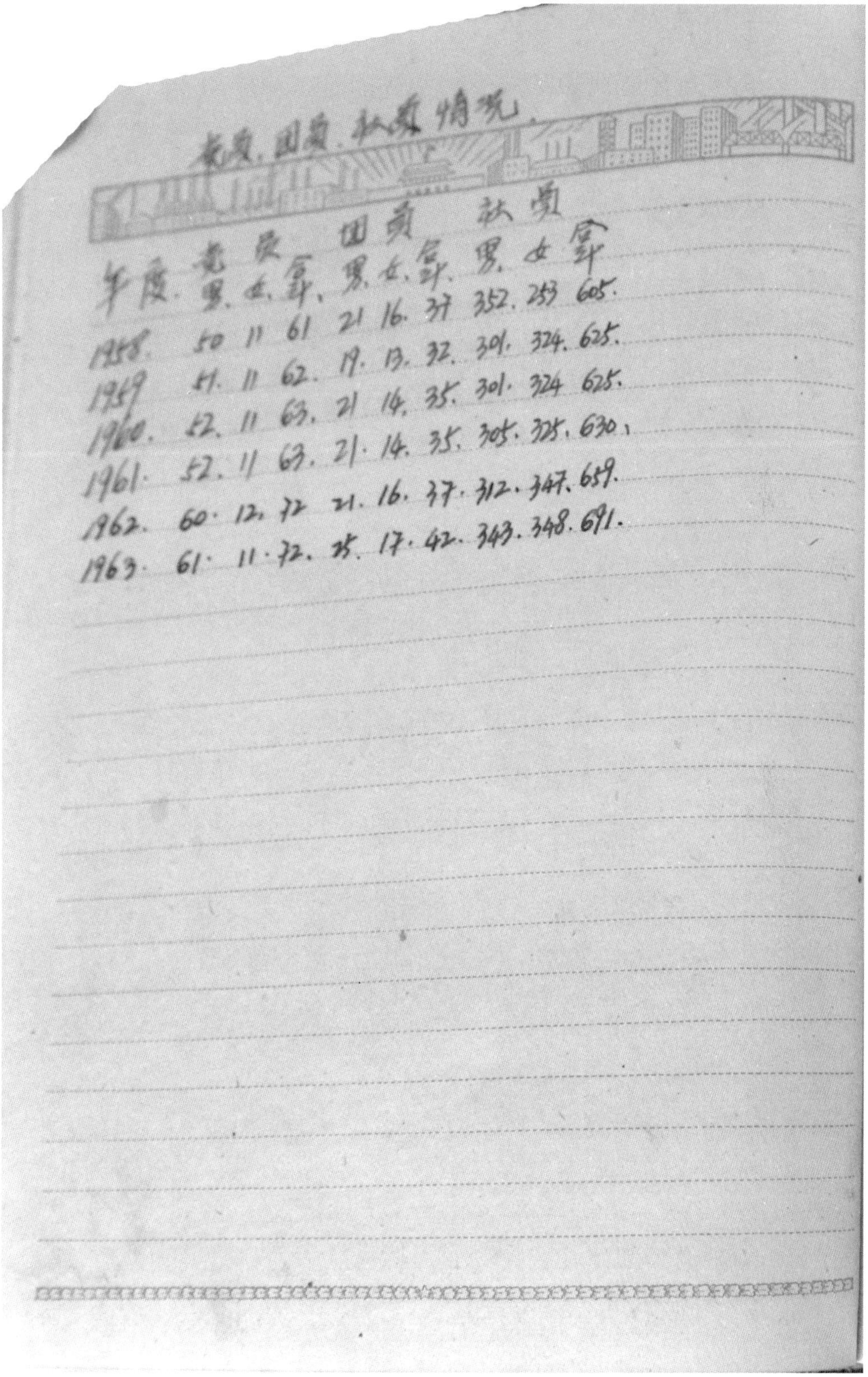

党员、团员、社员情况

年度	党员			团员			社员		
	男	女	合计	男	女	合计	男	女	合计
1958	50	11	61	21	16	37	352	253	605
1959	51	11	62	19	13	32	301	324	625
1960	52	11	63	21	14	35	301	324	625
1961	52	11	63	21	14	35	305	325	630
1962	60	12	72	21	16	37	312	347	659
1963	61	11	72	25	17	42	343	348	691

图5-2-38　党员、团员、社员情况表（1958-1963年）

（三）工作记录（1979年7月—1980年12月）

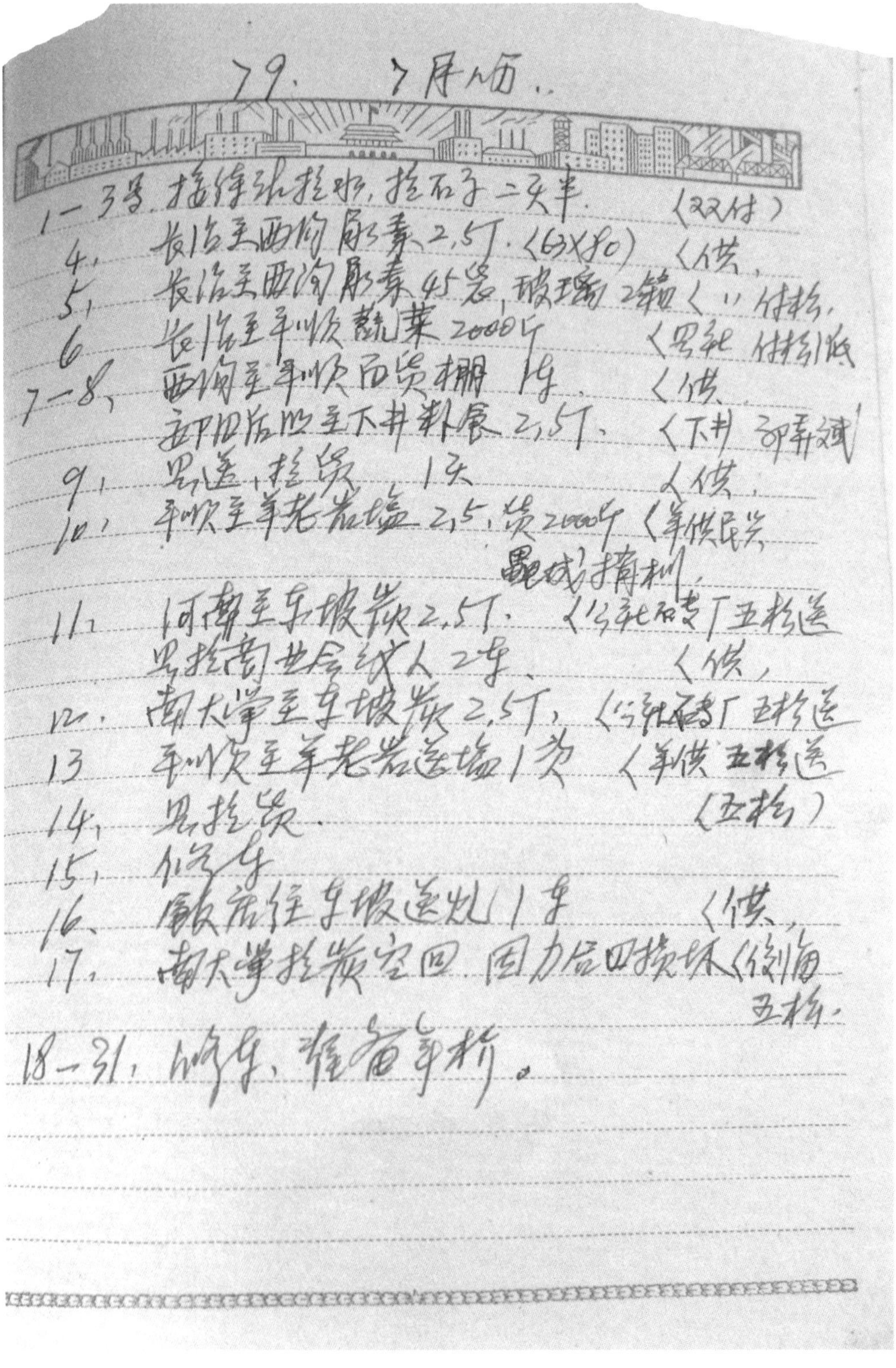
79. 7月份..

1—3号 拉[illegible]，拉石子二天半 （双付）
4、长治至西沟 肥素2.5T（63×80） （供，
5、长治至西沟 肥素45袋，玻璃2箱 （〃付款，
6、长治至羊川 蔬菜2000斤 （公社 付款[illegible]
7—8、西沟至羊川 百货棚 1车 （供，
[illegible]至下井 粮食2.5T （下井 [illegible]
9、马道 拉炭 1天 （供，
10、羊川至羊老岩 盐2.5，炭2000斤 （羊供[illegible]
[illegible]
11、河南至东坡 炭2.5T （公社砖厂 五桁送
[illegible] 2车 （供，
12、南大掌至东坡 炭2.5T （公社砖厂 五桁送
13、羊川至羊老岩 送盐1次 （羊供 五桁送
14、马拉炭 （五桁）
15、修车
16、[illegible]至东坡 送炭 1车 （供，
17、南大掌拉炭空回 因[illegible]坏 （[illegible]
五桁
18—31、修车、准备年检。

图5-3-1　1979年7月工作记录

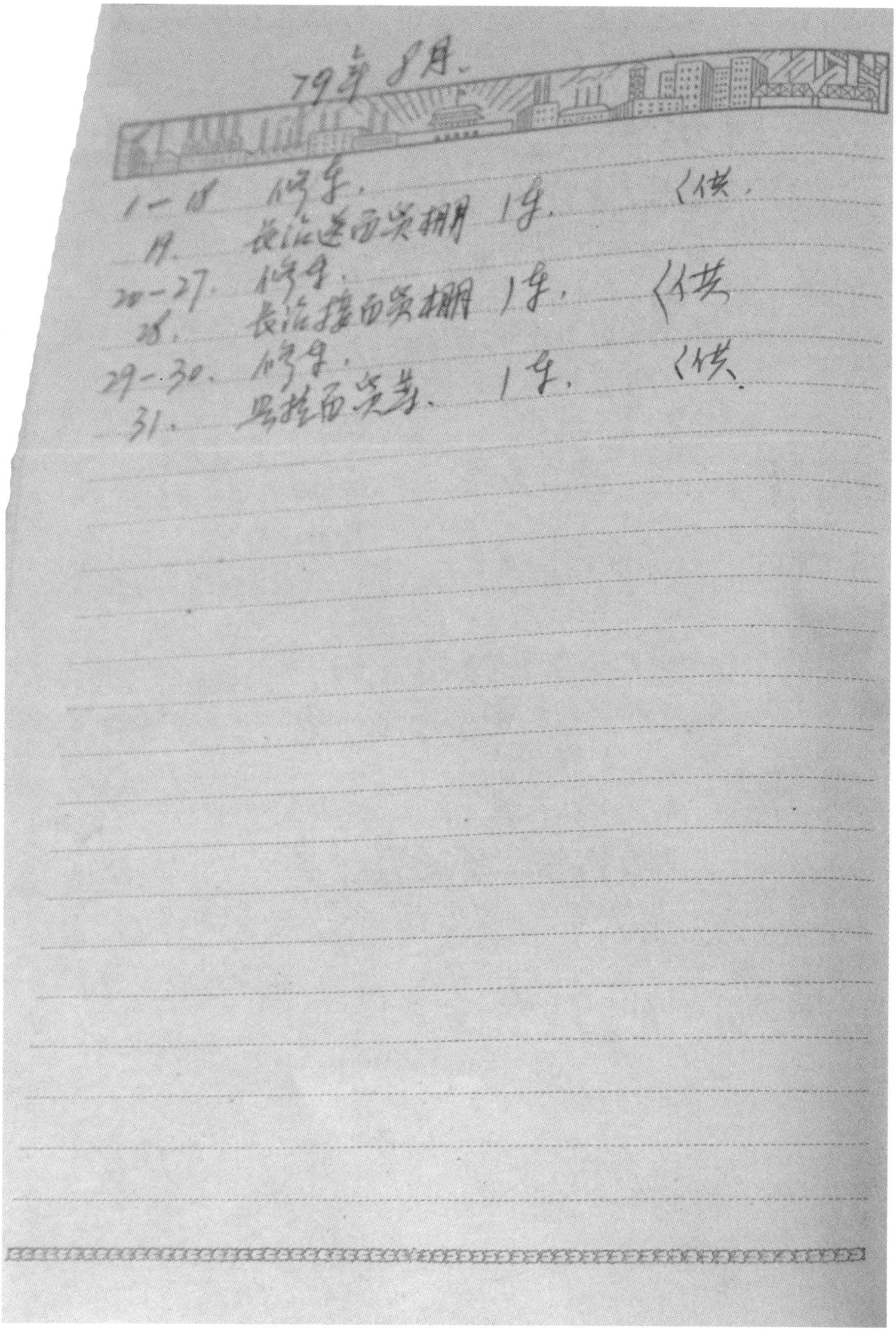

图5-3-2　1979年8月工作记录

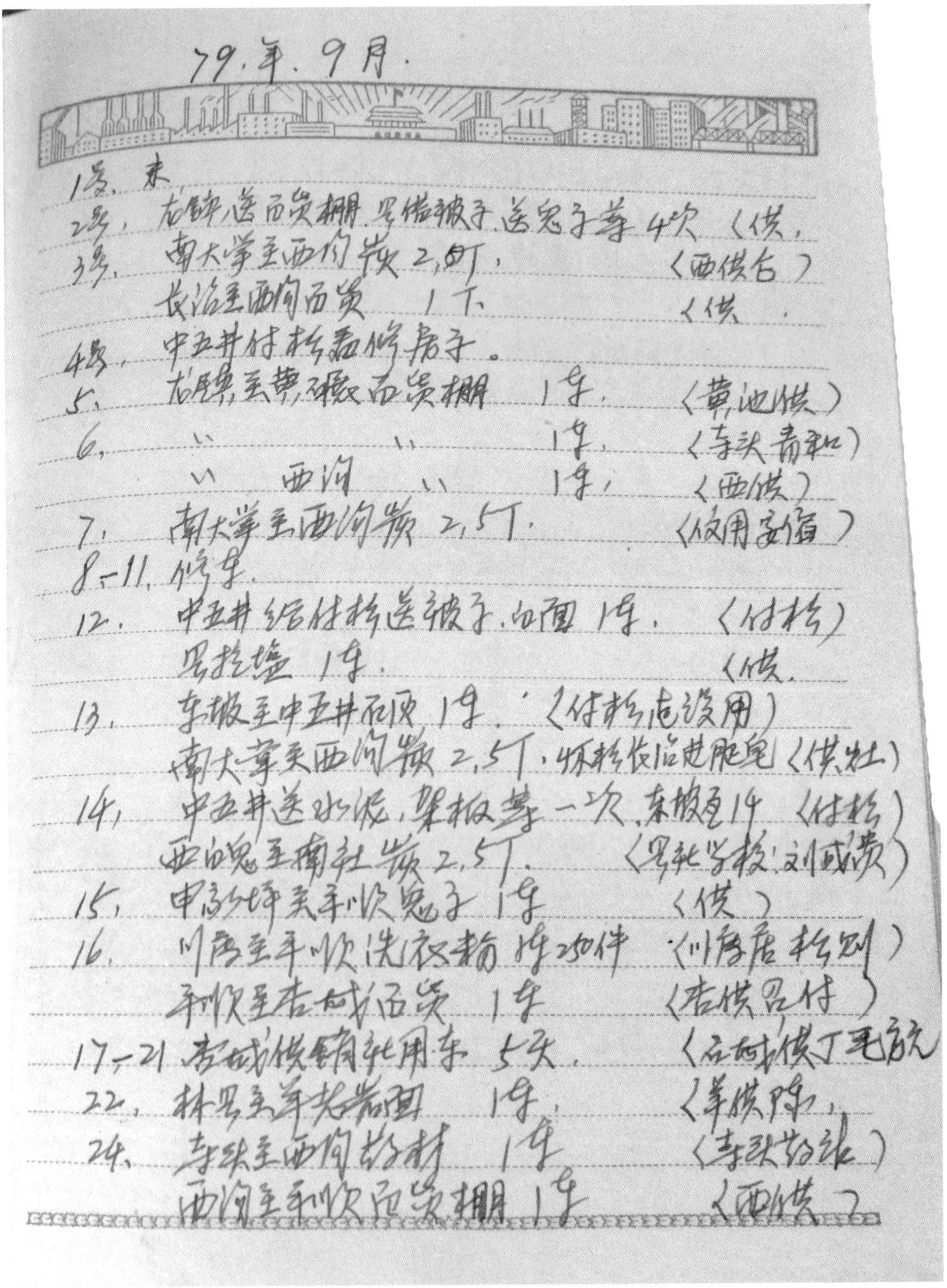

79.年.9月.

1号、未

2号、右……送百货棚、买借被子、送兔子等4次（供，

3号、南大掌至西沟炭2.5T，（西供社）

长治至西沟百货 1T.（供.

4号、中五井付检盖修房子。

5、右……至黄碾百货棚 1车.（黄池供）

6、〃 〃 1车，（李玖青秋）

〃 西沟 〃 1车，（西供）

7、南大掌至西沟炭 2.5T.（饮用安信）

8-11、修车.

12、中五井给付检送被子、白面 1车.（付检）

买拉塑 1车.（供.

13、东坡至中五井石灰 1车.（付检危房用）

南大掌至西沟炭 2.5T，……长治进肥……（供社）

14、中五井送水泥、架板等一次，东坡至1车（付检）

西白兔至南社炭 2.5T.（买社学校、刘国贵）

15、中……至平顺兔子 1车（供）

16、川底至平顺洗衣机……250件（川底店……）

平顺至杏城百货 1车（杏供买付）

17-21、杏城供销社用车 5天.（杏城供丁毛亮

22、林县至羊老岩…… 1车.（羊供……

24、李玖至西沟药材 1车（李玖药……）

西沟至平顺百货棚 1车（西供）

图5-3-3 1979年9月工作记录（一）

25-26，西内主长治药材1库。 《李秋菊结．
《华老岩侯 民尖 》
27-29，集体拾精草．
30，安徽送洗衣精．

图5-3-4　1979年9月工作记录（二）

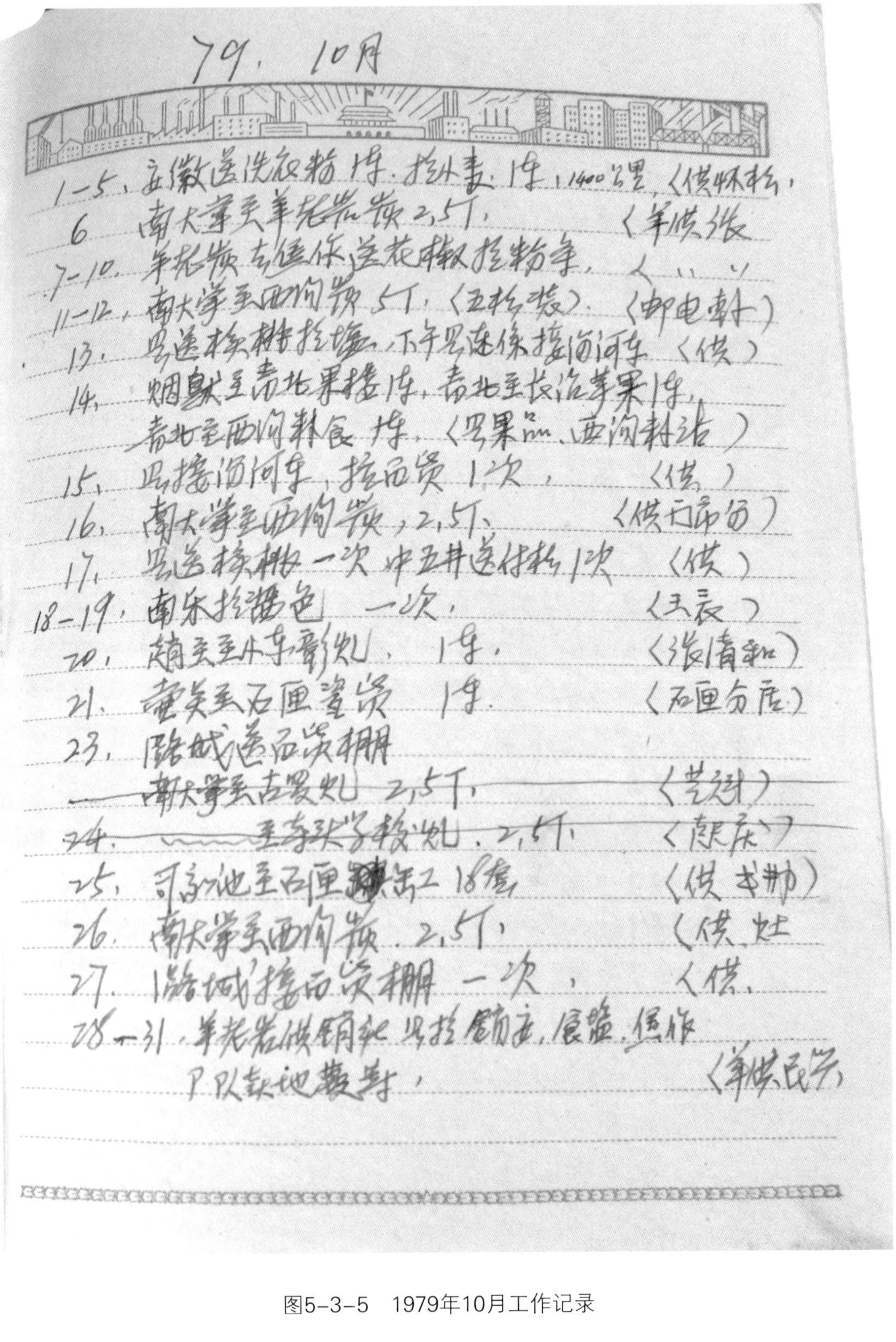

图5-3-5　1979年10月工作记录

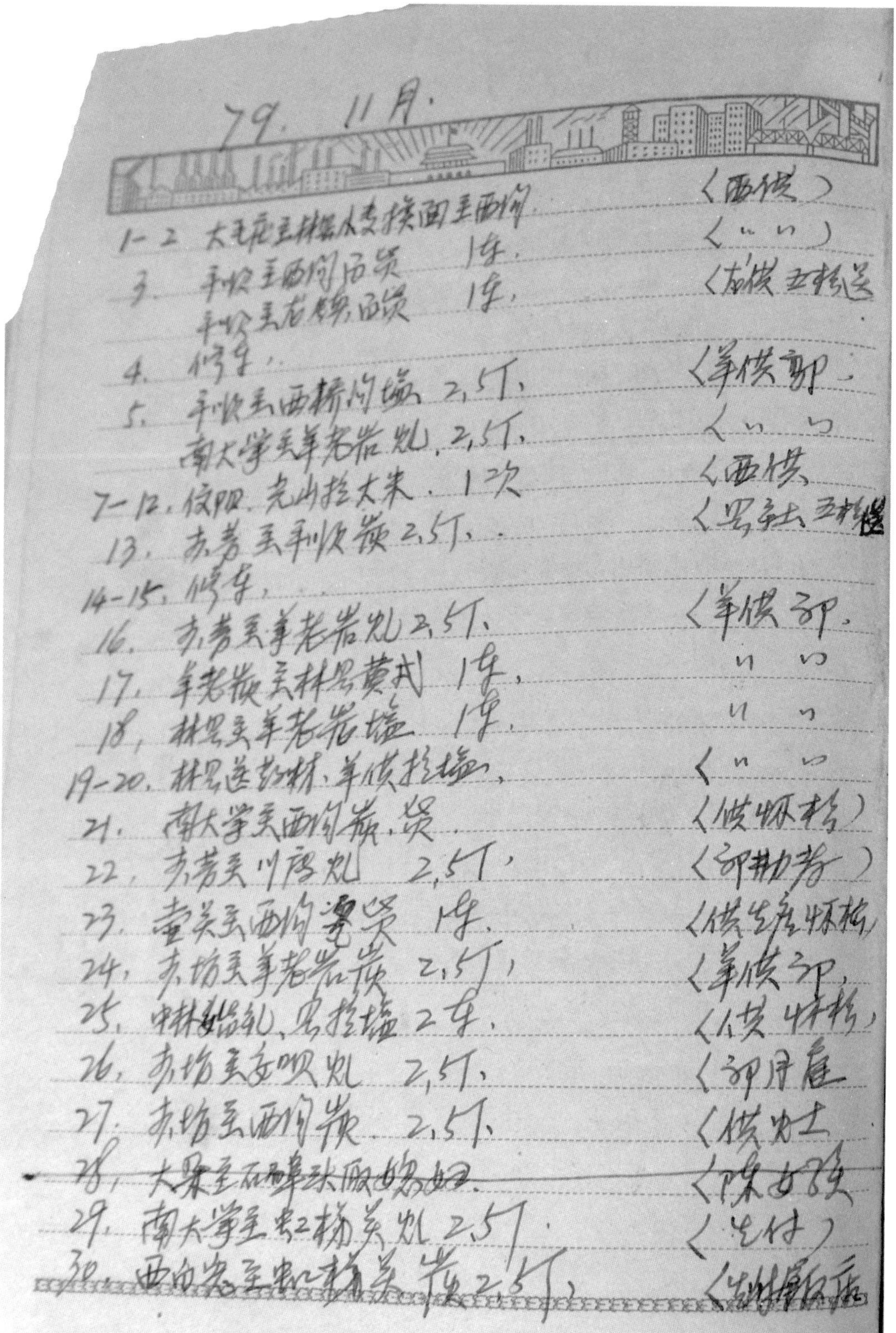

图5-3-6　1979年11月工作记录

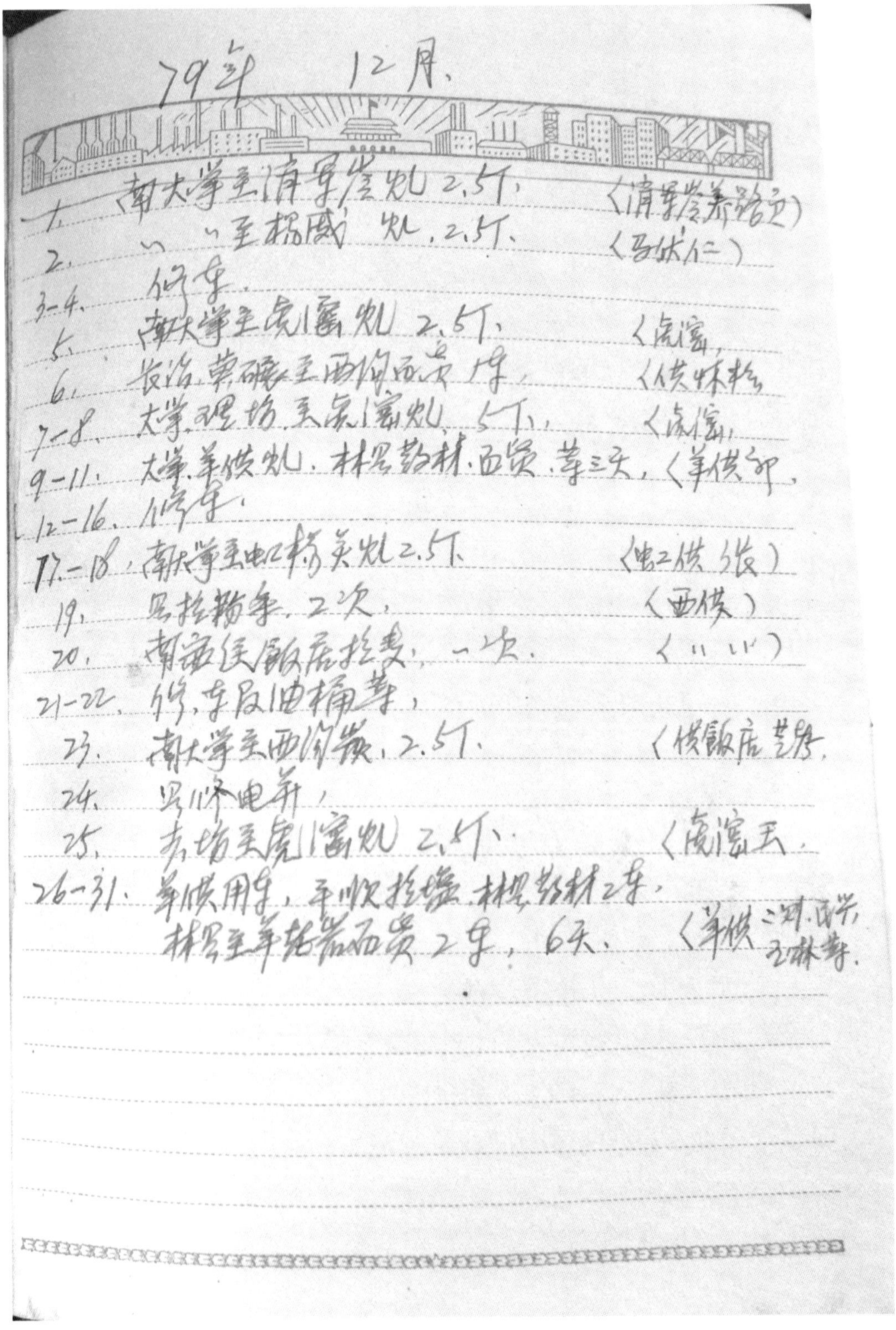

图5-3-7　1979年12月工作记录

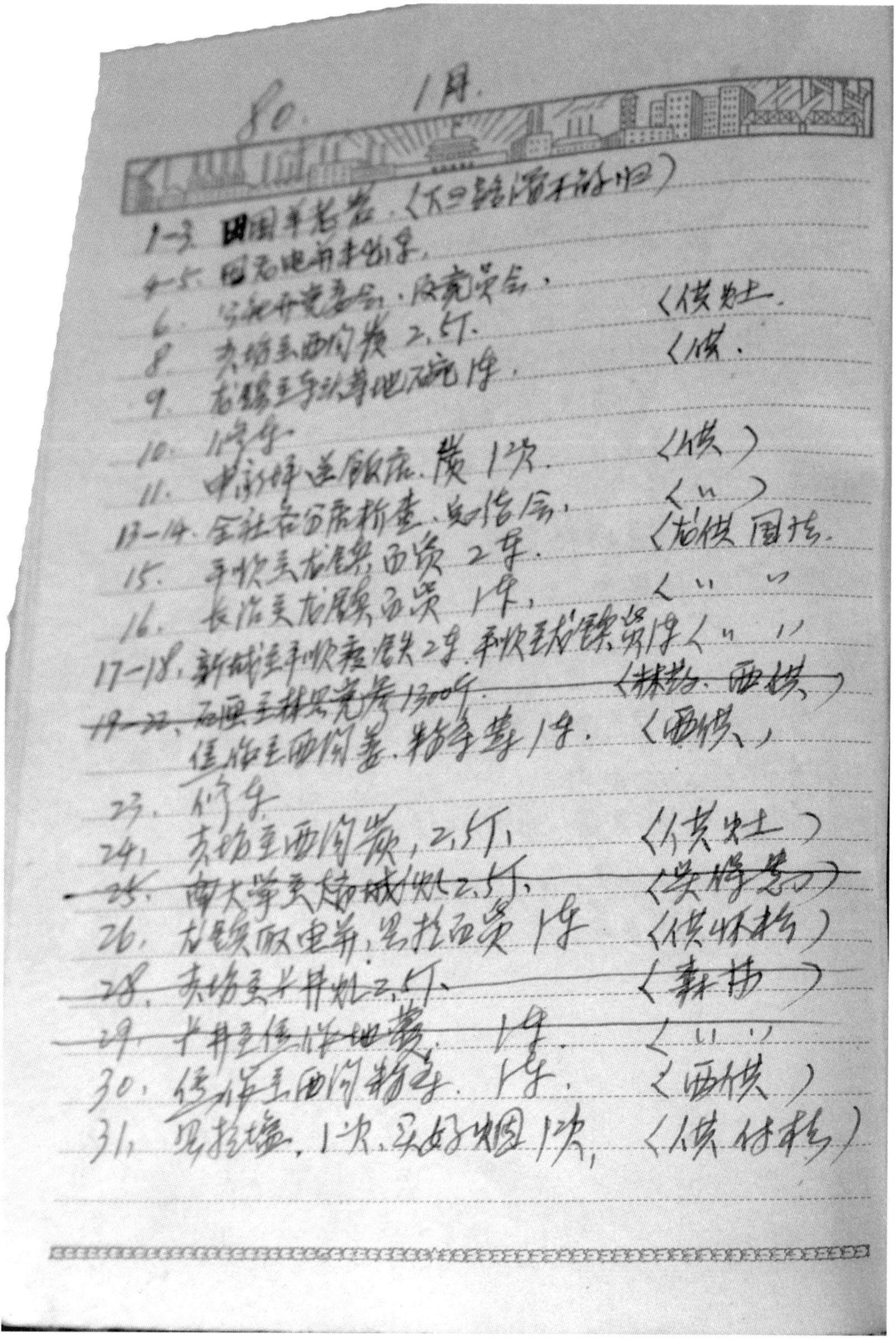

图5-3-8　1980年1月工作记录

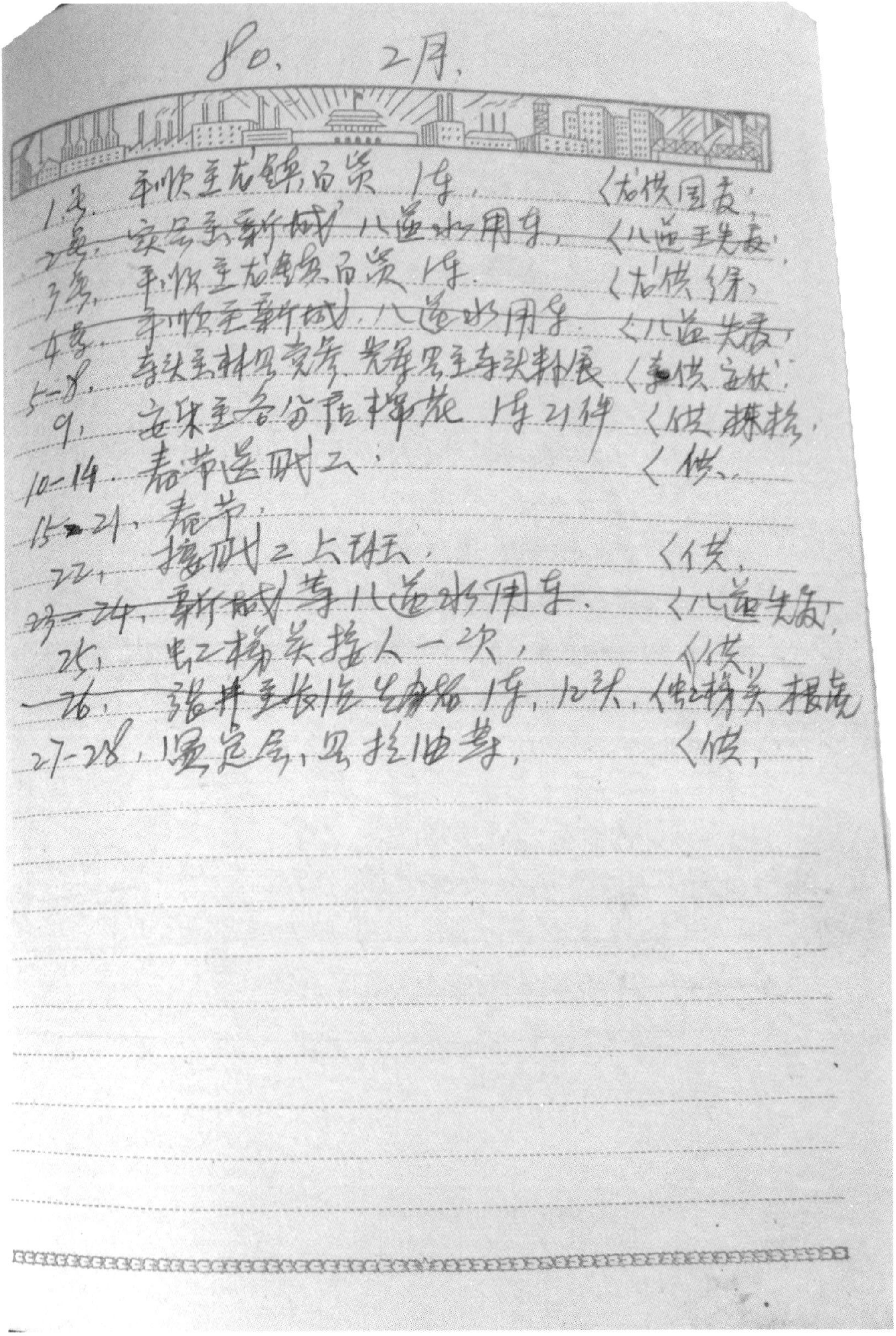

图5-3-9　1980年2月工作记录

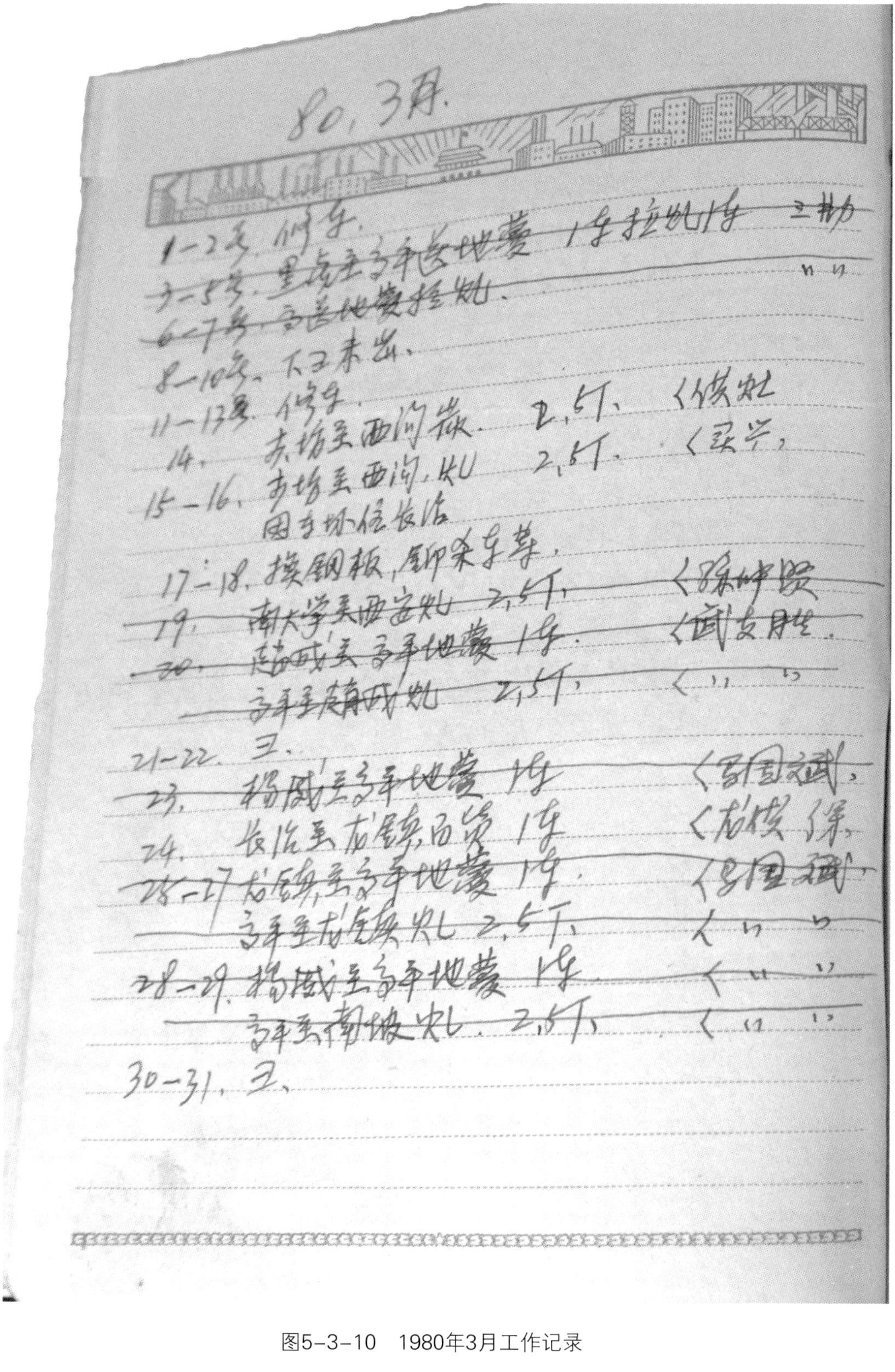

80，3月.

8-10号. 下王未出.

11-13号. 修车.

21-22. 王.

30-31. 王.

图5-3-10　1980年3月工作记录

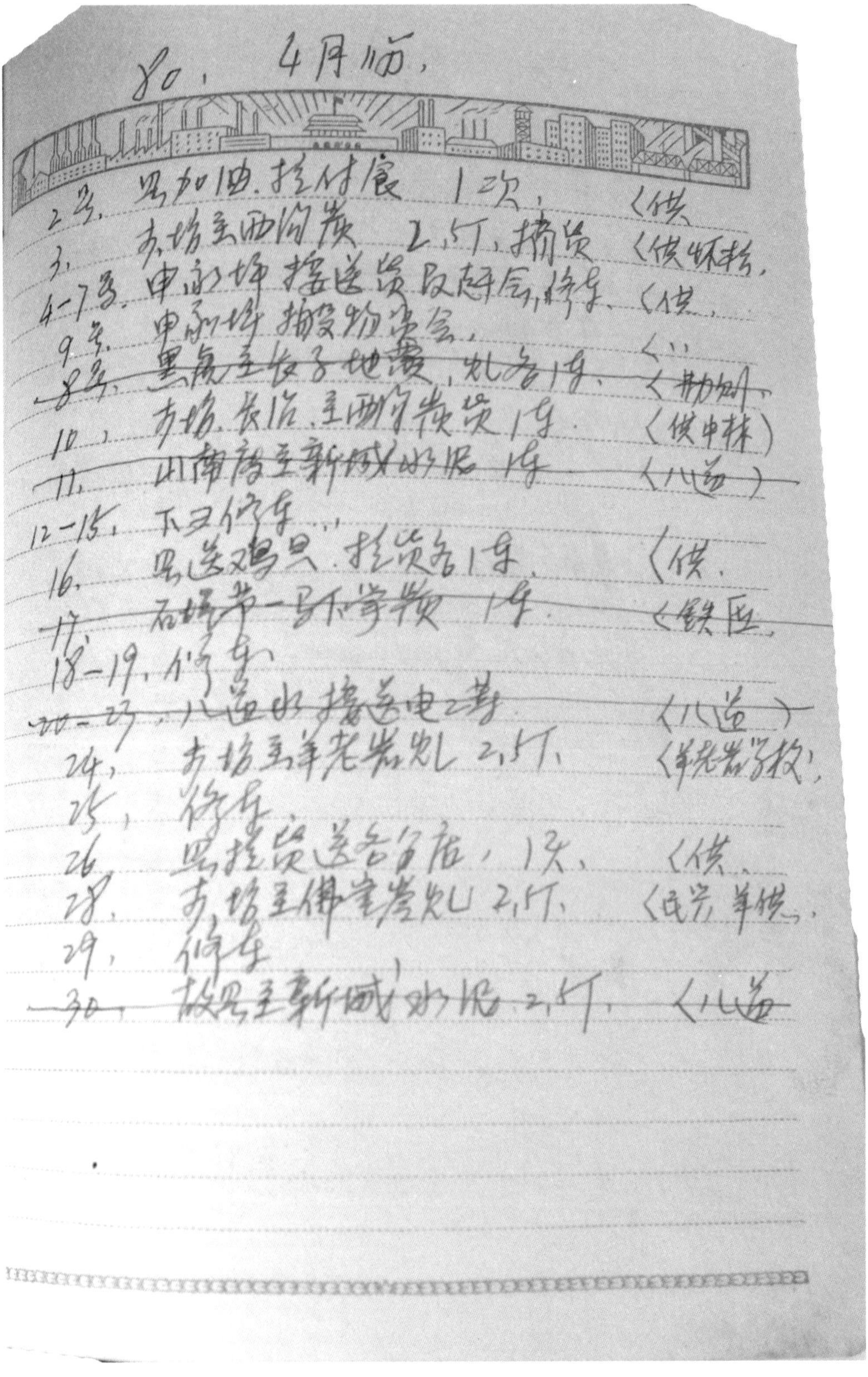
80，4月份，

图5-3-11　1980年4月工作记录

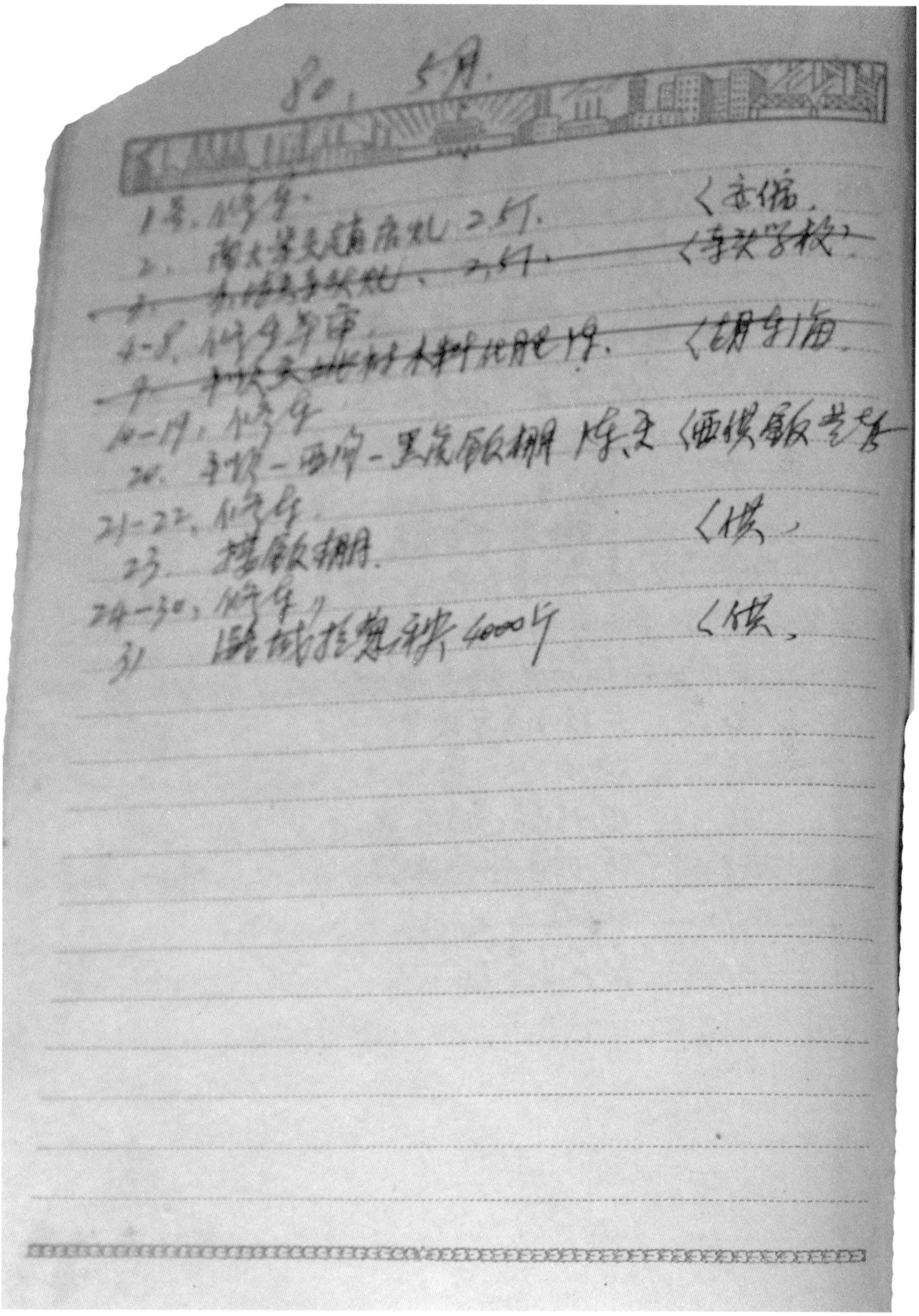

图5-3-12　1980年5月工作记录

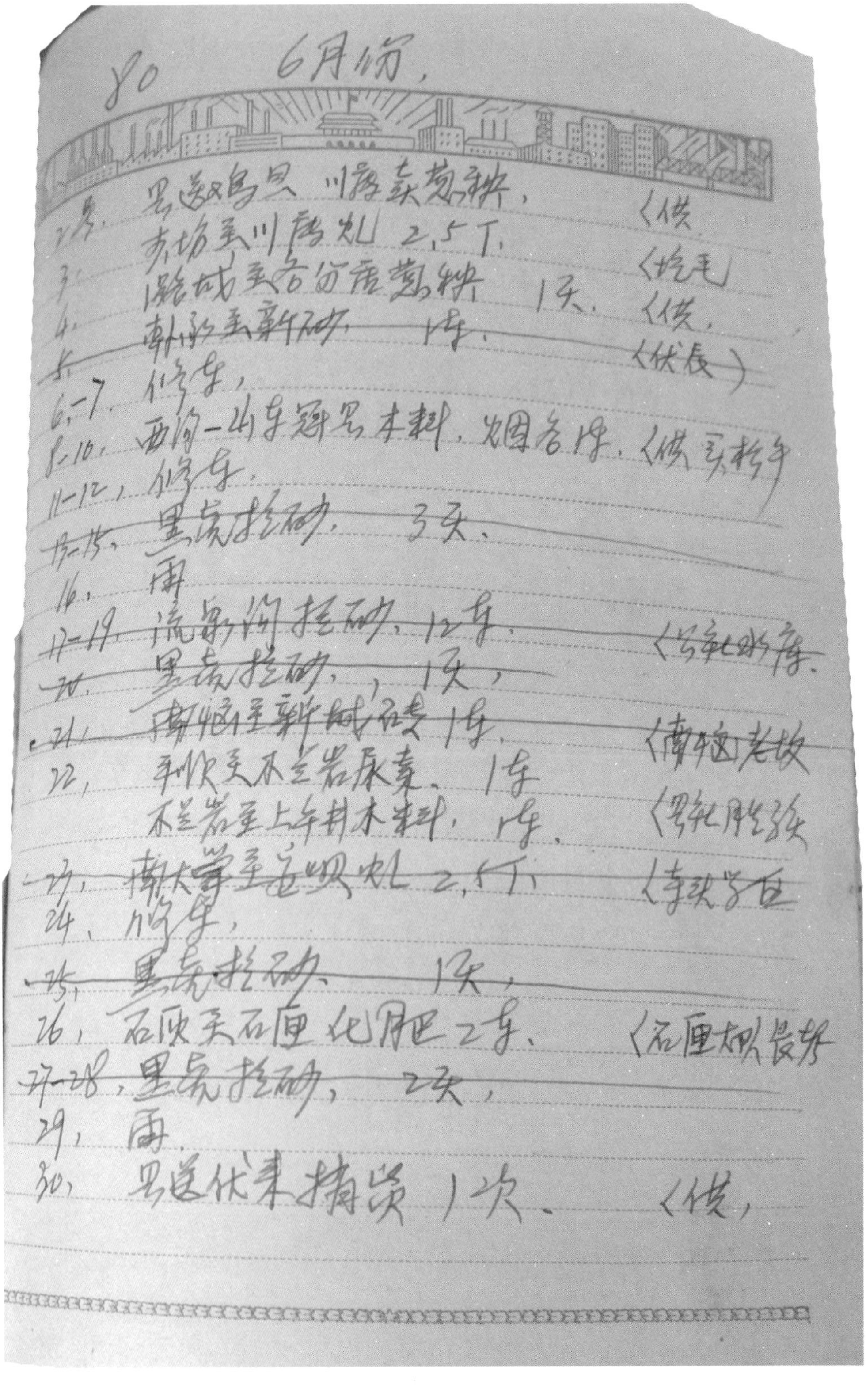

80 6月份，

2-3. [illegible]

3. [illegible] 2.5T.

4. [illegible] 1天. 〈供.

5. [illegible] 1车. 〈[illegible]〉

6-7. 修车，

8-10. 西沟—山东[illegible]木料，[illegible]. 〈[illegible]

11-12. 修车，

13-15. 黑炭拉砂，3天，

16. 雨

17-19. 流[illegible]沟拉砂，12车. 〈[illegible]

20. 黑炭拉砂，1天，

21. [illegible] 1车. 〈[illegible]

22. [illegible] 1车

[illegible] 1车. 〈[illegible]

23. [illegible] 2.5T. 〈[illegible]

24. 修车，

25. 黑炭拉砂，1天，

26. 石灰[illegible]化肥 2车. 〈[illegible]

27-28. 黑炭拉砂，2天，

29. 雨，

30. [illegible] 1次. 〈供，

图5-3-13 1980年6月工作记录

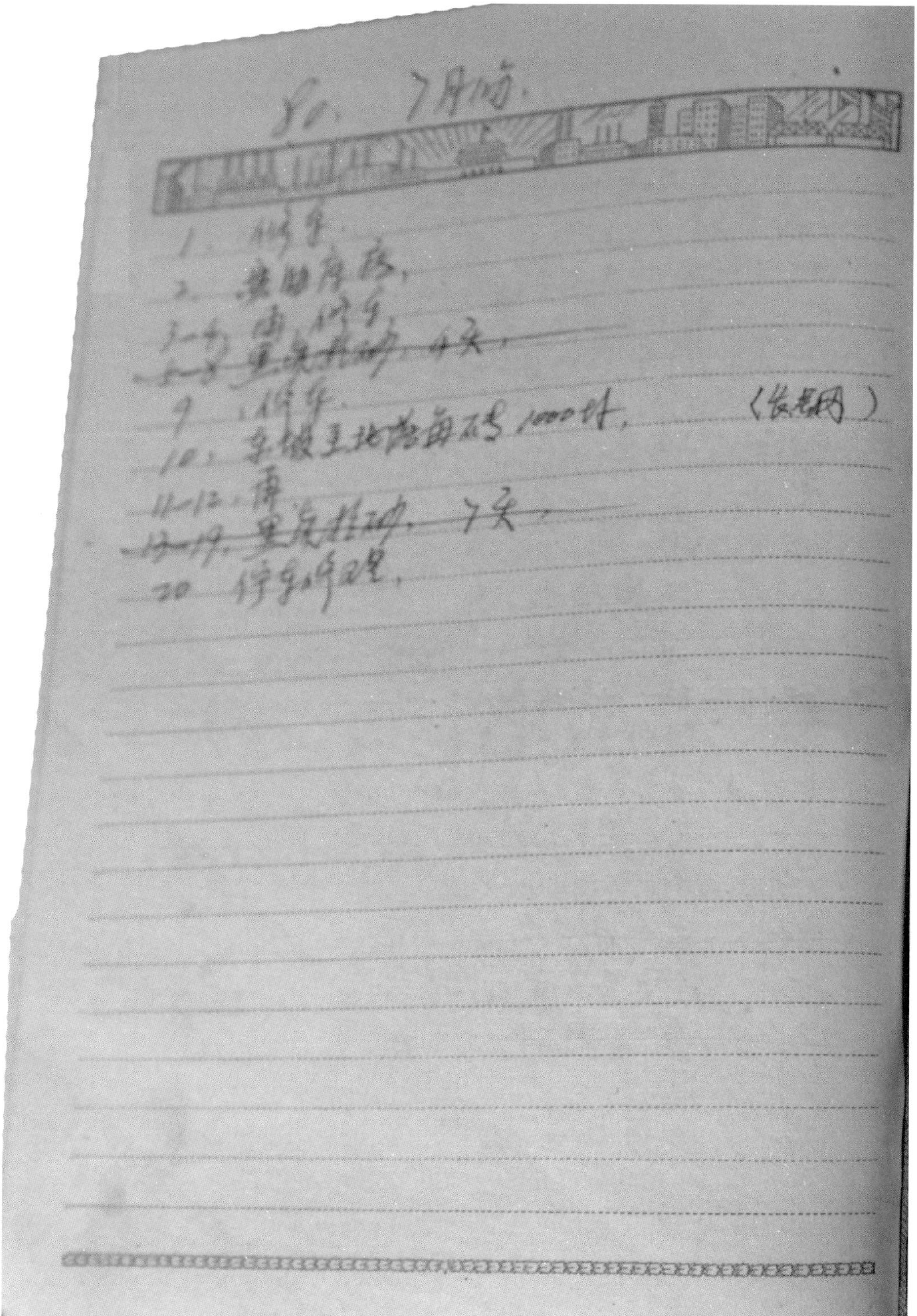

图5-3-14　1980年7月工作记录

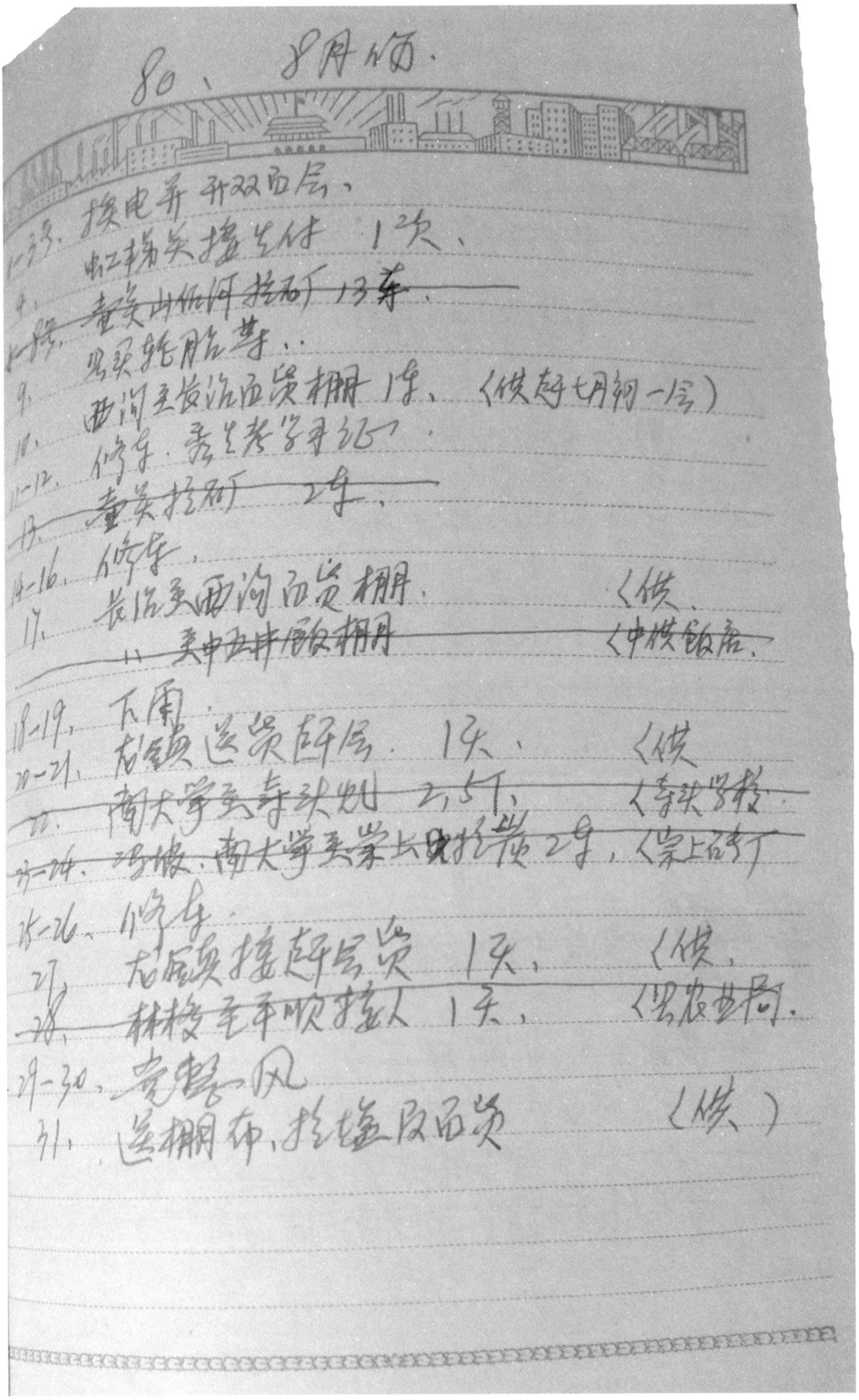

图5-3-15　1980年8月工作记录

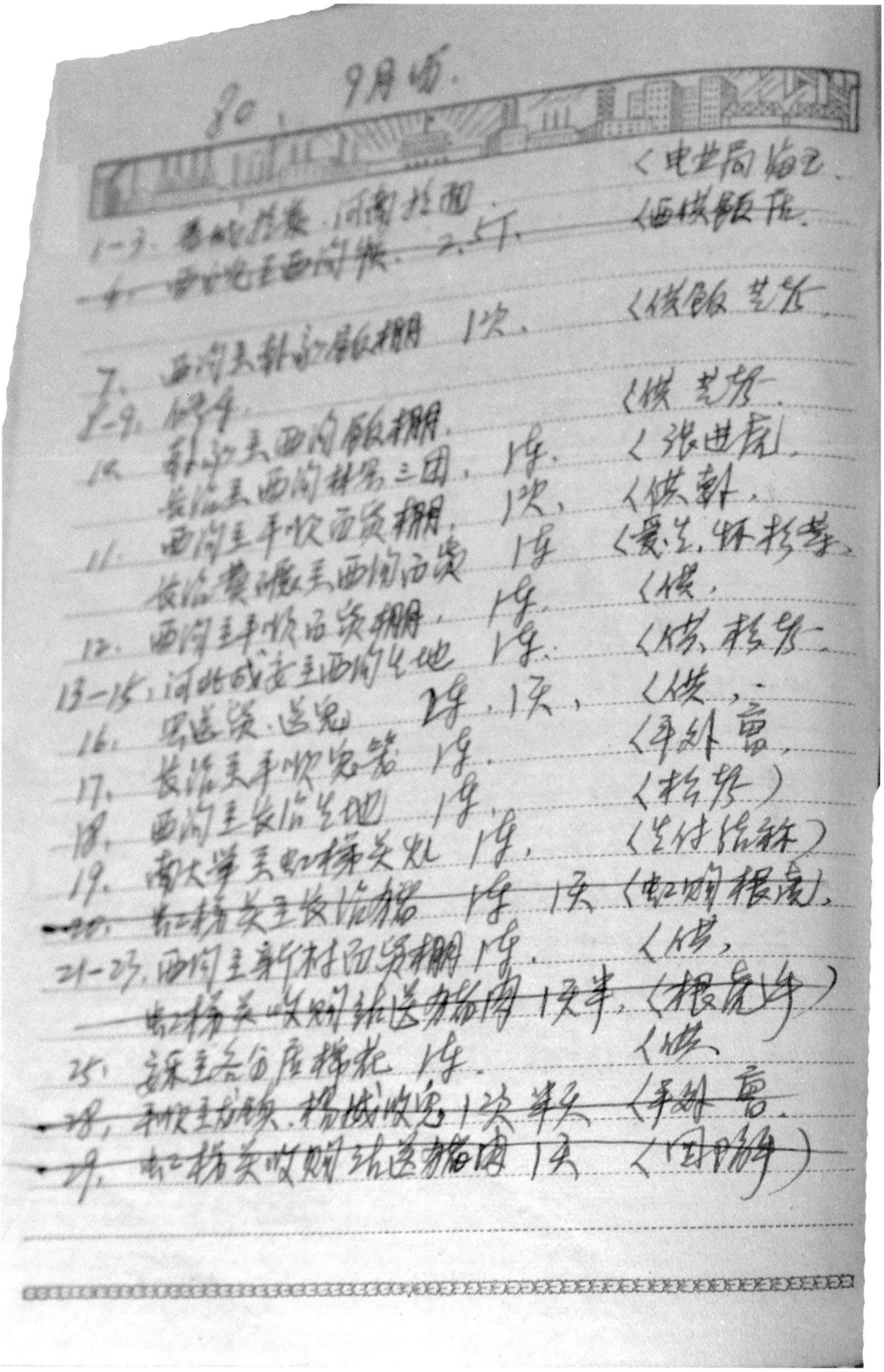

图5-3-16　1980年9月工作记录

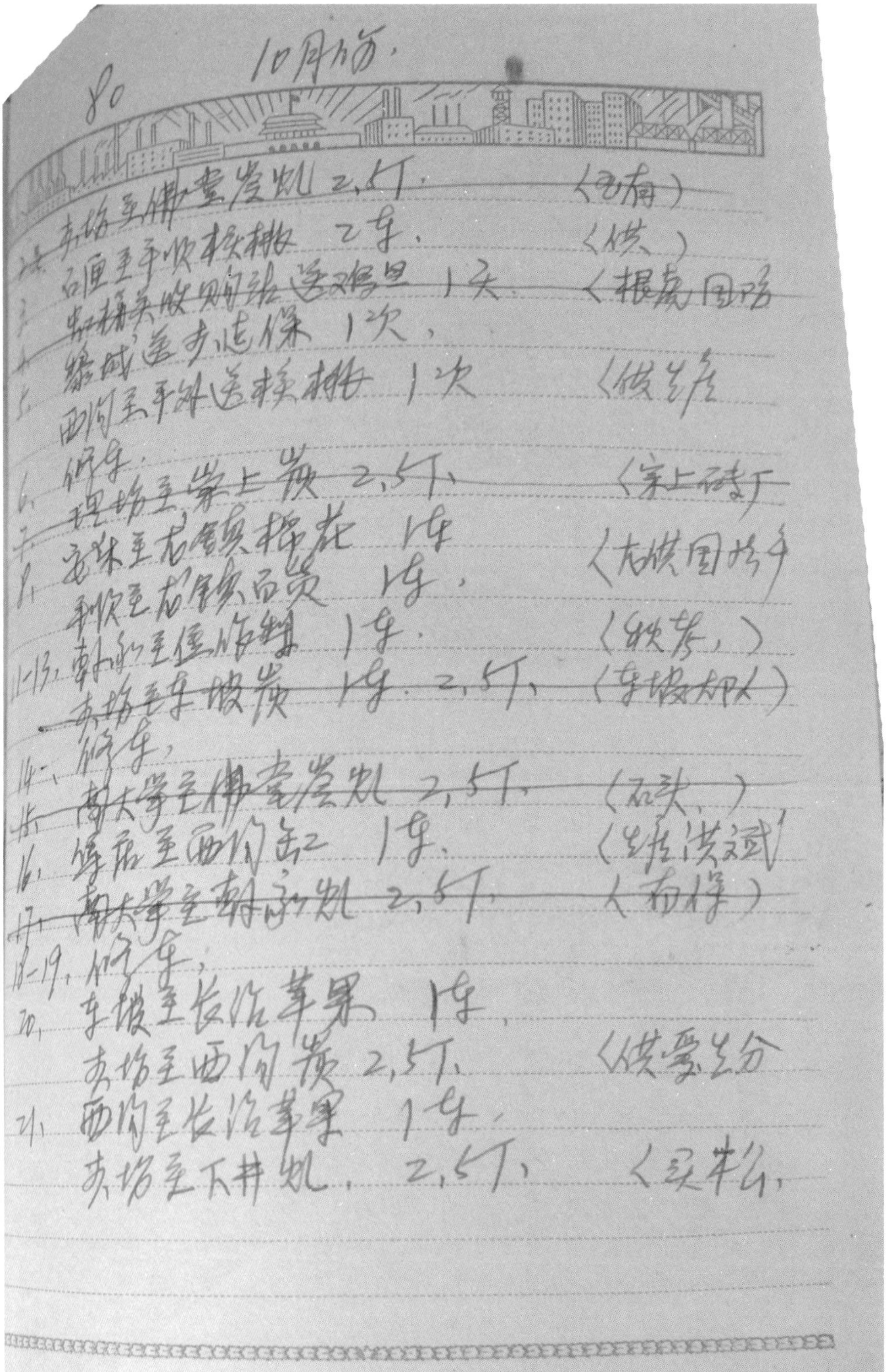

图5-3-17　1980年10月工作记录（一）

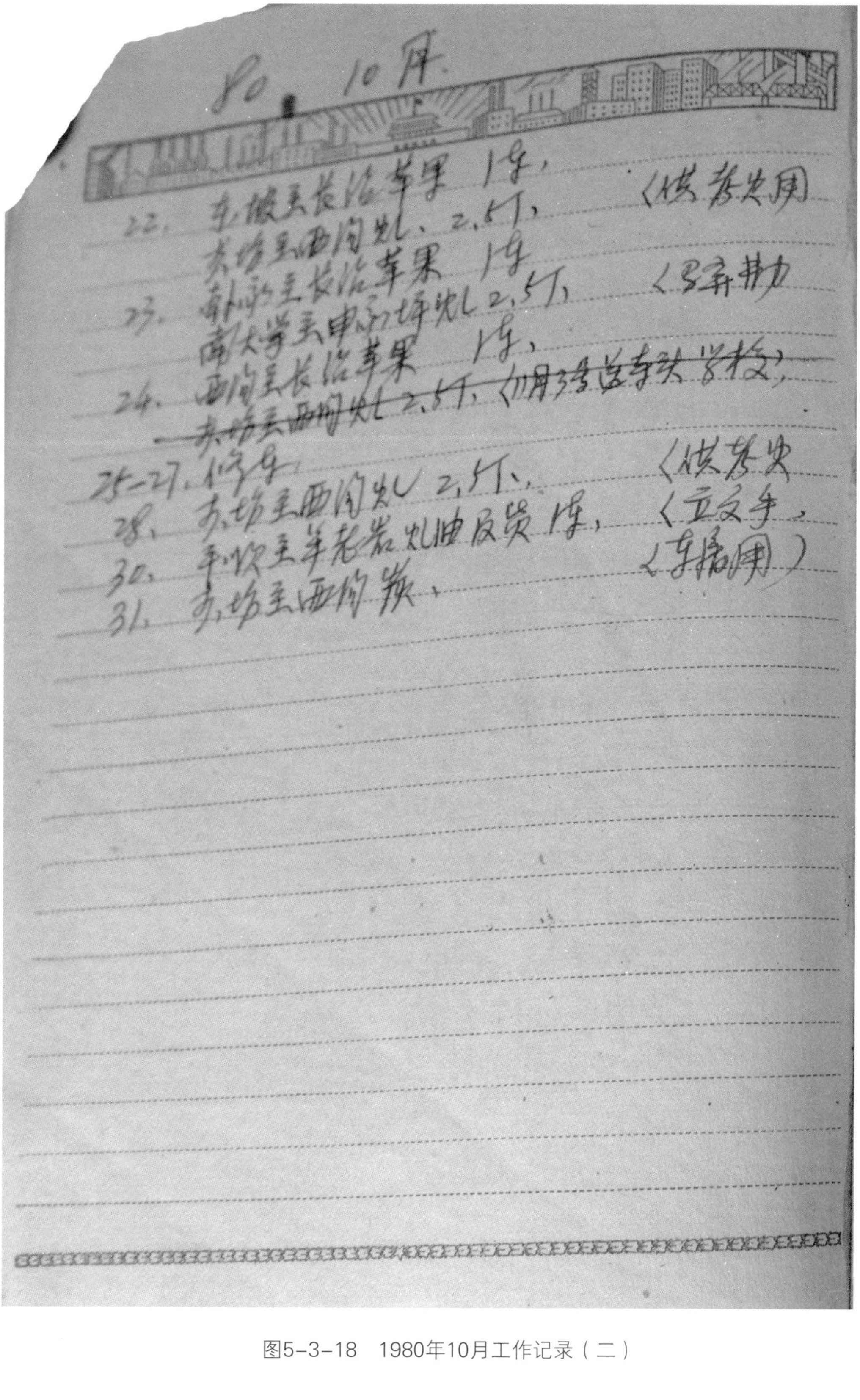

图5-3-18　1980年10月工作记录（二）

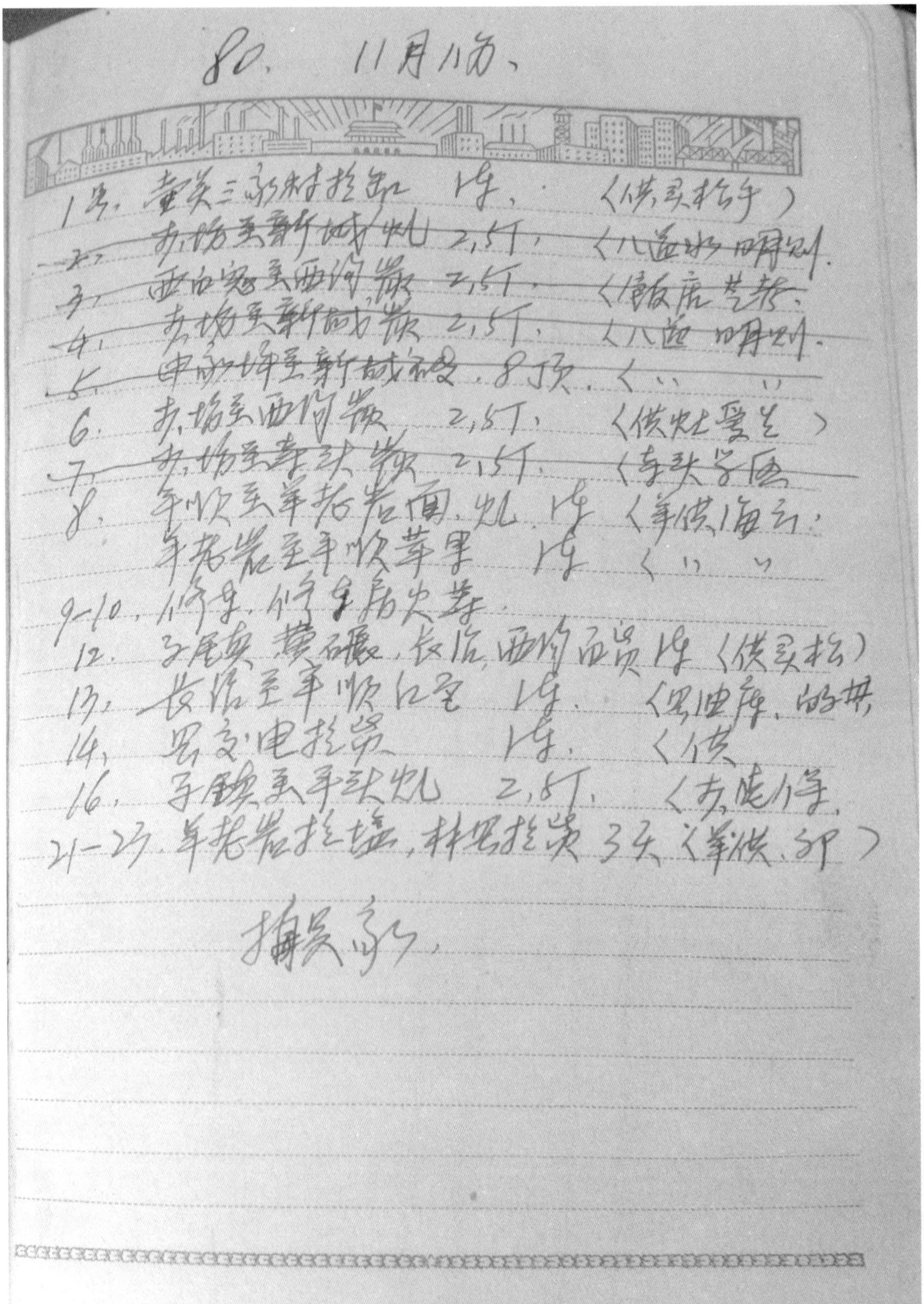

图5-3-19　1980年11月工作记录

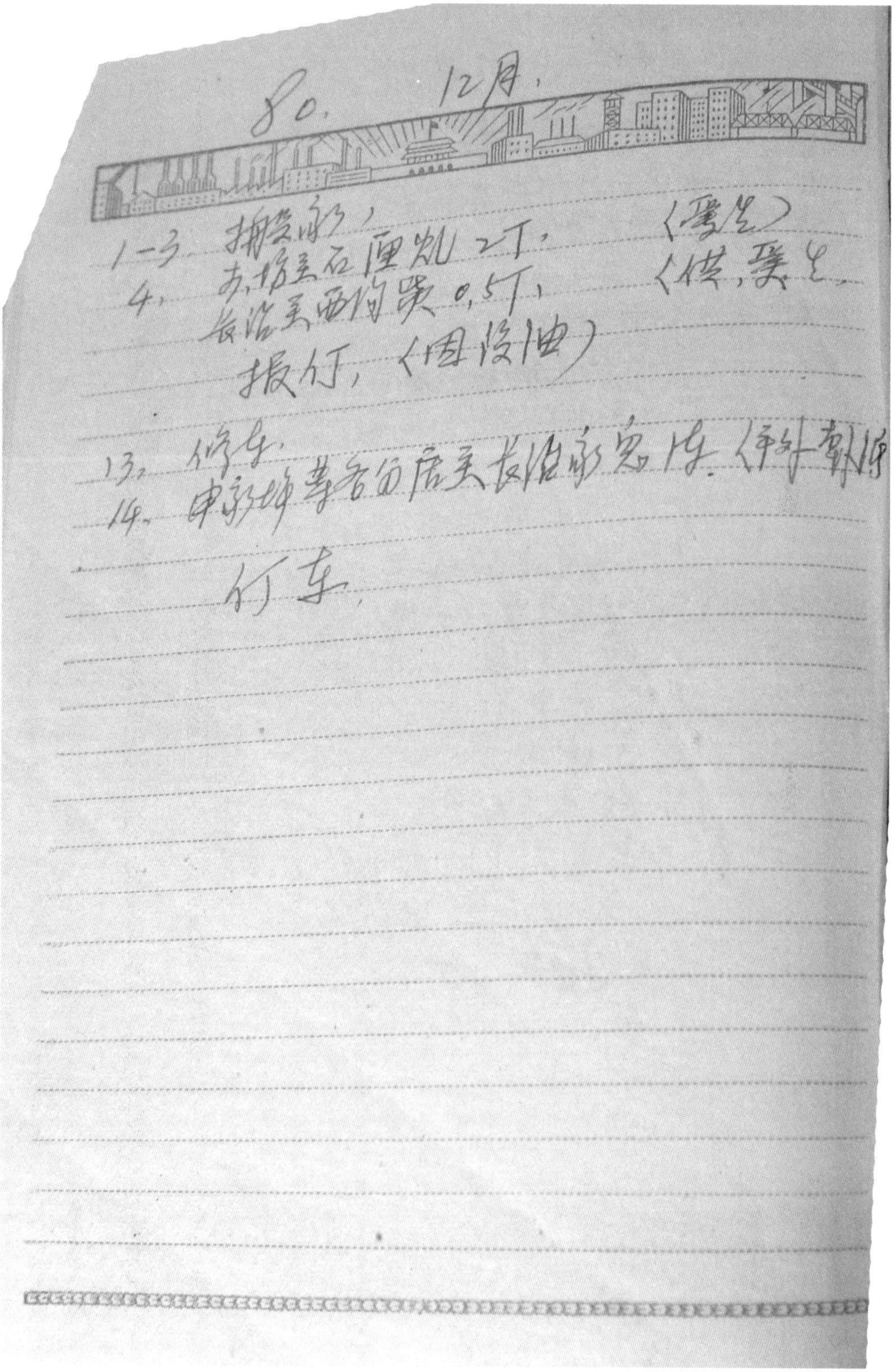

图5-3-20　1980年12月工作记录

（四）阶级情况档案

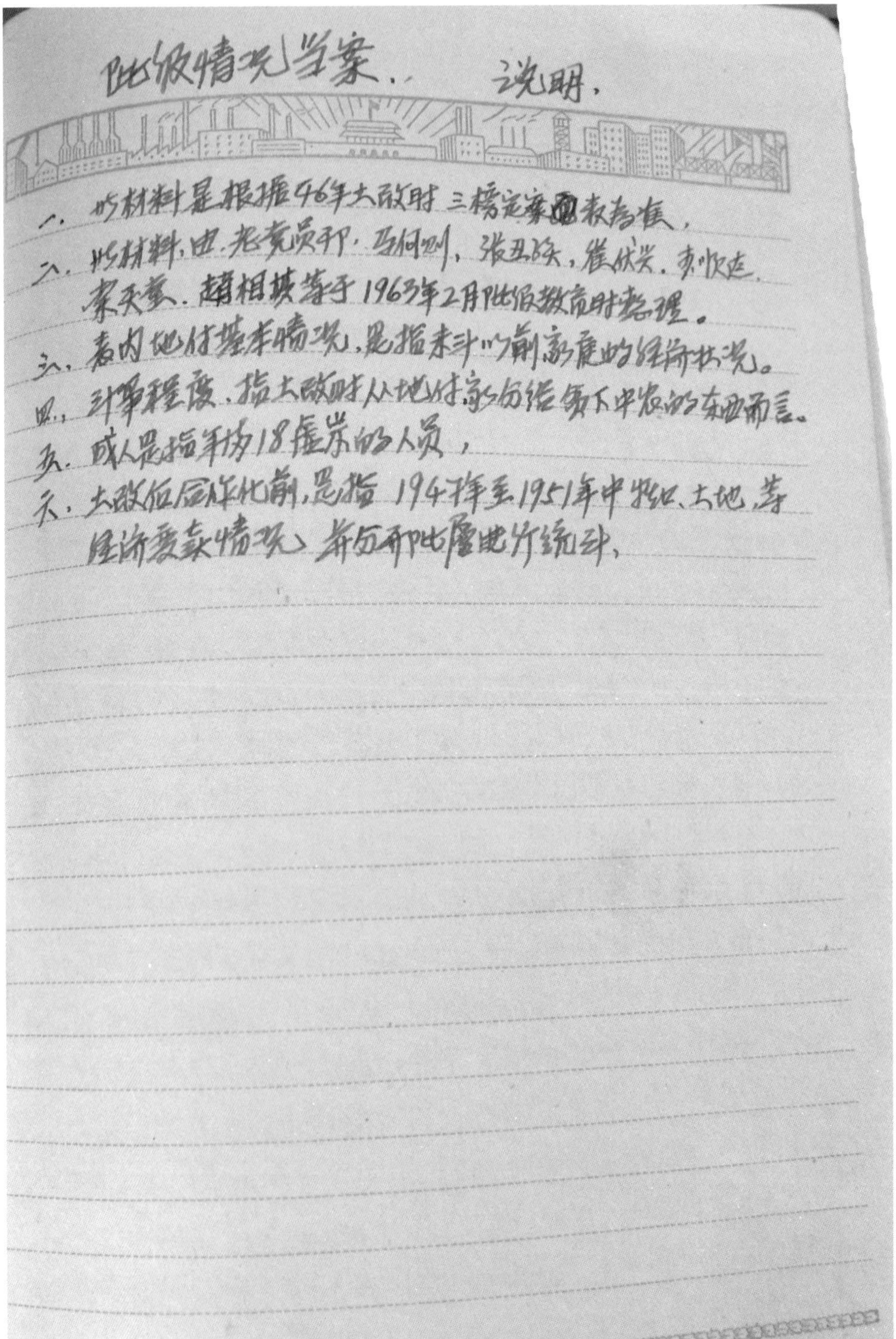

阶级情况档案.. 说明.

一、此材料是根据46年土改时三榜定案的表为准，
二、此材料由老党员邢、马何训、张丑孩、崔伏兴、袁怀庄、宋天玺、赵相棋等于1963年2月阶级教育时整理。
三、表内地付基本情况，是指未斗以前家庭的经济状况。
四、斗争程度，指土改时从地付家分给贫下中农的东西而言。
五、成人是指年满18岁以上的人员，
六、土改后合作化前，是指1947年至1951年中牲口、土地、等经济变动情况、并分别阶层进行统计，

图5-4-1　阶级情况档案说明

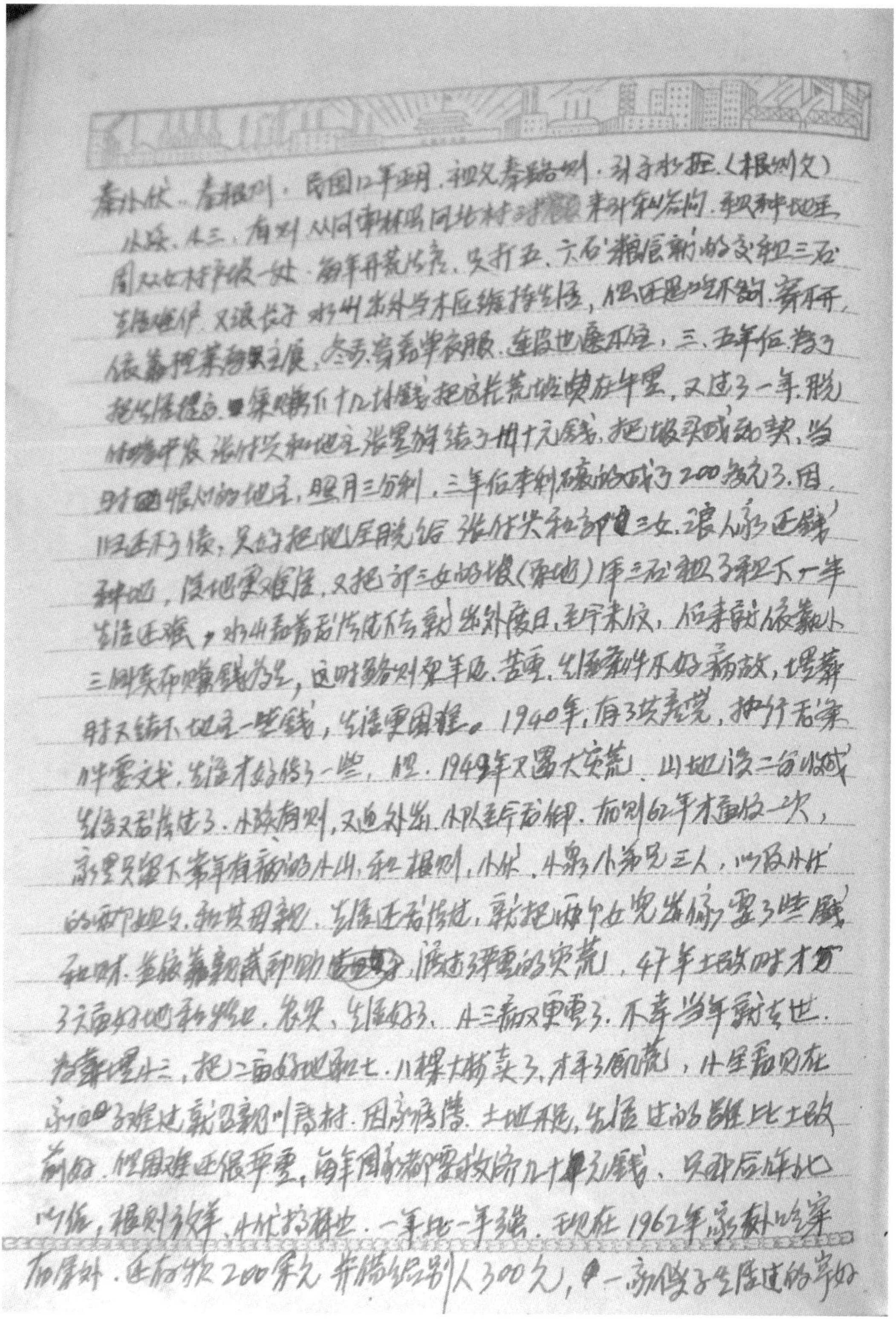

秦小伏、秦根则，民国12年五月，祖父秦路则，引子水拉、（根则父）
小孩、小三，有则 从河南林县河北村讨[illegible]来到余[illegible]沟，租种地主
周[illegible]村产的一块，每年开荒作主，只打五、六石粮食，新的交租三石
生活难维持，又让长子小山出外当木匠维持生活，但还是吃不饱，穿不开，
依靠挖菜[illegible]度，冬天穿着单衣服，连被也盖不住，三、五年后借了
地主借粮，又借了十几块钱，把家荒地典在手里，又过了一年，被
村中中农张伏先和地主张黑旅 给了卅十元钱，把坡头地成契，当
时借根则的地主，照月三分利，三年后本利合成了200多元了，因
还不了债，只好把他们房院给张伏先和[illegible]三女，让人家还钱
种地，使他实难住，又把[illegible]三女的嫁（卖地）[illegible]石租了租下一年
生活还难，小山和着[illegible]出外度日，至今未回，后来就依靠小
三两人帮人[illegible]赚钱为生，这时路则因年迈、苦重，生活条件不好病故，埋葬
时又借下地主一些钱，生活更困难。1940年，有了共产党，执行无[illegible]
减租减息，生活才好转了一些，但，1943年又遇大灾荒，山地没二亩收成
生活又困难了，小孩、有则，又逃外出，小队至今无音，有则62年才通信一次，
家里只留下常年有病的小山，和根则，小伏、小梁，小弟兄三人，以后小伏
的两个姐姐，和其母亲，生活还有困难，就把两个女儿出嫁，要了些钱
和财，并依靠亲戚帮助[illegible]，渡过了严重的灾荒，47年土改时才分
了六亩好地和[illegible]农具，生活好了，小三病又更重了，不幸当年就去世，
为埋葬小三，把二亩好地和七、八棵大树卖了，才办了丧事，[illegible]
[illegible]难过，就[illegible]村，因为[illegible]，土地开展，生活过的虽然比土改
前好，但困难还很严重，每年国家都要救济几十块元钱，只到后[illegible]
以后，根则[illegible]、小伏[illegible]，一年比一年强，现在1962年家[illegible]吃穿
[illegible]，还存款200多元，并借给别人300元，[illegible]一家人子生活过的[illegible]

图5-4-2　贫农基本情况（一）

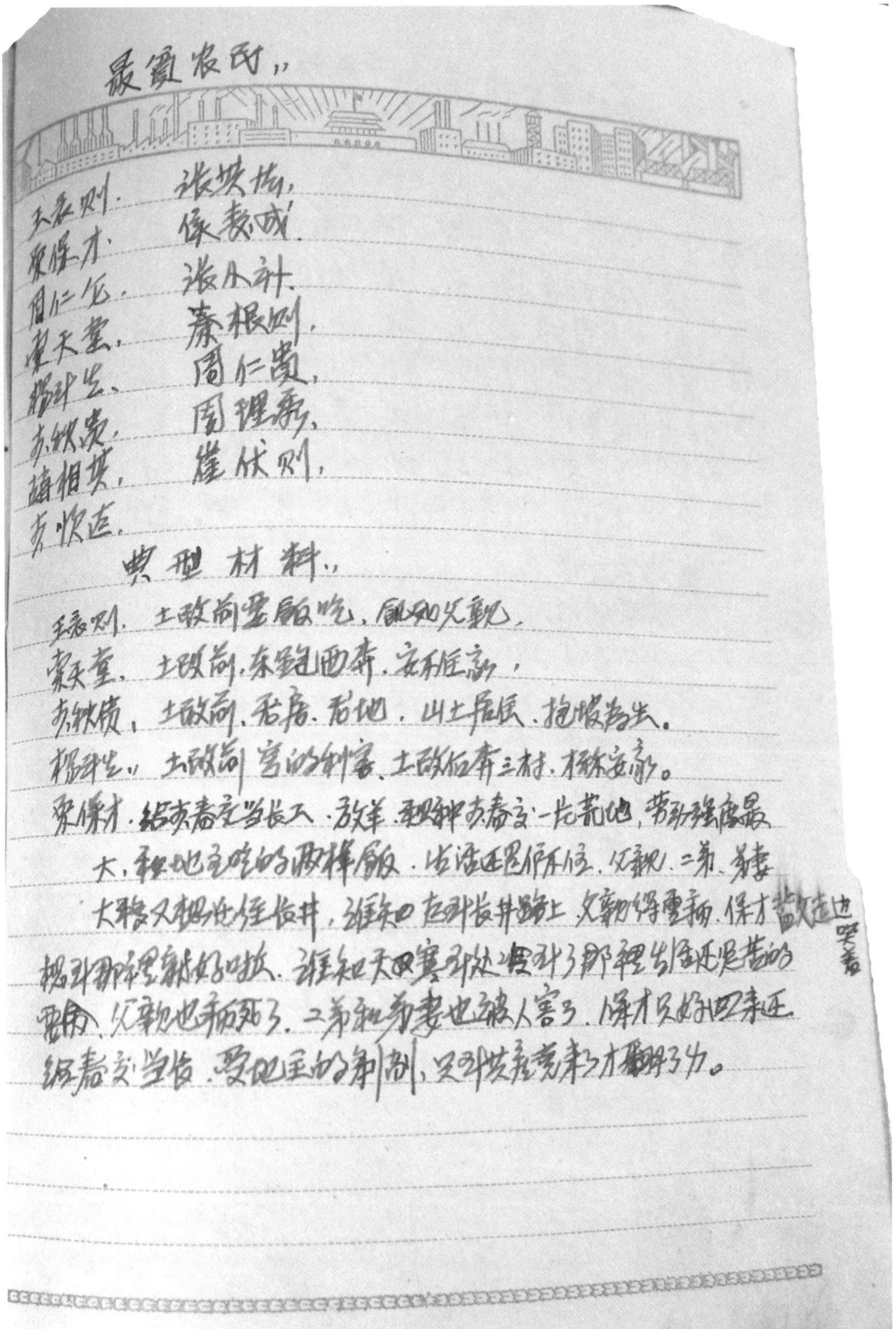

最贫农民：

王春则、张世栋、
贾保才、侯秀成、
周仁在、张丑则、
党天堂、秦根则、
杨斗生、周仁贵、
李铁贵、周理秀、
赵相其、崔伏则、
李怀连、

典型材料：

王春则、土改前要饭吃、饿死父亲、
党天堂、土改前、东要饭西奔、家破人亡、
李铁贵、土改前、无房、无地、山上居住、抱娃为生。
杨斗生、土改前穷的利害、土改后有三村、楼房安家。
贾保才、给李春元当长工、放羊、开那种李春元一片荒地、劳动强度最大、和地主吃的两样饭、生活还是仍然穷、父亲、二弟、弟妻大雅又相继得伤病、谁知在那长井路上、父亲得重病、保才背着父亲边走边哭着扶到那里就好了啦、谁知天又寒又冷、父亲到了那里生活还是苦的要命、父亲也病死了、二弟和弟妻也被人害了、保才只好回来还给春元当长工、受地主的剥削、只到共产党来了才翻了身。

图5-4-3　贫农基本情况（二）

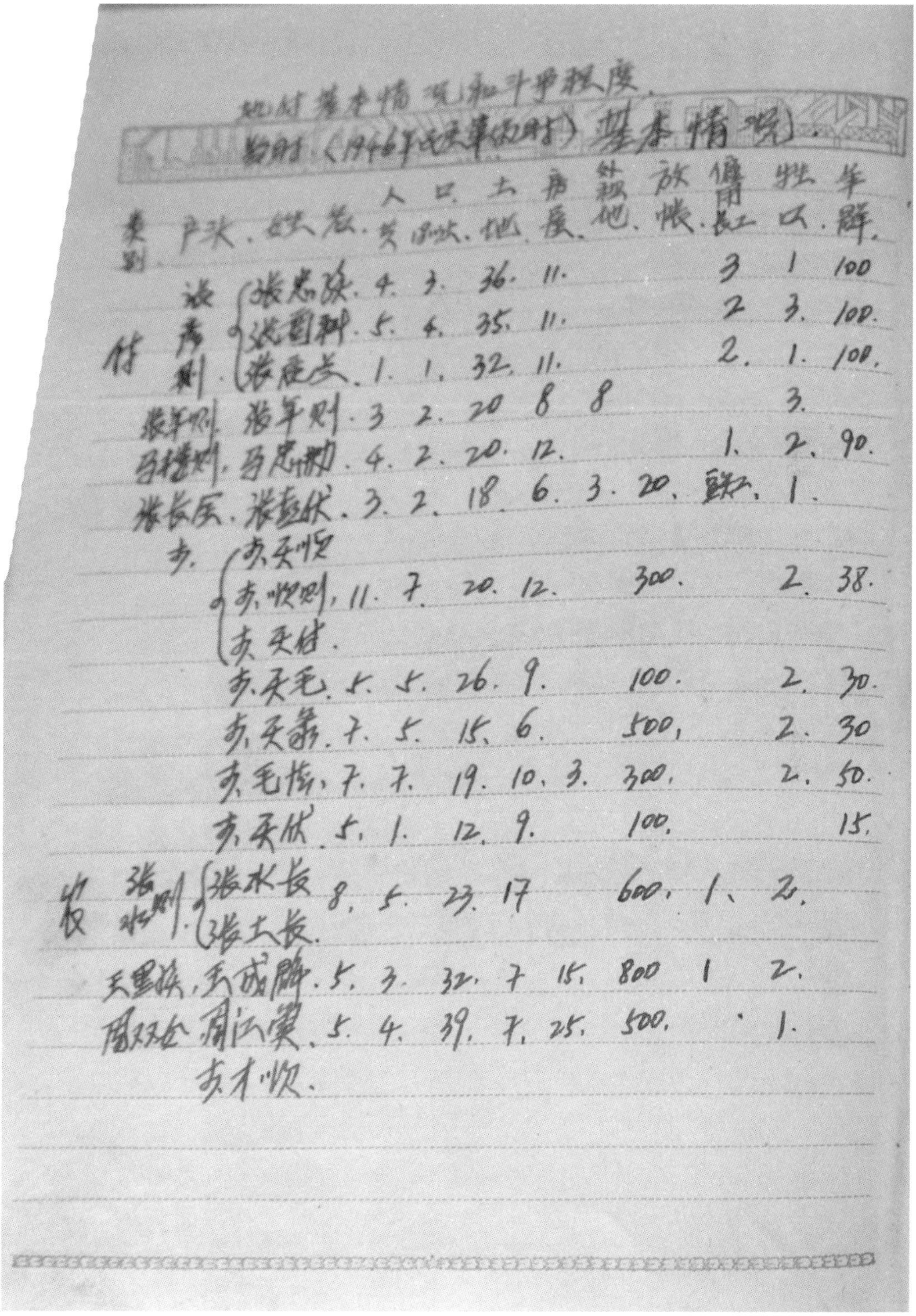

地付基本情况和斗争程度

地财（1946年斗争前时）基本情况

类别	户头	姓名	人口	劳动力	土地	房屋	其他	放帐	雇用長工	牲口	羊群
付	张秀则	张忠孩	4	3	36	11			3	1	100
		张图则	5	4	35	11			2	3	100
		张庚尧	1	1	32	11			2	1	100
	张年则	张年则	3	2	20	8	8			3	
	马楼则	马忠勋	4	2	20	12			1	2	90
	张长庆	张延伏	3	2	18	6	3	20	短工	1	
	亦	亦天恒									
		亦快则	11	7	20	12		300		2	38
		亦天付									
		亦天毛	5	5	26	9		100		2	30
		亦天义	7	5	15	6		500		2	30
		亦毛榜	7	7	19	10	3	300		2	50
		亦天伏	5	1	12	9		100			15
农	张水则	张水長 张大長	8	5	23	17		600	1	2	
	天黑孩	天成鹏	5	3	32	7	15	800	1	2	
	周双全	周江英	5	4	39	7	25	500	·	1	
		亦才恢									

图5-4-4　地付基本情况和斗争程度（一）

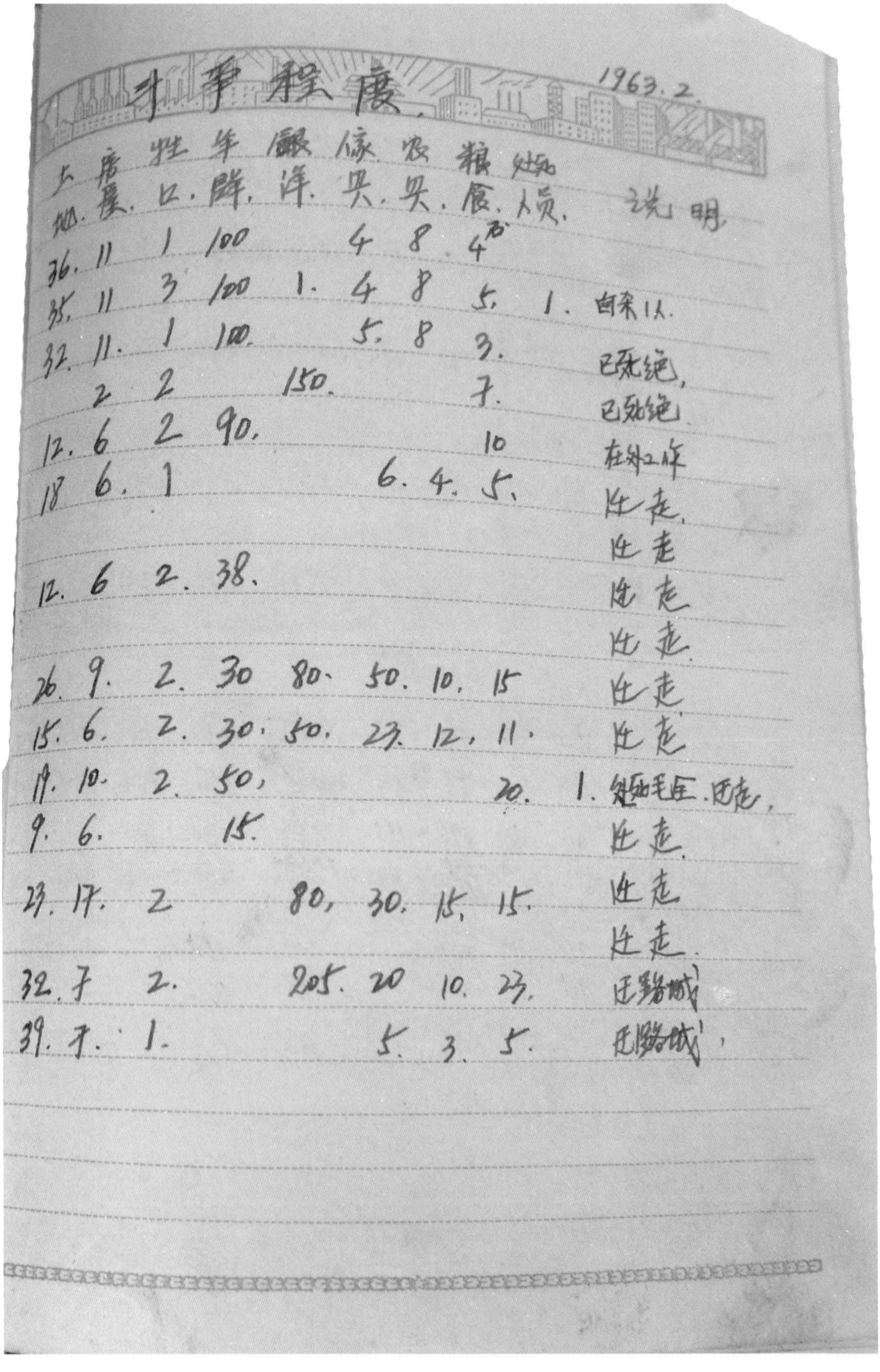

斗争程度 1963.2.

土地	房屋	牲口	羊群	银洋	家具	农具	粮食	处死人员	说明
36	11	1	100		4	8	4石		
35	11	3	100	1	4	8	5	1	自杀1人
32	11	1	100		5	8	3		已死绝
	2	2		150			7		已死绝
12	6	2	90				10		在外工作
18	6	1			6	4	5		迁走
									迁走
12	6	2	38						迁走
									迁走
26	9	2	30	80	50	10	15		迁走
15	6	2	30	50	23	12	11		迁走
19	10	2	50				20	1	处死毛庄.迁走
9	6		15						迁走
23	17	2		80	30	15	15		迁走
									迁走
32	7	2		205	20	10	23		迁潞城
39	7	1			5	3	5		迁潞城

图5-4-5　地付基本情况和斗争程度（二）

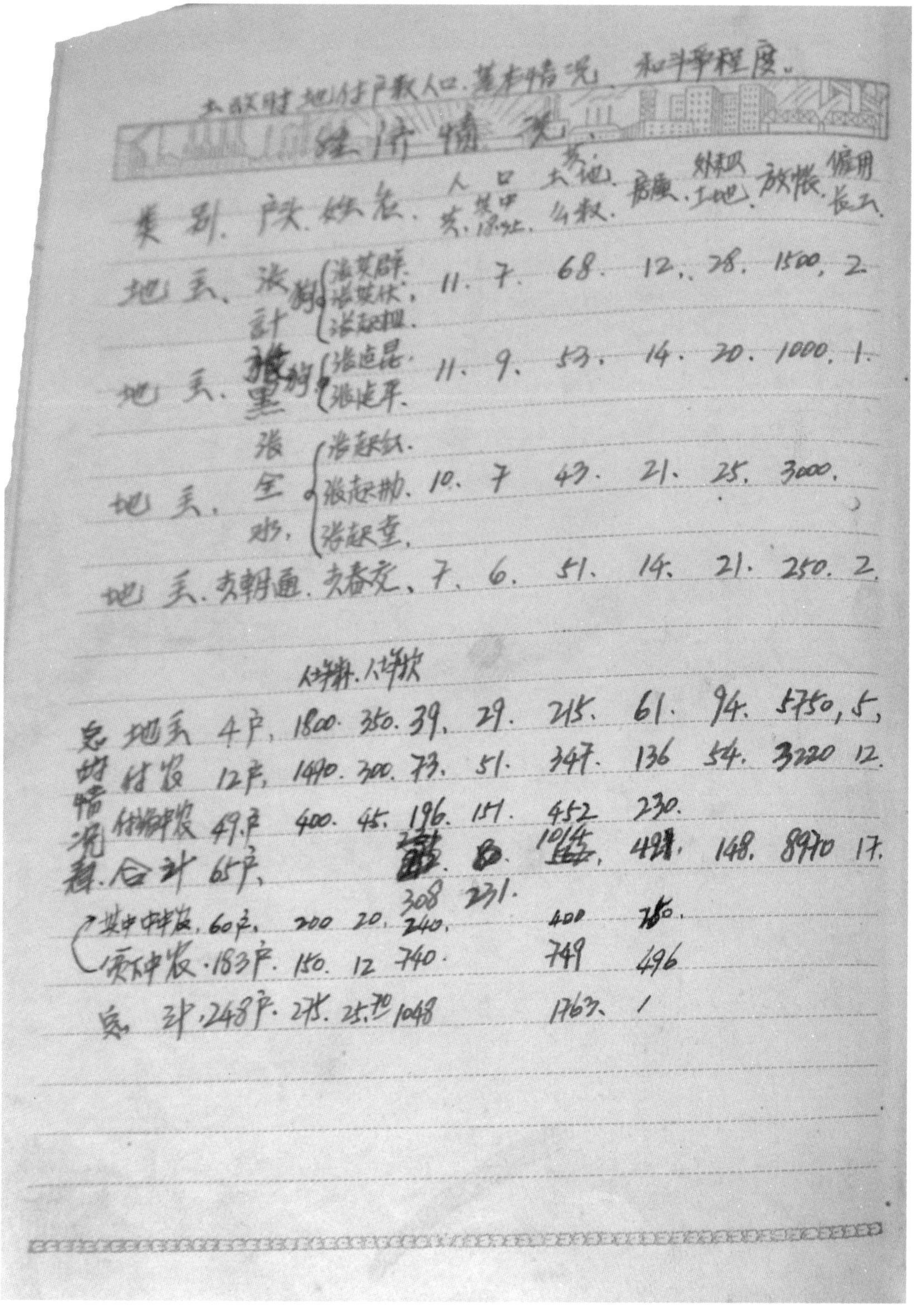

土改时地付户数人口、基本情况、和斗争程度。

经济情况

类别、户头、姓名、人口（劳、半劳小孩）、土地亩数、房屋、外村土地、放帐、雇用长工

地主、张尉(?)：张英辟、张英林、张起祖，11、7、68、12、28、1500、2

地主、张黑(?)：张道昆、张道平，11、9、53、14、20、1000、1

地主、张全水：张起钦、张起彬、张起奎，10、7、43、21、25、3000

地主、袁朝通、袁春交、7、6、51、14、21、250、2

人半劳、人半次(?)

总的情况：

地主 4户、1800、350、39、29、215、61、94、5750、5

付农 12户、1490、300、73、51、347、136、54、3220、12

付中农 49户、400、45、196、151、452、230

合计 65户、[illegible]、[illegible]、1014、[illegible]、148、8970、17

308、231

其中中农、60户、200、20、240、400、[illegible]

贫下中农、183户、150、12、740、749、496

总计、248户、275、25.70、1048、1763、1

图5-4-6 土改时地付户数、人口、基本情况和斗争程度（一）

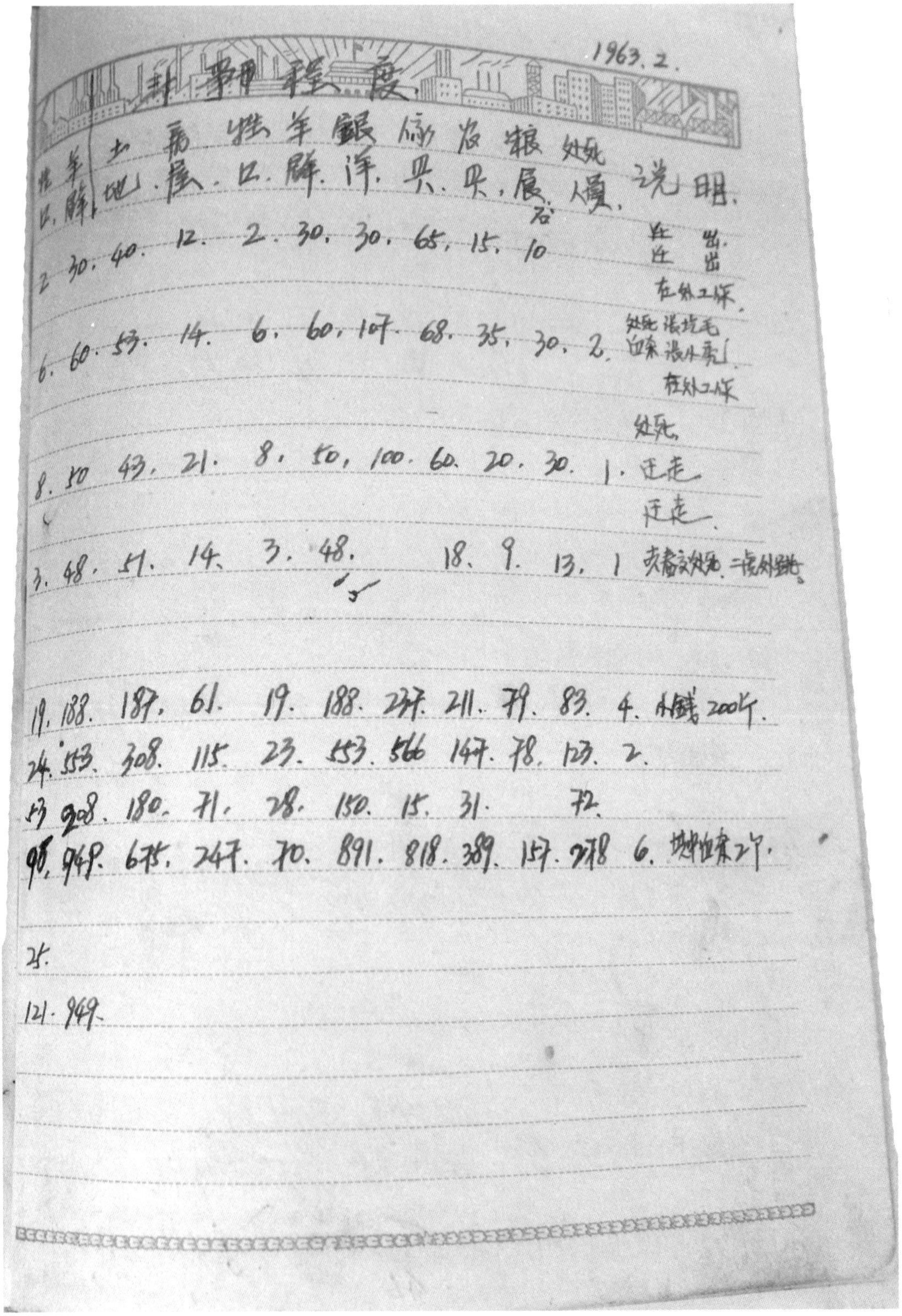

1963.2.

2. 30. 40. 12. 2. 30. 30. 65. 15. 10 迁出 迁出 在外工作

6. 60. 53. 14. 6. 60. 107. 68. 35. 30. 2. 在外工作

8. 50 43. 21. 8. 50. 100. 60. 20. 30. 1. 迁走 迁走

3. 48. 51. 14. 3. 48. 18. 9. 13. 1

19. 188. 187. 61. 19. 188. 237. 211. 79. 83. 4.

24. 553. 308. 115. 23. 553. 566 147. 78. 123. 2.

53 208. 180. 71. 28. 150. 15. 31. 72.

96. 949. 675. 247. 70. 891. 818. 389. 157. 747 6.

25.

121. 949.

图5-4-7　土改时地付户数、人口、基本情况和斗争程度（二）

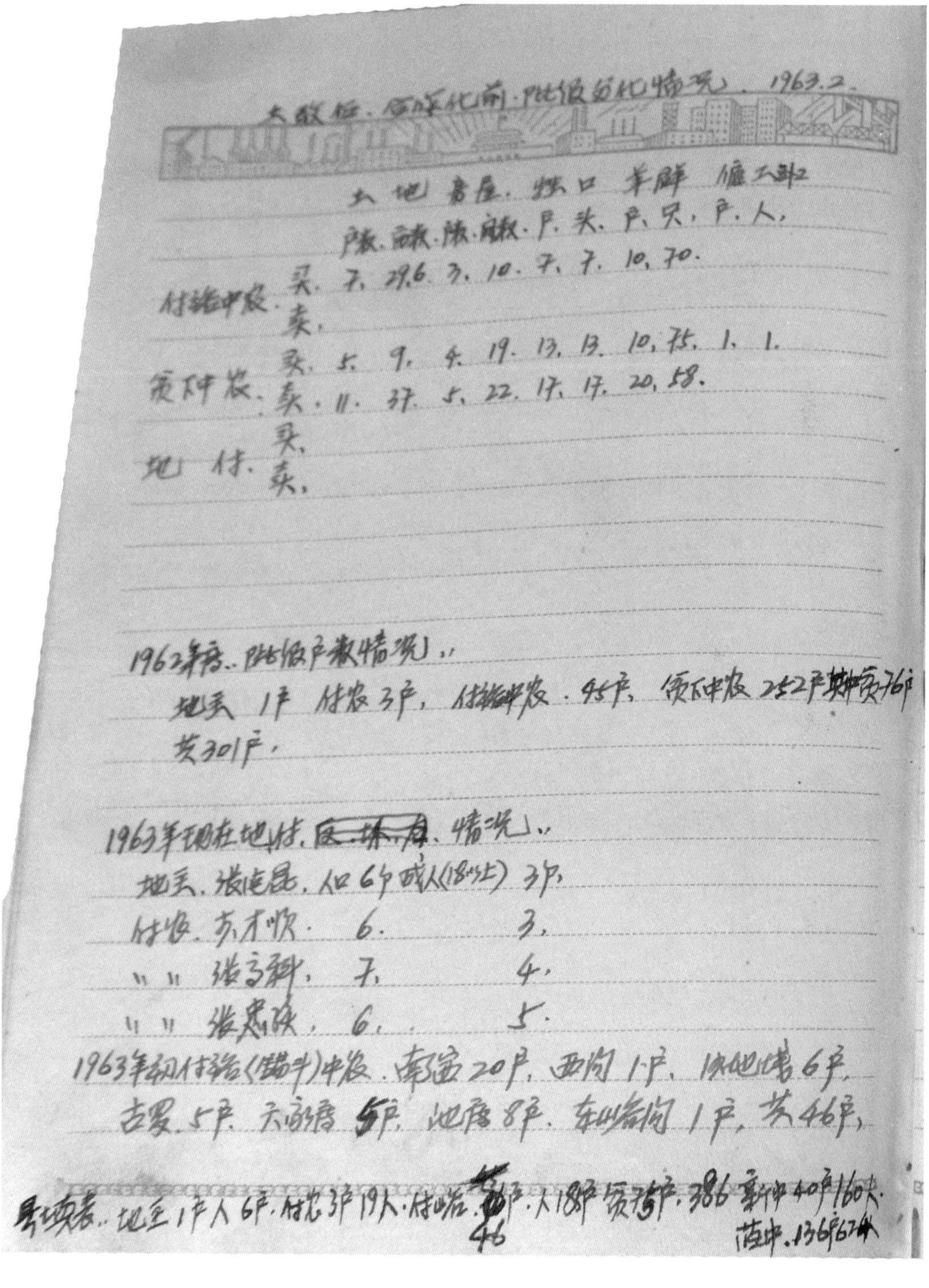

图5-4-8　土改后、合作化前阶级分化情况

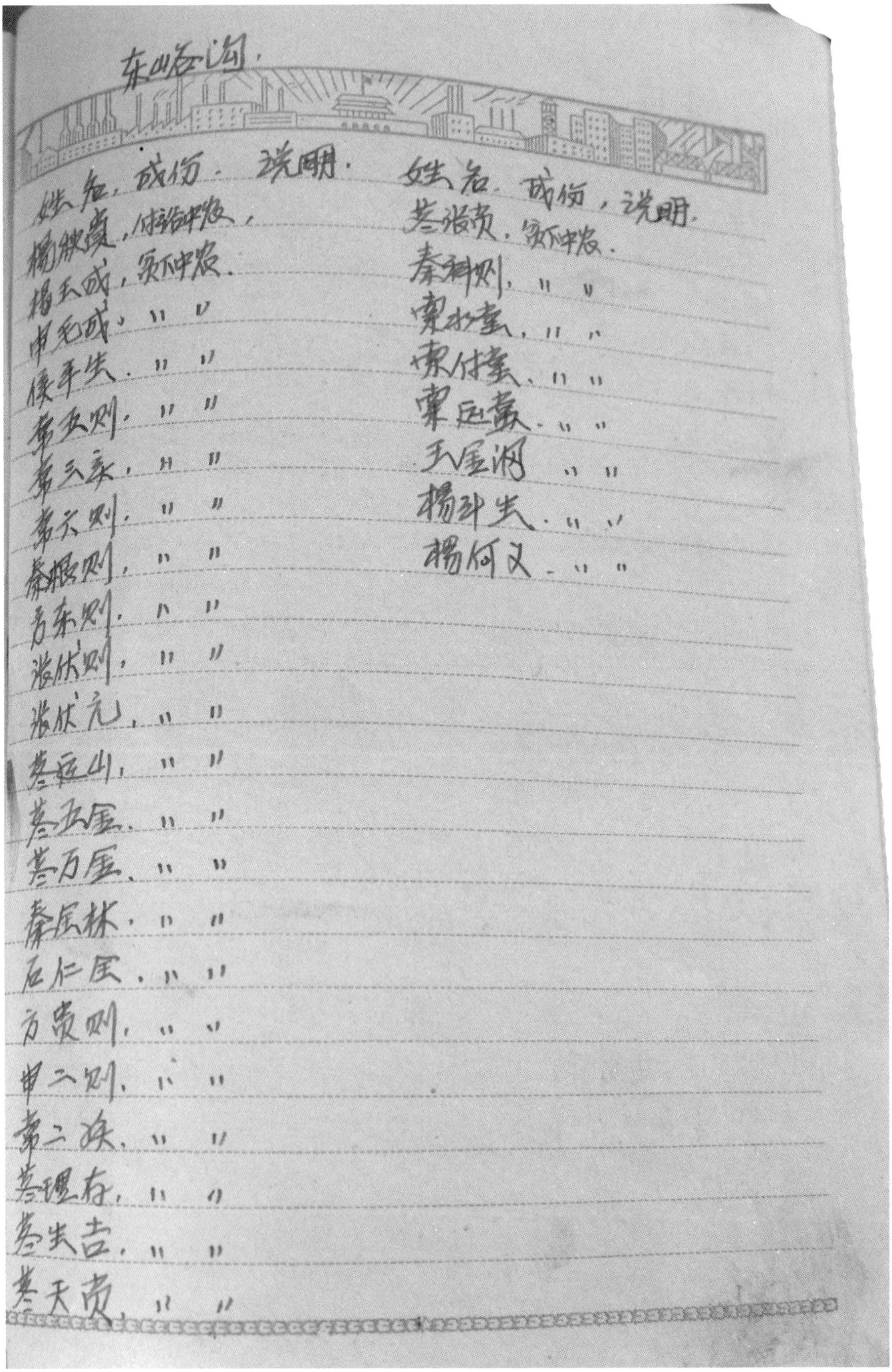

图5-4-9　东峪沟基本情况

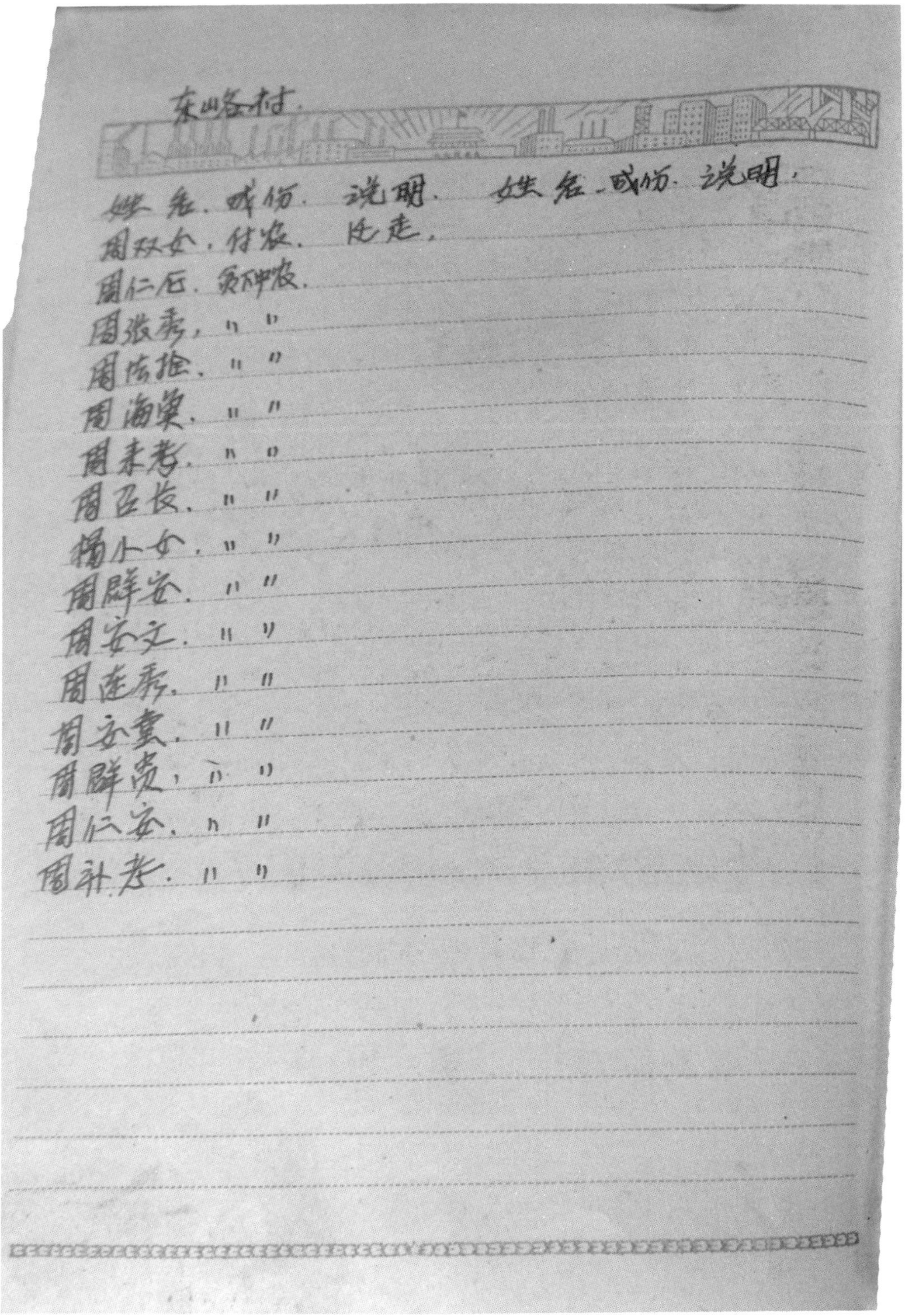

东峪村.

姓名.	成份.	说明.	姓名.	成份.	说明.
周双女.	付农.	迁走.			
周仁丘.	贫下中农.				
周张秀.	〃	〃			
周佐捡.	〃	〃			
周海巢.	〃	〃			
周来孝.	〃	〃			
周臣长.	〃	〃			
周小女.	〃	〃			
周辟安.	〃	〃			
周安文.	〃	〃			
周莲秀.	〃	〃			
周安囊.	〃	〃			
周辟贵.	〃	〃			
周仁安.	〃	〃			
周补孝.	〃	〃			

图5-4-10 东峪村基本情况

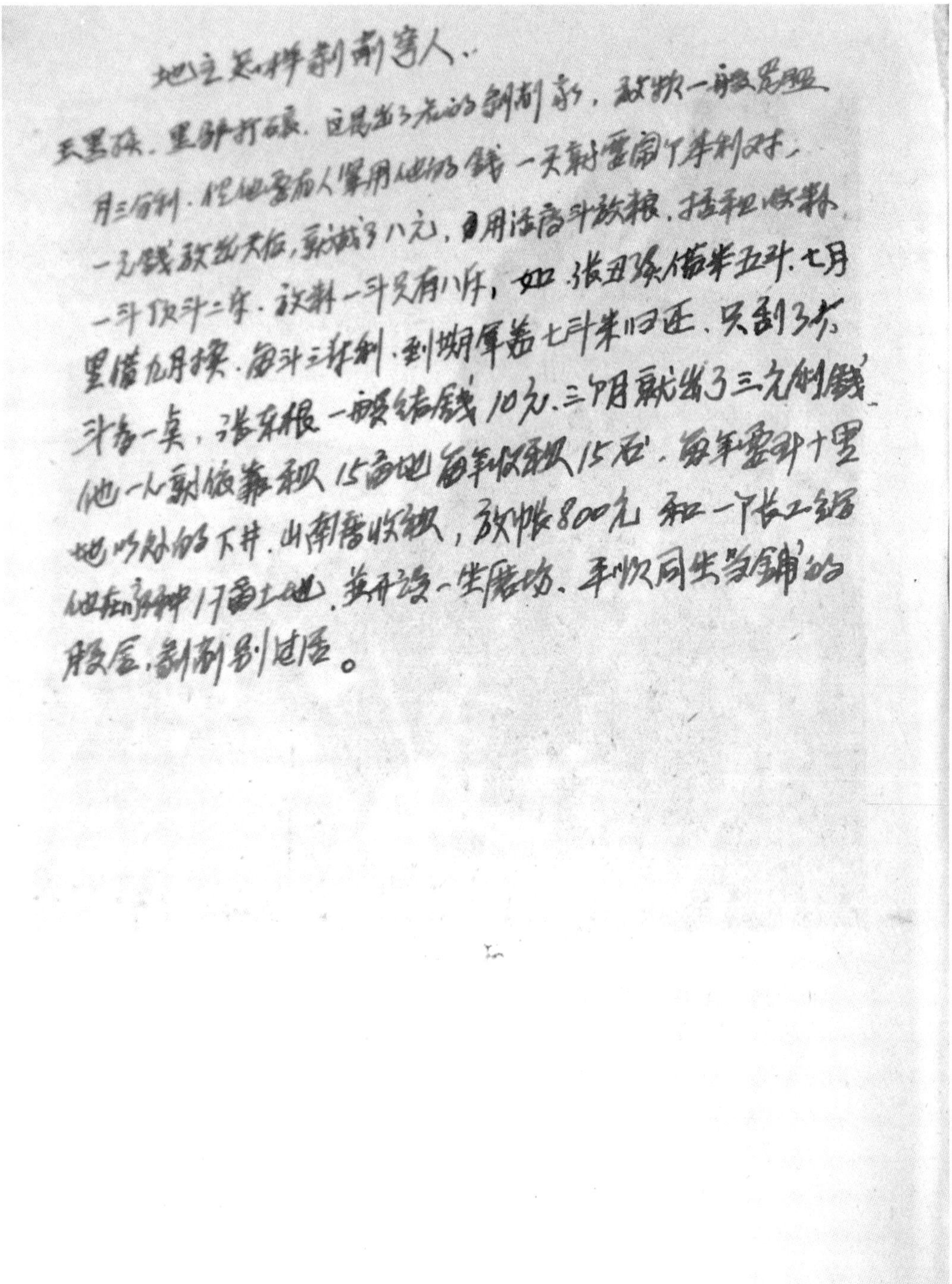

地主怎样剥削穷人。

天黑夜、黑心打算、这是出了名的剥削家，就像一般黑暗

月三分利、他把穷人借用他的钱一天就要开个本利对、

一元钱放出去，就成了八元，用活高斗放粮，插秧收割

一斗收斗二斗、秋割一斗只有八斤，如张丑孩借米五斗、七月

里借九月还、每斗三斗利、到期算着七斗米归还、只剩了六

斗五一桌，张东根一服结钱10元、三个月就出了三元利钱

他一人就依靠租收15亩地每年收租15石、每年要到十里

地以外的下井、山南香收租，放帐800元和一个长工包

他在郊中17亩土地，并开设一坐磨坊、平收同生当铺的

股屋，剥削剥过活。

图5-4-11　地主怎样剥削穷人

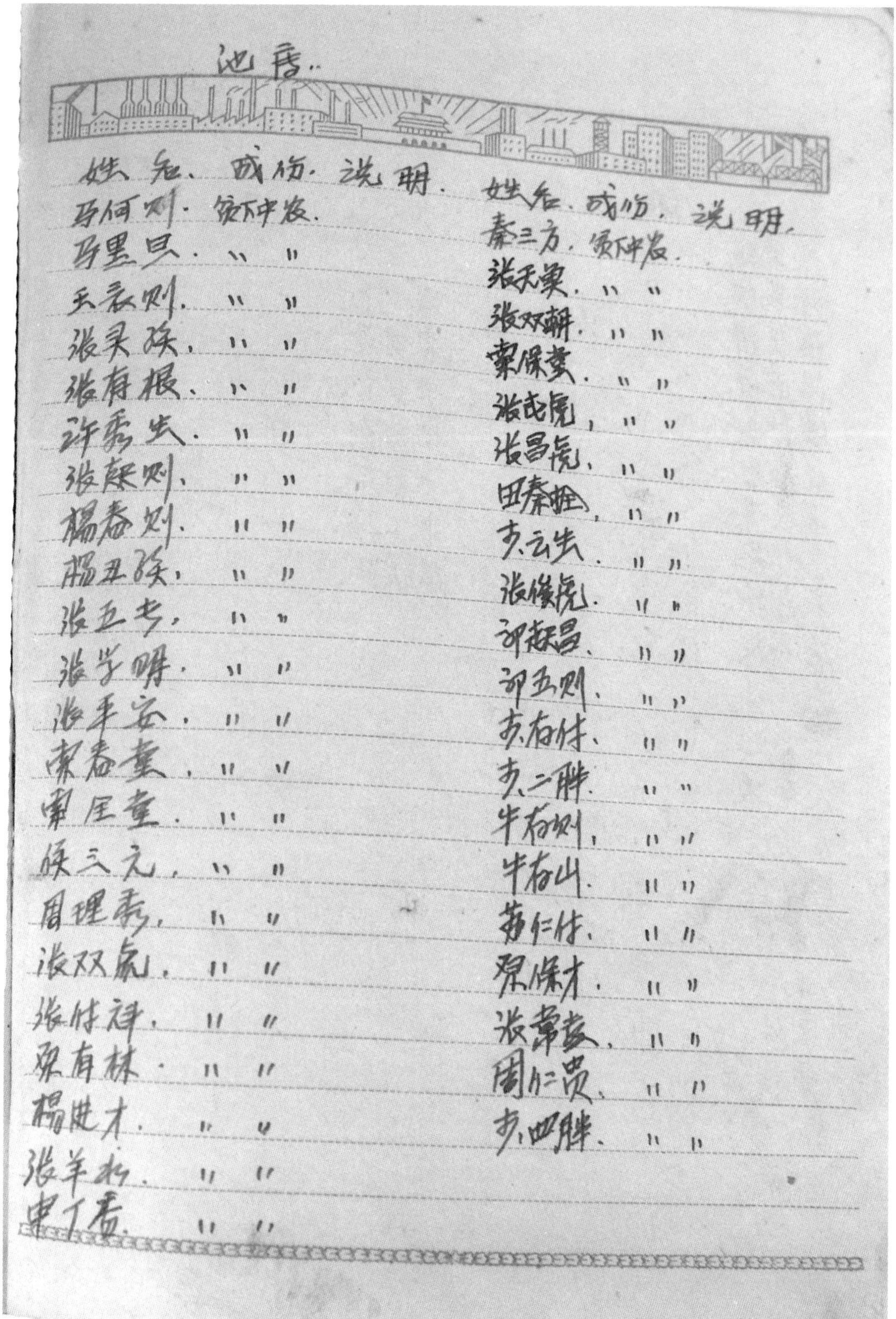

池底..

姓名	成份	说明
马何则	贫下中农	
马黑旦	〃	〃
王喜则	〃	〃
张灵孩	〃	〃
张有根	〃	〃
许秀先	〃	〃
张赖则	〃	〃
杨春则	〃	〃
杨丑孩	〃	〃
张五屯	〃	〃
张学明	〃	〃
张平安	〃	〃
索春堂	〃	〃
索星堂	〃	〃
侯三元	〃	〃
周理秀	〃	〃
张双虎	〃	〃
张仕祥	〃	〃
宋有林	〃	〃
杨进才	〃	〃
张羊杰	〃	〃
申丁香	〃	〃

姓名	成份	说明
秦三方	贫下中农	
张天奥	〃	〃
张双明	〃	〃
索保堂	〃	〃
张成虎	〃	〃
张昌虎	〃	〃
田秦娃	〃	〃
李云先	〃	〃
张保虎	〃	〃
郭赖昌	〃	〃
郭五则	〃	〃
李有仕	〃	〃
李二胖	〃	〃
牛有则	〃	〃
牛有山	〃	〃
苗仁仕	〃	〃
梁保才	〃	〃
张常喜	〃	〃
周仁贵	〃	〃
李四胖	〃	〃

图5-4-12　池底基本情况（一）

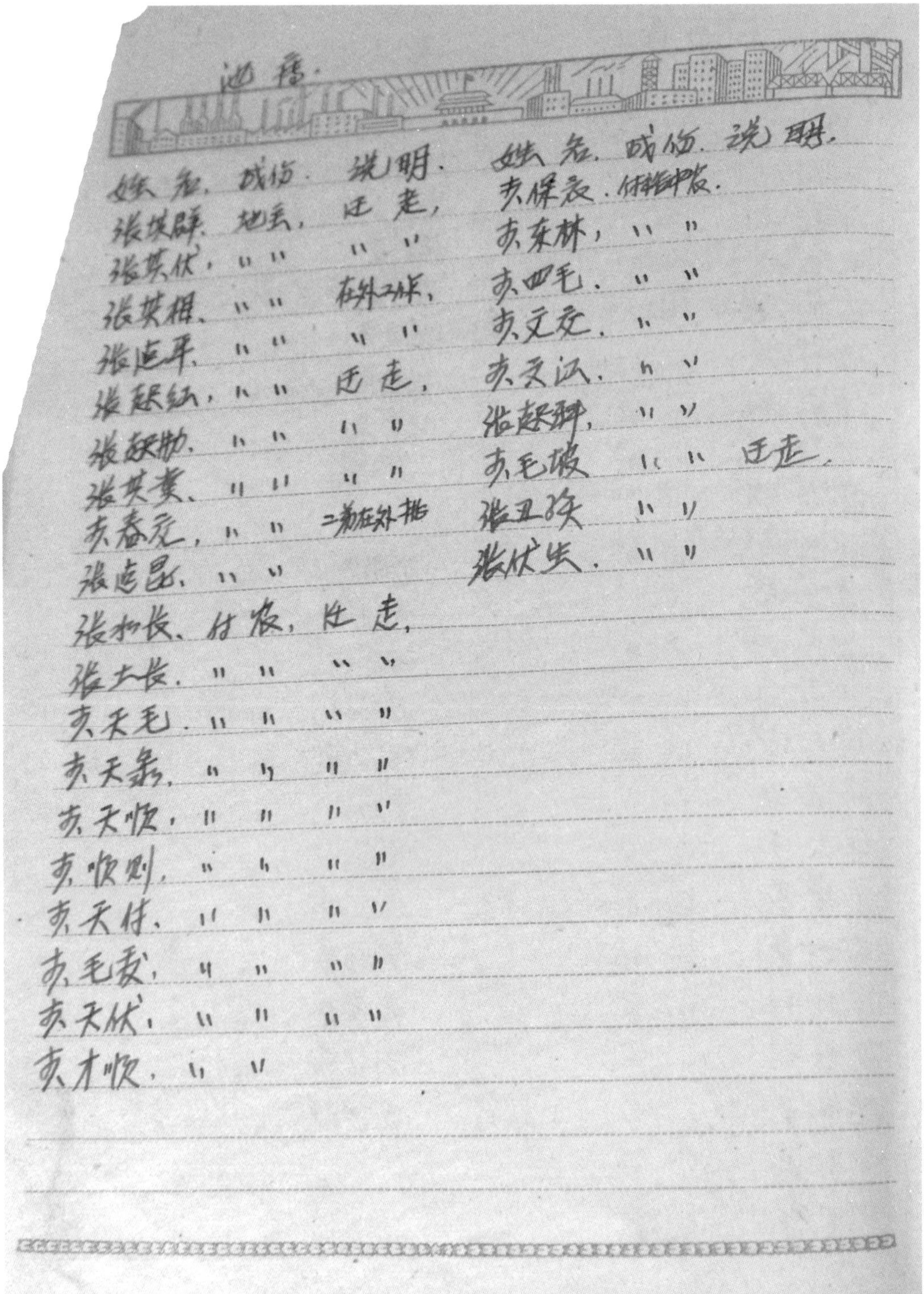

池底.

姓名. 成份. 说明.
張其驊. 地主, 迁走,
張其伏, 〃 〃 〃 〃
張其根. 〃 〃 在外工作,
張德平. 〃 〃 〃 〃
張赵红, 〃 〃 迁走,
張赵勋. 〃 〃 〃 〃
張其贵. 〃 〃 〃 〃
贡春元, 〃 〃 二弟在外工作
張德昆. 〃 〃
張和长. 付农, 迁走,
張大长. 〃 〃 〃 〃
贡天毛. 〃 〃 〃 〃
贡天录. 〃 〃 〃 〃
贡天快. 〃 〃 〃 〃
贡快则. 〃 〃 〃 〃
贡天付. 〃 〃 〃 〃
贡毛发. 〃 〃 〃 〃
贡天伏. 〃 〃 〃 〃
贡才快. 〃 〃

姓名. 成份. 说明.
贡保良. 付裕中农.
贡东林, 〃 〃
贡四毛. 〃 〃
贡文交. 〃 〃
贡灵江. 〃 〃
張赵科, 〃 〃
贡毛坡 〃 〃 迁走.
張丑孩 〃 〃
張伏生. 〃 〃

图5-4-13　池底基本情况（二）

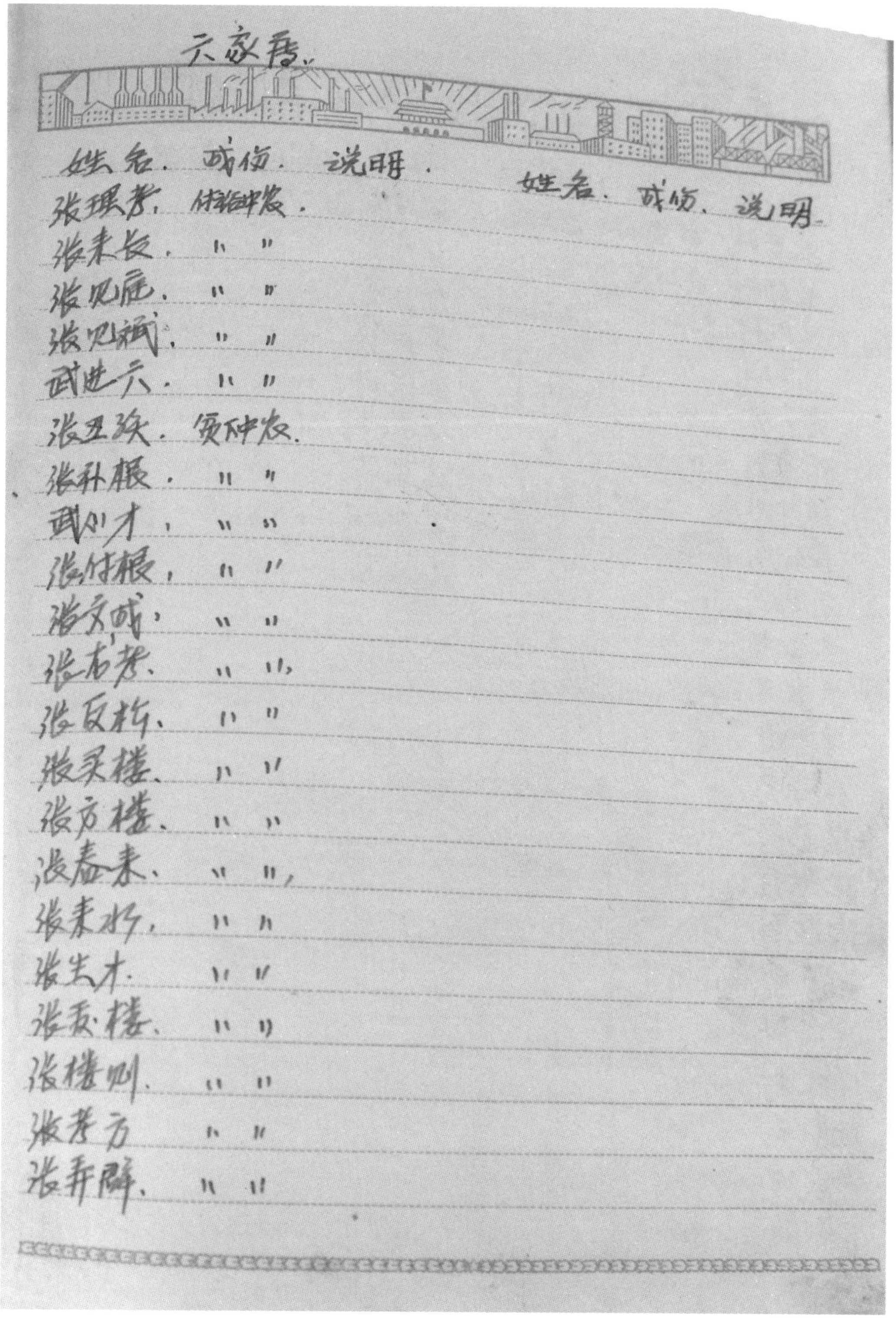

六家度

姓名. 成份. 说明. 姓名. 成份. 说明

张珉孝, 伪组中农.

张来长. " "

张见庭. " "

张见斌. " "

武进六. " "

张丑孩. 贫下中农.

张补根. " "

武小才, " "

张付根, " "

张文成, " "

张老孝. " "

张良栋. " "

张灵楼. " "

张方楼. " "

张春来. " "

张来好, " "

张先才. " "

张秀楼. " "

张楼则. " "

张孝方 " "

张弄麟. " "

图5-4-14　六家度基本情况

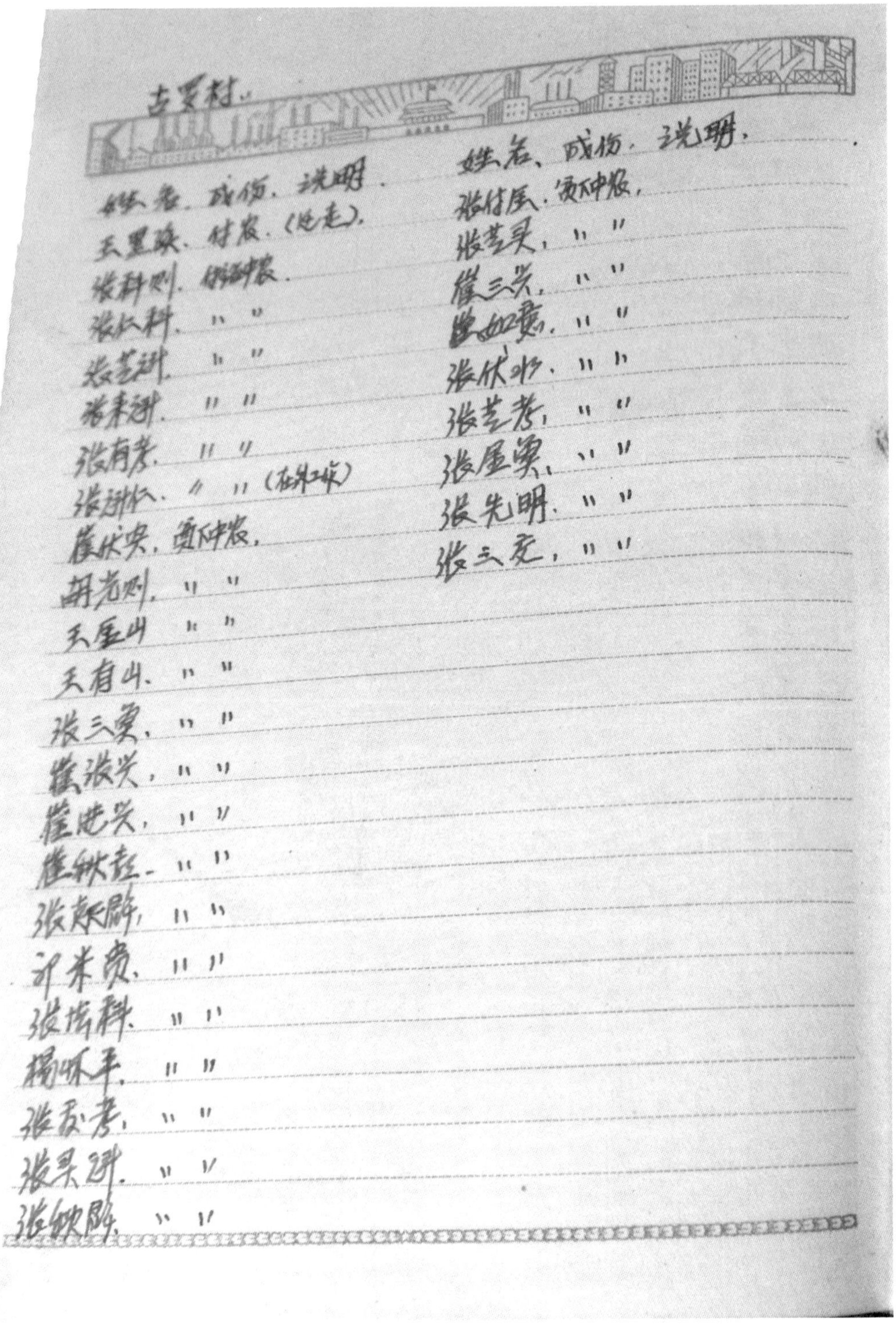

古罗村

姓名、成份、说明	姓名、成份、说明
王里珠、付农（逃走）	张付庆、贫下中农
张科则、[illegible]中农	张芝昊、〃〃
张仁科、〃〃	崔三兴、〃〃
张芝科、〃〃	崔如意、〃〃
张秉科、〃〃	张伏水、〃〃
张有孝、〃〃	张芝孝、〃〃
张科仁、〃〃（在外工作）	张屋宝、〃〃
崔伏安、贫下中农	张先明、〃〃
胡老则、〃〃	张三定、〃〃
王星山〃〃	
王有山、〃〃	
张三宝、〃〃	
崔张兴、〃〃	
崔进兴、〃〃	
崔秋庭、〃〃	
张献麟、〃〃	
祁米贵、〃〃	
张培科、〃〃	
杨怀平、〃〃	
张秀孝、〃〃	
张昊科、〃〃	
张钦麟、〃〃	

图5-4-15　古罗村基本情况

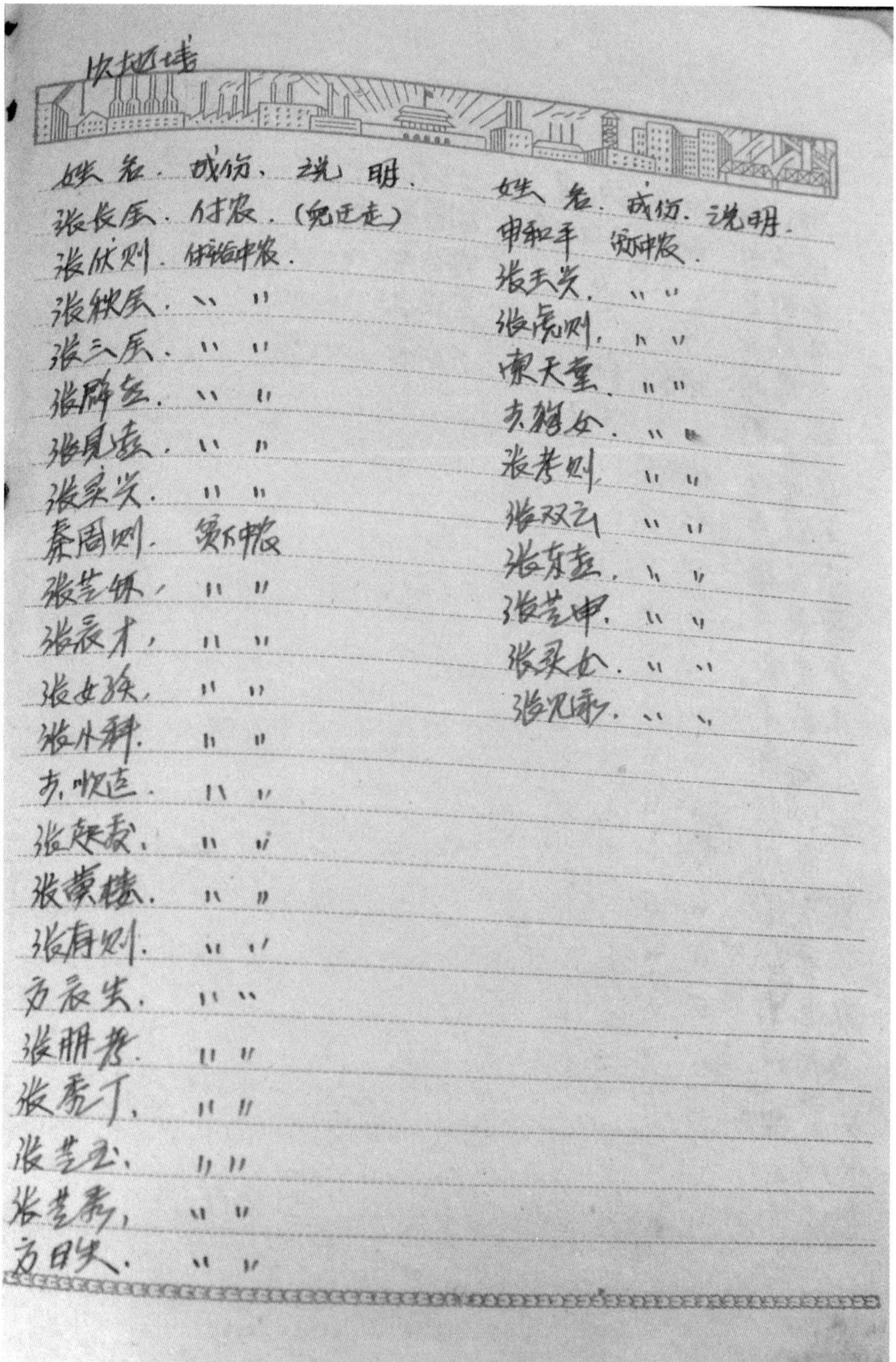

图5-4-16　沙地栈基本情况（一）

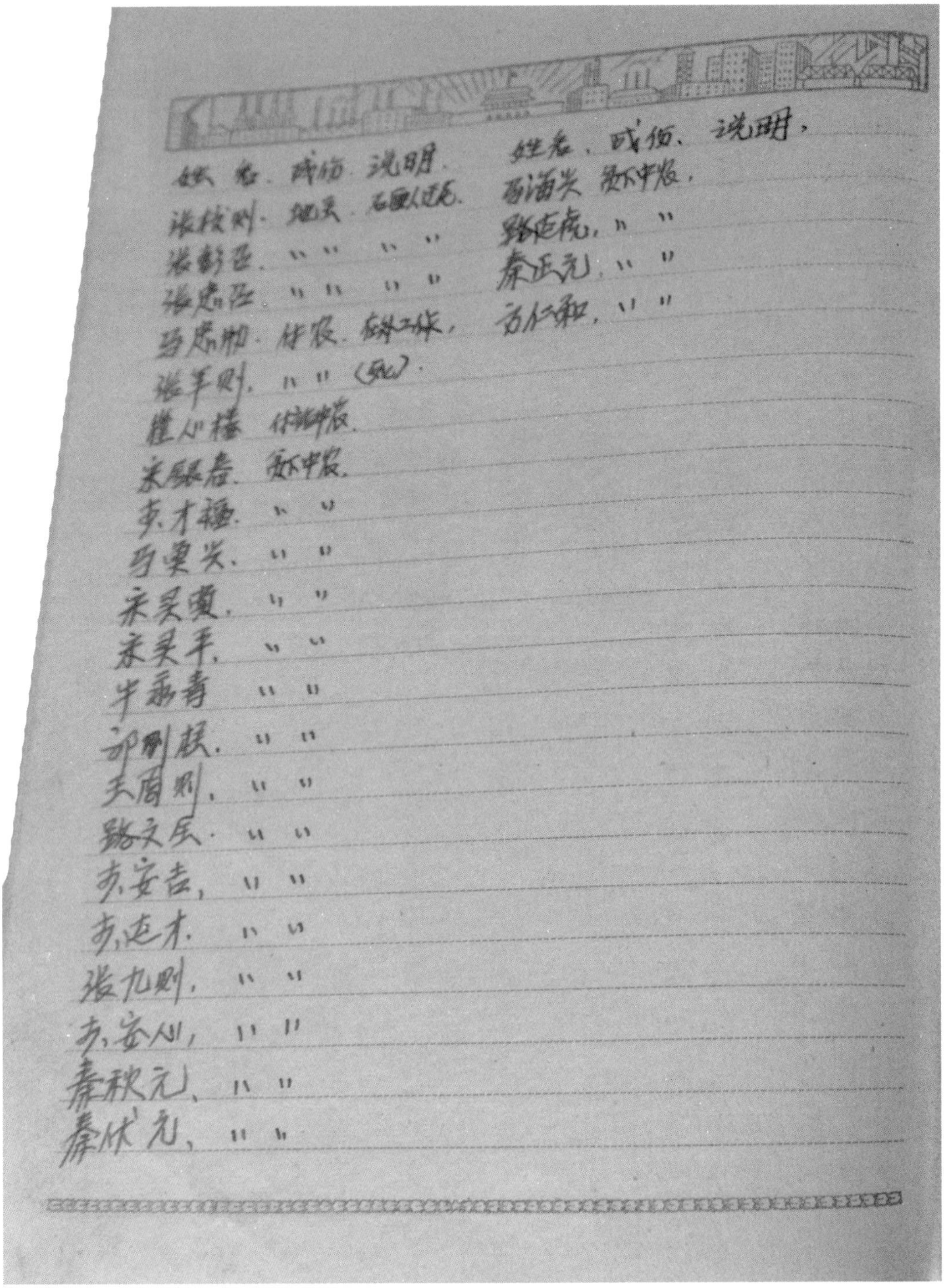

姓名	成份	说明	姓名	成份	说明
张柱则	地主	[illegible]	马满兴	贫下中农	
张彭臣	〃 〃	〃 〃	路连虎	〃 〃	
张贵臣	〃 〃	〃 〃	秦连元	〃 〃	
马虎帅	富农	在外工作	李仁和	〃 〃	
张羊则	〃 〃	（死）			
崔小楼	上中农				
宋骡春	贫下中农				
李才福	〃 〃				
马宝兴	〃 〃				
宋昊贵	〃 〃				
宋昊平	〃 〃				
牛乘青	〃 〃				
邵刚麟	〃 〃				
王周则	〃 〃				
路文辰	〃 〃				
李安吉	〃 〃				
李连才	〃 〃				
张九则	〃 〃				
李安则	〃 〃				
秦秋元	〃 〃				
秦伏元	〃 〃				

图5-4-17　沙地栈基本情况（二）

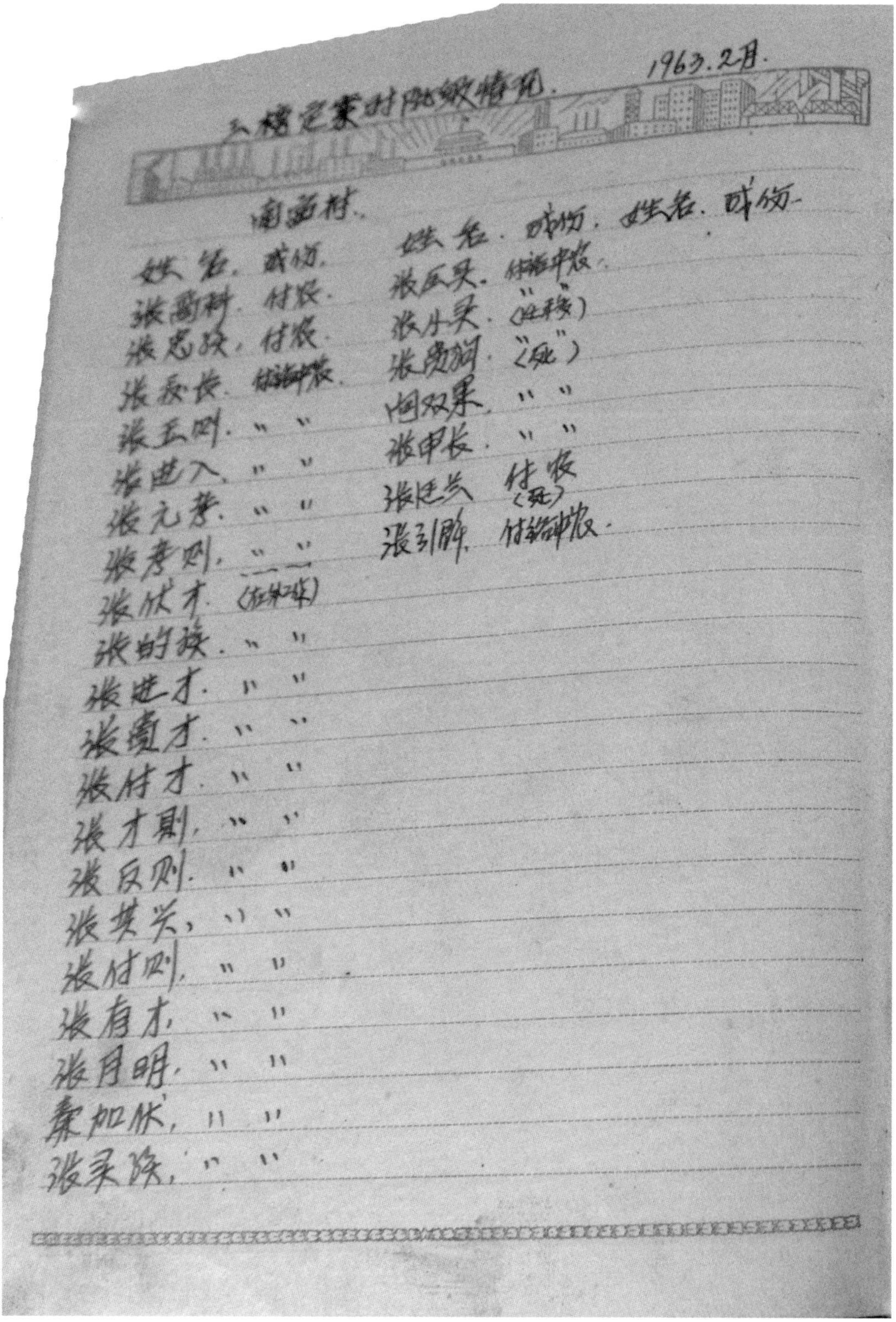

图5-4-18　三榜定案时的阶级情况表

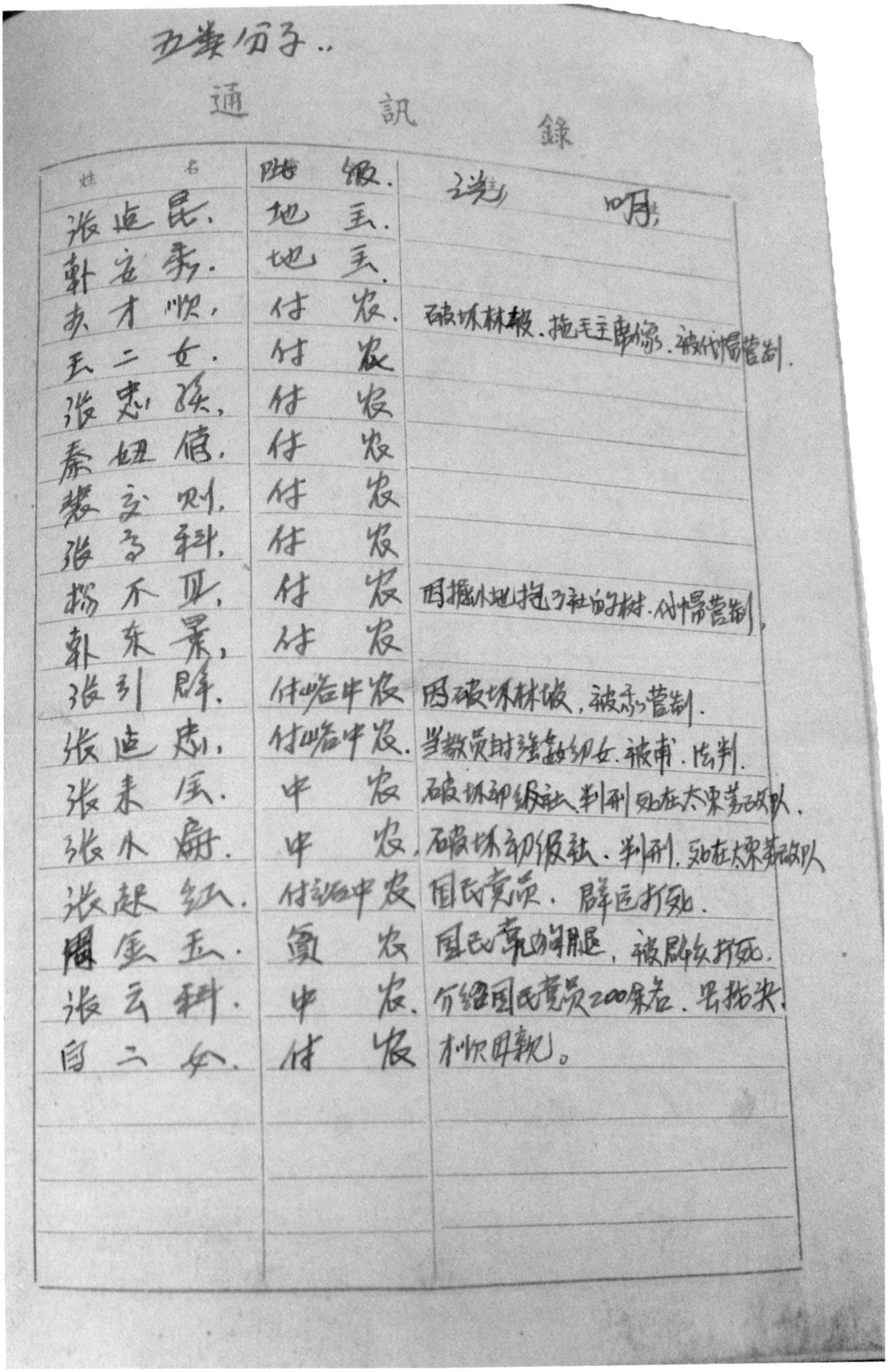

五类分子..

通讯录

姓名	阶级	说明
张造民	地主	
郭安秀	地主	
李才顺	付农	破坏林业，拖毛主席像，被代帽管制
王二女	付农	
张忠孩	付农	
秦妞信	付农	
裴玄则	付农	
张启科	付农	
杨不旦	付农	因搬小地块把了社的树，代帽管制
郭东景	付农	
张引群	付裕中农	因破坏林坡，被戴帽管制
张造忠	付裕中农	当教员时强奸幼女，被捕，法判
张来保	中农	破坏初级社，判刑，现在太原劳改队
张小虎	中农	破坏初级社，判刑，现在太原劳改队
张赵红	付裕中农	国民党员，群运打死
阎金玉	贫农	国民党的军官，被群众打死
张云科	中农	介绍国民党员200余名，已枪决
白二女	付农	[illegible]

图5-4-19　五类分子情况表

（五）西沟大队1963年各委员会和代表名单

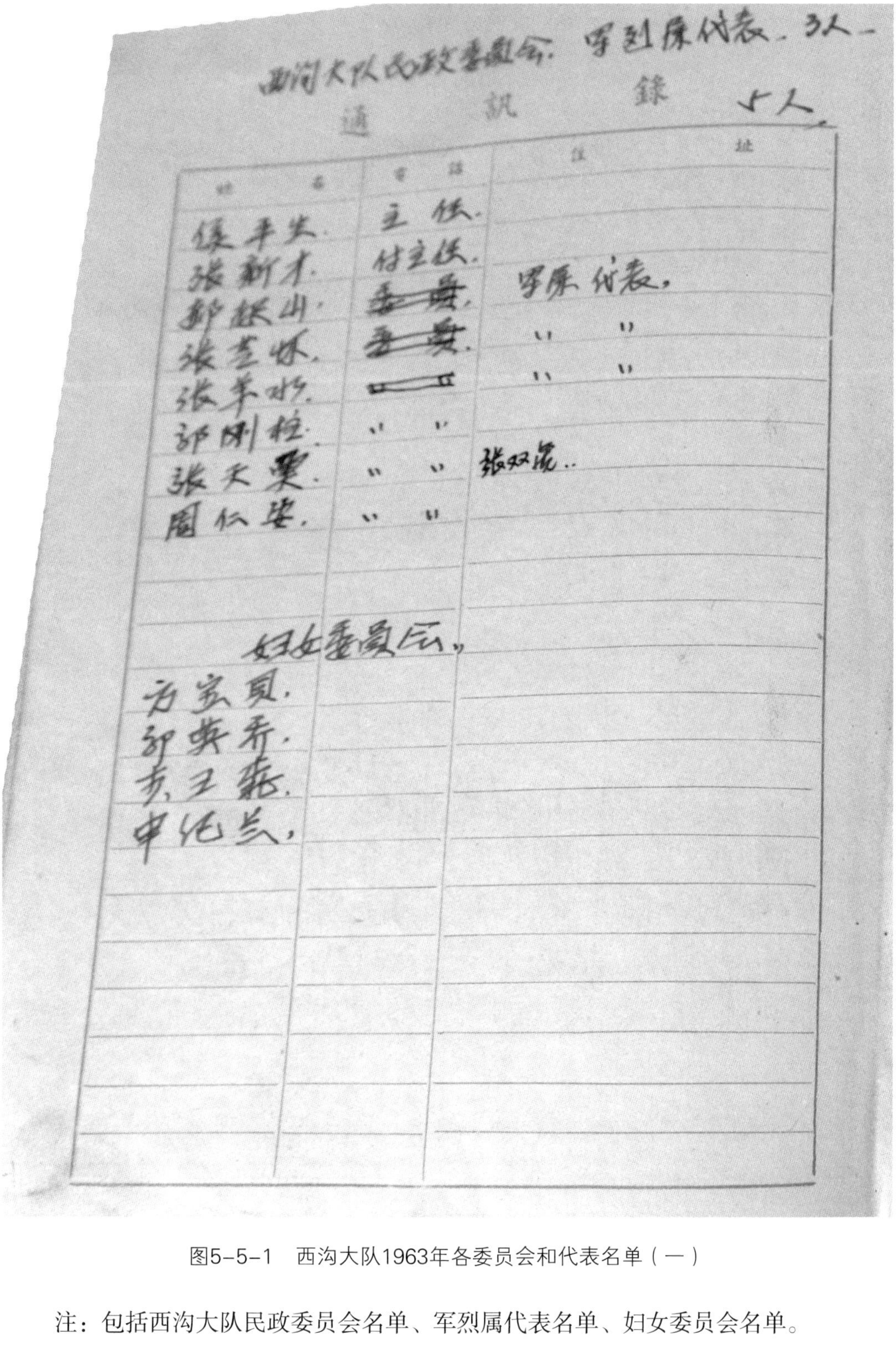

西沟大队民政委员会. 军烈属代表. 3人.

通 讯 録 5人.

姓名	职务	住址
保平安.	主任.	
张新才.	付主任.	
郭银山.	~~委员~~.	军属代表.
张言怀.	~~委员~~.	" "
张羊旺.	~~" "~~	" "
郭刚桂.	" "	
张天栗.	" "	张双虎..
周仁娑.	" "	

妇女委员会.

方富贵.
郭英秀.
申玉娥.
申纪兰.

图5-5-1　西沟大队1963年各委员会和代表名单（一）

注：包括西沟大队民政委员会名单、军烈属代表名单、妇女委员会名单。

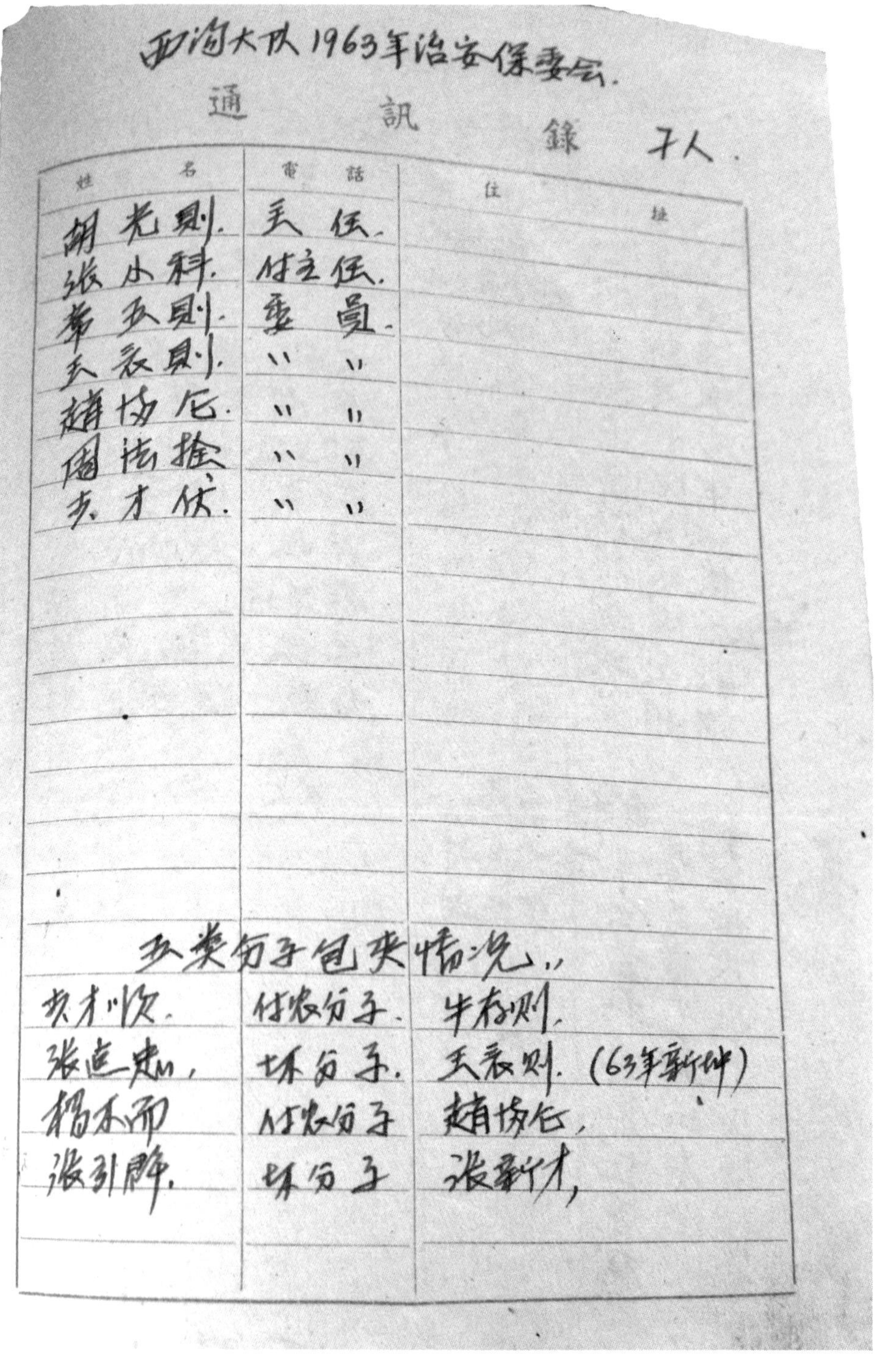

西沟大队1963年治安保委会.

通訊錄 7人.

姓名	電話	住址
胡光则.	主任.	
张小科.	付主任.	
李五则.	委员.	
王表则.	〃 〃	
赵协仁.	〃 〃	
周法捡.	〃 〃	
吴才伏.	〃 〃	

五类分子包夹情况.

吴才伏.	付农分子.	牛存则.
张进忠,	坏分子.	王表则. (63年新补)
杨木而	付农分子	赵协仁,
张引静.	坏分子	张新才,

图5-5-2 西沟大队1963年各委员会和代表名单（二）

注：包括西沟大队治安保委会名单、五类分子包夹情况。

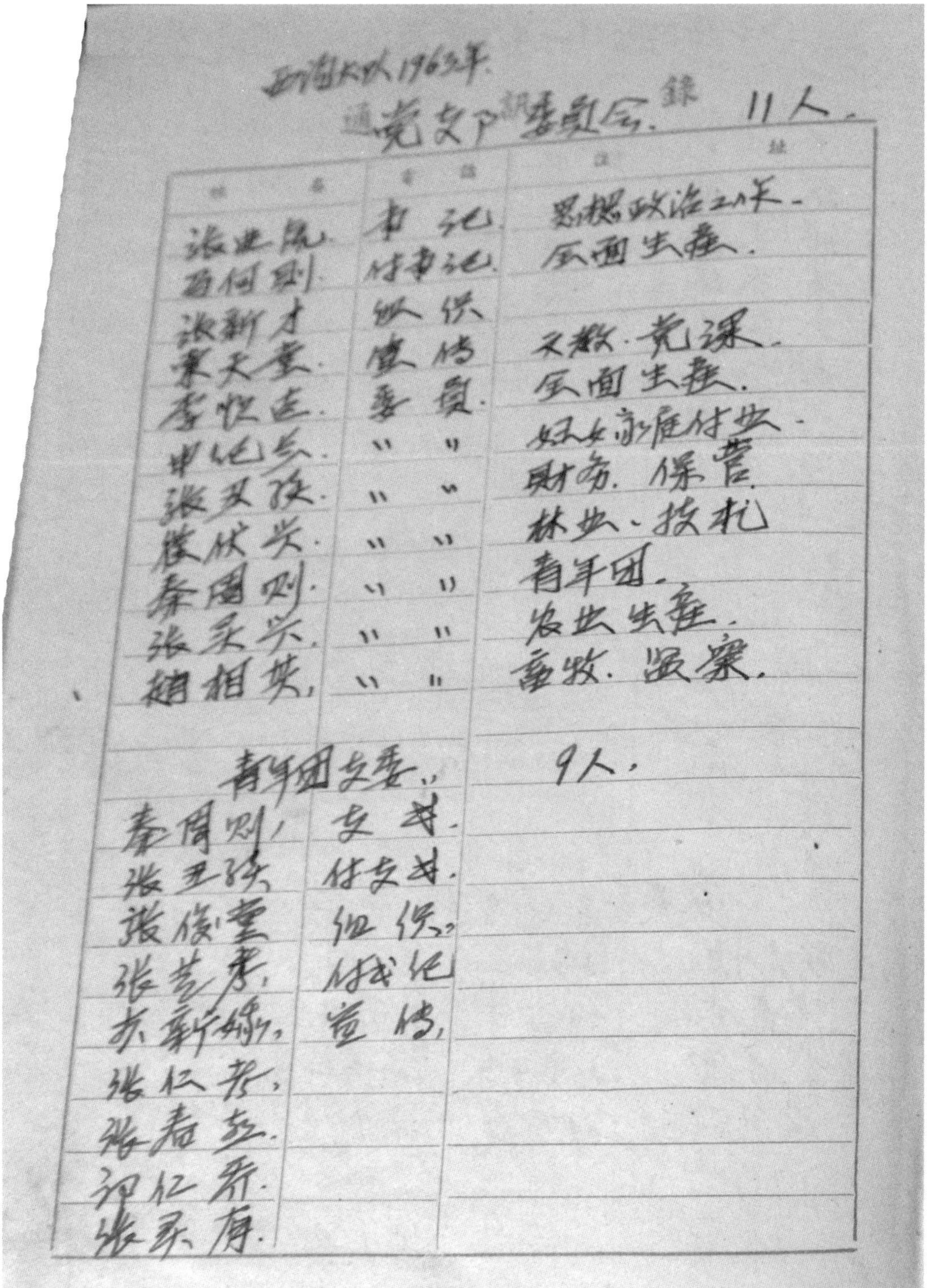

西沟大队1963年
党支部委员会 11人。

姓名	职务	注
張忠凯	书记	思想政治工作。
马何则	付书记	全面生产。
張新才	组织	
宋天羔	宣传	文教、党课。
李怀莲	委员	全面生产。
申纪兰	〃 〃	妇女家庭付业。
张双孩	〃 〃	财务、保管
[illegible]兴	〃 〃	林业、技术
秦周则	〃 〃	青年团。
張录兴	〃 〃	农业生产。
赵相英	〃 〃	畜牧、试验。

青年团支委 9人。

秦周则	支书
張王孩	付支书
張俊堂	组织
張志孝	付书记
苏新娥	宣传
張仁孝	
張春盈	
郭仁齐	
張录有	

图5-5-3　西沟大队1963年各委员会和代表名单（三）

注：包括西沟大队党支部委员会名单、青年团支委名单。

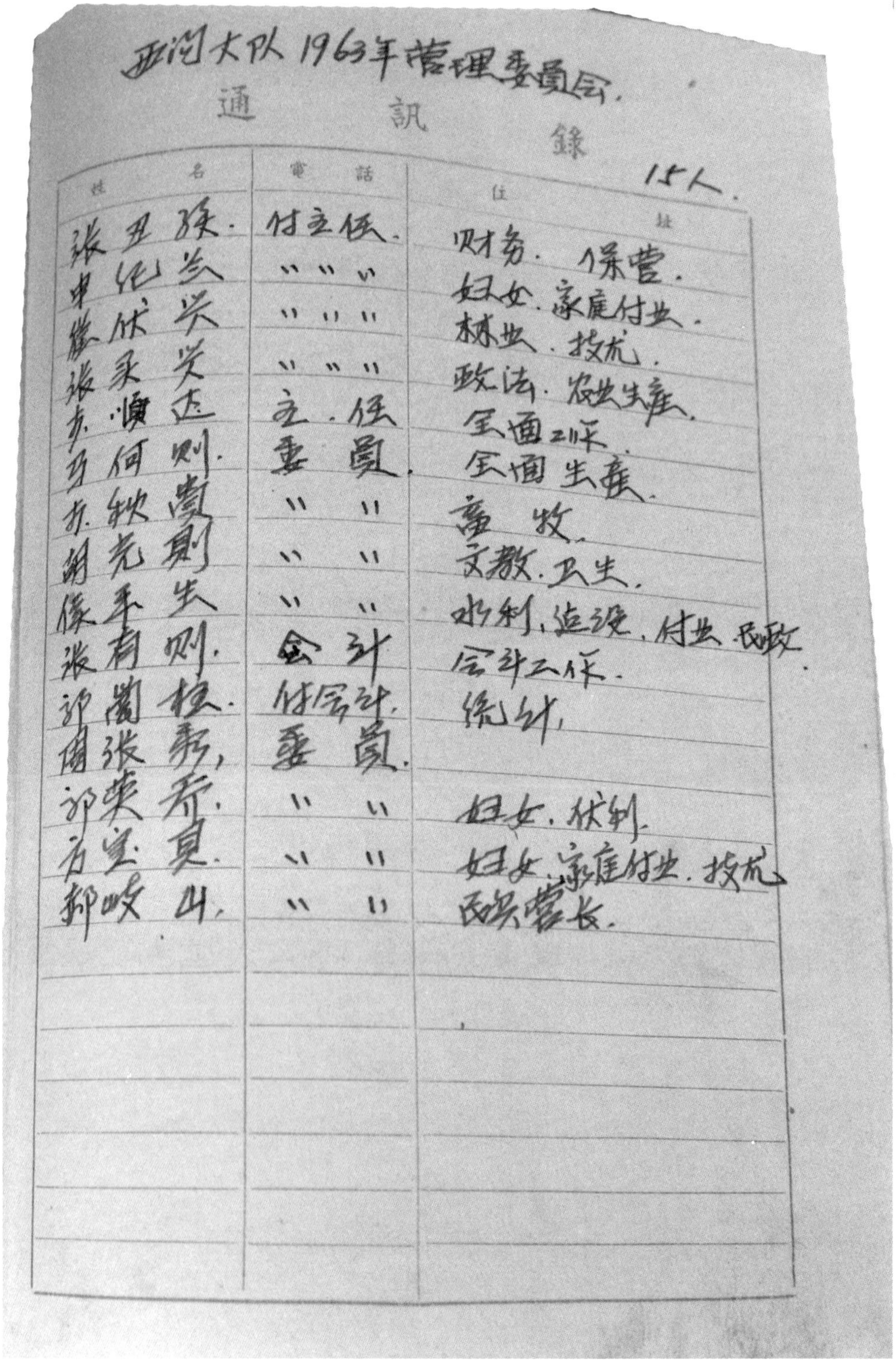

西沟大队1963年管理委员会

通訊錄

15人.

姓名	電話	住址
張丑孩.	付主任.	财务. 保管.
申纪兰	〃〃〃	妇女. 家庭付业.
徐伏兴	〃〃〃	林业. 技术.
張录兴	〃〃〃	政法. 农业生產.
李顺达	主. 任	全面工作.
马何则.	委員.	全面生產.
李钦岚	〃〃	畜牧.
谢先則	〃〃	文教. 卫生.
[illegible]	〃〃	水利. 造纸. 付业. 民政.
張有则.	会計	会計工作.
郭[illegible]	付会計.	统計.
周張彩,	委員.	
郭英秀,	〃〃	妇女. 水利.
方[illegible]	〃〃	妇女. 家庭付业. 技术.
郭岐山.	〃〃	民兵营长.

图5-5-4　西沟大队1963年各委员会和代表名单（四）

注：西沟大队管理委员会名单。

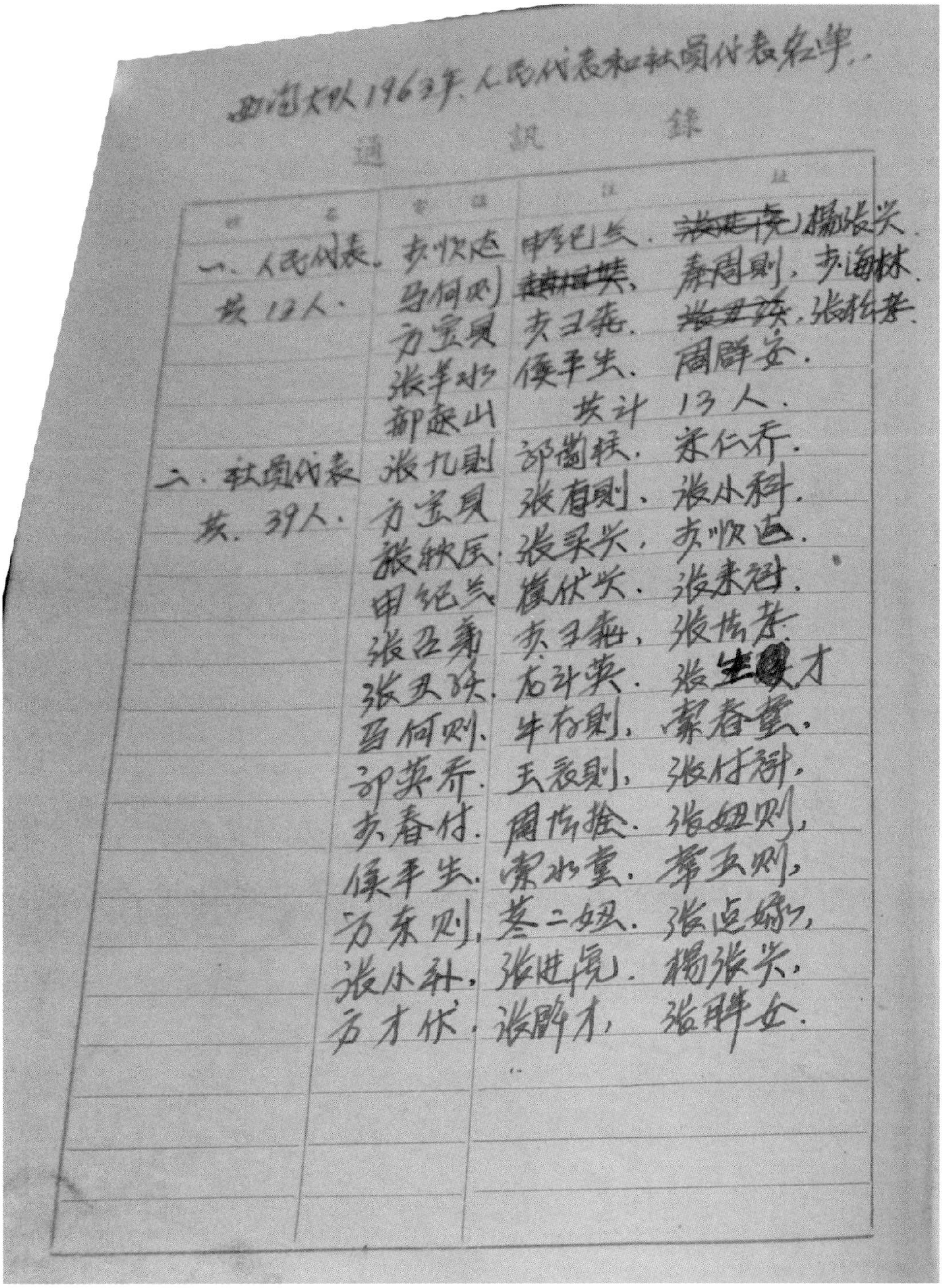

西沟大队1963年人民代表和社员代表名单。

通讯录

一、人民代表。共12人。
李顺达 申纪兰、[illegible] 杨张兴。
马何则 [illegible]、 秦周则，李海林。
方宝贝 李王森。 [illegible]，张[illegible]。
张半水 侯平生。 周群安。
郭廷山 共计13人。

二、社员代表 共39人。
张九则 郭[illegible]。 宋仁秀。
方宝贝 张有则、 张小科。
张秋兵。 张采兴， 李顺达。
申纪兰。 [illegible]兴。 张来科。
张召[illegible] 李王森， 张[illegible]。
张只孩。 右斗英。 张生[illegible]才
马何则、 牛存则， 索春云。
郭英秀。 王表则， 张付科。
李春付。 周[illegible]。 张妞则，
侯平生。 索水云。 [illegible]玉则，
方东则， 慕二妞。 张卢娥，
张小科， 张进虎。 杨张兴，
方才伏。 张群才， 张群安。

图5-5-5　西沟大队1963年各委员会和代表名单（五）

注：包括人民代表名单、社员代表名单。

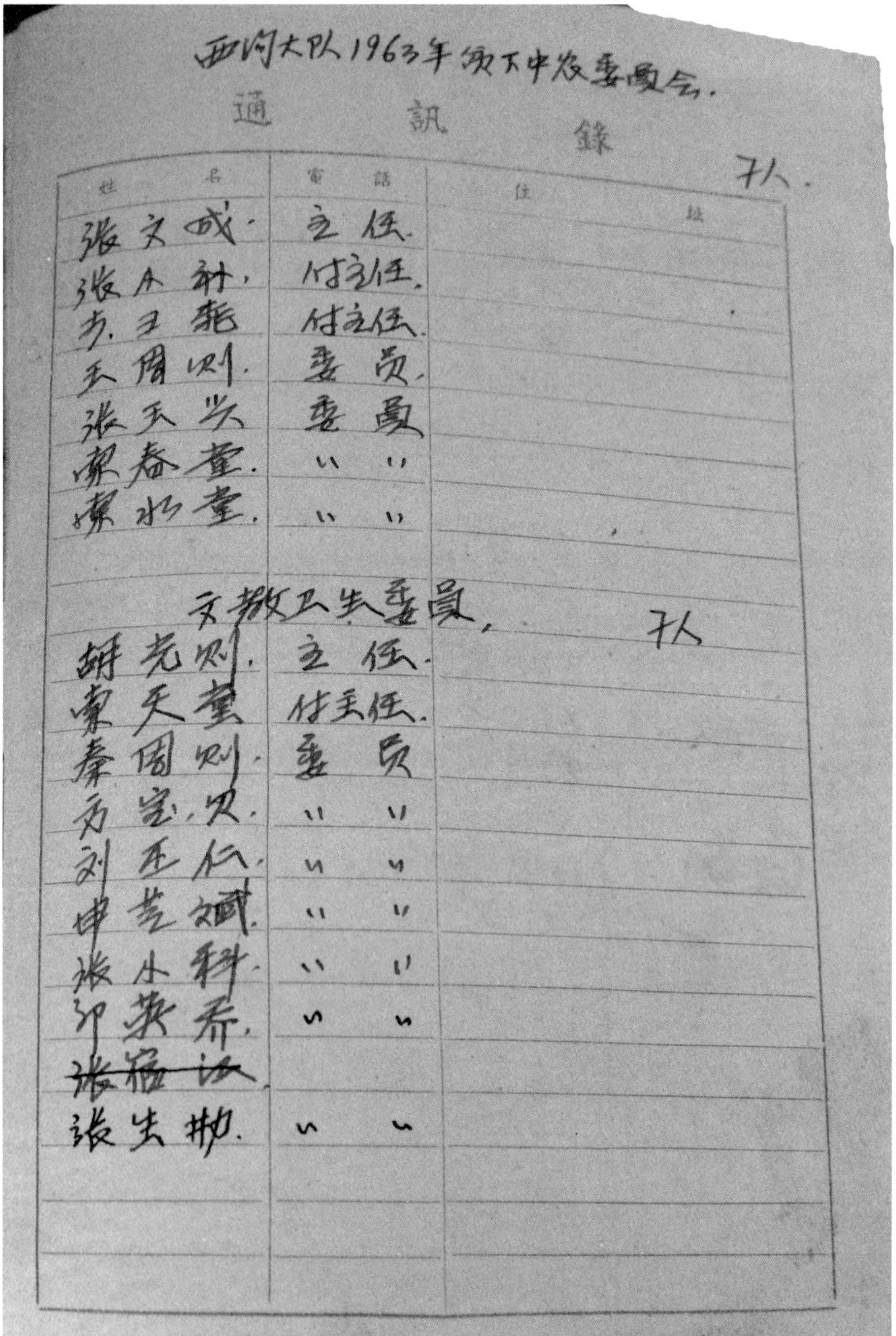

西沟大队1963年贫下中农委员会.

通訊錄

7人.

姓名	電話	住址
張文成.	主任.	
張[illegible]林.	付主任.	
方[illegible]能	付主任.	
王周则.	委员.	
張天兴	委员	
郭春堂.	〃 〃	
郭水堂.	〃 〃	
文教卫生委员. 7人		
胡克则.	主任.	
郭天堂	付主任.	
秦周则.	委员	
方宝贝.	〃 〃	
刘玉仁.	〃 〃	
申芸斌.	〃 〃	
張小科.	〃 〃	
卯[illegible]乔.	〃 〃	
~~張[illegible][illegible]~~		
張先协.	〃 〃	

图5–5–6　西沟大队1963年各委员会和代表名单（六）

注：包括贫下中农委员会名单、文教卫生委员名单。

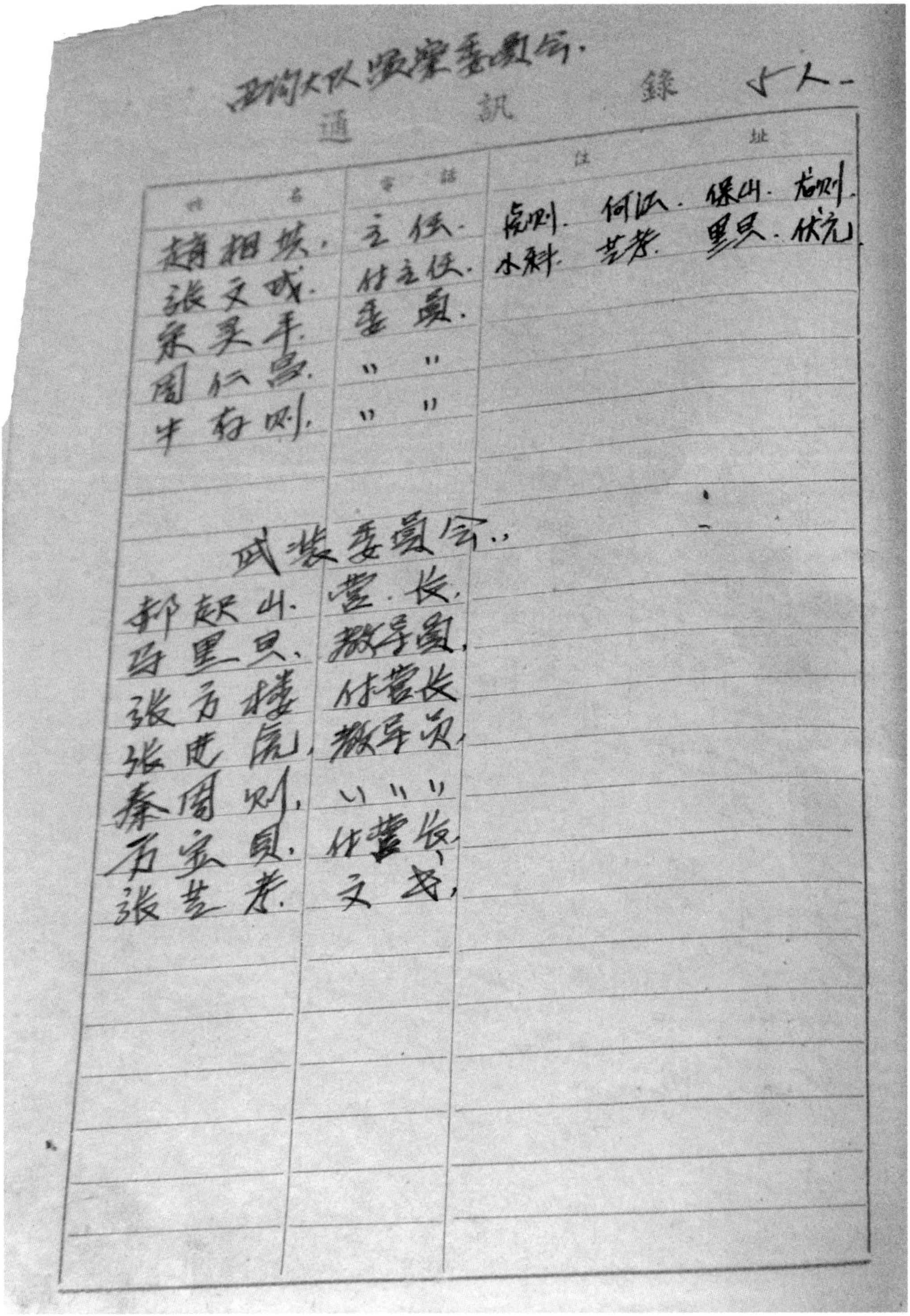

西沟大队监察委员会。

通讯录 5人。

姓名	職務	住址
赵相娥	主任	虎则、何凡、保山、老则、
张文斌	付主任	水科、芸孝、黑只、伏元
宋夹手	委员	
周仁昌	〃 〃	
牛存则	〃 〃	

武装委员会。

郭起山	营长
马黑只	教导员
张方楼	付营长
张世虎	教导员
秦周则	〃 〃 〃
方宝贵	付营长
张芸孝	文书

图5–5–7 西沟大队1963年各委员会和代表名单（七）

注：包括西沟大队监察委员会名单、武装委员会名单。

畜牧指导小组.

图5-5-8　西沟大队1963年各委员会和代表名单（八）

注：畜牧指导小组名单。

西沟大事记

1929年，李顺达一家从河南林县逃荒来到山西省平顺县西沟村。

1938年4月，平顺县第一个中共党组织——中共池底支部成立。

1938年7月，李顺达秘密加入中国共产党。

1938年10月，李顺达担任西沟村党支部书记。

1939年，西沟村成立民兵自卫队，李顺达任自卫队大队长，并被推举为闾长，领导“二五减租”。

1942年，西沟被晋冀鲁豫边区政府表彰为“劳武结合模范村”。

同年，李顺达被平顺县抗日政府表彰为“劳武结合英雄”。按照上级安排，李顺达在平顺县第一个公开共产党员身份，领导老西沟农民开展“双减”和反奸反霸斗争。

1943年2月6日，李顺达响应边区政府“组织起来”“生产自救”的号召，在1940年以来季节性帮工互助的基础上，组织李达才、路文全、王周则、宋金山、桑三则五户贫苦农民成立了全国第一个农业生产组织——李顺达互助组。

1944年3月初，在平顺县召开的全县劳动英雄、杀敌英雄大会上，李顺达和母亲郭玉芝双获状元。随后，平顺县委号召向李顺达学习，开展大生产运动。

1944年10月25日，平顺县召开劳动模范、杀敌英雄大会，李顺达等三人被评为“一等劳动英雄”“支前模范”。

1944年10月30日，平顺县委作出决定，在全县开展宣传李顺达、学习李顺达、走李顺达道路的生产运动，使李顺达发家致富的经验在全县开花结果。

1944年11月20日至12月7日，太行区首届杀敌英雄、劳动英雄及战绩、生产展览在黎城县南委泉村举行，李顺达被评为“生产互助一等劳动英雄”。

1945年，李顺达被晋冀鲁豫边区评选为“民兵战斗英雄”。

1946年秋，申纪兰与张海良结婚。申纪兰在西沟沙地栈参加了季节性互助组，互助组里只有申纪兰一个妇女。

1946年12月2日到21日，太行区第二届群英会在长治莲花池召开。110人被评为边区英雄，李顺达被评为“合作劳动一等英雄”。

1947年，老西沟在破羊窑创办小学。

1948年5月18日，李顺达联合郭玉恩等七位英雄模范，向全县的英雄模范发出公开信，号召大家带领群众开展生产运动，走生产自救、发家致富的道路。

1948年7月13日，中共平顺县委再次向全县人民发出号召，学习李顺达，努力生产，发家致富。

1948年11月3日，李顺达五年发家计划提前两年实现。中共平顺县委在李顺达家中召开了庆功会，中共太行区党委赠送了写有“平顺人民的方向”的锦旗。太行行署赠送了写着“革命时代，人民英雄”的锦旗。

1948年底，中共太行区委、太行行署授予李顺达互助组写有“翻身农民的道路”的锦旗。

1949年11月，李顺达参加中央人民政府农业部组织的全国首批农民参观团到天津参观工农业展览会。参观结束，山西代表团抵达北京，受到毛泽东主席和彭真市长的接见。

1949年，在李顺达母亲郭玉芝的引导下，申纪兰参加了西沟妇救会活动。

1950年3月，在西沟、南赛、池底成立新民主主义青年团支部。

1950年9月25日至10月2日，李顺达出席第一次全国工农兵劳动模范大会。会上，他获得了毛泽东亲笔题写的“生产战线上的模范”奖状，并被选入主席团。10月1日，李顺达作为农民代表参加国庆观礼。

1950年10月23日至11月1日，李顺达列席全国政协一届三次会议。会后，参加毛泽东对农业、工业、知识分子代表的宴请。

1950年，申纪兰加入中国共产主义青年团。

1951年2月19日，李顺达互助组全体向全省劳模及农民提出生产竞赛挑战。

1951年3月，李顺达到北京参加全国农业工作会议。

1951年3月9日，《人民日报》发表《李顺达互助组向全国发起爱国增产竞赛的倡议》。

1951年5月15日，西沟互助组把建组8年来的经历向毛主席汇报，《山西日报》就此发表社论《西沟村由穷变富的道路就是广大农民的方向》。

1951年6月，为了支援抗美援朝战争，响应中国人民抗美援朝总会关于推行爱国公约，捐献飞机、大炮的号召，李顺达互助组又向全省农民发出捐献“爱国丰产号”和“新中国农民号”飞机的建议书。李顺达互助组共捐51.2万元旧币，李顺达个人捐15万元旧币。

1951年8月5日，前苏联记者克琏金和严玉华到平顺西沟村专访李顺达。

1951年9月10日，李顺达互助组筹组了初级农业生产合作社。

1951年12月10日，以李顺达互助组为依托的西沟初级农业生产合作社成立。李顺达被选为社长，申纪兰、马玉兴、方聚生被选为副社长，民主制定了合作社章程。

1951年，李顺达推荐申纪兰担任西沟妇救会主任。同年，申纪兰参加了县里的新法接生培训班，从此，西沟及附近十里八乡的新生儿都由申纪兰用新法接生。

1952年春，在南沟背试播油松300亩。

1952年4月到8月，李顺达随中国农民参观团到苏联学习。他访问了5个加盟共和国的9个集体农庄及许多工厂、学校、拖拉机站、电站。

1952年10月，李顺达回到西沟，西沟开始大面积的植树造林河沟滩治理。

1952年秋，长治地区召开互助合作工作会议，申纪兰在会上介绍了动员妇女出工，争取男女同工同酬的经过。

1952年秋后，西沟初级农业生产合作社更名为西沟农林牧生产合作社。该年，制定了1952–1954年农林牧发展建设规划，年底将三年规划修订为五年规划。

1952年，李顺达荣获“爱国丰产金星奖章”。西沟村开始使用氮磷钾等化学肥料，建立社办民校，设扫盲班和小学班。。

1953年1月25日，《人民日报》发表通讯《劳动就是解放，斗争才有地位——李顺达农林牧生产合作社妇女争取男女同工同酬的经过》，申纪兰与她所倡导的同工同酬从此走向全国。

1953年1月，申纪兰加入中国共产党。

1953年4月15日，申纪兰出席全国第二次妇女代表大会。在会上，当选为全国妇联执行委员。

1953年6月5日至11日，申纪兰作为中国代表团成员出席在丹麦哥本哈根召开的第三届世界妇女大会。

1953年8月，西沟村域内沙地栈、南赛、池底3个村合并为一个村，入社农民达到了203户。

1953年，西沟农业合作社与周边30多个自然村成立大合作社，李顺达任社长，申纪兰任副社长。西沟乡成立后，申纪兰任西沟乡妇联主席。制定《1952—1966年农林牧发展十五年规划》，在老西沟主沟自上而下修筑大坝20座。刘家地学校改建为完全学校，南赛、老西沟、东峪沟建有初级小学校。

1954年2月13日，山西省人民政府在太原举行隆重的授奖大会，省政府主席裴丽生受中央人民政府委托，将“爱国丰产金星奖章”挂在李顺达、郭玉恩、吴春安三人胸前。

1954年4月21日，《人民日报》发表社论《向金星奖章获得者学习》。

1954年9月15日，李顺达、申纪兰当选全国人大代表，参加第一届全国人民代表大会第一次会议。

1954年9月20日，毛泽东接见了参加第一届全国人民代表大会的劳动模范，申纪兰与李顺达、郭玉恩、吴春安、任国栋、王国藩受到接见。10月1日，申纪兰与李顺达登上天安门观礼台，参加了国庆观礼。

1954年11月7日，李顺达写信给原苏联乌克兰十月革命胜利集体农庄主席费多尔·杜尔柯维茨基和全体农庄庄员，庆贺伟大的十月革命节。

1954年，西沟农林牧生产合作社易名为“西沟金星农林牧生产合作社”。李顺达、申纪兰领导社员在沙地栈河滩平滩造地。

1955年12月9日，在德意志民主共和国举行的第四届农业生产合作社主任和积极分子代表大会上，苏联和保加利亚共和国的代表团提出组织国际友谊竞赛的建议。西沟金星农林牧生产合作社积极响应，与乌克兰苏维埃社会主义共和国荣获列宁勋章的斯大林集体农庄展开友谊竞赛。

1955年12月24日，西沟金星农林牧高级生产合作社成立，社长李顺达，副社长申纪兰，党支部书记马何则。

1955年，把牲畜一律作价归农业生产合作社所有。民校开办高小班。在辉沟建立初级小学校。成立科学技术协会。申纪兰作为军属模范，赴京参加了全国军烈属代表会议。

1956年1月，由毛泽东编辑的《中国农村的社会主义高潮》公开出版，书中选用了1955年李琳和新华社驻西沟记者马明所写的《勤俭办社，建设山区》一文，毛泽东还专门为此文写了按语。

1956年3月1日，西沟成立幼儿园。

1956年9月，李顺达当选为中国共产党第八次全国代表大会代表。

1956年10月，山西省委第一书记陶鲁笳视察西沟。

1956年秋冬，西沟党支部决定向“七条干沟”进军，在每一条沟里都修一座拦洪大坝或水库。年末，西沟村民在辉沟修起了拦洪大坝，挡住了来年的洪水。

1956年，李顺达和申纪兰、郭玉恩、武侯梨联合向全国的农业生产合作社、互助组发出倡议，开展全国规模的农业增产竞赛运动。申纪兰被评为全国青年积极分子，进京同全国青年积极分子交流，并再次受到毛泽东的接见。

1957年2月26日，李顺达出席全国农业劳动模范代表会议。

1957年4月，中共中央书记处书记、华北局第一书记李雪峰，由山西省委第一书记陶鲁笳、晋东南地委第一书记赵军陪同，视察了西沟。

1957年9月，申纪兰出席了第三次全国妇女代表大会，再次当选全国妇联执行委员。

1957年10月11日，《人民日报》发表李顺达给原苏联《红星报》编辑部写的一封信，介绍了金星农林牧生产合作社学习苏联建设山区经验的情况，并向原苏联共产党、政府和人民致敬。

1957年11月8日，李顺达向到西沟访问的原苏联专家吉洪诺夫、叶欣介绍了西沟学习原苏联先进单位建设山区取得的成就和经验，吉洪诺夫也向西沟社员介绍了原苏联工业、农业和科学技术等方面的成就。

1957年11月20日，李顺达出席山西省第二次中国共产党代表大会。

1958年8月19日，西沟乡成立了“西沟金星人民公社”。全公社1207户，土地总面积10万亩，耕地面积7000亩。社员大会选举产生公社管理委员会，公社管理委员会选举李顺达为社长，申纪兰等16人为副社长。

1958年秋，中共中央书记处候补书记胡乔木到西沟视察。

1958年，修建民兵战斗水库，1959年秋竣工。

1958年，申纪兰被评为全国老动模范，并参加全国群英会。会议期间，她和六位女社长接受了周恩来总理的宴请。树木归集体管理，生产大队设护林员。在沙地栈兴建炼铁炉。接通有线广播，全村安装有线广播喇叭20只。村办民校改建为金星大学，李顺达为校长，申纪兰、马何则为副校长。

1958年大跃进运动，申纪兰带领西沟妇女在白家庄山岭上建了土高炉，命名为“三八炉”，她组织妇女到壶关八一炼钢厂学习。

1958年12月，申纪兰赴北京参加了全国妇女建设社会主义积极分子代表会议，会议期间，申纪兰与其他6位女社长一起，受到周总理的接见。

1958年，越南共产党主席胡志明、朝鲜劳动党主席金日成分别接见了申纪兰。美国著名记者安娜路易斯·斯特朗采访了申纪兰。苏联女英雄卓娅的母亲给申纪兰来信，称赞她是一位女英雄。

1959年4月，李顺达、申纪兰当选为全国人大代表，参加了第二届全国人大第一次会议。

1959年11月19日，国务院副总理薄一波写信给李顺达、申纪兰，强调了西沟人民公社的优越性。同日，原苏联专家伊万申科、奥博洛夫叶给李顺达来信。

1959年，在南赛和刘家地兴办两个砖瓦厂，在古罗兴办石灰窑，设立木工、铁业两组。

1960年，全国林业现场会在西沟召开，推广西沟植树造林经验。西沟村成立了专门为本村农、林、牧服务的科研组，划拨了专门的试验田，建起了实验室，研制补苗机。

1961年2月2日，《山西日报》发表题为《三个劳模三件宝》的社论，指出：李顺达的宝是勤俭办社。同日还发表《金星社普遍推广办社经验》，介绍了李顺达领导金星社的情况。

1961年4月，农业部部长廖鲁言、山西省副省长刘开基在西沟、川底调查。

1961年10月，毛泽东秘书田家英来西沟，调研农村基本核算单位问题，田家英听取了李顺达的汇报。

1962年2月24日，李顺达出席山西省1962年度农业生产先进代表大会，并在会上发言。

1962年，西沟管理区改为西沟大队。

1963年，山西省召开农业生产先进单位的代表大会，申纪兰与李顺达参加了会议，第一次见到了陈永贵。会后，西沟学大寨，扩大了修滩垫地的面积，整修低产田，大力发展养猪。

1963年6月14日至18日，李顺达、申纪兰、郭玉恩、武侯梨等7人第一次赴大寨参观学习。之后，西沟人先后6次赴大寨学习取经。

1963年9月13日，大寨的陈永贵带人到西沟参观学习。

1964年12月，李顺达、申纪兰出席第三届全国人大第一次会议。

1965年4月，成立西沟村大队贫下中农协会。

1965年6月，中共中央政治局委员、国务院副总理薄一波视察西沟。

1965年7月，创办农业中学，招收本村投考县里中学落榜的学生。

1966年5月，西沟买回了第一台拖拉机，购置了小型播种机、米面加工和粉碎机等。

1966年，在晋东南开始的夺权运动中，申纪兰受到了冲击，有人说她的家庭成分有问题，被李顺达强硬顶回。完成南赛到老西沟口的筑坝疏洪工程，引进蒙古马。

1967年2月25日，经中共中央批准，成立中共山西省核心小组，李顺达为核心小组成员。

1968年春，中国人民解放军262医院组成医疗队到西沟向群众送医送药，宣传卫生科普知识，传授中医针灸技术，开展计划生育宣传和技术服务。

1968年8月，在石匣沟修建战备水库，1971年10月竣工。

1968年9月，中国人民解放军262医院医疗队率先在村干部和党员中开展多胎（4胎以上）女扎手术。

1968年，在原木工组和铁业组基础上，发展成了农机修配厂。西沟村卫生保健站改建为西沟村卫生所。西沟学校开始附设初中班。实行农村合作医疗制度，村民实行了免费就医。

1969年1月，李顺达被“红字号”绑架，西沟村民自发组织起来到长治对其进行营救。

1969年4月1日至24日，李顺达出席了中共第九次全国代表大会，并当选为中央委员。

1969年10月1日，申纪兰赴京参加国庆20周年大庆。

1969年，在沙地栈建起有线广播站。

1970年，西沟农业科学实验室与西沟学校合并。西沟学校发展为九年制学校。西沟村卫生所与西沟乡医院合并。

1971年4月，李顺达出席中共山西省第三次代表大会，当选为中共山西省委委员、常委。

1971年，全国林业先进单位代表会议在西沟召开。会上，西沟与长治县的林移、辽宁省赤峰东方红林场、河南省鄢陵县被评为全国林业战线的四面红旗。著名作家马烽在西沟插队劳动，与西沟人民结下了深厚的友谊。申纪兰被任命为平顺县委副书记，但未去县委工作，仍在西沟劳动。大寨的贾平让等人到西沟传经送宝，西沟学习大寨，在池底村的河滩上搞了一块山地小平原。

1973年8月，李顺达赴京参加中共第十次全国代表大会，再次当选为中共第十届中央委员会委员。

1973年秋，新西兰驻华大使路易·艾黎、美国友人韩丁、杨早等访问西沟。

1973年底，东峪沟、辉沟、老西沟、乃峪沟、老北沟、石匣沟等七条大沟的筑坝造地工程全部完毕。

1973年，在山西省妇女代表大会上，申纪兰当选为省妇联主任。申纪兰与省委定了六项约定：不领工资、不转户口、不要住房、不定级别、不坐专车、不脱离农村。

1975年1月，李顺达与申纪兰被选为第四届全国人大代表，赴京参加全国人大第一次会议。

1975年，著名数学家华罗庚到西沟推广优选法。沙地栈新农村建设开工。山西省教育厅在西沟召开山西省农村教育改革西沟现场会，推广“队校一体”办学模式。

1976年，申纪兰与全国劳模们一起赴京参加了毛泽东纪念堂的建筑劳动。古罗、南赛、池底新农村建设开工。

1977年，李顺达遭到错误批判，西沟人多种经营全面发展被诬为反大寨，走资本主义道路。

1978年2月，申纪兰作为第五届全国人大代表，赴京参加了五届人大一次会议。

1978年，兴建小型塑料厂。

1979年12月27日，李顺达在山西省政协第四届二次大会上，当选为省政协常委、副主席。

1979年，恢复了社员自留地和家庭副业。

1980年，西沟根据所辖村庄和生产队的不同经济基础和条件，重新进行核实估算，重新进行“四定”“三包”，并把比例奖惩改为全奖全惩。西沟学校进行规模调整，停止招收高中班。

1980年12月，申纪兰参加了全国工业、农业、财贸、文教、科技劳动模范代表大会，再次被国务院授予全国劳动模范。会后，薄一波在中南海接见了申纪兰。

1981年5月，中共山西省委下发晋发（1981）30号文件，做出《关于为李顺达同志平反的决定》。

1982年，西沟学校中小学分离。

1983年春，西沟村全面推行了联产承包责任制，但两万亩山林一直属于集体所有。

1983年4月，李顺达当选为山西省人大常委会副主任。

1983年6月6日至21日，第六届全国人大第一次会议在北京召开，申纪兰再次当选为全国人大代表，赴京参会。

1983年7月1日，李顺达走完了他68年的人生历程，辞世而去。

1983年，西沟党总支副书记申纪兰、李雪桃被全国妇联授予“三八红旗手”。申纪兰不再担任山西省妇联主任。

1984年，西沟组建经济合作社，申纪兰任社长。此后，申纪兰领着西沟的干部走出大山，到全国名村学习考察，为西沟选企业项目。先后到河南七里营的刘庄、天津静海县的大邱庄等地考察学习。

1984年7月24日，举行第一次村委会选举。

1985年9月4日，西沟铁合金厂1800千伏一号炉正式开工建设。

1985年，阴坡绿化全部完毕，开始进行阳坡绿化。引进推广核桃树剪枝新技术。

1986年，申纪兰带着西沟村支部书记张俊虎及李培林、张高明再次去大邱庄考察。

1987年5月，西沟农业合作社完善为“西沟金星经济合作社”，选举申纪兰为社长。

1987年11月，铁合金厂一号炉试产成功。

1987年，国家林业部拍摄了一部名为《西沟之路》的电视片，记录和宣传西沟植树造林的成就。建立对老干部（村党、政、群、团）、老党员实行专项补贴制度。

1988年3月25日至4月13日，申纪兰出席了第七届全国人大一次会议。至此，申纪兰已经连续七届当选全国人大代表。

1989年，申纪兰被命名为山西省特级劳动模范。同年，申纪兰请到河南地质队专家为西沟打井，经过科学的规划和测量，终于在西沟打出了深井，解决了群众吃水和铁合金厂用水问题，申纪兰和一些老党员流下了激动的眼泪。

1990年，西沟村妇联荣获全国“三八红旗集体”称号。

1991年，西沟村被确定为山西省爱国主义教育基地。

1992年3月3日，中共长治市委授予申纪兰“太行英雄”称号。

1993年3月15日至31日，申纪兰出席了第八届全国人大一次会议。这次大会的2977名代表中，从一届到八届全国人大连续当选为代表的，只有两个人，其中之一就是老劳模申纪兰。

1993年4月4日，山西省委书记胡富国视察西沟，了解到吃水问题是西沟面临的最大困难，后来批给西沟300万元专项资金，解决西沟群众的吃水问题。

1993年6月22日，中共山西省委组织部、宣传部联合作出《关于向优秀共产党员申纪兰同志学习活动的决定》。

1993年7月8日，李顺达纪念亭建成，亭内树立了纪念碑，彭真题写了“劳动模范李顺达纪念亭”亭额，薄一波题写了“劳动模范李顺达纪念碑”碑名。

1993年9月，西沟村选派张文龙、张福考到清华大学经济管理学院学习深造。

1993年10月中旬，省委书记胡富国在山西电视台直播全省“三项建设”动员大会上，号召全省党员干部群众学习申纪兰的艰苦创业的精神，把山西经济建设搞上去。

1993年，西沟村被确定为中共山西省委书记胡富国的绿化点。

1994年元旦，申纪兰出席了山西省劳模代表、农村改革先进单位代表座谈会，西沟办企业的探索得到了省长孙文盛的赞誉。

1994年5月，王根考被派到日本学习果树管理技术。

1994年8月28日，中共中央政治局常委朱镕基到西沟视察，参观了西沟展览馆，并登上西沟村东峪沟的尖山踝峰顶，亲眼察看了西沟的松林，并亲手栽下了一棵柏树。随后，朱镕基还到了申纪兰家。

1994年9月，西沟提水工程竣工。这一工程历时3年时间，将平顺县城浊漳河的水引到西沟，解决了西沟乡的人畜吃水和企业用水。

1994年，投资办起了山西金星电子器件公司和坩埚厂。

1995年3月25日，中共中央政治局委员、国务院副总理姜春云到西沟视察，姜春云去看了申纪兰家，参观了西沟展览馆，视察了铁合金厂，并给予了西沟资金支持。。

1995年4月8日，中共中央主政治局常委、国务院总理李鹏到长治视察工作，在长治接见了申纪兰。

1995年4月13日，中共中央政治局常委、书记处书记胡锦涛视察西沟，参观了西沟展览馆，与西沟干部群众座谈，并视察了铁合金厂一号炉。

1995年4月，联合国第四次世界妇女大会在北京召开，申纪兰作为代表出席了会议。

1995年，西沟铁合金厂3200千伏二号炉开工建设。

1996年7月，铁合金厂又投资360万元，建成装机3200千伏的二号炉。

1996年，西沟村被表彰为山西省农业战线红旗单位和山西省精神文明建设先进集体。

1997年11月17日，“纪兰饮料公司”正式投产，依托西沟的核桃优势，生产核桃露系列产品。

1998年3月5日至19日，申纪兰作为代表参加了第九届全国人大第一次会议。在这次会议上，申纪兰成为唯一一位连续九届全国人民代表大会代表。会议期间，中共中央政治局常委李岚清、国务院副总理吴邦国、国务院副总理温家宝、全国人大副委员长邹家华、全国人大副委员长姜春云等分别与申纪兰交谈、留念。会后，薄一波专门请申纪兰到家中吃饭。申纪兰还接受了中央电视台“焦点访谈”栏目主持人白岩松专访。

1998年“五一”国际劳动节，申纪兰为宣传西沟核桃露，亲自在长治大街上作宣传推销，产品进入长治和太原的超市。

1998年8月，山西纪兰产业公司在省城太原挂牌成立，“西沟人家”等在几年时间里，相继开设了3个餐饮服务部。

1998年10月，西沟饮料厂加入山西厦普赛尔集团。

1998年，山西纪兰商务有限公司在太原挂牌。中共西沟村总支被评为山西省高标准建设“红旗党总支”。

2000年3月，申纪兰参加第九届全国人大第三次会议。

2000年“五一”国际劳动节，申纪兰作为特邀劳模，出席了新千年第一次全国劳模大会。

2000年7月，西沟爱国主义教育系列景点开工。

2000年8月，优质矿泉水采水机井开钻。

2000年9月，西沟饮料厂在长治成立销售分公司。

2001年4月24日、25日，中共长治市委常委扩大会议在西沟召开。

2001年5月，西沟村被表彰为山西省社会主义现代化建设模范集体。

2001年5月17日，中国第一届“母亲河奖”在北京举行颁奖仪式，这是全国保护母亲河行动领导小组在生态环境领域设立的民间最高奖项，经评委会认真讨论和无记名投票，确定申纪兰、王中强、王文善等8人为首届获奖者。申纪兰参加了颁奖仪式，并把2万元奖金全部捐献，用于为西沟村民打机井，解决吃水问题。

2001年6月，西沟优质矿泉水采水机井给水。

2001年6月29日，西沟爱国主义教育系列景点完工，正式对外开放。

2001年7月1日，申纪兰被中共中央组织部表彰为全国优秀党员，是山西省唯一受表彰的共产党员，也是全国受到表彰的50名党员之一。申纪兰出席了在北京人民大会堂举行的中国共产党建党八十周年纪念大会，与代表们一起，受到中共中央总书记江泽民的接见。大会结束后，中央电视台“新闻联播”首先采访了申纪兰。

2001年8月29日、30日，中共长治市委常委会再次在西沟召开。

2002年，西沟铁合金厂三号炉开工，5月投产。同年10月，四号炉投产。

2003年3月5日，第十届全国人民代表大会第一次会议在北京人民大会堂召开，申纪兰再次当选为全国人大代表出席大会。

2003年，铁合金厂进行了扩容改造改制成了冶炼公司，年生产能力达到8万吨。

2004年，纪兰饮料公司获得山西省著名商标称号。

2005年，西沟被中共中央精神文明建设指导委员会授予“全国文明村镇”。

2006年，山西省委书记张宝顺、省长于幼军分别到西沟视察。

2007年9月，申纪兰被评为“全国道德模范”。

2008年3月，申纪兰当选为第十一届全国人大代表，赴京出席了十一届人大第一次会议。

2008年6月26日，奥运火炬开始在山西省会太原传递，申纪兰担任第三棒火炬手。

2008年7月14日，大寨村村委会主任贾春生带领大寨村党支部及村委会成员来到西沟。

2008年11月，安徽省凤阳小岗村党支部书记沈浩带着20余人来到西沟，申纪兰领着沈浩等人参观了西沟展览馆、李顺达故居，介绍了西沟的发展史。

2009年5月25日，中共中央政治局常委、国家副主席习近平在山西省委书记张宝顺、省长王君的陪同下，视察西沟。习近平参观了西沟展览馆，和西沟的老党员、老劳模、大学生村官、村民代表进行了座谈。

2009年6月7日，大寨人在老劳模宋立英带领下再次来到西沟。

2009年8月，全国造林绿化现场会在山西长治召开，与会代表参观了西沟干石山的松涛林海，称赞西沟创造了太行山绿化的奇迹，是一个杰出的典型。

2009年10月，第九届全国村长论坛在山西阳城县北留镇皇城村举行，申纪兰参加了此次论坛。

2009年11月，申纪兰带领西沟村委会成员考察了陕西延安中国革命纪念馆、内蒙古鄂尔多斯集团、呼和浩特内蒙古博物馆及大同云冈石窟等红色旅游基地和企业集团。

2010年7月，申纪兰与平顺县四大班子考察了四川蜀中制药，为平顺县支柱企业——“山西蜀中制药”寻求进一步支持。

2010年8月，申纪兰与平顺县委主要领导赴北京、内蒙古考察风力发电建设项目，为新能源项目落户平顺寻求商机。

2010年9月，由中宣部等11部委联合开展的“100位为新中国成立作出突出贡献的英雄模范人物和100位新中国成立以来感动中国人物”评选结果揭晓，申纪兰荣获“新中国成立以来感动中国人物”称号。

2010年10月，申纪兰赴江苏华西参加全国第十届村长论坛，吴仁宝、郭凤莲参加了此次论坛。

2013年3月5日至17日，申纪兰作为第十二届全国人大代表，赴京出席了第十二届全国人大第一次会议。

［郭永琴］

课题组采访编纂纪事

2013年3月16日，刘晓丽首次赴西沟，同行者有长治日报社办公室主任赵双胜、长治日报驻平顺站站长彭爱国等人。刘晓丽一行受到西沟接待站主任郭雪岗的热情接待，首次见到申纪兰。申纪兰表示，个人是渺小的，要宣传李顺达，宣传西沟党组织，真诚地表达了没有西沟党组织，就没有李顺达的互助组，更没有她本人的今天的想法。

2013年5月，山西省社会科学院院长李中元决定正式成立“西沟系列研究课题”课题组。

2013年6月1日至30日，课题组成员刘晓丽和赵俊明赴西沟进行访谈，在申纪兰和西沟接待站及西沟党总支、村委会的密切配合下，顺利访谈西沟村民123人。课题组每天工作都在10小时以上。每天晚上，赵俊明都要对当天的访谈录音和拍摄的照片进行汇总。

2013年8月至11月，刘晓丽和赵俊明对原始口述录音进行初步整理。

2013年12月初，李中元对“西沟系列研究课题”进行全面部署，并将“西沟系列研究课题”正式列入山西经济社会发展重大课题。

2013年12月16日，李中元、杨茂林、马志超、刘晓丽、赵俊明、张文广赴西沟。李中元看望了申纪兰，对申纪兰说明了西沟系列研究课题的重大意义，对申纪兰进行首次访谈，并与申纪兰就省社科院在西沟建立村史研究基地、申纪兰研究中心等设想进行了协商。期间，平顺县委、西沟接待站、西沟乡、西沟村党支部等单位负责人在座。

2014年1月至4月，刘晓丽、赵俊明再次整理访谈录音。

2014年4月16日，李中元带领课题组来到平顺县。李中元院长召开课题会议，刘晓丽、赵俊明、郭永琴参加。李中元指出，申纪兰口述历史要确定目标和方法，要关注两个专题：劳动者的本色和妇女解放。会后，李中元院长和课题组成员与西沟接待站主任郭雪岗进行座谈，就课题整体的设想进行了沟通。郭雪岗介绍了申纪兰生活的一些细节，反映出申纪兰既是一个伟大的人大代表，也是一个平凡的农村妇女。

2014年4月17日，李中元在西沟展览馆接待室访谈申纪兰，内容包括申纪兰参加全国人大情况、当年集体劳动的情况以及对劳动的认识、对妇女解放的看法等。西沟口述史课题组成员、西沟村党总支书记、村主任王根考、西沟接待站主任郭雪岗参加了访谈。之后，李中元和课题组成员在西沟村党总支副书记张双红陪同下，首次参观了西沟村委会档案室，翻阅了西沟村保存的档案及原始票据等，李中元对西沟档案资料的完整性和全面性深为惊叹，当即安排了对西沟档案资料的整理工作。

2014年4月18日，刘晓丽、赵俊明、郭永琴在原西沟村党总支副书记张章存陪同下，到西沟村委会档案室对西沟村的原始档案资料进行拍照。同时，课题组还对张章存进行了访谈。为加快对西沟原始档案资料的收集力度，课题组到长治购买扫描仪和大容量移动硬盘。当日拍照1600余张。

2014年4月19日，课题组继续到西沟村委会档案室对西沟村原始档案资料进行拍照、扫描，完成2100余张。内容主要为会计凭证。

2014年4月20日，继续拍摄资料，完成3000余张。内容主要为会计凭证。

2014年4月21日，继续拍摄整理资料，完成3000余张。内容主要为会计凭证。本日，刘晓丽开始对申纪兰进行访谈。

2014年4月22日，课题组成员张文广携另一台扫描仪赶到，当日继续拍摄、扫描档案资料，完成4000余张。内容主要为会计凭证。

2014年4月23日，继续拍摄、扫描档案资料，完成4500余张。内容主要为会计凭证及日报表、现金收付帐等。

2014年4月24日，继续拍摄、扫描档案资料，完成4500余张。内容主要为会计凭证、分配表等。

2014年4月25日，继续拍摄、扫描档案资料，完成4500余张。内容主要为会计凭证、分配表、结算表、计划表、平衡表、花名表、2003年选举情况等。

2014年4月26日，赵俊明、张文广到西沟香菇大棚、唐王庙等地考察。晚上，课题组成员到张章存家访谈。

2014年4月27日，继续拍摄、扫描档案资料，完成4000余张。内容主要为分配表、结算表、计划表、平衡表、花名表等。

2014年4月28日，继续拍摄、扫描档案资料，完成4000余张。内容主要为存档资料、剪报、照片及零散资料等。

2014年4月29日，继续拍摄、扫描档案资料，完成2000余张。内容主要为存档档案、照片等。期间，刘晓丽布置“五一”节后课题组工作，包括考察时间、访谈范围等。课题组一直工作到下午六点钟。晚十一点，课题组成员乘坐最后一班长途汽车抵并。

本次共拍摄和扫描西沟原始档案资料33000余张。内容涉及会计凭证、照片、存档档案、零散报表、选举记录、讲话原稿、花名册、简报等。郭永琴、张文广对资料进行了汇总。课题组每天工作时间都在10个小时以上。

2014年5月6日，李中元、杨茂林、刘晓丽研究课题进展情况。李中元提出五点要求：一是收集到的史料以怎样的体例、方式编纂出版；二是怎样充分挖掘和利用资料；三是在西沟办一个有深度的西沟历史文化展览；四是弄清各个时期的农村组织形式；五是带着问题进行整理。

同日，刘晓丽、郭永琴、张文广赶赴西沟，晚上十点到达西沟。

2014年5月7日，课题组继续拍摄、扫描档案资料，共收集档案资料17本。内容主要为讲话稿、解说词、登记表、林权证、作价表、规划等。面对课题组可能遇到的多重困难，刘晓丽多次强调，课题组成员一定要有坚守的精神，为共同的学术目标而努力。

2014年5月8日，继续拍摄、扫描档案资料，收集档案20余本。

2014年5月9日，继续拍摄、扫描档案资料，收集档案20余本。

2014年5月10日，继续拍摄、扫描档案资料，收集档案20余本。

2014年5月12日，上午继续拍摄、扫描档案资料，收集档案20余本。下午，在张章存陪同下，课题组到平顺县城对《西沟村志》主撰张松斌进行访谈。

2014年5月13日，上午，在张章存陪同下，刘晓丽、郭永琴、张文广辗转找到原西沟接待站站长、平顺县政协主席杨显斌，并对他进行了访谈，内容涉及西沟展览馆的修建、修复问题等。下午，在县政府，见到了平顺县委常委、办公室主任宋忠义 。

2014年5月14日，上午，刘晓丽继续对申纪兰进行访谈。张章存、郭永琴、张文广赶赴长治对《见证共和国》一书作者刘重阳进行访谈。为了获取更多的信息，课题组在午饭时间继续对刘重阳进行访谈。访谈内容包括刘重阳了解的西沟的一些细节问题、访谈的方法和技巧等。刘重阳对西沟在文化层面的认识，使访谈更加顺利开展。晚上，刘晓丽召集课题组成员郭永琴、张文广开会，对课题组的经费使用作了说明，布置了近期任务：六月底之前采访完毕并将全部录音整理完毕。之后是相关文本资料的收集和到太原及外地的短期访谈，并强调做口述史研究的纪律问题，还传授了口述访谈的一些基本方法。

2014年5月15日，刘晓丽、郭永琴、张文广赶赴平顺北社乡，对原盘明、张改苗进行访谈，并获赠平顺劳模图书资料四册。

2014年5月16日，郭永琴因家中有事，离开西沟。课题组成员刘晓丽、张文广继续留在西沟访谈。

2014年5月18日，张文广因历史所有任务，离开西沟，刘晓丽一人继续坚持访谈。

2014年5月16日到22日，刘晓丽带领课题组成员张文广对王晓平、柴玉棉、郭永福、李新娥、杨树培、常福江、杨忠平、崔迈桃、赵文桃、王计峰等人进行访谈。

2014年5月23日，郭永琴赶到西沟。西沟村王根考书记安排由西沟村支委郭广玲接替张章存，陪同课题组继续进行访谈。

2014年5月24日，刘晓丽继续访谈申纪兰。

2014年5月25日，上午，刘晓丽、郭永琴在申纪兰的邀请下，参观了西沟村的蔬菜大棚和小花背申纪兰植树处，并对申纪兰弟媳裴秀则进行了访谈。下午，在郭广玲的陪同下，刘晓丽、郭永琴对西沟村原党总支书记、村委会主任张高明进行了访谈。

2014年5月26日，上午，刘晓丽分别对申纪兰和郭广玲进行了访谈。下午，刘晓丽、郭永琴到古罗村胡买松家中，对其进行二次访谈。

2014年5月27日到29日，刘晓丽和郭永琴继续扫描、拍摄西沟档案资料。

2014年4月至5月，刘晓丽对申纪兰进行了近三十次深度、全面的访谈。

2014年6月6日，刘晓丽在太原访谈了专业作家赵瑜。

2014年6月12日，山西省社科院副院长杨茂林召开课题会议，对前一阶段工作进行总结，并讨论商定下一阶段访谈、录音整理计划。

2014年6月16日，刘晓丽在太原访谈了李顺达小女儿李苏娥。

2014年6月17日，刘晓丽在李顺达女儿李苏娥带领下，对原新华社驻山西记者站站长、二十世纪五十年代长期驻守西沟的新华社记者马明进行了专访。

2014年6月24日，刘晓丽、姚丽琴专赴太原钢铁公司，对李双良之孙李建国进行了访谈。

2014年6月26日，李中元带领杨茂林、刘晓丽、郭海滨等赴交城县山水村，对原山西省委书记李立功进行了专访。

2014年7月3日，课题组召开例会。

2014年7月10日，李中元带领杨茂林、刘晓丽在太原丽华苑专访原山西省人大常委会主任卢功勋。

2014年8月4日，李中元带领杨茂林、刘晓丽等赴长子县，专访原山西省委书记胡富国。

2014年9月16日，课题组召开例会。

2014年7月至11月，课题组成员对所访谈的原始录音资料进行原汁原味的整理。

2014年11月5日，刘晓丽、赵俊明赴山西财税专科学校，对校长申长平进行了访谈。

2014年11月20日，在原山西省政协副主席张正明引见下，刘晓丽在太原丽华苑对原长治市委书记、山西省政协副主席吕日周进行了专访。

2014年11月13日，刘晓丽专访山西省社科院副院长孟艾芳。

2014年11月15日到16日，课题组到大寨访谈，被访谈人物有宋立英、贾存兰、杨巧莲、赵存棠、贾奋强、贾海文、贾春生、李海滨、李巧莲。

2014年11月18日，在李中元安排下，刘晓丽、赵俊明在大寨旅行社对大寨村党支部书记郭凤莲进行了专访。

2014年11月19日，刘晓丽专访山西省社科院历史所副所长高春平。

2014年11月25日，课题组召开例会，刘晓丽给课题组成员下发了《西沟口述史》编撰提纲和《西沟档案史料》编撰提纲，布置课题组下一步工作。

2014年11月28日，课题组召开例会，查漏补缺，完善《西沟口述史》中被采访人的个人资料。

2014年12月5日，课题组召开例会，汇报各部分采访内容的放置情况。

2014年12月12日，课题组召开例会，各部分内容已经放置完毕，进行总体分工，整合文字，完善问答内容，修改标题。并安排春节后上班第一天交第一篇深度论述文章。

2014年12月19日，课题组例会，安排补齐注释，包括方言、西沟重要人物。

2014年12月26日，课题组例会，讨论各部分内容的调整以及确定体例和行文规范等。

2015年3月9日，《西沟口述史》（上下册）初稿完成。同时，《申纪兰口述历史》（单册）和《西沟档案史料》（十册）初稿完成。

2015年11月，山西省社会科学院副院长杨茂林带领刘晓丽、张文广赴平顺，与平顺县委宣传部商谈“西沟系列研究”课题出版情况。

2016年5月，“西沟系列研究”课题成果交由人民出版社出版。

2016年7月31日，《申纪兰口述历史》（单册）、《西沟口述史》（上下册）和《西沟档案史料》（十册）正式交付人民出版社。

［郭永琴］

责任编辑:赵圣涛
责任校对:吕　飞
封面设计:王欢欢

图书在版编目(CIP)数据

西沟口述史及档案史料:1938—2014:全十卷/李中元,杨茂林 主编. —北京:
人民出版社,2017.8
ISBN 978-7-01-017985-8

Ⅰ.①西… Ⅱ.①李…②杨… Ⅲ.①村史-平顺县-1938—2014 Ⅳ.①K292.55

中国版本图书馆 CIP 数据核字(2017)第 183372 号

西沟口述史及档案史料(1938—2014)

XIGOU KOUSHUSHI JI DANG'AN SHILIAO (1938—2014)

(全十卷)

李中元　杨茂林　主编
刘晓丽　执行主编

人民出版社 出版发行
(100706　北京市东城区隆福寺街 99 号)

北京中科印刷有限公司印刷　新华书店经销

2017 年 8 月第 1 版　2017 年 8 月北京第 1 次印刷
开本:787 毫米×1092 毫米 1/16　印张:255.5
字数:3500 千字

ISBN 978-7-01-017985-8　定价:899.00 元(全十卷)

邮购地址 100706　北京市东城区隆福寺街 99 号
人民东方图书销售中心　电话 (010)65250042　65289539